Walter Falk
Wissen und Glauben um 2000

Walter Falk

Wissen und Glauben um 2000

Zu einer weltbewegenden Problematik und ihrer Herkunft

Aus dem Nachlaß herausgegeben
von
Harald Seubert

Ferdinand Schöningh
Paderborn · München · Wien · Zürich

Titelbild
Das Flaggschiff Santa Maria auf einer Reise in die Neue Welt.
Holzschnitt von Johann Theodor de Bry.
Greenwich, National Maritime Museum

Bibliografische Information Der Deutschen Bibliothek

Die Deutsche Bibliothek verzeichnet diese Publikation in der Deutschen Nationalbiblio-
grafie; detaillierte bibliografische Daten sind im Internet über http://dnb.ddb.de abrufbar.

Einbandgestaltung: Anna Braungart, Regensburg

Gedruckt auf umweltfreundlichem, chlorfrei gebleichtem
und alterungsbeständigem Papier ⊗ ISO 9706

© 2003 Ferdinand Schöningh, Paderborn
(Verlag Ferdinand Schöningh GmbH, Jühenplatz 1, D-33098 Paderborn)

Internet: www.schoeningh.de

Printed in Germany. Herstellung: Ferdinand Schöningh, Paderborn

ISBN 3-506-72330-8

Für Cristina,
meine liebe Frau,
als Dank für viele gemeinsame Jahre

Inhaltsverzeichnis

ERSTER TEIL

ZWEITER TEIL

DRITTER TEIL

VIERTER TEIL

Einleitung des Herausgebers

Walter Falk starb im September 2000 nach kurzer schwerer Erkrankung in Marburg, nachdem er am Vorabend noch mit Freunden und Schülern über seine Lebensarbeit hatte diskutieren können. In seinen letzten Lebensjahren hatte sich ihm ein komplexer, mitunter umwegiger Lebens- und Denkweg zunehmend gerundet; zugleich fasste er neue Pläne, deren Kernstück eine Theorie der Inspiration hätte werden sollen.

Das Buch, das hier postum vorgelegt werden kann, dokumentiert sowohl diese eigenständige und eigenwillige Synthesis als auch Spuren jener Fragen, zu deren abschließender Erörterung es nicht mehr gekommen ist. Es kann als Walter Falks nachgelassenes chef d'oeuvre gelten.

Wer Walter Falk näher kennenlernen konnte, weiß, wie untrennbar Leben und wissenschaftliches Werk bei ihm miteinander verbunden waren. 1924 nahe Freiburg in einer katholischen Lehrerfamilie geboren, verlor er, wie er selbst oft sagte, mit dem Nationalsozialismus den katholischen Glauben der Kindheit und unter den Traumata des Zweiten Weltkriegs alle Hoffnung. Bis in seine letzten Stunden gingen ihm die Urszenen aus den Schützengräben und der Gefangenschaft nicht aus dem Sinn. Für diesen durch und durch redlichen und aufrichtigen Geist waren die Eröffnungen der nazistischen Gräuel Katharsis und tiefer Choc zugleich. Er trug sich, wie manche Generationsgenossen, 1945 mit Freitodgedanken. Auf biographisch existentieller Ebene ist sein weiteres Leben vielleicht als eine große Rückkehr zum Glauben zu beschreiben.

Als Gelehrter und Forscher konnte er sich nur indirekt diesem ursprünglichen Impuls nähern. Initiale Bedeutung kam dabei der Freiburger Studienzeit zu, als er nicht nur mit Heidegger, sondern auch mit dessen Schülerkreis, vor allem Eugen Fink, Max Müller, Wilhelm Szilasi sowie dem Kunsthistoriker Bruno Bauch vertraut wurde. Falk gehörte zu der Studentengeneration, die darauf drang, dass Heidegger, der „Meister von Messkirch", wieder sollte lehren können; er hörte Heideggers Vortrag auf der Bühler Höhe und die großen Vorträge in Freiburg, erste Manifestationen einer beginnenden epochalen öffentlichen Wirksamkeit, die in Frankreich ihr volles Echo entfaltete und erst im Vorfeld der antiautoritären Bewegungen der sechziger Jahre abebbte. Welche Bedeutung Heidegger in Einfluss und Distanz für Walter Falk hatte, ersieht man aus diesem Buch allenthalben.

Falk ist freilich als Germanist und später als Deuter der Kultur einen eigenständigen Weg gegangen, letztlich nicht durch den Zeitgeist beeinflusst, aber in seismischer Präzision den Gang der Zeiten reflektierend.

Dabei gewann für den Literaturwissenschaftler, der als Schüler von Erich Ruprecht, über die fast unbekannte Dichterin Frida Bettingen promoviert worden war, und zugleich hochkarätige mediävistische Arbeiten publiziert hatte, schon in jungen Jahren die Suche nach präzisen Kriterien für die literaturwissenschaftliche und epochengeschichtliche Forschung eine entscheidende Bedeutung: Falk konnte sich mit den subjektverhafteten Intuitionen und rational-operativen Defiziten in Geistesgeschichte und Hermeneutik nicht abfinden, und - auf einer tieferen Ebene - erst recht nicht mit Heideggers Diktum, wonach die Wissenschaft nicht denkt.

Im strengen Sinn den Standards nachprüfbarer Wissenschaftlichkeit verpflichtet zu bleiben, war Falks Grundintention, und dabei war ihm ein strikter Falsifikationismus im Sinne Karl Poppers Selbstverpflichtung aller eigenen Forschungen, die sich, auch wenn sie bis zum Gedanken eines personalen Gottes und den Figurationen der Engel hindurchdrangen, nie von dem strengen Grundsatz der Wertneutralität der Argumentation dispensierten. Dahinter war in der persönlichen Begegnung ein Ethos tiefer Humanität erkennbar, das zwischen Glauben und Wissen erst scharf unterscheiden musste, um beide dann aufeinander beziehen zu können.

I.

Das vorliegende Buch ist eine Summe lebenslanger Denk- und Forschungsbemühungen und zugleich eine kunstvolle Synthese verschiedener Reflexionsebenen.

1. Zum ersten unternimmt Falk einen großangelegten wissenschaftsgeschichtlich orientierten Gang durch die Neuzeit. Er wirft dabei die Frage nach deren Legitimität auf; in einem Ansatz, der eigenständig neben den vielerörterten großen Entwürfen, etwa von Hans Blumenberg, stehen kann.

2. Zum zweiten skizziert er wie in einer intellektuellen Autobiographie den eigenen Forschungsweg. Es wird, wo dies der Sache dienlich ist, bis ins Autobiographisch Anekdotische hinein deutlich, wie ein methodisches Verfahren - die Komponentenanalyse -, das zunächst ausschließlich im Zusammenhang der Textinterpretation gebraucht wurde, zunehmend im epochalen Rahmen Anwendung fand und bestätigt werden konnte. Am Ende meinte Falk entdeckt zu haben, dass auf diesem Weg auch Grundstrukturen der Weltgeschichte und schließlich der ontologischen Verfassung der Welt freigelegt werden könnten. Bei aller Bedachtsamkeit auf methodische Strenge und Stringenz arbeitete Falk im Vorgriff auf eine Neubestimmung der Epochengeschichte. Erst nach und nach ging ihm auf, was sein Ansatz in nuce enthielt. Suchen und Finden waren in diesem Forscherleben keinesfalls einem Automatismus unterworfen. Man kann deshalb im folgenden mancherlei von den Aporien und Stockungen in seiner Fragebewegung mitverfolgen.

Das Buch zeigt eine bemerkenswerte perspektivische Ambivalenz. Falk tritt mit den Ansätzen, an denen er die neuzeitliche Deutung der Welt als einer Fortschrittsmaschine dingfest macht - von Kant bis zu Darwin und Marx - in ein unmittelbares Gespräch auf gleicher Augenhöhe. Nicht anders verfährt er mit den Gegenstimmen zum Höhenweg der Aufklärung, die den Menschen als Hörenden und als bedingt durch einen nicht eigenmächtig zu setzenden Anfang begreifen: mit den Exponenten einer subkutanen Denkgeschichte von Hamann über Herder und Goethe bis zum jungen Friedrich Schlegel. Dies gibt seiner Geistesgeschichte der letzten zweieinhalb Jahrhunderte ihre systematische und diagnostische Zuspitzung:

Das Jahr 2000 spielte dabei eine in seiner eigenen Orientierung entscheidende Rolle. Falks Epochendeutung kann zeigen, dass sich das unter anderem von Romano Guardini konstatierte ‚Ende der Neuzeit' dingfest machen lässt, das in der Zeit um den Ersten Weltkrieg vielfach reflektiert wird und das unverkennbar auch die Tiefendimension in Thomas Manns *Zauberberg* abgibt: Naphta und Settembrini stritten über die Anfangsgründe des Weltalters, in höchster Kultivierung von Sprache und Bewusstsein, das in einem halbbewussten Taumel hinweggerissen werden sollte.

Wie im folgenden im Detail nachzulesen ist, stieß Falk schon in seinen germanistischen Arbeiten über Kafka und die Expressionisten auf einen Epochenbruch: nämlich darauf, dass über- und unterweltliche Mächte, die mit der Nachgeschichte der Aufklärung und auf den Wegen der technisch-wissenschaftlichen Zivilisation tabuisiert worden waren, wieder ins Spiel kamen. Kafkas wenig beachtete Tagebuchskizze ‚Ich mache Pläne' gewann für Falk eine geradezu paradigmatische Bedeutung. Aufgrund seiner großflächigen Epochendiagnostik konnte er es zunehmend plausibel machen, dass in der Zeit um den Ersten Weltkrieg ein ganzes Weltalter, eben die Ära der Neuzeit, zu Ende ging. Deutlich wurde dies aber erst in der Grunderfahrung neuester Zeit.

3. Schließlich führt die Komponentialstruktur zu dem Versuch, einen Uranfang der Welt zu denken. Gerade in jenen gewagten, aber höchst nüchternen Passagen, in denen die Sprache keinesfalls ‚feiert', zeigt sich die Eigenständigkeit von Falks Denken. Merkwürdig mag es anmuten, dass er weder Schellings Weltalter-Philosophie noch die kosmogonische Prozessphilosophie von Whitehead, zwei paradigmatische Versuche, den Uranfang zu denken, und, was Schelling betrifft, auch ein Versuch, auf rein rationalem Weg den Übergang zum Glauben einsichtig zu machen, jemals wirklich zur Kenntnis nahm. Falk war ein Selbst-Denker, der sich sehr erfreut zeigen konnte, wenn anderswo ähnliche Einsichten gewonnen worden waren.

Es war Schelling, der in seiner Weltalterphilosophie (in der Münchener Fassung des Wintersemesters 1827/28) festhielt: „Die wahre Vernunft, die nicht bloß potenzielle, sondern actuelle, die wirkliche zur Thätigkeit gebrachte Vernunft sieht ein, dass das PAN (sc. der geschichtlichen Welt H.S.) nothwendig ein innerlich geschlossenes sein muss, um kosmos zu sein". Das ‚Vorsein', also die Überzeitlichkeit der Geschichte, charakterisiert nach Schelling eine gegebene Ordnung, die sich in drei Potenzen zeigt, welche unschwer auch als Komponenten zu denken wären: die 1. Potenz ist nur sein-könnend (also reine Potentialität), die 2. Potenz trifft auf den Widerstand der Aktualität. Deshalb wird sie auf sich selbst zurückgeworfen und gewinnt als Wille Gestalt; die 3. Potenz hat die imperativische Verfassung des Sein-sollenden. Die Verständlichkeit der Geschichte liegt nach Schelling in den 3 Potenzen, die die Sinnstruktur des Ganzen vorzeichnen. Es bleibt freilich der offensichtliche Mangel von Schellings Ansatz, dass er nicht näher bestimmt hat, wie die verschiedenen Potenzen oder Komponenten aufeinander einwirken. Erst recht hat er nicht namhaft gemacht, dass und in welcher Weise die Prioritäten wechseln. Allerdings hat er betont, dass ein bestimmter Folgerhythmus zu erwarten sei. Wesentlich ist nicht nur, dass Schelling sich bewusst war, mit der Konstatierung einer Ordnung in der Geschichte ein Skandalon zu erregen; sondern auch, dass die Klärung der Sinnstruktur seines Erachtens ganz in den Bereich der ‚positiven Philosophie' gehöre, als eines Wissens, dessen Erstschöpfer der Mensch nicht sein kann.

Gerade zu Whiteheads Prozessmetaphysik, die aus einem anderen, aber einzelwissenschaftlichen Kompetenzbereich zu einem Begriff der Welt gelangte, lässt der dritte Teil des vorliegenden Buches tiefgehende Korrespondenzen erkennen. Falks Ideen zu einer Lösung des alten Rätsels der Kreativität in Kultur- und Naturgeschichte weisen eine eigentümliche Verwandtschaft zu Whiteheadschen Gedanken auf, die eine nähere Ausarbeitung verdienen würde. Dabei wäre, lediglich als Vorverständigung für eine noch ausstehende wirkungsgeschichtliche Diskussion, auf Whiteheads Grundbegriff des ‚Ereignisses' zu verweisen, dessen „wirkliche innere Beschaffenheit" als ein Zusammenwachsen auf drei Ebenen zu fassen ist, die Whitehead in die reagierende Phase, die ergänzende Phase und die Phase der Erfüllung gliedert. Den ontologischen Grundzug alles Seienden bestimmt Whitehead dezidiert *metaphysisch* und zugleich *dynamisch*: ‚etwas sein' heiße, „die Fähigkeit (zu haben), eine wirkliche Einheit mit anderen Wesen zu erlangen". Bereits in der sprachlichen Gestalt, in die Whitehead den Ereignisbegriff bringt, zeigt sich eine veränderte ontologische Wegrichtung: spricht Whitehead doch von ‚actual occasions' bzw. ‚actual enteties'. Damit ist schon angezeigt, dass das Dasein von Einzeldingen (Ereignissen) nicht vom Begriff der Kreativität getrennt werden kann. Ein Ereignis ist, so bemerkt Whitehead an einer Schlüsselstelle, „eine besondere Form, die in der Lage ist, der Kreativität die eigene Besonderheit einzuflößen". Ideen als ‚eternal objects' können von hier her, wie Whiteheads große Studie über das *Abenteuer der Ideen* zeigt, als eigengewichtige Antriebskräfte bei der Entstehung und im Wechsel von Zivilisationen auf ihrem Weg durch die Zeit begriffen werden.

Mit Whitehead verbinden Falk freilich auch Darstellungs- und Kommunikationsschwierigkeiten, die die Rezeption seines Oeuvres nachhaltig blockiert haben dürften. Hier sprach ein Literaturwissenschaftler, der historisch und philosophisch hochgebildet, aber weder ein Philosoph noch ein Historiker war - und schon gar kein Naturwissenschaftler, wiewohl er gerade in späten Jahren besonders eingehend Spuren des ‚Faktors X', der dem Phänomen des Neuen, der Innovativität in Kultur und Natur letztlich zugrunde liege, in der Physik aufnahm. Den Zunftgenossen der eigenen Disziplin, aber auch benachbarter Fächer, machte er es damit nicht leicht; zumal wenn man an zunehmende Departmentalisierung und Spezialisierung denkt. Falk war kühn und souverän genug, die von C.P. Snow in den fünfziger Jahren des 20. Jahrhunderts diagnostizierte Zersplitterung in zwei Kulturen nicht hinzunehmen - heute wird sie nicht zuletzt angesichts neuer Innovationsschübe in den Biowissenschaften offen in Frage gestellt. Man frage sich nur, welcher andere Ordinarius der Germanistik aus seiner Generation seine Abschiedsvorlesung Hawking gewidmet hätte!

Wenn vom Literaturwissenschaftler Walter Falk die Rede ist, dann ist sein spezifisches Verhältnis zur Dichtung mit in Betracht zu ziehen. Er nahm ihre Aussagen als Signaturen der Epoche beim Wort; und manche der namhaftesten zeitgenössischen Autoren von Christa Wolf über Adolf Muschg, Tankred Dorst, Peter Handke bis hin zu Patrick Roth, dessen Dichtungen ihm für ein Verständnis der inneren Tektonik der Zeit um das Jahr 2000 besonders wichtig waren, haben in eingehenden Briefwechseln bestätigt, dass sie sich von ihm tiefer verstanden wussten als von der einschlägigen Literaturwissenschaft und -kritik.

Das große, gleichgewichtige Parallelprojekt zu dem vorliegenden Buch ist eine Geschichte der Literatur der jüngsten Zeit, namentlich seit 1980: sie hätte Falk wohl Anlass gegeben, seine Theorie der Inspiration weiter zu führen. Große Stücke dieses Textes liegen ausgearbeitet vor und wurden in mehreren Vorlesungen des Emeritus an der Marburger Universität bis in die Zeit unmittelbar vor seinem Tod vorgetragen. Eine Publikation, in deren Zusammenhang auch Falks Zwiesprache mit den Dichtern im einzelnen zu dokumentieren bleibt, ist für nächstes Jahr beabsichtigt.

4. Erst durch den Rahmen von ‚Glauben und Wissen', die dem Schicksalsjahr 1989 gewidmeten Bemerkungen in Vor- und Nachwort, wird erkennbar, dass Falks spätes Chef d'oeuvre ein Versuch ist, das Jahrhundert des nationalsozialistischen und kommunistischen Totalitarismus zu verstehen, darin Karl Poppers Großessay von der offenen Gesellschaft und ihren Feinden verwandt. In diesem abgelebten Säkulum, das er in seiner Lebenszeit zu einem Gutteil begleitete, vollendete sich nach seiner Einschätzung die Wirkung der Fortschrittsmaschine; und es kamen die Deformationen eines Glaubens ans Licht, der sich als Wissen ausgab: im biologischen Rassismus und in der kommunistischen Weltideologie. Falk beginnt mit dem ‚unerhörten Ereignis des Jahres 1989' (W. Lepenies), weil von hier her der Abgrund des Jahrhunderts übersehbar und als ganzer auf den Prüfstand gestellt werden kann. Dieses Jahr und die Stimmen post-kommunistischer Geister aus Ost- und Mitteleuropa (der Leser des vorliegenden Buches wird vor allem an Falks intensives Zwiegespräch mit Christa Wolf und Václav Havel denken!) mussten für ihn aus noch einem anderen Grund höchste Bedeutung erlangen: sie zeigten, dass die ideologische, totalitäre Denkart auch andernorts nicht bestimmend bleiben konnte, und sie bekräftigten die tiefdringende und nicht selten schmerzhafte Auseinandersetzung mit dem Nazismus, die Falk für sich selbst geführt hatte. Nicht unerwähnt bleiben kann in dieser Topographie die Rolle des Jahres 1968. Auch wenn jenes Stichjahr vor den weiteren historischen Sinnlinien sich eher marginal ausnimmt, hat es in Falks Leben doch tiefe Spuren hinterlassen. Er hatte zu den Professoren gehört, die alte verkrustete Strukturen in Lehre und Forschung aufbrachen; gleichwohl wurde er eine der Hauptzielscheiben der Marburger Kader. Bis in sein Alter hinein hat er sich verletzt über die Angriffe gezeigt, nicht weil sie dem Kern seiner personalen Integrität als Mensch, Lehrer, Forscher irgendetwas hätten anhaben können, wohl aber weil er sie als Verletzung der Humanität und damit als intellektuelle Selbst-Verletzung derer wahrnahm, die sie begingen.

Dass die zweite totalitäre Ideologie nicht nur aus ökonomischen Gründen fehlschlug, sondern dass mit ihr die Fortschrittsmaschine selbst kollabierte, war der Ausgangspunkt, von dem her sich für Walter Falk viele der Sinnlinien dieses Bandes zusammenfügten.

II.

Falks Reflexionen sind keinesfalls so isoliert gewesen, wie es ihm selbst mitunter erscheinen mochte. Der Eindruck der Vereinzelung mag sich gerade in späten Jahren eingestellt haben, als ihn seine epochengeschichtlichen Forschungen über den Strukturalismus hinausführten und er dabei enge Gesprächs- und Forschungspartner wie August Nitschke verlor. Die geistigen Wege führten an der Stelle auseinander, an der es um eine begriffliche Fassung des Neuen, der Kreativität, ging.

Aus dem Abstand stellen sich Verwandtschaften und Verbindungen oftmals anders dar als im Blick der unmittelbaren Zeitgenossenschaft. Ich würde aber die Prognose wagen, dass Falk, sollte er aufmerksame Leser finden, in die beeindruckende Societas von gerade derzeit wieder höchst aktuellen Denkern, welche die Tabuierungen der Aufklärung nicht mitvollziehen mochten und die in den letzten Jahren vermehrt Interesse auf sich zogen (vielleicht ist auch dies ein Indiz, das für Falks Vermutung vom Ende der Neuzeit spricht), aufgenommen werden müsste: in diesem Zusammenhang sind die großen Außenseiter der Theologie des 20. Jahrhunderts zu nennen, wie etwa der Konvertit Erik Peterson oder der politische Philosoph und Meister der Text-Exegese Leo Strauss, der meinte, dass die *Querelle des anciens et des modernes* nicht ein für allemal entschieden sei.

Einzigartig im deutschen Kulturraum ist aber die Verknüpfung des Grundproblems von Glauben und Wissen mit einem querschnittartig auf das gesamte wissenschaftliche Panorama gerichteten Blick: Psychoanalyse, sprachwissenschaftlicher Strukturalismus, historische Anthropologie und Ur- und Frühgeschichte treten unter der Optik von Falks Darstellung mit moderner Physik und den philosophischen Bemühungen des 20. Jahrhunderts zu einem zusammenhängenden ,Syndrom' zusammen. Diese Form von ,History of ideas' aus der genuinen Suche nach einer Ordnung in der Geschichte zu treiben, hätte sich in Frankreich oder im angelsächsischen Kulturraum vielleicht weniger fremd ausgenommen als hierzulande, wo die großen Polyhistoren wie Friedrich Heer von Spezialisten des Dilettantismus verdächtigt wurden, wo die ,Ordnung in der Geschichte', als dogmatisches Raster innerhalb der Fortschrittsmaschine missdeutet, spätestens mit dem Jahr 1989 zerfiel und entweder vagen kulturgeschichtlichen Erinnerungsbegriffen wie jenen des ,kollektiven Gedächtnisses' oder postmodernen petites histoires (bzw. ,courts récits') Platz machte.

Kennzeichnend ist, dass der gesamte Problemkomplex bei Falk vor der Frage nach dem Anfang, der Entstehung von Kreativität, exponiert wird. Die ,Anfangsvergessenheit' - der in vielem mit Falk geistverwandte George Steiner hat jüngst erst darauf hingewiesen - verursacht eine kulturelle Tendenz zum Sekundären. Die ,reale Präsenz', die im eminenten Kunstwerk aufgeht, verweist zuletzt, wie Falk sehr klar gesehen hat, auf die ,Grammatik der Schöpfung', den Anfang von Welt überhaupt. Wir hätten keine Anfänge mehr - so eröffnet Steiner seinen jüngsten großen Essay - das große und stolze römische Wort ,incipit' habe seinen Klang verloren.

Zu Steiner hat Falk selbst in späteren Jahren eine tiefe Affinität erkannt; dessen vor kurzem formulierter Grundsatz, dass die Menschheit lange Zeit Gast der Schöpfung gewesen sei und dass es schon die Höflichkeit dem Gastgeber gegenüber gebiete, weiter zu fragen, müsste Falk entsprochen haben.

Wie unter anderem die jüngsten Bücher S. Zizeks zeigen, gibt es vor allem in Mitteleuropa wieder Gehör für die Auffassung, dass nur ein ‚starkes Denken' diesen Zeiten, in denen sich höchste kulturelle Verletzlichkeit mit fragilster Durchdringung globaler Netze verbinden, angemessen ist. Es wäre zu wünschen, dass Falks chef d'oeuvre auch dort einen Hallraum findet. Denn seine Landvermessungen sind geeignet, einen Begriff europäischer Kultur zu vermitteln. In seinen späten Jahren hat Falk dies auf Vorlesungsreisen nach Polen in freundschaftlichen Kontakten noch selbst erfahren dürfen.

Hintergründig greift Falks Deutung also weit aus. Es geht ihm um eine grundlegende Korrektur der abendländischen Ontologie und Anthropologie. Das Humanum der Freiheit ist mit der Definition des Menschen als ‚animal rationale' unvereinbar, es führt auf den Begriff des Menschen als eines Wesens, das sehen und hören kann, und das zugleich Schöpfer, wenngleich immer nur Zweitschöpfer, ist. Von heute aus, wo die Selbstproduktion des Menschen im Genlabor denkbar erscheint, mehr, als Falk dies zu Lebzeiten wahrnehmen konnte, in Zeiten, in denen von postmodernen Propheten das Ende der humanen Epoche ausgerufen wird, nehmen sich seine Erwägungen über den Anfang der Welt und die in sie eingelassene ursprüngliche Freiheit wie ein nüchterner und klarsichtiger Kommentar über eine Welt der Zukunft aus. Es könnte sein, dass das eindeutige Splitting in die zwei Kulturen nicht haltbar ist in einer Zivilisation, die von einem Ensemble beider Komponenten bestimmt ist.

Leitfaden für Falks Gedankengang aber ist der in sich differenzierte Zusammenhang von Glaube und Wissen. Der Philosoph Kurt Hübner, der sich demselben Problem in einer eindrucksvollen Monographie widmete (K.H., Glauben und Denken. Tübingen 2001), sprach bildhaft vom Baum der Erkenntnis und dem Baum des Lebens. Dass beide Wege koinzidieren können, ohne dass zwischen ihnen Vermischungen eingegangen werden könnten, dies war für Falk die Voraussetzung dafür, dass die Zeichen der eigenen Zeit gelesen werden.

Falks Ansatz ist höchst ambitioniert. Er fragt aber, in der besten Tradition abendländischer Metaphysik, in einen Grund zurück, den die erkundende Menschenvernunft nicht ausforschen, sondern nur voraussetzen kann. Dies war zumindest am Anfang der Grundimpuls des delphischen ‚gnothi seauton' und des Augustinischen ‚in se reddere' einer philosophischen Tradition, von der sich Falk sehr weit entfernte, vielleicht weil sie sich von sich selbst entfernt hat.

III.

Die Referenzen, auf die sich Falk beruft, sind, wie es nicht anders sein kann, je näher es an die unmittelbare Gegenwart geht, von unterschiedlicher Dichte und Überzeugungskraft. Wenn man seinem Argumentationsgang aufmerksam folgt, wird man sie als Geschichtszeichen und Örter, also als Loci im klassischen Sinn, für Grundphänomene und Fragen begreifen, die an ihrem Leitfaden entlang entdeckt und formuliert werden konnten, und die sich an vielfachen anderen Zeugnissen erhärten und bestätigen ließen. Nicht in den Theoriefiguren und Innovationen von Sheldrake, Hawking oder Küng selbst gründet die Überzeugungskraft dieser Gedanken, sondern in der insistenten Verknüpfung, in die der Verfasser ihre Einsichten bringt und von Plateau zu Plateau weiterführt und konkretisiert.

Wie jeder dezidierte Selbst-Denker, der einen Entwurf in statu nascendi vorlegt, kommt Falk nicht ohne Überzeichnungen und Einseitigkeiten aus. Im Blick auf Kant versuchte ich ihn vielfach im Gespräch von der modifizierenden Bedeutung der Dritten Kritik und ihres Zentraltopos der Urteilskraft zu überzeugen, der bei ihm ausgespart ist. Die leisen Gegentöne Nietzsches, die Begleitmusik des ,Willens zur Macht', hat er nicht gehört. Die Sache sollte klar und sichtbar ans Licht kommen; ohne Abschattungen oder Verdeckungen.

So sehr sich Falk den Standards neuzeitlicher epistemischer Rationalität verpflichtet wusste, so wenig sprach er von seinen Fragen im Ton abgeklärten akademischen Diskurses. Man meinte vielmehr einen ,ersten Entdecker' zu vernehmen, der ,neues fand', nicht ohne Euphorie, und dann, streng vor allem mit sich selbst, fragte, ob der ,Fund' auch nüchterner Prüfung standhielt.

IV.

In der Tat ist dieses Buch auch eine intellektuelle Autobiographie. Nach dem jugendlichen Chocerlebnis waren die Wege dieser Vita ausgesprochen weitgespannt, wenig davon war im einzelnen geplant. Und wenn man Falk im folgenden auch (mit einiger Zurückhaltung zwar) davon erzählen hört, so vernimmt man Dankbarkeit, ein ,es ist gut', das Lebensphasen erst aus dem Abstand ihren Sinn abspürte, dann aber mit umso mehr Evidenz.

Die Jahre in Spanien zu Anfang der Sechziger Jahre wurden für ihn zu einer wichtigen Welterfahrung, die Ergebnisse der Studienzeit, im Abstand zum geistigen Freiburg der späten Fünfziger Jahre, konnten wohl erst aus einem anderen Weltort in kritische Distanz rücken, was Voraussetzung für eine Aneignung ist. In Spanien beschäftigte sich der junge Lektor an der Universität Madrid mit dem Stierkampf, einem ihm zunächst befremdlichen Kulturphänomen; und hier lernte er seine Ehefrau Cristina kennen, der dieses Buch als Erinnerungs- und Gedenkzeichen für all das Vergangene gewidmet ist.

Aus dem Brutkessel des ,roten Marburg' gelangte er dann 1976 nach Kairo; er fand bezeichnende Parallelitäten in Literatur- und Geistesgeschichte des Ägypten der Fünfziger Jahre zu der europäischen, insbesondere deutschen Situation. Das Forschungsprojekt, das über mehrere Jahre interessante Fäden knüpfte, ist nur zum Teil abgeschlossen worden. Falk gewann aus den Entdeckungen der kulturellen Parallele Ägypten aber Evidenzen dafür, dass sich grundlegende Muster des Epochenwandels auch in deutlich unterschiedenen Kulturkreisen abzeichnen.

Näher betrachtet, mag dieses Buch als Schlussstein und zugleich als Grundriss weitergehender Forschungen aufgefasst werden. Gewiss, zu der parallel geplanten Theorie der Inspiration ist es nicht mehr gekommen. Ihr Grundriss kann allerdings schon der Grobstruktur von *Wissen und Glauben um 2000* abgelesen werden: die große Metapher von der Weltmaschine ist ein rationales Sinnbild, das sich unter Falks Analysen für die innere Bewegung der Geschichte der letzten zweihundert Jahre bewährt: das Bild ergänzt sich für den, der Falks Denkweg mitgeht, selbst; und dabei wird klar, dass die Maschine nicht separiert existiert, sondern auf offenem Meer fährt, auf einem Schiff befestigt ist, ja: an der spezifischen Weggabelung der Wissenschaften um 1950 wird klar, dass es ein Segelschiff ist und schließlich wird die Frage nach dem Wind in den Segeln unabweisbar. In psychoanalytischer Sprache ließe sich die von Falk so eindrücklich diagnostizierte Aufdeckung des ‚Faktors X' als eine ‚Wiederkehr des Verdrängten' begreifen; anders gesagt, zeigt sich hier die Einholung der ihr selbst nicht verfügbaren Prämissen der technisch wissenschaftlichen Zivilisation. Mit dem Stichwort von der ‚weltbewegenden Problematik' hat Walter Falk eben das gemeint: innerhalb der Wissenschaft und der Kultur wird zu einem spezifischen späten Zeitpunkt erst deutlich, was diese bewegt. Wenn der Fortschrittsmaschine die Anthropologie des intelligiblen Tieres zugrunde liegt, so beschreibt Falk mit Friedrich Schlegel und Herder einen Progressus, der zur originären Bestimmung des Menschen zurückführen kann. Dahin ist freilich nicht mehr unvermittelt zu gelangen, sondern nur, wenn jenes ‚Golgatha der Individuen' (Wiebke Schrader) in den Blick genommen wird, das Walter Benjamin in seiner ingeniösen Deutung von Paul Klees *Angelus novus* in seiner neunten Geschichtsphilosophischen These, mit prognostischem Blick auf die Signatur des 20. Jahrhunderts, namhaft gemacht hat. Ich habe Walter Falk auf diesen Text gesprächsweise öfters hingewiesen und er mag darin etwas vom Anstoß der eigenen Lebensarbeit wiedergefunden haben. Er versuchte aber, mit klarem Blick, dem Angelus Novus entgegenzuschauen; der Wind, den seine Theorie der Inspiration zum leitenden Sinnbild hat, ist ein Antidotum zum Sturm aus dem verlassenen Paradies. „Der Engel hat das Antlitz der Vergangenheit zugewendet. Wo eine Kette von Begebenheiten vor *uns* erscheint, da sieht *er* eine einzige Katastrophe, die unablässig Trümmer auf Trümmer häuft und sie ihm vor die Füße schleudert. Er möchte wohl verweilen, die Toten wecken und das Zerschlagene zusammenfügen. Aber ein Sturm weht vom Paradiese her, der sich in seinen Flügeln verfangen hat und so stark ist, dass der Engel sie nicht mehr schließen kann. Dieser Sturm treibt ihn unaufhaltsam in die Zukunft, der er den Rücken kehrt, während der Trümmerhaufen vor ihm zum Himmel wächst. Das, was wir den Fortschritt nennen, ist *dieser* Sturm" (Walter Benjamin, Gesammelte Schriften, hg. von R. Tiedemann und H. Schweppenhäuser, Band I, S. 697 f).

Zu wünschen bliebe, dass Falks Ansatz jenseits aller Schulbildung und Disziplinarität in einen weiten Diskurs einbezogen wird, dass Verbindungen aufgewiesen werden, die noch im Dunklen liegen. In ihrer eindrucksvollen Synthese ebenso wie ihren Wagnissen und Ausgriffen in Terra incognita bietet Falks nachgelassenes Chef d'oeuvre übergenug Anlass zu dem Gespräch, das er sich zu Lebzeiten wünschte, zu dem es aber im einzelnen nicht mehr gekommen ist.

Dass die Kulturwissenschaft zugleich eine kulturmedizinische und -therapeutische Rolle zu übernehmen hat, dies war eine von Falks Grundüberzeugungen. Dass die Erkenntnis dem Leben dient, dass sie um ihr ‚Wozu' weiß und nach ihm fragt, die Welt hinter den Gittern der Strukturen wahrnimmt, ist wohl die Grundvoraussetzung für ein Wissen, das aus dem Regulativ der Einsicht in die visiologische Natur des Menschen lebt. Edmund Husserl führte in den frühen Dreißiger Jahren die Crisis der neuzeitlichen Wissenschaft auf den Verlust jenes Lebenszusammenhangs der Erkenntnis zurück. Walter Falk leistet einen bemerkenswerten Beitrag dazu, ihn wiederherzustellen.

V.

Walter Falk hinterließ ein Buchmanuskript, das in den Grundzügen 1997 abgeschlossen war, an dem er aber bis in seine letzten Lebenstage korrigierte und ergänzte. Er hätte das Manuskript für den Druck gewiss noch überarbeitet: Redundanzen waren zu streichen, einige Unklarheiten zu tilgen, Präzisierungen mit wenigen Strichen einzufügen, bei strikter Wahrung des Sprachduktus und der Gedankenstruktur, deren sinnreiche Tektonik mitunter durch wenige Eingriffe eingehender verdeutlicht werden konnte. Zusammenfassungen jedes Kapitels, die der Autor vorgesehen hatte, wurden durchgehend gestrichen, um den Fluss des Ganzen transparent zu halten. Die Anmerkungen wurden nach Walter Falks nachgelassenen Notizen ergänzt; auf zusätzliche Verweise, die mitunter schlagende parallele Evidenzen hätten an den Tag fördern können, wurde nach einigem Nachdenken um der Authentizität des Textes willen verzichtet. Auch bei dem beigegebenen Bildmaterial konnte auf Anregungen Falks zurückgegriffen werden. Falks auf Verbildlichung zielendes Denken in seinem Chef d'oeuvre kann in zwei Abbildungen wie in einer Abbreviatur zusammengefasst werden: die ‚Vertreibung aus dem Paradies' signalisiert gleichsam sein Herkommen aus der Tradition, die ‚Santa Maria' auf der Fahrt ins Offene die noch ungebahnte Richtung, auf die hin er unterwegs ist.

Der Herausgeber, der nie Walter Falks Schüler war, dem Falk aber - um das heute auch in abwegigen Fällen bemühte Bonmot beim Wort zu nehmen - durch Zwiesprache zum älteren Freund und Lehrer wurde, hat manchen Personen zu danken, dass sie ihm halfen, das Manuskript trotz vielfacher anderweitiger Arbeitsbelastung fristgerecht fertig zu stellen: Der Witwe Cristina Falk, der dieses Buch von ihrem Mann gewidmet wurde, ist für den Einblick in einen umfangreichen Nachlass, Falks Schülern der frühen Zeit, die ihm zu Lebensfreunden wurden, vor allem Herrn Werner Guth und Herrn Dr. R. Paslack, für klärende Gespräche, letzterem für einen engen Gedankenaustausch, dem Schöningh-Verlag und insbesondere Herrn Dr. Hans J. Jacobs für offene und rege Zusammenarbeit: es ist zu hoffen, dass die Absicht von Herausgeber und Verlag, aus dem Manuskript auch ein ‚schönes Buch' zu machen, nach dem Urteil der Leser als geglückt gelten darf. Aus seiner reichen und intuitiven Kenntnis hat mir Prof. Dr. Michael Stürmer wichtige Hinweise zur Bildauswahl gegeben, Herr Jean Strepp (Halle/Saale, Heidelberg) hat zum Gedankengang der Einleitung klärend beigetragen.

Vor allem danke ich meiner Frau Chris, die in der ihr eigenen Verbindung von Präzision und Einfühlung in stilistischer und textkritischer Hinsicht mit zu Rate ging, wo immer dies erforderlich war.

Harald Seubert   Nürnberg und Halle/Saale, im Sommer 2002.

Vorwort

Der Glaube an das Wissen im Sozialismus

Als seit dem Jahre 1989 die politische Macht des Kommunismus in vielen Staaten zusammenbrach, begruben die Trümmer auch einen Glauben unter sich. Es war der Glaube an den Sozialismus als Befreier der Menschheit. Zur Eigenart des Sozialismus gehörte es, dass er nicht nur eine politische Bewegung war, getragen von starken charismatischen Persönlichkeiten, sondern auch, und nach eigenem Anspruch sogar vor allem, von der Wissenschaft. Der Glaube an den Sozialismus war auch ein Glaube an das von der modernen Wissenschaft seit der frühen Neuzeit errungene Wissen. Es sollte die Knechtschaft brechen, in welche die Menschheit geworfen worden war durch die Einbildung, es gebe ein höheres Wesen, das Verehrung und Gehorsam fordere, durch die Befürchtung, die Gewalten der Natur nie ausreichend dem menschlichen Willen untertan machen zu können, durch Verzicht auf den Versuch, an der bestehenden Verteilung der Güter zwischen Herren und Knechten etwas Wesentliches zu ändern.

Zwar ist die moderne Wissenschaft selbst keineswegs eine Errungenschaft des Sozialismus. Es ist aber offensichtlich, dass in den sozialistischen Ländern der Wissenschaft eine weitaus höhere Bedeutung zugemessen wurde als anderswo. Dort wurde auf beispiellose Weise der Versuch unternommen, ein Prinzip der Wissenschaft direkt auch auf die Gestaltung des gesellschaftlichen Lebens anzuwenden. Es ist das Prinzip des unbedingten Vorrangs des Allgemeinen gegenüber dem Besonderen, dem in der wissenschaftlichen Sprache seit Aristoteles eine universale Bedeutung zukommt.

Es wäre unmöglich, zum Beispiel das Wesen des Baumes unzweideutig zu definieren, wenn man sich an den Besonderheiten einer der zahlreichen Arten oder gar an dem zufälligen Wuchs einzelner Exemplare orientieren würde. Will man eine wahrheitsfinite Bestimmung eines Gegenstandes gewinnen, so ist es unumgänglich, von Individualität und Artspezifik zu abstrahieren und einzig das in den Blick zu fassen, was allen Bäumen gemeinsam ist. Im Sozialismus sollte diesem Prinzip gemäß nicht nur geforscht, sondern auch gelebt werden.

Das musste Folgen gerade auch für das Leben der Wissenschaftler haben. Sie sollten sich beim Forschen nicht von ihren ‚zufälligen' Vorlieben leiten lassen, sondern von einem Plan, der von einem Expertenkollektiv aufgestellt wurde: Lücken in einzelnen Disziplinen, die konstatiert wurden, sollten auf diese Weise systematisch geschlossen werden.

Selbstverständlich war jener Begriff der Vernunft auch in der Politik von größter Bedeutung. Außerhalb des Sozialismus hatten sich, wie man sagte, ausgesprochen unvernünftige Verhältnisse gebildet, indem sich Interessenvertretungen in Parteien organisierten. Da sie sich wechselseitig bekämpften, ging ein Großteil der politischen Kraft verloren. Vor allem aber hatte dies zur Folge, dass immer nur für das Wohl bestimmter Gruppen gesorgt wurde und nicht für das allgemeine Beste. Nötig sei es darum, so die Auffassung des ‚wissenschaftlichen Sozialismus', eine Partei aus Leuten zu begründen, die bereit wären, sich ausschließlich für dieses Allgemeinwohl einzusetzen. Ihr musste der Staat die Möglichkeit eröffnen, das jeweils als richtig Erkannte in der sozialen Wirklichkeit zu realisieren. Die Herrschaft der Staatspartei galt als gleichbedeutend mit der Herrschaft der politischen Vernunft. Am allerwichtigsten war die Machtentfaltung der Vernunft in dem Bereich, in dem der Mensch nach Karl Marx seine Wesensbestimmung findet: die materielle Produktion der Ökonomie. Im Sinn des ‚realen' Sozialismus kam gerade hier alles darauf an, dass nicht die privaten Interessen des Gewinnstrebens maßgeblich würden, sondern der Nutzen des Kollektivs. Nur wenn es gelang, bei der materiellen Produktion, durch die der Mensch im Unterschied zu den Tieren fortwährend seine eigene Zukunft schafft, das wissenschaftlich als notwendig Erkannte in gesellschaftliche Wirklichkeit umzusetzen, könnte allmählich jener neue Mensch entstehen, den der Kommunismus anstrebte.

Die Überführung der Wissenschaftsprinzipien auf das Leben trug dazu bei, dass der Sozialismus gerade auf viele Intellektuelle überzeugend wirkte. Dies wiederum förderte seinen Erfolg bei vielen Menschen, die nicht in der Lage waren, wissenschaftliche Argumentationen nachzuvollziehen: sie nahmen die beglaubigende Autorität der Wissenschaftler wie einen Mythos zur Selbstbestätigung auf. Dazu kam noch, dass das für die Wissenschaft konstitutive Moment des Allgemeinen in einem Gegensatz zum Besonderen steht, das, wie eine anthropologische Grunderfahrung lehrt, immer von Sanktionen bedroht ist. Jeder Mensch wächst in einer Gemeinschaft auf - normalerweise in derjenigen einer Familie - und in ihr erlebt er, dass es nicht gut ist, wenn jemand darauf besteht, stets nur den eigenen Willen durchzusetzen, also egoistisch zu handeln. Die wissenschaftliche Konzentration auf das Allgemeine wurde vielfach als fortwährende Tendenz zur Überwindung des Egoismus erlebt. Der Glaube an den Sozialismus galt also, zufolge der Überzeugung von vielen, nicht nur dem Wahren, sondern auch dem Guten.

Die Erforschung des Wollens der Staatsbürger

Der Zusammenbruch dieses Glaubens wurde nun durch mehrere Faktoren vorbereitet. Wichtig war sicherlich die bei den Bürgern sozialistischer Staaten allmählich um sich greifende Einsicht, dass es keineswegs gelungen war, sich an die Spitze des Fortschritts zu setzen, weder in der weiteren Erforschung der Natur noch in der politischen Befreiung der Menschen noch gar beim wirtschaftlichen Wohlstand. Aber entscheidend war etwas anderes.

In einem Staat, der zum wahren Kommunismus nur erst auf dem Weg war, durfte man nicht erwarten, dass alle Bürger bereit wären, den Sozialismus in der gebotenen Weise zu unterstützen. Das war der Grund, warum auch in sozialistischen Staaten nicht auf die sozialistische Partei als Avantgarde der Revolution verzichtet werden konnte. Jene Parteien begriffen sich als Gemeinschaft der am neuesten wissenschaftlichen Erkenntnisstand orientierten wahrhaft Gutwilligen. Aber dies allein reichte zur Förderung des sozialistischen Fortschritts nicht aus;

ergänzt wurde die Herrschaft der Partei durch das ‚eiserne Gehäuse' (Hannah Arendt) der Sicherheitsdienste. Da die Klassenfeinde im Verborgenen tätig waren, musste nach ihnen geforscht werden. Dies war Teil der Zielsetzung, den Willen der Staatsbürger aufzuklären. Selbstverständlich konnte die Gedankenpolizei nur erfolgreich sein, wenn sie im Geheimen arbeitete.

Der Glaube an das Wissen bedingte also in allen sozialistischen Staaten die Einrichtung eines Überwachungsdienstes. Er stellte in gewisser Weise die Vollendung des real existierenden Sozialismus dar. Damit wurde nachdrücklich festgestellt, dass der Wert des einzelnen Bürgers einzig in seinen positiven Bezügen zum sozialistischen Kollektiv bestand und dass alle anderen Tendenzen als potentielle oder reale Gefahr zu werten seien.

Eben dies teilte sich den Menschen, die von der Überwachung betroffen wurden, nahezu physisch mit: Sie erfuhren, dass der Staatssicherheitsdienst einen jeden wie eine Sache behandelte, und dass man selbst und jeder Mensch, noch etwas ganz anderes ist als eine Sache. Die Tätigkeit der „Stasi" in der untergegangenen DDR ließ vielen Menschen erst bewusst werden, dass im Ich eine Würde wirksam ist, von der im Sozialismus nie die Rede war: sie gründet in einer jedem Menschen eigenen Freiheit, die nicht erst durch gesellschaftliche Reform oder Revolution hergestellt werden muss. Als im Jahre 1989 viele Menschen, die Stasiüberwachung und die militärische Bedrohung nicht achtend, auf die Straße gingen, oftmals mit einer Kerze in der Hand und mit der Losung „Keine Gewalt!", da bezeugten sie zu allererst diese Freiheit, die personale Menschenwürde.

Ein Wandel im Verhältnis zur Wahrheit

Die politischen und wirtschaftlichen Veränderungen, die sich seither zugetragen haben, sind unerhört. Nicht alle werden bereits zureichend als Signaturen der Gegenwart verstanden. Vor allem ist in der öffentlichen Diskussion noch keineswegs deutlich geworden, welche Folgen der Zusammenbruch des Glaubens an den Sozialismus und an seinen wissenschaftlichen Anspruch haben wird. Wie mir scheint, wird sich allmählich eine Veränderung unseres Verhältnisses zur Wahrheit vollziehen. Woran ich dabei denke, möchte ich zunächst durch einige wenige Hinweise auf zwei Dichtungen verdeutlichen, die noch vor der Revolution von 1989 in sozialistischen Ländern verfasst wurden.

Die erste trägt den Titel *Kassandra*. Christa Wolf publizierte sie im Jahr 1983 in der DDR[1], nachdem sie sich seit 1981 mit der mythologischen Thematik dieser Erzählung beschäftigt hatte.[2] Im Mittelpunkt steht die Priesterin der Sage aus dem Umkreis des Troja-Stoffes. Sie wird am Ende des trojanischen Kriegs gefangengenommen und nach Mykenae gebracht, wo sie erfährt, dass man sie umbringen wird. Sie fühlt sich aufgerufen, in den letzten Stunden vor ihrem Tod über die Ereignisse nachzudenken, die in ihrer Heimat zur Katastrophe führten.

Als ihr Vater Priamos den Thron bestieg, entstand in Troia, zumal unter der Jugend, die Erwartung, dass nun ein neues goldenes Zeitalter heraufdämmern würde. Die politischen Aktionen verfingen sich jedoch mehr und mehr in Lügen. Um diese zu verdecken, wurden offizielle Sprachregelungen eingeführt. Als nach dem Raub der Helena der schönen Frau aus Griechenland,- einem Akt, der als symbolische Vorwegnahme der neuen goldenen Zeit empfunden werden konnte, der Krieg ausbrach, wurde um ein Phantom gekämpft. Denn es war nur der Schein erweckt worden, dass Helena nach Troja gekommen sei. Durch den Krieg verloren die Trojaner in der Folgezeit ihre Würde und glichen sich immer mehr dem schlimmsten aller Griechenkrieger an, „Achill dem Vieh".

Während der unheilvolle Prozess noch im Gange war und durch die offiziellen Reden verschleiert wurde, „sah" Kassandra mehrfach, wie in einer Vision, die unverschleierte Wahrheit. Sie versuchte die Dinge im Sinn ihrer Visionen zu verändern, aber vergeblich. Jetzt, kurz vor ihrem Tod, bekennt sie sich noch einmal, und nun auf die entschiedenste Weise, zur Wahrheit. Die Wahrheit, die dabei in den Blick kommt, steht nicht allein in einem Wesensgegensatz zu dem Lügengespinst, das in Troja vor allem durch den Kommandanten der Palastwache, Eumelos, gewebt wurde. Hinter dem mythischen Bild kommt die Zeitsignatur zur Erscheinung; also die Zerrform der Unwahrheit, die die überzeugten Anhänger des Sozialismus - zu denen auch die Verfasserin Christa Wolf bis vor wenigen Jahren gehört hatte - meinten, wenn von Wahrheit die Rede war. Kassandras Wahrheit leuchtet an dem der sozialistischen Ideologie verdächtigsten Ort auf: im Ich. Sie ist ohne jeden gesellschaftlichen Nutzen: Kassandra kann mit keinem Menschen über sie sprechen. Jene Wahrheit wird in den letzten Lebensstunden Kassandras wie ein Opfer ihrem untergegangenen Volk zu Füßen gelegt, und damit einer höheren Macht, die ihr unbekannt ist, deren Blick sie sich jedoch ausgesetzt weiß.[3]

Die zweite Dichtung, die ich hier in aller Kürze zitieren möchte, wurde von Václav Havel verfasst: es ist eine Modernisierung des Fauststoffes. Havel entwarf sie zunächst im Jahre 1979, nachdem er in Prag wegen seines Eintretens für die Menschenrechte in Untersuchungshaft genommen worden war. Nach seiner Verurteilung zu viereinhalb Jahren Gefängnis erhielt er kein Schreibpapier mehr. Nach seiner Entlassung, im Jahr 1986, entschied er sich, das Stück ganz neu zu schreiben.[4] Havel gab ihm in der Letztredaktion den Titel *Versuchung*.[5]
    Der Ort der Handlung ist ein ‚Institut zur Bekämpfung des Aberglaubens' in einem sozialistischen Land. Der Direktor des Instituts steht - wie der Zuschauer oder Leser gegen Ende erfährt - im Dienst des Teufels. Die Hauptfigur des Dramas, Dr. Heinrich Faustka, ist Mitarbeiter an diesem Institut. Er hat sich vom wissenschaftlichen Atheismus, der hier gefördert werden soll, gelöst und ist zur Einsicht in die Existenz einer verehrungswürdigen Ordnung in Natur und Menschenwelt vorgedrungen und zum Begriff einer übermenschlichen Macht des Bösen. Doch, statt dieser Wahrheit schlicht zu dienen, gibt er der Versuchung nach, sie für egoistische Zwecke zu missbrauchen. Er greift zur schwarzen Magie, wird von einem mit ungewöhnlichen Fähigkeiten ausgestatteten Mann namens Fistula besucht und erhält von ihm die Möglichkeit eröffnet, die hübsche Sekretärin Margret an sich zu fesseln. Er fasziniert sie durch die Mitteilung seiner Einsichten in die Weltordnung, so dass sie sich in ihn verliebt. Als er dann mit seinem Institutsdirektor in Schwierigkeiten gerät, setzt sich die Sekretärin mit größter Entschiedenheit für ihn ein. Er aber distanziert sich von ihr, erklärt sie für verrückt und empfiehlt ihre Einweisung in eine Klinik. Auf zweierlei Weise hat er sich damit gegen die Wahrheit vergangen: Zuerst hat er sie zu ei-

nem bloßen Mittel herabgewürdigt, dann hat er sich geweigert, verantwortlich für sie einzustehen. Damit aber hat er sich selbst, wie das Stück weiter zeigt, dem Teufel überliefert.[6]

Havel beschrieb in seiner Faust-Gestalt einen Menschen, der die Wahrheit verrät. Die Gefahr kannte er aus der eigenen Erfahrung, aber letztlich hat er anders gehandelt als sein neuer Faust. Nach seiner Verhaftung machte man ihm das Angebot, in die Vereinigten Staaten auszureisen. Er fürchtete, wenn er diese Möglichkeit annähme, bei seinen Mitbürgern den Eindruck zu erwecken, er habe sich von der Menschenrechtsbewegung getrennt. Aus Mitverantwortung für seine Landsleute schlug er das Angebot aus und ging ins Gefängnis. In den Jahren seiner Haft suchte er dann in Briefen an seine Frau Olga Klarheit über die Verantwortlichkeit des Menschen gegenüber der Wahrheit zu finden.[7]

Abschied von der griechischen Metaphysik

Das Leben in einem sozialistischen Land konnte dazu führen, dass die Wahrheit auf ganz andere Weise erfahren wurde, als dies in der sozialistischen Theorie vorgesehen war - nicht als eine gegenüber allem Persönlichen blinde Gesetzlichkeit, sondern als das Aufleuchten eines Sinnzusammenhangs, der den einzelnen Menschen zu verantwortlichem Zeugnis herausfordert. Es könnte sein, dass eine Ausbreitung der neuen Wahrheitserfahrung einmal als das bedeutendste Ereignis in der Zeit um das Jahr 2000, als die geistige Signatur des Niedergangs der sozialistischen Welt, beurteilt werden wird.

In jedem Fall zeigt die Wahrheitserfahrung, die an zwei literarischen Beispielen angedeutet wurde, eine ‚Destruktion' nicht nur der marxistischen Denkweise an. Es geht auch um eine Destruktion jener weiteren Überlieferungszusammenhänge, auf denen der Marxismus fußt: die moderne Wissenschaft und der noch umfassendere Kontext der griechischen Metaphysik. Christa Wolf hat nicht von ungefähr einen Stoff aus der archaischen Frühzeit der griechischen Kultur aufgegriffen und dabei das Griechische in einem ungünstigen Licht dargestellt. Ihre Kassandra lässt mit ihrer Wahrheitserfahrung jene Deutung der Wahrheit, welche die Griechen dann der Menschheit vermitteln sollten, hinter sich zurück.

Ebenso wenig dürfte es ein Zufall sein, dass Václav Havel eine Sage neu bearbeitete, die den Menschen in einen Bezug zum Teufel stellt und dadurch mit der christlichen Tradition verbindet. Havel setzt sich damit in ein Verhältnis zur jüdisch alttestamentlichen Überlieferung, für die es von Anfang an bezeichnend war, dass Wahrheit von einzelnen Menschen erfahren wurde und von diesen dann verantwortlich bezeugt werden musste.

Falls den beiden Dichtungen tatsächlich eine repräsentative Bedeutung für die Signatur der Gegenwart zukommt, könnte es Gründe geben, das Ende der kommunistischen Herrschaft auch als Manifestation eines tiefgreifenden Wandels im Verhältnis von Wissen und Glauben zu begreifen. Dies legte indes die Prognose nahe, dass es zu einer Wiederaufnahme der von den kommunistischen Machthabern verfemten religiösen Glaubensformen kommen müsste; was derzeit empirisch nur in ersten wenigen Spuren zu konstatieren ist.

Der Hauptgrund für diesen Befund dürfte im Fortbestehen der vom Marxismus propagierten These bestehen, dass der religiöse Glaube, und speziell der christliche, von der Wissenschaft längst überholt worden sei. Diese These ist unter den Trümmern des kommunistischen Glaubens nicht begraben worden. Sie wurde und wird auch im Westen vertreten: Viele Menschen, die in einem vormals kommunistischen Land leben, mögen den Eindruck gewonnen haben, dass der Kommunismus wenigstens in dieser Hinsicht Recht behält.

Auf dem Weg des Umdenkens

Allerdings wird in der westlichen Welt die im 19. und frühen 20. Jahrhundert auch von einer Mehrzahl nicht zuletzt unter den Intellektuellen vertretene Ansicht vom Vergangenheitscharakter der Religion, ihrer Obsoletheit, auch ernstlich in Frage gestellt. Meinerseits bin ich auf diesen Sachverhalt schon während meiner Studienzeit in den fünfziger Jahren aufmerksam geworden. Er erschien mir um so bedeutungsvoller, als ich bei meinen ersten eigenen Forschungsversuchen in meinem Fach, der deutschen Literaturwissenschaft, auf Phänomene aufmerksam wurde, die eine Revision der üblichen Einschätzung ratsam scheinen ließen; die Indizien einer Wiederkehr, ja einer notwendigen Unabweisbarkeit der Religion verdichteten sich immer mehr. Gleichzeitig konnte ich konstatieren, dass auch in anderen Disziplinen der früher für selbstverständlich gehaltene Widerspruch zwischen Wissen und Glauben fragil war. Allerdings schien mir, dass dieser Vorgang in der Öffentlichkeit gar nicht recht zur Kenntnis genommen werde. So entschloss ich mich, ihn in einem Vortrag zu beschreiben, den ich mehrmals hielt und zu einer kleinen Schrift ausarbeitete. Sie erschien im Jahr 1990 unter dem Titel *Wissen und Glauben heute.*[8]

Wegen des begrenzten Umfangs der Vortragsform verzichtete ich ganz darauf, die methodischen und inhaltlichen Ergebnisse meiner literarhistorischen Beobachtungen darzustellen. Dazu veranlasste mich nicht etwa ein Misstrauen gegenüber der eigenen Arbeit. Ich hatte meine wichtigsten Thesen immer wieder auf den Probierstand gestellt und war von ihrer Haltbarkeit fest überzeugt. Doch stand ich unter dem Eindruck, dass die Dichtung in weiten Kreisen der Öffentlichkeit nur als Spiel, nicht als Darstellung der geistigen Situation einer Zeit, wahrgenommen wurde. Und überdies meinte ich feststellen zu müssen, dass die Literaturwissenschaft - leider, wie ich meine, nicht ohne Grund - in den Ruf gekommen ist, nur in der Feststellung philologischer Sachverhalte zuverlässig und ansonsten Causerie, schönes Spiel, Erprobung verschiedener, beliebiger Methoden zu sein.

Die Schrift von 1990 war bald vergriffen. Zunächst dachte ich an eine Neuauflage, doch dann veranlasste mich das fortgesetzte Nachdenken über den Zusammenbruch des real existent gewesenen Sozialismus zu der Frage, ob es jetzt nicht Zeit sei, mit Nachdruck, von der Rolle der Phantasie in der Geschichte zu sprechen. Verursacht wurde der Einsturz des kommunistischen Imperiums ja nicht durch eine militärische Aktion externer Mächte, sondern durch eine Implosion. Mit ihr zerbarst vor allem das Bild von der Zukunft eines wahren Kommunismus als Ziel des sozialistischen Fortschritts, das immer nur in der Phantasie existiert

hatte, ähnlich wie in Christa Wolfs *Kassandra* das Bild von einem neuen goldenen Zeitalter. Gerade als Phantasiebild - als „Utopie" - hatte es aber in der realen
Geschichte enorm suggestive Wirkungen ausgeübt.

Die Psychoanalyse hat zur Deutung von Phantasiebildern, die bei Individuen
in den Träumen aufsteigen, einiges beigetragen. Auch über jene Phantasmata, die
kollektiv und über lange Zeit hinweg - als Archteypen - bedeutsam sind, wissen
wir dank der tiefenpsychologischen Mythenanalysen seit C.G. Jung nicht wenig.
Bei der Utopie von der künftigen kommunistischen Gesellschaft handelt es sich
jedoch um ein Traumbild, das kollektiv geträumt, aber nur etwa 150 Jahre alt
wurde. Zur wissenschaftlichen Erkenntnis von Traumbildern solcher Art kann
weder das Studium individueller Träume noch von kollektiven Mythen verhelfen. Wohl aber bietet die Dichtung eine Möglichkeit dazu. Dichtungen sind Darstellungen von Phantasiebildern, die in einem Individuum auftauchen, aber so
gestaltet sind, dass sie eine kollektive Bedeutung sichtbar machen. Diese entspricht vielfach den gesellschaftlichen Verhältnissen, in denen ein Dichter lebt.
Sie kann diese aber auch übersteigen und Aufschlüsse über eine Situation geben,
die in derselben Epoche unter verschiedenartigen sozialen Bedingungen und an
unterschiedlichen Weltorten erfahren worden ist. In Christa Wolfs Erzählung
Kassandra sind gewiss die gesellschaftlichen Lebensverhältnisse in der DDR
eingegangen, zu denen es in der BRD kaum Analogien gab. Trotzdem rief diese
Erzählung auch im Westen ein außerordentliches Interesse wach (was sich auch
daran zeigte, dass sie lange Zeit an der Spitze der Bestsellerliste des „Spiegel"
stand.)

Die Untersuchung von Dichtungen auf ihre epochalen Sinnzusammenhänge
hin und die Entwicklung einer hierfür geeigneten Methode bildete seit langem
das Zentrum meiner eigenen Forschungsarbeit. Mir schien, dass ich jetzt auch
von deren Ergebnissen sprechen sollte. Eine von diesen Erwägungen beeinflusste
Umarbeitung meines Vortragstextes habe ich dann tatsächlich in der Folge des
Jahres 1990 begonnen. Allmählich entstand ein Manuskript, das mit der Keim-
zelle der kleinen Schrift noch den allgemeinen Gedankengang gemeinsam hatte,
Um dem Ausdruck zu geben, habe ich den Titel abgeändert, und zwar so, dass
nun klar gesagt ist, was mit „heute"" schon vor einigen Jahren gemeint war: die
Zeit um die Wende vom zweiten zum dritten Jahrtausend.

Schon zu Beginn der Umarbeitung nahm ich mir vor, die Überlegungen zur
Geschichte des Wissens an den neuen Erkenntnissen epochaler Sinnsysteme zu
orientieren, die durch Dichtungsanalysen möglich geworden waren. Zunächst
dachte ich, die literaturgeschichtliche Beschreibung der Epochendeutung in einem zweiten Teil desselben Bandes auszuführen. Doch der wissenschaftsgeschichtliche, auf die Genesis der Neuzeit reflektierende Teil wuchs immer mehr
an. Schließlich beschloss ich, ihn als weitgehend eigenständigen ersten Band der
Öffentlichkeit vorzulegen.

In einem zweiten Band gedenke ich dann die vorgesehene literaturwissenschaftliche Begründung der Epochendeutungen darzustellen, indem ich eine größere Zahl von dichterischen Werken erörtere. Beginnen möchte ich diesen Band
allerdings mit dem Entwurf einer neuen Theorie der dichterischen Phantasie. Der
Versuch dazu scheint mir notwendig geworden zu sein, weil immer deutlicher
geworden ist, dass die abendländische Definition des Menschen als des ‚Tiers
mit Vernunft' (‚animal rationale') ersetzt werden muss durch seine Deutung als

des Lebewesens, das der Vision fähig ist. An der Dichtung tritt die Visionsfähig-
keit des Menschen am klarsten hervor. Darum kommt der Dichtungstheorie eine
besondere Aufgabe zu, wenn die Anthropologie als *Visiologie* neu begründet
werden soll.

Erster Teil

1. Grundsätzliches über Wissen und Glauben

Die Unterscheidung

Wissen und Glauben unterscheiden sich von Grund auf. Was Wissen ist, zeigt sich exemplarisch beim Bau eines Hauses. Um ihn mit Aussicht auf Erfolg ausführen zu können, muss zuerst eine große Zahl von Einzelheiten geklärt worden sein - etwa die Eigenschaften des Bodens, die Größe und Festigkeit von Bausteinen, die Form und Haltbarkeit von Trägern usw. -, außerdem die Wechselwirkungen, die die verschiedenen Einzelteile aufeinander ausüben, und schließlich der Bezug, in dem das Ineinanderwirken solcher Faktoren zu dem Entwurf des Ganzen steht, der in einem Plan vorskizziert worden ist. Der Entwurf des Ganzen muss derart beschaffen sein, dass er während der Bauarbeiten jederzeit vor Augen gestellt werden kann; denn nur dann wird eine genaue Zuordnung der Teile zueinander möglich. Auf das Gesamtbild kommt darum letztlich alles an. Im Blick auf das Beispiel mag man vom Wissen zusammenfassend sagen, dass es aus einem zu beliebiger Vergegenwärtigung geeigneten Gesamtbild mit wohlbekannten Einzelheiten und einem diese vielfältig verbindenden Zusammenhang besteht.

Die Eigenart an der Struktur des Glaubens kann man sich hingegen an dem biblischen Bericht über die Berufung Abrahams verdeutlichen. Der Vater Abrahams - oder vielmehr Abrams, wie er ursprünglich hieß - wohnte in Mesopotamien in der Stadt Ur, entschloss sich eines Tages, ins Land Kanaan zu ziehen, ließ sich aber dann mit seiner Sippe in Haran nieder. Hier lebte Abram nach dem Tod des Vaters, bis er einmal eine innere Stimme vernahm, die zu ihm sprach: „Zieh weg aus deinem Land, von deiner Verwandtschaft und aus deinem Vaterhaus in das Land, das ich dir zeigen werde."[9] Abraham vertraute sich der inneren Stimme an und folgte ihr ins Unbekannte. So wurde er zum Glaubenden. Das Glauben ist ein einmaliger Akt des Sich-Anvertrauens, der den Anruf einer in der Geschichte sich bekundenden, geistigen Macht beantwortet. Dies alles verdichtet sich im Bild: der Glaubende lässt sich in ein Land führen, das er nicht kennt.

So unterschiedlich Glauben und Wissen sind, müssen sie einander doch keineswegs feindlich gegenüberstehen. In gewisser Weise sind sie sogar aufeinander angewiesen.

Wissen im Glauben

Im Glauben ist immer auch ein gewisses Maß von Wissen impliziert. Das Land, in das Abram geführt wurde, war Kanaan. Abram kannte es noch nicht, als er der inneren Stimme folgte, aber er wusste, dass schon sein Vater in ein Land mit Namen Kanaan hatte ziehen wollen.[10] So traf ihn der Anruf zum Glauben innerhalb eines durch die vorlebenden Generationen überlieferten Wissenszusammenhangs. Man könnte von einem Glaubens-Wissen sprechen, das sich weiter tradierte. So wird im Alten Testament von Mose berichtet, dass er einmal eine innere Stimme hörte, die sich selbst für ihn in sein Glaubenswissen einordnete, indem sie sagte: „Ich bin der Gott deines Vaters, der Gott Abrahams, der Gott Isaaks und der Gott Jakobs."[11]

Die Unerlässlichkeit des Glaubens-Wissens für das Glauben zeigte sich am aller klarsten später bei Jesus am Beginn seines öffentlichen Wirkens. Nachdem er von Johannes getauft worden ist, hat er vierzig Tage in der Wüste gefastet. Da hört er eine innere Stimme, die ihn auffordert, die ihm zu Gebote stehende geistige Kraft zu nutzen, um Steine in Brot zu verwandeln, um sich von der Höhe des Tempels fallen zu lassen, ohne sich dabei zu verletzen und sich alle Reiche der Erde untertan zu machen. Doch Jesus, der dieser Stimme mit Verweis auf das Alte Testament antwortet, weiß, dass es nicht die Stimme Gottes, sondern des Teufels ist.[12] Ohne Wissen wäre das Glauben orientierungslos und leicht verführbar.

Glauben im Wissen

Umgekehrt kommt das Wissen auch nicht ohne Glauben aus. Niemals nämlich ist der von Menschen erworbene Kenntnisstand definitiv abgeschlossen. Für den Wissenden besteht immer die Möglichkeit, Unbekanntes wahrzunehmen, bisher noch nie untersuchte Einzeltatsachen oder auch Zusammenhänge neuer Art. Wenn dies geschieht, wird der Wissende wieder zum Unwissenden, zumindest teilweise. Um die ihm fühlbar gewordene Ignoranz zu überwinden, mag er versuchen, das Unbekannte in sein Wissen zu integrieren. Zu diesem Zweck muss er Deutungsversuche in der Form von Hypothesen entwerfen und erproben. Während er eine Hypothese aufstellt, kann er unmöglich schon wissen, ob sie richtig ist. Darum wird er sich auf die Aufstellung einer Hypothese nur einlassen, wenn er dies an und für sich - unabhängig vom Erfolg - als sinnvoll empfindet. Der pragmatische Akt der Hypothesenaufstellung hat dann aber den Charakter der Antwort auf einen „Anruf". Es ist ein Akt von der Art des Glaubens. Der amerikanische Wissenschaftshistoriker Thomas S. Kuhn hat in seinem zuerst 1962 erschienenen Buch *The Structure of Scientific Revolutions* am Beispiel der Physik, die ihrer besonderen Strenge wegen vielfach als die Wissenschaft par excellence gilt, dargetan, dass jeder Fortschritt der Wissenschaft, der in der Gestalt eines neuen „Paradigmas" eine wesentliche Neuerung etabliert, ohne Akte des Glaubens unmöglich ist. „Derjenige", schreibt Kuhn, „der ein neues Paradigma in einem frühen Stadium annimmt, muss das oft entgegen den durch Problemlösungen gelieferten Beweisen tun. Das heißt, er muss den Glauben haben, dass das neue Paradigma mit den vielen großen Problemen, mit denen es konfrontiert wird, fertig werden kann, wobei er nur weiß, dass das alte Paradigma bei einigen versagt hat. Eine Entscheidung dieser Art kann nur in gutem Glauben getroffen werden."[13]

Wissen und Glauben erfordern und bedingen einander wechselseitig, weil der Mensch seinem Wesen nach sowohl der Vergangenheit als auch der Zukunft zugehört. Mit seinem Wissen ist er auf das Gewesene bezogen, mit seinem Glauben auf das Kommende. So möchte man meinen, dass sich die Inhalte beider Weisen der Weltorientierung nicht widersprechen. Derart kann es sich in der Tat verhalten. Exemplarisch zeigt das der folgende Sachverhalt:

Von dem Gott, auf den der Glaube aller Angehörigen der monotheistischen Religionen bezogen ist, heißt es in der Bibel, er habe Himmel und Erde, die unbelebte und die belebte Natur, schließlich auch den Menschen im Verlaufe von sechs Tagen erschaffen. Nach dem heutigen Stand der Wissenschaft, jedenfalls ihres allgemein verbreiteten Main stream, ist zu sagen, dass die Existenz des Universums vor etwa 15 Milliarden Jahren mit dem so genannten Urknall begann, dass die Erde viereinhalb Milliarden Jahre alt ist, das Leben auf der Erde dreieinhalb Milliarden Jahre. Der Unterschied zwischen den beiden Darstellungsmodellen, der biblischen und der säkular szientifischen, ist enorm, vor allem im Hinblick auf die Zeitangaben. Aber gerade diese müssen keineswegs als Widerspruch zu verstehen sein. Mit den Schöpfungstagen sind in der Bibel andere Zeiteinheiten gemeint als diejenigen, die durch den Umlauf der Erde um die Sonne gesetzt werden; denn dem Schöpfungsbericht zufolge wurde die Sonne am vierten Tag überhaupt erst geschaffen.[14] Wie hier das Wort „Tag", so werden in Texten, die einen Glauben bezeugen, auch viele andere Worte aus ihrem Bezug auf das epistemische Weltverhältnis so weitgehend gelöst, dass sie eine besondere Bedeutung annehmen. Diese unterscheidet sich von der ‚Wissensbedeutung', ohne diese darum zu negieren oder sich selbst einer Verneinung durch sie auszusetzen.

Die Sprache des Glaubens dient - darin übrigens der poetischen Sprache verwandt - einem anderen Anliegen als die Sprache des Wissens. Darum vermochte z. B. der biblische Schöpfungsbericht während langer Zeit und bis heute viele Menschen direkt anzusprechen, obgleich die Wissensvorstellungen von der Beschaffenheit des Himmels und der Erde sich erheblich geändert hatten. Freilich ist es durchaus möglich, dass zwischen dem Wissen und dem Glauben auch ein Widerspruch auftritt.

Ein Konflikt

Ein eminentes Beispiel dafür bietet die These über die Ursache der Entstehung des Menschen, die von Charles Darwin aufgestellt wurde. Die Kollision ist nicht durch einzelne der von Darwin angeführten Fakten entstanden, sondern durch die grundsätzliche Behauptung, die Genesis des Menschen sei Ergebnis der Macht unpersönlicher Naturgesetze. Ist diese Auffassung richtig, so ist der erste Mensch und mit ihm jeder andere Angehörige der Gattung auch, ein von blinden

Kräften getriebenes Tier, das sich von den Exemplaren anderer Tierarten nur graduell, nämlich durch ein höheres Maß an Intelligenz, unterscheidet. Konsequenterweise muss die Vorstellung, jeder einzelne Mensch habe eine ihm verliehene Freiheitskraft in sich, in der er von Gott angerufen und zu einer künftigen Gemeinschaft mit ihm eingeladen werden könne, als Täuschung preisgegeben werden.

So scharf dieser Konflikt auch hervortritt, bleibt seine Kontur doch so lange vage, als man ihn nur durch die Wörter „Glauben" und „Wissen" bezeichnet. Die von Darwin vertretene Position negierte den Glauben keineswegs schlechthin. Darwin selbst stand zu den Naturgesetzen nicht allein in einem wissenschaftlichen Bezug, er *glaubte* vielmehr an sie als Garanten der Evolution. Darüber hinaus bestärkte er mit seiner Theorie denselben Glauben auch bei vielen seiner Mitmenschen. Jener Evolutionsglaube breitete sich ähnlich aus wie der Glaube, den Darwins Zeitgenosse Karl Marx - ebenfalls durch eine wissenschaftliche Lehre - initiierte. Es gibt also höchst unterschiedliche Weisen des Glaubens.

Auch das Wissen ist nicht von immer gleicher Art. Vorhin wies ich darauf hin, dass Moses und Jesus von einem spezifischen Wissen Gebrauch machten. Die Kollision ist, so kann nun festgehalten werden, nicht auf die jeweils verhandelten, konkreten Inhalte zurückzuführen. Primär ging sie aus zwei tief verschiedenen Einstellungen zur Welt und zum Leben hervor.

Wenn geklärt werden soll, welche Wahrheitserfahrung um das Jahr 2000 vielleicht maßgeblich wird, müssen also zunächst in den Bereichen des Glaubens und des Wissens Unterscheidungen vorgenommen werden. Nun habe ich die soeben angeführten Beispiele auch deshalb gewählt, weil sie besonders prägnant auf die Gefahr aufmerksam werden lassen, die mit dieser Aufgabe aufs engste verbunden ist. Sie besteht in der Verführung zu fundamentalen Vorentscheidungen in der privaten Weltanschauung (z. B. eines Darwinisten oder eines Christen). Wird dieser Gefahr nicht von vornherein wirkungsvoll begegnet, so lässt es sich kaum vermeiden, dass das Ergebnis einen ideologischen Charakter annimmt.

Mir scheint, dass es ein Kriterium zur Unterscheidung von Grundweisen des Glaubens und des Wissens gibt, das von privaten Überzeugungen weitgehend unabhängig ist. Es wird erkennbar, wenn man sich die geschichtsmächtigen Ströme der Menschheitsgeschichte und die sie konterkarierenden, untergründigen Tendenzen vergegenwärtigt.

Abb. I: Paul Klee, Zweifelnder Engel, 1940.
Schwarze Pastellkreide auf Konzeptpapier mit Leimtupfen auf gefaltetem Karton

2. Zwei Grundweisen des Glaubens und des Wissens

Der Mensch und die Phantasie

Nach heutiger Kenntnis existierten auf der Erde seit etwa vier Millionen Jahren Lebewesen, die sich so fortbewegten, wie nur Menschen dies vermögen, nämlich dauerhaft im aufrechten Gang.[15] Das aussagekräftigste Zeugnis von ihnen bieten 3,6 Millionen Jahre alte Fußabdrücke, die drei Individuen, - wahrscheinlich ein Mann, eine Frau und ein Kind, - beim Gang durch eine Schicht vulkanischer Asche im heutigen Laetoli (Tansania) hinterließen. Obwohl ihr Körperbau sich von dem des jetzigen Menschen in verschiedener Hinsicht unterschied, müssen sie, wenn ihre Gangart Tieren tatsächlich nicht möglich ist, bereits zur Menschheitsfamilie gehört haben. Zeugnisse von ihrem Innenleben haben wir freilich nicht.

Sie sind erst aus der Zeit seit etwa zweieinhalb Millionen Jahren bezeugt. Man fand „Hackmesser", die seither in großer Zahl hergestellt worden sein dürften. Während manche Tiere zwar Werkzeuge zu benutzen vermögen, wenn sie die Funktion eines ihrer Organe erweitern (die des Arms durch einen Stock, die der Faust durch einen Stein), konnte die Benutzung eines Werkzeugs zur Anfertigung eines in einem Organ nicht vorgebildeten Werkzeugs (des Messers) nur beim Menschen nachgewiesen werden. Für diese freie poietische Handlung gibt es in der Natur kein Vorbild (unsere „Schneidezähne" dienen in Wahrheit dem Reißen). K. J. Narr charakterisierte den Herstellungsvorgang zutreffend, als er notierte, dass „das Endprodukt gewissermaßen in der ‚Hülle' des rohen Steins gesehen und so von der sinnlich vorgefundenen auf die ‚herauszuholende' Form ‚abstrahiert' wird.[16] Das damit skizzenhaft umschriebene Grundvermögen des Menschen ist die Phantasie. Sie ist gleichbedeutend mit der Begabung zu schöpferischer Tätigkeit. Als solche ist sie notwendig mit einer gewissen Freiheit gegenüber den Naturkräften verbunden.

Dank der schöpferischen Freiheit ist es in der Menschheit zu einem Phänomen gekommen, für das es im Tierreich nicht die geringste Parallele gibt: der Entstehung der Kultur. Die Kulturation besteht in der Freisetzung von immer wieder völlig neuartigen menschlichen Fähigkeiten, die sich an Produkten manifestieren, welche sich qualitativ von den bis dahin bekannten Gegenständen unterscheiden. Wie einst die Hackmesser, so sind alle diese neuartigen Produkte Materialisierungen eines Phantasiebildes, in dem ihr Sinn erscheint.

Lange hat sich die Menschheit auf den Fortschritt nur zögerlich eingelassen. Allmählich aber kam es doch dazu, dass sie sich vom Tier immer mehr unterschied. Von heute aus muss jede *qualitative Neuerung*, da sie zur Vermenschlichung des Menschen beitrug, grundsätzlich positiv bewertet werden, ganz gleich, ob man ihr persönlich zuzustimmen vermag oder nicht. Ein gutes Beispiel dafür bietet die Hoffnung auf eine Weiterexistenz des Menschen nach dem Tod. In unserer Gegenwart wird sie von manchen bejaht, von anderen verneint. Zeugnisse einer Jenseitserwartung sind von unseren Vorfahren nicht seit jeher produziert worden, sondern erst verhältnismäßig spät, nämlich seit dem Neandertaler.

Anonyme Gottheiten

Möglicherweise begann beim Neandertaler - der vor etwa 100.000 Jahren erstmals nachgewiesen ist - auch die Verehrung höherer, dem Menschen überlegener Mächte, im so genannten Bärenkult. Mit Sicherheit ist ein religiöser Bezug später durch Kunstwerke bezeugt worden, in denen Menschen ihre eigene Gestalt darstellten. Dies waren wohl zunächst Materialisierungen von Phantasiebildern, in denen die Kräfte zur Darstellung kamen, die im menschlichen Leben als herrschend erfahren wurden.

Zu jener Zeit wussten unsere Vorfahren längst, wie man das Feuer erhält und Hütten baut. Die Domestizierung von Tieren hatten sie bereits erlernt und in der Anfertigung von Steinwerkzeugen hatten sie eine geradezu meisterhafte Fertigkeit erlangt.

Mit Fug und Recht darf man annehmen, dass sie zu den dargestellten höheren Kräften auch in einen Glaubensbezug traten. Falls sie höhere Mächte zunächst tatsächlich in der Gestalt von Tieren verehrten, bestand der Fortschritt darin, dass sie deren Charakteristika nun auch im menschlichen Bild zu erkennen vermochten. Es ist auffällig, dass dies zunächst - und für längere Zeit - nur an weiblichen Zügen geschieht.

Die männlichen Gottheiten wurden nach wie vor durch Tiere repräsentiert, vor allem durch den Stier. Bei den Muttergottheiten war ihnen das Typische wichtig. Sie verzichteten beim Gesicht auf alle individuellen Ausprägungen - wie etwa bei der sog. Venus von Willendorf aus der Zeit vor dreißig- bis fünfundzwanzigtausend Jahren - oder ließen den Kopf ganz weg. Das zeigt, dass sie in das Verhältnis zu den höheren Mächten die von innerer Freiheit getragene Personalität, die Fähigkeit des Redens in Anrede und Antwort, nicht einbrachten.

Personale Götter

Im Hinblick auf die Entfaltung menschlicher Personalität war es ein weiterer großer Schritt, als sich viele tausend Jahre später die Einsicht sedimentierte, dass es höhere Mächte gab, die sich individuell voneinander unterschieden und, genau wie die Menschen, einen je eigenen Namen und ein eigenes Antlitz trugen, die zu Menschen in deren Innerem sprechen und deren Antwort vernehmen konnten.

Auch die Wertung dieses Ereignisses als Fortschritt darf nicht davon abhängen, ob jemand privatim von der Existenz solcher Götter überzeugt ist. Wer der Meinung ist, dass sie Trugbilder oder Erfindungen darstellen, muss doch anerkennen, dass das Erscheinen von personhaften Mächten in der Phantasie eine qualitative Neuerung bedeutete.

Bezeichnenderweise kam es zu dieser Entdeckung der Existenz von personhaften Göttern vor sechseinhalbtausend Jahren im Zusammenhang mit der Begründung jener gesellschaftlichen Verbände, die wir als Hochkulturen bezeichnen.

Zum direkten persönlichen Bezug zu einem Gott fähig waren zunächst anscheinend nur herausragende Einzelne, Häuptlinge, die infolge dieser Gabe nun als „Könige" verehrt wurden.

Zwar konnte ein Gott nach wie vor auch in der Gestalt eines Tiers dargestellt werden, und ebenso sehr in menschlich-tierischer Mischform. Dabei zeigte das Tierhafte das Göttliche mit an, und keineswegs, wie später bei den Griechen, untermenschliche Züge. Doch bei den Griechen wurde erstmals die Möglichkeit entdeckt, Göttliches in rein menschlicher Gestalt zu repräsentieren.

Die Griechen selbst waren sich des tiefen Umbruchs bewusst, der dadurch bedingt war, dass die Herrschaft einer Reihe von düsteren, titanischen Gottheiten durch die einer Gruppe von dem Menschen näherstehenden Göttern abgelöst wurde. Ohne Zweifel erlangte das Menschliche damit eine höhere Würde als je zuvor. Ein kunstvolles Bild der neuen Weise des Menschseins entstand in den homerischen Dichtungen. Es zeigt einen Glauben, der in hohem Maße personal und anthropomorph geworden ist.

Wahrscheinlich gerade aufgrund dieses Aufstiegs des Menschlichen wurde in Griechenland nach einigen Jahrhunderten eine zusätzliche Erfahrung zum Problem: Die Götter waren untereinander oft uneins, ja sogar zerstritten und konnten darum die sie verehrenden und ihnen gehorchenden Menschen in schlimme, ja abgründige Konflikte stürzen. Auch diese Erfahrung fand einen großartigen dichterischen Ausdruck, nämlich in den Tragödien. Dies dürfte wesentlich dazu beigetragen haben, dass nun in Griechenland ein beispielloser Prozess des Nachdenkens auf den Weg kam, der, cum grano salis, zu einem zwiespältigen Ergebnis führte.

Die anonyme Metaphysik

Erfahrungsgrundlage waren im 6. und 5. Jahrhundert nicht länger die Götter, sondern der Mensch, genauer: sein Geist. Dieser ist, so wurde nunmehr entdeckt, den Wechselfällen des Lebens nicht in gleichem Maße ausgesetzt wie die irdische menschliche Existenz. Er vermag von ihr und ihren Konflikten Abstand zu gewinnen, weil er in einer immateriellen Welt zu Hause ist, in derjenigen der zeitlosen Urbilder des Irdischen, der Ideen. Immer wenn er wahrhaft bei sich selbst ist und damit im Reich der Ideen, vermag er auf das Irdische hinabzublicken, ähnlich wie die Götter. Aber anders als sie, ist er nicht mit sich zerstritten oder gar zerrissen. Jeder Mensch, der sich konsequent auf das Denken konzentriert, kann dies selbst feststellen: Der Geist ist ohne Widerspruch, er ist ‚logisch', er ist mit sich selbst eins. Die Platonische Metaphysik beginnt mit der Einsicht, dass diese Einheitlichkeit im menschlichen Denken nicht eintreten könnte, wenn sie nicht eine Eigenschaft des Geistes überhaupt wäre. Es muss also ein Bezugszentrum von allem Geistigen geben. Es hat seinen Ort ‚jenseits' aller Vielfalt und Zwietracht, also auch oberhalb der Götter.

Mit der Ideenlehre überstiegen die griechischen Philosophen die tragische Weltauffassung. Sie entwickelten die Grundbegriffe der Metaphysik, die im Abendland dem Denken eine besondere Strenge und Größe verliehen und später zum Fundament der modernen Wissenschaft werden sollten.

Zweifellos erklomm das Menschliche mit der Begründung der Metaphysik abermals eine bislang unzugängliche Stufe. Im Bereich des Wissens war es gewiss die höchste, die bis dahin hatte erreicht werden können. Aber zugleich deutete sich die Gefahr an, dass wieder verloren gehen könnte, was seit den Anfängen der Hochkulturen die Vermenschlichung des Lebens am meisten gefördert hatte, nämlich die Fähigkeit zum Dialog mit der Sphäre der Götter. Das Geistprinzip, das Platon und Aristoteles verkündeten, war kein Partner, keine Person mehr. Es vermochte weder zu hören noch zu sprechen. In seiner Gesichtslosigkeit glich es den in früheren Zeiten verehrten gesichtslosen Muttergottheiten. Mochte seine ‚überhelle' Lichtfülle deren Dunkel auch diametral entgegengesetzt sein, so blockierte es die Entfaltung der Menschlichkeit doch auf eine ähnliche Weise. Der Glaube eines Plato oder eines Aristoteles war wieder ein unpersönlicher.

Der eine personale Gott

Nun war längst eine Möglichkeit entdeckt worden, über die zerstrittenen Götter hinaus zu einem einenden Zentrum der Welt vorzudringen, ohne den personalen Bezug aufzugeben. Diese Urstiftung ist, nach alttestamentlichem Zeugnis, durch jenen Abraham geschehen, der sich - schon um das Jahr 2000 v. Chr. - einer inneren Stimme anvertraute, die ihn ins Unbekannte führte; denn es war die Stimme eines Gottes, der den Anspruch erhob, der Ursprung von allem zu sein, was existiert. Aber der Glaube an den einen und darin universalen Gott wurde noch innerhalb einer Stammestradition gepflegt, die sich gegenüber anderen Völkern ‚absonderte' und zunächst keinen nennenswerten Einfluss auf die griechische Philosophie gewann. Umgekehrt war es von dieser Glaubenserfahrung aus nur schwer möglich, die in Griechenland entwickelte Denkweise aufzunehmen.

Mit dem Ursprung des Christentums trat dann eine neue Situation ein. Der Anspruch Jesu, die Erscheinung des universalen Gottes in Menschengestalt zu sein, begriffen die Juden in höchstem Maß als Gotteslästerung. Die Ausstrahlung der Persönlichkeit Jesu muss jedoch ungemein stark gewesen sein. Er fand Anhänger, die ihr Gottvertrauen ausschließlich auf ihn begründeten. Dieser Glaube geriet freilich in enorme Rechtfertigungsnöte, als sich zeigte, dass Jesu Verfolger ihn festzunehmen und sogar hinzurichten vermochten. Durch die Erfahrung seiner Auferstehung aber fand ihr Glaube dann die entscheidende Stärkung.

Bezieht man den „Osterglauben", der zum eigentlichen Fundament des Christentums wurde, zurück auf die Glaubensgeschichte der Menschheit und deren Grundtendenz der fortschreitenden Vermenschlichung der Gottheit, so führt er jene Vermenschlichung des Göttlichen auf eine höchste Höhe. Denn in ihm ist das Menschliche, das einst im aufrechten Gang und in der Herstellung von simplen Hackmessern sich zu manifestieren begann, geistig allumfassend geworden. Mit der damit erreichten Fortschrittshöhe vergleichbar ist allenfalls jene, die im Bereich des Wissens die griechische Metaphysik erlangt hat.

Abb. II: Grabstein der Hegeso. Marmor, Höhe 147 cm

Osterglaube und Metaphysik

Von den Juden unterschieden sich die Christen darin, dass sie sich in ihrer Glaubensgemeinschaft nicht abschotteten. Zum Kanon ihres Glaubens gehört vielmehr der Auftrag, zu fremden Völkern zu gehen und bei ihnen für den neuen Glauben zu werben. Frühzeitig wandten sie sich an Griechen und Römer, und um sich diesen besser verständlich machen zu können, übernahmen sie Begriffe und Denkformen aus der griechischen Metaphysik. So wuchsen sie allmählich in jene Kulturtradition hinein, die einst im frühen Griechenland begonnen hatte. Dieser abendländische Kulturzusammenhang vereinigte in sich also die fortgeschrittensten Repräsentationen des Wissens und des Glaubens. Sie fügten sich deshalb zueinander, da sie dem Menschlichen die allerhöchste Bedeutung zumaßen. Aber sie standen auch in einem extremen inneren Gegensatz, da der Grundbezug des Wissens die Anonymität, der des Glaubens jedoch die Personalität war. Wenn ich recht sehe, ist ein derartiger innerer Gegensatz noch in keiner anderen der großen Menschheitskulturen aufgetreten. Er hat wesentlich zur Ausprägung der abendländischen Eigenart beigetragen. Zu ihr gehört es, dass das Verhältnis von Glauben und Wissen im Laufe der Zeit sich in unterschiedlicher Weise spezifizierte.

Im Mittelalter wurden die gesellschaftlichen Verhältnisse vor allem durch die Bezüge von Personen untereinander geprägt. Darum pflegt man den mittelalterlichen Staat als „Personenverbandsstaat" zu bezeichnen. Diese Lebensumstände mögen auch dazu beigetragen haben, dass der personale Glaube für wichtiger gehalten wurde als das anonyme Wissen. Außerdem begünstigten sie die Anstrengung, das Wissen dem Gottesglauben anzupassen. Dementsprechend wurde die Theologie zur maßgeblichen Wissenschaft. Aufgrund der Bindung des Wissens an den Glauben kann man sie als ‚Glaubens-Wissen' bezeichnen.

Wäre die kollektive Entscheidung zugunsten dieses Glaubens-Wissens nicht revidiert worden, so hätte der Glaube der Fortschrittsgeschichte, der dann zuletzt den Kommunismus tragen sollte, nie entstehen können. Von ihm lässt sich nach den in diesem Kapitel entwickelten Überlegungen sagen, dass er auf die Anonymität und Gesichtslosigkeit begründet war. Auch der wissenschaftliche Bruch mit dem Glauben, für den Darwins Evolutionstheorie steht, hätte sich ohne eine solche Revision nicht zutragen können. Von ihm kann inzwischen ebenfalls Genaueres gesagt werden: Er bewirkte keine Trennung vom Glauben überhaupt, sondern nur von der personalen Glaubensweise, und er ermöglichte, ähnlich wie die wissenschaftliche Lehre von Karl Marx, die Bildung eines neuen Glaubens. In Analogie zu dem Glaubenswissen der Theologie kann man Marxismus und Darwinismus als ‚Wissens-Glauben' begreifen.

Die Revision, die nach dem Ende des Mittelalters einsetzte, hat offenbar dazu geführt, dass man die von der griechischen Metaphysik begründete anonyme Wissensweise aus den personalen Bezügen löste, an welche die Theologie sie gebunden hatte. Das entspricht dem wohlbekannten Sachverhalt, dass es am Beginn der frühen Neuzeit eine ‚Renaissance' gab, eine Wiedergeburt der Antike, und dass nun die ‚Humanisten' sich einem intensivierten Studium der vorchristlichen Autoren widmeten.

Die Vertreter der modernen Wissenschaft haben diese Revision selbstverständlich als enormen Fortschritt gedeutet. Im Blick auf den von mir hier beschriebenen menschheitsgeschichtlichen Zusammenhang ist jedoch zu sagen, dass die Entscheidung für die Anonymität und gegen die Personalität einen tiefen Rückfall der Menschheitsgeschichte bedeutete.

Jene Wahrheitserfahrung nun, die seit den achtziger Jahren des 20. Jahrhunderts an Dichtungen wie Christa Wolfs *Kassandra* und Václav Havels *Versuchung* sichtbar geworden ist, zeigt an, dass sich in unserer Zeit eine abermalige Revision von epochalem Ausmaß vollzieht. Sie bricht das Gehäuse der Anonymität auf: die Dichtung, die zunächst als Bezeugung jenes Zusammenhangs herangezogen wurde, richtet den Blick auf das Innere in einzelnen Menschen, und exponiert im Positiven und Negativen, was Personalität bedeutet. Nun kann die menschliche Person kaum als der Ort begriffen werden, an dem Wahrheit erscheint und verantwortet werden soll, ohne dass Personalität auch im Bereich des Göttlichen akzeptiert würde. Das bedeutet, dass der mit Darwin manifest gewordene Bruch zwischen Wissen und Glauben geheilt werden müsste. Dies aber kann gewiss nicht durch eine Rückkehr in die Weltorientierung *vor* dem Bruch erreicht werden. Völlig abwegig erscheint mir z. B. der Versuch der amerikanischen „Creationists", schlichtweg zu leugnen, dass die Gattungen der Lebewesen in chronologischem Nacheinander auf der Erde erschienen sind und dass der Mensch biologisch mit vormenschlichen Lebewesen zusammenhängt. Als möglich und auch notwendig erscheint nach einem Ausdruck von Václav Havel eine „Rückkehr nach vorn".[17]

Zur Vermeidung einer falschen, ideologischen Rückkehr ist es erforderlich, sich genau klarzumachen, worin der Irrtum der Fortschrittsgeschichte bestand, der es bewirkte, dass die unzähligen richtigen Erkenntnisse, die in der Neuzeit gewonnen werden konnten, einem falschen, weil von der Anonymität bestimmten Zusammenhang zugeordnet wurden. Dazu muss man sich auf die Anfänge der spezifisch neuzeitlichen Wissenschaft besinnen.

3. Der Kosmos und die Natur als Maschine seit dem Beginn der Neuzeit

Die moderne Naturwissenschaft im Zwielicht

Wenn man von der ‚modernen Wissenschaft' im genuinen Sinn spricht, so ist meist die Naturwissenschaft gemeint. In mehreren europäischen Sprachen wird gar nicht, wie im Deutschen üblich, zwischen Natur- und Geisteswissenschaften unterschieden; die Bedeutung der entsprechenden Wörter - science, sciencia - ist auf die Naturwissenschaft eingeschränkt. Der Respekt, den sich die Naturforscher im öffentlichen Bewusstsein erworben haben, ist enorm. In den letzten Jahrzehnten werden allerdings immer vernehmlicher auch Vorbehalte gegen die Naturwissenschaft artikuliert, vor allem seitdem im Jahre 1972 der Club of Rome die Öffentlichkeit mit seiner Warnung vor einer drohenden Umweltkatastrophe aufschreckte.[18] Zwar wurden darin als unmittelbare Ursache der zu befürchtenden Zerstörungen die moderne Industrie und die Technisierung der menschlichen Lebensverhältnisse genannt, doch war offenkundig, dass alle Praktiken der modernen Technik, die vielleicht in einer Weltzerstörung kulminieren würden, auf Erkenntnisse der Naturwissenschaft zurückgingen. Mit dem Hinweis auf die ‚Grenzen des Wachstums' begann eine Diskussion über die Frage, welche strukturelle Eigenschaft der Naturwissenschaft es wohl sei, die so verderbliche Folgen hervorbringt.

Bezeichnenderweise beteiligten sich daran nicht nur die Geisteswissenschaftler, die auch früher schon Vorbehalte geltend gemacht hatten,[19] sondern gerade auch Naturwissenschaftler, so der Wiener Kernphysiker Herbert Pietschmann,[20] der aus Österreich stammende, aber in den USA ansässige Physiker Fritjof Capra[21] und schließlich der britische Biologe Rupert Sheldrake.[22] Die Antwort gerade der genannten Forscher war insofern einhellig, als sie der modernen Naturwissenschaft vorwarfen, an der Natur nur noch diejenigen Züge berücksichtigt zu haben, die als maschinenhafte Funktionen zu erklären sind. Die Entscheidung hierzu hatte, so legten alle drei Wissenschaftler dar, deshalb eine so gefährliche Folge, weil es noch einen anderen, nicht-mechanischen Teil der Natur gebe, den diese zu ihrer Existenz braucht, der ihr aber nun aberkannt wurde. Solange die Amputation eine rein intellektuelle blieb, konnte man von ihren Konsequenzen absehen. Wenn es dabei um organische Zusammenhänge ging, stellte sich die Lage der Dinge anders dar.

Die Grundthese ist kaum zu widerlegen. Die moderne Naturwissenschaft erlangte ihre Eigenart in der Tat durch die Orientierung am Prinzip der Maschine, das jede Bewegung mit Notwendigkeit auf eine vorausgehende folgen lässt und unausweichlich eine genau festgelegte spätere Bewegung produziert. Zum erstenmal wurde die Funktionsweise einer solchen Maschine von Galileo Galilei entdeckt und beschrieben, und zwar im Blick auf die Bewegung der Gestirne im Kosmos. Danach übertrugen René Descartes und Isaac Newton den Gedanken maschinenhafter Funktion auf die Natur als Ganze.

Die grundsätzliche Berechtigung eines solchen Vorgehens ist unbestreitbar. Die konkreten Forschungserfolge bestätigen sie ebenso wie deren Anwendung bei der Konstruktion künstlicher Maschinen und die vielfältig bewährte Nutzung der durch diese hervorgebrachten künstlichen Dinge aller Art. Wenn die moderne Naturwissenschaft gleichwohl einen grundsätzlichen Fehler begangen hat, so kann er in der Tat nur darin bestehen, dass die maschinenhaften Züge der Natur verabsolutiert, andere Momente aber für bedeutungslos erklärt und missachtet wurden. Wichtig wäre nun zu klären, wie es zu diesem Fehler kam.

Aber ohne weiteres ist eine solche Erklärung gar nicht möglich. Zu diesem Zweck müsste zunächst klar bestimmt werden, was in der neuzeitlichen Naturwissenschaft der Missachtung verfiel und warum es nicht mehr ‚gewollt' wurde. Doch sowie man sich hierum bemüht, gerät man in Schwierigkeiten. Alle Züge der lebendigen Natur, die missachtet wurden, sind - eben deshalb - weitgehend unerforscht geblieben, und darum besteht heute keine Möglichkeit, in der wünschenswerten Klarheit von ihnen zu sprechen. Indessen gibt es einen Ausweg. Der Vorgang der Missachtung kann nämlich auch unter einem Gegenaspekt betrachtet werden. Das, was der Missachtung verfiel, dürfte mit jenen Zügen verbunden gewesen sein, die jetzt allein in den Vordergrund traten. So kann man auch fragen, wie es zu der Verabsolutierung des Maschinenmodells kam. Das bedeutet konkret, dass zunächst nach Erscheinungen des Maschinenhaften in einer Zeit zu fragen ist, in der es noch nicht verabsolutiert war, und dass sodann erörtert werden müsste, was die Verabsolutierung veranlasste.

Die Mechanik im Rahmen der Gottesordnung

Genau diesen Fragen ging neuerdings Martin Burckhardt nach. Er machte darauf aufmerksam, dass das Urbild des Maschinenhaften die Mechanische Uhr ist und erinnerte daran, dass diese bereits im Mittelalter entwickelt wurde.[23] Eine Legende schrieb, wie er darlegte, die Erfindung Gerbert von Aurillac, dem späteren Papst Silvester II. zu (um 945 - 1002 n.Chr.), den sie bemerkenswerterweise als Verbündeten des Teufels beschrieb. Nachgewiesen werden konnten Räderuhren mit Gewichtsantrieb jedoch erst seit viel später, nämlich zwischen 1270 und 1300. Ein Erfinder wird nicht genannt. Es gilt jedoch als wahrscheinlich, dass er aus monastisch klösterlichem Umfeld kam. Gesichert ist jedenfalls, dass seit der Wende vom 13. zum 14. Jahrhundert mit der Mechanischen Uhr ein „Welt-Bild" konstruiert wurde, das dann in der Neuzeit bei der Verabsolutierung des Mechanischen als Vorbild dienen konnte.

Eine solche Verabsolutierung wurde indessen nicht allein in der Mechanik, sondern auch in derjenigen „Natur" vorgenommen, deren Studium die moderne „Natur"-Wissenschaft sich verschrieb, unterstellend, dass es sich um eine allein aus sich selbst existierende und zu begreifende Größe handle. Ein begriffsgeschichtliches Indiz verdient unsere Aufmerksamkeit: das Mittelalter kennt selbstverständlich all das, was wir zur Natur zählen, die Erde, die Pflanzen, die Tiere, aber zunächst noch nicht die Natur im genannten Sinn.

Die Ausformung eines einheitlichen Naturbegriffs kann man interessanterweise besonders gut an der Dichtungstheorie verfolgen. Wie Walter Haug darlegte, war es bei den volkssprachlichen Dichtern lange üblich, die Befähigung zum Werkschaffen auf den Heiligen Geist zurückzuführen. Gegen Ende des 12. Jahrhunderts aber ist bei Chrétien von Troyes ein Wandel zu konstatieren. Er erklärte, dass er seinen Roman *Lancelot* einer Dame verdanke, und damit war gemeint: dem Eros. Die Daseinsmacht des Eros, die an die Stelle von Gott trat, repräsentiert einen von Gott unabhängigen Zusammenhang, der später mit dem Abstraktum „Natur" bezeichnet wird.[24] Aus dem Bezug auf ihn sollte in der Neuzeit dann der Kult des „Genies" entwickelt werden.[25]

Möglicherweise besteht zwischen der Entdeckung der „Natur" und der Erfindung der Mechanischen Uhr etwa hundert Jahre später sogar ein direkter Zusammenhang. Die Wende, die Chrétien einleitete, wurde durch Erfahrungen aus dem Minnedienst veranlasst. Als die Minne von Frankreich nach Deutschland wanderte, regte sie auch hier eine neue Art von - lyrischen und epischen - Dichtungen an, die den Minnedienst selbst zum Gegenstand hatten. Hartmann von Aue dichtete paradigmatisch für den neuen Gattungsstil zwei Romane von Chrétien nach. In ihnen ist der sonst übliche Bezug auf Gott durch erotische Beziehungen ersetzt. Jedoch konnte sich Hartmann auf die Dauer damit nicht zufrieden geben und wandte sich darum mit dem *Gregorius* und dem *Armen Heinrich* legendarischen Stoffen zu, in denen der Gottesbezug wieder möglich war.

Wolfram von Eschenbach nahm Chrétiens fragmentarisch hinterlassenen Roman um Parzival auf und dichtete ihn derart um, dass die vom Titelhelden ausdrücklich vollzogene Absage an Gott als eine Auswirkung der Erbsünde erscheint. Wolfram verdeutlichte, dass die Erbsünde den Menschen in zwanghafter Weise so lange umhertreibt, bis ihn die Gnade errettet.[26] Die Verfallenheit an eine solche Zwanghaftigkeit wurde kurz zuvor auch im *Nibelungenlied* thematisiert. Diese Dichtung gibt keineswegs, wie lange unterstellt wurde, einem germanischen Schicksalsglauben Ausdruck, sondern einer im Zusammenhang mit dem Minnedienst gemachten Erfahrung vom Mächtigwerden einer gegen Gott verschlossenen, autonomen Naturgewalt.[27] Es könnte sein, dass Erlebniszusammenhänge dieser Art Anlass gaben, nach der Notwendigkeit in der höheren, himmlischen Ordnung zu suchen. Dann dürften die ersten Mechanischen Uhren als Bilder dieser himmlischen Notwendigkeit gemeint gewesen sein.

Solange in der mittelalterlichen Welt die Vorstellung herrschte, dass Gott in der Art eines Königs über eine von ihm geschaffene Rahmenordnung der Welt regiere, konnten Momente wie die Mechanik oder die „Natur" nur als Bestandteile dieser Ordnung gedeutet und unmöglich verabsolutiert werden. Daher ist zu fragen, wie sich die Wende vom Mittelalter zur Neuzeit lokalisieren lässt und wie sie sich zu jener Verabsolutierung verhält.

Deutungen des Weltzentrums in der Neuzeit

Die genaue Bestimmung des Zeitpunkts der Epochenschwelle ist höchst umstritten.[28] Mir scheint jedoch, dass die Malerei ein verlässliches Symptom dafür bietet. Um 1425 schuf Masaccio in Florenz ein Gemälde, das erstmals die Zentralperspektivik erkennen lässt. Dies war, wie sich zeigen sollte, ein Konstruktionsmittel ganz besonderer Art. Viele Stilmittel wurden in der Folgezeit aufgenommen und nach einer Weile wieder preisgegeben, dieses aber hat sich Jahrhunderte lang erhalten, bis in die Zeit um den Ersten Weltkrieg. Und wenngleich es seinen festen Ort in der Malerei hat, bietet es doch einen Ansatz zu einer deren Bereich überschreitenden Weltdeutung.

Auch in der Zeit davor hatten Gemälde selbstverständlich eine Mitte, und diese konnte, zumeist durch besonders wichtige Figuren, hervorgehoben werden. Aber wenn dies geschah, dann wurden die anderen Figuren zur Zentralgestalt durch Mittel in Bezug gesetzt, die nicht malerisch waren, sondern eine Weltordnung voraussetzten, welche an sich selbst nicht dargestellt, sondern nur indirekt angezeigt werden konnte. Als solches Indiz mochte z. B. die relative Größe der Figuren dienen, weshalb etwa eine zentrale Christus- oder Marienfigur groß, Figuren von Stiftern aber entsprechend ihrer viel geringeren Bedeutung in der Weltordnung nur klein dargestellt wurden.

Mit der Einführung des Konstruktionsmittels der ‚Zentralperspektive' trat hier ein fundamentaler Wandel ein. Das Zentrum musste von jetzt an ausdrücklich im Hinblick nicht nur auf die Höhe und Breite, sondern auch auf die Tiefe sichtbar gemacht werden. Nun verfügt die Wand oder Leinwand, auf die gemalt wird, normalerweise nur über Höhe und Breite, nicht aber über die dritte Dimension. Diese musste also vom Maler künstlich geschaffen werden. Das war ihm nur möglich, wenn er ihr die beiden anderen Dimensionen derart anpasste, dass ein einheitlicher Raum sichtbar wurde. Dementsprechend wurde die Größe einer Figur nicht mehr von ihrer Bedeutung in der Weltordnung bestimmt, sondern von ihrer Position im Vorder-, Mittel- oder Hintergrund.

Mit der Gestaltung eines dreidimensionalen Gemäldes wurde der Maler notwendig zum Schöpfer eines künstlichen Raumes. Dieser konnte an die Stelle der auf das Schaffen Gottes zurückgehenden allgemeinen Weltordnung treten. Und damit war grundsätzlich die Möglichkeit zur Loslösung aus jener Ordnung gegeben, mithin zu einer Verabsolutierung des künstlichen Raumes. Allerdings war dies keineswegs zwingend. Noch war auch der Gedanke möglich, dass sich das menschliche Schaffen im Auftrag Gottes vollziehe und die Gottesordnung nicht ersetze, sondern ergänze. So legte Nikolaus Cusanus dar, dass Gott selbst nicht alles schuf, was geschaffen werden sollte, sondern dem Menschen als seinem Ebenbild eine „vis creativa", eine schöpferische Kraft, verlieh und ihn damit befähigte und beauftragte, eigenständig Neues zu schaffen, z. B. die Wissenschaft.

Gerade Masaccios *Trinità* ist, wie Alexander Perrig gezeigt hat,[29] ein Beleg dafür, dass der künstliche Raum sogar ganz ausdrücklich auf Gott und seine Ordnung bezogen werden sollte. Masaccio konstruierte ihn, um eine irdische Scheinwelt darzustellen, die vom Betrachter verlangt, dass er über sie hinaus an die wahre Welt denkt. „Dieser Aufforderung nachzukommen (...) ermöglicht die Scheinarchitektur. Mittels ihrer Enge und ihrer provokanten Rationalität macht sie auf eine fast beklemmende Weise ihre Nicht-Identität mit dem wirklichen Wohnsitz Gottes (...) bewusst. Sie zwingt förmlich dazu, (...) nach dem zu fragen, was dieses quasi-lebendige Kombinat und dieses steinerne Denkmal *verbergen*."[30] In einer Analyse späterer Gemälde mit Zentralperspektive macht Perrig sodann deutlich, dass der Mittelpunkt wie das Auge Gottes gestaltet wurde, das in den künstlichen Raum der Menschen hineinblickt und -wirkt. Bei manchen Gemälden erscheint vom Zentrum aus geradezu eine Blickbahn, die den Weg des Heiligen Geistes in die Menschenwelt bezeichnet. In solchen Fällen tut der Betrachter gut, „das jeweilige Bild vom Zentrumspunkt her, d. h. von hinten nach vorn, abzulesen."[31]

Besonders deutlich wird dies bei Darstellungen von Mariä Verkündigung, die demonstrieren, dass der Heilige Geist vom Mittelpunkt aus zunächst die irdische Menschenwelt öffnet, ehe er zu Maria gelangt. Perrig schrieb über eines dieser Gemälde, das nach seinem Aufbewahrungsort, dem Gardner-Museum in Boston, als ‚Gardner-Verkündigung' bezeichnet wird:

> Dieses Absolute aber ist, obwohl nur in einem unsichtbaren mathematischen Punkt gegenwärtig, (...) ‚Hauptperson' des Bildes (...). Sein zwingender Indikator ist der die Bildtiefe zwischen Engel und Maria so nachdrücklich aufreißende lange Korridor. Als die architektonische Gleitbahn für den Zentrumsstrahl des verborgenen Gottes stellt er eines der anschaulichsten aller bis dahin erfundenen Symbole für den von der göttlichen Zeugungskraft plötzlich und geheimnisvoll durchdrungenen irdischen Leib der künftigen Mutter Gottes dar.[32]

Bilder dieser Art hätten nie gemalt werden können, wenn die Abwendung von Gott und seiner Weltordnung eine *notwendige* Folge der zentralperspektivischen Gestaltungsweise gewesen wäre. Sie allein bewirkte also tatsächlich noch keine Verabsolutierung des dreidimensionalen Raumes. Dazu kam es erst, wenn - um in Analogie zu den Gemälden des beschriebenen Typus zu sprechen - an die Stelle des Auges Gottes das des Menschen, des Malers oder des Betrachters, gesetzt wurde. Geschah dies, so wurde aus dem vom Menschen im Auftrag Gottes geschaffenen Raum ein Gott gegenüber verschlossener Kunstraum, auf den Gott keinen Einfluss mehr nahm. In der Folge wurde der dreidimensionale Raum von den Malern sehr häufig in dieser Weise gestaltet

Eine Veränderung gleichen Charakters dürfte sich zugetragen haben, als es dazu kam, dass die im Mittelalter noch als Bestandteil von Gottes großer Weltordnung verstandene Mechanik verabsolutiert wurde. Aber wenn dazu keine Notwendigkeit bestand, was hat diesen Schritt dann veranlasst?

Im Zusammenhang von Überlegungen anderer Art, in denen Perrigs Forschungen nicht berücksichtigt wurden, ist Martin Burckhardt dieser Frage nachgegangen. Zunächst gelangte er zu der Einsicht, dass die Zäsur in keinem Einzelvorgang, sei er noch so bedeutsam, gesucht werden könnte, sondern nur in einem, über lange Zeit hinweg wirksamen kulturellen Prozess, der nicht weniger als die Stellung des Menschen zur religiösen Sphäre betraf. Zunächst hielt Burckhardt fest:

> Es ist kein Zufall, dass die ‚Verkündigung' (das heißt: jener Augenblick, da der Engel der Jungfrau Maria erscheint, um ihr zu verkünden, dass sie Gottes Sohn gebären werde [Lukas 1, 26-38], zum Lieblingsbild des 15. Jahrhunderts wird und dass es so gut wie keinen Maler dieser Zeit gibt, der sich dieses Themas nicht ein oder auch mehrere Male annähme. Die *annunciatio*: das ist der Augenblick größter Zeitdichte, unauflösbare Verschränkung von Gegenwart, Vergangenheit und Zukunft, von Endlichkeit und Ewigkeit, es ist der Augenblick, wo die Prophetie des Alten Testaments sich einlöst und dadurch, dass sie sich einlöst, einem neuen Bund Platz macht; es ist der Augenblick, da der Geist in die Welt tritt - noch nicht physisch, sondern als Weissagung, in Gestalt und im Aggregatzustand des *Wortes*, jenes Wortes, das, indem es sich ausspricht, Fleisch werden wird: *logos spermatikos*.[33]

In der Folge geht Burckhardt der Möglichkeit nach, es sei die Idee von Maria als der Jungfraumutter gewesen, die das Menschliche in jene übernatürliche Höhe transponieren ließ auf deren Fundament dann der Gedanke einer universalen und autonomen, die Welt und ihren ersten Anfang gleichermaßen umfassenden Mechanik gefasst werden konnte. Denn das durch Maria verkörperte Menschsein sei von der Gesetzlichkeit der Natur unabhängig und damit ‚autonom' geworden.[34]

Diese Überlegung hätte sich bei einer Kenntnis von Perrigs Erörterung der Anfänge des zentralperspektivischen Malens wohl erübrigt. Aber auch wenn man von ihr absieht, erweist sie sich als nicht haltbar. Die Evangelien schreiben Maria zwar in der Tat eine Fähigkeit zu, die alles, was gewöhnlichen Menschen in ihrer Naturgebundenheit möglich ist, weit übertrifft. Aber diese die Menschengestalt transzendierenden Eigenschaften äußern sich gerade nicht in der Autonomie mechanischen Funktionierens, sondern in Marias Bereitschaft für den Geist, den sie von Gott empfängt. Ihre Hoheit liegt, paradoxerweise, gerade in ihrer Demut. In der Verkündigungsszene des Lukasevangeliums antwortet Maria dem Engel: „Ich bin die Magd des Herrn; mir geschehe, wie du es gesagt hast."[35] Die Maler der Verkündigungsbilder wollten wohl an Maria eine Haltung sichtbar machen, die diesen Worten entspricht, und keine Überhöhung vornehmen, die deren Sinn geradezu umgekehrt hätte.

Dazu kommt noch eine weitere Evidenz. Im Mittelalter wurde die Marienverehrung nicht weniger intensiv als in der Westkirche in der Ostkirche gepflegt. In deren Bereich hat sich die moderne, an der Mechanik orientierte Wissenschaft jedoch nicht entwickelt. Sie ist aus der von der Westkirche geprägten Kulturtradition hervorgegangen. Der von Burckhardt angesetzte religiöse Zusammenhang wäre also in einem Spezifikum der Kirche im weströmischen Reich zu suchen.

Die Verabsolutierung der Mechanik und die Päpste

Nun bestand ein grundlegender Unterschied der beiden Kirchen darin, dass das eigentliche Oberhaupt der östlichen Kirche nicht der Patriarch, sondern der oströmische Kaiser war, während das Oberhaupt der westlichen Kirche, der Papst, gegenüber dem weströmischen Kaiser eine unabhängige Position einnahm. Einen symbolischen Ausdruck fand der Unterschied in dem Umstand, dass der Patriarch am Sitz des Kaisers, in Konstantinopel, residierte, der Papst dagegen in Rom als der Stadt des Grabes von Petrus.

Im Papst sah die westliche Christenheit viele Jahrhunderte lang einen Menschen, der dank seines Amtes einen Platz an der Grenze zum Himmelreich einnahm, dabei aber auch eine gewaltige irdische Macht ausübte, wie sich vor allem in den Konflikten mit den Inhabern des westlichen Kaiseramtes, in der Differenz zwischen *Imperium* und *Sacerdotium*, immer wieder zeigte. Vielleicht war es das Papsttum, das an die Möglichkeit denken ließ, die am Himmel erscheinenden Veränderungen der Position der Sonne in einem menschlichen Werk abzubilden, in der mechanischen Uhr. Immerhin spricht vieles dafür, dass das Urbild der Mechanik von Klerikern erfunden wurde. Und überdies dürfte es kein Zufall sein, dass gerade seit dem 13. Jahrhundert die Mechanik auch in der Kirchenmusik zur Geltung gebracht wurde - durch die Einführung von Instrumenten,[36] freilich wiederum nur im Bereich der Westkirche, in dem die geistliche Instrumentalmusik dann eine außerordentliche Bedeutung erlangen sollte. In der weiter oben skizzierten Legende um Papst Silvester II. gilt dieser als Erfinder nicht nur der Mechanischen Uhr, sondern auch der Orgel.[37]

Das legendarische Zeugnis legt die Frage nahe, ob die Verabsolutierung des Prinzips der Mechanik vielleicht durch einen Papst erstmals vollzogen wurde, wenn nicht durch Silvester II., der historisch nicht dafür in Frage kommt, so doch durch einen seiner Nachfolger. Und vielleicht hat diese Innovation mit jenen Praktiken der Bezahlung von Sündenbußen, die zum Auslöser von Martin Luthers reformatorischem Protest wurden, unmittelbar zu tun. Die Ablasspredigten, die der Beschaffung von Geldern für den Bau des Petersdoms in Rom dienten, ließen den Eindruck entstehen, dass die von Gott her und innerhalb seiner Ordnung mögliche Vergebung der Sünden auch durch einen vom Papst verwalteten und in seinem Auftrag sogar manipulierbaren Mechanismus erreicht werden könne. Von ihm war anzunehmen, dass er seinen Ort an der Grenze zwischen dem Irdischen und dem Himmlischen habe.

Sollte diese Vermutung berechtigt sein, so wäre zu prüfen, ob vielleicht gerade die Kritik der Reformatoren dazu beitrug, dass die Päpste in dieser Hinsicht ihre Haltung entschieden veränderten. Als der bedeutsamste Schritt hin auf die Ver-

Abb. III: Mathematische und physikalische Messinstrumente: Blocksonnenuhr mit Kompass, senkrechtes hölzernes Gerät zur Bestimmung der Sonnenhöhe

Eiserne Wanduhr   Werk einer Taschenuhr

absolutierung der Mechanik getan wurde, nämlich mit den Forschungen von Galileo Galilei, erhob sich bezeichnenderweise gerade im Vatikan dagegen Widerstand. Entscheidend war die Intervention von Papst Urban XII, einem früheren persönlichen Freund Galileis. Dieser war an einer Wissenserweiterung, wie Galilei sie anstrebte, durchaus interessiert, meinte aber an dem Grundsatz festhalten zu müssen, dass - so formulierte es neuerdings Stephen W. Hawking - „der Mensch auf keinen Fall erkennen könne, wie die Welt beschaffen sei, weil Gott in seiner unbeschränkten Allmacht die gleichen Wirkungen auf eine Weise hervorbringen könne, die dem Menschen nicht vorstellbar sei."[38] Damit war erklärt, dass eine für Menschen berechenbare Mechanik mit der Gottesordnung nicht identisch sein könne, sondern von dieser überwölbt werde.

Der Konflikt zwischen dem Vatikan und dem Naturforscher Galilei gilt seit langem als Musterbeispiel kirchlicher Obstruktion gegen den Forschritt. Seitdem wahrscheinlich wurde, dass die von Galilei begonnene Verabsolutierung des Maschinenhaften für den Menschen unheilvolle Folgen hatte, besteht eher Anlass zu bedauern, dass der von Papst Urban XII. unternommene Versuch, die neuen Erkenntnisse zwar anzuerkennen, aber ihre Verabsolutierung zu verhindern, gescheitert ist. Indes finden sich auch von anderer Seite Bemühungen um eine Relativierung der mechanistischen Wissenschaft, die allesamt vergeblich blieben. Eine von ihnen vertrat Blaise Pascal, indem er dem Mechanischen die „raison du cœur" gegenüberstellte, eine andere Johann Wolfgang von Goethe, der Newtons Farbentheorie durch eine eigene Farbenlehre zu ersetzen suchte, welche die qualitativen Momente, von denen Newton völlig abstrahiert hatte, mit berücksichtigt. Falls die Päpste in dieser Sache tatsächlich aus der Kritik der Reformatoren lernten, so dürfte damit noch nicht die eigentliche Ursache der veränderten Sicht auf die Weltmechanik bezeichnet sein. Sie hatte einen viel umfassenderen Charakter; und zu ihrem besseren Verständnis muss man eine Veränderung bedenken, die sich mit dem Beginn der Neuzeit in der Institution des Königtums zutrug.

Das Amt des Königs hatte seit der Begründung der Hochkulturen immer auch sakrale Züge gehabt, so dass es für den Bischof von Rom kaum möglich gewesen wäre, seine Eigenständigkeit gegenüber dem Kaiser zu wahren, ohne für sein eigenes Amt königliche Würden zu beanspruchen. Während des ganzen Mittelalters galt es dann als Aufgabe der Päpste, eine von Gott gegebene Ordnung zu wahren, wobei dem Papst deren spezifisch geistlicher Teil, dem Kaiser der weltliche anvertraut war. Die Zuständigkeitsbereiche waren nicht immer klar gegeneinander abgegrenzt, und so entstanden immer wieder Konflikte. Sie waren geradezu unvermeidlich, weil die Aufgabe der beiden Ämter letztlich dieselbe königliche Dignität betraf.

Mit dem Beginn der Neuzeit vollzog sich nun ein tiefgehender Wandel. Gewohnt, mit ihrem Amt Gott irdisch zu repräsentieren, meinten auch die weltlichen Herrscher dem Umstand gerecht werden zu müssen, dass die Gottesebenbildlichkeit des Menschen vor allem im Schöpfertum bestehe. Am frühesten zeigte sich dies in einem Land, das Jahrhunderte lang von Gegnern des christlichen Glaubens besetzt gehalten worden war, dessen einheimische Bevölkerung lange um ihre Befreiung gekämpft hatte und sie jetzt, im 15. Jahrhundert, vollenden konnte, in Spanien. Im selben Jahr, in dem die „reconquista" endete, segelte Columbus über den Atlantik ins Unbekannte. Damit leitete er einen Prozess ein, der für die gesamte europäische Neuzeit charakteristisch werden sollte, die

Schaffung eines überseeischen Imperiums. Die Entdeckung der bis dahin unbekannten Länder allein wäre, wie manche von Europäern früher gemachten Entdeckungen jenseits der heimatlichen Region, vielleicht etwas nur Anekdotisches geblieben, wäre sie nicht in einen staatspolitischen Schöpfungswillen umgesetzt worden. Aufgrund dessen entstand mit dem Imperium eine neue große politische Form, die die entdeckten Völker und Länder in das erst entstehende imperiale Kunstgebilde integrierte. Es sollte bald zum Vorbild für weitere europäische Imperien werden. Zu seiner Stabilisierung wurde (auch in diesem Fall im Rückgriff auf mittelalterliche Vorformen) eine zentrale Verwaltung geschaffen, ein weiteres neuzeitliches Novum. Anderen Völkern diente die spanische Administrationskunst in der Folgezeit als Muster.

Es ging nicht mehr nur darum, die Ordnung eines bestehenden Reiches, dessen Territorium sich verschieben konnte, zu wahren, es ging um die Schaffung und Verwaltung von transkontinentalen Imperien. Die expansive Tendenz, die damit verbunden war, ließ selbstverständlich immer wieder die Frage entstehen, ob eine bestimmte Reichserweiterung unter einem höheren Gesichtspunkt sich noch in die gegebene Weltordnung fügte. Die Päpste meinten ihrerseits, auf Fragen dieser Art antworten zu müssen. So wurde von einem Papst entschieden, wie Südamerika zwischen Spanien und Portugal aufzuteilen sei.

In der Neuzeit verstanden sich die Päpste primär als Wahrer einer Rechtmäßigkeit, von der sie meinten, dass sie der schöpferischen Dynamik überzuordnen sei. Die Wahrheit blieb für sie „rectitudo", mit dem ‚Ordo' übereinstimmende Richtigkeit, während sie, wie Martin Heidegger gezeigt hat, seit Descartes mehr und mehr als „certitudo", als (maschinenhafte) Gewissheit gedeutet wurde.[39] Infolgedessen meinten sie einschreiten zu müssen, wenn schöpferische Aktivitäten von Menschen, auch im Bereich der Wissenschaft, die Herrschaft Gottes über die Welt und die Menschheit in Frage zu stellen drohten. Den Abbildungen der Himmelsmechanik mochten sie sich darum jetzt besonders nahe fühlen. Aber einer Tendenz, diese zu verabsolutieren, mussten sie sich entgegenstellen, wenn sie der Aufgabe ihres Amtes, wie sie sich ihnen inzwischen präsentierte, nicht untreu werden wollten.

Möglicherweise orientierte sich Galilei, als er die Notwendigkeit der Himmelsbewegungen zu begreifen suchte, noch an jenen Päpsten, die sich als Beherrscher des Himmelsmechanismus verstanden und nach außen hin dargestellt hatten. Möglicherweise verhielten sich genauso jene Maler, die inzwischen ins Zentrum ihres Gemäldes nicht mehr das Auge Gottes setzten, sondern das eigene. Möglicherweise ließen sich vom selben Willen auch alle jene „Renaissance-Menschen" leiten, die nun aus dem Gefühl lebten und handelten, mit ihrem Ich den Mittelpunkt der Welt zu bilden.

Diese Hypothese bedarf im folgenden der Überprüfung.

Die gegensätzlichen Grundmöglichkeiten in der Neuzeit

Mit Sicherheit lässt sich schon jetzt aber dieses sagen: Am Beginn der Neuzeit stellte sich allgemein die Aufgabe, die spezifisch schöpferische Fähigkeit des Menschen in den verschiedensten Lebensbereichen zur Geltung zu bringen, also im Sinne der Ausführungen des letzten Kapitels die Grundfähigkeit des Men-

Abb. IV: Flügelaltar des Wolf Christoph von Wiesenthau
mit geschnitztem Schrein und gemalten Flügeln nach 1523

schen. Als Hauptprodukt der menschlichen Schöpferkraft konnte in der Malerei
der dreidimensionale Raum erscheinen, da die Dimension der Tiefe nur durch
Fiktion darstellbar ist. In der Physik ließ sich eine dreidimensionale Fiktion dadurch schaffen, dass man aus der Weltordnung nur jene Momente auswählte, die
man als Koordinaten des mechanischen Zusammenhangs zu deuten vermochte.
In der Politik war es möglich, imperiale Kunstgebilde zu schaffen, die sich durch
einen zentralen Verwaltungsapparat zusammenhalten ließen.

Wie Perrig an der Malerei nachgewiesen hat, bestand durchaus die Möglichkeit, eine solche menschliche Kunstwelt mit der im Mittelalter maßgeblichen
Gottesordnung in Verbindung zu halten. Der Vorrang der göttlichen Personalität
hätte also auch unter den Bedingungen der Neuzeit gewahrt bleiben können.
Spuren davon sind in den Verkündigungsbildern klar zu erkennen: die vom Menschen geschaffene dreidimensionale Welt wird vom Heiligen Geist durchstrahlt.
Dies ist auch für die Bestimmung der Epochenschwelle nicht unsignifikant: es
deutet nämlich darauf hin, dass jene seit Chrétien de Troyes abgebrochene Tradition der Deutung der menschlichen Tätigkeit als Folge einer Inspiration in der

Neuzeit wieder aufgenommen werden konnte. Das menschliche Schöpfertum wurde dann weiblich interpretiert, in den Verkündigungsbildern marianisch - als die Fähigkeit, dank einer Inspiration von oben ein göttlich-menschliches Kind austragen und gebären zu können, ein Werk zu schaffen, das ohne menschlichen Einsatz nie hätte entstehen können, aber auch nicht ohne die Zeugungskraft des göttlichen Geistes.

Jedoch gab es eben auch eine andere Grundmöglichkeit, welche die Leugnung der Inspiration voraussetzt. Aus der dialogischen Bewegung, welche die Inspiration einleitet, wurde der gleichförmige Taktschlag der in sich selbst kreisenden Mechanik. Sie ist im Wortverstand *ab-solut*, von jedem Gegenüber losgelöst.

Die Verabsolutierung des Mechanischen, die Naturwissenschaftler in unserer Gegenwart ihrer eigenen Disziplin vorwarfen, beruht also auf der Leugnung der Inspiration. Diese Feststellung dürfte für Naturwissenschaftler wie Rudolf Pietschmann oder Rupert Sheldrake nicht überraschend sein; denn beide haben auf das Phänomen der Inspiration nachdrücklich hingewiesen.[40] Das Syndrom der verabsolutierten Mechanik könnte man auch als Missachtung des spezifisch Weiblichen im Menschen beschreiben.[41] Allerdings müsste man anfügen, dass das Weibliche im Menschen (also auch im Mann), das hier gemeint ist, ein Antlitz trägt und nur durch Personen repräsentiert werden kann. Es unterscheidet sich also aufs tiefste von jenem apersonalen Weiblichen, das in der Magna Mater der frühen Kulturen begegnet ist. Dieses blieb jenen Naturwissenschaftlern, die sich der Mechanik verschrieben, keineswegs fremd. Es stand ihnen fortwährend in der Gestalt jener Natur gegenüber, um deren Unterwerfung sie kämpften. In der Verabsolutierung des Maschinenhaften vollzog sich mithin eine Rückwendung von der Personalität des Göttlichen zu seiner Anonymität.

Vielleicht blieb der Widerstand gegen die Verabsolutierung der Mechanik, den das Papsttum leistete, letztlich deshalb erfolglos, weil gerade am Beginn der Neuzeit die menschlichen Schwächen mancher Päpste allzu große Ausmaße annahmen. So kam es nicht von ungefähr, wenn die Vertreter der kirchlichen Reformation nicht allein das Verhalten eines einzelnen Papstes in Frage stellten, sondern auch das von ihm vertretene Amt. Im Rückblick will es jedoch scheinen, dass dadurch eine grundsätzliche welthistorische Möglichkeit verloren ging: lag es doch in der Struktur des Papsttums, das Göttliche auf personale Weise zu repräsentieren. Der Umstand, dass es den Christen des 16. Jahrhunderts nicht gelang, die damals notwendig gewordene Reform der Kirche unter Wahrung ihrer Einheit zu verwirklichen und dass infolgedessen eine Kirchenspaltung entstand, schränkte die Möglichkeiten zur personalen Repräsentanz auf wohl entscheidende Weise ein. Und von den Päpsten ging kein bedeutender Impuls mehr aus, als der Prozess der Verabsolutierung der Mechanik nach der Eroberung des Kosmos und der irdischen Natur in seine dritte Phase eintrat.

Jene Naturwissenschaftler, die in unserer Gegenwart an der Verabsolutierung des Maschinenhaften Kritik übten, haben den in ihren Augen verderblichen wissenschaftsgeschichtlichen Vorgang von Galilei über Descartes bis zu Newton verfolgt. Damit ist die unter naturwissenschaftlichen Gesichtspunkten maßgebliche Traditionslinie tatsächlich beschrieben. Wie ich zu zeigen versuchte, liegen dem noch tiefere Entwicklungsstrukturen zugrunde. Die Universalität der Mechanisierung jedenfalls zeigt sich im 18. Jahrhundert - in einer Epoche, in der auch der Mensch als Maschine gedeutet wurde.

Abb. V: Masaccio, The Second Phase of the Brancacci Chapel and the Trinity

Abb. VI: Masolino, Goldman Verkündigung

Zweiter Teil

4. Die Geschichte als Maschine seit 1770

Die Deutschen und das Heilige Reich

Die Übertragung des Maschinenmodells auf die Menschheitsgeschichte nahm ihren Ausgang in zwei Ländern, deren Tradition von Anfang an durch den Umstand mitgeprägt wurde, dass ihr zunächst noch gemeinsamer Herrscher von einem Papst zum Kaiser eines erneuerten Römischen Reiches gekrönt wurde. Dies geschah im Jahre 800 in Rom, als der Frankenkönig Karl ein Amt übernahm, das ihn zum Schutz der Kirche verpflichtete. Die Wege der beiden Länder, Frankreich und Deutschland, sollten bald auseinander gehen, aber sie blieben immer aufeinander bezogen. So war es für die Franzosen nie ohne Bedeutung, dass die Könige des Nachbarlandes seit dem Jahre 962 mehr als 900 Jahre lang regelmäßig von einem Papst zum Römischen Kaiser gekrönt wurden. Und es kam nicht von ungefähr, dass dieser Tradition schließlich, im Jahre 1806, gerade durch einen Franzosen, durch Napoleon, ein Ende gesetzt wurde, der deren Bedeutung gerade auch dadurch hervorhob, dass er einen Papst zwang, nun ihn zwar nicht zu krönen - das übernahm er selbst - , aber doch zu salben.

Der Umstand, dass der deutsche König nicht lediglich für das Reich der Deutschen zuständig war, sondern immer auch für ein übernationales Imperium (das übrigens nie als von ihm geschaffen, sondern nur als ihm verliehen gedacht wurde), und dass ihm als Kaiser die Aufgabe gestellt war, die Kirche Christi mit weltlicher Macht vor weltlichen Angriffen zu schützen, wirkte sich aber selbstverständlich vor allem auf die Deutschen selbst aus. Mehr als irgendetwas anderes prägte dieser Sachverhalt die deutsche Mentalität. Auch mehrere herausragende Ereignisse und Zäsuren in der deutschen Geschichte dürften von ihm mit bedingt worden sein. So wurde in verschiedenen Ländern immer wieder zwar Unmut über das Verhalten eines Papstes geäußert, aber nicht zufällig kam es gerade im traditionellen Land der Kaiser dazu, dass mit dem reformatorischen Protest Martin Luthers gegen Rom ein Bruch mit Rom nicht mehr ausgeschlossen werden konnte. Andererseits kam die alte Tradition in der Krisenzeit besonders markant zum Tragen. Denn der Kaiser vollzog den Bruch nicht mit. Eine Folge davon war, dass die Konfessionskriege zwischen dem den Papst verteidigenden Kaiser und verschiedenen deutschen Landesfürsten sowie Königen anderer Länder hauptsächlich in Deutschland ausgetragen wurde; es wurde Schachbrett europäischer Machtinteressen und zugleich Schlachtfeld Europas. Der Dreißigjährige Krieg bedeutete dann die bis dahin schlimmste Katastrophe für das Land des Kaisers. In den Jahren, die er andauerte, kamen in manchen Regionen zwei Drittel der Bevölkerung um, im gesamten Reich zwischen 30 und 50 Prozent.

Deutschland erholte sich vom Dreißigjährigen Krieg nur langsam, während Frankreich gerade in dieser Phase zu höchster politischer, militärischer und kultureller Machtentfaltung gelangte. Im Verlauf des 18. Jahrhunderts stabilisierte sich in Deutschland zuerst das geistige Leben. In der zweiten Hälfte des Jahrhunderts gingen aus ihm hohe und höchste Leistungen in unglaublicher Fülle hervor, in erster Linie in den Bereichen der Philosophie, der Dichtung und Musik. In der politischen Wirklichkeit bestand das alte Römische Reich nur noch kümmerlich fort. Die Deutschen ließen sich nun vom Gedanken eines anderen Reiches bewegen, eines Reiches des Geistes. Nach dem Reich der Römer und dem Heiligen Römischen Reich deutscher Nation sollte es ein „drittes Reich" sein. Mit ihm war ein universelles Reich der Menschheit gemeint.

Am deutlichsten wurde von diesem Reich seit dem letzten Drittel des Jahrhunderts der Aufklärung in der deutschen Philosophie und Dichtung gesprochen. Bezeichnenderweise kam es im Zusammenhang damit zu einer Übertragung des Maschinen-Modells auf die Geschichte; ein Vorgang mit mehreren, deutlich voneinander verschiedenen Stationen.

Abb. VII: Ein Kosmograph in seinem Arbeitszimmer.
Stich von Johannes Stradanus, Anfang des 16. Jahrhunderts

Lessing und die Ordnung der ewigen Vernunft

Ausgangspunkt waren die seit dem 17. Jahrhundert in ganz Europa begegnenden intellektuellen Tendenzen, die unter dem Begriff der „Aufklärung" zusammengefasst zu werden pflegen. Sie waren eng mit den großen Innovationsschüben am Beginn der modernen Naturwissenschaften verbunden. Die uneingeschränkte menschliche Autonomie war dabei oberste Zielsetzung. Zunächst bestand die Vorstellung, der Mensch werde diese Autonomie erlangen, wenn er es über sich brächte, sein irdisches Leben den zeitlosen Normen der Vernunft bedingungslos zu unterwerfen. In einer Wiederaufnahme der Tendenzen des Humanismus - der Kantische Grundsatz: „Wage wissend zu sein!" („sapere aude!') ist zuerst von Melanchthon geprägt worden - suchte die Aufklärung den Glauben an die Wissenschaft zu *verwirklichen*, den einst die griechische Metaphysik *begründet* hatte. Schon in der griechischen Metaphysik gilt ursprünglich alles Zeitliche als unwichtig. So spielte die Geschichte im Denken der Aufklärung lange keine bedeutende Rolle. Voltaire entdeckte dann aber - in einer Schrift, in der er den Begriff „Geschichtsphilosophie" prägte (*Essai sur les moeurs et l'esprit des nations*) - einen Zusammenhang zwischen Vernunft und Geschichte. Noch derselben Grundposition verpflichtet war Gotthold Ephraim Lessing, als er in einer Auseinandersetzung mit Voltaire diesem Zusammenhang die wohl klarste Deutung gab - nämlich mit seiner Schrift *Die Erziehung des Menschengeschlechtes*. Er publizierte sie 1777.

Voltaire hatte sich gegen die von Bossuet vertretene These gewandt, dass der Gott der Bibel den Gang der jüdischen Geschichte bestimmt habe. Träfe Bossuets These zu, so argumentiert Voltaire, dann hätte ja nicht sein können, was doch eindeutig festzustellen sei: nämlich dass das jüdische Volk von allen damaligen Völkern das allerroheste gewesen sei. Lessing bestritt dieses Urteil nicht, erklärte aber, Gott habe dieses Volk gerade seiner Rohheit wegen auserwählt. Denn es war sein Wille, ihm eine Erziehung angedeihen zu lassen. Zu diesem Zwecke habe er Strafen angedroht und Belohnungen versprochen. Im Alten Testament seien die Strafen ebenso wie die Belohnungen unmittelbarer und sinnlicher Art gewesen. Im Neuen Testament habe Gott die Erziehungstätigkeit fortgesetzt, aber inzwischen hätten die Menschen begreifen gelernt, dass sie unsterblich seien, und so habe das Erziehungsmittel nunmehr in der Androhung von Strafen und in der Zusage von Belohnungen im Jenseits bestehen können. Mittlerweile sei dank dieser Erziehung die Menschheit noch weiter vorangeschritten. Sie habe sich einem Zustand angenähert, der ein neues und „ewiges Evangelium" ermögliche. Die Menschen kämen allmählich in die Lage zu erkennen, dass es eine Ordnung der Vernunft gebe und sie könnten in Orientierung auf sie handeln. Damit aber hätten sie die Leitung ihrer selbst in die eigenen Hände genommen. Das Strafen und Belohnen von außen, von Gott her, würde nun überflüssig. Mit großer Emphase stellt Lessing in Aussicht:

> sie wird kommen, sie wird gewiss kommen, die Zeit der Vollendung, da der Mensch, je überzeugter sein Verstand einer immer besseren Zukunft sich fühlet, von dieser Zukunft gleichwohl Bewegungsgründe zu seinen Handlungen zu erborgen nicht nötig haben wird; da er das Gute tun wird, weil es das Gute ist, nicht weil willkürliche Belohnungen darauf gesetzt sind, die seinen flatterhaften Blick ehedem bloß heften und stärken sollten, die innern bessern Belohnungen desselben zu erkennen.[42]

In Lessings Sicht ging es in der Geschichte um nichts anderes als um die Annäherung an die ewige Ordnung der Vernunft. Auch die Veränderung, die das Neue Testament gegenüber dem Alten mit sich brachte, fügt sich in diese Schrittfolge. Und das eigene Zeitalter, das allem, was zuvor gewesen ist, überlegen sei, wird den Bezug auf die ewige Ordnung vollenden.

Lessing griff in seiner Schrift eine Lehre auf, die Joachim von Floris um 1200 entwickelt hatte. Ihr zufolge gliedert sich die Geschichte in drei Reiche, in eines des Vaters (Altes Testament), eines des Sohns (Neues Testament) und eines des Heiligen Geistes (das in der Gegenwart beginnt). Bald sollte diese Dreiheit im Sinne des dialektischen Dreischritts gedeutet werden. Bei Lessing war das noch nicht der Fall. Voraussetzung für diese Geschichtsauffassung war die Einsicht, dass sich in der Geschichte auch Veränderungen qualitativer Art zutragen. Als Lessing seine geschichtsphilosophische Schrift verfasste, war diese Einsicht bereits von einem jungen Mann artikuliert worden.

Herder und der qualitative Wandel in der Geschichte

Johann Gottfried Herder, der aus Ostpreußen stammte, unternahm fünfundzwanzigjährig im Jahre 1769 eine Seereise von Riga nach Marseille. Das Erlebnis der Fahrt über das Meer veranlasste ihn zu der Frage, ob nicht vielleicht auch die Reise der Menschheit durch die Zeiten gar nicht auf festem Land, sondern in einem flüssigen Element vor sich gehe. Wenige Jahre später fand er dann einen Beweis dafür, dass diese Vermutung berechtigt sei. Gelegenheit dazu gab ihm - wie ich im Hinblick auf später vorzutragende Überlegungen schon jetzt hervorheben möchte - sein Nachdenken über die dichterische Überlieferung.

In der Literaturtheorie hatte die Aufklärung die einst von Aristoteles aufgestellten, im Abendland lange verschollen gewesenen, aber in der Renaissance wiedergefundenen Regeln der Vernünftigkeit bei der Beurteilung von Dichtungen, vor allem der dramatischen Poesie, mit großer Entschiedenheit wieder zur Geltung gebracht. Im späten 18. Jahrhundert entwickelte sich aber in Deutschland eine geradezu leidenschaftliche Vorliebe für die Dramen von William Shakespeare, obwohl offenkundig war, dass diese den von Aristoteles beschriebenen Normen ganz und gar nicht entsprachen. Lessing hatte diesen Zwiespalt zu überbrücken versucht, indem er die Überlegungen zum ‚Genie' aufgriff, die man seit dem Beginn des Jahrhunderts - zuerst gerade in England - entwickelt hatte. Vom Genie sagte man, dass es in einem unmittelbaren Bezug zur Natur stehe und darum an die allgemeinen Regeln der Vernunft nicht gebunden sei. Als Genie, meinte Lessing, sei Shakespeare ermächtigt, die sonst gültigen Normen zu durchbrechen, er sei gleichsam seine eigene Regel und sein Gesetz.

Belehrt durch die Erfahrung seiner Seereise, gab sich Herder mit diesem Erklärungsvorschlag nicht mehr zufrieden. In einem Essay mit dem Titel *Shakespeare* von 1773 vertrat er den damals unerhörten Gedanken, dass die für ewig gehaltenen Normen sich in Wahrheit ändern könnten und dass Shakespeares Dramen gar nicht regellos seien, sondern anderen, modernen Normen entsprächen. Aristoteles habe seine Regeln den Werken des griechischen Tragikers Sophokles abgelesen, diese aber hätten der Welt der Griechen entsprochen, die nicht mehr bestehe. Wer sie gleichwohl zum Maßstab wähle, wie es vor allem die französischen Dramatiker getan hätten, messe die Kunst der eigenen Zeit an einem vergangenen Epochenvorbild.

> Wie sich alles in der Welt ändert: so musste sich auch die Natur ändern, die eigentlich das griechische Drama schuf. Weltverfassung, Sitten, Stand der Republiken, Tradition

der Heldenzeit, Glaube, selbst Musik, Ausdruck, Maß der Illusion wandelte: und natürlich schwand auch Stoff zu Fabeln, Gelegenheit zu der Bearbeitung, Anlass zu dem
Zwecke. Man konnte zwar das Uralte oder gar von andern Nationen ein Fremdes her-
beiholen und nach der gegebnen Manier bekleiden: das tat alles aber nicht die Wirkung: folglich war in allem auch nicht die Seele: folglich war's auch nicht (was sollen
wir mit Worten spielen?) das Ding mehr. Puppe, Nachbild, Affe (...). Das (...) Drama
ist nicht dasselbe; warum? Weil im Innern nichts von ihm dasselbe mit jenem ist, nicht
Handlung, Sitten, Sprache, Zweck, nichts - und was hülfe also alles äußere, so genau
erhaltne Einerlei?[43]

Mit der Entdeckung des Normenwandels in der Dichtung machte Herder erstmals das Phänomen der qualitativen Veränderung in der Menschheitsgeschichte
sichtbar. Im Jahr darauf veröffentlichte er eine kleine Schrift mit dem - eine Distanzierung von Voltaire ankündigenden - Titel *Auch eine Philosophie der Geschichte zur Bildung der Menschheit.* Darin suchte er erstmals im einzelnen zu
beschreiben, wie der Wandel seit den Patriarchen des alten Testaments und den
Griechen vor sich ging. Zehn Jahre später gab er dann den ersten Band des Mo-
numentalwerks *Ideen zur Philosophie der Geschichte der Menschheit* heraus.
Mit diesen Publikationen revolutionierte er die Grundvorstellung von der Geschichte der Menschheit und legte zugleich das Fundament für den Glauben an
den Fortschritt, der dann zu einer der wichtigsten gesellschaftlichen Triebkräfte
werden sollte.

Die Dynamisierung des Lebensgefühls seit 1770

Herders Grundthese fand rasch weite Verbreitung. Das hing wohl damit zusammen, dass, wie in den letzten Jahrzehnten von mehreren Forschern herausgearbeitet wurde, in vielen Bereichen der Wissenschaft und der Gesellschaft ein neues Lebensgefühl zur Geltung kam, das durch eine ‚Dynamisierung' bestimmt
wurde.

So machte damals Jean-Baptiste de Lamarck ab 1777 zunächst in der Pflan-
zenwelt, dann auch im Tierreich die Entdeckung, dass die große klassifikatori-
sche Ordnung, zu deren präziser Beschreibung Carl von Linné vieles beigetragen hatte, nicht seit jeher bestanden haben konnte, da die verschiedenen Arten
sich erst allmählich gebildet haben. An diese Entdeckung konnte Darwin später
anknüpfen, als er erklärte, den Mechanismus gefunden zu haben, der den Arten-
wandel verursacht. Auch eine fundamentale Voraussetzung für die Theorie von
Darwins Zeitgenossen Karl Marx wurde in den siebziger Jahren des 18. Jahrhunderts entdeckt. Adam Smith legte 1776 dar, dass es in der Wirtschaft nicht allein
um die Verteilung bereits vorhandener Güter, sondern auch und vor allem um die

Abb. VIII: Johann Gottfried Herder. Portrait

Produktion von neuen Gütern gehe, weswegen dem Produzieren entscheidende Bedeutung zukomme.[44]

Die Dynamisierung des Lebensgefühls kam auch im Bewegungsverhalten zum Ausdruck. Im Bereich des Tanzes führte sie dazu, dass Tänze von der Art des

Menuetts, die der Repräsentation festgelegter, zumeist höfischer Ordnungsvorstellungen gewidmet waren, seit den siebziger Jahren von völlig anderen wie dem wirbeligen Walzer abgelöst wurden.[45] Auch in den Leibesübungen[46] und sogar im spanischen Stierkampf ließ sich (hier seit 1776) eine Dynamisierung in derselben Epoche aufzeigen.[47]

Über den damaligen Wandel in der deutschen Literatur schrieb der Germanist Emil Staiger im Jahr 1963:

> Wenn wir ‚Rokoko' sagen, meinen wir außer Wieland, Gleim oder Ramler auch die Amalienburg, auch Fragonard, auch Graun und Pergolesi. Und weiter meinen wir Möbel, Kostüme, Frisuren, Schönheitspflästerchen, Puder; wir meinen die Art, sich zu komplementieren, den Degen zu tragen, den Fächer zu halten. Sogar die ständische Ordnung, das Recht, die Wirtschaft beziehen wir ein in den Stil <des Rokoko>. (...) Gegen das Ende des Jahrhunderts wird alles anders, von der Stellung des Fürsten bis zu den Röcken und Hosen. Die kleine Perücke, die das Haupt ihres Trägers säuberlich einfasst, weicht dem losen, vom Wind umspielten Haar, mit dem sich uns etwa Jacque Louis David oder Chateaubriand darstellt.. Ein neues Verhältnis zur Natur, zur Umwelt tritt darin zutage, wie schon in jener verwegenen Tracht, die Wilhelm Meister nach dem Studium Shakespeares für geziemend hält.

Zu der Eigenart der skizzierten Dynamisierung gehörte es, dass die jeweils beschworene Kraft sich nicht ins Leere verlor, sondern ihre Wirkung aus dem Bezug auf einen Widerstand erzielte. Auf geradezu exemplarische Weise zeigt sich dies an einer Entdeckung aus dem Bereich der Physik. Denn längst war die Kraft, die die Elektrizität enthält, bekannt, aber nur in ihrer gleichsam wilden Form wie beim Blitzschlag. Jetzt fand Alessandro Volta eine Möglichkeit, die elektrische Kraft durch die Bindung an eine Batterie zu domestizieren, welche den stetigen Fluss des Stromes gewährleisten sollte.[48]

Die technische Kultur gewann durch diese Entdeckung einen unerhörten Antrieb. Ähnliches bewirkte in der intellektuellen Welt Immanuel Kants Erkenntnis-Kritik. Ihr zufolge ist unser Intellekt nicht in der Lage, ein Ding so zu erkennen, wie es „an sich", jenseits von Zeit und Raum, ist, sondern immer nur in seiner zeitlichen und räumlichen Bedingtheit. So können wir bei einem Tisch wahrnehmen, welchem Zeitstil er entspricht, aber wir können uns ihn nicht unabhängig von jedem Zeitstil vorstellen. Ebenso können wir seine Form konstatieren, die entweder rund oder oval oder quadratisch oder rechteckig oder auch dreieckig ist, aber ausgeschlossen bleibt für uns, alle diese Formen in einem einzigen Bild zusammenzufassen. Das bedeutet jedoch nicht, dass die Vorstellungen sich verlieren. Ständig bleibt das Denken vielmehr auf seine kategorialen Grenzen bezogen. Sie haben den Charakter der Unabdingbarkeit. Mit dieser These band Kant die Geisteskraft der Wissenschaft an die Räumlichkeit und Zeitlichkeit wie an eine Batterie und verlieh ihr dadurch eine neue, bis dahin unvorstellbare Wirkungsmöglichkeit.[49]

Seinen Grundgedanken artikulierte Kant bereits in seiner Inauguraldissertation von 1771. Danach arbeitete er ihn während der siebziger Jahre sorgfältig aus, indem er seine *Kritik der reinen Vernunft* verfasste, die 1781 erschien. Die Problematik, die ihn dabei beschäftigte, war ganz ähnlich derjenigen, die zur selben Zeit seinen früheren Königsberger Schüler Herder (der inzwischen in Straßburg Goethe kennen gelernt hatte und ihm nach Weimar gefolgt war) in Atem hielt; denn dessen Zuwendung zur Geschichte war ja ebenfalls durch die Einsicht veranlasst, dass das „Ewige" (von ihm nicht als Ding-an-sich gemeint, sondern als überzeitliche Norm), gegenüber dem zurücktrete, was im Raum und, vor allem, in der Zeit erscheint. So war Kant vom ersten Band der *Ideen* sogleich fasziniert. Noch im Erscheinungsjahr 1784 verfasste er eine Rezension. Danach widmete er zwei Studien dem Versuch, ein in Herders These vom qualitativen Wandel in der Geschichte enthaltenes Problem zu lösen, von dem er meinte, dass es von größter Bedeutung, durch Herder jedoch auf falsche Weise angegangen worden sei. Es war das Problem, die Ursache des Qualitätswandels zu erkennen.[50]

Herders dialogische Geschichtsdeutung

Herder, der mit der Deutung der Natur als Maschine (im Sinne von Descartes und Newton) vertraut war, hatte angesichts des Phänomens des Wandels von Normen und Maßstäben auf eine Fähigkeit des Menschen geschlossen, die ihn vom Tier grundsätzlich unterscheide. Während dieses „eine unfehlbare Maschine in den Händen der Natur" sei, verfüge der Mensch über eine gewisse Freiheit vom Maschinenhaften. Dies manifestiere sich auf mancherlei Weise, am allgemeinsten und bedeutungsvollsten in der Sprache. „Indessen wären alle (...) Kunstwerkzeuge, Gehirn, Sinne und Hand auch in der aufrechten Gestalt unwirksam geblieben, wenn uns der Schöpfer nicht eine Triebfeder gegeben hätte, die sie alle in Bewegung setzt; es war *das göttliche Geschenk der Rede.*" Die Sprache erlaube den Menschen, aufeinander einzuwirken, doch, anders als im Mechanismus, ohne allen Zwang. Die Sprache erfasse nämlich nie „die Natur der Dinge", und sie drücke überhaupt nie „Sachen" aus, sondern nur „Namen", nur „Merkmale".[51] So könne man mit der Sprache einem Menschen nichts direkt einprägen, sondern ihn „nur aufmerksam machen und ihn zum eigenen tätigen Gebrauch seiner Seelenkräfte leiten".[52] Die dem Menschen durch die Sprache verliehene Freiheit präge seine Kultur. Das bedeute keineswegs, dass der einzelne Mensch allein aus sich selbst zu existieren vermöchte. „So wenig ein Mensch seiner natürlichen Geburt nach aus sich selbst entspringt, so wenig ist er im Gebrauch seiner geistigen Kräfte ein Selbstgeborener."[53] Jeder sei zu Nachahmungen des durch Konvention und Tradition Gegebenen genötigt. Aber „der Nachahmende (...) muss Kräfte haben, das Mitgeteilte und Mitteilbare aufzunehmen und es wie die Speise, durch die er lebt, in seine Natur zu verwandeln. Von wem er also, was und wie viel er aufnehme, wie er's sich zueigne, nutze und anwende, das kann nur durch seine, des Aufnehmenden Kräfte bestimmt werden."[54]

Herder setzte in der menschlichen Kultur einen dialogischen, sprachhaften Grundzug an. „Der Mensch ist ein freidenkendes tätiges Wesen, dessen Kräfte in Progression fortwirken; darum sei er ein Geschöpf der Sprache!"[55]

Der Ursprung der menschlichen Fähigkeit zur Sprache und zum Fortschritt kann, da sie mit dem Sein des Menschen identisch ist, Herder zufolge nicht in ihm selbst liegen.

> Kein Geschöpf, das wir kennen, ist aus seiner ursprünglichen Organisation gegangen und hat sich ihr zuwider eine andere bereitet, da es ja nur mit den Kräften wirkte, die in seiner Organisation lagen. Aus Kraft des Tieres, die ihn ewig herabzog, sollte er sich zum Menschen gemacht und menschliche Sprache erfunden haben, ehe er ein Mensch

war? Wäre der Mensch ein vierfüßiges Tier, wäre er's jahrtausendelang gewesen; er wäre es sicher noch, und nur ein Wunder der neuen Schöpfung hätte ihn zu dem, was er jetzt ist, und wie wir ihn, aller Geschichte und Erfahrung nach, allein kennen, umgebildet.[56]

Als Ursprung der menschlichen Sprachfähigkeit und damit des Menschseins kam nur Gott in Frage. Herder sagte von der Sprache, sie sei das „Wunder einer göttlichen Einsetzung; es ist außer der Genesis lebendiger Wesen vielleicht das größeste der Erdeschöpfung.[57]

Im Zusammenhang dieser Erwägungen stellte sich Herder die Frage nach der Ursache der von ihm beobachteten und beschriebenen qualitativen Neuerungen in der Geschichte. Eine detaillierte Antwort zu geben, sah er sich nicht in der Lage. Aber die Grundlinie schien ihm klar zu sein. Er nahm auch hier einen dialogischen Vorgang an. Zwar erklärte er einmal, die Geschichte sei der „Gang Gottes in der Natur",[58] aber dann präzisierte er: „Nicht anders wirkt Gott auf der Erde als durch erwählte größere Menschen".[59] Gott schuf also die Neuerungen, jedoch nicht allein, sondern im Zusammenwirken mit dem Menschen.[60]

Kants Mechanisierung des Fortschritts

Mit dieser Deutung, die es nötig machte, Gott personal zu denken, war Kant nicht einverstanden. Er teilte mit der gesamten Aufklärung die Auffassung, dass der eigentliche Herr des Menschen die Vernunft sei. Die kritische Auseinandersetzung mit der im 18. Jahrhundert gängigen Meinung über die Art und Weise des Bezugs des Menschen zur intelligiblen Welt hatte sie nicht im mindesten geschwächt, sondern eher noch gestärkt. Auch in Herders Entdeckung des qualitativen geschichtlichen Wandels sah er keinen Einwand. Sie zeigte nur, dass der Weg zur Vollendung der Vernunftherrschaft beim Menschen nicht derartig kontinuierlich verläuft wie es noch Lessing angenommen hatte, sondern in Sprüngen. Wenn aber nun klar war, dass die Herrschaft der Vernunft gleichbedeutend war mit einer Herrschaft des Menschen über sich selbst, also mit seiner Autonomie, so war offenkundig, dass der Sinn jeder Stufe in einer immer weitergehenden Annäherung an den erstrebten Endzustand liegen musste. Der Sinn dieses Zielbegriffs wäre zerstört worden, wenn der Mensch das Ersteigen einer höheren Stufe ganz oder auch nur teilweise einer außermenschlichen Macht, also Gott, verdankt hätte. Das Ziel der Autonomie verlangte, den qualitativen Fortschritt der Menschheit als Wirkung ausschließlich ihrer eigenen Kräfte zu deuten, deren Macht mit jeder Stufe größer wurde. Dazu aber war es nötig, zunächst das Grundmuster zu erkennen, nach dem sich der Progressus zu Höherem vollzog. So bemühte sich Kant alsbald, ein Modell des Fortschritts zu entwerfen. Dabei stieß er jedoch auf Schwierigkeiten.[61]

Noch im selben Jahr 1784, in dem der erste Band von Herders *Ideen* erschien, nahm er einen ersten Anlauf mit der Abhandlung *Idee zu einer allgemeinen Geschichte in weltbürgerlicher Absicht*. Dabei lag ihm vor allem daran, gegen Herder zu zeigen, dass die vorantreibende Kraft des Fortschritts nicht Gott sei. Er setzte im Menschlichen zwei gegensätzliche Grundkräfte an, die „Neigung, sich zu vergesellschaften" und den „Hang, sich zu vereinzeln".[62] Die erste Kraft brin-

ge die Tendenz mit sich, einen bestehenden Zustand zu erhalten, die zweite ten-
diere dazu, ihn in Frage zu stellen. Für sich betrachtet, bietet die zweite Tendenz
Kant zufolge keinen erfreulichen Anblick. Sie äußert sich in „Ehrsucht, Herrsch-
sucht oder Habsucht" und besteht letztlich in einer „selbstsüchtigen tierischen
Neigung".[63] Tatsächlich ging von ihr eine Bedrohung der existenten menschlichen Gemeinschaft aus. Aber eben dadurch kam es zum Fortschritt. Um der Bedrohung entgegenzuwirken, wurde es nötig, ein Mitglied der Gemeinschaft mit
der Herstellung von Ordnung zu beauftragen. Der Erwählte musste spezifisch
menschliche Züge, also vor allem das Vernunftvermögen, zur Geltung bringen.
Denn nur dadurch war er dem Tierreich überlegen. So entstand eine nach Ver-
nunftgesetzen geordnete Gemeinschaft, ein Staat. Natürlich war der Herrscher
nur ein Mensch, und tierhafte Züge machten sich auch bei ihm geltend. Kant zufolge trugen aber auch sie zum Fortschritt bei. Abermals zeigte sich die Notwendigkeit, eine Ordnung zu schaffen, diesmal eine, die auch die jetzt neu entstandenen Konflikte zu befrieden vermochte. In dieser Weise kam die Menschheit
allmählich zu immer höherstufigen Ordnungen.

In diesem Modell kam Kant tatsächlich ganz ohne Gott aus. Das dürfte für den
Philosophen um so erfreulicher gewesen sein, als das Modell den Eindruck erweckte, die entscheidenden Vorgänge vollzögen sich mit zwingender innerer
Notwendigkeit: das Tierhafte *musste* eine bedrohliche Wirkung ausüben, die Bedrohlichkeit *musste* durch eine höhere Ordnung gebannt werden. Der Fortschritt
lief demnach wie eine Maschine ab.

War es Kant also gelungen, dasselbe Prinzip der Mechanik, das Galilei in der
Bewegung der Gestirne, Descartes und Newton in der irdischen Natur aufgewie-
sen hatten, nun auch als Grundprinzip des geschichtlichen Fortschritts zu demon-
strieren? In der Tat, vorausgesetzt allerdings, das Modell erwies sich als haltbar.
Kant muss zunächst mit ihm zufrieden gewesen sein; sonst hätte er die Studie
schwerlich veröffentlicht. Aber kaum war sie erschienen, arbeitete er eine zweite
Untersuchung zum selben Thema aus. Unter dem Titel *Mutmaßlicher Anfang der
Menschengeschichte* erschien sie bereits im Januar 1786.

Kant dürfte sich unterdessen eines Fehlers in der ersten Abhandlung bewusst
geworden sein. Er bekundete dies nicht ausdrücklich, aber auf indirekte Weise.
Und er ändert sein Modell an entscheidender Stelle. Die Modifizierung zeigt, wo
er neu einsetzt. Als vorantreibende Kraft galt ihm nicht mehr eine „tierische Neigung", sondern die „Vernunft". Diese Unstimmigkeit zwischen beiden Versio-
nen wäre Kant vermutlich aufgefallen, wenn er in der früheren Ausarbeitung das
Tierische als direkte Ursache der Neuerung angesetzt hätte. Aber dessen Wirkung sollte ja eine vermittelte sein. Erst angesichts einer äußerlichen Bedrohtheit
sollte der andere, der eigentlich menschliche Trieb schöpferisch werden. Das
Moment des Schöpferischen hatte in Kants Erwägungen nicht ausdrücklich Ein-
gang gefunden. Im Gegenteil: dem Geselligkeitstrieb hatte er die Tendenz zur
Bewahrung des Bestehenden zugeschrieben. Kant dürfte sich bewusst geworden
sein, dass er, weil der tierische Trieb als Neuerungskraft nicht in Frage kam, dem
geselligen Trieb zwei einander widersprechende Tendenzen zugeordnet hatte.

In der neuen Untersuchung suchte Kant durch die Konzentration auf einen
konkreten Vorgang zu größerer Klarheit über den geschichtlichen Wandel zu
kommen: und zwar nahm er den allerersten Einschnitt in den Blick, der sich am

Anfang der Weltgeschichte zutrug. Er griff dabei auf die berühmte biblische Erzählung über die ersten Menschen zurück.

Zunächst stellte Kant fest, dass dem Buch Genesis zufolge das Lebewesen im Paradies bereits mit den wichtigsten menschlichen Fähigkeiten ausgestattet war. „Der erste Mensch konnte also *stehen* und *gehen*; er konnte *sprechen* (1. B. Mose Kap. II, V. 20), ja *reden*, d.i. nach zusammenhängenden Begriffen sprechen (V. 23) mithin *denken.*"[64] Danach legte Kant dar, dass der Mensch von diesen Fähigkeiten anfangs noch keinen Gebrauch machte, also lebte, als ob er ein Tier wäre. „Der Instinkt, diese Stimme Gottes, der alle Tiere gehorchen, musste den Neuling anfangs allein leiten." Aber eines Tages, vielleicht beim Anblick verschiedener Früchte, zwischen denen der Instinkt nicht mehr zu unterscheiden vermochte, erwachte das spezifisch Menschliche in ihm. „Allein die *Vernunft* fing bald an sich zu regen und suchte (...) seine Kenntnis der Nahrungsmittel über die Schranken des Instinkts zu erweitern."[65] Der Mensch machte Gebrauch von der Vernunft und aß vom Baum der Erkenntnis. Dadurch löste er sich von der „Herrschaft des Instinkts", und, da der „Instinkt die Stimme Gottes" war,[66] zugleich auch von der Herrschaft Gottes. Indem er in eins mit der Naturordnung und mit dem Willen Gottes brach, verbannte er sich selbst aus dem Paradies; denn „aus diesem einmal gekosteten Stande der Freiheit" konnte er unmöglich „in den der Dienstbarkeit (unter der Herrschaft des Instinkts) wieder zurückkehren".[67]

Auch in diesem Fall beschrieb Kant einen Vorgang, der sich mit maschinenhafter Notwendigkeit zutrug: Da die menschlichen Fähigkeiten im Paradies schliefen, mussten sie einmal aufwachen. Und dies geschah, als die Vernunft sich regte. Damit aber wurde ein Dasein jenseits des Schlafplatzes Paradies, und also auch jenseits der universalen Herrschaft von Gott und Natur, unausweichlich. Abermals hatte Kant also den Fortschritt als mechanischen Ablauf gedeutet. Im übrigen konnte er seinem Modell jetzt größere Klarheit geben als beim ersten Ansatz, insofern es zeigte, dass die Fortschrittsbewegung nicht allein ohne Gott auskam, sondern geradezu *gegen* seinen Willen, und überdies auch gegen die Naturordnung, sich durchsetzte.

In seiner Beschreibung dieses Aktes der menschlichen Selbstbefreiung prägte Kant ein Denkmuster, das bald allergrößte Bedeutung erlangen sollte. Zunächst wurde es von Fichte aufgenommen und zur Strukturierung des Prozesses fruchtbar gemacht, der sich im Intellekt zuträgt, wenn eine Erkenntnis gewonnen werden soll. Nun als „Dialektik" bezeichnet, wurde dieser Prozess als die moderne Form der Logik verstanden. Dabei zeigt sich die Dynamik eines Dreischritts, der von einer ersten Position (entsprechend dem Sein im Paradies) zu deren notwendiger Negation (durch den sog. Sündenfall) führte und dann mit gleicher Notwendigkeit weiter zu einer neuen, höheren Position (dem Leben jenseits des Paradieses), oder, kurz gesagt, von einer Thesis zur Antithesis und dann zur Synthesis.

Nachdem Fichte das Funktionieren der dialektischen ‚Maschine' am Bewusstsein herausgearbeitet hatte, wurde das Denkmuster alsbald auch wieder auf den Bereich angewandt, in dem Kant es aufgefunden hatte, innerhalb der Geschichtsphilosophie. Hier sollte es seinerseits weltgeschichtliche Bedeutung erlangen, vor allem durch die virtuose Handhabung, die ihm Hegel angedeihen ließ. Die allerwichtigste Folge davon war dann die Übernahme und materialistische Transformierung, die Karl Marx vornahm.

Trotz wiederholter Umbildungen blieben verschiedene Momente der Dialektik unverändert; dazu gehörten der Notwendigkeitsbegriff, sodann der Ausgang von einer Art von Sündenfall, einem Bruch mit Gott, mit der Naturordnung und schließlich mit der jeweils bestehenden Gesellschaftsordnung. In verschiedenen Ausprägungen der Dialektik wurde die mit dem Bruch verbundene Gewaltanwendung in Kauf genommen. So erklärte schon Kant, dass um des Fortschritts willen auch Kriege geführt werden müssten. „Alle Kriege sind demnach so viel Versuche (zwar nicht in der Absicht der Menschen, aber doch in der Absicht der Natur), neue Verhältnisse der Staaten zu Stande zu bringen, und durch Zerstörung, wenigstens Zerstückelung aller, neue Körper zu bilden, die sich aber wieder, entweder in sich selbst oder neben einander, nicht erhalten können, und daher neue ähnliche Revolutionen erleiden müssen; bis endlich einmal (...) ein Zustand errichtet wird, der, einem bürgerlichen gemeinen Wesen ähnlich, so wie ein *Automat* sich selbst erhalten kann."[68] In der zweiten Studie bekräftigte Kant diese Auffassung: „Auf der Stufe der Kultur also, worauf das menschliche Geschlecht noch steht, ist der Krieg ein unentbehrliches Mittel, diese noch weiter zu bringen; und nur nach einer (Gott weiß wann) vollendeten Kultur würde ein immerwährender Friede für uns heilsam und auch durch jene allein möglich sein."[69]

Während diese Konstante immer offen zutage lag, wurde eine weitere Implikation schon von Kant sorgfältig verborgen gehalten. Aus dem Resümee von Kants zweiter Abhandlung über den Fortschritt kann man aber Hinweise auf ihre maßgebliche Struktur gewinnen. Kant schrieb: „Aus dieser Darstellung der ersten Menschengeschichte ergibt sich: dass der Ausgang des Menschen aus dem (...) Paradiese nicht anders, als der Übergang aus der Rohigkeit eines bloß tierischen Geschöpfes in die Menschheit, aus dem Gängelwagen des Instinkts zur Leitung der Vernunft, mit einem Worte: aus der Vormundschaft der Natur in den Stand der Freiheit gewesen sei."[70] Diese Aussage lässt eine innere Unstimmigkeit erkennen. Das von Kant beschriebene Lebewesen im Paradies hatte sich zwar so verhalten *als ob* es noch ein Tier sei, aber es war keines, da es bereits die vollständigen Grundfähigkeiten des Menschen besaß. Wie ein Kleinkind, das Gehen oder Sprechen lernt, nicht erst dadurch zum Menschen wird, sondern umgekehrt humane Grundfertigkeiten nur auszudifferenzieren vermag, weil es bereits ein Mensch ist, hätte das Lebewesen im Paradies nicht zu rebellieren vermocht, wenn es noch ein Tier gewesen wäre. Der „Stand der Freiheit", den Kant als Ergebnis des dialektischen Vorgangs ansetzte, war in Wahrheit schon in der Ausgangssituation gegeben.

Auch in seinem zweiten Ansatz blieb Kants Fortschrittsmodell in sich selbst widersprüchlich. Es schrieb dem Lebewesen im Paradies die Seinsweise sowohl des Menschen als auch des Tiers zu. Der Widerspruch entstand keinesfalls durch bloße argumentative Unachtsamkeit, sondern weil Kant etwas *wollte*, das nicht zu denken war, nämlich *qualitative Neuerung und maschinenhafte Notwendigkeit im selben Prozess* zu fixieren. Diese Intention wurde im gesamten modernen dialektischen Denken weitergeführt und veranlasste eine fortwährende Produktion struktureller Unwahrheit. Sie vermochte sich zu halten, weil die Widersprüchlichkeit der Anfangssituation regelmäßig unkenntlich gemacht wurde. Wer das grundsätzliche Problem erkannt hat, ist in der Lage, die Manipulationen zu durch-schauen.

Folgen der Mechanisierung der Geschichte

Ein besonders bedeutsames Beispiel bietet Hegel. Ihm zufolge prägt das dialekti-sche Prinzip den Entwicklungsgang innerhalb jeder kulturellen Einheit, da diese immer, jedoch auf unterschiedliche Weise, auf das Absolute bezogen ist. Das führt dazu, dass entweder Kunst oder Religion oder die Philosophie in der Ge-sellschaft dominieren. Eindeutig war für Hegel, dass den der Synthesis entspre-chenden Höhepunkt die Philosophie bilde. Aber bei der anfänglichen Thesis sprach in seinen Augen manches für die Kunst und anderes für die Religion. Statt die Unsicherheit einzuräumen, entschied sich Hegel sowohl in den *Vorle-sungen über die Geschichte der Philosophie* als auch in den *Vorlesungen über die Ästhetik* dafür, eine klare Erkenntnis vorzutäuschen. In der *Philosophie der Geschichte* erklärte er, dass es gute Gründe gebe, die Religion an den Anfang zu setzen. In der *Ästhetik* stellte er an den Anfang jedoch die Kunst, und auch hier-für lieferte er eine überzeugt wirkende Begründung.[71] Dieser Bruch in der eige-

Abb. IX: Immanuel Kant. Portrait

nen Systemkonzeption entstand mit Sicherheit nicht, weil Hegel infolge von wei-terem Nachdenken Anlass gefunden hätte, eine früher gefasste Ansicht zu korri-gieren. Er hielt die Vorlesung zur Geschichtsphilosophie zu wiederholten Malen in den Jahren 1822 bis 1831, die zur Ästhetik von 1818 bis 1829 in Berlin, also im selben Zeitraum. Übrigens halte ich es für kaum vorstellbar, dass der Wider-spruch ihm selbst entgangen sein sollte. Ich muss annehmen, dass Hegel genau wie Kant sich einer fundamentalen Unwahrheit verpflichtete, weil der Wille zur menschlichen Autonomie dies verlangte.

Auch in der empirischen historischen Forschung wirkte sich das widersprüchliche Modell natürlich vor allem bei der Bestimmung von Epochen aus. Die Angaben über den Beginn einer Epoche schwanken vielfach in geradezu grotesker Weise. So wurde der Beginn des Mittelalters irgendwann zwischen dem 3. und dem 9. Jahrhundert angesetzt,[72] derjenige der Neuzeit in der Spanne zwischen dem 13. und dem 18. Jahrhundert.[73]

Die Widersprüchlichkeit der Ausgangsposition, also der jeweiligen Thesis, hat selbstverständlich auch Konsequenzen für das Bild, das man sich vom Zielpunkt eines Fortschrittsprozesses, von der jeweiligen Synthesisstufe, macht. Wie Kant nicht umhin kam, vom Ziel des Prozesses der Menschwerdung, dem freien Menschsein, zu sagen, dass es auch schon an dessen Anfang existierte, so musste von jeder in der Geschichte beobachteten qualitativen Neuerung dargetan werden, dass sie bereits existent war, als der Neuerungsprozess anfing; denn nur so konnte das Prinzip der mechanischen Kausalität zur Geltung gebracht werden.

Vielleicht hätte dieser Umstand frühzeitig zu einer Entmutigung der Anhänger des Kantischen Modells und zu einer Rückbesinnung auf die alternative Position Herders geführt, wenn nicht derselbe Fortschrittswille, der Kant leitete, auch in der politischen Realität gewaltige Manifestationen gezeitigt hätte: freilich nicht bei den Deutschen, sondern bei ihren französischen Nachbarn. Ohne dass man Kants soeben entworfenes Modell des mechanischen Fortschritts in der Großen Französischen Revolution von 1789 schon gekannt hätte, setzte man seinerzeit die dialektische Fortschrittsmaschine erstmals in der Gesellschaft in Bewegung.

Der blutige Terror, den sie ausübte, ging über das, was Kant sich in seiner Königsberger Gelehrtenstube vorgestellt hatte, als er von der Unumgänglichkeit kriegerischer Gewalt schrieb, weit hinaus. Die Berichte darüber schockierten nicht wenige Zeitgenossen, die, wie Schiller, denselben emanzipatorischen Fortschrittswillen vertraten wie Kant und zunächst enthusiastische Fürsprecher der Revolution gewesen waren. Doch die zweifelnden Stimmen verebbten und auf die Dauer überwog in den Augen vieler die Tatsache, dass die Revolution überhaupt stattgefunden und die politischen Verhältnisse in Frankreich tief verändert hatte. Aus ihr entstand ein moderner Mythos, der nicht allein im 19. Jahrhundert, um 1848 und bei den Sozialisten, weiterwirkte, sondern auch im 20. Jahrhundert, zumal bei Lenin, aber auch bei Hitler, und selbst in der antiautoritären Bewegung von 1968, vor allem in Frankreich. Dieser Mythos wurde durch die Feldzüge Napoleons nicht wesentlich beeinträchtigt. So viel Blut sie auch forderten, leiteten sie doch auch gesellschaftliche Reformen ein, und damit machten sie, wie Hegel es sagte, den „Weltgeist zu Pferde" sichtbar, den Fortschritt als leibhaftige Realität. Der Fortschrittsmythos selbst war es also, der lange die Widersprüchlichkeit der Fortschrittsmechanik verdeckte.

Dazu kam noch etwas anderes. Nach der Entthronung des Königs wurde in Frankreich als neuer Souverän das Volk ausgerufen. Das Volk zeigte sich aber zunächst nur als eine amorphe Masse. Jedermann konnte sehen, dass es einen Prozess der Disziplinierung nötig hatte, um zu einer wahren, autonomen Nation zu werden. Es lag nahe, diesen dialektisch zu interpretieren und zu sagen, dass der Volksgeist zu sich selbst dadurch komme, dass er sich gegen innere und äußere Feinde durchsetze. Diese Vorstellung faszinierte bald ganz Europa. Sie ließ, sogar in Ländern, in denen Könige die Regierungsgewalt behielten, einen weiteren Mythos entstehen, den nationalen.

5. Die Große Weltmaschine seit 1820

Comte und die Naturordnung als anonymer Gott

Seit etwa 1820 ist in ganz Europa eine Veränderung des geistigen Klimas einge-treten. Sie mag durch einzelne Ereignisse wie das Scheitern Napoleons beein-flusst worden sein, war aber nicht deren Folge. Man erkennt das klar am Werk des wohl einflussreichsten Philosophen der Jahrhundertmitte, August Comte. In seinem Hauptwerk *Cours de philosophie positive*, mit dessen Publikation er 1830 begann und das dann auf sechs Bände anschwellen sollte, stellte er Reflexionen an, die weit über die konkrete politische Problemlage hinausgingen.

Besonders wirkungsmächtig war seine These, „dass die Menschheitsentwick-lung - und jeder Zweig unserer Erkenntnis - der Reihe nach drei verschiedene theoretische Zustände (Stadien) durchläuft: den theologischen oder fiktiven Zu-stand, den metaphysischen oder abstrakten Zustand und den wissenschaftlichen oder positiven Zustand.[74] Mit diesem ‚Drei-Stadien-Gesetz' entwickelte Comte eine weitere Variante der Dialektik, jedoch unter erheblich gewandelten Voraus-setzungen. Bemerkenswert ist zunächst die Veränderung gegenüber Kant. Kant zufolge entstand der Fortschritt dadurch, dass sich ein in sich widersprüchlicher menschlicher Wille gegen den Willen Gottes und die in Instinkten sich mani-festierende Ordnung der Natur auflehnte. Für Comte ist eine Rebellion gegen Gott nicht mehr nötig. Ihm zufolge ist nämlich inzwischen klar, dass ein persön-licher Gott gar nicht existiert, sondern von der Theologie nur während des ersten Stadiums fingiert wurde. Aber auch eine Rebellion gegen die Naturordnung fin-det nun nicht mehr statt. Zu ihr kam es im Rahmen des zweiten Stadiums. Die Metaphysik wollte - man darf insbesondere an Hegel denken - dem Menschen eine Seinsweise ‚jenseits' der Natur sichern. Das war in Comtes Augen verfehlt. In Wahrheit kommt es nämlich darauf an, das, was wirklich gegeben ist, was „positiv" existiert, festzustellen und zu erforschen. Dem wird im dritten Stadium Rechnung getragen. Erst dadurch wird wahre Wissenschaft möglich.

Die Eigenart des dritten Stadiums zeigt den Unterschied der Comteschen Dia-lektik zur Hegelschen in wünschenswerter Klarheit an. Hegel soll einmal dem Einwand, die Wirklichkeit stimme mit seiner Darstellung nicht überein, mit den Worten begegnet sein: „Um so schlimmer für die Tatsachen". Abweichungen von seiner Theorie waren seiner Ansicht nach in der Wirklichkeit nur auf jenem Irrweg möglich, der in der Natur zu Missgeburten führt. Für Comte aber war die Wirklichkeit der primäre und einzige Erscheinungsort der Wahrheit. Sie verlang-te bedingungslose Anerkennung.

Die Wirklichkeit zeigt sich zunächst immer an identifizierbaren Einzeltatsa-chen, die aber niemals isoliert, sondern immer in einem größeren Zusammen-hang vorkommen. Er ist Comte zufolge durch Gesetze bestimmt und stellt darum eine Ordnung dar. Das wichtigste der Gesetze ist das der mechanischen Kausali-tät. Dessen Erkenntnis erst bewirkt, wie Comte zeigen möchte, dass in der Ge-schichte der Menschheit das dritte Stadium hervortreten kann. Die Einsicht in das Kausalitätsgesetz wurde aber in den verschiedenen Disziplinen nicht zur gleichen Zeit gewonnen, sondern in einer durch die Eigenart der Forschungsbereiche bedingten Abfolge. Den Anfang machte die Mathematik, dann folgten Astronomie, Physik, Chemie, Biologie und schließlich, seinem Selbstverständnis nach, mit Comtes Hauptwerk die ‚soziale Physik' oder ‚Soziologie'.

Bei Comte wird die Naturordnung gleichsam zu einem anonymen Gott. Er schien gegenüber dem in der Vergangenheit verehrten, personalen Gott den Vorzug zu verdienen, weil er sich mit der modernen, naturwissenschaftlichen Wissensweise verbinden ließ. Aber konnte man von ihm aus auch den Fortschritt der Menschheit verstehen? Die von der Naturwissenschaft beobachteten gleichförmigen Bewegungen sprachen dagegen. Wenn man die historische Wirklichkeit nur vorurteilslos betrachte, müsse man aber feststellen, dass es ihn doch gab. Die drei Stadien waren historisch nachweisbar, was darauf schließen ließ, dass die Naturordnung Aktivitäten provozierte, die einem Plan entsprachen. Wenn man ihn kannte, konnte man ihm bewusst folgen und nach und nach seine Verwirklichung durchsetzen. In dieser Sicht war der Fortschritt zu begreifen als „eine allmähliche Verbesserung irgendeiner fundamentalen Ordnung durch eine Reihe von Veränderungen, die auf Vollendung eines Planes zielen."[75] Wer sich für den Fortschritt einsetzte, der kämpfte also nicht mehr, wie im Sinn Kants oder Hegels, um die Gewinnung einer neuen Position in einem intelligiblen Reich des Geistes, sondern bemühte sich darum, das in der Naturordnung bereits enthaltene Allgemeine auf je besondere und neue Weise zu reproduzieren.

Die Vorstellung einer Naturordnung, die zugleich durch Gesetze von mechanistischer Gleichförmigkeit und durch die Tendenz zum Fortschritt bestimmt war, enthielt eine Denkschwierigkeit. Sie bestand letztlich in demselben Widerspruch, den Kant mit seinem Fortschrittsmodell sanktioniert hatte. Von ihm frei zu werden, wurde immer schwieriger. Aber unmöglich war es nicht. Das ist auf exemplarische Weise an einem der brillantesten Köpfe der Zeit um 1800, an Friedrich Schlegel, zu erkennen.

Friedrich Schlegels alternativer Ansatz

Als junger Mann hatte er sich von Fichtes Dialektik faszinieren lassen. Andererseits räumte er der schöpferischen Phantasie und ihrem wichtigsten Medium, der Dichtung, eine ähnlich große Bedeutung ein wie Herder. So kam es dahin, dass er einen Prozess in der Dichtungsgeschichte, denjenigen, der sich im klassischen Griechenland vollzog, durch das dialektischen Muster zu deuten versuchte. Damit war er der erste, der die Dialektik auf geschichtliche Zusammenhänge übertrug. Auch in der Folge war Schlegel immer wieder innovativ tätig, nicht zuletzt als Begründer der Indologie. Aber dabei wurde ihm allmählich jene Dialektik, der er sich anfangs verschrieben hatte, fragwürdig. Seine letzte Neuerung bestand in der Ausarbeitung einer anti-dialektischen Position. Er vollzog sie in zwei Vorlesungen, die er 1827 und 1828 in Wien hielt (*Philosophie des Lebens* und *Philosophie der Geschichte*) und in einer dritten, in Dresden gehaltenen (*Philosophie der Sprache und des Wortes*), die Fragment blieb. Während der Arbeit an diesem Kolleg, im Januar 1829, starb Friedrich Schlegel überraschend.

Ähnlich wie Comte sprach sich Schlegel in seinem späteren Werk gegen apriorische Prinzipienerkenntnis und für die Anerkennung der Wirklichkeit aus, jedoch deutete er die Wirklichkeit in grundsätzlich anderem Sinn als der Begründer des Positivismus. Nach seiner Auffassung war es für den Menschen wichtig zu bedenken, dass er selbst nicht außerhalb der Wirklichkeit existiert, sondern mit seinem Leben ihr zugehört. Dementsprechend muss bei einer Erforschung der Wirklichkeit auch, und sogar in erster Linie, das Spezifische berücksichtigt werden, das das Leben des Menschen ausmacht. Die Vertreter der idealistischen Metaphysik sahen das menschliche Proprium in der Vernunft. Friedrich Schlegel machte geltend, dass für den Menschen nicht weniger wichtig drei weitere Fähigkeiten seien, nämlich der Wille, der Verstand und die Phantasie. Dabei meinte er mit der Vernunft das analytische Vermögen, mit dem Willen die Fähigkeit zur freien Entscheidung, mit dem Verstand die Fähigkeit, einen Zusammenhang zu verstehen, und mit der Phantasie die Fähigkeit, ein Bild von Neuartigem zu entwerfen. Mit der These, dass diese Kräfte für die menschliche Wirklichkeit maßgeblich seien, distanzierte sich Schlegel von der idealistischen Denkweise nicht weniger entschieden als Comte. Sodann verwarf er aber, wie schon erwähnt, das Denkmuster der Dialektik vollständig, das Comte beibehielt. Was ihn dazu veranlasste, zeigt sich an einer zweiten von Schlegel vertretenen These, deren wesentlichste Motive im 20. Jahrhundert von bedeutenden Theoretikern, die den späteren Schlegel anscheinend nicht kannten, in der öffentlichen Diskussion vertreten werden sollten.

Die vier genannten Kräfte repräsentieren unterschiedliche geistige Tendenzen. Da sie immer innerhalb einer bestimmten, in sich identischen Person zur Geltung kommen, müssten sie sich eigentlich untereinander harmonisch verhalten. Das aber ist, wie nach Schlegels Ansicht jeder Mensch bei sich selbst festzustellen vermag, nur in Ausnahmesituationen der Fall. Gemeinhin liegen sie untereinander in Streit.

> Wie selten aber stimmen Verstand und Willen wirklich zusammen? Ein jedes von diesen beiden Vermögen geht mehrenteils seinen Gang für sich. Wie selten wollen wir wahrhaft und bleibend, was wir doch als das Bessere erkennen, sehr wohl einsehen und vollkommen richtig verstehen! Und wiederum verstehen wir oft sehr wenig oder gar nicht, was wir am entschiedensten und heftigsten wollen und im tiefsten Grunde der Seele begehren und wünschen. Vernunft und Fantasie vollends, stehen im inneren Denken und im Großen des äußeren Lebens fast immer feindlich gegeneinander über. Die Vernunft möchte lieber die Fantasie ganz wegwerfen oder auch wegleugnen, während die Fantasie mehrenteils völlig unbekümmert um die Vernunft, wo sie die ältere und stärkere Schwester im Hause ist, ihren Gang für sich allein weiter geht.[76]

Das bedeutet, dass jeder Mensch einerseits den Bezug auf eine innere Ordnung erfährt, andererseits aber deren Gestörtheit erleidet. Da das Gegeneinander der inneren Kräfte den Menschen zu zerreißen droht, müsste das höchste Interesse eines jeden eigentlich in der Wiederherstellung der Harmonie liegen. Doch gibt es kein Individuum, das die Störung selbst verursacht hätte. So kann eine individuelle Wiederherstellung nur momentan stabilisierend wirken, nie jedoch die eigentliche Ursache des Übels beheben. Damit der Mensch überhaupt, also die ganze Menschheit, von ihm frei würde, wäre ein Prozess nötig, der alle Menschen umfassen müsste.

Nicht anders als Herder, Kant, Hegel, Comte war Schlegel überzeugt, dass sich in der Geschichte der Menschheit qualitative Veränderungen zutragen, deren Ziel ein neuartiger und guter Zustand des Menschengeschlechts ist. Insofern hielt Schlegel am Gedanken des Fortschritts fest. Indessen gab er auch ihm eine neue Deutung.

Friedrich Schlegels Deutung des Menschen als Hörer

Als Ausgangspunkt des Geschichtsprozesses setzte er einen Zustand der Harmonie der menschlichen Grundfähigkeiten an, der vor deren Störung existiert haben muss. Er ist durch die Störung nicht aufgelöst worden. So kann er auch jetzt noch erfahren werden. Das geschieht bisweilen, wenn „die innere Charakterfestigkeit eines durchaus consequenten Wollens, Denkens und Handelns" hervortritt, wenn ein „wahres Kunstgenie" tätig wird „in den schöpferischen Hervorbringungen der dichtenden und gestaltenden Fantasie", wenn eine „uneigennützig starke, großmüthig sich selbst aufopfernde Liebe" wirksam wird, „die über alle Gränzen der Vernunft hinausgeht und doch keine Einbildung oder Täuschung der Fantasie genannt werden kann, da sie vielmehr eine tief innerliche Naturkraft der menschlichen Seele bildet".[77] Und Schlegel fügt hinzu:

> Es giebt aber noch ein andres, großes und viel umfassendes, selbst in dem äußern, wirklichen Leben und in der geschichtlichen Erfahrung, als ein solches hervortretendes Phänomen, welches mit in die Reihe dieser Verbindungs-Elemente oder Vereinigungs-Principien des sonst getheilten Bewußtseyns gehört; und dies ist die wunderbar mannichfaltige und doch so kunstreich geordnete Menschensprache. Sie ist ein lebendiges Produkt des ganzen innern Menschen und alle sonst getrennten Geistes-Kräfte oder Seelenvermögen haben, jedes in seiner Art, ihren vollen Antheil an diesem gemeinsamen Erzeugnis.[78]

Schlegel deutete die ursprüngliche Harmonie der vier menschlichen Grundkräfte als Urverfassung, als die er - übrigens in ausdrücklichem Anschluss an Herder - die Sprachfähigkeit ansetzte. Als humane Grundbewegung trat also die Neues schenkende Dialogik an die Stelle der in Negationen kreisenden Dialektik. Die Eigenart der Dialogik zeigt sich bereits, wenn man die Ursache der menschlichen Sprachfähigkeit zu begreifen sucht.

> Gewöhnlich erklärt man sich den Ursprung ungefähr so und redet in ähnlicher Weise darüber, wie wenn die Frage über die Entstehung eines Gemähldes wäre und man sagen wollte, es sey aus Oker, Bleiweiß, Lack, Asphalt und andern solchen farbigen Substanzen entstanden, das Oel mit dazu genommen, welches dann hier als das die übrigen Materien verbindende Medium die Stelle der grammatisch ordnenden und logisch verknüpfenden Vernunft einnehmen würde. Von allen diesen bunten Materialien sey nun immer ein Pünktchen neben das andere gesetzt worden, bis es dann zu kleinen Strichen fortgegangen sey, aus denen allmählich größere Umrisse sich entwickelt haben, bis endlich von Stufe zu Stufe eine ganze Gestalt und Figur daraus geworden dann sogar Physiognomie und Ausdruck hinzugekommen, und so zuletzt das Gemählde vollendet sey. Allein wenn es nicht schon zuvor und gleich von Anfang, als Gemählde, nach der Idee des Ganzen nämlich, im Geiste des Mahlers vorhanden war: so würde es auch niemals als solches zur Wirklichkeit gelangt, und äußerlich aus der Hand des Künstlers

hervorgegangen seyn, wenigstens nicht als wahres Kunstwerk des darstellenden Genies, da ein solches immer nur aus der Idee des Ganzen hervorgehen kann.[79]

Wenn man die Entstehung eines Gemäldes verfolgt, so beobachtet man notwendig, dass nach und nach viele Pinselstriche auf einen Untergrund aufgetragen werden. Aber maßgeblich für das Gemälde ist etwas, das durch keinen einzelnen Pinselstrich direkt sichtbar wird, auf das aber ohne Ausnahme alle bezogen sind: nämlich die im voraus entworfene „Idee des Ganzen". Sie muss dagewesen sein, bevor noch der erste sinnvolle Pinselstrich gesetzt werden konnte, denn sonst wäre kein Gemälde, sondern ein Strichchaos entstanden. Der wahre Anfang des Gemäldes trägt sich zu, wenn die „Idee des Ganzen" für den Maler zur Erscheinung kommt. Dementsprechend hatte der erste Pinselstrich bereits den Charakter einer Folge.

Ähnliches gilt für die Entstehung der menschlichen Sprache. Den eigentlichen Anfang können nicht vereinzelten Laute gesetzt haben. Bevor es zu diesen Manifestationen menschlicher Sprache kommen konnte, musste die Sprachfähigkeit selbst der Idee nach aufgetreten sein, eine Fähigkeit, die es bis dahin auf der Erde noch nie gegeben hatte. Zu fragen war also nicht zuerst nach Zeugnissen konkreter sprachlicher Äußerung, sondern danach, „wie der Mensch denn eigentlich zu dieser wunderbaren Fähigkeit oder Gabe der Sprache gekommen sey, die einen so großen und wesentlichen Antheil seines gesammten Wesens bildet".[80]

Wenn man sich dies klargemacht habe, dann werde deutlich, dass man als Urheber der menschlichen Sprache keinesfalls irgendeine Tierart ansetzen durfte; denn der Urheber musste über die Sprachfähigkeit bereits verfügen, und das war bei keiner Tierart der Fall. Das hatte schon Herder gesehen. Und es sollte in den sechziger Jahren des 20. Jahrhunderts durch den renommierten amerikanischen Linguisten Noam Chomsky mit Nachdruck noch einmal festgestellt werden.

Für Schlegel stellte sich nun die Frage, ob als Urheber der menschlichen Sprachfähigkeit etwa Gott gedacht werden könnte. Aber natürlich wusste er, dass er, wenn er auch zu einer positiven Antwort nur hypothetisch ansetzte, mit Kants kritischer Philosophie in Konflikt geriet. Dieser hatte ja gezeigt, dass jedes Dingan-sich, jedes außerhalb von Raum und Zeit existierende Ding, also auch ein außerräumlicher und überzeitlicher Gott, dem vernünftigen menschlichen Denken notwendig entzogen bleibt. Musste die genannte Frage also nicht als grundsätzlich unbeantwortbar gelten?

Schlegel bestritt nicht, dass unsere Vernunft unfähig ist, sich eine zureichende Vorstellung von Gott zu bilden. Aber er erklärte, dass die Frage nach Gott in erster Linie gar nicht die Vernunft angehe, sondern den Verstand, also in Schlegels Terminologie: das ‚Verstehen'. Dem Verstehen eröffne sich manches, was der Vernunft verschlossen bleibe.

Denken wir uns dasselbe, um es recht gering anzunehmen, etwa so, wie ein Kind von anderthalb Jahren seine Mutter versteht; vieles versteht es gar nicht, andres falsch, oder es merkt nicht recht darauf, es antwortet vielleicht auch sehr ungeschickt, einiges hat es aber doch verstanden, dies bemerken wir deutlich. Es würde uns darin auch gar nicht irre machen, wenn irgend ein Theoretiker Zweifel dagegen erheben, und uns beweisen wollte, wie es gar nicht möglich sei, dass dieses Kind seine Mutter verstanden haben könne, weil es dazu notwendig die Elemente der Sprachlehre vorher hätte gründlicher und methodisch erlernen müssen. Wir glauben aber doch, was wir sehen, wie unvollkommen jenes Verstehen wirklich sein, und wie ganz ähnlich jenem an-

derthalbjährigen Kinde das Verhältnis des Menschen zu Gott sein mag, mit den anderthalb Organen, die ihm zur Erkenntnis desselben gegeben sind.[81]

Wie es dem Menschen unmöglich ist, sich eine begrifflich geklärte Vorstellung
von einem Ding-an-sich oder gar von Gott in seinem Sein jenseits von Raum und
Zeit zu bilden, so sind Kleinkinder völlig außerstande, eine klare ‚Idee' von der
Grammatik oder der Syntax ihrer Muttersprache zu gewinnen. Dennoch verstehen sie von einem bestimmten Entwicklungsstadium an, was ihre Mutter ihnen
sagt, wenngleich auf unvollkommene, vielleicht sogar fehlerhafte Weise. So
könnten die Menschen in der Lage sein, den ihrer Vernunft nicht zugänglichen
Gott zu „verstehen", obschon nicht perfekt und möglicherweise unter vielen
Missdeutungen. Und das ist, so meint Schlegel, nach unserer Kenntnis tatsächlich in den historischen Hochkulturen der Fall gewesen. In der gesamten Kulturgeschichte der Menschheit ist Gott verstanden worden, „wie es die gemeinsame
Überlieferung aller alten Völker, je älter sie sind, um so einstimmiger bestäti-
get",[82] wenn auch oft sehr unzulänglich und fragmentiert.

Indem Schlegel dem Verstehen die Möglichkeit zur Wahrnehmung von Sinnzusammenhängen zuschrieb, die der begrifflichen Vernunfterkenntnis - zunächst
jedenfalls - verschlossen sind, nahm er, zumindest ansatzweise, einen Gedanken
vorweg, den dann einer der einflussreichsten Philosophen des 20. Jahrhunderts,
Martin Heidegger, nach Vorbereitungen jener Einsicht durch Wilhelm Dilthey,
entfalten sollte. Seit seinem frühen Hauptwerk *Sein und Zeit* von 1927 suchte
Heidegger mit immer größerer Intensität aufzuweisen, dass der Mensch in erster
Linie Hörer der Sprache des Seins sei, weshalb das „Seinsverstehen", das Verstehen von sinnhaften Zusammenhängen, der logischen Analyse immer und notwendig vorausgehe. In den sechziger Jahren leitete dann Chomsky eine seiner
wichtigsten sprachtheoretischen Thesen gerade aus dem von Schlegel hervorge-
hobenen Umstand ab, dass beim Erwerb der Muttersprache hochkomplizierte
syntaktische Regeln in solchem Maße verstanden werden, dass die Bildung auch
von noch nie gehörten „richtigen" Sätzen möglich wird.

Indizien für das Verstehen Gottes gibt nach Schlegel also die Kulturgeschichte. Aber auch die Natur kann mit ihrer wunderbaren Ordnung zum Verstehen
Gottes führen. Das Gewissen, das jeder Mensch in sich trägt, und das ihm erlaubt, sich selbst als Person zu erfahren, ermöglicht ihm schließlich, auch Gott
als Person zu verstehen: „die Persönlichkeit Gottes <ist> der Grundbegriff, das
eigentliche, allgemeine Dogma aller Religionen, die den Einen, wahren Gott erkennen".[83] Träger dieses Verstehens ist nach Schlegel die menschliche Seele, deren Grundqualität in der Fähigkeit besteht, Hörer eines Wortes zu sein, das von
Gott ausgeht und in dem er erscheint.

> Wenn wir nun jene vierfache Offenbarung Gottes, im Gewissen und in der Natur, in
> der heiligen Schrift und in der Weltgeschichte, als ebenso viele lebendige Quellen oder
> fruchtbringende Ströme der höhern Wahrheit betrachten dürfen: so setzen sie doch alle
> einen guten Boden voraus, der das Wasser des Lebens und den guten Samen der göttli-
> chen Erkenntnis in sich aufnimmt; indem alle Offenbarung dem Menschen nichts hel-
> fen würde, ohne das Organ der Empfängnis für das Gute, um das von oben göttlich
> Gegebene in sich aufzunehmen. Die für das Gute und Göttliche, von außen wie von
> innen, und von allen Seiten empfängliche Seele ist dieses Organ, welches die Offenba-
> rung in sich aufnimmt und dieses ist, nebst dem früher erwähnten Gebilde der Sprache
> als der äußern Form für das menschliche Wissen, ihr Anteil an der Wissenschaft, näm-

lich an dem innern Wissen; ja selbst bei dem Verstande, als dem Sinn für den Geist der Offenbarung und bei dem Verstehen derselben ist sie mitwirkend, da nichts Göttliches bloß mit dem Begriff und aus demselben allein verstanden werden kann, sondern allemal das Gefühl desselben schon vorangegangen sein muss, oder mit erfordert wird zu dem vollständigen Verstehen. Also als das Gefühlsvermögen des Göttlichen ist die Seele, die um das Göttliche mitwissende, oder im Wissen desselben mitwirkende (...) Diese um das Göttliche mitwissende, das göttliche Wort ganz in sich aufnehmende, und treu bewahrende Seele ist nun der gemeinsame Mittelpunkt, der jene vier Quellen des Lebens oder Ströme der Wahrheit in sich aufnimmt und in freier Betrachtung vereinigt.[84]

Als Hörer des Gotteswortes ist die Seele jene „Idee des Ganzen", ohne welche die ‚äußere' menschliche Sprache nie hätte entstehen können.

Der Mensch (...) ist ein vollständig zur Sprache gelangtes Naturwesen; oder auch, er ist ein Geist, dem vor allen andern Wesen in der übrigen Schöpfung das Wort, das erklärende und darstellende, das lenkende, vermittelnde und selbst das gebietende Wort, ist verliehen, mitgetheilt oder übertragen worden; und eben darin besteht seine die gewöhnliche Fassung weit übersteigende, ursprüngliche, wunderbar hohe Würde.[85]

Dank seiner Sprachfähigkeit vermag der Mensch zu „verstehen", und zwar gerade auch, und sogar zuerst, Gott oder das Göttliche. Das suchte Schlegel in einer ganzen Sequenz von Gedankengängen nachzuweisen. Aber so hoch er die menschliche Fähigkeit des Verstehens gewichtete, ordnete er ihr ein anderes Organ im Blick auf das Verhältnis zu Gott über.

Der Verstand ist das Erkenntnis-Organ, der Sinn, für den Geist der Offenbarung, und die Offenbarung des Geistes (...). Für den eigentlichen Gottes-Sinn im Menschen, würde ich aber doch nicht sowohl den die Offenbarung und den Geist auffassenden Verstand, als den Willen halten, insofern hier durch die eigene Erfahrung Gott unmittelbar erkannt wird.[86]

Der Wille als der Träger innerer Freiheit, die den Menschen zur Wahl zwischen dem Guten und dem Bösen befähigt, erlaubt es ihm, ein persönliches Bekenntnis zu Gott abzulegen. Der Mensch erwidert dem Wort, als das Gott in ihm erscheint, in seiner eigenen Freiheit. Er selbst begreift sich damit als Antwort. Das Sprachwesen Mensch findet so seine höchste Erfüllung im Gespräch mit Gott. Aber mit der Freiheit seines Willens ist dem Menschen vom Anfang seiner Geschichte an auch die Möglichkeit gegeben, sich einem solchen Gespräch zu verweigern.

Friedrich Schlegels Deutung der Geschichte als Befreiung vom Bösen

Dieser Problematik wegen griff Schlegel bei seiner Deutung der Menschheitsgeschichte wie ein halbes Jahrhundert früher Kant den Bericht der Bibel über die ersten Menschen auf. Nicht anders als Kant nutzte er die Erzählung vom Sein im Paradies zur Beschreibung eines ersten Zustands der Menschheit, der sich ihm zufolge in der Harmonie aller menschlichen Grundkräfte äußerte. Im Gegensatz

Abb. X: Friedrich Schlegel. Gemälde von Auguste von Buttlar

zu Kant deutete er ihn keineswegs als einen vorbewussten Schlaf der spezifisch menschlichen Kräfte, worauf er selbst nachdrücklich aufmerksam macht:

> Es ist übrigens ganz irrig, wenn man sich den paradiesischen Zustand des ersten Men-
> schen bloß als einen Zustand des seligen Müßigganges vorstellt, da es nach der Wahr-
> heit ganz anders bestimmt war, und so ausdrücklich und deutlich ausgesprochen wird,
> dass der erste Mensch auf den Garten der Erde gestellt war, um ihn zu bewachen und
> um ihn anzubauen. ‚Zu bewachen'; also musste doch ein Feind vorhanden sein, gegen
> den es nötig war, zu wachen und zu kämpfen; ‚zu bauen', vielleicht in einer ganz an-

dern Weise, gewiß aber mit einem glücklicheren Erfolge und viel segensreicher als nachher, da die Erde um seinetwillen (...) mit dem Fluch beladen ward; doch aber nicht ohne Arbeit. Dieses erste göttliche Naturgesetz, wenn man es so nennen darf, vermöge dessen Kampf und Arbeit schon von Anfang an in dem Berufe des Menschen lag, gilt noch immer durch alle Zeiten hindurch, und auch noch jetzt, für alle Stände und Völker, für das einzelne Menschenleben wie für das ganze Menschengeschlecht, in den größten wie in den kleinsten Verhältnissen.[87]

Während im Sinne von Kant und allen, die sein Fortschrittsmodell übernahmen, das Essen vom verbotenen Baum nötig war, weil es sonst einen geschichtlichen Fortschritt gar nicht hätte geben können, verneint Schlegel eben dies. Die Existenz im Paradies hätte den Menschen durchaus zu einer aktiven Beteiligung an einem geschichtlichen Prozess befähigt, die aber anderer Art gewesen wäre. Wie sich Schlegel die Beschaffenheit jenes ‚Fortschritts' vorstellte, kommt in den Blick, wenn man sich ein zweites Moment vergegenwärtigt, in dem er sich von Kant grundsätzlich unterscheidet.

Kant meinte, vor dem im Essen der Frucht vom verbotenen Baum symbolisierten Sündenfall habe es Böses nicht gegeben. Schlegel hob hingegen, wie gerade zu zeigen war, hervor, dass der Bibel zufolge eine der Aufgaben, die dem Menschen zugeteilt wurden, in der Bewachung des Paradieses bestand. Er machte sich biblische Aussagen zu eigen, denen zufolge vor dem Sündenfall der Menschen sich ein Sündenfall unter den Engeln zugetragen habe (vgl. auch Apok. 12). Daraus leitet Schlegel die Möglichkeit ab, dass die Natur außerhalb des Gartens Eden bereits vom Bösen korrumpiert war und der Mensch dazu bestellt wurde, ihre Reinheit wiederherzustellen:

> Die gesamte übrige Natur, die ganze übrige Erde konnte damals kein Paradies mehr sein; denn wie wäre sonst die Schlange sogleich hereingekommen? So dass also, nach dem einfachen Verstande dieser Andeutungen, vielmehr die alte Schlange schon mitten drinnen steckte in der Natur. Und war es nicht vielleicht mit die Bestimmung des Menschen, wenigstens die Eine Naturseite derselben, dass er von diesem göttlichen Anfangspunkte des ihm bereiteten und ihm gegebenen Paradieses aus, auch die übrige Natur und die ganze Erde ebenfalls in ein Paradies umwandeln sollte?[88]

Wiederholt bezog sich Schlegel auf eine Aussage von Paulus im Römerbrief, wonach „die gesamte Schöpfung bis zum heutigen Tage seufzt und in Geburtswehen" liegt, dabei „sehnsüchtig auf das Offenbarwerden der Söhne Gottes" wartend. [89] Schlegel nahm an, dass die Aufgabe, die Natur vom Bösen zu befreien, von der Menschheit schon im Paradies hätte übernommen werden können. Voraussetzung dafür wäre gewesen, dass der Mensch sich nicht gegen Gottes Wort, sondern für es entschieden hätte, zu einem Sein aus dem Dialog mit Gott.

Schließlich hält Schlegel, wiederum in klarer Differenz gegenüber Kant, das Paradies für unzerstört. Nach Kant muss es aufgehört haben zu existieren, weil seit dem Essen vom verbotenen Baum ein dem Paradies gemäßes Lebewesen nicht mehr existierte. Schlegel dagegen musste dies für irrig halten, weil sich seiner Ansicht nach die Ur- und Erbsünde in der - bereits beschriebenen - Gestörtheit der inneren menschlichen Ordnung manifestierte, aber - wie ich ebenfalls bereits dartat - ihre Macht immer wieder verlieren konnte. Dauerhaft ohnmächtig war sie insofern geblieben, als sie den Menschen nie seiner Sprachfähigkeit hatte berauben können. „Wie ließe sich wohl bezweifeln, dass jedem geistigen Wesen, welches die ewige Liebe erschaffen hat, ein Antheil an diesem Urquell der ewigen Liebe, aus welchem es hervorgegangen ist, für immer zu eigen bleibt (...)?"[90]

Freilich ist die Fortdauer eines Zusammenhangs der Menschheit mit Gott sehr wohl bezweifelt worden. Sie musste von den Anhängern von Kants Fortschrittsmodell sogar rundweg geleugnet werden, weil sonst eingeräumt werden müsste, dass das Paradies auch nach der Vertreibung der Menschen noch existent war.

Schon an dieser Stelle scheint mir der Hinweis angebracht, dass ein Intellektueller und Dichter, der weithin als einer der bedeutendsten des 20. Jahrhunderts anerkannt wird, die These von der Fortexistenz des Paradieses gleichfalls vertreten hat. Er stellte seine Einsichten vorwiegend in Gleichnissen dar, ergänzend aber auch in Aphorismen. Ich verweise damit auf Franz Kafka, von dem später noch eingehend die Rede sein wird.

Für Schlegel hatte die Unzerstörtheit des Paradieses zusätzlich eine enorme geschichtsphilosophische Bedeutung, weil er überzeugt war, dass der Endzweck jener Geschichte, die mit dem Sündenfall anhob, in nichts anderem bestehe als der Rückkehr in das einst preisgegebene Paradies.

> Die Rückkehr zu dem göttlichen oder Gott gemäßen Willen zu finden, die Eintracht zwischen dem natürlichen und dem göttlichen Willen wiederherzustellen, und den niedern irdisch-natürlichen Willen immer mehr in den höhern, göttlichen Willen umzuwenden und umzuwandeln; das bleibt nun die Aufgabe wie für jedes einzelne Menschenleben so auch für das ganze Menschengeschlecht. Und diese Rückkehr, diese Wiederherstellung und Umwandlung, die Versuche dazu, die Fortschritte oder Rückschritte auf dieser Bahn, bilden auch einen wesentlichen Teil von dem Inhalt der Weltgeschichte, soweit nämlich diese auch die innre sittliche Entwicklung und den geistigen Stufengang der Denkart mit umfassen soll.[91]

In seiner Geschichtsphilosophie suchte Schlegel konkret zu zeigen, wie die dem Menschen aus dem Paradies verbliebenen positiven Kräfte sich immer mehr verbrauchten und andererseits die Rückkehr zu Gott auf den Weg kam. Von hier her deutete Schlegel das Christentum als Geschichtsort jenes Kampfes:

> Das Christentum ist die Geschichte von der Befreiung des Menschengeschlechts aus den feindlichen Banden des Gott verneinenden, und alle Erschaffene so viel er kann, irreführenden Geistes. Darum nennt ihn die Schrift den Fürsten dieser Welt (...). Seit dem göttlichen Wendepunkte in der Menschengeschichte (...) kann er nicht eigentlich mehr so heißen, sondern nur als Zeitgeist, der göttlichen Einwirkung und dem Christentume, bei denen entgegentreten, welche nicht die Zeit und alles Zeitliche nach dem Gesetz und Gefühl des Ewigen behandeln und beurteilen, sondern vielmehr den Gedanken und Glauben des Ewigen, nach dem zeitlichen Vorteil oder Eindruck biegen und verändern, oder hintansetzen und vergessen.[92]

Schlegels Konzeption unterschied sich von der Kantischen Auffassung schließlich darin, dass er ein helfendes Eingreifen Gottes nicht ausschloss. Er suchte vielmehr immer wieder dessen Spuren freizulegen. Am Ende seiner Vorlesung über die *Philosophie der Geschichte* hielt er in diesem Sinn fest:

> dass in dem Gange der <Geschichte> eine göttlich führende Hand, und Fügung zu erkennen ist, dass nicht bloß irdisch sichtbare Kräfte in dieser Entwicklung, und in dem sie hemmenden Gegensatze mitwirkend sind, sondern dass der Kampf zum Teil auch unter dem göttlichen Beistande gegen unsichtbare Mächte gerichtet ist; davon hoffe ich die Überzeugung, wenn auch nicht mathematisch erwiesen, was hier gar nicht ange-

messen, noch anwendbar wäre; doch bleibend erweckt; und lebendig begründet zu haben.[93]

Ein weiterer alternativer Ansatz bei Goethe

Es schien mir angebracht, über Friedrich Schlegels Spätwerk in einer gewissen Ausführlichkeit zu berichten, weil es beweist, dass gegen Ende des ersten Drittels des 19. Jahrhunderts eine Korrektur von Kants widersprüchlichem Fortschrittsmodell möglich geworden war. Schlegel stand mit seiner ‚Umkehrung der Denkungsart' keineswegs allein. So hat sich - ich erwähnte es schon - Goethe intensiv mit dem Phänomen der Farben auseinandergesetzt in der Hoffnung, Newtons mechanistische Lehre widerlegen und durch eine Lehre ersetzen zu können, in der auch „moralische" Qualitäten der Farben Berücksichtigung finden. Bei diesen Forschungen, die er für wichtiger hielt als seine Dichtungen, ging er ähnlich wie Schlegel von der Überzeugung aus, dass in der Wirklichkeit auch die erscheinende ‚Idee eines Ganzen' enthalten sei und herausgesehen werden müsse. Goethe war der Auffassung, dass die größten menschlichen Leistungen ohne eine Würdigung der Einwirkungen, die der Mensch vom Göttlichen her erfährt, gar nicht hinreichend begriffen werden können. Jenes „Ganze", das im Sinn von Schlegels oben zitiertem Beispiel im Geiste eines Malers immer schon da sein muss, ehe er einen einzigen sinnvollen Pinselstrich setzen kann, kann, wie Goethe erklärte, vom Menschen nur erfahren, jedoch nie produziert werden:

> Jede Produktivität *höchster Art*, jedes bedeutende Apercu, jede Erfindung, jeder große Gedanke, der Früchte bringt und Folge hat, steht in niemandes Gewalt und ist über aller irdischen Macht erhaben. Dergleichen hat der Mensch als unverhoffte Geschenke von oben, als reine Kinder Gottes zu betrachten, die er mit freudigem Dank zu empfangen und zu verehren hat. Es ist dem Dämonischen verwandt, das übermächtig mit ihm tut wie es beliebt, und dem er sich bewusstlos hingibt, während er glaubt, er handele aus eigenem Antriebe (...). So kam Shakespearen der erste Gedanke zu seinem ‚Hamlet', wo sich ihm der Geist des Ganzen als unerwarteter Eindruck vor die Seele stellte, und er die einzelnen Situationen, Charaktere und Ausgang des Ganzen in erhöhter Stimmung übersah, als ein reines Geschenk von oben, worauf er keinen unmittelbaren Einfluss gehabt hatte, obgleich die Möglichkeit, ein solches Apercu zu haben, immer einen Geist wie den seinigen voraussetzte.

Diese Aussage, die ein fortwährendes Einwirken Gottes in die Geschichte behauptet, findet man in Eckermanns Aufzeichnungen seiner Gespräche mit Goethe unter dem Datum des 11. März 1828,[94] also genau zu derselben Zeit, als Friedrich Schlegel an seinen Wiener Vorlesungen arbeitete.

Die Deutung der Dichtung als Reproduktion

Die Möglichkeit, dass bei der Produktion gerade großer Menschenwerke die Inspiration von hoher, ja entscheidender Bedeutung sei, wurde aber von der zeitgenössischen Kunst- und Literaturtheorie kaum je berücksichtigt. Als der Germanist Georg Gervinus im Jahre 1833 beschrieb, was bei der Erklärung eines Gedichts erörtert werden müsse, zählte er viele Faktoren auf, aber an die Inspiration dachte er nicht:

> Der Historiker zeigt seine Entstehung aus der Zeit, aus deren Ideen, Bestrebungen und Schicksalen, sein inneres Verhältnis - Entsprechen oder Widerspruch - mit diesen, seinen Wert für die Nation, seine Wirkung in Mitwelt und Nachwelt; er vergleicht es zunächst bloß mit dem höchsten was *diese* Zeit, *diese* Nation in *dieser* Gattung geleistet hat; er zeigt sein engeres Verhältnis zu dem Dichter, sein Entstehen aus diesem, sein historisches Verhältnis zu ihm und seinen übrigen Werken; behandelt er nicht bloß diesen *einen* Dichter, so muss er je nach seinem Gesichtskreis das Verhältnis von Dichter und Gedicht zu der Zeit, zu der Nation, zu der europäischen Kultur, zu der gesamten Menschheit erörtern.[95]

Diese Passage habe ich angeführt, weil sie mir recht gut zusammenzustellen scheint, was der Positivist Gervinus für die Wirklichkeitsbedeutung hielt, die in einem Gedicht repräsentiert werde. Im Laufe der Jahrzehnte machte sich in der Literaturwissenschaft das Bedürfnis geltend, die kontextuelle Wirklichkeit hinter den Dichtungen immer genauer zu erfassen, wobei die von Comte entwickelten positivistischen Tendenzen immer größere Bedeutung erlangen. Ein Beispiel dafür bieten Ausführungen von Wilhelm Scherer aus dem Jahre 1870:

> Wir fliegen nicht gleich zu den letzten Dingen empor (...). Wir verlangen Einzeluntersuchungen, in denen die sicher erkannte Erscheinung auf die wirkenden Kräfte zurückgeführt wird, die sie ins Dasein riefen. Diesen Maßstab anzulegen, haben wir von den Naturwissenschaften gelernt. Und hiermit sind wir auf den Punct gelangt, wo sich die eigentliche Signatura temporis ergibt. Dieselbe Macht, welche Eisenbahnen und Telegraphen zum Leben erweckte, dieselbe Macht welche eine unerhörte Blüte der Industrie hervorrief, die Bequemlichkeit des Lebens vermehrte, die Kriege abkürzte, mit einem Wort die Herrschaft des Menschen über die Natur um einen gewaltigen Schritt vorwärts brachte - dieselbe Macht regiert auch unser geistiges Leben: sie räumt mit den Dogmen auf, sie gestaltet die Wissenschaften um, sie drückt der Poesie ihren Stempel auf. Die *Naturwissenschaft* zieht als Triumphator auf dem Siegeswagen einher, an den wir Alle gefesselt sind (...). Gewissenhafte Untersuchung des Thatsächlichen ist die erste und unerläßliche Forderung. Aber die einzelne Thatsache als solche hat an Werth für uns verloren. Was uns interessirt, ist vielmehr das Gesetz, welches daran zur Erscheinung kommt. Daher die ungemeine Bedeutung, welche die Lehre von der Unfreiheit des Willens, von der strengen Causalität auch in der Erforschung des geistigen Lebens erlangt hat.[96]

Während Goethe Hinweise auf das Menschliche in der Natur suchte, nahm Scherer an, dass die in der Natur angesetzte necessitierende Kausalität auch den Menschen bestimme. Die Literatur, und die Kultur überhaupt, galten ihm als Bestandteil einer riesigen Maschine, der Weltmaschine. Gewiss kannte man sie noch nicht gut genug, um den Vorgang, der immer wieder die Entstehung von Dichtungen erzwang, jetzt schon in allen Einzelheiten beschreiben zu können, aber im Grundsätzlichen war klar, dass das als neu Erscheinende in Wahrheit nur eine abgewandelte Reproduktion war.

Das physikalische Paradigma der Reproduktion

Möglicherweise wurde Scherer in seiner Zuversicht bestärkt durch neue physikalische Erkenntnisse, die aufs genaueste zu dieser Vorstellung passten. Sie waren dem Briten Michael Faraday zu verdanken. Nachdem der Däne Oerstedt im Jahre 1820 festgestellt hatte, dass Elektrizität eine magnetische Nadel, wie sie in Kompassen benutzt wird, stören kann, berichtete er seit 1831 über weiterführende Experimente.

Auf eine der Umformungen, die sich dabei zeigten, wurde Faraday aufmerksam, nachdem er einen Stabmagneten in eine mit stromleitendem Draht umwickelte Spule eingeführt und diesen an ein Galvanometer, das elektrischen Strom misst, angeschlossen hatte. Als er nun den Magneten bewegte, zeigte der Galvanometer an, dass Elektrizität induziert wurde. Damit erwies sich, dass ein massiver Gegenstand wie der Magnet dann, wenn von außen eine Kraft auf ihn einwirkt, eine andersartige Kraft, die elektrische, aus sich hervorgehen lässt. Einen ähnlich strukturierten Sachverhalt entdeckte Faraday, nachdem er auf ein Blatt Papier, das in der Nähe eines Magneten lag, Eisenspäne geschüttet und sie bewegt hatte. Die Späne ordneten sich zu einem Muster, zu einem „Kraftfeld".

Die Vorstellung von der Entstehung von Dichtung, die Scherer entwickelte, entsprach weitgehend dem Prozess, in dem sich ein elektromagnetisches Kraftfeld bildet. Dieser Vorgang war offensichtlich maschinenhaft-mechanischer Natur.

Die Reproduktion der Basis im Überbau bei Marx

Von einer universalen Herrschaft der Naturgesetze über den Menschen, und also von der Existenz und dem Wirken einer gewaltigen Weltmaschine, war nicht zuletzt Karl Marx überzeugt. Als er im Jahre 1867 den ersten Band seines Hauptwerks *Das Kapital* publizierte, erklärte er im Vorwort, er wolle die „gesellschaftlichen Antagonismen" beschreiben, „welche aus den Naturgesetzen der kapitalistischen Produktion entspringen. Es handelt sich um *diese Gesetze selbst*, um diese mit eherner Notwendigkeit wirkenden und sich durchsetzenden *Tendenzen*".[97] Im Nachwort zur zweiten Auflage gab er dann zu verstehen, dass seine Theorie die Hegelsche weiterführe, allerdings in der Weise einer Umkehrung. Dabei stelle er die Hegelsche Philosophie jedoch nicht auf den Kopf, wohl aber vom Kopf auf die Füße.

> Meine dialektische Methode ist der Grundlage nach von der Hegelschen nicht nur verschieden, sondern ihr direktes Gegenteil. Für Hegel ist der Denkprozess, den er sogar unter dem Namen Idee in ein selbständiges Subjekt verwandelt, der Demiurg des Wirklichen, das nur seine äußere Erscheinung bildet. Bei mir ist umgekehrt das Ideelle nichts anderes als das im Menschenkopf umgesetzte und übersetzte Materielle. - Die mystifizierende Seite der Hegelschen Dialektik habe ich vor beinahe 30 Jahren zu einer Zeit kritisiert, wo sie noch Tagesmode war. Aber gerade als ich den ersten Band des ‚Kapital' ausarbeitete, gefiel sich das verdrießliche, anmaßliche und mittelmäßige Epigonentum (...) darin, Hegel (...) als ‚toten Hund' <zu behandeln>. Ich bekannte mich daher offen als Schüler jenes großen Denkers, und kokettierte sogar hier und da

im Kapital über die Werttheorie mit der ihm eigentümlichen Ausdrucksweise. Die Mystifikation, welche die Dialektik in Hegels Händen erleidet, verhindert in keiner Weise, dass er ihre allgemeinen Bewegungsformen zuerst in umfassender und bewusster Weise dargestellt hat. Sie steht bei ihm auf dem Kopf. Man muss sie umstülpen, um den rationellen Kern in der mystischen Hülle zu entdecken.[98]

Im *Kapital* breitete Marx eine Fülle empirischen Datenmaterials aus. Deshalb meinten die Marxisten, den Anspruch erheben zu dürfen, eine wissenschaftlich begründete Lehre zu vertreten. Aber die Darlegungen des *Kapital* weisen nicht im einzelnen ihre Gründe auf, sie suchen vielmehr zu belegen, dass eine vor dem Beginn der empirischen Untersuchungen schon entworfene Theorie berechtigt sei. Das Begründende liegt in der Hypothese, aus der Marx seine Theorie entwickelte.

Schon in der 1845/46 - im Alter von 27 Jahren - verfassten und weitgehend spekulativ angelegten Schrift *Die deutsche Ideologie* hatte Marx die für die späteren Einzeluntersuchungen maßgebliche Überzeugung formuliert, dass „das Bewußtsein (...) nie etwas anderes sein könne als das bewußte Sein, und (dass) das Sein der Menschen (...) ihr wirklicher Lebensprozeß" sei.[99] Ähnlich wie der späte Friedrich Schlegel bezeichnete er also das „Leben" als das Maßgebliche. Aber er meinte damit etwas grundsätzlich anderes. Was Marx unter ‚Leben' verstand und welche Funktion er dem „Bewusstsein" zuschrieb, erklärte er einige Jahre später, 1857, als er das Vorwort zu der Schrift *Zur Kritik der politischen Ökonomie* verfasste, vor allem mit den folgenden Sätzen, in denen er auch die frühere These fast wörtlich wiederholte:

> In der gesellschaftlichen Produktion ihres Lebens gehen die Menschen bestimmte, notwendige, von ihrem Willen unabhängige Verhältnisse ein, Produktionsverhältnisse, die einer bestimmten Entwicklungsstufe ihrer materiellen Produktivkräfte entsprechen. Die Gesamtheit dieser Produktionsverhältnisse bildet die ökonomische Struktur der Gesellschaft, die reale Basis, worauf sich ein juristischer und politischer Überbau erhebt, und welcher bestimmte gesellschaftliche Bewusstseinsformen entsprechen. Die Produktionsweise des materiellen Lebens bedingt den sozialen, politischen und geistigen Lebensprozess überhaupt. Es ist nicht das Bewusstsein der Menschen, das ihr Sein, sondern umgekehrt ihr gesellschaftliches Sein, das ihr Bewußtsein bestimmt.[100]

Das „Leben" der Menschen wird nach Marx also durch Notwendigkeiten der materiellen Produktion in der Gesellschaft bestimmt. Geradezu selbstverständlich erschien es ihm, dass die Produktion nur zustande kam, wenn Kräfte bereit standen, die des Produzierens fähig waren. Aber diese „Produktivkräfte" vermochten im Leeren nichts auszurichten. Sie waren auf das Datum gesellschaftlicher „Produktionsverhältnisse" angewiesen. Mithin war das menschliche Leben immer durch diese beiden Momente und ihr Zusammenwirken bestimmt.

Während der so strukturierte Prozess der materiellen Produktion sich vollzieht, bildete sich bei den Menschen auch ein „Bewusstsein" heraus. Mit ihm trat eine Klärung der Data ein, die in ungeklärter Weise schon existierten, nämlich in eben diesem Produktionsprozess. Dadurch entstand ein zweiter Lebensprozess, der auch noch in sich selbst gegliedert war in einen „sozialen, politischen und geistigen". Der zweite Prozess hätte ohne den ersten nicht sein können. Er wurde von ihm getragen. So konnte man bildhaft den ersten auch als das Fundament oder die „Basis" bezeichnen und den zweiten als ein darauf errichtetes Gebäude mit mehreren Stockwerken, einen „Überbau".

In dem Modell von der ökonomischen Basis und dem bewusstseinsgestaltigen
Überbau, das Marx in dem zitierten Theorem entwarf, hat das Bewusstsein dieselbe Funktion wie bei Faraday das Kraftfeld in Bezug auf den Magneten. Auch
der Überbau ist eine mechanische, mit zwanghafter Notwendigkeit auftretende
Reproduktion einer materiell wirksamen Kraft.

Abb. XI: Karl Marx. Portrait

Die Fortschrittsmaschine bei Marx

Indessen dachte Marx die gesellschaftliche Produktion nicht allein als eine Na-
tur-, sondern auch als eine Geschichtsmaschine. Deren Funktion meinte er fassen
zu können, indem er die Hegelsche Dialektik auf die „Basis" übertrug. Dabei
setzte er die Produktionsverhältnisse als Thesis an, die Produktivkräfte als die
Antithesis. Er unterstellte nämlich, dass die Produktivkräfte allmählich derart
anwüchsen, dass ihnen ihre Produktionsverhältnisse (wie Jugendlichen die Klei-
dung) nicht mehr passten.

> Auf einer gewissen Stufe ihrer Entwicklung geraten die materiellen Produktivkräfte
> der Gesellschaft in Widerspruch mit den vorhandenen Produktionsverhältnissen oder,
> was nur ein juristischer Ausdruck dafür ist, mit den Eigentumsverhältnissen, innerhalb
> deren sie sich bisher bewegt hatten. Aus Entwicklungsformen der Produktivkräfte
> schlagen diese Verhältnisse in Fesseln derselben um. Es tritt dann eine Epoche sozialer
> Revolution ein.[101]

Wenn eine Revolution die bisherigen Produktionsverhältnisse negiert und abge-
schafft hätte, so hätte sie damit freilich erst die Hälfte ihrer Arbeit getan. Diese
musste fortgesetzt werden, indem nun die Negation ihrerseits negiert und neue,
dem jetzigen Zustand der Produktivkräfte entsprechende Produktionsverhältnisse
geschaffen wurden. War dies geschehen, so bildete sich mit Notwendigkeit auch
ein neuer Überbau. Das alles wurde von keinem Bewusstsein gesteuert, sondern
verlief wie ein Naturprozess auf gesetzmäßige, ja zwanghafte Weise. Auch die
qualitativen Veränderungen des geschichtlichen Fortschritts waren mithin nur
Bewegungsvorgänge innerhalb des Rotierens einer großen Maschine. Geistige
Produkte wie z. B. Dichtungen konnten keine Ausnahmerechte beanspruchen.

> Mit der Veränderung der ökonomischen Grundlage wälzt sich der ganze ungeheure
> Überbau langsamer oder rascher um. In der Betrachtung solcher Umwälzungen muß
> man stets unterscheiden zwischen der materiellen naturwissenschaftlich treu zu konsta-
> tierenden Umwälzung in den ökonomischen Produktionsbedingungen und den juristi-
> schen, politischen, religiösen, künstlerischen oder philosophischen, kurz, ideologi-
> schen Formen, worin sich die Menschen dieses Konfliktes bewußt werden und ihn aus-
> fechten. Sowenig man das, was ein Individuum ist, nach dem beurteilt, was es sich
> selbst dünkt, ebensowenig kann man eine solche Umwälzungsepoche aus ihrem Be-
> wußtsein beurteilen, sondern muß vielmehr dieses Bewußtsein aus den Widersprüchen
> des materiellen Lebens, aus dem vorhandenen Konflikt zwischen gesellschaftlichen
> Produktivkräften und Produktionsverhältnissen erklären.[102]

Die These, die Marx hier entwickelte, gehört natürlich selbst nicht etwa der Basis, sondern, als ein Stück Bewußtsein, dem Überbau an. Dementsprechend war
sie von sich aus keineswegs in der Lage, eine Revolution von weltgeschichtli-
cher Bedeutung auf den Weg zu bringen. Marx betonte, dass solche qualitative
Veränderungen einzig als Folge der geschichtlichen Gesetzmäßigkeit auftreten
können, also immer nur dann, wenn die Produktivkräfte so weit anwachsen, dass
sich die bisherigen Produktionsverhältnisse als unzulänglich erweisen.

> Eine Gesellschaftsformation geht nie unter, bevor alle Produktivkräfte entwickelt
> sind.[103]

Wie jede einzelne weltgeschichtliche Revolution einer höheren Notwendigkeit
entsprach, so - nach Marxens Auffassung - auch der Zusammenhang dieser Revolutionen untereinander. Schon in der - von ihm zusammen mit Friedrich Engels verfassten - Frühschrift *Die deutsche Ideologie* hatte er das Ziel des gesamten Geschichtsprozesses beschrieben. Es bestand im selben Zustand der Autonomie, den schon Kant vor Augen gestellt hatte, nur dass dieser nun auf einzelne
selbstbestimmte Tätigkeiten hin spezifiziert wurde.

> Sowie nämlich die Arbeit verteilt zu werden anfängt, hat jeder einen bestimmten, aus-
> schließlichen Kreis der Tätigkeit, der ihm aufgedrängt wird, aus dem er nicht heraus
> kann; er ist Jäger, Fischer oder Hirt oder kritischer Kritiker, und muß es bleiben, wenn
> er nicht die Mittel zum Leben verlieren will - während in der kommunistischen Gesell-
> schaft, wo jeder nicht einen ausschließlichen Kreis der Tätigkeit hat, sondern sich in
> jedem beliebigen Zweige ausbilden kann, die Gesellschaft die allgemeine Produktion
> regelt und mir eben dadurch möglich macht, heute dies, morgen jenes zu tun, morgens
> zu jagen, nachmittags zu fischen, abends Viehzucht zu treiben, auch das Essen zu kriti-
> sieren, ohne je Jäger, Fischer oder Hirt oder Kritiker zu werden, wie ich gerade Lust
> habe.[104]

Wenn man diese Beschreibung des Ziels der Menschheitsgeschichte heute liest, kann man kaum umhin festzustellen, dass es inzwischen in den „kapitalistischen" Industrieländern von nicht wenigen Pensionären bereits weitgehend erreicht worden ist. Nach der Auffassung von Marx würde die Menschheit diesen Zustand aber erst erreichen, wenn sie zuvor drei von verschiedenen Formen der Arbeitsteilung geprägte Gesellschaftsformationen durchlaufen hätte, nämlich Sklaverei, Feudalismus und Kapitalismus. Der ersten arbeitsteiligen Formation, derjenigen der Sklavenhalter, ging die „Urgesellschaft" voraus, in der noch keinerlei Differenzierung in der materiellen Produktion eingetreten sei, so dass praktisch alles allen gehörte. Wie bei Marxens Beschreibung des Ziels der Geschichte das Kantische Vorbild wiederzuerkennen ist, so erinnert auch die Charakterisierung der Urgesellschaft an Kants Darstellung des Seins im Paradies. Auch Marx setzte in der Ausgangssituation ein Wesen an, das zwar bereits Mensch, aber zur Hälfte noch Tier war:

> Dieser Anfang ist so tierisch wie das gesellschaftliche Leben dieser Stufe selbst, er ist bloßes Herdenbewußtsein, der Mensch unterscheidet sich hier vom Hammel nur dadurch, dass sein Bewußtsein ihm die Stelle des Instinkts vertritt, oder dass sein Instinkt ein bewußter ist. Hier wie überall tritt die Identität von Natur und Mensch noch so hervor, dass das bornierte Verhalten der Menschen zur Natur ihr borniertes Verhalten zueinander, und ihr borniertes Verhalten zueinander ihr borniertes Verhältnis zur Natur bedingt.[105]

Der widersprüchliche Charakter des Uranfangs kehrt nach Marx' Theorie auch in der Anfangssituation eines jeden geschichtlichen Qualitätswandels wieder. Seine Beschreibung des dialektischen Prozesses ist in sich selbst stimmig nur bis zu dem Punkt, an dem die Produktivkräfte so weit angewachsen sind, dass sie die bestehenden Produktionsverhältnisse sprengen, also die Funktion der dialektischen Negation übernehmen. Die Stimmigkeit geht jedoch mit der (von Hegel übernommenen) Vorstellung verloren, dass durch eine ‚Negation der Negation' Produktionsverhältnisse neuer Art geschaffen werden könnten. Denn die Eigenart der Produktivkräfte war durch die Fähigkeit bestimmt worden, aus dem Bezug zu vorgegebenen Produktionsverhältnissen materielle Produkte hervorzubringen. Jetzt aber wird ihnen die nicht nur andersartige, sondern geradezu gegensätzliche Fähigkeit zugesprochen, ohne Bezug auf bestehende Produktionsverhältnisse tätig zu werden, und dabei nicht etwa konkrete materielle Produkte, sondern einen neuen Typus von Produktionsverhältnissen hervorzubringen.

Wie ich vermute, dass Kant den Widerspruch in seiner Deutung des Lebewesens im Paradies und Hegel den Widerspruch in der Beschreibung der anfänglichen Phase in einer Kultur durchaus gesehen haben, so nehme ich auch an, dass sich Marx der in seiner Theorie aufgetretenen Widersprüchlichkeit inne geworden ist. Dafür spricht der Umstand, dass er sich bemüht hat, sie sorgfältig zu verdecken. Zu diesem Zweck verband er die Aussage, die volle Entwicklung der in der bisherigen Gesellschaftsformation möglichen Produktivkräfte müsse erreicht worden sein, ehe ein Wandel eintreten könne, mit einer gegensätzlichen Prognose, wonach der Wandel so lange nicht eintreten kann, als sich die der neuen Gesellschaftsformation entsprechenden Produktivkräfte noch nicht gebildet haben.

> Eine Gesellschaftsformation geht nie unter, bevor alle Produktivkräfte entwickelt sind, für die sie weit genug ist [Aussage I W.F.], und neue, höhere Produktionsverhältnisse

treten nie an die Stelle, bevor die materiellen Existenzbedingungen derselben im Scho-
ße der alten Gesellschaft selbst ausgebrütet worden sind [Aussage II W.F.].[106]

Vielleicht kann dieser höchst geschickt verborgene Widerspruch erst dann klar
identifiziert werden, wenn der Grundwiderspruch des zur Autonomie strebenden
Fortschrittsdenkens erkannt ist.

Sehr viel früher aber wurden die konkreten Deutungen, die Marx dem Fortschritt in den drei Gesellschaftsformationen gab, angefochten. So wurde zum
Beispiel bestritten, dass die Kultur der Antike ausreichend verstanden werden
könne, wenn man sie als Sklavenhaltergesellschaft deutet. Jedoch wurde von
marxistischer Seite auch versucht, derartige Einwände zu entkräften. Demgemäß
mag man die Meinung vertreten, dass bei diesem Problem ein letztes Wort noch
nicht gesprochen sei.

Jenseits aller Diskussion dürfte jedoch der Umstand zu sehen sein, dass Marx'
Geschichtstheorie gerade durch den Anspruch der Maschinenhaftigkeit „eherner
Gesetze" an die in ihr angesetzten Gesellschaftsformationen gebunden ist. Das
aber bedeutet, dass sie in keiner Weise verändert werden kann. Sollte sie, Marx'
Anspruch gemäß, der historischen Wirklichkeit entsprechen, so könnten nie Kulturen entdeckt werden, die nicht in sein Schema passen und sich einer Deutung
aufgrund seiner Kategorien entziehen. Aber solche Kulturen kennen wir inzwischen sehr wohl.

Der Begriff der Sklavenhaltergesellschaft lässt sich allenfalls bis zum Beginn der
ersten Hochkulturen vor etwa fünfeinhalbtausend Jahren ausdehnen. Für alles
Frühere steht einzig der Begriff der „Urgesellschaft" zu Verfügung. Er müsste
den bei weitem längsten Teil der Menschheitsgeschichte bezeichnen, da nach
heutiger Kenntnis der aufrechte Gang von Lebewesen, den wir nur von Menschen kennen, seit etwa vier Millionen Jahren nachgewiesen ist, die Anfertigung
von Werkzeugen, zu deren Herstellung Tiere nicht fähig sind, seit etwa zweieinhalb Millionen Jahren. Danach sind in langen Abständen wieder und wieder völlig neuartige menschliche Fähigkeiten hervorgetreten, zuletzt vor etwa 50.000
Jahren die Potenz zur Gestaltung von Gemälden, die noch heute als hoch künst-
lerisch erscheinen, seit 12.000 Jahren die Fähigkeiten zum Ackerbau, zum We-
ben, zum Bau von festen Siedlungen, seit 10.000 Jahren zur Begründung von
Städten, um nur einiges zu nennen. Gewiss wird man Marx keinen Vorwurf machen, weil er das alles nicht wusste - es war eben noch nicht entdeckt. Wohl aber
stellt es einen massiven Einwand gegen das von ihm konstruierte Bild der universalen Geschichtsmaschine dar. Sie ist ein bloßes Phantom.

Seit dem Zusammenbruch der kommunistischen Herrschaft in vielen Ländern
ist dies auch vielen Menschen einsichtig geworden, die zuvor an den Sozialismus
geglaubt hatten. Hätte man die Ergebnisse historischer Forschung ernst genommen, so hätten jene Aporien schon seit langem festgestellt werden können. Wenn
es dazu nicht kam, so mag dazu der Umstand beigetragen haben, dass die tat-
sächliche Existenz einer großen Weltmaschine ja auf andere Weise erwiesen zu
sein schien - durch die Evolutionstheorie von Charles Darwin.

Darwins Evolutionstheorie

Im Jahre 1831, kurz nachdem Auguste Comte den ersten Band seines *Cours de philosophie positive* veröffentlicht hatte, trat der damals zweiundzwanzigjährige Charles Darwin nach dem Abschluss eines theologischen Studiums an Bord der „Beagle" eine fünfjährige Forschungsreise an. Sie ist inzwischen berühmt, weil er bei ihr Beobachtungen machte, die für seine Evolutionstheorie maßgebliche Bedeutung erlangen sollten. Bereits im Jahre 1838 fasste er den grundlegenden Gedanken, dass so wie Tierzüchter sich die besten Exemplare ihres Viehbestandes für die Fortpflanzung aussuchen auch die Natur eine „Zuchtwahl" trifft. Während bei der „künstlichen Zuchtwahl" menschliche Intelligenz und Willensentscheidung wirksam ist, genügt bei der „natürlichen Zuchtwahl" ein anonymes Naturgesetz. Es manifestiert sich in drei Momenten.

Das erste entnahm Darwin der Tatsache, dass von den einzelnen Exemplaren einer Tiergattung keines dem anderen völlig gleicht, dass also die Gattung immer nur in Variationen auftritt. Das zweite Moment wird durch den Umstand ersichtlich, dass durch die Vermehrung fortwährend weit mehr Individuen entstehen, als sich in den jeweiligen Lebensräumen erhalten können. Also müssen zahlreiche Individuen zugrunde gehen, ehe sie selbst die Geschlechtsreife erreichen. Das dritte Moment liegt in der Wahrscheinlichkeit, dass aus der Vielzahl von Individuen jeweils diejenigen überleben und ihrerseits sich vermehren können, die an ihre Lebensbedingungen am besten angepasst sind.

Im dritten Moment sind verschiedene Zusatzannahmen impliziert. So deutete Darwin die Lebewesen als Träger eines Triebes, der sie anhält, aus dem Bezug auf bestimmte Lebensbedingungen zu existieren und sich zu reproduzieren. Jene Auffassung entspricht in der Struktur genau der Auffassung von Karl Marx, wonach menschliche Produktivkräfte aus dem Bezug zu bestimmten gesellschaftlichen Produktionsverhältnissen tätig werden und dadurch das materielle Weiterleben ermöglichen.

Einer weiteren Sonderthese zufolge entsteht unter den rivalisierenden Individuen einer Art ein „Kampf ums Dasein" („struggle for life"). Dieser führt zunächst zur „Selektion" der den bestehenden Lebensverhältnissen am besten angepassten Exemplare. (Darwin übernahm dafür von Herbert Spencer den Ausdruck „Überleben des Tüchtigsten"). Wenn die Lebensbedingungen sich änderten, konnten sich aber auch zufällig aufgetretene neuartige Eigenschaften, für die bisher keine Verwendung gewesen war, als nützlich erweisen, insofern sie den neuen Bedingungen besser entsprachen. Traten nun immer mehr einzelne Zusatzeigenschaften auf, so bildeten sich nach und nach Lebewesen, die schließlich nicht mehr der bisherigen, sondern einer neuen Art entsprachen.

Schwierigkeiten in Darwins Theorie

Wie bei Marx den Produktivkräften, so wurde bei Darwin dem Lebenstrieb die doppelte Fähigkeit einerseits der Erhaltung und andererseits der Neuschöpfung zugeschrieben. Allerdings nahm Marx an, dass die Produktivkräfte neue Produktionsverhältnisse hervorbringen, während nach Darwin die Lebensbedingungen durch äußere Naturvorgänge verändert werden und die Lebenstriebe jeweils eine diesen neuen Bedingungen entsprechende neue Art - und mit ihr auch einen neuen Lebenstrieb - zu schaffen haben.

Nicht anders als bei Marx hat diese Doppelfunktion auch bei Darwin einen widersprüchlichen Charakter. Eine bestimmte Kraft ist niemals in der Lage, mit einer und derselben Eigenschaft sowohl eine bewahrende als auch eine schöpferische Wirkung auszuüben. Auch Darwin hat diesen Widerspruch nicht diskutiert. Andere Schwierigkeiten seiner Theorie hat er jedoch freimütig angesprochen.

Eine bestand darin, dass die „Gesetze, denen die Vererbung unterliegt (...) größtenteils unbekannt" waren, von den zufällig aufgetretenen nützlichen neuen Eigenschaften jedoch, wenn man sie für die Höherentwicklung beanspruchte, angenommen werden musste, dass sie tatsächlich vererbt wurden. Ob dies berechtigt war, vermochte Darwin nicht zu entscheiden.

Eine andere Schwierigkeit sah er selbst in der Tatsache, dass der Prozess der Höherentwicklung nicht das gesamte Leben auf der Erde umfasste. Er schrieb: „Wenn aber nun alle organischen Wesen auf der Stufenleiter emporstreben, wie kommt es alsdann, könnte man fragen, dass auf der Erde noch eine Menge niedrigster Formen leben? Und wie kommt es, dass in jeder großen Klasse einige Arten höher entwickelt sind als die andern? Warum haben nicht die höher entwickelten Formen überall die niederen ersetzt und vernichtet?"[107] Diese Schwierigkeit meinte er beheben zu können. Aber dabei rief er ausgerechnet die in seiner Theorie enthaltene Widersprüchlichkeit zu Hilfe und erklärte, immer sei die Höherentwicklung ja gar nicht notwendig, da an ihre Stelle auch die Erhaltung treten könne:

> Nach meiner Theorie bietet die fortdauernde Existenz niederer Wesen keine Schwierigkeiten, denn die natürliche Zuchtwahl oder das Überleben des Tüchtigsten schließt noch nicht notwendig einen Fortschritt der Entwicklung ein; sie zieht vielmehr nur aus solchen Veränderungen Vorteile, die einem Wesen in seinen verwickelten Lebensbeziehungen nützen.[108]

Die in Darwins eigenen Augen gravierendste Schwierigkeit bestand darin, dass nach seiner Theorie sehr lange Zeiträume des allmählichen Übergangs von Art zu Art angesetzt werden mussten. Aus diesem Grund hatte die Existenz einer Vielzahl von Übergangsformen als sicher zu gelten. Von ihnen jedoch waren keine Spuren zu finden. Gab es dafür eine Erklärung?

> Der Hauptgrund aber, weshalb gegenwärtig nicht überall in der Natur zahlreiche Zwischenglieder vorkommen, liegt in der natürlichen Zuchtwahl selbst, die fortwährend neue Varietäten an Stelle ihrer Stammformen erscheinen und diese ersetzen läßt. Aber gerade weil dieser Ausmerzungsvorgang so stark wirkte, muß auch die Zahl der einstigen Zwischenvarietäten sehr groß gewesen sein. Warum wimmelt also nicht jede geologische Formation und jede Schicht von Zwischengliedern? Die Geologie zeigt uns keineswegs eine ununterbrochene Kette organischer Wesen, und das ist vielleicht der ernsthafteste Einwand, der gegen meine Theorie erhoben werden kann.[109]

Im Fall der Zeugnisse aus der Vergangenheit bot Darwin als Erklärung also die „Lückenhaftigkeit der geologischen Urkunden" an.[110] Das war schon seinerzeit ein schwaches Argument. Inzwischen hat es alle Tragkraft verloren. Ganze zwei

Funde sind in all der Zeit gemacht worden, die sich als Übergangsformen deuten lassen,[111] die allerdings auch Rückbildungen darstellen könnten.

Schon Zeitgenossen Darwins stellten fest, dass es ihm nicht gelungen sei, die Entstehung neuer Arten plausibel zu erklären.[112] Er selbst dürfte das auch gesehen haben. Am Ende seines Buches über die Entstehung der Arten erklärte er jedoch mit jener Selbstsicherheit, die sich vielen Lesern einprägen sollte, die Gesetze der Evolution erkannt und beschrieben zu haben:

> Diese Gesetze, im weitesten Sinne genommen, heißen: Wachstum mit Fortpflanzung; Vererbung (die eigentlich schon in der Fortpflanzung enthalten ist); Veränderlichkeit infolge indirekter und direkter Einflüsse der Lebensbedingungen und des Gebrauchs oder Nichtgebrauchs; so rasche Vermehrung, dass sie zum Kampf ums Dasein führt und infolgedessen auch zur natürlichen Zuchtwahl, die ihrerseits wieder die Divergenz der Charaktere und das Aussterben der minder verbesserten Formen veranlasst. Aus dem Kampf der Natur, aus Hunger und Tod geht also unmittelbar das Höchste hervor, das wir uns vorstellen können: die Erzeugung immer höherer und vollkommenerer Wesen.[113]

Als bisher höchstes Wesen stellte er sich den Menschen vor, und ihn definierte er als ein aufrecht gehendes Lebewesen mit der Gehirngröße, die vom heutigen Menschen bekannt ist, ein Lebewesen, das dank seiner Intelligenz zur Herstellung von Werkzeugen fähig ist. Wie später darzulegen sein wird, hat sich diese Definition in wichtigen Momenten als irrig erwiesen.

Die Entstehung des Menschen nach Darwin

Die Anwendung seiner Theorie auf die Entstehung des Menschen klammerte er aber vorerst noch aus. Immerhin kündigte er eine entsprechende Ausweitung bereits an. „Licht wird auch fallen auf den Menschen und seine Geschichte."[114] Zunächst wandte er sich freilich dieser Aufgabe nicht unmittelbar zu, er versuchte vielmehr, das Phänomen der Variation weiter zu klären, offenbar in der Hoffnung, hierbei einen besseren Ansatz finden zu können. Im Rückblick stellte Olivier Rieppel 1989 fest, dass „Darwins Theorie der Variation <damals> wenig Aufsehen erregte" und „still und unbeachtet den Weg alles Irdischen ging".[115] Auch für Darwin selbst waren die erzielten Ergebnisse offenbar nicht sonderlich überzeugend. Jedenfalls machte er von ihnen, als er schließlich mit *Descent of Man* (1871) ein Werk über den Menschen vorlegte, keinen nennenswerten Gebrauch, sondern bemühte sich um einen anderen Ansatz, der durch seine Untersuchung der „geschlechtlichen Zuchtwahl" grundgelegt wurde.

Bereits manche von Darwins Zeitgenossen durchschauten diesen Sachverhalt. Im Vorwort zur Neuauflage von 1874 schrieb Darwin selbst: „Mehrere Kritiker haben ferner gesagt, dass ich, nachdem ich gefunden hätte, dass viele Einzelheiten des Baues beim Menschen nicht durch natürliche Zuchtwahl erklärt werden könnten, die geschlechtliche Zuchtwahl erfunden hätte."[116] Was Darwin darauf zu erwidern vermochte, war nur dies:

> Ich habe indessen eine ziemlich klare Skizze dieses Princips in der ersten Auflage der ‚Entstehung der Arten' gegeben und dort schon gesagt, dass es auf den Menschen an

Abb. XII: Darwin. Denkmal

wendbar sei. Dieser Gegenstand, die geschlechtliche Zuchtwahl, ist ausführlich im vorliegenden Werke behandelt worden, einfach deshalb, weil sich mir hier zuerst eine Gelegenheit dazu darbot.

Wie dürftig diese Antwort ist, wird klar, wenn man bedenkt, dass Darwin in der
Entstehung der Arten lediglich in Aussicht gestellt hatte, dass von den Ergebnissen dieses Buches auf die Abstammung des Menschen ein „Licht fallen" werde,
und dass er dann in dem Buch über die Abstammung des Menschen im ersten
Teil das Problem beschrieb, ohne jedoch eine Lösung anzubieten, dass er sodann

im 2. Teil laut Titel die „Geschlechtliche Zuchtwahl" im allgemeinen behandelte, und dem 3. Teil den Titel gab: „Geschlechtliche Zuchtwahl in Beziehung auf den Menschen und Schluss". Anders als er am Beginn dieser Untersuchungen erwartet haben dürfte, kam er zu keiner grundsätzlichen Verbesserung seiner Theorie, wohl aber kam er zu einer Folgerung, die sich als fatal und folgenreich erweisen sollte.

Der Fortschritt innerhalb der Menschheit durch Selektion

Nachdem Darwin zunächst von der künstlichen Zuchtwahl ausgegangen war, die Menschen bei Tieren vornehmen, sich dann der natürlichen Zuchtwahl bei Tieren zugewandt und studiert hatte, wie sich beim Menschen im Verhältnis der Geschlechter eine natürliche Zuchtwahl auswirkt, plädierte er am Ende des Buches für die Einführung einer künstlichen Zuchtwahl auch beim Menschen. Ich zitiere jenen ungeheuer wirkmächtigen Abschnitt etwas ausführlicher:

> Der Fortschritt des Wohles der Menschheit ist ein äußerst verwickeltes Problem. Alle sollten sich des Heirathens enthalten, welche ihren Kindern die größte Armuth nicht ersparen können, denn Armuth ist nicht bloß ein großes Übel, sondern führt auch zu ihrer eigenen Vergrößerung, da sie Unbedachtsamkeit beim Verheirathen herbeiführt. Auf der anderen Seite werden (...), wenn die Klugen das Heirathen vermeiden, während die Sorglosen heirathen, die untergeordnetern Glieder der menschlichen Gesellschaft die besseren zu verdrängen streben. Wie jedes andere Thier ist auch der Mensch ohne Zweifel auf seinen gegenwärtigen hohen Zustand durch einen Kampf um die Existenz in Folge seiner rapiden Vervielfältigung gelangt, und wenn er noch höher fortschreiten soll, so muß er einem heftigen Kampfe ausgesetzt bleiben. Im andern Falle würde er in Indolenz versinken und die höher begabten Menschen würden im Kampf um das Leben nicht erfolgreicher sein als die weniger begabten (...). Es muß für alle Menschen offene Concurrenz bestehen, und es dürfen die Fähigsten nicht durch Gesetze oder Gebräuche daran verhindert werden, den größten Erfolg zu haben und die größte Zahl von Nachkommen aufzuziehen. So bedeutungsvoll der Kampf um die Existenz gewesen ist, so sind doch, soweit der höchste Theil der menschlichen Natur in Betracht kommt, andere Kräfte noch bedeutungsvoller; denn die moralischen Eigenschaften sind entweder direct oder indirect viel mehr durch die Wirkung der Gewohnheit, durch die Kraft der Überlegung, Unterricht, Religion u.s.w. fortgeschritten, als durch natürliche Zuchtwahl.[117]

Mit diesen Worten setzte Darwin die Vorstellung in die Welt, der „Fortschritt des Wohles der Menschheit" hänge von der Einführung einer bewussten, also künstlichen Selektion ab. Gewiss liegt von diesem Satz bis Auschwitz ein langer Weg, aber hier hat er begonnen. Allerdings verzweigt sich an dieser Stelle nur die allgemeine Heerstraße der Kantschen Fortschrittsidee, deren Anfang bereits im ausgehenden 18. Jahrhundert zu suchen ist. Doch die von Darwin veranlasste Richtungsänderung führte zu einem bis dahin noch nicht sichtbar gewordenen Abgrund: Kant hatte dem Menschen immerhin eine Wesenswürde zuerkannt, die ihn von den Tieren grundsätzlich abhob. Darwin aber unterschied ihn nur noch graduell, nicht mehr prinzipiell von den Tieren. Damit eröffnete er die moralische Möglichkeit, ihn genauso zu behandeln „wie jedes andere Thier". Wahrscheinlich hat Darwins Theorie dazu beigetragen, dass noch ein weiterer Sonderweg des Fortschritts beschritten wurde, jener, der zum „Archipel Gulag" führte. Der schlüssige Nachweis, dass das auszeichnende Wesen des Menschen in einer großen Weltmaschine mitfunktioniere und überhaupt erst durch jene Maschine hervorgebracht worden sei, ist ihm aber ebenso wenig gelungen wie Marx. Er konnte freilich den entsprechenden Anschein erwecken, der auf viele Menschen wie eine Verzauberung wirkte. Erstaunlicherweise vermochte sich diese Faszination lange Zeit zu halten, obwohl die Möglichkeit, die Welt konsequent als eine Maschine zu deuten, durch neue Entdeckungen auch empirisch mehr und mehr in Frage gestellt wurde.

6. Das Problem der Gangschaltung seit 1880

Die Verwandlung von Masse in Energie

Im Jahre 1895 experimentierte der Physiker Wilhelm Conrad Röntgen in seinem Laboratorium an der Universität zu Würzburg mit einer so genannten Lenardschen Kathodenstrahlröhre. Um sie vor Licht zu schützen, hatte er sie mit schwarzem Papier umgeben. Außerdem hatte er die Verdunkelungsvorhänge geschlossen. Als er die Röhre einschaltete, bemerkte er von einem benachbarten Arbeitstisch einen grünlichen Schimmer. Dieser verschwand, wenn er die Röhre abschaltete, und er zeigte sich wieder, wenn die Röhre aktiviert wurde. Röntgen stellte fest, dass der Schimmer an einem Stück Pappe entstand, das mit einer fluoreszierenden Substanz bedeckt war.

Thomas S. Kuhn hat in einem 1962 erschienenen, inzwischen berühmten Buch über die Struktur wissenschaftlicher Revolutionen darauf hingewiesen, dass diese Beobachtung allein noch nicht mit der Entdeckung jener Strahlen gleichbedeutend war, die Röntgen selbst als X-Strahlen bezeichnete und die später mit seinem Namen verbunden wurden. Zumindest zwei andere Physiker haben dieselbe Beobachtung gemacht, gingen ihr aber nicht nach. Röntgen dagegen suchte die Wahrnehmung zu verstehen. Er stellte Experiment um Experiment an, und dies sieben Wochen lang. Während dieser Zeit hat er sein Laboratorium kaum verlassen. Als er sein heute allgemein bekanntes Ergebnis der wissenschaftlichen Welt mitteilte, kam es zu einer bemerkenswerten Reaktion. Kuhn schrieb darüber:

> Die Röntgenstrahlen (...) wurden nicht nur mit Überraschung begrüßt, sondern mit einem Schock. <Der angesehene Physiker> Lord Kelvin bezeichnete sie zunächst als einen ausgefeilten Schwindel. Andere wieder konnten zwar die Beweise nicht anzweifeln, waren aber deutlich verwirrt.[118]

An den Röntgenstrahlen wirkte der Umstand befremdlich, dass sie nicht dadurch entstanden, dass irgendein Gegenstand oder eine Kraft auf einen anderen Gegenstand einwirkte (wie z. B. bei der Erzeugung eines Kraftfeldes). Sie bildeten sich gleichsam ‚spontan'.

Darüber hinaus war allerdings auch die Wirkung dieser Strahlen sehr merkwürdig. Sie vermochten Materie, die für andere Strahlen undurchdringlich war, zu durchleuchten und ein für das menschliche Auge sonst nicht wahrnehmbares Bild zu produzieren. Mit der Hilfe eines solchen geradezu wunderbar, zugleich aber beängstigend erscheinenden Bildes gelang es übrigens Röntgen damals, ein Eheproblem zu lösen. Seine Frau hatte es merkwürdig gefunden, dass er auf einmal ohne Unterbrechung im Labor bleiben musste. Um ihre Bedenken zu zerstreuen, nahm er sie eines Tages mit und demonstrierte ihr, was ihn beschäftigte, indem er von ihrer Hand eine Aufnahme anfertigte, auf der nichts erschien als Knochen - und der Ehering.

So schockierend Röntgens Bericht auf manche Zeitgenossen wirkte, vermochte er andere geradezu zu faszinieren. Der französische Physiker Henri Becquerel war von ihm derart beeindruckt, dass er sich auf die Suche nach etwaigen weiteren Strahlungsquellen machte. Zwei Monate nach Röntgens Entdeckung versuchte er herauszufinden, ob etwa Kaliumuransulfat unter der Einwirkung von Sonnenlicht Röntgenstrahlen aussenden würde. An einem sonnenlosen Tag legte er ein Stück Uransalz beiseite, zufällig auf eine verpackte Fotoplatte. Später kam ihm der seltsame Einfall, die Fotoplatte zu entwickeln. Er tat es und hatte ein geheimnisvolles Bild vor sich, die Silhouette des Stücks Uransalz. Becquerel verständigte seinen Freund Pierre Curie und dessen aus Polen stammende Frau Marie. Nach zweijähriger Arbeit konnten sie klären, dass nicht nur das Uran Strahlen aussendet, sondern auch zwei andere, bis dahin nicht bekannt gewesene Substanzen, das Radium und das Polonium.

Mit diesen Entdeckungen war erwiesen, dass es innerhalb der durch die mechanistische Kausalität beherrschten großen Weltmaschine auch Vorgänge a-kausaler Art gibt, durch welche die Maschinenbewegung gewissermaßen auf eine andere Ebene gehoben wird - etwa in der Weise, wie wenn bei einer von Menschen konstruierten Maschine ein anderer Gang eingelegt wird. Der Lauf der Maschine wird dadurch nicht gestört, aber er vollzieht sich nun gewissermaßen in einer anderen Dimension. Und diese Entdeckung blieb keineswegs vereinzelt.

Im Jahre 1900 befasste sich in Berlin Max Planck mit Wärmestrahlungen. Es galt als sicher, dass Wärme an die Form der Welle gebunden sei. Planck aber stellte nun fest, dass sie bisweilen auch in der Form von festen Paketen, von - so sollte Albert Einstein dann sagen - „Quanten" auftritt. Seine Beobachtungen zeigten, dass dies nicht durch eine äußere Ursache bewirkt wird, sondern durch die Situation, entweder der Ausstrahlung oder der Aufnahme.

Abb. XIII: Roentgen beim Vortrag
und Röntgen-Gesamtbild des menschlichen Körpers 1896

Von Planck angeregt, entdeckte Einstein denselben Sachverhalt 1905 auch beim Licht. Er berichtete darüber in einem Aufsatz mit dem Titel *Über einen die Erzeugung und Verwandlung des Lichts betreffenden heuristischen Gesichtspunkt"*. Außer diesem Aufsatz publizierte Einstein im selben Jahr 1905 noch drei weitere Abhandlungen, die sich alle als sehr bedeutsam erweisen sollten.

Einer von ihnen trägt den Titel: *Ist die Trägheit eines Körpers von seinem Energieinhalt abhängig?* Darin bezog sich Einstein auf die seit Röntgen gemachte Entdeckung der Radioaktivität. Inzwischen war klar geworden, dass Radioaktivität als Vorgang zu verstehen ist, in dem Masse in Energie umgewandelt wird. Bemüht, den Prozess präziser zu bestimmen, fand Einstein heraus, dass die durch Zerfall eintretende Verminderung der Masse eine Entsprechung zu der abgestrahlten Gesamtenergie, dividiert durch das Quadrat der Lichtgeschwindigkeit, aufweist. Er gab der Vermutung Ausdruck, dass dies bei radioaktiven Stoffen experimentell bewiesen werden könnte. Doch sah er keine Notwendigkeit, seine Theorie auf solche Stoffe zu beschränken. Wenn bei anderen Stoffen durch menschliche Aktivität ähnliche Bedingungen hergestellt würden, wie sie bei den radioaktiven von der Natur schon eingerichtet worden waren, musste jegliche Masse in derselben Weise in Energie umgewandelt werden können. Masse war im Grunde nichts anderes als noch nicht verwandelte Energie. Umgekehrt konnte man von der Energie sagen, dass sie Masse im verwandelten Zustand sei. Zur Beschreibung dieses Sachverhalts prägte Einstein die inzwischen berühmte Formel $E = mc^2$.

Der Mensch als Maschinist

Mit dieser Formel machte er ein weiteres Phänomen der Gangschaltung namhaft. Allerdings war als Schaltkraft in diesem Fall nicht die Natur zu denken, sondern der Mensch. Ihm kam die Rolle eines Maschinisten zu. Das war ein Ereignis von hoher geistesgeschichtlicher Bedeutung. Um es zu würdigen, könnte man zurückblickend einen Zusammenhang konstruieren, der etwa so aussähe:

Als einst im Mittelalter die Mechanische Uhr erfunden wurde, galt es noch für selbstverständlich, dass ihre Mechanik in eine umfassende, von Gott geschaffene Weltordnung integriert sei. Seit Galilei begann sich dann die Meinung zu bilden, dass die maschinenhaften Bezüge der Gestirne mit dieser Weltordnung identisch seien. Für Galilei und dann auch für Descartes und Newton bestand jedoch noch kein Zweifel, dass Gott es war, der die Naturmaschine geschaffen hatte. Dann zeigte Kant, dass die menschliche Vernunft über Gott nichts Verlässliches zu sagen vermöge. Als Schöpfer aller Lebewesen, letztlich auch des Menschen,. galt nun die anonyme Natur. Da als deren höchstes Gesetz die maschinenhafte Mechanik angesehen wurde, war es nur konsequent, wenn Darwin zu zeigen suchte, dass mechanische Gesetze die Entstehung des Menschen bewirkten, und Marx, dass solche Gesetze auch die Geschichte des Menschen mit ihrem Fortschritt bestimmten. Beiden Forschern galt es als sicher, dass die Fähigkeiten des Menschen sich in der Möglichkeit erschöpften, die mechanischen Notwendigkeiten in Natur und Geschichte zu erkennen und dann deren Tendenzen in der Praxis zu verstärken. In der Sicht von Einstein trat nun die zusätzliche Möglichkeit hervor, dass der Mensch sich des in der Natur angelegten Mittels der Gangschaltung bemächtigt und, durch die geplante Verwandlung von Masse in Energie, die Welt schöpferisch umwandelt.

Später sollte für Einstein einsichtig werden, dass der Anspruch auf menschliches Schöpfertum, den er seit 1905 erhob, entgegen dem Anschein keineswegs etwas Neues war, sondern von der Physik seit je geltend gemacht wurde. Galilei hatte, wie Einstein nun erklärte, die moderne Physik begründet, indem er sich von der natürlichen, intuitiven Erfahrung löste und künstliche Begriffe schuf, die es ihm erlaubten, „idealisierte Experimente" durchzuführen. Sie lieferten „den Anhaltspunkt, der die Grundlage für die Mechanik der Bewegung, die Dynamik, bilden sollte."[119] Jene methodische Initiative Galileis behielt dann Gültigkeit für die gesamte neuere Naturwissenschaft. Diese beschrieb keine vorgegebene Weltordnung. Vielmehr hat sie versucht, aus dem Stoff der Natur selbst eine eigenes „Weltbild" zu schaffen.

> Die Naturwissenschaft (...) ist eine Schöpfung des Menschengeistes mit all den frei erfundenen Ideen und Begriffen, wie sie derartigen Gedankengebäuden eigen sind. Physikalische Theorien sind Versuche zur Ausbildung eines Weltbildes und zur Herstellung eines Zusammenhanges zwischen diesem und dem weiten Reich der sinnlichen Wahrnehmungen.[120]

Im Sinne dieser Darlegungen ist von der Weltmaschine zu sagen, dass sie tatsächlich nie die Weltordnung selbst, sondern immer nur eine schöpferisch hervorgebrachte Fiktion von ihr war. Darin glich sie jenen Gemälden, die seit dem 15. Jahrhundert, orientiert an der Zentralperspektive, eine dreidimensionale Welt darstellten, ohne sie - im Sinne der weiter oben zitierten Ausführungen von Alexander Perrig - auf eine andersartige, von Gott herbestehende Weltordnung zu beziehen.

Im Jahre 1905 dachte Einstein noch im Bezugsrahmen der großen naturwissenschaftlichen Fiktion der Neuzeit. Aber seine Neuentdeckungen zeigen deutlich, dass er deren Grenze nahe gekommen war. Damit berührt sich seine Innovation mit Umbrüchen jenseits der physikalischen und naturwissenschaftlichen Problematik. Die Kunstwissenschaft hat nämlich festgestellt, dass fast gleichzeitig von einem Maler, der inzwischen als einer der bedeutendsten des 20. Jahrhunderts gilt, von Pablo Picasso, die Zentralperspektive erstmals durchbrochen wurde. Es geschah im Jahre 1907 mit dem Gemälde *Les demoiselles d'Avignon*. Hierauf werde ich im nächsten Kapitel zurückkommen.

Bei Picasso zeigte sich in diesem Bild das Menschliche im Zustand der Zerstörtheit. Einstein scheint damals noch nicht ernsthaft über die Möglichkeit nachgedacht zu haben, dass durch eine Verwandlung von Masse in Energie zerstörerische Wirkungen hervorgebracht werden könnten. Später hat er eine Probe davon mitansehen müssen, als Atombomben auf Hiroshima und Nagasaki abgeworfen wurden. Er hat schwer daran getragen. Den Beweis dafür, dass auch die friedliche Nutzung der Kernenergie katastrophale Folgen haben kann, der für uns mit dem Namen Tschernobyl verbunden ist, ebenfalls noch mitzuerleben, blieb ihm erspart.

Einsteins spezielle Relativitätstheorie

An dieser Stelle ist auf eine weitere Entdeckung Einsteins aus dem Jahre 1905 hinzuweisen. Er berichtete in einem Aufsatz mit dem Titel *Zur Elektrodynamik bewegter Körper* darüber.[121]

In dieser Studie ging es Einstein primär um das Thema „Zeit". Dabei sprach er der Naturwissenschaft durchaus noch die Fähigkeit zu, aufgrund ihrer ‚Objektivität' Wahrheit erkennen zu können. Er führte aus, dass die natürliche, „intuitive" Erfahrung uns nahe lege, innerhalb der Zeit zwischen Vergangenheit, Gegenwart und Zukunft zu unterscheiden. Dabei stehe die Zeit aber nur so im Blick, wie sie subjektiv erlebt werde. Der Physiker handle jedoch nicht von dieser, sondern von der „objektiven" Zeit. Um sie zu erfassen, seien Uhren nötig. Auffälligerweise wurde also gerade dieses Grundbild der Mechanik für Einstein maßgeblich. Von einer objektiven Zeit könne man dann sprechen, wenn zwischen einem Vorgang und der Zeitanzeige einer Uhr Übereinstimmung besteht. Diese Koordination sei als „Gleichzeitigkeit" von Vorgang und Uhrzeigeranzeige zu verstehen.

Normalerweise meinen wir, solche Gleichzeitigkeit sei gegeben, wenn wir z. B. einen Zug in einen Bahnhof einlaufen sehen, auf die Uhr blicken und feststellen, dass der Zeiger gerade jetzt auf „7" springt. Aber wenn genaue Messungen durchgeführt werden sollen, muss berücksichtigt werden, dass das Licht, das die Information über einen Vorgang zu mir trägt, Zeit braucht. Beim angeführten Beispiel ist die Strecke, die das Licht zurücklegen muss, so gering, dass dieser Umstand vernachlässigt werden kann. Anders wäre es, wenn ich eine Sternschnuppe fallen sähe und sofort auf meine Uhr blickte. Die Zeit, die ich auf der Uhr abläse, stimmte dann mit dem Augenblick des Fallens der Sternschnuppe nicht überein. Als ich das Fallen der Sternschnuppe gesehen habe, ist dieser Vorgang in Wirklichkeit bereits vergangen.

Wenn ich das bedenke, darf ich von zwei Uhren, die in einer beträchtlichen Entfernung voneinander aufgestellt sind, nicht ohne weiteres annehmen, dass sie dieselbe Zeit anzeigen und insofern wirklich „gleichzeitig" sind. Um die Gleichzeitigkeit zu erreichen, kann ich folgendermaßen vorgehen: Ich stelle mich an einem Punkt „B" auf, der von den Standorten zweier Uhren „A" und „C" gleich weit entfernt ist. Bei den beiden Uhren ist versucht worden, auf vorläufige Weise Gleichzeitigkeit zu erreichen. Bei jeder Uhr wird dann, wenn sie z. B. 7 Uhr anzeigt, ein Lichtsignal ausgelöst, das von mir registriert werden kann. Wenn die beiden Signale zur gleichen Zeit bei mir eintreffen, gehen die beiden Uhren wirklich gleich.

Bei dieser Feststellung wird vorausgesetzt, dass ich mich am Punkt „B" nicht bewege. Nun könnte ich mich neben einem Bahngleis niedergelassen und mit einem Freund verabredet haben, dass er im Zug an mir und an dem Punkt „B" vorbeifährt, und zwar im selben Augenblick, für den die beiden Lichtsignale zu erwarten sind. Würde dieser Freund dieselbe Messung durchführen wie ich, so würde er dasselbe Resultat erzielen. Der Umstand, dass ein Beobachter sich im Zustand nicht der Ruhe, sondern der Bewegung befindet, beeinflusst das Messungsergebnis nicht. Aber würde das auch gelten, wenn mein Freund nicht in ei-

nem Zug führe und mit einer Geschwindigkeit von 100 oder auch 200 Stunden-
kilometern, sondern mit der Geschwindigkeit des Lichts, also mit 300.000 Se-
kundenkilometern, beim Punkt „B" vorbeikäme? Offenbar nicht, denn dann hätte
er genau dieselbe Geschwindigkeit wie das von „C" ausgehende Signal und er
könnte am Punkt „B" dieses gar nicht wahrnehmen, sondern nur das Signal von
„A". In diesem Fall würde sich die Bewegtheit des Beobachters also ganz erheblich auf die Messung auswirken.

Man kann nun weiter fragen. Zunächst etwa, was geschehen würde, wenn der
Beobachter, mein Freund, sich noch schneller bewegen würde als das Licht.
Aber Einstein legt dar, dass diese Frage insofern abwegig wäre, als es eine
schnellere Bewegung als die des Lichts überhaupt nicht geben kann. Sodann
könnte man fragen, was geschähe, wenn mein Freund, der Beobachter, „fast" so
schnell sich bewegte wie das Licht. Dann müsste allerdings zunächst geklärt
werden, was mit dem Wörtchen „fast" gemeint sei? Würde man nun sagen, gemeint sei eine Geschwindigkeit, die um ein Geringes kleiner sei als die des
Lichts, so könnte man darauf aufmerksam werden, dass man von der Zeit auf andere Weise spräche als es üblich ist.

In der Regel benutzt man dabei in Gedanken wie einst Newton einen Maßstab,
dessen Nullpunkt die absolute Bewegungslosigkeit ist und der von ihr aus verschiedene Geschwindigkeitsstufen anzugeben erlaubt. Sie sind grundsätzlich
nicht begrenzbar, also führen sie ins Unendliche. Das bedeutet, dass wir gemeinhin mit einer Zeit als einer absoluten Größe rechnen. Aber wäre das richtig und
gäbe es absolute Geschwindigkeiten, so dürfte die Lichtgeschwindigkeit nicht als
die höchste angesetzt werden. Da dies aber notwendig ist, muss angenommen
werden, dass der übliche Maßstab letztlich falsch und die Zeit keine absolute
Größe ist, die sich an Geschwindigkeiten von Null bis Unendlich manifestiert.
Ihr wahrer Maßstab ist die Lichtgeschwindigkeit.

Nach dieser Einsicht, mit der eine zentrale Annahme Newtons als irrig erkannt
wird, kann die Frage, was geschähe, wenn ein Beobachter sich mit einer Geschwindigkeit bewegte, die derjenigen des Lichts „fast" gleich wäre, wieder aufgenommen werden. Inzwischen ist klar geworden, dass bei der Beantwortung
nicht vom Moment Ruhepunkt oder Null-Geschwindigkeit ausgegangen werden
darf, sondern von dem Maß aus gedacht werden muss, das die Lichtgeschwindigkeit darstellt. Dann aber ist von einem Beobachter, der den Punkt „B" mit
„fast"-Lichtgeschwindigkeit durchquert, zu sagen, dass er das Signal, das vom
Punkt „A" mit Lichtgeschwindigkeit zu ihm kommt, so wahrnimmt, als befände
er sich im Ruhezustand, das Signal vom Punkt „B" aber, von dem er selbst auch
herkommt, mit einer Verminderung der Lichtgeschwindigkeit um jenes „fast"
auffasst, das seine eigene Geschwindigkeit von der des Lichtes unterscheidet.
Während ich, da ich mich an einem unbewegten Punkt befinde, die zwei Signale
als gleichzeitig registriere, wird mein mit „fast"-Lichtgeschwindigkeit sich be-
wegender Freund feststellen, dass die Vorgänge nicht gleichzeitig und die Uhren
also nicht synchron sind.

Statt des einen Freundes könnten mehrere mit unterschiedlichen Geschwindigkeiten, die aber immer nahe der Lichtgeschwindigkeit sein müssten, an dem Versuch teilnehmen. Sie würden dann feststellen, dass jeder über eine spezifische
Zeit verfügt, die von seiner besonderen Geschwindigkeit bestimmt ist. Je höher

die Geschwindigkeit ist, um so langsamer vollziehen sich die zeitlichen Abläufe. Das gilt auch für die Vorgänge in einem menschlichen Organismus. Darum würden Menschen, die, wie die Gruppe von Freunden in dem Beispiel, mit Hochgeschwindigkeit durch das Weltall reisten, während dieser Reise weniger schnell altern als, weiter im Beispiel, ich, der ich auf der Erde an dem Versuch mitwirkte. Man kann ausrechnen (und hat es getan), um wie viel jünger einer von zwei Zwillingen nach einer Weltraumreise von einer bestimmten Dauer wäre, wenn er zu seinem auf der Erde zurückgebliebenen Bruder zurückkehrte.

Einsteins Relativitätstheorie - die „spezielle", wie sie in Unterscheidung von der später entwickelten „allgemeinen" auch genannt wird - hat sich in der Physik aufs beste bewährt. Darum muss man, wie ich meine, auch die von ihr erschlossenen Möglichkeiten sehr ernst nehmen. Sie bestehen nicht allein in den schon angedeuteten Zerstörungen irdischer menschlicher Existenz durch freigesetzte Kernenergie, sondern auch in der Chance, einen alten Menschheitstraum wenigstens teilweise erfüllen zu können: den Traum von der Selbstverjüngung. Die dem Menschen eigenen schöpferischen Fähigkeiten könnten ihn in die Lage versetzen, sich selbst in ein Lebewesen umzuschaffen, das sich von dem auf der Erde ablaufenden Alterungsprozess wenigstens in Annäherungen zu lösen vermag. Wie das praktisch zu bewerkstelligen sei, wusste Einstein damals so wenig zu sagen, wie er bereits angeben konnte, wie eine Atombombe zu bauen sei. Aber dass der Mensch als Maschinist die dafür in der Weltmaschine vorgesehene Gangschaltung finden und eines Tages auch betätigen, dass er derart zum Schöpfer eines neuen, naturüberlegenen Menschen werden könne, erschien sicher.

Das Schöpferische in Natur und Mensch

Mit der Entdeckung der Gangschaltung konnte in den Jahrzehnten um 1900 eine neue Entdeckung des Schöpferischen beginnen. Seinerzeit vollzog sich ein Übergang vom Grundglauben an die Reproduktion zu einem Grundvertrauen in die Kreation. Diese Veränderung hat Helmut Bernsmeier in seinem 1994 erschienenen Buch *Der Wandel um 1880* an einer ganzen Reihe von Disziplinen beschrieben.[122] Ich verweise auf diese Untersuchung und beschränke mich hier darauf, den einen oder anderen Sachverhalt anzuführen, der mir innerhalb meines Gedankengangs besonders wichtig erscheint.

Vor dem Hintergrund des letzten Kapitels darf ich auf keinen Fall unerwähnt lassen, dass zur selben Zeit gerade auch in der Biologie, insbesondere in der Evolutionstheorie, eine bedeutende Veränderung vor sich ging.

Neben der vitalistischen Lehre, die Hans Driesch entwickelte (mit der Hauptthese, dass alle lebenden Körper in erster Linie von der Eigengesetzlichkeit ihrer „Entelechie" bestimmt würden) ist vor allem die Lehre von den sprunghaften Mutationen im Erbgut zu nennen, die der holländische Botaniker Hugo de Vries entwarf. Im selben Jahre 1900, in dem Max Planck erstmals den „Quantensprung" (wie man später sagen sollte) beschrieb, behandelte er im ersten Band seines Werkes *Die Mutationslehre* einen evolutionstheoretischen Sprung. Er versuchte zu zeigen, dass neue Arten in Wahrheit nicht durch den von Darwin angesetzten Mechanismus entstünden, sondern durch eine - zunächst rätselhaft erscheinende - schöpferische Kraft, die eine plötzliche Veränderung der Erbanlagen bewirkt.

Die von de Vries aufgewiesenen sprunghafter Mutationen vollzogen sich bei jenen Lebewesen, die Darwin in seinen Forschungen über die „Variationen" und über die „geschlechtliche Zuchtwahl" vergeblich durchmustert hatte, als er die eigentlichen Triebkräfte neuer Arten aufspüren wollte. Darum hielten manche Biologen Darwin für überholt. Aber allmählich setzte sich bei der Mehrheit die Auffassung durch, dass die neue Theorie die Darwinsche nicht ersetze, sondern ergänze.

Ähnliches trug sich mit der Lehre von Karl Marx zu. In den neunziger Jahren, Marx war bereits gestorben, nahm sein Freund und Mitstreiter Friedrich Engels in einer Reihe von Briefen am Modell von Basis und Überbau insofern eine bedeutsame Veränderung vor, als er feststellte, dass gesellschaftliche Wirkungen nicht allein von der Basis aus zum Überbau gingen, sondern auch umgekehrt vom Überbau zur Basis, weswegen man berechtigt sei, von „Wechselwirkungen"[123] zu sprechen. Engels räumte das ein, weil ihm inzwischen Sachverhalte bekannt geworden waren, die eindeutig eine von der ökonomischen Basis unabhängige Produktion im Bereich des Überbaus bekundeten. So gestand Engels manchen Phänomenen des Überbaus eine „relative Selbständigkeit" zu.[124] Allerdings behauptete er, dass Marx' Lehre dadurch nicht verändert oder gar korrigiert, sondern nur präzisiert werde.[125]

Sodann hat Wladimir Iljitsch Lenin in den Schriften *Womit beginnen?* und *Was tun?* von 1901 und 1902 eine politische Theorie entwickelt, in der Aktivitäten, die sich im Überbau abspielen, eine allerhöchste Bedeutung zugesprochen werden. Lenin fordert die Gründung einer Kaderpartei, deren Aufgabe es sei, die sozialistische Revolution vorzubereiten und durchzuführen. Bekanntlich wurde diese Aufgabe in der von Lenin beabsichtigten Weise dann verwirklicht, und zwar in Russland, obwohl gerade hier die wirtschaftlichen Verhältnisse weit davon entfernt waren, eine proletarische Revolution im Sinne von Marx notwendig zu machen. Es gelang Lenin jedoch, seine Anhänger davon zu überzeugen, dass mit dieser Revolution die Lehre von Marx nicht etwa widerlegt, sondern erfüllt worden sei. Damit begründete er den „Marxismus-Leninismus", mit dessen gerade skizzierter Grunddoktrin die schon bei Marx aufgetretene innere Widersprüchlichkeit geradezu potenziert wurde. Trotzdem ist diese Ideologie nach dem Zweiten Weltkrieg in vielen Ländern zur offiziellen Ideologie erhoben worden.

Als Engels und dann Lenin Kräften des „Überbaus" eine „relative Autonomie" und sogar einen revolutionären Impuls zusprachen, dachten sie in erster Linie an eine ideologische Avantgarde der Revolution. Doch ohne dies ausdrücklich zu formulieren, erkannten sie damit der menschlichen Psyche schöpferische Fähigkeiten zu.

Jene kreatorische Kraft der Psyche suchte seinerzeit der Wiener Seelenarzt Sigmund Freud nachzuweisen. Für ihn wurde vor allem das Phänomen des Traumes wichtig. Freud fand eine Psychologie vor, der zufolge der Traum die Tageserlebnisse reproduziere. In seinem Buch *Traumdeutung*, das aus einer Folge von Vorlesungen an der Wiener Universität hervorgegangen war, zeigte er aber nun im Jahr 1899, dass Träume in erster Linie nicht auf die erlebte Wirklichkeit des Träumenden, sondern auf seine noch nicht verwirklichten Wünsche zurückgehen. Als „Wunscherfüllungen" würden sie von der Psyche auf unbewusste, aber kreative Weise hervorgebracht. Darum könnten sie bei seelischen Erkrankungen über deren Ursache Auskunft geben und zugleich eine entscheidende Hilfe für den Therapeuten bieten.

Die gesamte psychoanalytische Forschungs- und Behandlungsweise, die sich inzwischen weltweit etabliert hat, beruht auf Freuds Grundthese von der kreativen Tätigkeit der menschlichen Psyche. Sie ist aufs engste mit der um 1900 allenthalben aufgetretenen Tendenz verbunden, dem Moment des Schöpferischen Rechnung zu tragen. Sie führte, wie auch die Psychoanalyse zeigt, nicht zu einer totalen Negation der früheren, am Prinzip der Reproduktion orientierten Annahmen. Freud hat keineswegs bestritten, dass es in Träumen auch zur Reproduktion der erlebten Wirklichkeit kommt. Was er für verfehlt hielt, war lediglich die Verabsolutierung dieses Vorgangs, wie sie im Zeichen der positivistischen Weltanschauung vorgenommen worden war.

Die Distanzierung vom Positivismus war eine notwendige Folge der Aufsuchung des Phänomens des Schöpferischen. Bisweilen wurde sie damals auch in ganz ausdrücklicher Weise vollzogen. Besonders eindrucksvoll gelang dies dem Wiener (später in Prag lehrenden) Philosophen Christian von Ehrenfels. In seiner 1890 veröffentlichten Studie *Über Gestaltqualitäten* führte er auf ebenso einfache wie überzeugende Art den Nachweis, dass eine positivistische Beschränkung der Wissenschaft auf die gegenständlich fassbaren Daten und deren mechanistischen Kausalbezüge zur Blindheit gegenüber einem Teil der Wirklichkeit führen muss. Wenn man eine kleine Melodie aus einer bestimmten Tonart in eine andere transponiert, so kehrt unter Umständen kein einziger Ton, also: kein einziges Faktum, wieder, und doch bleibt die Melodie erhalten. Diese bildet einen von den positiv gegebenen Fakten teilweise unabhängigen und im übrigen nicht-mechanistischen Zusammenhang, an dessen Existenz vernünftigerweise nicht gezweifelt werden kann. Ehrenfels bezeichnete Zusammenhänge dieser Art als „Gestalt".[126]

Zur Überwindung des Positivismus trug wesentlich auch der Berliner Philosoph Wilhelm Dilthey bei. Er setzte sich in erster Linie mit jener Form des Positivismus auseinander, die sein Berliner Kollege Wilhelm Scherer als Germanist vertrat. Anders als dieser, aber ähnlich wie einst Herder und Friedrich Schlegel, wertete er die Dichtung als ein Hauptzeugnis der spezifisch menschlichen Fähigkeiten. Vor allem an literarischen Zeugnissen zeigte sich seiner Ansicht nach, dass es nötig sei, der Naturwissenschaft, die sich einzig - wie Dilthey noch meinte - am Prinzip der mechanischen Kausalität orientierte, eine Wissenschaft entgegenzusetzen, welche die schöpferischen Kräfte des menschlichen Geistes zum Maß nähme. Als Hauptaufgabe dieser „Geisteswissenschaft" beschrieb er die Erforschung aller jener Regelmäßigkeiten, die bei den Akten des menschlichen Schaffens zur Geltung kommen.[127] Es kann augenfällig sein, dass Dilthey nicht das vom späten Friedrich Schlegel entworfene Modell, das ihm in mancher Hinsicht hätte zusagen können, aufzunehmen und weiterzudenken versuchte. Womöglich noch bedeutsamer erscheint mir der Umstand, dass er auch auf das vom späten Goethe abgelegte Bekenntnis zum Phänomen der Inspiration nicht einging. Es ist evident, dass Dilthey jene Zeugnisse Goethes kannte. Dass er sie nicht rezipierte, hatte deutlich erkennbare negative Folgen in seinem Denken.

In seiner Schrift *Die Einbildungskraft des Dichters* von 1887 arbeitete er eine Reihe von Momenten heraus, die zur Konstituierung eines dichterischen Werkes beitragen. Dabei betonte er, dass entscheidende Bedeutung immer dem „Ganzen" des Sinnes zukomme. Er versuchte auch zu erklären, wie ein Ganzes entsteht. Zu diesem Zweck wählte er zwei verschiedene Ansätze. In beiden Fällen aber verstrickte er sich in Widersprüche.[128] Wenn Goethe mit seiner Überzeugung, dass das „Ganze des Sinns" von Menschen nie gemacht werden könne, sondern immer durch Inspiration empfangen werde, recht hatte, so waren die Unstimmigkeiten seines Ansatzes eine Folge davon, dass Dilthey einen Vorgang zu beschreiben suchte, den es gar nicht gibt.

Bei einem weiteren wichtigen Problem, das sich ihm als unlösbar erwies, verhielt er sich vorsichtiger. Dabei ging es um den von Dilthey im Laufe seiner Forschungen immer deutlicher erkannten Sachverhalt, dass in den Manifestationen der schöpferischen Tätigkeit während einer bestimmten Zeit ein gemeinsamer Grundzug erscheint, eine epochenspezifische Ausprägung des Lebenssinns. Zunächst vertrat Dilthey die Auffassung, dass der epochale Sinn jeweils durch eine herausragende Persönlichkeit, durch ein „Genie", geschaffen werde. Im Spätwerk beschrieb er jedoch den epochale Sinn als eine gewaltige „Energie" und betonte, dass diese auf höchst verschiedenartige Lebensbereiche ausstrahle. Damit wurde es unmöglich, sich als Ursprung einen einzelnen Menschen vorzustellen.

> Alles hat in einem Zeitalter seine Bedeutung durch die Beziehung auf die Energie, die ihm die Grundrichtung gibt. Sie drückt sich aus in Stein, auf Leinwand, in Taten oder Worten. Sie objektiviert sich in Verfassung und Gesetzgebung der Nationen. Von ihr erfüllt, faßt der Historiker die älteren Zeiten auf, und der Philosoph versucht, von ihr aus den Sinn der Welt zu deuten. Alle Äußerungen der das Zeitalter bestimmenden Energie sind einander verwandt.[129]

Als Folge dieser Auffassung kehrte sich für Dilthey die Einschätzung der Funktion der Genies geradezu um. Nicht mehr als Urheber des epochalen Sinns deutete er diese Menschen nun, sondern als dessen wichtigste Repräsentanten.

> Von diesem Zusammenhang sind vor allem die großen historischen Menschen bestimmt. Ihr Schaffen geht nicht in geschichtliche Ferne, sondern schöpft aus den Werten und dem Bedeutungszusammenhang des Zeitalters selbst seine Ziele. Die produktive Energie einer Nation zu einer bestimmten Zeit empfängt gerade daraus ihre höchste Kraft, dass die Menschen der Zeit auf deren Horizont eingeschränkt sind; ihre Arbeit dient der Realisierung dessen, was die Grundrichtung der Zeit ausmacht. So werden sie die Repräsentanten derselben.[130]

Die Frage nach der Ursache des epochalen Sinns ließ der spätere Dilthey offen.

Die Wiederentdeckung des Moments des Schöpferischen, das der Positivismus gänzlich ausgeklammert hatte, führte um 1900 zu einem nachhaltigen Rekurs auf die Anfänge der Neuzeit. Doch die seinerzeit als so wichtig empfundene Möglichkeit, dass schöpferische Vorgänge vom Geist Gottes und durch Engel getragen werden, wurde, wenn ich recht sehe, nun nicht mehr berücksichtigt. Eine Ausnahme bildet Alfred Russel Wallace. Er hatte zugleich mit Darwin und unabhängig von ihm die These über die Erhaltung der Arten durch natürliche Auslese formuliert, war dann aber, als er erfuhr, dass Darwin die Voraussetzungen seiner Entdeckungen schon sehr viel früher aufgefunden hatte, in der Öffentlichkeit hinter ihn zurückgetreten. In der Folge war er gegenüber Darwins Anspruch, durch dieselbe Gesetzlichkeit auch die Entstehung neuer Arten erklären zu können, immer skeptisch geblieben. In einem Buch von 1911 wagte er es schließlich darzulegen, dass die Entstehung neuer Arten am ehesten durch die Einwirkung „höherer Intelligenzen" zu erklären sei.[131]

Die Schaffung des Übermenschen bei Nietzsche

So fragwürdig die von Darwin gegebene Erklärung auch war, wurde sie doch von vielen Intellektuellen bereitwillig, ja vielfach geradezu begierig aufgenommen Fundamentale Bedeutung erlangte sie in einem philosophischen Entwurf, der seit ungefähr der Jahrhundertwende als die wohl mächtigste Manifestation des Zeitgeistes empfunden wurde: Friedrich Nietzsches Lehre vom Übermenschen, die vor allem in seinem Buch *Also sprach Zarathustra,* dessen erster Band 1883 erschien, dokumentiert ist.[132]

Nietzsche ließ einen Weisen, den er in das Sinnbild des altpersischen Religionsstifters Zarathustra (Zoroaster) brachte, eine Bestandsaufnahme der Menschheit vollziehen und dabei zu einem überaus ungünstigen Resultat gelangen. So viel Wandel und Fortschritt es in der Geschichte auch schon gegeben hatte, war es den Menschen doch nie gelungen, sich vom Tierhaften, aus dem sie herkamen, völlig zu befreien. Es bestand auch keinerlei Grund zu der Hoffnung, dass dies in der Zukunft je gelingen würde. Gerade wenn man die von der modernen Naturwissenschaft errungene Erkenntnis, dass die Welt von maschinenhaften Zügen bestimmt wird, ernst nahm, musste man zugeben, dass alle Vorgänge unter Menschen in die Bewegung eines großen Weltrades integriert waren. Das aber hieß, dass alles Menschliche, auch in seinen Schwächen, nach einer Umdrehung des großen Rades wiederkehrte, und nach einer weiterer Umdrehung abermals, und so fort, in einer „ewigen Wiederkehr des Gleichen".[133] Mit dieser Einsicht geriet Nietzsches Zarathustra zunächst in eine Situation abgründiger Verzweiflung, aus der heraus er aber fähig wurde, einen unerhörten Gedanken zu fassen:

Der Mensch existierte nicht immer schon, sondern war einmal geschaffen worden. Als seinen Schöpfer hatte man lange Zeit eine höhere Instanz, Gott, angesetzt. Aber neuerdings hatte die Wissenschaft erwiesen, dass Gott eine Fiktion war. Damit hatte sie die Idee Gottes zerstört, sie hatte Gott getötet.[134] Die Wissenschaft des europäischen Weltalters hatte den wahren Schöpfer des Menschen bereits entdeckt: es war ein Affe gewesen, dem es einstmals gelang, sich selbst zu überschreiten, hin zu dem Überaffen, welcher der Mensch ist. Für den Menschen kam es nun darauf an, auch seinerseits über sich selbst hinauszugehen und eine dem Menschsein überlegene Gattung aus sich selbst hervorzubringen, den „Übermenschen".

Darüber wurde sich Zarathustra während einer zehnjährigen Zurückgezogenheit in die Einsamkeit eines Gebirges klar. Am Beginn des Buches ist er seines Wissens überdrüssig und beginnt, es anderen mitzuteilen. Da heißt es:

> Als Zarathustra in die nächste Stadt kam, die an den Wäldern liegt, fand er daselbst viel Volk versammelt auf dem Markte: denn es war verheißen worden, dass man einen Seiltänzer sehen solle. Und Zarathustra sprach also zum Volke:
> *Ich lehre euch den Übermenschen.* Der Mensch ist etwas, das überwunden werden soll. Was habt ihr getan, ihn zu überwinden?

Alle Wesen bisher schufen etwas über sich hinaus und ihr wollt die Ebbe dieser großen Flut sein und lieber noch zum Tiere zurückkehren, als den Menschen überwinden?

Was ist der Affe für den Menschen? Ein Gelächter oder eine schmerzliche Scham. Und ebendas soll der Mensch für den Übermenschen sein: ein Gelächter oder eine schmerzliche Scham.

Ihr habt den Weg vom Wurme zum Menschen gemacht, und vieles ist in euch noch Wurm. Einst wart ihr Affen, und auch jetzt noch ist der Mensch mehr Affe, als irgendein Affe.

Der Mensch ist ein Seil, geknüpft zwischen Tier und Übermensch - ein Seil über einen Abgrund.

Was groß ist am Menschen, das ist, dass er eine Brücke und kein Zweck ist: was geliebt werden kann am Menschen, das ist, dass er ein *Übergang* und ein *Untergang* ist.[135]

Dieser einleitende Abschnitt zeigt sehr klar die Herkunft der Lehre vom Übermenschen aus Darwins Evolutionstheorie. Ich habe ihn so ausführlich zitiert, da er den Stil von Nietzsches *Zarathustra*-Dichtung geradezu sinnlich spürbar werden lässt. Damals wirkte dieser Sprachgestus auf viele Menschen hinreißend. Für heutige Ohren klingt sein Pathos eher blechern, sein biblischer Tonfall geradezu peinlich. Seine noch jetzt erkennbare Wahrheit liegt in der Manifestation eines Willens zur schöpferischen Verwandlung. Nichts soll weiterhin so gelten wie es war, alles soll neu bestimmt werden. Mit diesem gestalteten Bekenntnis zum Schöpferischen, der „Umwertung aller Werte", vermochte Nietzsche eine große Zahl von Menschen in ihrer persönlichen Lebenserfahrung anzusprechen.

Dennoch hätte dieses Buch seine unerhörte weltweite Wirkung um die Jahrhundertwende kaum erzielen können, wenn es nicht auch gedanklich einem damals unter Intellektuellen weit verbreiteten Bedürfnis entsprochen hätte. Wer von den enormen wissenschaftlichen Leistungen Kenntnis genommen hatte, welche die Welt als eine gewaltige Maschine zu erweisen schienen, sehnte sich gewiss - weil der Mensch ohne Glauben nicht zu leben vermag - nach einem diesem Wissen entsprechenden Glauben. Der Marxismus bot dem Glauben nur erst schwache Ansatzpunkte, solange er noch nicht durch den Leninismus ergänzt worden war. Mit der Lehre vom Übermenschen eröffnete Nietzsche schon vor der Jahrhundertwende einen Weg dazu.

Wohlan! Wohlauf! Ihr höheren Menschen! Nun erst kreißt der Berg der Menschen-Zukunft. Gott starb: nun wollen *wir*: dass der Übermensch lebe.[136]

Diese Proklamation nimmt sich sehr eindeutig aus, und doch versteht man sie, wie mir scheint, nur unzulänglich, wenn man ihre Herkunft nicht mit in den Blick fasst. Ihre Vorgeschichte begann mit der frühen Neuzeit; man erinnere sich an die Maler, die ins Zentrum der künstlichen, dreidimensionalen Welt nicht mehr das Auge Gottes setzten, sondern das eines menschlichen Subjekts. Der Weg führte weiter zu jenen Wissenschaftlern, welche die Überzeugung vertraten, dass die Mechanik im Kosmos und in der Natur nicht ein bloßes Denkmodell darstelle, sondern die Weltordnung selbst manifestiere. Dann galt es, die sichtbar gewordenen sprunghaften qualitativen Veränderungen in der Geschichte mit zu berücksichtigen. Um sie mit der Gleichförmigkeit der Maschinenbewegung zu vereinen, musste man, wie zuerst Kant, eine fundamentale Widersprüchlichkeit in das Menschenbild eintragen. Einst hatte man vom Menschen gesagt, dass er als Ebenbild Gottes geschaffen wurde, aber von der Sünde infiziert sei. Nach dem jahrhundertelangen Versuch, ihn zum Schöpfer und Herrscher einer eigenen Welt zu erheben, musste man von ihm sehr viel Schlimmeres sagen: er war heillos in sich zerrissen, weil er das Tiersein zwar überschritten, aber sich von ihm - wie ein Zentaur - niemals wahrhaftig getrennt hatte. Kein Fortschritt innerhalb der Grenzen des Menschlichen konnte daran etwas ändern. Erlösung gab es für den Menschen nur, wenn es ihm gelang, von sich selbst frei zu werden. Diese Freiheit versprach der Übermensch. Darum konnte der Glaube an ihn den Glauben an Gott ersetzen.

Weil es bei der Schaffung des Übermenschen um die Selbsterlösung des Menschen ging, musste in einem entscheidenden Moment der Entwurf der Verwandlung des Menschen in den Übermenschen von dem analogischen Vorbild der Menschwerdung aus der Natur des Affen abweichen: Nachdem der Mensch vom Affen geschaffen war, konnte das Äffische ohne weiteres fortleben, sowohl in den Affen selbst als auch im Menschen. Wenn der Übermensch geschaffen wurde, musste das Menschliche jedoch aufhören zu existieren. Die dem Übermenschen zugesprochene Freiheit von allem Menschlichen war nur auf dem Weg eines radikalen Bruches zu erreichen. In Nietzsches Bildsprache: der Mensch kann nur insofern ein „Übergang" zum Übermenschen sein, als er zum „Untergang" seiner selbst wird.

Habitus des Menschlichen war in Nietzsches Augen vor allem die Kultur; also musste ihre Zerstörung ins Werk gesetzt werden und es galt, alle Werte umzuwerten und vor allem die überlieferte Moral abzuschaffen. Nietzsche suchte durch seine radikalisierte Kulturkritik dazu beizutragen. Doch war ihm klar, dass dies nicht ausreichte. Die Zerstörung des Menschlichen musste auch die physische Existenz erfassen. Das wäre am ehesten durch den Krieg zu erreichen. Nietzsche ließ seinen Zarathustra daher den Krieg lobpreisen:

> Euren Feind sollt ihr suchen, euren Krieg sollt ihr führen, und für eure Gedanken! (...) Ihr sollt den Frieden lieben als Mittel zu neuen Kriegen. Und den kurzen Frieden mehr als den langen.
> Der Krieg und der Mut haben mehr große Dinge getan, als die Nächstenliebe.
> Euren höchsten Gedanken aber sollt ihr euch von mir befehlen lassen - und er lautet: der Mensch ist etwas, das überwunden werden soll.
> So lebt euer Leben des Gehorsams und des Krieges![137]

Selbstverständlich konnte sich Nietzsche einen Krieg, der die Zerstörung des Menschlichen bewirken würde, noch nicht in concreto, etwa als nukleare Katastrophe, vorstellen. Auch jene Schrecken, die wenige Jahrzehnte nach der Niederschrift des *Zarathustra* mit dem Ersten Weltkrieg über die Menschheit kommen sollten, dürften sich seiner Phantasie noch entzogen haben. Seine Imaginationen nahmen ihren Stoff aus dem Mythos. Die Selbstvernichtung der Menschheit wünschte er sich in Entsprechung zum Schicksal des griechischen Gottes der Lebenskraft und des Rausches, Dionysos. Wie Dionysos von den Mänaden zerrissen wurde, so sollte auch die Menschheit in einer Orgie untergehen.

Im Bild von Dionysos beschwor Nietzsche keinen personalen Gott, sondern eine chthonische Urmacht, die alles Personale mit sich ins Anonyme reißt. Seine Zeitgenossen, die er für Dionysos zu gewinnen suchte, sprach er freilich als Personen an und appellierte an die Freiheit ihres Willens. Der Wille wurde in seinen Augen sogar zur höchsten Kraft des Menschen; zur Brücke für die Schaffung des Übermenschen.

Nietzsches Appelle haben einen prophetischen Gestus an sich. Allmählich war ihm immer klarer geworden, dass sein eigentliches Anliegen nicht die Philosophie betraf, nicht die Wissenschaft, nicht die Kunst, sondern die Religiosität. Er wollte eine neue, dem Christentum entgegengesetzte Religion stiften. Einem seiner letzten Bücher gab er den Titel *Der Antichrist,* einem anderen *Dionysos-Dithyramben.* Nietzsches Denkweg kulminiert in einer Antithese, die sich besonders pointiert der folgenden Sentenz ablesen lässt:

> Dionysos gegen den ‚Gekreuzigten': da habt ihr den Gegensatz. Es ist *nicht* eine Differenz hinsichtlich des Martyriums - nur hat dasselbe einen anderen Sinn (...). Der Gott am Kreuz ist ein Fluch auf das Leben, ein Fingerzeig, sich von ihm zu erlösen; - der in Stücke geschnittene Dionysos ist eine *Verheißung* des Lebens: es wird ewig wiedergeboren und aus der Zerstörung heimkommen.[138]

Der Krieg von 1914 hat dann tatsächlich mit jener Orgie der Begeisterung begonnen. In Deutschland und Österreich, in Frankreich und England tanzten unzählige Menschen auf den Straßen, als sei unter ihnen tatsächlich Dionysos gegenwärtig geworden. Dieser dunkle Zusammenhang wird später zu erörtern sein.

Dritter Teil

7. Die Weltmaschine auf einem Schiff seit 1910

Das Urböse bei Freud

Im Jahre 1915 veröffentlichte Sigmund Freud eine Studie unter dem Titel *Zeitgemäßes über Krieg und Tod*. Die Begeisterungsstürme, mit denen der Krieg auch bei der Avantgarde der Wissenschaftler und Künstler begrüßt worden war, lagen noch nicht sehr lange zurück. Aber die genannte Studie bezeugt eine völlig andere Sicht der Welt.

Zunächst legte Freud dar, dass die Kultur in der Vorkriegszeit auf einen äußersten Höhepunkt gelangt zu sein schien. Damals war etwas wie ein neuer Menschentypus entstanden, der „Kulturweltbürger".[139] Dieser fühlte sich eins mit der Elite aus „den großen Denkern, Dichtern, Künstlern aller Nationen (...), denen er das Beste zu schulden vermeinte, was ihm an Lebensgenuss und Lebensverständnis zugänglich geworden war (...). Keiner von diesen Großen war ihm darum fremd erschienen, weil er in anderer Sprache geredet hatte."[140] Und nicht allein geistig, sondern auch ganz real war es diesem neuen Menschen vielfach möglich, jenseits der regionalen und geschichtlichen Eingeschränktheit, im Übernationalen, zu leben.

> Wen aber die Not des Lebens nicht ständig an die nämliche Stelle bannte, der konnte sich aus allen Vorzügen und Reizen der Kulturländer ein neues größeres Vaterland zusammensetzen, in dem er sich ungehemmt und unverdächtig erging. Er genoss so das blaue und das graue Meer, die Schönheit der Schneeberge und die der grünen Wiesenflächen, den Zauber des nordischen Waldes und die Pracht der südlichen Vegetation, die Stimmung der Landschaften, auf denen große historische Erinnerungen ruhen, und die Stille der unberührten Natur. Dies neue Vaterland war für ihn auch ein Museum, erfüllt mit allen Schätzen, welche die Künstler der Kulturmenschheit seit vielen Jahrhunderten geschaffen und hinterlassen hatten.[141]

Zuweilen war auch diesem Kulturweltbürger, in dessen Imago sich Freud selbst porträtiert haben mag, der Gedanke an Kriege gekommen. Doch dann hatte er sich immer nur vorstellen können, „dass Kriege zwischen den primitiven und den zivilisierten Völkern <entstünden>, zwischen den Menschenrassen, die durch die Hautfarbe voneinander geschieden werden, ja (...) mit und unter den wenig entwickelten oder verwilderten Völkerindividuen Europas".[142] Völlig ausgeschlossen aber erschien es, dass gerade die führenden Kulturnationen mit ihrem feinmaschigen Netz sittlicher und kultureller Normensysteme in einen Kriegszustand gegeneinander geraten könnten.

> Der Kulturstaat hielt diese sittlichen Normen für die Grundlage seines Bestandes, er schritt ernsthaft ein, wenn man sie anzutasten wagte (...). Es war also anzunehmen,

dass er sie selbst respektieren wolle und nichts gegen sie zu unternehmen gedenke, wodurch er der Begründung seiner eigenen Existenz widersprochen hätte.[143]

Aber gerade dieses Unvorstellbare war mit der Jahrhundertkatastrophe von 1914 Wirklichkeit geworden.

> Der Krieg, an den wir nicht glauben wollten, brach nun aus und er brachte die - Enttäuschung. Er ist nicht nur blutiger und verlustreicher als einer der Kriege vorher, infolge der mächtig vervollkommneten Waffen des Angriffs und der Verteidigung, sondern mindestens ebenso grausam, erbittert, schonungslos wie irgend ein früherer. Er setzt sich über alle Einschränkungen hinaus, zu denen man sich in friedlichen Zeiten verpflichtet, die man das Völkerrecht genannt hatte (...). Er wirft nieder, was ihm im Wege steht, in blinder Wut, als solle es keine Zukunft und keinen Frieden unter den Menschen nach ihm geben. Er zerreißt alle Bande der Gemeinschaft unter den miteinander ringenden Völkern (...).[144]

Ein „Kulturweltbürger", der dies wahrnimmt, verfällt in Ratlosigkeit; denn er sieht „sein großes Vaterland zerfallen, die gemeinsamen Besitztümer verwüstet, die Mitbürger entzweit und erniedrigt!"[145] Er muss einräumen, dass sein Glaube an den Fortschritt durch Kultur eine „Illusion" war. Wie selbstverständlich war vorausgesetzt worden, dass die Menschheit ebenso wie jeder einzelne Mensch einen „Entwicklungsgang" durchlaufe und „diese Entwicklung bestehe darin, dass die bösen Neigungen des Menschen in ihm ausgerottet und unter dem Einflusse von Erziehung und Kulturumgebung durch Neigungen zum Guten ersetzt werden."[146] Tatsächlich hat die „Kulturgesellschaft, die die gute Handlung fordert, (...) eine große Zahl von Menschen zum Kulturgehorsam gewonnen".[147] Der Krieg aber hatte nun eine Situation entstehen lassen, in der die kulturelle „Unterdrückung der bösen Gelüste" aufgehoben ist, und nun zeigt sich: „die Menschen begehen Taten von Grausamkeit, Tücke, Verrat und Rohheit, deren Möglichkeit man mit ihrem kulturellen Niveau für unvereinbar gehalten hätte."[148] Damit aber erweist sich nach Freud das Desaster für die Fortschrittserwartung:

> In Wirklichkeit gibt es keine ‚Ausrottung' des Bösen. Die psychologische - im strengeren Sinne die psychoanalytische - Untersuchung zeigt vielmehr, dass das tiefste Wesen des Menschen in Triebregungen besteht, die elementarer Natur, bei allen Menschen gleichartig sind und auf die Befriedigung gewisser ursprünglicher Bedürfnisse zielen.[149]

Der Urtrieb des Menschen ist nicht etwa die Liebe, oder der Eros, wie Freud früher angenommen hatte, sondern die „Mordlust", die bei Freud auf folgende Urszene zurückgeführt wird:[150]

> Der Urmensch (...) <nahm> zum Tode des anderen, des Fremden, des Feindes, eine radikal andere Stellung <ein> als zu seinem eigenen. Der Tod des anderen war ihm recht, galt ihm als Vernichtung des Verhassten, und der Urmensch kannte kein Bedenken, ihn herbeizuführen (...). Er mordete gerne und wie selbstverständlich.[151]

Diese Einsicht ist eigentlich, wie Freud feststellte, nicht neu. Im Grunde wusste die Menschheit immer schon, was es mit ihr auf sich hat.

> Das dunkle Schuldgefühl, unter dem die Menschheit seit Urzeiten steht, das sich in manchen Religionen zur Annahme einer *Urschuld*, einer Erbsünde, verdichtet hat, ist

wahrscheinlich der Ausdruck einer Blutschuld, mit welcher sich die urzeitliche Menschheit beladen hat.[152]

Die biblische Überlieferung ist ein besonders klares Zeugnis dieses uralten Wissens.

> Gerade die Betonung des Gebotes ‚Du sollst nicht töten' macht uns sicher, dass wir von einer unendlich langen Generationsreihe von Mördern abstammen, denen die Mordlust, wie vielleicht noch uns selbst, im Blute lag."[153] „So sind wir auch selbst, wenn man uns nach unseren unbewußten Wunschregungen beurteilt, wie die Urmenschen eine Rotte von Mördern.[154]

Unsere neueren Kulturtendenzen hatten jene unschöne Wahrheit am Grund der Kultur verdrängt. Der Krieg, der das neue Vaterland des Kulturweltbürgers zerstörte, hat sie wieder sichtbar werden lassen.

> Er streift uns die späteren Kulturauflagerungen ab und läßt den Urmenschen in uns wieder zum Vorschein kommen.[155]

Mit der Schrift über Krieg und Tod hat Freud seinen Forschungsansatz tief verändert, so tief, dass manche seiner Anhänger ihm dabei nicht mehr folgen wollten.

Die Korrektur griff soweit aus, dass sie die Grundthese des einst von Kant entworfenen Fortschrittsmodells in Zweifel zog und ihre Widersprüchlichkeit erkannte. Bei Kant war, wie erinnerlich, das Böse, und zumal seine Manifestation im Krieg, als unentbehrliches Hilfsmittel des Fortschritts zum Ziel der menschlichen Autonomie gewertet worden. Freud beschrieb die Selbstzerstörungstendenz nun als eine Macht, welche umgekehrt bewirkt, dass dieses Ziel niemals erreicht werden kann. Der Urmensch hatte sich ihr verschrieben. Seither wirkte sie in die Geschichte ein. Was immer der Mensch an Kulturleistungen vollbringen mochte, aus jenem Abgrund der Weltgeschichte führten sie nicht heraus.

Unter der Erfahrung des Ersten Weltkriegs griff Freud die Vorstellung von der Existenz einer menschlichen Urschuld wieder auf. Unter den Philosophen und Forschern, deren Ansatz ich hier erörtert habe, hatte dies zuletzt Friedrich Schlegel getan - im Zusammenhang der Entfaltung von Gedankengängen, die sich in den Dienst eines spezifisch personalen Glaubens stellten. Bei Sigmund Freud kam es dazu nicht. Das hängt sicherlich damit zusammen, dass ihm entsprechende Glaubenserfahrungen nicht zuteil wurden. Ausschlaggebend war aber wohl die gegenüber dem ersten Drittel des 19. Jahrhunderts erheblich veränderte wissenschaftliche Grundsituation.

Für Freud war es nahezu selbstverständlich, die neue Einsicht vom mörderischen und selbstzerstörerischen Grundzug des Menschen dadurch zu verarbeiten, dass er sie auf die Hauptthese aus seiner bisherigen Forschungstätigkeit zurückbezog. Diese besagte, dass die Psyche des Menschen, wie besonders das Phänomen des Traums bewies, zur schöpferischen Produktion von Bildern neigt. So legte sich die Annahme nahe, dass auch die Mordlust Phantasiebilder habe entstehen lassen. Allerdings war dies beim Urmenschen so lange nicht möglich, als er in einem Getöteten einzig und allein einen Fremden sah, der ihn selbst nichts anging. Kulturelle Grundvoraussetzung war, dass er sich mit dem Toten teilweise identifizierte.

Abb. XIV: Rudolf Haussner, Arche des Odysseus

Es ereignete sich, wenn der Urmensch einen seiner Angehörigen sterben sah, sein
Weib, sein Kind, seinen Freund, die er sicherlich ähnlich liebte wie wir die unseren,
denn die Liebe kann nicht um vieles jünger sein als die Mordlust. Da musste er in seinem Schmerz die Erfahrung machen, dass man auch selbst sterben könne, und sein
ganzes Wesen empörte sich gegen dieses Zugeständnis; jeder dieser Lieben war ja
doch ein Stück seines eigenen geliebten Ichs. Andererseits war ihm ein solcher Tod

Abb. XV: Freud mit seiner Tochter Anna bei der Ankunft in Paris

doch auch recht, denn in jeder der geliebten Personen stak auch ein Stück Fremdheit. Somit waren diese geliebten Verstorbenen doch auch Fremde und Feinde gewesen, die einen Anteil von feindseligen Gefühlen bei ihm hervorgerufen hatten.[156]

Das zwiespältige Verhältnis zu einem verstorbenen Mitmenschen führte Freud zufolge zur Schaffung eines zwiespältigen Phantasiebildes. Der Liebesbezug bewirkte, dass eine Anerkennung der Endgültigkeit des Todes verweigert und darum ein Phantasiebild geschaffen wurde, das den Verstorbenen im Zustand einer geistigen Weiterexistenz zeigte. Das Einverständnis mit dem Tod des trotz aller Nähe doch fremden Mitmenschen aber hatte ein Schuldgefühl zur Folge.

> An der Leiche der geliebten Person ersann <der Urmensch> die Geister, und sein Schuldbewußtsein ob der Befriedigung, die der Trauer beigemengt war, bewirkte, dass diese erstgeschaffenen Geister böse Dämonen wurden, vor denen man sich ängstigen musste. Die fortdauernde Erinnerung an den Verstorbenen wurde die Grundlage der Annahme anderer Existenzformen, gab ihm die Idee eines Fortlebens nach dem anscheinenden Tode.[157]

Durch Funde aus der Frühgeschichte, von denen Freud selbst noch keine Kenntnis haben konnte, ist sein Versuch, den Glauben an die Weiterexistenz nach dem Tode, und damit an eine übersinnliche Welt überhaupt, zu erklären, genauso ad absurdum geführt worden wie Marx' Vorstellung von der notwendigen Abfolge der Menschheitskulturen. Da dieser Glaube erst durch Grabbeigaben seit dem Neandertaler, der vor etwa 100.000 Jahren zu existieren begonnen hat, bezeugt ist, muss man annehmen, dass der Urmensch dazu noch keineswegs fähig war und die Menschheit während der längsten Zeit ihrer Geschichte ohne einen Jenseitsbezug lebte. Bezogen aber auf den Wissensstand der Zeit um den Ersten Weltkrieg konnte Freuds Überlegung durchaus plausibel erscheinen. Für Freud folgte aus der Anerkennung einer Urschuld der Menschheit keineswegs die Vorstellung einer Gestörtheit des Verhältnisses zu Gott. Nietzsches Wort vom Tod Gottes entsprach noch immer der vorherrschenden Denkweise. Das zeigt mit besonderer Deutlichkeit die Philosophie von Freuds Wiener Landsmann Christian von Ehrenfels.

Das Chaos als Urmacht bei Ehrenfels

Wie viele, ja die meisten seiner Zeitgenossen hatte auch ihn das wissenschaftliche Studium veranlasst, den religiösen Glauben, in dem er aufgezogen worden war, preiszugeben. Als er 1890 seine Gestalt-Theorie entwarf, änderte sich daran nichts. Die schöpferische Kraft, die er als Ursache jeder Kunstgestalt ansetzte, zeigte sich ihm an Phänomenen, die als rein menschliche Hervorbringungen zu verstehen waren. Während der folgenden zwei Jahrzehnte blieb es dabei. Dann aber kam Ehrenfels der Gedanke, dass nicht nur Kunstwerke als „Gestalt" zu gelten hätten, sondern auch die Organismen der Natur, ja eigentlich das ganze Universum, nämlich insofern es eine Ordnung darstellte, einen „Kosmos". Dies vorausgesetzt, ging es nicht mehr an, die Existenz des Universums im Sinn der neuzeitlichen Naturwissenschaft einfach als Datum hinzunehmen. Da jede Gestalt als das Produkt einer schöpferischen Kraft zu denken war, wurde es unter spezifisch wissenschaftlichen Gesichtspunkten nötig, die alte Frage nach der Beschaffenheit des Schöpfers der Welt aufzuwerfen. Eine nur mechanischer Wirkungen fähige Kraft kam als Ursache ebenso wenig wie bei Kunstgebilden in Frage; deshalb musste das Moment des Schöpferischen besonders in den Blick kommen.

Es war im Jahre 1911, als diese Zusammenhänge Ehrenfels vor Augen traten. Die neue Einsicht bewegte ihn umso mehr, als ihm schien, dass damit eine Möglichkeit gegeben sein könne, die Tradition des christlichen Denkens wiederaufzunehmen. Einem Freund schrieb er, er plane ein Buch mit dem Titel *Die Wiedergeburt des Christentums*.[158]

Die Problematik dieser Arbeit sollte ihn dann noch jahrelang beschäftigen. Das Buch erschien schließlich im Jahre 1916. Den Titel hatte Ehrenfels inzwischen geändert; er lautete jetzt *Kosmogonie*. Wie Ehrenfels in seinen Reflexionen gesehen hatte, war es nicht möglich, die christliche Denkweise wiederaufzunehmen. Es gab dafür, wie er allmählich herausfand, mehrere Gründe.

Der Hauptgedanke, den Ehrenfels entwickelte, mutet einfach an. Er besagt, dass zum Schöpferischen, wie wir es aus der Erfahrung kennen, der Bezug auf einen Gegensatz gehört, der in den dem Schaffensprodukt vorausgehenden Data liegt. Dessen Beschaffenheit kann man klären, wenn man bedenkt, dass er sich auch vom Produkt wesentlich unterscheidet. Da dieses den Charakter der „Gestalt" hat, muss das, was die schöpferische Kraft als Gegensatz ihrer selbst vor dem Schöpfungsakt vorfindet, wesenhaft gestaltlos sein, also chaoshaft oder, wie Ehrenfels formulierte, „chaotogen".

Auf ähnliche Weise lässt sich auch ermitteln, was an der schöpferischen Kraft selbst die maßgebliche Qualität - außer dem Schöpferischen - ausmacht. Aus dem Chaos kann eine Gestalt nur dann erstehen, wenn bestimmte Elemente durch einen Zusammenhang einheitlicher Art miteinander verbunden werden. Ehrenfels nahm zur Charakterisierung der Schöpfungskraft das griechische Wort „eins", „henos", auf und prägte den Begriff des „Henogenen".

Mit den zwei Begriffen des Heno- und des Chaotogenen bezeichnete Ehrenfels Kräfte, die schon existent gewesen sein müssen, bevor irgendeine Gestalt entstehen konnte, also bevor es das Universum gab. Insofern sie der Welt vorausgingen, entsprachen sie der in der christlichen Denktradition entwickelten Vorstellung von Gott. Allerdings hatte man Gott immer als eine in sich einheitliche Macht gedacht, die nur das Nichts sich selbst gegenüber hätte. Ehrenfels aber wurde durch seine Konzeption veranlasst, von zwei göttlichen Kräften, und also von einem „dualistischen Monotheismus" zu sprechen.[159] Das war die erste Schwierigkeit.

Ein zweites Problem ergab sich aus einer Einsicht, zu der Ehrenfels offenbar erst während der Niederschrift des Buchtextes gelangte. Wenn man annahm, dass die zwei Kräfte des Heno- und des Chaotogenen in einer vorweltlichen Sphäre zusammenwirkten, so musste man von ihrem gemeinsamen Produkt feststellen, dass es von ihnen nicht wesensverschieden, sondern in ähnlicher Weise mit ihnen identisch sei wie beide untereinander. Ehrenfels trug diesem Sachverhalt Rechnung, indem er für das Urprodukt dieselbe Bezeichnungsweise wählte wie für die beiden vorweltlichen Kräfte. Er nannte es das aus beidem Herkommende, das „Amphigene".[160]

Damit war er zum Ansatz einer vorweltlichen Dreiheit gelangt. Das hätte eine erneute Annäherung an die christliche Tradition bedeuten können, in der die Lehre von der göttlichen Trinität eine zentrale Bedeutung hat. Doch Ehrenfels vermochte diese Sicht nicht durchzuhalten, da er das Urprodukt von vornherein auf einen anderen Status festgelegt hatte: es war gerade nicht vorweltlich, sondern auf die Welt, den Kosmos im Ganzen, bezogen.

Wohl am wichtigsten war eine dritte Schwierigkeit. Wenn festgestellt war, dass die beiden Urkräfte gleichgewichtig der Existenz der Welt vorhergingen, so musste noch geklärt werden, von welcher von ihnen der kreatürliche Impuls ausging, welche also - innerhalb der vorweltlichen Verhältnisse - die Priorität hatte. In der christlichen Tradition war diese Frage nicht erörtert worden, weil immer als selbstverständlich galt, dass der Impuls zur Entstehung von Etwas nicht beim Nichts lag, sondern beim Schöpfergott. Das hatte, wie Ehrenfels zu sehen meinte, zu erheblichen Schwierigkeiten geführt, die sein Ansatz korrigieren sollte. Dies erforderte freilich eine Verabschiedung aus der christlichen Tradition: für Ehrenfels ein hoher Preis.

Ein Problem, das immer schon bestanden hatte, wurde erst recht deutlich, wenn man nicht in allgemeiner Weise von Gott sprach, sondern präziser von einer aus der Einheit heraus wirksamen Schöpferkraft. Dann wurde man nämlich darauf aufmerksam, dass diese ihrem Wesen nach den Kosmos immer schon geschaffen haben müsste und nicht bis zu einem bestimmten Zeitpunkt habe warten können. Dann hätte der Kosmos aber seit jeher existiert. Dass er geschaffen worden sei, wäre undenkbar gewesen. Das Problem löste sich, sowie man die Priorität dem Chaotogenen zuwies; denn dem Chaos entspricht die Zufälligkeit, und so konnte man annehmen, dass es zur Erschaffung der Welt zu dem Zeitpunkt kam, als zufällig einmal die dafür nötigen Voraussetzungen eingetreten waren:

> Seit dem ewigen Bestande der kontroversen kosmischen Prinzipien konnte recht wohl aus dem absoluten Chaos rein zufällig ein einmaliger aktiver Impuls hervortreten, der die Schöpferkraft des Einheitsprinzips zu bestimmter, endlicher Auflösung brachte. Und mit diesem Moment war der Weltanfang gegeben.[161]

Nicht allein die Welt war nicht ewig, sondern, wie gerade die moderne Wissenschaft nachgewiesen hatte, auch nicht das Gefüge innerhalb von ihr. Es war in einem langsamen Prozess entstanden, eine jede Neuerung setzte dabei den vorausgegangenen Zustand als Bindeglied voraus. Auch dieser evolutionäre Grundzug war mit der christlichen Vorstellung von Gott nicht in Einklang zu bringen.

> Ein allmächtiger Gott, der alleinige Ursprung alles Bestehenden, hat es nicht nötig, zur Erreichung seiner Zwecke irgendwelche - künstliche oder nichtkünstliche - Mittel anzustrengen. Wenn die Konstitution der organischen Wesen einem von Gott gewollten Zweck (etwa dem Erwachen psychischen Lebens) dienen soll, so konnte Gott, vermöge seiner Allmacht, diesen Zweck auch direkt, ohne alle kausalen Zwischenglieder, ins Dasein setzen.[162]

Ging der initiale Impuls jedoch vom Chaotogenen aus, so war abermals eine befriedigende Erklärung ohne weiteres zu geben.

> Die erste Zufallsgestalt und die aus ihr hervorgegangene Welt (...) ist so klein anzusetzen, als nur irgend möglich (...). Das Gestaltungsprinzip wird, da es in seinen endlichen Schöpfungen jenen Widerständen nicht unendlich überlegen ist, seine Emanationen an den Stellen des geringsten Widerstandes hervortreiben. Diese sind aber dort gegeben, wo eine schon geschaffene Gestaltung bei der Entstehung einer neuen, gleichartigen mitwirken kann.[163]

Schließlich meinte Ehrenfels, durch eine Zuweisung der Priorität zum Chaotogenen auch das Problem der Theodizee lösen zu können. Es war zu einem der schwierigsten der christlichen Theologie geworden, seitdem sich in der Neuzeit die Auffassung gebildet hatte, Gott habe die Welt in der Weise geschaffen wie ein Ingenieur eine Maschine konstruiert.

> Das Werk eines allmächtigen, allweisen und allgütigen Gottes könnte nur Gutes enthalten, - die Erfahrungswelt müßte - in was immer für einer Physiognomie der Gestaltung - doch jedenfalls einem Paradiese gleichen. Bekanntlich trifft diese einzig mögliche sichere Schlussfolgerung nicht zu. Die künstlichen Versuche, welche unternommen wurden, um das Dasein des Übels in der Welt mit der Allmacht und Allgüte Gottes in Einklang zu bringen, sind zwar zu einer theologischen Disziplin, der ‚Theodizee', angewachsen, vermochten aber den Einspruch der gesunden Vernunft nicht zum Schweigen zu bringen.[164]

Ehrenfels deutete das Chaotogene als den Ursprung des Bösen. Da er diesem die Priorität gegenüber dem Henogenen zuschrieb, gelangte er zu einer ähnlichen Grundvorstellung wie Freud: Wie dieser das Böse an den Anfang des Menschseins gestellt hatte, so verortete es Ehrenfels am Anfang der Kosmogonie. Allerdings gelang es Ehrenfels nicht, diese Konzeption konsequent durchzuhalten. Wiederholt unterliefen ihm nämlich Formulierungen, in denen als Träger des Impulses das Henogene erschien. Bezeichnenderweise wird in dem zuletzt von mir angeführten Zitat das Henogene mit „Gott" identifiziert, und von ihm wird nicht etwa gesagt, dass er sich gegen das Chaotogene und sein Böses auflehne, sondern dass sein kreatorischer Wille dieses in der Form von „Widerständen" immerzu vorfinde. Dass Ehrenfels den Impuls in dem HEN Gottes sehen wollte, belegt das folgende Zitat eindrücklich, in dem er seine Konzeption zusammenzufassen sucht:

> Diese unterscheidet unter den Realitäten der Welt dreierlei: Erstens den - entweder in sich notwendigen oder freien - Urquell aller inneren Notwendigkeit eines aktiven Wirkens, zweitens das absolut Zufällige, für uns Unanschauliche, normalerweise nur passiv Wirksame, und drittens den seiner Natur nach für uns anschaulichen Kosmos, alles aus dem Zusammenwirken der zwei Prinzipien entstandene Reale, welches um dessentwillen hier als das ‚Amphigene' (aus beidem Erzeugte) genannt worden ist.[165]

Es sei angemerkt, dass diese Stelle auch die wohl erste Formulierung des komponentialen Prinzips bietet, von dem später zu sprechen sein wird.[166]

Wenngleich die Zuweisung der Priorität an das Chaotogene die Lösung fundamentaler Probleme zu erlauben schien, konnte sie doch allem Anschein nach ihren Urheber intellektuell nicht wirklich befriedigen. Und die damit einhergehende Vorstellung vom Bösen als der ersten Urkraft scheint für Ehrenfels darüber hinausgehend kaum erträglich gewesen zu sein. Jedenfalls verfiel er nach dem Abschluss des Buches *Kosmogonie*, obwohl er es für das beste hielt, das er je verfasst hatte,[167] so tiefen Depressionen, dass er sich zeitweilig von seinen Lehrverpflichtungen an der Prager Universität befreien lassen musste.[168]

Nicht eine Wiedergeburt des Christentums hatte Ehrenfels beschrieben, sondern eher die Notwendigkeit seines Untergangs angesichts einer unüberwindlichen Vorherrschaft des Bösen. Darum liegt die Annahme nahe, Ehrenfels sei zu dieser abgründigen Sicht ähnlich wie Freud zu seiner Theorie vom Todestrieb durch den Krieg veranlasst worden. Tatsächlich stellte er dem Werk ein „Geleitwort in den Monden des großen Krieges" voran. Dessen erste Sätze lauten:

Von dem vorliegenden Werk waren Juli 1914 die drei großen ersten Abschnitte im Drucksatz bereits hergestellt. Eben wollte ich darangehen, die weiteren Folgerungen in eine möglichst kurze Schlussbetrachtung zusammenzudrängen und die Schrift zur Publikation noch im Spätherbst desselben Jahres druckfertig zu machen, als - der große Krieg ausbrach.[169]

In den genannten Abschnitten hatte Ehrenfels die Vorherrschaft des Chaotogenen bereits dargestellt. Die entsprechenden Erfahrungen muss er also schon vor dem Ausbruch des Kriegs, zwischen dem März 1911 (als der Titel noch die *Wiedergeburt des Christentums* ankündigen sollte[170]) und dem Juli 1914 gemacht haben.

Das Schicksal bei Spengler

Dieser Sachverhalt mag rätselhaft erscheinen. Aber er findet eine Bestätigung durch ein weiteres Werk, das von einem Untergang handelt, Oswald Spenglers 1917 erschienenes Buch *Der Untergang des Abendlandes*. Jedenfalls heißt es da im Vorwort:

Das Buch, das Ergebnis dreier Jahre, war in der ersten Niederschrift vollendet, als der große Krieg ausbrach. Es ist bis zum Frühjahr 1917 noch einmal durchgearbeitet und in Einzelheiten ergänzt und verdeutlicht worden. Die außerordentlichen Verhältnisse haben sein Erscheinen weiterhin verzögert (...). Der Titel, seit 1912 feststehend, bezeichnet in strengster Wortbedeutung und im Hinblick auf den Untergang der Antike eine welthistorische Phase vom Umfang mehrerer Jahrhunderte, in deren Anfang wir gegenwärtig stehen.[171]

Mit dem Abendland meinte Spengler eine kulturgeschichtliche Einheit, deren Beginn er, anders als üblich, nicht im frühen Griechenland, sondern in den Anfängen des Mittelalters ansetzte. Ähnlich wie Freud und Ehrenfels handelte er von einer Zerstörungsmacht, gegen die erfolgreich anzugehen dem Menschen versagt war. Er nannte sie „Schicksal". Dieses bewirkte, dass eine Kultur entstehen und dann nach einem genau festgelegten Muster wieder untergehen musste. Einen höheren, die Abfolge der Kulturen umfassenden Sinn gab es nicht:

Aber ‚die Menschheit' hat kein Ziel, keine Idee, keinen Plan, so wenig wie die Gattung der Schmetterlinge oder der Orchideen ein Ziel hat. ‚Die Menschheit' ist ein zoologischer Begriff oder ein leeres Wort.[172]

Im Abendland hatte sich infolge des Fortschrittsdenkens eine gegenteilige Auffassung gebildet, aber gerade die abendländische Kultur war nun zum Untergang verurteilt.

Spenglers Buch entsprach einer Zeitstimmung und so fand es viele Leser. Es weist eine Fülle interessanter Einzelbeobachtungen auf, aber nur wenige Ansatzpunkte für eine ernsthafte geschichtsphilosophische Reflexion. Darum verzichte ich darauf, auf diesen Ausdruck der Erfahrung einer übermenschlichen Zerstörungsmacht im einzelnen Bezug zu nehmen.

Die kosmischen Verwerfungen bei Einstein

Eine weitere zeitgleiche wissenschaftliche Publikation, die möglicherweise von der nämlichen Erfahrung bestimmt wurde, erörtere ich hier aus einem anderen Grund nicht, nämlich weil es für mich zu schwierig wäre. Ich meine Albert Einsteins *Grundlage der allgemeinen Relativitätstheorie* von 1916. Wenn ich bei ihr einen gleichartigen Erfahrungshintergrund vermute, so weil sie auf „Verwerfungen" im Kosmos bezogen ist und eine Darstellung nötig machte, die von der Erörterung anderer physikalischer Gegebenheiten durch einen sehr tiefen Zwiespalt getrennt ist; jedenfalls blieb ein konsequentes Zusammendenken mit ihnen bis heute unmöglich.

Wie Freuds Studie über Krieg und Tod, so zeigen auch die weiteren Manifestationen einer Erfahrung von Urbösem den Zusammenbruch jenes Fortschrittsglaubens an, der einst von Kant initiiert wurde. Da die Fortschrittsidee im Europa des 19. Jahrhunderts, jedenfalls im gebildeten Bürgertum, eine klare Dominanz erlangt hatte, ist dem Debakel eine hohe kulturgeschichtliche Bedeutung zuzumessen.

Für Freud war der Krieg unmittelbarer Anlass seiner Überlegungen, nicht aber die Ursache des diagnostizierten Symptomzusammenhangs. Sie bestand seiner Auffassung nach in der tatsächlichen Existenz einer Kraft des Urbösen und einer unlöslichen Bindung des Menschen an diese Macht. Der Krieg war für ihn bedeutsam geworden, weil er diese Gegebenheit wieder ans Licht gebracht hatte. Da Ehrenfels und Spengler ihre Visionen vom Urbösen und seiner Einwirkung auf den Kosmos und die Geschichte offenbar schon vor dem Ausbruch des Kriegs formulierten, dürften auch andere Erfahrungen zur Freilegung jener Einsicht geführt haben. Es muss nicht näher untersucht werden, worin sie im einzelnen bestanden, weil eine von allen Anlässen unabhängige Gemeinsamkeit offenkundig ist.

Das Teuflische bei Kafka

Dass eine solche gemeinsame geistige Situation in der Zeit um den Ersten Weltkrieg, tatsächlich bestand, ist für mich durch Untersuchungen zur Geschichte der Phantasie, die ich exemplarisch an Dichtungen durchgeführt habe, immer deutlicher geworden. Wie angekündigt, möchte ich über diese Analysen ausführlich erst im zweiten Band des Buches berichten. Es scheint mir jedoch nötig, die Erörterungen zur Geschichte des Wissens an dieser Stelle kurz zu unterbrechen und schon hier wenigstens *ein* Beispiel aus der Geschichte der Phantasie anzuführen. Strikt sind beide Bereiche ohnedies nicht zu trennen: Denn auch bei Friedrich Nietzsche war nur der auf die Ewige Wiederkehr des Gleichen bezogene Teil seiner Darlegungen dem Wissen zuzuordnen, während alles über den Übermenschen und über Dionysos Gesagte nicht von schon Wirklichem, sondern von nur erst Möglichem handelte, und also dichterischer Art war.

Als Beispiel wähle ich eine kleine Erzählung von Franz Kafka, die dieser am 24. Mai 1914, also wenige Wochen vor dem Ausbruch des großen Krieges, in seinem Tagebuch notierte. Ihr vorausgegangen war seit dem September 1912 die Gestaltung der Erzählungen *Das Urteil* und *Die Verwandlung*, die nach Kafkas eigener Auffassung eine tiefe Veränderung seiner Welterfahrung mit sich gebracht hatten. Die Tagebuchgeschichte hat als Kunstwerk einen sehr viel geringeren Rang als diese in ihrem Beziehungsgeflecht nahezu unerschöpfbaren Erzählungen. Aber gerade wegen des simplen, auf einen einzigen Vorgang konzentrierten Aufbaus eignet sich dieser kleine Text besonders gut für eine paradigmatische Erörterung. Ich nehme an, dass Kafka sie aufschrieb, um die Bedeutung seines Erfahrungsgangs sich selbst klar vor Augen zu stellen.

Die Geschichte beginnt mit den Worten „Ich mache Pläne" und handelt von einem Ich, das sich zu schöpferischem Tun anschickt. Es versucht, vom „Jammer" seines Alltags frei zu werden. Als der „ungeheure Wagen <seiner> Pläne" angefahren kommt, schwingt es sich auf ihn, steigt einige Stufen empor, beginnt gar zu schweben und sieht sich schließlich hoch über dem gewöhnlichen Volk, das ihm Huldigungen darbringt.

> Ich fühle die Grenze menschlicher Bemühungen und mache auf meiner Höhe aus eigenem Antrieb und plötzlich mich überkommendem Geschick das Kunststück eines vor vielen Jahren von mir bewunderten Schlangenmenschen, indem ich mich langsam zurückbeuge - eben versucht der Himmel aufzubrechen, um einer mir geltenden Erscheinung Raum zu geben, aber er stockt -, den Kopf und Oberkörper zwischen meinen Beinen durchziehe und allmählich wieder als gerader Mensch auferstehe. War es die letzte Steigerung die Menschen gegeben ist?

Als es in eine höchste Höhe bis an die „Grenze menschlicher Bemühungen" vorgedrungen ist, vollendet das Ich seinen Aufstieg, indem es seinen Körper zu einem Kreis biegt, offenbar damit anzeigend, dass es in einer „letzten Steigerung" bis ins Ewige gelangt ist. Darauf fährt der Text fort:

> Es scheint so, denn schon sehe ich aus allen Toren des tief und groß unter mir liegenden Landes die kleinen gehörnten Teufel sich heraufdrängen, alles überlaufen, unter ihrem Schritt zerbricht alles in der Mitte, ihr Schwänzchen wischt alles aus, schon putzen fünfzig Teufelsschwänze mein Gesicht, der Boden wird weich, ich versinke mit einem Fuß, dann mit dem andern (...), ich (...) versinke <lotrecht> durch einen Schacht, der genau den Durchmesser meines Körpers, aber eine endlose Tiefe hat. Diese Endlosigkeit verlockt zu keinen besonderen Leistungen, alles, was ich täte, wäre kleinlich, ich falle sinnlos, und es ist das beste.

Der Handlungsbogen dieser Geschichte bietet eine genaue strukturelle Parallele zu dem Vorgang, den Freud in seiner Studie über Krieg und Tod beschrieb. Auch Freud explizierte den Zusammenhang zweier tief voneinander unterschiedener Teilerfahrungen. Wie bei Kafka ein Ich sich dank seiner schöpferischen Fähigkeiten selbst ‚verewigt', so haben sich im Sinn von Freuds Diagnose die Intellektuellen und Gelehrten Europas über ihre geschichtliche Bedingtheit erhoben und sind zu „Kulturweltbürgern" geworden. In beiden Fällen wurde dank schöpferischer Kräfte ein höherer Zustand erreicht. Die kleinen Teufel im zweiten Teil von Kafkas Notiz entsprechen Freuds Diagnose des erscheinenden Urbösen am Beginn des Krieges. Die Folge des Umbruchs ist ebenfalls gleichartig strukturiert. Bei Kafka verliert das Ich die Möglichkeit, auf der Erde weiter zu existieren, bei Freud zerbricht der Glaube an die Möglichkeit eines wesentlichen Fortschritts der Menschheit.

Der hohe Grad der Gleichartigkeit macht die Annahme nötig, dass den beiden Autoren bei der Niederschrift ihres Textes ein gleicher Sinnzusammenhang vor Augen stand, den sie dann auf je individuelle Weise gestalteten. Sie wählten grundverschiedene Stoffe und sie deuteten auch den Zusammenhang beider Bestandteile der Struktur sehr individuell.

Freud beschränkte sich darauf, das Moment der Gegensätzlichkeit zwischen dem Menschenbild vor und nach dem Umbruch herauszuarbeiten: vorher bestand das Bild des Kulturweltbürgers, nachher trat das Bild des ewigen Mörders ans Licht. Kafka ließ dagegen sichtbar werden, dass der Ausbruch des Teuflischen auf die im ersten Teil vollzogene Steigerung menschlichen Maßes nicht etwa zufällig folgte, sondern mit Notwendigkeit: „War es die letzte Steigerung, die Menschen gegeben ist? Es scheint so, denn schon sehe ich (...) die kleinen gehörnten Teufel sich heraufdrängen..."

Wie schon erwähnt, schrieb Kafka diese Geschichte höchstwahrscheinlich aus dem Bedürfnis nieder, sich seinen eigenen Erfahrungs- und Reflexionsweg in nuce zu verdeutlichen. Verschiedene seiner früheren Dichtungen (vor allem *Beschreibung eines Kampfes*) deuten darauf hin, dass er an sich selbst die Neigung verspürt haben mag, sich mit der Hilfe schöpferischer Kräfte über die soziale Wirklichkeit zu erheben, [173] und andere, etwas später zu datierende Texte zeigen die Erfahrung an, dass das Übermenschliche, sobald es tatsächlich erreicht ist, als Zerstörungsmacht wirksam wird. [174] Derselbe Erfahrungsgang konnte auch bei anderen Dichtern nachgewiesen werden, und zwar teilweise noch früher als bei Kafka, nämlich bereits seit 1908. [175]

Ob sich in den Wissenschaften seinerzeit ähnliches zugetragen hat, ist direkt kaum nachzuweisen, weil Forscher im Unterschied zu den Dichtern ihre seelischen Vorgänge nicht zu dokumentieren pflegen. Aber die Wahrscheinlichkeit dafür ist groß. Seit den achtziger Jahren war man, wie ich zu zeigen versuchte, in den verschiedensten Disziplinen auf Kräfte aufmerksam geworden, die innerhalb des mechanistischen Funktionierens der Weltmaschine die Annahme von etwas wie einer Gangschaltung nahe legten. Manche der dabei freigelegten Kräfte könnten, so schien es, sogar einen schöpferischen Charakter annehmen. Das Schöpferische drängte bis zur Grenze der Natur und des Menschseins. Damit trat jenes Ziel in den Blick, das Nietzsche frühzeitig formulierte: die Schaffung des Übermenschen. Jedem Wissenschaftler, der sich zu diesem Ziel bekannte, konnte dasselbe widerfahren wie Franz Kafka und anderen Dichtern. Wahrscheinlich war dies bei Ehrenfels und Spengler der Fall, und zwar schon vor dem Ausbruch des Kriegs. Die Kriegsrealität, auf die dann Freud sich bezog, dürfte wie eine Bestätigung empfunden worden sein.

Die ungeheuerliche Erfahrung brachte nicht nur existentielle, sondern auch intellektuelle Schwierigkeiten mit sich. Worin sie bestanden, kann man sich verdeutlichen, wenn man das Bild von der Welt als Maschine wieder aufgreift und weiterdenkt. Es erlaubt die Integration der Einsicht in die Bedeutung nichtmechanischer und zumal schöpferischer Vorgänge seit etwa 1880 durch die Einführung des ergänzenden Sinnbildes von der Gangschaltung, aber das Phänomen des Urbösen vermag es nicht mehr in sich aufzunehmen. Diesem muss man einen Ort außerhalb der Maschine zuweisen. Das wird aus der folgenden Überlegung möglich: Die Weltmaschine wird von einem stabilen Untergrund getragen, aber dieser könnte als Plattform auf einem Schiff befestigt sein. Das Urböse würde dann in der Art der Wogen wirken, die das Schiff und die Weltmaschine bedrohen, während sie gemäß ihren eigenen Gesetzen weiterläuft.

Diese Ergänzung des Bildes erscheint akzeptabel. Aber sowie man sie vorgenommen hat, kann man auf eine Denkschwierigkeit aufmerksam werden. Wenn man sich das Schiff vor Augen führt, wie es in den gefährlichen Wellen schwankt, müsste auch in einen Vorstellungsbegriff gebracht werden können, wie es denn auf das hohe Meer gelangte. Natürlich könnte man das Bild weiterspinnen, aber die Begriffe des Chaotogenen bei Ehrenfels und des Mörderischen bei Freud bieten dazu keinen Ansatz: Wenn das Chaotogene die erste Urkraft des Universums und der Mord die erste Tat des Menschen ist, so kann es nichts Gutes geben, das noch älter wäre. Zum Bild zurückkehrend, wäre also zu sagen, dass die Ausfahrt des Schiffs unerklärt und unerklärlich bleibt.

Ehrenfels muss diese Schwierigkeit bemerkt haben. Deshalb gelang es ihm wohl nicht, wie zu zeigen war, den für das Chaotogene erhobenen Anspruch auf Priorität konsequent durchzuhalten. Auch Freud blieb von der Schwierigkeit nicht unberührt. Wie erwähnt, vermochte er das erste Phantasiebild nicht unmittelbar aus dem Urmord abzuleiten. Er führte aus, dass es erst entstehen konnte, nachdem auch etwas Gutes geschehen war, nämlich eine innere Teilnahme an den Toten.

Kafka hat die Situation, in der sich Ehrenfels und Freud befunden haben mögen und die durch Mittel formallogischer Argumentation nicht zu korrigieren war, klar gesehen und mit erzählerischen Mitteln dargestellt. In der Ende 1912 entstandenen Erzählung *Die Verwandlung* berichtet er von einem jungen Mann, dessen Gestalt sich in die eines Tiers verwandelt. Danach muss er in einem schmerzhaften Prozess erleben, wie seine Familienangehörigen, der Vater, die Mutter, auch die Schwester, ihn allmählich aufgeben. Nur ein einziges Mal begegnet ihm, wie in einer Epiphanie, eine Erfahrung tiefer Schönheit und Beglückung. Er hört die Schwester Geige spielen, und die Musik rührt ihn tief an. Er empfindet das als Widerspruch zu seinem Tiersein. Mithin fragt er sich: „War er ein Tier, da ihn Musik so ergriff?"[176] In den folgenden Jahren hörte der Zwiespalt nicht auf, Kafka zu beschäftigen. Schließlich, in den Jahren 1917 und 1918, wurde es ihm aber dann möglich, eine Brücke über den Abgrund zu schlagen.

Das Paradiesische als das Unzerstörbare bei Kafka

In einer Reihe seiner damals verfassten Aphorismen suchte er sich das Urböse durch einen Rückgriff auf den Bericht der Genesis über die ersten Menschen, Adam und Eva, verständlich zu machen. Dabei griff er auf die Vorstellung des Genesis-Berichts zurück, wonach mit dem Paradies ein dem Urbösen vorangegangenes Gutes beschrieben ist. Anders als Kant, doch ähnlich wie der späte Friedrich Schlegel, deutete er das Paradies als eine Seinsweise, welche es dem Menschen durchaus erlaubte, er selbst - und also kein Tier - zu sein:

Wir wurden geschaffen, um im Paradies zu leben, das Paradies war bestimmt, uns zu dienen.[177]

Dementsprechend behauptete Kafka keineswegs mit Kant, dass der Sündenfall notwendig gewesen sei. Er deutete ihn wie die Bibel als den Beginn des Bösen beim Menschen.

> Gott sagte, dass Adam am Tage, da er vom Baume der Erkenntnis essen werde, sterben müsse (...). Die Menschen starben nicht, sondern wurden sterblich (...) Nicht der Mensch starb, aber der paradiesische Mensch (...).[178]

Der Sündenfall hatte zur Folge, dass das menschliche Leben unter die Herrschaft des Todes geriet. Damit spezifizierte Kafka seine frühere Einsicht in die Ausgeliefertheit des Menschen an jene Kräfte des Bösen, die er in „Ich mache Pläne" als teuflisch bezeichnet, in *Die Verwandlung* als tierisch beschrieben hatte. Und damit vermochte er zu erklären, weshalb der ausgelieferte Mensch auch frei sein konnte.

> Bis fast zum Ende des Berichtes vom Sündenfall bleibt es möglich, dass auch der Garten Eden mit dem Menschen verflucht wird. - Nur die Menschen sind verflucht, der Garten Eden nicht. Wir wurden aus dem Paradies vertrieben, aber zerstört wurde es nicht. Die Vertreibung aus dem Paradies war in einem Sinne ein Glück, denn wären wir nicht vertrieben worden, hätte das Paradies zerstört werden müssen.[179]

Das Paradies blieb unzerstört. Es liegt jenseits der Geschichte, im Ewigen. Nicht nur das erste Menschenpaar ist aus ihm hervorgegangen, sondern ein jeder Mensch. Es ist der unvergängliche Ursprungsort der Menschheit. Ihn trägt ein jeder Mensch in sich, eben weil er Mensch ist.

> Die Vertreibung aus dem Paradies ist in ihrem Hauptteil ewig: Es ist also zwar die Vertreibung aus dem Paradies endgültig, das Leben in der Welt unausweichlich, die Ewigkeit des Vorganges aber (oder zeitlich ausgedrückt: die ewige Wiederholung des Vorgangs) macht es trotzdem möglich, dass wir nicht nur dauernd im Paradiese bleiben könnten, sondern tatsächlich dort dauernd sind, gleichgültig, ob wir es hier wissen oder nicht.[180]

Beim Sündenfall hat der Mensch sich selbst der Zerstörungskraft des Bösen überantwortet, jedoch der geschenkte Zusammenhang mit dem Paradies erwies sich als unzerstörbar. Dieses „Unzerstörbare" ist kein Gegenstand. Es ist auch keine Beziehung zwischen Gegenständen. Wohl aber manifestiert es sich in allen Gegenständen, und zumal auch in allen Menschen, als einende Macht einer überdinglichen Verbindung.

„Das Unzerstörbare ist eines; jeder einzelne Mensch ist es und gleichzeitig ist es allen gemeinsam, daher die beispiellos untrennbare Verbindung der Menschen."[181] Als der Mensch sich im Sündenfall von Gott schied, blieb ihm das Unzerstörbare erhalten. Wenn er an Gott glaubt, so vertraut er sich, ohne dies wissen zu müssen, dem Unzerstörbaren an. Ohne solches Vertrauen aber ist die menschliche Existenz gar nicht möglich.

> Der Mensch kann nicht leben ohne ein dauerndes Vertrauen zu etwas Unzerstörbarem in sich, wobei sowohl das Unzerstörbare als auch das Vertrauen ihm dauernd verborgen bleiben können. Eine der Ausdrucksmöglichkeiten dieses Verborgenbleibens ist der Glaube an einen persönlichen Gott.[182]

Im „Unzerstörbaren" fand Kafka eine Macht des Guten, die ihren Ort wie das Urböse vor aller Geschichte hat, und dabei dem Urbösen vorhergeht. Darin lag eine Antwort auf die Frage, die er fünf Jahre früher einen durch die Kräfte des Tierhaften übermächtigten, aber von der Harmonie der Musik faszinierten Menschen hatte stellen lassen: ob er denn wirklich ein Tier sei? Die Antwort lautete: Nein, zu einem wirklichen Tier kann ein Mensch niemals werden, denn in sich selbst trägt er das paradiesische Sein, und das ist unzerstörbar. Diese Antwort hätte wahrscheinlich Freud zur Lösung seines Problems verhelfen können. Und Ehrenfels hätte sie ermutigen können, nach einer Lösung des seinigen weiter zu suchen. Aber Kafkas Aphorismen blieben noch lange der Öffentlichkeit verborgen; erst 1931 wurden sie erstmals gedruckt.

Das Überdingliche

Bei der Erfahrung des Urbösen kam, wie alle einschlägigen Zeugnisse aus der Zeit um den Ersten Weltkrieg zeigen, nicht nur dessen *Existenz* in den Blick. Sein *Ursprung* wurde übereinstimmend vor dem Beginn der Geschichte, ja dem Anfang der Welt lokalisiert. Wohl aus diesem Grund machte sich nun eine neue Sensibilität für die Möglichkeit, das Urböse zur Darstellung zu bringen, geltend. Lange hatten es die Maler nicht anders als ihr Publikum für selbstverständlich gehalten, dass Teufel, auch Engel, sogar Gott Vater in der Art wie alles andere, nämlich in der Gestalt dreidimensionaler Dinge, dargestellt wurden; jedermann wusste ja, dass nicht sinnlich wahrnehmbare, sondern übersinnliche Zusammenhänge gemeint waren. Dies änderte sich nun. Als die Publikation der Erzählung *Die Verwandlung* vorbereitet wurde, hörte Kafka von seinem Verleger, dass dieser von dem Graphiker Ottomar Starke ein Titelblatt entwerfen lassen wollte. Darauf schrieb er ihm eilig:

> Nun habe ich einen kleinen, allerdings (...) wahrscheinlich sehr überflüssigen Schrecken bekommen. Es ist mir nämlich, da Starke doch tatsächlich illustriert, eingefallen, er könne etwa das Insekt selbst zeichnen wollen. Das nicht, bitte das nicht! Ich will seinen Machtkreis nicht einschränken, sondern nur aus meiner natürlicherweise bessern Kenntnis der Geschichte heraus bitten. Das Insekt selbst kann nicht gezeichnet werden. Es kann aber nicht einmal von der Ferne aus gezeigt werden. Besteht eine solche Absicht nicht und wird meine Bitte also lächerlich - desto besser.[183]

Kafka fürchtete, der Zeichner werde das Tier als ein dreidmensionales Ding gestalten, und das meinte er unbedingt verhindern zu müssen. Er bedachte nicht, dass es auch möglich gewesen wäre, das von ihm gemeinte Tierhafte mit graphischen oder malerischen Mitteln auf außerdingliche Weise darzustellen. Zeitgenossen von Kafka hatten seinerzeit in der Malerei damit begonnen, die Dinggestalt aufzubrechen, um die Gegenwart von Außerdinglichem spürbar zu machen. Diese Tendenz verband sich mit der Preisgabe der Zentralperspektive. Das erste Gemälde dieser Art malte Pablo Picasso im Jahre 1907. Es war das schon genannte mit dem Titel *Les demoiselles d'Avignon*. Es zeigte Prostituierte aus der Pariser Avignon-Straße, an denen Picasso spürbar werden ließ, dass ihre menschliche Gestalt durch den Bann einer anonymen Gewalt zerbrochen ist. Wäre Kafkas Verwandelter wie eine dieser Frauen gezeichnet worden, so hätte der Dichter wohl keinen Einspruch mehr erhoben.

Mit dem erwähnten Gemälde von Picasso ging eine jahrhundertelange Tradition jählings zuende. Sie hatte - darauf war schon eingehend hinzuweisen - um 1425 begonnen, als Masaccio das erste Gemälde mit Zentralperspektive schuf. Wenn es berechtigt war, dieses Werk als Symptom für den Beginn der Neuzeit zu werten, so muss Picassos Gemälde von 1907 als Anzeichen für deren Ende gelten. Dann aber ist von allen Manifestationen der Erfahrung des Urbösen, von denen hier die Rede war, dasselbe anzunehmen. Das bedeutet, dass mit der Thematisierung des die Weltmaschine tragenden, aber in den Wogen des Meeres schlingernden Schiffes der Sinnzusammenhang der Neuzeit durchbrochen wurde und ein andersartiger, nachneuzeitlicher Sinnhorizont sichtbar zu werden begann. Der tiefe epochengeschichtliche Wandel dürfte erhebliche Auswirkungen auf die Weisen des Wissens und des Glaubens gehabt haben.

Durch eine kurze Rückbesinnung auf einige Grundorientierungen der Neuzeit kann man sich über jenen Epochenbruch klarer werden.

Abb. XVI: Picasso, Les demoiselles d'Avignon

Die Neuzeit wurde, wie dargetan, konstituiert, indem sich die Grundmöglich-keit zeigte, mit menschlichen Kräften eine künstliche Welt zu schaffen. Diese war anfangs - Alexander Perrig hat das an der Malerei gezeigt - gerade über die Zentralperspektive mit Gott verbunden. Dann aber wurde die Öffnung der Ding-welt nach außen, der Zug der Transzendenz, dadurch verdeckt, dass ein mensch-liches Auge den Mittelpunkt einnahm, durch den zuvor das Auge Gottes geblickt hatte. In dem Maße, in dem in der Folge das Wissen sich immer ausschließlicher an der Dingwelt orientierte und sich deren Deutung als Weltmaschine durchsetz-te, wurde der personale, auf Gott bezogene Glaube durch eine Orientierung auf anonyme Selbstschöpfungskräfte ersetzt. Diese Tendenz kulminierte wohl, als Nietzsche die Schaffung des Übermenschen zur höchsten aller menschlichen Aufgaben erhob.

Mit der Erfahrung, dass gerade in der Anonymität des Übermenschlichen Kräfte wirken, die den Menschen keineswegs erhöhen, sondern auf schlimmste Weise verunstalten können, brach dieser Glaube entzwei. Dies hatte aber nun nicht etwa eine Erneuerung des personalen Glaubens zur Folge. Wie sich an den hier erörterten wissenschaftlichen Hauptzeugen des Umbruchs, Freud und Ehren-fels, zeigte, konnten jenseits der Dingwelt zunächst einzig die Kräfte des Bösen wahrgenommen werden.

Franz Kafka vermochte indes außerdem ein Gutes zu entdecken, das dem Ur-bösen voraufging. Aber dieses war nicht der personale Gott, sondern das „Unzer-störbare", ein überdinglicher Zusammenhang, und selbst anonym.

8. Die Weltmaschine im Maschinenhaus mit offenem Fenster seit 1920

Die Entdeckung des Seins durch Heidegger

Das Urböse, gemeint als eine Destruktionskraft, die schon existierte, noch ehe die Menschheitsgeschichte anhob und sogar bevor der Kosmos zu entstehen be-gann, müsste immer schon wirksam geworden sein. Aber in der Zeit um den Ers-ten Weltkrieg scheint es als epochalen Sinnstruktur erfahren worden zu sein, die (was durch später zu beschreibende Sachverhalte bestätigt werden wird) das En-de der Neuzeit besiegelt. Die epochale Prägung ist im folgenden einer tieferen Deutung zu erschließen, wofür sich wesentliche Gesichtspunkte aus Kafkas Aphorismen erschließen lassen.

In der religiösen Überlieferung, auf die Kafka sich bezog, wurde bei der Dar-stellung der Verhältnisse unter den ersten Menschen als Gegensatz zum Urbösen nicht das „Unzerstörbare" genannt, sondern Gott.

Der Glaubensbezug zum personalen Gott setzt einen Akt freier Bejahung vor-aus. Epochale Erfahrungen aber teilen sich allen Menschen einer bestimmten Zeit mit. Wenn nun, wie wohl im Jahrzehnt um den Ersten Weltkrieg, Urböses die epochale Erfahrung mitbestimmt, so muss das diesem Bösen entgegengesetz-te Gute von der Art sein, dass es alle Menschen, und nicht nur die an einen personalen Gott glaubenden, zu bejahen vermögen. Eben dies meinte Kafka wohl mit dem „Unzerstörbaren".

Dessen Erscheinung im epochalen Zusammenhang bedeutet allerdings keineswegs, dass mit ihm der gedankliche Bezug auf den personalen Gott ausgeschlossen werden sollte. Im Gegenteil: das Wissen um das Unzerstörbare konnte wie eine Brücke auf Gott hin erscheinen. Kafka selbst verwies auf die Herkunft des Unzerstörbaren aus Gott.

Allerdings war ein Begehen dieser Brücke erst möglich, wenn das Unzerstörbare in seiner Eigenart ernst genommen wurde. Das aber war schwierig. Während der Neuzeit hatte sich das Denken auf die Bestimmung materieller und geistiger Dinge und ihrer Beziehungen konzentriert. Das Unzerstörbare aber war weder ein Ding noch eine Relation zwischen Dingen. Um von ihm überhaupt sinnvoll sprechen zu können, musste zuerst eine neue Denkweise gelernt und eingeübt werden. Wie das zu erreichen war, aber auch, wie leicht man dabei auf Irrwege geraten konnte, zeigt sich besonders deutlich an dem wohl wichtigsten philosophischen Werk der Zwischenkriegsjahre, an Martin Heideggers *Sein und Zeit*, erschienen 1927.

Das Wort „Sein", das der Titel nennt, ist eines der in der deutschen Sprache am meisten benutzten. Gleichwohl wurde, wie Heidegger darlegte, nie geklärt, was *das Sein* in Wahrheit ist. Er selbst unternahm es nun, einige Aspekte zu verdeutlichen. Erforderlich war es seiner Ansicht nach, eine prinzipielle Unterscheidung zu treffen, nämlich zwischen dem Sein selbst und dem „Seienden". Mit Seiendem meinte Heidegger jedes bestimmte Etwas, gleich ob es nun materiell sich zeigt (wie ein Tisch, eine Stadt, der Mond) oder lediglich geistig (wie die Gerechtigkeit, eine Idee, ein Engel). Das Sein „ist", aber niemals ist es als ein Seiendes. Wohl aber erscheint es in einem jeden Seienden. Es bildet dessen inneren Zusammenhang. Überdies manifestiert es sich als das Gemeinsame bestimmter Gruppen von Seiendem. Wie Kafka vom Unzerstörbaren, so kann man auch vom Sein sagen, dass es in jedem einzelnen Menschen da ist und im ganzen Kosmos.

Dieses Sein, das in allem ist und das alle Einzeldinge miteinander verbindet, steht nun, so legte Heidegger dar, in einem besonderen Bezug zum Menschen, weil dieser fähig ist, Sein zu „verstehen". Diese Fähigkeit macht die einzigartige Würde des Menschen aus. Der Mensch ist also nicht, wie bei der Grundlegung der abendländischen Wissenschaft in der Antike unterstellt wurde, in erster Linie das ζῷον λόγον ἔχον, das „animal rationale", das redefähige Lebewesen oder das intelligente Tier. Schon gar nicht ist er entsprechend der von Descartes formulierten neuzeitlichen Auffassung eine „res cogitans", ein denkendes Ding, das sich immerzu mit einer „res extensa", einem ausgedehnten, dreidimensionalen Ding und dessen mechanischen Beziehungen auseinandersetzt, oder auch das „Subjekt" bei Kant oder Hegel, das alles in seiner Umwelt zum „Objekt" machen und damit seinem Willen unterwerfen will. Der Mensch ist der Ort, wo das Sein zu einem „Da" gelangt, er ist zuallererst - „Da-Sein".

Aufgrund dieser Sicht hielt es Heidegger für seine erste Hauptaufgabe zu demonstrieren, wie sich die Zugehörigkeit des Menschen - also des Daseins - zum Sein verstehen lässt. Unter Anwendung der von seinem Lehrer Edmund Husserl übernommenen phänomenologischen Methode arbeitete er am Dasein Wesenszüge heraus, die jenes Grundverhältnis verdeutlichen können. Dabei lag ihm daran, nicht zu konstruieren, sondern immer nur zu beschreiben, was sich von sich selbst her zeigt. So konzentrierte er sich zunächst auf solche Phänomene, die jedermann infolge seiner alltäglichen Erfahrung bekannt sind.

Im Zug des Versuches, den Zusammenhang des Menschen mit dem Sein aufzuweisen, wurden am Menschen Momente sichtbar, die einer dingontologischen Darstellung entzogen bleiben. Nicht anders als Kafka im Hinblick auf den Verwandelten seiner Erzählung *Die Verwandlung* hätte Heidegger vom Menschen sagen können, dass er „nicht gezeichnet", nicht dinghaft dargestellt werden dürfe. Er beschrieb den Menschen in der Form von Strukturmustern.

So zeigte Heidegger, dass ein Wesenszug des Menschen darin bestehe, ein Selbst zu sein; denn in bestimmten Situationen kann der einzelne Mensch in keiner Weise durch einen anderen vertreten werden. Neben dem Selbst-Sein sei jedoch auch das Mit-Sein konstitutiv für das Dasein, da kein Mensch ohne Zusammenhang mit Mitmenschen zu existieren vermöchte. Und Heidegger explizierte, dass der Mensch nicht etwa zunächst isoliert dahinlebt und dann irgendwann anfängt, in eine Welt hineinzudrängen, die ihm ursprünglich als etwas Fremdes gegenüber gestanden hatte, sondern dass er immer schon in einer Welt existiert, weshalb Dasein immer auch „In-der-Welt-Sein" bedeutet.

Ich muss hier darauf verzichten, die von Heidegger herausgearbeiteten Strukturzüge der menschlichen Existenz - also die „Existenzialien" - im einzelnen zu erörtern. Aber ich meine feststellen zu dürfen, dass ihm der Nachweis von der Präsenz dessen, was Kafka das „Unzerstörbare" genannt hatte, in der begrifflichen Fixierung jener Existenzialien durchaus gelungen ist. Von anderem, das Heidegger m.E. missglückte, wird später die Rede sein.

Die Strukturmuster der Existenzialien machte Heidegger vor allem dadurch sichtbar, dass er allgemein bekannte Lebenssituationen interpretierte. Sie waren auch vorher nicht übersehen worden, doch hatte man sie regelmäßig dinghaft vorgestellt und als Rädchen in der großen Fortschrittsmaschine begriffen. Indem Heidegger an ihnen nun die Züge von Existenzialien aufwies, ließ er alltägliche Vollzüge gleichsam als Transparente übergeschichtlicher Strukturmuster, die immer und überall unter Menschen hervortreten können, erscheinen.

Eine Befreiung von der Determiniertheit durch die große Weltmaschine war, wie ich zu zeigen versuchte, schon seit den achtziger Jahren des 19. Jahrhunderts von verschiedener Seite versucht worden. Das war jedoch von einem ganz anderen Ansatz her geschehen als jetzt bei Heidegger. Nietzsches Zarathustra beispielsweise erwartete von seinen schöpferischen Fähigkeiten, dass sie das Menschlich-Allzumenschliche zerstören und den Übermenschen hervorbringen würden. Allenthalben wurde damals von Schaffenskräften die Überwindung der zeitlichen Determiniertheit erwartet. Das entsprach noch ganz den Sinnzusammenhängen der abendländischen Neuzeit. Dagegen wollte Heidegger die Existenzialien nicht schaffen, sondern ‚entdecken'. Diese Denkweise hat spezifisch nachneuzeitlichen Charakter.

Die Entdeckung überzeitlicher Strukturen durch Literaturwissenschaft und Psychologie

Ein Bedürfnis nach dem ‚Entdecken' schon seiender überdinglicher Strukturen machte sich auch außerhalb der Philosophie geltend. Ein besonders gutes Beispiel dafür bietet die Literaturwissenschaft. In ihr kamen die Anregungen des 1911 verstorbenen Wilhelm Dilthey jetzt erst voll zur Wirkung. Eine von ihnen - die übrigens auch den Autor von *Sein und Zeit* erheblich beeinflusste - bestand in Diltheys Maximen hinsichtlich der Interpretation von Lebensäußerungen im allgemeinen und von Texten im besonderen.

Aus der Einsicht, dass literarische Werke aus einem schöpferischen Akt hervorgehen, schloss Dilthey, dass ihr Sinn nirgendwo anders gefunden werden könne, als in ihnen selbst; denn durch die jeweilige Äußerung komme er überhaupt erst zur Erscheinung. Zwar war kein allgemeines Kriterium bekannt, nach dem man den Sinn eines einzelnen Werkes hätte erschließen können. Jedoch Aristoteles hatte einst gelehrt, man müsse bei allen Phänomenen streng zwischen ihren Einzelheiten und ihrem Ganzen, das immer anderes und mehr sei als die Summe der Teile, unterscheiden. Aus diesem altehrwürdigen Gedanken leitete Dilthey eine Art Kriterium ab, indem er den Unterschied zwischen dem Ganzen und den Teilen ähnlich festschrieb wie dann Heidegger den zwischen dem Sein und dem Seienden (wobei er mit dem Ganzen eines Werkes dasselbe meinte, das Heidegger dann als das Sein eines bestimmten Seienden bezeichnete). Den Interpretationsprozess, den der Bezug auf diese beiden Momente ermöglicht, beschrieb Dilthey selbst folgendermaßen:

<Der Gang geht> vom Auffassen unbestimmt-bestimmter Teile zum Versuch weiter (...), den Sinn des Ganzen zu erfassen, abwechselnd mit dem Versuch, von diesem Sinn aus die Teile fester zu bestimmen. Das Mißlingen macht sich geltend, indem einzelne Teile sich so nicht wollen verstehen lassen. Und dies nötigt dann zu einer neuen Bestimmung des Sinnes, welche nun auch diesen genug tut. Und dieses Versuchen geht so lange fort, bis der ganze Sinn ausgeschöpft ist.[184]

Von Literaturwissenschaftlern wurde diese Anweisung zunehmend befolgt. Sie konnten dann feststellen, dass die zu interpretierenden Texte sich unter der Hand in einer faszinierenden Weise verwandelten. Man hatte den Text vielleicht einer kritischen Ausgabe entnommen, er lag also in einem philologisch genau überprüften Wortlaut vor. Außerdem kannte man seine durch die bisherige Forschung festgestellte kausale Determiniertheit: Man wusste also vor allem - entsprechend den Vorstellungen von Wilhelm Scherer - was von dem, was der Autor erlebt, erlernt und ererbt hatte, bei der Ausarbeitung des Textes ursächlich wirksam geworden war. Doch die Perspektive auf den Sinn des Ganzen erlaubte es, sich von der Fixierung auf einzelne Stellen zu lösen. Man hatte das Recht, auch ganz andere Passagen in den Blick zu nehmen, solche, die vielleicht relevant für den Sinn des Ganzen waren. Indem man gemäß Diltheys Anweisung den Text durchforschte, spürte man Bezüge auf, die in dieser Weise vielleicht noch nie zuvor gestaltet worden waren. Dadurch veränderte sich die Vorstellung, die man von dem Text hatte, mehr und mehr. Allmählich wurde er aus einem Rädchen in der großen Fortschrittsmaschine zu einem neuartigen, einzigartigen und unvergänglichen Kunstwerk. Aus der historischen Determiniertheit transponierte sich der Text ins Überzeitliche.

Während Heidegger den Existenzialien allgemeine Bedeutung zumaß, waren die Strukturmuster, die durch die Interpretation eines bestimmten literarischen Werkes aufgedeckt werden konnten, immer ganz individueller Art. Dilthey hatte indes auch auf Sachverhalte aufmerksam gemacht, die ihren Ort genau wie werkimmanente Strukturen jenseits der Geschichtsmechanik, jedoch, anders als diese, in einem überindividuellen Bereich haben. Sie ließen sich auffinden, wenn nach der Typik gefragt wurde, und etwa im Zusammenhang mit Fragen der Gattung oder wiederkehrenden Motiven jene Konstellationen dann in der Form eines Musters erfasst wurden. War das Muster einmal identifiziert, so ließ sich beobachten, dass es während eines bestimmten Zeitraums unter Umständen in einer Fülle von Texten wiederkehrte. Bezeichnenderweise blieb das Muster oftmals konstant, auch wenn sich unterdessen die verschiedensten Prozesse in der Gesellschaft zutrugen. Bisweilen war ein Wandel der Muster festzustellen, aber die neuen Grundformen waren dann ebenfalls auf eine längere Dauer angelegt. Solche Untersuchungen wurden damals z. B. von Karl Vietor (*Geschichte der deutschen Ode*, 1923) oder Walther Rehm (*Der Todesgedanke in der deutschen Dichtung vom Mittelalter bis zur Romantik*, 1928) in der Folge Diltheys vorgelegt.[185]

Möglich wurde es auch, nach Langzeitstrukturen zu fragen, die für ganze Kulturen maßgeblich wurden. Das bedeutsamste Beispiel wurde allerdings nicht von einem Literaturwissenschaftler, sondern von einem Psychologen entwickelt, dem Schweizer Seelenarzt C.G. Jung. Anders als Freud, dessen Schüler er zunächst gewesen war, von dem er sich aber 1912 trennte, nahm er an, dass die Psyche des Menschen nicht allein durch individuelle Erlebnisse, sondern durch kollektive Erfahrungen geprägt werde, und zwar besonders auch durch solche, die tausende Jahre lang wirksam sind. Strukturmuster dieser Art bezeichnete er als „Archetypen".

Darüber hinaus wurde es nun sogar möglich, Strukturmuster zu entwerfen, von denen angenommen werden durfte, dass sie zu allen Zeiten zur Geltung kämen. Ein prominentes Beispiel hierfür bietet wiederum die Literaturwissenschaft, und zwar durch Jungs Landsmann Emil Staiger. Nachdem er sich intensiv und sehr erfolgreich auf das Verfahren der Werkinterpretation eingelassen hatte, suchte er lange nach einer Möglichkeit, die in einem Einzelwerk vorfindlichen Strukturmuster mit einem großen geistesgeschichtlichen Zusammenhang zu verbinden, und zwar auf engere Weise als es möglich war, wenn man wie Vietor eine Gattungsstruktur oder wie Rehm ein bestimmtes Daseinsproblem in den Blick fasste. Schließlich griff er einen Gedanken auf, der um 1800 bereits einmal eingehend diskutiert worden war, und zwar von so bedeutenden Geistern wie Hegel oder Goethe. Staiger zufolge gibt es in der Dichtung nicht allein konkrete Gattungen wie die Ode und das Sonett, die Tragödie und die Komödie, den Roman und das Märchen, sondern auch etwas wie Grundgattungen. Von ihnen sagte Goethe, es seien „Naturformen der Poesie", Formen, die nicht historisch entstanden seien, sondern in der Natur des Menschen gründeten. Er bezeichnete sie als die Trias von Epik, Lyrik und Dramatik.

In der Zeit um 1800 war es nicht gelungen, für diese Grundgattungen völlig befriedigende Bestimmungen zu erarbeiten. Hundert Jahre später wies dann Dil-

they wieder nachdrücklich auf sie hin. Aber zunächst wollte auch jetzt eine überzeugende Lösung nicht gelingen. Schließlich aber konnte Staiger in seinem Buch
Grundbegriffe der Poetik von 1946 zeigen, weshalb die bisherigen Bemühungen
fehlgeschlagen waren. Die Begriffe Lyrik, Epik, Dramatik wurden so betrachtet,
als gehe es um ähnliche normative Einheiten wie beim Roman, bei der Ode oder
der Komödie. Die Texte, die diesen Gattungen zugehören, entsprechen in allen
Zügen der jeweiligen Norm. Aber schon Goethe hatte erkannt, dass bei den „Naturformen" andere Verhältnisse bestehen, da sie sich innerhalb eines Textes mi-
schen können. Staiger griff diese Einsicht auf und erklärte, dass es sich hier ü-
berhaupt nicht um normative Gattungen, sondern um strukturelle Stilzüge handle. Deshalb könnten sie innerhalb ein und desselben Textes nebeneinander auftreten, auch wenn nur jeweils ein Charakteristikum vorherrsche. Um dem Rechnung zu tragen, sollte man in Zukunft nicht mehr von Epik, sondern von „dem
Epischen" sprechen, und in Analogie von „dem Lyrischen" und „dem Dramatischen".

Die Naturformen kommen zwar, wie Staiger darlegte, in der Dichtung zum
Vorschein (deshalb können sie als ,Stilzüge gelten), sie werden aber von den
Dichtern nicht geschaffen. Sie gehen vielmehr, - Goethe hatte recht gesehen, -
aus der Grundverfassung des Menschen hervor. Wie sie zu beschreiben seien,
dies konnte Staiger zufolge die Philosophie der Goethezeit nicht erklären. Jedoch
meinte er, dass ein einschlägiger Ansatz von einem Zeitgenossen gefunden worden sei, nämlich von Martin Heidegger in *Sein und Zeit*.

Das Überdinglich-Strukturelle in der Physik

Seit dem Beginn des Jahrhunderts waren in der Fundamentaldisziplin der Naturwissenschaft nicht nur bedeutende Probleme gelöst worden, es hatten sich auch
neue Probleme gezeigt. Besonders beunruhigend wirkte Max Plancks oben beschriebene Beobachtung des sogenannten „Quantensprungs", da es nicht gelingen wollte, sie mit den bereits bekannten Gesetzen der Natur zusammenzudenken. Die Notwendigkeit einer Lösung schien noch dringlicher zu sein, seitdem
sich gezeigt hatte, dass dieses Phänomen nicht allein in dem Ausschnitt aus der
Natur auftritt, in dem es von Planck entdeckt worden war, sondern ganz allgemein im Bereich des Subatomaren. Denn damit erwies es sich als Grundzug der
gesamten natürlichen Wirklichkeit. In den Zwischenkriegsjahren bemühte sich
denn auch eine ganze Reihe der führenden Physiker aus mehreren Ländern sehr
intensiv um eine Erklärung, teilweise auch in ständigem persönlichen Gedankenaustausch. Der entscheidende Durchbruch gelang im selben Jahr 1927, in dem
Sein und Zeit erschienen war. Ort der Handlung war das von Niels Bohr geleitete
Institut in Kopenhagen. Und die Entdeckung verdankt sich Bohr und dem seinerzeit bei ihm tätigen jungen Dozenten Werner Heisenberg. Es ist bemerkenswert,
dass beide nicht etwa eine gemeinsame Lösung ausarbeiteten; vielmehr formulierte jeder seinen besonderen Ansatz, die einander freilich nicht widersprachen,
sondern sich ergänzten.

Als beide Erklärungen vorlagen, konnte deutlich werden, weshalb es so schwierig gewesen war, zu einer befriedigenden Lösung zu kommen. Orientiert an den
traditionellen erkenntnistheoretischen Vorstellungen, zumal an den Kantischen,

hatte man wie selbstverständlich vorausgesetzt, dass Atome, wenn auch winzig klein, so doch von dinghafter Art seien; denn sonst, so meinte man, wären sie ja gar nicht zu erkennen. Inzwischen wusste man aber, dass die für die Physik typische Dingbewegung, das Funktionieren in der großen Weltmaschine, nicht die einzige ist, die es überhaupt gibt. Seit dem ausgehenden 19. Jahrhundert waren ja eigentümliche Sprünge beobachtet worden, die zwar den Maschinenlauf nicht außer Kraft setzten, aber in der Weise einer Gangschaltung wirksam wurden. Jetzt erkannten Bohr und Heisenberg, dass Atome teilweise fundamentale Eigenschaften nicht aufweisen, die bei der Bestimmung von Dingen vorauszusetzen sind. Wenn sich ein Ding innerhalb eines physikalischen Ablaufs bewegt, so ist es grundsätzlich immer möglich festzustellen, an genau welchem Ort es zu einem bestimmten Zeitpunkt mit genau welcher Geschwindigkeit vorbeikommt. Bei Atomen aber ist das nicht der Fall. Heisenberg schrieb später dazu:

> Man stellt fest, dass es nicht möglich ist, den Ort und die Geschwindigkeit eines atomaren Teilchens gleichzeitig mit beliebiger Genauigkeit anzugeben. Man kann entweder den Ort sehr genau messen, dann verwischt sich dabei durch den Eingriff des Beobachtungsinstruments die Kenntnis der Geschwindigkeit bis zu einem gewissen Grad; umgekehrt verwischt sich die Ortskenntnis durch eine genaue Geschwindigkeitsmessung. [186]

Diesem Sachverhalt konnte man anscheinend nur gerecht werden, wenn man den für einen Physiker freilich ungeheuerlichen Gedanken fasste, dass Atome zwar existent, und doch keine Dinge sind. Aus dem Rückblick schrieb Heisenberg in einem 1969 erschienenen Buch:

> Wenn wir aus den atomaren Erscheinungen auf Gesetzmäßigkeiten schließen wollen, so stellt sich heraus, dass wir nicht mehr objektive Vorgänge in Raum und Zeit gesetzmäßig verknüpfen können, sondern - um einen vorsichtigeren Ausdruck zu gebrauchen - Beobachtungssituationen. Nur für diese erhalten wir empirische Gesetzmäßigkeiten. Die mathematischen Symbole, mit denen wir eine solche Beobachtungssituation beschreiben, stellen eher das Mögliche als das Faktische dar. Vielleicht könnte man sagen, sie stellen ein Zwischending zwischen Möglichem und Faktischem dar, das objektiv höchstens im gleichen Sinn genannt werden kann wie etwa die Temperatur in der statistischen Wärmelehre. Diese bestimmte Erkenntnis des Möglichen läßt zwar einige sichere und scharfe Prognosen zu, in der Regel aber erlaubt sie nur Schlüsse auf die Wahrscheinlichkeit eines zukünftigen Ereignisses. Kant konnte nicht voraussehen, dass in Erfahrungsbereichen, die weit jenseits der täglichen Erfahrung liegen, eine Ordnung des Wahrgenommenen nach dem Modell des ‚Dings an sich' oder, wenn Sie wollen, des ‚Gegenstands' nicht mehr durchgeführt werden kann, dass also, um es auf eine einfache Formel zu bringen, Atome keine Dinge oder Gegenstände mehr sind. [187]

Man sieht: In den Zwischenkriegsjahren wurde wie in anderen Disziplinen, so auch in der Physik die Welt der Dinglichkeit überschritten. Der Vorgang war im Grunde immer derselbe: Die Existenz der Dingwelt wurde keineswegs in Frage gestellt, jedoch wurde an Dingen gezeigt, dass sie einem Bereich zugehören, der nicht mehr dinghafter, sondern struktureller Art ist. Alle von mir hier angeführten Strukturen übersteigen nicht allein die Dinglichkeit, sondern auch den Ablauf der messbaren Zeit, insofern sie mit einer kürzeren oder längeren geschichtlichen Dauer zusammenhängen oder aber, wie die Grundgattungen, der gesamten Geschichte vorhergehen. In den Atomen wurden Strukturen entdeckt, ohne die es anscheinend überhaupt keine Dinge der uns bekannten Art geben könnte.

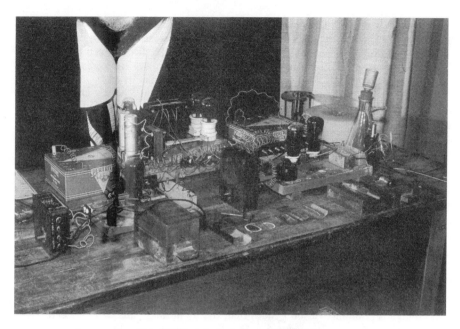

Abb. XVII: Arbeitstisch von Otto Hahn

Da die Funktion der Weltmaschine auf die Dingwelt beschränkt ist, vollzog sich mit der Entdeckung der Physiker auch eine partielle Befreiung aus den Zwängen der Mechanik.

Die Freiheit des Menschen zum Wählen und Glauben

Es war Heisenberg, der, indem er von „Unbestimmtheitsrelationen" sprach, auf eine folgenreiche Implikation aufmerksam machte. Bisher schien es, dass ein Forscher nur dann erfolgreich arbeiten konnte, wenn er sein Vorgehen dem zu untersuchenden Objekt im einzelnen nach Maßgabe der Naturgesetze anpasste. Insofern übte das Objekt immer einen Zwang auf ihn aus. In gewisser Hinsicht galt das auch für Atome. Aber der von ihnen ausgehende Zwang war besonderer Art. Er nötigte den Forscher zu entscheiden, ob entweder der Ort eines Atoms oder aber seine Geschwindigkeit festgestellt werden sollte. Die Entscheidung konnte nur in Freiheit getroffen werden. Es ist der nicht-dingliche Charakter der Atome, der in diesem Sinn auf den Gebrauch menschlicher Freiheit hinführt.

Derselbe Sachverhalt ging auch Niels Bohr auf, als er auf seine Weise die Möglichkeit des Quantensprungs zu erklären suchte. Heisenberg berichtet dazu zusammenfassend:

Eine andere Formulierung ist von Niels Bohr geprägt worden, der den Begriff der ‚Komplementarität' eingeführt hat. Er meint damit, dass verschiedene anschauliche Bilder, mit denen wir atomare Systeme beschreiben, zwar für bestimmte Experimente durchaus angemessen sind, aber sich doch gegenseitig ausschließen. So kann man z. B. das Bohrsche Atom als ein Planetensystem im kleinen beschreiben: in der Mitte ein

Atomkern und außen Elektronen, die diesen Kern umkreisen. Für andere Experimente aber mag es zweckmäßig sein, sich vorzustellen, dass der Atomkern von einem System stehender Wellen umgeben ist, wobei die Frequenz der Wellen maßgebend ist für die vom Atom ausgesandte Strahlung. Schließlich kann man das Atom auch ansehen als einen Gegenstand der Chemie, man kann seine Reaktionswärmen beim Zusammenschluss mit anderen Atomen berechnen, aber dann nicht gleichzeitig etwas über die Bewegung der Elektronen aussagen. Diese verschiedenen Bilder sind also richtig, wenn man sie an der richtigen Stelle verwendet, aber sie widersprechen einander, und man bezeichnet sie daher als komplementäre zueinander. Die Unbestimmtheit, mit der jedes einzelne dieser Bilder behaftet ist und die durch die Unbestimmtheitsrelation ausgedrückt wird, genügt eben, um logische Widersprüche zwischen den verschiedenen Bildern zu vermeiden.[188]

In der Physik war der Gedanke der Weltmaschine zuerst in aller Konsequenz entwickelt worden. Um so bedeutsamer scheint es, dass gerade Physiker zu der Erkenntnis einer der Weltmaschine gegenüber bestehenden menschlichen Freiheit gelangten. Als Folge davon setzte nun besonders bei Vertretern dieser Disziplin eine Revision des Verhältnisses von Wissen und Glauben ein. Physiker legten immer wieder, und mit zunehmender Entschiedenheit, dar, dass das Wissen das Glauben nicht nur nicht ausschließt, sondern geradezu fordert, weil der Mensch zu Verhaltensweisen genötigt ist, die nicht allein aus dem Wissen freigesetzt werden können. So schrieb z. B. Albert Einstein im Jahre 1939:

Das letzte Jahrhundert und ein Teil des vorletzten waren weitgehend beherrscht durch die Idee eines unversöhnlichen Gegensatzes zwischen Wissen und Glauben. Unter fortgeschrittenen Geistern herrschte die Meinung vor, es sei an der Zeit, dass das Wissen mehr und mehr den Glauben ersetze: Glaube, der nicht auf Wissen gegründet sei, sei Aberglaube und müsse bekämpft werden. Erziehung hat nach dieser Auffassung Denken und Wissen zu vermitteln; die Schule, das vornehmste Organ der Volkserziehung, habe ausschließlich diesem Zweck zu dienen (...). Wahr ist es gewiss, dass Überzeugungen nicht solider gestützt werden können als auf Erfahrung und bewusstes, klares Denken. Hier wird man den extremen Rationalisten unbedingt beistimmen. Der schwache Punkt der Auffassung liegt aber darin, dass diejenigen Überzeugungen, welche für unser Handeln und Werten maßgebend und nötig sind, auf diesem soliden wissenschaftlichen Wege allein überhaupt nicht zu gewinnen sind.[189]

Einsichten dieser Art haben dazu geführt, dass nicht wenige prominente Physiker den Glauben an den vom Juden- und Christentum und vom Islam verkündeten personalen Gott wiederaufnahmen.

Die Grundsituation des Wissens hatte sich abermals verändert. Das Novum mag man sich verdeutlichen, indem man das Bild von der Weltmaschine aufgreift und noch einmal eine Ergänzung vornimmt. Die letzte Erweiterung besagte, wie erinnerlich, dass die Weltmaschine auf einem Schiff installiert sei, das seinerseits von außen, durch Wogen, bewegt werde. Wie zunächst vermerkt werden muss, konnte dies durch den Blick auf die Wissenschaften nach dem Ersten Weltkrieg kaum bestätigt werden. Eine Bedrohung durch das Urböse wurde direkt kaum mehr thematisch gemacht. Allerdings beschrieb Heidegger mit dem Sein eine Macht, die durchaus dem Meer vergleichbar ist. Da das Sein mit der Sinnstruktur des Ganzen zusammengesehen werden konnte, die Kafka als das ‚Unzerstörbare' bezeichnete, und da dieses in einem negativen Wesensbezug zum Urbösen steht, darf man das Bestehen einer Erfahrungskontinuität durchaus vermuten. Später wird Gelegenheit sein, eine Bestätigung dafür vorzutragen.

Die seit den zwanziger Jahren maßgeblich gewordene epochale Erfahrung muss man durch ein ganz anderes Moment illustrieren. Man kann sagen, jetzt sei der Umstand bedeutsam geworden, dass die auf einem Schiff befindliche Weltmaschine von einem Maschinenhaus umgeben ist, das Fenster aufweist. Durch diese Bildlichkeit soll darauf verwiesen sein, dass die Menschen, die sich in der Nähe der Maschine befinden, nicht gezwungen sind, immer nur deren Funktionieren zu beobachten, sondern die Freiheit haben, auch durch das Fenster nach draußen zu blicken. Dort mögen sie den Glanz der Sonne wahrnehmen und vielleicht in ihrem tieferen Nachsinnen auch von Gott sprechen.

Eine enge existentielle Verbindung von Wissen und Glauben, wie sie Heisenbergs engster Freund Carl Friedrich von Weizsäcker erkennen lässt, blieb allerdings die Ausnahme. Überdies wurde das Glauben, wenn es denn bejaht wurde, zumeist nicht auf den personalen Gott bezogen. Gerade bei Albert Einstein war dies durchaus nicht der Fall. In einem Text, den er 1941 niederschrieb, heißt es:

> Wissenschaft ohne Religion ist lahm, Religion ohne Wissenschaft blind (...). Allerdings muß ich diese Behauptung mit Rücksicht auf die Inhalte der tatsächlich gelehrten Religionen doch wieder in einem wesentlichen Punkte einschränken. Diese Einschränkung bezieht sich auf den Gottesbegriff (...). Dass die Idee von der Existenz eines allmächtigen, allgütigen und allgerechten persönlichen Gottes dem Menschen Trost, Stütze und Führung geben kann, wird gewiß niemand leugnen. Sie ist auch in ihrer Einfachheit dem primitiven Geiste zugänglich. Andererseits aber haften dieser Idee an sich entscheidende Schwächen an, die seit Urzeiten schmerzlich gefühlt werden. Wenn nämlich dieses Wesen allmächtig ist, so ist jedes Geschehen, also auch jede menschliche Handlung, jeder menschliche Gedanke und jedes menschliche Gefühl und Streben, sein Werk. Wie kann man denken, dass vor einem solchen allmächtigen Wesen der Mensch für sein Tun und Trachten verantwortlich sei? In seinem Belohnen und Strafen würde er gewissermaßen sich selbst richten. Wie ist dies mit der ihm zugeschriebenen Gerechtigkeit und Güte vereinbar? - In dieser persönlichen Gottesidee liegt nun die Hauptursache des gegenwärtigen Konflikts zwischen der religiösen und der wissenschaftlichen Sphäre.[190]

Einstein hielt offensichtlich an der Gottesidee fest, die von den Begründern der neuzeitlichen Physik vertreten wurde und die unterstellt, das Wesen Gottes habe sich in seiner Fähigkeit gezeigt, in allmächtiger und allwissender Weise die Welt als eine perfekte Maschine zu konstruieren. Eigentümlicherweise beschäftigte sich Einstein nicht mit der Möglichkeit, dass die Neudeutung der Natur eine Revision auch der Gottesidee nahe legen könne. Die Probleme, die die Anerkenntnis eines personalen Gottesbegriffs zunächst verhinderten, führten freilich auf einen weiteren Zusammenhang.

Von den bisher angeführten Forschern kann man - dem vorgeschlagenen Bild entsprechend - durchaus sagen, dass sie durch ein Fenster des Maschinenhauses nach draußen blickten. Aber was sie dabei wahrnahmen, das war - außer vielleicht dem Meer des Seins - eine Vielfalt von außerdinglichen Strukturen, also - so könnte man, im Bild bleibend, sagen - die unterschiedlichsten Wolkengebilde. Auf sie, und nicht auf den durch sie vielleicht verdeckten Sonnenglanz richtete sich ihr Interesse. Zum Hauptthema wurden die Strukturen in ihrer ‚Überdinglichkeit'.

Abb. XVIII: Albert Einstein

Das Moment der Vielfalt konnte die Freiheitserfahrung weiter plausibilisieren, es konnte aber auch den Eindruck erwecken, als herrsche in der Natur der Zufall und letztlich das Chaos. Damit sich abzufinden, war gerade für Naturwissenschaftler, die bisher an eine starre Einheitlichkeit der Natur geglaubt hatten, nicht leicht. So ist es nicht zu verwundern, dass die Entdeckung der Unbestimmtheitsrelationen von einem Versuch begleitet war, in der Strukturwelt eine neue Art von Ordnung auszumachen. Es war Niels Bohr, der ihn als erster unternahm.

Bohr versuchte, die Quantenproblematik durch den Gedanken der Komplementarität zu lösen; in erster Linie ging es ihm dabei um das Grundphänomen des Erscheinens eines Atoms in den alternativen Formen entweder des kompakten Teilchens oder aber der Welle. Er vermutete, dass der Vielzahl der Strukturen eine universale Komplementarität zugrunde läge. Eine wichtige Bestätigung fand er während seiner Chinareise im Jahre 1937. Dabei lernte er den Taoismus und dessen Weltmodell des Yin und Yang kennen, der sich wechselweise ergänzenden Kräfte des Weiblichen und des Männlichen. Als er später in seiner Heimat Dänemark in den Adelsstand erhoben wurde, wählte er das Bild von Yin und Yang als Wappen.

Albert Einstein
Old Grove Rd.
Nassau Point
Peconic, Long Island

August 2nd, 1939

F.D. Roosevelt,
President of the United States,
White House
Washington, D.C.

Sir:

Some recent work by E.Fermi and L. Szilard, which has been com-
municated to me in manuscript, leads me to expect that the element uranium may be turned into a new and important source of energy in the immediate future. Certain aspects of the situation which has arisen seem
to call for watchfulness and, if necessary, quick action on the part
of the Administration. I believe therefore that it is my duty to bring
to your attention the following facts and recommendations:

In the course of the last four months it has been made probable -
through the work of Joliot in France as well as Fermi and Szilard in
America - that it may become possible to set up a nuclear chain reaction
in a large mass of uranium,by which vast amounts of power and large quantities of new radium-like elements would be generated. Now it appears
almost certain that this could be achieved in the immediate future.

This new phenomenon would also lead to the construction of bombs,
and it is conceivable - though much less certain - that extremely power-
ful bombs of a new type may thus be constructed. A single bomb of this
type, carried by boat and exploded in a port, might very well destroy
the whole port together with some of the surrounding territory. However,
such bombs might very well prove to be too heavy for transportation by
air.

-2-

The United States has only very poor ores of uranium in moderate
quantities. There is some good ore in Canada and the former Czechoslovakia,
while the most important source of uranium is Belgian Congo.

In view of this situation you may think it desirable to have some
permanent contact maintained between the Administration and the group
of physicists working on chain reactions in America. One possible way
of achieving this might be for you to entrust with this task a person
who has your confidence and who could perhaps serve in an inofficial
capacity. His task might comprise the following:

a) to approach Government Departments, keep them informed of the
further development, and put forward recommendations for Government action,
giving particular attention to the problem of securing a supply of uranium ore for the United States;

b) to speed up the experimental work,which is at present being carried on within the limits of the budgets of University laboratories, by
providing funds, if such funds be required, through his contacts with
private persons who are willing to make contributions for this cause,
and perhaps also by obtaining the co-operation of industrial laboratories
which have the necessary equipment.

I understand that Germany has actually stopped the sale of uranium
from the Czechoslovakian mines which she has taken over. That she should
have taken such early action might perhaps be understood on the ground
that the son of the German Under-Secretary of State, von Weizsäcker, is
attached to the Kaiser-Wilhelm-Institut in Berlin where some of the
American work on uranium is now being repeated.

Yours very truly,

A. Einstein
(Albert Einstein)

Abb. XIX: Einsteins Brief an Präsident Roosevelt

Dieses Bild lässt die beiden Kräfte allerdings nicht allein als Gegensätze erscheinen, es zeigt, dass sie ineinander verklammert sind. Die gegenseitige Rückbezogenheit zu denken, boten die Beobachtungen der Atomphysik jedoch keinen Ansatz. Dasselbe gilt auch für die Strukturerkenntnisse in anderen Disziplinen. Es war eine geisteswissenschaftliche Disziplin, nämlich die Linguistik, die hier weiterführte.[191]

Der Strukturalismus mit Lévi-Strauss

Im 19. Jahrhundert war in der Sprachwissenschaft die Denkrichtung der „historischen Grammatik" zur Herrschaft gelangt, einer Variante des Positivismus. Auch auf diesem Gebiet war es jedoch mit dem Ersten Weltkrieg zu einer Neuorientierung gekommen. Ferdinand de Saussure in Genf, bis dahin entschiedener Vertreter der historischen Grammatik, war gegen Ende seines Lebens darauf aufmerksam geworden, dass man eine Sprache nur sehr unzulänglich begreift, wenn man sich darauf beschränkt, die an ihren Einzelbestandteilen eingetretenen Veränderungen zu beobachten. Das wäre, meinte er, wie wenn ein Schachspieler immer nur an die einzelnen Züge denken würde, ohne sich auf die jeweils bestehende Gesamtsituation zu besinnen. Wie die Gesamttektonik eines Spiels, so repräsentiere auch jede Sprache ein System, und dieses erschließe sich nicht durch die zeitlichen Veränderungen folgende „diachrone" Betrachtungsweise, sondern einzig durch die „synchrone". In der letzteren liege die Hauptaufgabe der Sprachwissenschaft.

Diese These wurde in der zwanziger Jahren u.a. von Vertretern des „russischen Formalismus" aufgenommen. Im sprachwissenschaftlichen Bereich der Phonologie gelang hier eine überaus bedeutsame zusätzliche Erkenntnis. Nach Vorarbeiten von Trubetzkoy legte im Jahre 1937 - als Bohr gerade in China unterwegs war - Roman Jakobson dar, dass es in der Sphäre der Lautlichkeit ein universales Gesetz gebe. Um einen bestimmten Laut zu erkennen, sei es nötig, ihn von einem anderen, und zugleich von jedem anderen zu unterscheiden, also festzustellen: B ist nicht A, oder C ist nicht B, oder D ist nicht C usw. Im Jahre 1945 begegnete er bei der UNO in New York dem französischen Ethnologen Claude Lévi-Strauss. Dieser wandte das von Jakobson entdeckte Prinzip, das man inzwischen als das „binäre" bezeichnet, auf Zeugnisse der Kultur sogenannter primitiver Ethnien an. Dadurch gelangte er zu bedeutsamen neuen Einsichten von der inneren Gegliedertheit dieser Kulturen.

Angeregt durch Lévi-Strauss' Publikationen, begannen nun auch Vertreter anderer Disziplinen damit, sich in ihren Forschungen am binären Prinzip zu orientieren. So bildete sich geradezu weltweit und als interdisziplinäre intellektuelle Bewegung der Strukturalismus aus. Zeitweilig konnte es scheinen, als vollziehe sich mit ihr eine Transformierung der Geisteswissenschaften. Inzwischen ist der Impetus dieser Bewegung jedoch erlahmt. Warum es dazu kam, werde ich alsbald zu erklären haben. Zuvor aber meine ich ein bleibendes Verdienst des Strukturalismus bezeichnen und hervorheben zu sollen. Es hat zwei Aspekte:

Dilthey versuchte die spezifisch humane geschichtliche Welt auf ein eigenständiges Methodenfundament zu begründen und zu diesem Zweck, Regelmä-

ßigkeiten der menschlichen Produktion zu bestimmen. Da sich diese im grundsätzlichen von den mechanisch wirksamen Naturgesetzen unterscheiden, strebte
er eine ähnliche Präzision, wie sie in der Naturwissenschaft erreicht worden war,
gar nicht erst an. Auch jene Geisteswissenschaftler, die seit den zwanziger Jahren in der Kultur nach Strukturmustern forschten, waren der Auffassung, sie
müssten sich, weil es ja nicht um Mechanismen ginge, mit ungefähren Einsichten
zufrieden geben. Demgegenüber zeigten nun die Strukturalisten, dass dank der
Orientierung am binären Prinzip auch bei der Analyse menschlicher Produkte ein
Grad von Präzision zu erreichen ist, der den in der Naturwissenschaft üblichen
Standards nahe kommt. Damit hat der Strukturalismus für die Geisteswissenschaften ein neues Maß gesetzt.

Nicht weniger bedeutend ist der Umstand, dass der Strukturalismus auch das
Modell des Fortschritts, wie es einst von Kant entworfen wurde, in Frage gestellt
und revidiert hat. In diesem Modell wird, wie erinnerlich, als Ausgangspunkt ein
Zustand des Menschen angesetzt, in dem er noch nicht von der Vernunft, sondern, wie ein Tier, von den Instinkten beherrscht wird. Er gleicht also eher einem
Zentaur als einem Menschen im eminenten Sinn des Wortes. Der nämliche Zustand war von den Vertretern des Fortschrittsdenkens auch Menschengruppen in
der Gegenwart unterstellt worden, die den Höhenweg der aufklärerischen Ver-
nunftgeschichte nicht erreicht hatten. Das sollte vor allem für die Angehörigen
jener Volksstämme zutreffen, die man zu den „Primitiven" rechnete. Die Strukturalisten, und zumal ihr Wortführer Lévi-Strauss, machten geltend, dass die
Grundsätze des mechanistischen Denkens für alle jene Wissenschaftler unmaß-
geblich seien, die sich mit de Saussure von der maschinenhaften Diachronie ab-
und der systemhaften Synchronie zugewandt hätten. Wenn man die neue, strukturalistische Denkmethode auf Phänomene der Gesellschaften so genannter Primitiver anwende, komme an den Tag, dass diese nicht vernunftlos seien. Es zeige sich eine andere Denkart, die gleichfalls auf ihre Weise systembezogen sei.
Die „Primitiven" waren also gar nicht primitiv, sie waren keineswegs die vom
Fortschrittsmodell geforderten Halbmenschen. Lévi-Strauss schrieb 1955:

> Niemals und nirgends war der ‚Wilde' wohl jenes Lebewesen, das, kaum dem tieri-
> schen Zustand entwachsen, noch der Herrschaft seiner Bedürfnisse und Instinkte aus-
> geliefert ist, wie man es sich allzu oft vorgestellt hat, noch repräsentiert er jenen Be-
> wußtseinstypus, der durch die Affektivität beherrscht wird und in Verworrenheit und
> Partizipation versinkt.[192]

Die Zeugnisse für die Vernünftigkeit der sogenannten Primitiven konnten seither
nicht entkräftet werden. So dürfte die durch ihren Nachweis erbrachte partielle
Widerlegung des emanzipatorischen Fortschrittsmodells definitiv sein. Auch aus
diesem Grund ist die wissenschaftsgeschichtliche Bedeutung des Strukturalismus
hoch einzuschätzen. Lévi-Strauss vertrat allerdings die Auffassung, dass der
Strukturalismus in der Lage sei, eine noch ungleich wichtigere systematische
Aufgabe zu lösen. In diesem Fall aber irrte er sich.

Anlass zu seiner Erwartung gab ihm wohl der Vergleich der von den sogenannten Primitiven gepflegten Denkweise mit der mechanistischen. Es schien
ihm, dass man den Unterschied durch eine Analogie vergegenwärtigen könne:
indem man nämlich auf die Differenz zwischen wildlebenden und gezähmten
Tieren aufmerksam werde. Die Fähigkeiten der domestizierten Tiere sind auf

solche Weise spezialisiert worden, dass sie dem Menschen von viel größerem Nutzen sein können. So vermag auch das mechanistische Denken enorm viel Nützliches hervorzubringen. Aber die Domestizierung hat für die Tiere zugleich einen enormen Verlust mit sich gebracht: sie können nicht mehr alle ihre Fähigkeiten entwickeln und vor allem nicht mehr in der ihnen eigentlich gemäßen Umwelt leben. Eine ähnliche Folge habe die Genesis des modernen Denkens nach sich gezogen. Es ist einseitig geworden und kennt nur noch seinen unmittelbaren Umkreis, nicht mehr die Weite der wirklichen Welt. Das „wilde Denken" der sogenannten Naturvölker ist offen für die Totalität des Lebens, das „domestizierte Denken" der Fortschrittlichen vegetiert im Dienste von partikularen Interessen.

Den Unterschied kann man weiter illustrieren, indem man sich vor Augen stellt, wie in der modernen Gesellschaft einerseits und im Bereich des wilden Denkens andererseits mit einem wichtigen Kollektivereignis umgegangen wird. Erleben sogenannte Primitive z. B. den Ausbruch eines Krieges, so müssen sie dieses Ereignis nicht in seiner unbegreiflichen und gerade auch darum tief erschreckenden Neuartigkeit belassen, sondern können es auf ihr System mythischer Bilder beziehen, innerhalb dessen sich strukturelle Entsprechungen zu dem ‚unerhörten' Faktum finden lassen. Damit mindert sich der Anschein der Sinnlosigkeit des Ereignisses und es wird als Glied in einer Lebenstotalität erkannt. Anders verhält es sich, wenn das Fortschrittsdenken sich mit einem großen gesellschaftlichen Ereignis auseinandersetzt. Niemand, nicht einmal der Wissenschaftler, kann ein Ereignis wie z. B. die Französischen Revolution in eine Totalität integrieren. Lévi-Strauss schrieb:

> Sobald man sich vornimmt, die Geschichte der Französischen Revolution zu schreiben, weiß man (oder sollte es wissen), dass sie nicht gleichzeitig und mit demselben Anspruch die des Jakobiners und die des Aristokraten sein kann. Der Hypothese zufolge sind ihre jeweiligen Totalisierungen (deren jede sich antisymmetrisch zur anderen verhält) gleicherweise wahr. Man muß also zwischen zwei Parteien wählen: entweder einer von beiden oder einer dritten (denn es gibt ihrer unendlich viele) den Vorrang geben und darauf verzichten, in der Geschichte eine Gesamttotalisierung partieller Totalisierungen zu suchen; oder allen eine gleiche Wirklichkeit zuerkennen; doch nur, um zu entdecken, dass die Französische Revolution, so wie man von ihr spricht, nicht existiert hat.[193]

Der Verlust der Totalität war der Preis, der für die Domestizierung des Denkens bezahlt werden musste. Er hat bewirkt, dass der moderne Mensch zwar über eine Fülle nützlicher Dinge verfügt, sich aber nicht mehr eines Sinnzusammenhangs inne sein kann. Aus dieser Not kann ihn, so meinte Lévi-Strauss, der Strukturalismus befreien. Orientiert am universalen binären Prinzip, kann er zeigen, dass der Fortschritt das Wesentliche des Menschen nie erreicht hat.

> Unsere Haltung läßt sich nämlich etwa in der Überlegung ausdrücken, dass die Menschen immer und überall im Hinblick auf ein gleiches Ziel die gleichen Aufgaben unternommen und dass sie sich im Laufe der Zeit nur verschiedener Mittel bedient haben (....). Die Fortschrittsgläubigen hingegen laufen Gefahr, die ungeheuren Reichtümer zu übersehen, welche die Menschheit links und rechts jener engen Rille angehäuft hat, auf die allein sie ihre Blicke heften.[194]

Das strukturalistische Denken kann sich, so führte Lévi-Strauss weiter aus, den Ergebnissen des Fortschrittsdenkens nicht allein in der Geschichts-, sondern auch in der Naturwissenschaft zuwenden und nachweisen, dass alles, was als Ausdruck von Fortschritt gewertet wurde, im Grunde nichtig ist, weil die Natur wie die Kultur zuerst und zuletzt Strukturmuster zum Vorschein bringen, die dem Wandel entzogen sind. In dem 1962 erschienenen, inzwischen berühmten Buch *Das wilde Denken* hielt Lévi-Strauss gegen Ende fest: „<Wir meinen>, dass das letzte Ziel der Wissenschaft vom Menschen nicht das ist, den Menschen zu konstituieren, sondern das, ihn aufzulösen. Der eminente Wert der <strukturalistischen> Ethnologie liegt darin, dass sie der ersten Etappe eines Vorgehens entspricht, der weitere folgen: Hinter der empirischen Vielfalt der menschlichen Gesellschaften will die ethnographische Analyse Invarianten ermitteln (...). Dieses erste Unternehmen leitet weitere ein, (...) die Kultur in die Natur und schließlich das Leben in die Gesamtheit seiner physikochemischen Bedingungen zu reintegrieren."[195]

Jahrzehnte später ist festzustellen, dass sich diese Erwartung nicht erfüllt hat. Der Versuch, dem modernen Menschen den Zugang zur Sinntotalität zu erschließen, misslang. Was den Strukturalismus scheitern ließ, war, so meine These, gerade seine Orientierung am binären Prinzip. Im Bereich des wilden Denkens fungierte dieses Prinzip keineswegs als das höchste. Die binär gegliederten Darstellungen galten göttlichen Mächten, und von diesen ging der Sinn aus. Die binäre Struktur brachte ihn nie hervor, sondern verdeutlichte ihn nur. Mehr vermag sie nie zu leisten; denn sie manifestiert eine Kraft der Unterscheidung und Teilung, nicht der Einigung.

In der europäischen Neuzeit lagen völlig andere Verhältnisse vor, weil hier die Kulturphänome durch den Bezug auf die Fortschrittsideologie geprägt waren. Wenn diese nun strukturalistisch untersucht wurden und es gelang, in ihnen binäre Strukturen ausfindig zu machen, so brach dadurch der Pseudosinn des Fortschritts auseinander, aber was damit zum Vorschein kam, war nur die Nichtigkeit der Fortschrittsideologie, jedoch kein höherer Sinn, geschweige denn die Sinntotalität.

In der strukturalistischen Weltrepräsentation zeigt sich eine Grundkraft, die derjenigen vergleichbar ist, die Zellteilungen bewirkt. Diese ist für das Leben von höchster Bedeutung. Sie ist aber nur ‚heilsam', wenn sie an eine andere Kraft gebunden ist, die das Geteilte wiederum in die höhere Einheit einer Gestalt integriert. Ohne diese Bindung führt die Zellteilung zu jenen gestaltlosen und gestaltzerstörenden Wucherungen, die von Krebserkrankungen her bekannt sind.

Der Strukturalismus musste trotz seiner Verdienste scheitern, weil er jenem Sachverhalt nicht Rechnung trug. Ihn beiseite zu lassen, legte sich allerdings bereits mit de Saussures Votum zugunsten der Synchronie des Systems nahe. Diachron verlaufende Veränderungen kamen also kaum mehr in den Blick. Und de Saussure unterstellte, dass alle zeitlichen Vorgänge von der Art der Figurenbewegungen beim Schachspiel seien und ein Wandel der Systeme überhaupt nicht vorliege. Das aber entsprach keineswegs dem damaligen Wissensstand. Jedem Linguisten war bekannt, dass das System z. B. der französischen oder der deutschen Sprache einmal, zu einer ganz bestimmten Zeit, entstanden war. Das Hervortreten neuer sprachlicher Systeme war mit der Erscheinung neuartiger Sinnqualitäten in der Geschichte im Grunde wesensverwandt, die als erster Herder aufgewiesen hatte. Die schon von de Saussure eingeleitete und dann für den gesamten Strukturalismus geradezu konstitutiv gewordene Missachtung der Geschichte muss aus dem Rückblick als schwerwiegender Fehler beurteilt werden.

Die Epochenforschung

An Versuchen, über die a-historischen binären Strukturen hinauszugehen, hat es tatsächlich nicht gefehlt. Die Epochenforschung entwickelte sich nach dem Ersten Weltkrieg sogar zu einem der Schwergewichte geisteswissenschaftlicher Forschung. Sie löste sich von der im 19. Jahrhundert dominant gewesenen Vorstellung, man könne Epochen von Einzelereignissen ableiten (und auf diese Weise wie ein Ding erfassen). Statt dessen bemühte man sich, nun auch Epochen als Strukturmuster zu begreifen.

In diesem Fall erwies sich abermals, dass der Strukturbereich dem Menschen Freiheit einräumt. Die Folge davon war, dass höchst unterschiedliche Epochendeutungen nebeneinander traten. Seit ungefähr der Mitte des Jahrhunderts bildete sich in der geisteswissenschaftlichen Forschung ein Bewusstsein davon, dass allmählich ein geradezu chaotischer Zustand eingetreten war. Besonders eindrucksvoll zeigt er sich an den divergierenden Auffassungen über den Beginn der beiden Großepochen des Mittelalters und der Neuzeit. Während in der Vergangenheit, bevor nach epochalen Strukturmustern gesucht worden war, ein weitgehender Konsens bestanden hatte, schwankten die Datierungen der Anfänge jetzt, wie ich schon einmal erwähnte, in fast unglaublicher Weise, beim Mittelalter zwischen dem 3. und 9.,[196] bei der Neuzeit zwischen dem 13. und dem 18. Jahrhundert.[197] Mit Sicherheit lag das nicht an der weiten zeitlichen Ausdehnung dieser beiden Epochen. Wer sich mit der Forschungsterminologie hinsichtlich kürzerer Epochen befasst, muss feststellen, dass sie keineswegs ein günstigeres Bild bieten. Als Beispiel nenne ich die extrem kurze epochale Einheit des Expressionismus in der deutschen Literatur. Sie wurde seinerzeit fast ausschließlich mit strukturalen Mitteln untersucht. Im Jahre 1959 schrieb dann Richard Brinkmann.

Den Namen ‚Expressionismus' für jene Literatur etwa des Jahrzehnts zwischen 1910 und 1920, des ‚expressionistischen Jahrzehnts', gebrauchen viele mit schlechtem Gewissen, weil sie nicht recht wissen, was er genau besagen soll. Und mit der Klage, dass gar nicht feststehe, was Expressionismus eigentlich sei, hebt manche Darstellung an, in der irgend etwas über Expressionismus steht. Erstaunlich oft, ja meist, liest man in monographischen Abhandlungen über einen expressionistischen Dichter an der Stelle, wo das spezifisch Expressionistische seines Werkes geklärt werden soll, ‚eigentlich expressionistisch', wie das der ‚eigentlichen Expressionisten', sei es gar nicht. Wer diese ‚eigentlichen Expressionisten' aber sind, wo das Maß für das Expressionistische zu suchen sei, das wird selten gesagt und fast nie genau (...). Gerade bei der differenzierteren Erkenntnis individueller Stilzüge, ging die Naivität, von *dem* Expressionismus zu sprechen, zunächst einmal verloren. Höchst verschiedene, ja gegensätzliche Erscheinungen, die bisher häufig ohne größere Beschwerden anscheinend unter jenem Namen vereinigt werden konnten, scheut man sich heute, unter den gleichen Stilbegriff zu subsumieren. (...). Die ‚Expressionisten im eigentlichen Sinne' beginnen sich in der Wirklichkeit (...) aufzulösen zu einer Reihe von Abweichungen.[198]

Das Versagen der Epochenforschung zeigt an, dass es der damaligen Wissenschaft an einem gültigen Kriterium für die Bestimmung von epochalen Wesenscharakteristika fehlte. Jene Strukturen, die auf das binäre Prinzip zurückzuführen sind, konnten offensichtlich keinen gültigen Aufschluss geben. Dies ist auch nicht verwunderlich. Denn das binäre Prinzip entbehrt von sich selbst her des Bezugs nicht nur auf Sinn, sondern auch auf Zeit, und das Epochale ist ein ausgesprochen zeithaftes Phänomen. So hätte damals eine zweite Art des Strukturdenkens, ein zeitbezogenes, entwickelt werden müssen. Martin Heidegger hat dies frühzeitig gesehen, und er hat sich auch intensiv darum bemüht. Aber an einem entscheidenden Problempunkt ist er gescheitert.

Heideggers Neudeutung der Zeit

In seinem berühmten Hauptwerk von 1927 arbeitete er nicht nur allgemeine Strukturen des Daseins heraus, die „Existenzialien", sondern wies auch nach, dass für die Sinnerfahrung des Daseins die Zeit von entscheidender Bedeutung ist. Dazu wurde er weniger durch seinen unmittelbaren Lehrer Edmund Husserl angeregt, sondern von Wilhelm Dilthey. Zum besseren Verständnis von Heideggers Ansatz bei der Deutung der Zeit mag es hilfreich sein, sich noch einmal auf einige von Diltheys Hauptthesen zurückzubesinnen.[199]

Wie wir zeigten, verwies Dilthey zunächst darauf, dass der Mensch dank seiner schöpferischen Fähigkeiten den Determinismus der mechanischen Kausalität fortwährend durchbreche, und dass dadurch seine Geschichte als eine Abfolge von immer wieder neuartigen Schöpfungen angelegt sei. Dies sei ein spezifisch menschlicher Wesenszug.

Die Einsicht in die fundamentale Bedeutung des Geschichtlichen für den Menschen führte Dilthey auch zu seiner Kritik an den Grundlagen der gesamten abendländischen Wissenschaft, jener Ontologie, die von den griechischen Philosophen grundgelegt worden war. Deren lange Zeit nahezu unbefragt gültige Grundbegriffe bezogen sich, wie Dilthey dartat, auf eine Sphäre jenseits der Erfahrungswelt. Als „*meta-physische*" Konstruktionen konnten sie durch konkrete Erfahrungen weder bestätigt noch widerlegt werden. Doch sie erlaubten eine konsequente Deutung der erfahrbaren Wirklichkeit im Ganzen.

Dilthey betonte, dass es, wenn man die griechische Metaphysik richtig verstehen wolle, unabdingbar sei, die populäre Gleichsetzung von Metaphysik und Religion aufzugeben. Religion habe es lange vor der Metaphysik gegeben und sie könne auch ohne Metaphysik bestehen.

Charakteristisch für die durch die Metaphysik deutbar gewordene Wirklichkeit ist es nach Diltheys Auffassung, dass sie das Innenleben des Menschen zwar berücksichtigt, aber nur, insofern Empfindungen ins Bewusstsein eindringen. Entscheidende Bedeutung maß sie dagegen der Außenwelt zu. Das hatte zur Folge, dass der Raum eine äußerste denkerische Aufmerksamkeit erfuhr, während die Zeit weitgehend unbeachtet blieb.

Dies metaphysische Nachdenken zergliederte an der Außenwelt den Zusammenhang der Wirklichkeit. Wohl war dieser Zusammenhang in letzter Instanz im Bewußtsein begründet, er bildete mit der geschichtlichen Welt erst das Ganze der Wirklichkeit, jedoch hat das metaphysische Denken der Griechen *diesen Zusammenhang am Studium der Außenwelt aufgefaßt.* Dies hatte zur Folge, dass die metaphysischen Begriffe an die räumlichen Anschauungen gebunden blieben. Das vernunftmäßig bildende Prinzip war schon den Pythagoreern ein Begrenzendes, es hat bei den Eleaten und Plato einen analogen Charakter. Die Erklärung des Kosmos löste alles, bis in den höchsten Begriff, zu welchem der griechische Geist gelangte, dem des unbewegten Bewegers, in Bewegungen und Erscheinungen im Raum auf.[200]

Da die Natur weitgehend in Kategorien des Raumes zu beschreiben war, konnte sich die griechische Metaphysik bei der Ausbildung der modernen Naturwissenschaft bewähren. Ihre Anwendung auf die in der Sphäre der Zeit erscheinende Geschichte musste jedoch zu Fehldeutungen führen. Darum konnte sich die „Geisteswissenschaft", die Dilthey grundzulegen suchte und die gerade der Geschichtlichkeit des Menschen gerecht werden sollte, nur entfalten, wenn es gelang, die Grundbegriffe der Metaphysik durch neue zeit- und geschichtsbezogene Begriffe, gleichsam die Koordinaten einer Metaphysik der geschichtlichen Welt, zu ersetzen.

Dilthey ging also von der These aus, dass die Metaphysik, und mit ihr das Fundament des abendländischen Denkens, überschritten werden müsse. Dies führte dazu, dass er, ähnlich wie vor ihm schon der späte Friedrich Schlegel, der Phantasie neben der Vernunft eine entscheidende Bedeutung einräumte und dass er, ebenfalls im Sinn Schlegels, den Verstand oder, wie er regelmäßig sagte, das „Verstehen" in große Nähe zur Einbildungskraft rückte. Über das Verstehen und das mit ihm verbundene „Deuten" schrieb Dilthey:

Es enthält alle geisteswissenschaftlichen Wahrheiten in sich.[201]

Schlegel war zu derselben These gelangt, weil er sich sagte, dass, wer mit der Geschichte sich befasst, in erster Linie Personen und ihren Lebensäußerungen begegnet, die nach mechanischen Kausalgesetzen, wie sie in den Naturwissenschaften in Geltung sind, nicht verstanden werden können.

Heidegger ließ sich von Dilthey davon überzeugen, dass der Mensch in seiner Geschichtlichkeit begriffen werden müsse und dass dies die ‚Überwindung' der Metaphysik nach sich ziehe. Auch die Hochschätzung des Verstehens übernahm er. Indem er aber den bereits erläuterten Begriff des „Seinsverstehens" entwickelte, ging er erheblich über Dilthey hinaus; denn er bezog das Verstehen nicht mehr allein auf das geschichtliche Verhalten des Menschen, sondern deutete es als die menschliche Urtätigkeit schlechthin.

Noch in einer zweiten Hinsicht ließ Heidegger den Anreger Dilthey weit hinter sich. Da er schon im Jahr 1911 starb, hat Dilthey offenbar jene tiefe Erschütterung nicht mehr erfahren, die in den Jahren um den Ersten Weltkrieg Wissenschaftler und Philosophen wie Sigmund Freud, Christian von Ehrenfels, Oswald Spengler, aber auch Dichter wie Franz Kafka ergriff. Heidegger dagegen muss diese Erfahrung gleichfalls gemacht haben. Sie hat in *Sein und Zeit* einen bedeutsamen Ausdruck gefunden. Unter den Grundstrukturen, die das Dasein eines jeden Menschen prägen, den „Existenzialien", führte Heidegger auch das „Schuldigsein" an. Er betonte:

Das Schuldigsein resultiert nicht erst aus einer Verschuldung, sondern umgekehrt: diese wird erst möglich ‚auf Grund' eines ursprünglichen Schuldigseins.[202]

Heideggers Exposition des Schuldigseins steht in einem engen Zusammenhang mit Schwierigkeiten, in die er beim Nachdenken über das Wesen der Zeit geriet. Die Schuld des Daseins könne, so führte Heidegger aus, „durch die Orientierung an der Idee des Bösen, des malum als privatio boni", nicht hinreichend begriffen werden.[203] Statt es auf einen bloßen Mangel an Gutem zu beziehen, müsse man das Wort Schuld im ursprünglichen Sinn auffassen, nämlich als Hinweis darauf, dass jemandem etwas vorenthalten werde, das ihm gehört. Damit stellt sich Heidegger die Aufgabe zu erklären, wer der Gläubiger ist, in dessen Schuld der Mensch immer schon und aufgrund seiner Wesensverfassung steht.

Unter den Voraussetzungen der neuzeitlichen Metaphysik, die im Sinne von Descartes das denkende Ding Mensch („res cogitans") als Subjekt einzig auf eine Vielzahl von Objekten bezieht, von denen jedes einzelne als ein im Raum ausgedehntes Ding („res extensa") gedeutet wird, hätte eine solche Frage nicht beantwortet werden können. Nach Heidegger aber ist das menschliche Dasein *ursprünglich* in einem Grundbezug verortet, der nicht der Dingwelt angehört. Insofern bot sich ihm grundsätzlich durchaus die Möglichkeit, denkend von einem außermenschlichen Gläubiger zu sprechen, dessen Schuldner der Mensch wäre. Doch Heidegger nutzte sie nicht. Er gab eine andere Antwort, die allerdings eine Hilfskonstruktion erforderte und nicht ohne Anleihen aus der neuzeitlichen Metaphysik auskam.

Die Hilfskonstruktion bestand in der These, dass die in der Erfahrung erscheinenden Existenzialien immer durch eine von zwei Grundweisen geprägt würden, zwischen denen das Dasein zu wählen habe, nämlich den Modus der Eigentlichkeit und jenen der Uneigentlichkeit. Im Argumentationsgang maßgebend war die Einführung des Modus der Eigentlichkeit. Damit griff Heidegger die Vorstellung des neuzeitlichen Subjekts, die er zunächst verworfen hatte, wieder auf. Er bediente sich zwar nur eines Aspekts, der aber ausgesprochen wichtig ist. Als Eigentlichkeit bezeichnete er nämlich einen in der Erfahrung nicht gegebenen und darum nur durch Konstruktion darstellbaren Zustand des Daseins, in dem es in keiner Weise von außen, sondern ganz durch sich selbst bestimmt wird - ähnlich wie nach Kant der Mensch, wenn er das Ziel des Fortschritts erreicht hätte, auch in einem Zustand völliger Autonomie leben würde. Mit der Eigentlichkeit des Daseins erfand sich Heidegger einen Dialogpartner für jenes Selbst, das in der durchschnittlichen Alltäglichkeit existierte und dabei der Uneigentlichkeit „verfallen" blieb.

Die Unterscheidung der beiden Modi erlangte Plausibilität, indem die Uneigentlichkeit in ihren Hauptzügen kenntlich gemacht wurde; dies ist vor allem der Ort der Beschreibung des „Man", eines Verhaltens des Daseins, in dem es sich daran orientiert, was „man" tut, und sich nicht auf das einlässt, was die jeweils einzigartige eigene Situation verlangt. Im Begriff der Eigentlichkeit suchte Heidegger zu zeigen, dass das uneigentliche Dasein in seiner durchschnittlichen Alltäglichkeit immer auf das eigentliche Selbst bezogen sei und von ihm „angerufen" werden könne. Jener innere Ruf des Gewissens lässt das uneigentliche Dasein wissen, dass es schuldig ist, und zwar gegenüber sich selbst: genauer dem eigenen Selbst in seiner Eigentlichkeit.

> Der vorrufende Rückruf des Gewissens gibt dem Dasein zu verstehen, dass es - nichtiger Grund seines nichtigen Entwurfs in der Möglichkeit seines Seins stehend - aus der Verlorenheit in das Man sich zu ihm selbst zurückholen soll, d. h. *schuldig ist.*[204]

Später sollte Heidegger einräumen, dass in *Sein und Zeit* „das Denken im zureichenden Sagen (...) versagte und mit der Hilfe der Sprache der Metaphysik nicht durchkam".[205] Der entscheidende Fehler lag meines Erachtens in der Konstruktion der Eigentlichkeit. Mit ihr kam es zu einem Rückfall in die Metaphysik. Zugleich vollzog sich eine erneute Verstrickung in jene Widersprüchlichkeit, die bei Kant zuerst hervorgetreten war, weil er als Ziel der Menschheitsgeschichte den Zustand der Autonomie angesetzt hatte. Bei Heidegger kam die Widersprüchlichkeit zum Vorschein, als er von der noch mit den Mitteln der Phänomenologie durchführbaren Analyse der quasi zeitlosen Existenzialien des Daseins zu der von Dilthey vorgezeichneten Aufgabe überging, den Zusammenhang des Daseins mit der Geschichtlichkeit aufzuweisen. Zu diesem Zweck analysierte er die Grundstrukturen der Zeitlichkeit.

Heidegger machte geltend, dass die Anwendung der gebräuchlichen Instrumente der Zeitmessung, der Uhren, alles andere als selbstverständlich sei. Der Mensch konstruiere und gebrauche Uhren nur, weil er der Zeit hohe Bedeutung zumesse. Das aber habe seinen Grund darin, dass die menschliche Existenz nicht einfach vorhanden sei wie ein Ding, sondern sich in einem zeithaften Prozess ereigne. Die existentielle Bedeutung der Zeit erläuterte Heidegger zunächst am Phänomen des Todes. Dieser kann für keinen Menschen gleichgültig sein. Jeder erfährt, dass es in seinem Dasein um ihn selbst geht. Das Phänomen des Todes zeigt, dass dieses Selbst nicht immer fortexistieren, sondern einmal enden wird. Wer dies ernsthaft bedenkt, sieht ein, dass der Tod zum eigenen Dasein gehört. Gewiss steht er noch aus, aber er kommt innerhalb des Daseins immer schon auf dieses zu. Er *ist* geradezu das Dasein, und zwar als seine ihm eigene Zukunft.

> Der Tod ist eine Seinsmöglichkeit, die je das Dasein selbst zu übernehmen hat. Mit dem Tod steht sich das Dasein selbst in seinem *eigensten* Seinkönnen bevor. In dieser Möglichkeit geht es dem Dasein um sein In-der-Welt-sein schlechthin. Sein Tod ist die Möglichkeit des Nicht-mehr-dasein-könnens. Wenn das Dasein als diese Möglichkeit seiner selbst sich bevorsteht, ist es *völlig* auf sein eigenstes Seinkönnen verwiesen. So sich bevorstehend sind in ihm alle Bezüge zu anderem Dasein gelöst. Diese eigenste unbezügliche Möglichkeit ist zugleich die äußerste. Als Seinkönnen vermag das Dasein die Möglichkeit des Todes nicht zu überholen. Der Tod ist die Möglichkeit der schlechthinnigen Daseinsunmöglichkeit. So enthüllt sich der *Tod als die eigenste, unbezügliche, unüberholbare Möglichkeit.* Als solche ist er ein *ausgezeichneter* Bevorstand. Dessen existenziale Möglichkeit gründet darin, dass das Dasein ihm selbst wesenhaft erschlossen ist und zwar in der Weise des Sich-vorweg.[206]

Wenn das Dasein mit seinem noch nicht eingetretenen, aber ihm zugehörigen Tod sich selbst vorweg ist, so steht es aus sich selbst heraus in seine Zukunft. Demgemäß kann man die Zukunft als eine Ek-stase bezeichnen. Wenn es sich zu dieser Ekstase verhält, so wird das Wesen der Zukunft manifest, nämlich als „Sorge" um das Selbst.

Die Sorge entspricht dem eigentlichen Modus der Zukunft, doch gibt es auch einen uneigentlichen Modus, der zur Geltung kommt, wenn ein Mensch von der Sorge loszukommen sucht, indem er sich in Aktivitäten des "Besorgens" stürzt und sich nurmehr um das „Besorgbare, Tunliche, Dingliche, Unumgängliche der Geschäfte der alltäglichen Beschäftigung" kümmert.[207]

Ekstatisch ist auch das Verhältnis zu der Vergangenheit des Daseins. Das Gewesene ist, so betonte Heidegger, nicht „vergangen", es ist nicht ins Nichts verflossen. Vielmehr gehört es noch immer zum Sein. Aus diesem Grund kann es vom Dasein wieder-holt werden. In der „Wiederholung" dessen, was ein Selbst gewesen ist, vollzieht sich die Ekstase der Gewesenheit in ihrer Eigentlichkeit. Dagegen wird der uneigentliche Modus dieser Ekstase gewählt, wenn das Selbst das, was es gewesen ist, dem „Vergessen" überantwortet.

In der Weise der Ekstase muss sich auch die Gegenwart vollziehen. Mit Bezug auf Kierkegaard bezeichnet Heidegger das Wesen der Gegenwart als den „Augenblick".

> Die in der eigentlichen Zeitlichkeit gehaltene, mithin *eigentliche Gegenwart* nennen wir den *Augenblick.* Dieser Terminus muß im aktiven Sinne als Ekstase verstanden werden.[208]

Auch die Gegenwart als Ekstase zu deuten, wäre für Heideggers Ansatz, die Zeitlichkeit zu erklären, unumgänglich gewesen. Der Versuch erwies sich aber als überaus schwierig. In den beiden anderen Ekstasen stand das Dasein zugleich aus sich hinaus und in sich hinein; denn die Zukunft war als auf das gegenwärtige Selbst zukommend, letztlich als der Tod des Selbst zu begreifen, und auch die Gewesenheit war das Selbst, als seine eigene Gewesenheit, jenes, das nicht mehr gegenwärtig war. Als Ort, an dem es zu dem Hinausstehen kam, war jeweils das gegenwärtige Selbst zu denken. Dieselbe Unterscheidung wurde bei der Gegenwart nötig. Als Ort des Hinausstehens konnte ohne weiteres wieder das gegenwärtige Selbst angesetzt werden - aber als was war der Ort zu denken, in den dieses ekstatisch hineinstand?

Wenn die Eigentlichkeit der Gegenwart in ihrem Wesen der „Augenblick" war, so musste dieser Ort wohl das in der erfahrenen Gegenwart Erblickte sein. Nun erscheint Erblicktes immer im Auge des Blickenden, insofern gehört es diesem an. In dieser Eigenart ist es mit dem Ruf verwandt, der im Gerufenen hörbar wird und Teil von ihm ist. Bei der Erörterung des Gewissensrufes suchte Heidegger, wie ich darlegte, zu zeigen, dass dieser Ruf vom Selbst nicht allein gehört, sondern auch gerufen werde. Dabei kam ihm die Unterscheidung zwischen dem uneigentlichen und dem eigentlichen Selbst zu Hilfe. Er setzte, wie wir uns erinnern, als Hörer des Rufes das uneigentliche Selbst an, als Urheber des Rufes das eigentliche Selbst. Vielleicht dachte Heidegger zunächst an eine ähnliche Lösung auch für die Ekstase der Gegenwart. Er stellte dem eigentlichen Modus des „Augenblicks" den uneigentlichen des „Gegenwärtigen" gegenüber. Aber bei genauerem Durchdenken dieses Verhältnisses dürfte er sich dann inne geworden sein, dass die beim Gewissensruf angesetzte Verbindung zwischen Uneigentlichkeit und Eigentlichkeit bei der Ekstase der Gegenwart unmöglich bestehen konnte. Es schien ihm nötig zu sein, das „Gegenwärtigen" vom „Augenblick" völlig zu trennen und seine Eigenart später, in ganz anderem Zusammenhang, zu erörtern.

> Im Unterschied vom Augenblick als eigentlicher Gegenwart nennen wir die uneigentliche das *Gegenwärtige.* Formal verstanden ist jede Gegenwart gegenwärtigend, aber nicht jede ist ‚augenblicklich'. Wenn wir den Ausdruck Gegenwärtigen ohne Zusatz

gebrauchen, ist immer das uneigentliche, augenblicklos-unentschlossene gemeint. Das Gegenwärtigen wird erst aus der zeitlichen Interpretation des Verfallens an die besorgte ‚Welt' deutlich werden, das in ihm seinen existenzialen Sinn hat.[209]

Mit dieser Feststellung war klar, dass das im „Augenblick" Erblickte nicht das Selbst sein konnte. Was aber war es?

Später, in den dreißiger Jahren und nach dem Trauma seiner zeitweiligen Annäherung an Hitlers Nationalsozialismus trat Heidegger in ein langanhaltendes Denkgespräch mit Friedrich Hölderlin. Besonders bedeutsam wurden ihm die Zeilen, in denen Hölderlin den Menschen von der Seinsweise des Dichters her begriff:

> Voll Verdienst, doch dichterisch wohnet
> Der Mensch auf dieser Erde.[210]

Die dichterische Existenz aber deutete Hölderlin nach Heideggers Auffassung am klarsten in folgenden Verszeilen:

> Doch uns gebührt es, unter Gottes Gewittern,
> Ihr Dichter! mit entblößtem Haupte zu stehen,
> Des Vaters Stral, ihn selbst, mit eigner Hand
> Zu fassen und dem Volk ins Lied
> Gehüllt die himmlische Gaabe zu reichen.[211]

Die Dichter werden im Sinn von Hölderlins Bildfügung durch einen Strahl erleuchtet, den der „Vater" von oben sendet, und ihre eigene Tätigkeit besteht dann darin, diese „himmlische Gabe" ins „Lied" zu hüllen, also sie in menschliche Sprache zu kleiden und in dieser Gestalt dem Volk weiterzureichen. Dieser Gedanke stimmt genau mit dem oben von mir zitierten Goetheschen Wort von der Inspiration überein, dem zufolge der Dichter den „Geist des Ganzen" zu einem Werk immer als „reines Geschenk von oben" empfängt und ihm dann durch seine künstlerische Arbeit einen „sichtbaren Leib und Körper" verleiht.

Als Heidegger bei der Niederschrift von *Sein und Zeit* erkannte, dass das im „Augenblick" Gesehene nicht das Selbst war, hätte er es als das durch eine Erleuchtung Geschenkte, als eine Gabe, bezeichnen können. Dann hätte er an dieser Stelle einen Wissenspfad begangen, der zum personalen Glauben hätte führen können. Aber dies wollte er nicht. Er zog eine geradezu widersinnige Deutung vor und erklärte, was das Dasein im „Augenblick" gwahre, seien ‚besorgbare' Gegenstände der Uneigentlichkeit:

> Die in der eigentlichen Zeitlichkeit gehaltene, mithin *eigentliche Gegenwart* nennen wir den *Augenblick*. Dieser Terminus muß im aktiven Sinne als Ekstase verstanden werden. Er meint die entschlossene, aber in der Entschlossenheit *gehaltene* Entrückung des Daseins an das, was in der Situation an besorgbaren Möglichkeiten, Umständen begegnet.[212]

Die Selbstverirrung, die dadurch entstand, dass Heidegger das Dasein in der Eigentlichkeit des „Augenblicks" an die Uneigentlichkeit von „Besorgbarem" ‚entrückt' sein ließ, scheint dazu geführt zu haben, dass er einige Umstellungen im Aufbau von *Sein und Zeit* vornehmen musste.[213] Von hier her dürfte es zu verstehen sein, dass es ihm unmöglich wurde, die selbst gesetzte Hauptaufgabe zu lösen und zu zeigen, wie das Sein von der Zeit her gedacht werden kann. Der zweite Teil des Hauptwerks war, wie erzählt wird, teilweise schon geschrieben, aber sie befriedigte Heidegger so wenig, dass er das Konzept vernichtete. Die Deutung des Seins von der Zeit her musste unmöglich bleiben, wenn sich die Gegenwart dem Denken entzog, und solange der tektonische Ansatz von *Sein und Zeit* beibehalten blieb war daran nichts zu ändern.

Vielleicht war dieses Scheitern die entscheidende Voraussetzung dafür, dass sich Heidegger im Jahre 1933 in einem Akt denkerischer Selbstverzweiflung der Erwartung überließ, der leere Ort der eigentlichen Gegenwart könne durch den „Führer" eingenommen werden. Nach etwa einem Jahr begriff Heidegger, dass Hitler jene Erscheinung, die im „Augenblick" sich zeigen sollte, ganz und gar nicht war. Heideggers Versagen bei der Deutung seiner Gegenwart hatte gewiss zunächst sehr persönliche Gründe. Aber es wurde begünstigt durch überpersönliche Zusammenhänge.

Die von Heidegger als notwendig erkannte Überwindung der Metaphysik machte auch eine Distanzierung von deren Grundbegriff, dem des Logos, nötig. Der Logos-Begriff war frühzeitig von der christlichen Theologie aufgenommen und in ihrem Denkbereich zu höchster Bedeutung erhoben worden. Heidegger, der von der katholischen Theologie herkam und sich in der Zeit vor der Niederschrift seines Hauptwerks der protestantischen Tradition vor allem durch ein eingehendes Lutherstudium genähert hatte, sah keine Möglichkeit, dem Hören des Worts in christlicher Deutung einen gleichen Rang zuzuerkennen wie dem Seinsverstehen. und schon gar nicht einen höheren.[214]

Wenn Heidegger sich dann Hölderlin, später auch anderen Dichtern zuwandte, um aus der dichterischen Erfahrung zu lernen, so wohl in der Erwartung, dass es eine bis dahin denkerisch noch nicht zureichend interpretierte Erscheinungsweise des Logos geben könne, die, anders als die von der griechischen Metaphysik und von der christlichen Theologie thematisierten Modi, vom Seinsverstehen nicht getrennt gehalten werden müsse, sondern mit ihm zusammengedacht werden könne. Später hat er ausdrücklich die Möglichkeit offen gehalten, dass das Denken des Seins eines Tages auch zum denkenden Sprechen von Gott führen könne. Im *Brief über den Humanismus* von 1946 schrieb er:

> Erst aus der Wahrheit des Seins lässt sich das Wesen des Heiligen denken. Erst aus dem Wesen des Heiligen ist das Wesen von Gottheit zu denken. Erst im Lichte des Wesens von Gottheit kann gedacht und gesagt werden, was das Wort ‚Gott' nennen soll. Oder müssen wir nicht erst diese Worte alle sorgsam verstehen und hören können, wenn wir als Menschen, das heißt als eksistente Wesen, einen Bezug des Gottes zum Menschen sollen erfahren dürfen?[215]

Wie weit sein Scheitern bei dem Versuch, das Wesen der Zeit zu durchdenken, Heidegger selbst bewusst wurde, lässt sich schwer sagen. Sicher ist jedoch, dass er einige Jahre nach der Publikation von *Sein und Zeit* anfing, das Problem der Zeit von einem neuen Ansatz her zu erörtern. Er wandte sich von der Zeithaftigkeit des Daseins dem Phänomen des qualitativen Wandels in der Geschichte zu. Auch hierbei geriet er in Schwierigkeiten, und diesmal waren sie nicht allein denkerischer Art. Aber schließlich wurde es ihm möglich, einen entscheidenden Beitrag zu einer Verwandlung des Denkens der Geschichtlichkeit zu leisten.

Heideggers Seinsgeschichte

Die Ausgangssituation des Neuansatzes beschrieb Heidegger erstmals in dem
Vortrag *Vom Wesen der Wahrheit*, den er „seit 1930 öfter gehalten"[216] und 1943
auch im Druck mitgeteilt hat,[217] sowie in einer Vorlesung mit dem nämlichen Titel, die er im Wintersemester 1931/32 in Freiburg vortrug[218] und aus der dann die
Schrift *Platons Lehre von der Wahrheit*, 1940,[219] hervorging. Die neue Einsicht,
zu deren Klärung damals ein enormer intellektueller Aufwand nötig war, lässt
sich heute recht einfach beschreiben.

Abb. XX: Heidegger am Schreibtisch

Im Übergang von den Anfängen des griechischen Denkens zur Begründung
der Metaphysik durch Platon vollzog sich ein Wandel, der die Wahrheit selbst
mit erfasstet. In der griechischen Frühzeit hatte man unter Wahrheit ein Erscheinen verstanden wie der Mensch es jeden Morgen erleben kann, wenn das Licht
der Sonne die Dunkelheit durchstrahlt und den bis dahin verborgenen Dingen erlaubt, sichtbar zu werden. Damals war Wahrheit in ihrem Wesen „Unverborgenheit" (so übersetzte Heidegger das griechische Wort ἀλήθεια). Platon begann
dann Heidegger zufolge, die Wahrheit ganz anders zu deuten, nämlich als
Übereinstimmung eines Dings mit seinem Urbild, der „Idee". Die Wahrheit war
zur ὀρθότης, zur „Richtigkeit", geworden. Die Ursache dieses Wandels konnte
keineswegs in der subjektiven Denkergestalt Platons liegen. Sie hätte nicht zu
bewirken vermocht, dass denkende Menschen nun allenthalben, wenn sie von
der Wahrheit sprachen, die Richtigkeit meinten. Platon hatte den Wandel nur bezeugt. Die Ursache des Wandels im Wesen der Wahrheit konnte nichts anderes
sein als das, was in der Wahrheit den Menschen immer erscheint: das Sein.

Mit dem Hinweis auf den Wesenswandel der Wahrheit sprach Heidegger eine qualitative geschichtliche Veränderung von der Art an, die zuerst Herder gesichtet hatte. Zur Erklärung solcher Veränderungen war das dialektische Denken entwickelt worden, welches das Wirken einer - entweder idealistischen oder materialistischen - Fortschrittsmaschine postulierte. Deren universale Bedeutung war grundsätzlich bereits in Frage gestellt, seitdem in der Zeit um den Ersten Weltkrieg sichtbar geworden war, dass die Große Weltmaschine von einem Schiff getragen wird, dessen Bewegungen vom Maschinenlauf unabhängig sind. Die geistesgeschichtliche Epochenforschung, die seither Epochen als Strukturen zu fassen suchte, hatte die Frage nach der Ursache des Qualitätswandels jedoch nicht mehr neu gestellt. Heidegger entwickelte nun, indem er als Grund für die Veränderung das Sein nannte, eine Antwort, die an die Stelle der dialektischen Erklärungsversuche treten konnte.

Anders als die Vertreter des dialektischen Denkens, unter ihnen vor allem Hegel und Marx, beanspruchte Heidegger keineswegs, die Notwendigkeit zu kennen, die den Qualitätswandel erzwungen hätte. Er konzentrierte sich darauf, die Struktur der Wahrheit vor und nach dem Wandel zu klären und zu beschreiben. Und dabei folgte er weiterhin den von Husserl entwickelten phänomenologischen Grundsätzen.

Allerdings unterstellte Heidegger, dass der Wandel durchaus einen Sinn hatte. Genaueres über diesen Sinnzusammenhang versuchte er durch Beobachtungen, nicht spekulativ, in Erfahrung zu bringen. Er fahndete nach einem etwaigen weiteren Wandel in der Wesensgeschichte der Wahrheit und konnte tatsächlich einen solchen konstatieren, allerdings erst in weitem zeitlichem Abstand zu dem griechischen Umbruch in der Geschichte der ALETHEIA, nämlich bei Descartes. In dessen Denken zeigte sich, dass die Wahrheit sich aus der „Richtigkeit" - lateinisch „rectitudo" - in die „certitudo" oder „Gewissheit" verschoben habe. Die auf Descartes folgenden Denker, mit denen Heidegger sich intensiv auseinandersetzte - vor allem Kant, Hegel, Nietzsche - blieben dieser Wesensweise der Wahrheit verbunden. Heidegger zufolge deuteten sie den Zwangscharakter der Gewissheit mit zunehmender Strenge. Außerdem zeigte sich bei ihnen eine wachsende Entschiedenheit in der Betonung der menschlichen Fähigkeit, die in der Natur angelegten Vorgänge nicht nur zu erkennen, sondern zu beherrschen.

Wie der Wandel im antiken Griechenland, so musste auch der Wandel bei Descartes und der ihm nachfolgende weitere Prozess seine Ursache im Sein haben oder, wie Heidegger nun schrieb, um das Sein als das Allumfassende vom Sein des vielfältigen Seienden zu unterscheiden, im „Seyn". Die Geschichte des Wahrheitswandels war die „Seinsgeschichte".

Deren Sinn ließ sich, zumindest teilweise, aus einer klar sichtbaren Grundtendenz ablesen: Während in der Frühzeit Griechenlands, als die Wahrheit noch Unverborgenheit war, das Sein für die Wahrnehmung der Menschen aufstrahlte wie das Sonnenlicht, bewirkte es seit Platon, dass die Menschen über allem Prüfen von Richtigkeit und Falschheit das Sein selbst mehr und mehr vergaßen. Seitdem die Wahrheit zur Gewissheit geworden war, wurde die Seinsvergessenheit total. Der Sinn der Seinsgeschichte bestand also seltsamerweise in der vom Sein selbst ausgehenden Distanzierung der Menschen von ihm. Allerdings konnte dies das letzte Wort noch nicht sein. Denn mit *Sein und Zeit* hatte Heidegger selbst eine ausdrückliche Rückbesinnung auf die Seinsfrage begonnen.

Zur Deutung der Seinsgeschichte gelangte Heidegger durch eine Interpretation der Werke von großen Denkern. Ähnlich wie der späte Dilthey war er der Überzeugung, dass das Epochale in allen menschlichen Äußerungen zur Geltung komme. So erwartete er Entsprechungen zu den philosophischen Artikulationen in der Kunst, in der Politik, in der Wirtschaft, und zwar nicht etwa, weil die Philosophen überall einen „Einfluss" ausübten, sondern weil allenthalben dieselben epochalen Erfahrungen gemacht wurden. Die wichtigste Auswirkung der Erfahrung der Wahrheit als Gewissheit sah er in der Wirksamkeit eines weiten Zusammenhangs mechanistischer Art. Diesen bezeichnete er als „Technik". Aber damit meinte er keineswegs nur jenen Bereich, den man als das Tätigkeitsfeld von Ingenieuren und Maschinisten beschreiben mag, sondern einen sehr viel weiteren, der auch das Tun z. B. von Natur- und Geisteswissenschaftlern, von Industriellen und Politikern umfasst, insofern dieses der Planbarkeit und Berechnung verpflichtet ist.

Sein und Zeit konnte nachträglich als ein Versuch zum Ausbruch aus der Welt der Technik erscheinen. Dabei kam den Bemühungen um die Neuinterpretation der Zeit besondere Bedeutung zu; denn die Uhrenzeit war geradezu der Inbegriff der technischen Berechenbarkeit, und die Ekstasen der Zeitlichkeit setzten sich vollständig vom berechenbaren Zeitsinn ab.

Nachdem der Neuansatz der Seinsgeschichte entwickelt war, folgte Heidegger für eine kurze historische Stunde dem Wahn, zur Durchsetzung des Ausbruchs aus der Technik bedürfe es einer geschichtsmächtigen politischen Kraft. In Hitler und seiner Bewegung meinte er sie gefunden zu haben. Als Rektor der Universität Freiburg stellte er sich dem Nationalsozialismus zur Verfügung.

Es waren dann spätestens die Vorgänge um den Röhmputsch im Jahre 1934, die Heidegger begreifen ließen, dass er einem furchtbaren Irrtum verfallen war. Jetzt versah er den Nationalsozialismus mit dem ungekehrten Vorzeichen und deutete ihn nicht als Überwindung, sondern als Vollendung der Technik. In einer Vorlesung *Einführung in die Metaphysik*, die er im Sommersemester 1935 an der Universität zu Freiburg i.Br. hielt, kritisierte er, was damals „als Philosophie des Nationalsozialismus herumgeboten" wurde, mit der Begründung, es habe „mit der inneren Wahrheit und Größe dieser Bewegung (nämlich mit der Begegnung der planetarisch bestimmten Technik und des neuzeitlichen Menschen) nicht das Geringste zu tun."[220] Als die Vorlesung im Jahre 1953 im Druck erschien, wurde dieser Satz vielfach, zuerst von Jürgen Habermas, heftig beanstandet.[221] Die Kritiker scheinen Heideggers Intentionen aber völlig missverstanden zu haben.

Als Heidegger sein politisches Engagement als Verirrung begriff, wurde ihm nämlich klar, dass die Herrschaft der Technik überhaupt nicht durch eigenen Willen gebrochen werden könne; denn dieser verfalle notwendig seinerseits dem in der Technik wirkenden Willen. Der Umbruch, auf den es ankam, konnte einzig vom Sein selbst bewirkt werden. Das bedeutete allerdings nicht, dass sich Heidegger als Denker vorläufig zur Untätigkeit verurteilt sah. Es bestand die Möglichkeit, Vorbereitungen für den Wesenswandel zu treffen. In den Jahren 1936 bis 1938 verfasste er ein Manuskript, das er dieser grundlegenden Besinnung widmete. Es blieb bis ins Jahr 1989, in dem Heidegger 100 Jahre alt geworden wäre, ungedruckt. Die Herausgeber der Gesamtausgabe veröffentlichten es gerade in diesem Jahr, weil sie es als Heideggers zweites Hauptwerk betrachteten.

Heidegger sah für dieses Buch einen Titel vor, der merkwürdig klingt: *Beiträge zur Philosophie (Vom Ereignis)*. Was darunter zu verstehen sei, erklärte er so: Der erste Teil stellte den „öffentlichen Titel" dar, der zweite aber „die wesentliche Überschrift". Von hier her ist auch verständlich, was Heidegger mit dem „Ereignis" meinte: Der „Wesenswandel des Menschen aus dem ‚vernünftigen Tier' (animal rationale) in das Da-sein."[222] Mit dem „Ereignis" bezeichnete Heidegger die Überwindung der Technik und der Seynsvergessenheit durch ein – künftiges - Offenbarwerden des Seins. Indem er zu beschreiben suchte, wie eine Vorbereitung auf das Ereignis möglich sein kann, entwarf er ein Bild der Welt, das in seinen Augen ein Gegenbild zur Hitlerwelt war.

Nicht viel später entfesselte dann jener „Führer", den Heidegger einmal für den Erfüller des wahren „Augenblicks" gehalten hatte, den Zweiten Weltkrieg, der zum Entsetzlichsten werden sollte, was es in der Geschichte der Menschheit, die an Fürchterlichem nicht arm war, je gegeben hatte. Nach seinem Ende wurde Heidegger wegen seines zeitweiligen Eintretens für Hitler zur Rechenschaft gezogen. Das traf ihn schwer. Im Frühjahr 1946 erlitt er einen körperlichen und seelischen Zusammenbruch und musste sich in psychosomatische Behandlung begeben. In einem Bericht des Freiburger Erzbischofs Conrad Gröber vom 8. März 1946 wird das folgende Szenarium von Heideggers Leben in dieser Zeit erkennbar:

> Der Philosoph Martin Heidegger, mein früherer Schüler und Landsmann, ist emeritiert und darf keine Vorlesungen halten. Er hält sich zur Zeit im Hause Baden bei Badenweiler auf und geht in sich, wie ich von Professor Gebsattel gestern gehört habe. Für mich war es ein großer Trost, als er bei Beginn seines Unglücks zu mir kam und sich wirklich erbaulich benahm. Ich habe ihm die Wahrheit gesagt, und er hat es unter Tränen entgegengenommen.[223]

Als Privatperson hat Heidegger, das beweist dieser Bericht, an seinem Fehlverhalten sehr gelitten. Aber einen Denkweg, der erlaubt hätte, von seiner Schuld auf wesentliche Weise zu sprechen, sah er nicht. Das Sein in seiner Anonymität kannte keine Schuld. So blieb, was oft bedauert wurde, ein denkerisches Schuldbekenntnis Heideggers aus.

Heideggers Deutung der Technik

Vom Wintersemester 1951/52 an wurde dem bis dahin Suspendierten das Abhalten von Lehrveranstaltungen an der Universität Freiburg i.Br. wieder gestattet. Zuvor hatte er jedoch bereits die Möglichkeit erhalten, in Vorträgen auch vor einer breiteren Öffentlichkeit in die Diskussion um die geistige Situation der Zeit einzugreifen. Das Interesse, das ihm entgegengebracht wurde, war enorm. Als er dann erstmals wieder in Freiburg las, war das größte Auditorium regelmäßig derart überfüllt, dass man die Vorlesung per Lautsprecher in zwei weitere Hörsäle übertrug. Unter den Hörern saß mindestens ein halbes Dutzend Professoren.

In diesen Nachkriegsjahren ging es Heidegger vor allem um dreierlei. Zunächst suchte er in der Entwicklung einer zum Geist des technischen Zeitalters alternativen Denk- und Sprechweise voranzukommen, indem er weiterhin dem einst von Hölderlin Gedichteten nachdachte, aber auch andere Dichter um Rat fragte: Stefan George, Rainer Maria Rilke, Georg Trakl. Sodann suchte er – der Intention nach ähnlich wie Claude Lévi-Strauss - zu erkunden, wie die Welt dort erscheint, wo der dominierende Einfluss der Technik sich noch nicht durchgesetzt hat. Dabei wandte er sich, angeregt vielleicht von Rilke, den „Dingen" zu. Mit dem Wort „Ding" bezeichnete er das völlig ungegenständliche Wesen der Welt, das aus Strukturmustern besteht und Irdisches und Himmlisches, Menschliches und Göttliches aufeinander zu beziehen erlaubt. Vor allem aber handelte er nun wieder und wieder von der Technik.

Mit diesen Erwägungen dürfte er das Lebensgefühl seiner Hörer am tiefsten berührt haben. Dem Krieg entronnen – „noch einmal davon gekommen", wie der Titel eines damals viel gespielten Stücks von Thornton Wilder sagte -, waren viele Nachkriegsdeutsche noch wie betäubt. Und dem Denken schien sich die Generationserfahrung völlig zu entziehen. Wer konnte schon begreifen, wieso von Deutschland ein Krieg verursacht worden war, der 55 Millionen Menschen das Leben gekostet hatte und in dem sechs Millionen einfach deshalb ermordet worden waren, weil sie Juden waren? Oder war es begreiflich, dass die Sowjets den Sieg genutzt hatten, um im Namen des sozialistischen Fortschritts ein Volk nach dem anderen ihrer Schreckensherrschaft zu unterwerfen? Oder konnte irgendjemand erklären, warum die Amerikaner mit ihren fürchterlichen Atombomben nicht nur gedroht, sondern sie über japanischen Städten tatsächlich abgeworfen hatten?

Heidegger eröffnete eine Möglichkeit, in all dem doch einen Sinn zu erkennen. Er sprach, im Anschluss an einen Gedanken, der sich ihm während des Dritten Reiches nahegelegt hatte, von der Seinsvergessenheit, die inzwischen *planetarische* Ausmaße angenommen habe. Überdies gelang es ihm nun auch, den Grundzug des Schrecklichen so weit zu klären, dass sein Wesen in einem einzigen Wort benannt werden konnte. Er legte zunächst dar, dass der Technik die Tendenz inne wohne, allem „nachzustellen", um es zu „stellen", d. h. festzuhalten, und damit zu „bestellen", nämlich der Verfügungsgewalt zu unterwerfen. In unzähligen Variationen gehe es in der Welt der Technik immer um irgendein „Stellen". Der Gesamtzusammenhang der Technik könne darum als „das Ge-Stell" bezeichnet werden. Aus dem Wirken des Ge-Stells gehe alles Bedrohliche hervor, das für die Gegenwart bezeichnend sei. Es wende sich gleichermaßen gegen den Menschen und die Natur:

> Stellen sagt jetzt: herausfordern, anfordern, zum Sichstellen zwingen. Dieses Stellen geschieht als die Gestellung. Im Gestellungsbefehl richtet sie sich an den Menschen. Aber der Mensch ist innerhalb des Anwesenden im ganzen nicht das einzige Anwesende, das von der Gestellung angegangen wird. - Ein Landstrich wird gestellt, auf Kohle nämlich und Erze, die in ihm anstehen (...). Durch solches Bestellen wird das Land zu einem Kohlenrevier, der Boden zu einer Erzlagerstätte (...). Inzwischen ist (...) auch die Feldbestellung in das gleiche Be-stellen übergegangen, das die Luft auf Stickstoff, den Boden auf Kohle und Erze stellt, das Erz auf Uran, das Uran auf Atomenergie, diese auf bestellbare Zerstörung. Ackerbau ist jetzt motorisierte Ernährungsindustrie, im Wesen das Selbe wie die Fabrikation von Leichen in Gaskammern und Vernichtungslagern, das Selbe wie die Blockade und Aushungerung von Ländern, das Selbe wie die Fabrikation von Wasserstoffbomben.[224]

Wenn Heidegger die Situation der Menschheit vom Ge-Stell her deutete, unterließ er es nie zu betonen, dass ihre Veränderung nur durch das „Ereignis" mög-

lich sei, das aber nicht vom Menschen ‚produziert' werden könne. Heidegger
wies freilich allenthalben dem menschlichen Denken und Wissen in der Seinsgeschichte eine zentrale Bedeutung zu. Auf seine Weise vertrat er damit dieselbe
Überzeugung wie Albert Einstein in seiner schon zitierten Aussage über das
Verhältnis von Wissen und Glauben. Auch für Heidegger hatte das Glauben eine
für die menschliche Existenz fundamentale Bedeutung erlangt. Ähnlich wie bei
dem Physiker, so war auch bei dem Philosophen das dem - in seiner Begrenztheit
jetzt so klar erkannten - Wissen entsprechende Glauben ein apersonales: Das
Sein, an das Heidegger glaubte, trug ja keine personhaften Züge.

Allerdings trugen beide auch einen tiefen Zwiespalt in sich. Einstein, der als
deutscher Jude zu der von den Nationalsozialisten am schrecklichsten verfolgten
Menschengruppe gehörte, vermochte sich in seinen letzten Lebensjahren nicht
darüber zu beruhigen, dass er, der Pazifist, entscheidend zur Konstruktion der
Atombombe beigetragen hatte. Und Heidegger empfand wohl bis zu seinem Tod
als „Pfahl im Fleisch" einerseits, dass er sich in seiner Rektoratszeit vom Teufel
hatte reiten lassen, und andererseits, dass er von seiner Herkunft, die ihm so
wichtig war, geschieden blieb, so lange er den in ihr geübten Glauben nicht wieder bejahen konnte.

9. Die Weltmaschine und das Maschinenhaus auf einem Segelschiff seit 1950

*Das Erscheinen des Seins für den Menschen
als das „Ereignis" bei Heidegger*

Im Jahre 1957 beging die Universität Freiburg im Breisgau ihr fünfhundertjähri-
ges Bestehen. Den Festvortrag hielt Martin Heidegger. Er hatte für das Sommersemester 1957 einen Zyklus mit fünf Vorträgen zu dem Thema *Grundsätze des
Denkens* angesetzt. Den dritten bestimmte er unter dem Titel „Der Satz der Identität" als seinen Beitrag zur Feier. Er erschien noch im gleichen Jahr zusammen
mit einer Studie über die *Onto-theologische Verfassung der Metaphysik* in einer
Schrift, betitelt *Identität und Differenz*.[225] Der gesamte Text des Zyklus wurde
erst 1994 im Druck zugänglich gemacht.[226]

In den Rahmenvorträgen erörterte Heidegger verschiedene Themen, die für
sein Denken zentrale Bedeutung erlangt hatten. Für unseren Gedankengang ist es
bedeutsam, dass er auch das Problem der Geschichte behandelte und hierbei das
Phänomen der Gegenwart, an dem er, wie ich im letzten Kapitel zu zeigen versuchte, in *Sein und Zeit* gescheitert war, besonders hervorhob.

> Solange wir die Geschichte historisch vorstellen, erscheint sie als Geschehen, dieses
> jedoch im Nacheinander des Vorher und Nachher. Wir selbst finden uns in einer Ge-
> genwart, durch die das Geschehen hindurchfließt. Von ihr aus wird das Vergangene
> auf das Gegenwärtige verrechnet. Für dieses wird das Künftige geplant. Die historische
> Vorstellung von der Geschichte als einem Nacheinander des Geschehens verwehrt es,
> zu erfahren, inwiefern die eigentliche Geschichte in einem wesenhaften Sinne stets

Gegen-wart ist. Unter Gegenwart verstehen wir hier nicht das im momentanen Jetzt gerade Vorhandene. Gegenwart ist das, was uns entgegenwartet, wartet, ob und wie wir uns ihr aussetzen oder uns dagegen verschließen. Was uns entgegen-wartet, kommt auf uns zu, ist die recht gedachte Zu-kunft. Sie durchwaltet die Gegen-wart als eine Zumutung, die das Da-sein des Menschen angeht, ihn so oder so anmutet, damit er sie, die Zu-kunft, in ihrem Anspruch vermute.[227]

Heidegger sagte auch an dieser Stelle nicht, was die Gegenwart ausmacht. Jedoch ließ er deutlich werden, dass er nicht mehr an die Eigentlichkeit oder Uneigentlichkeit des einzelnen Menschen dachte, sondern an eine (auch) kollektiv wirksame Geschichtsmacht außermenschlicher Art.

Abb. XXI: Heidegger vor seiner Hütte in Todtnauberg

Bei dieser Gelegenheit legte Heidegger dar, dass die Entstehung bedeutender Werke durch Berufung auf die Genialität nicht erklärt werden kann, so wie dies zeitweise die Hermeneutik Diltheys versucht hatte. Er verwies vielmehr auf den Zusammenhang der Seinsgeschichte und setzte etwas wie eine Inspiration an, die dem Schöpfer des Werks aufgrund seiner Gebundenheit an die Überlieferung zuteil wird.

Ein Werk ist nur Werk, indem es der Zumutung der Zukunft entspricht und dadurch das Gewesene in sein verborgenes Wesen befreit, überliefert (...). Was man das Schöpferische und Geniale eines Werkes zu nennen pflegt, entstammt nicht einem Aufwallen von Gefühlen und Einfällen aus dem Unbewußten, es ist vielmehr der wache Gehorsam zur Geschichte, welcher Gehorsam in der reinen Freiheit des Hörenkönnens beruht.[228]

Im Festvortrag über die Identität, oder vielmehr über den Satz der Identität, begann Heidegger mit der bekannten philosophischen Grundaussage, dass ein Gegenstand oder Sachverhalt „A" nichts anderes sei als eben „A". Daran kann nicht gerüttelt werden, denn Denken würde unmöglich, wenn das mit „A" Gemeinte, z. B. ein Tisch, nicht nur ein Tisch, sondern auch ein Baum oder Stern wäre.

Sodann gab Heidegger jedoch zu bedenken, dass Identität nicht nur ein Einerlei bezeichne, sondern eine *Zusammengehörigkeit*. Ohne dies zu erwähnen, und wahrscheinlich auch, ohne es selbst präsent zu haben, verwies er damit auf das Moment der Binarität und Komplementarität, von dem in Bezug auf Niels Bohr und Claude Lévi-Strauss schon die Rede war.

Heidegger ging es um eine Zusammengehörigkeit, die eine spezifische Weise der Identität begründet, nämlich jene von Sein und Mensch. Bereits in *Sein und Zeit* hatte er dargetan, dass der Mensch durch die Fähigkeit ausgezeichnet sei, Sein zu verstehen, und dass das Sein den Menschen anspreche, um von ihm verstanden zu werden. Der Festvortrag kam mithin auf frühere Einsichten Heideggers zurück, allerdings mit besonderem Nachdruck:

> Aber das Auszeichnende des Menschen besteht darin, dass er als das denkende Wesen das Sein des Seienden versteht, weil er, vom Sein angesprochen, diesem entspricht. Der Mensch *ist* dieser Bezug der Entsprechung, und er ist nur dies. Im Menschenwesen waltet ein Gehören zum Sein, welches Gehören auf das Sein hört, weil es diesem zugeeignet ist. - Und das Sein? Denken wir das Sein nach seinem anfänglichen Sinn als An-Wesen. Das Sein west den Menschen nicht beiläufig, nicht ausnahmsweise an. Sein west und währt aber auch nur, indem es den Menschen an-geht.[229]

Heidegger hob auf die Zusammengehörigkeit von Mensch und Sein zum wiederholten Mal so entschieden ab, um verständlich machen zu können, dass der Grund der Zusammengehörigkeit besondere Aufmerksamkeit beansprucht. Im taoistischen Modell wird unterstellt, dass die Zusammengehörigkeit von Yin und Yang einer Verklammerung zu verdanken ist. Heidegger unterstrich, dass Vorstellungen dieser Art dem Verhältnis von Sein und Mensch nicht gerecht würden.

> D\<a\>s vorwaltende Zusammen*gehören* von Mensch und Sein verkennen wir hartnäckig, solange wir alles nur in Ordnungen und Vermittlungen, sei es mit oder ohne Dialektik, vorstellen. Wir finden dann immer nur Verknüpfungen, die entweder vom Sein oder vom Menschen her geknüpft sind und das Zusammengehören von Mensch und Sein als Verflechtung darstellen.[230]

Das Falsche dieser Vorstellung könne, so erklärte Heidegger weiter, gerade jetzt, im „Atomzeitalter"[231] an den Tag kommen. Es lege nahe, sich die „Welt als Ganzes vor\<zu\>stellen, worin Atomenergie, rechnende Planung des Menschen und Automatisierung zusammengeschlossen sind."[232] Innerhalb einer solchen Grundvorstellung scheine für das Sein überhaupt kein Platz mehr zu sein, und erst recht nicht für eine Identität des Seins mit dem Menschen. Aber wer im Atomzeitalter lebt, der erlebe doch auch fortwährend, dass er zu einem der Eigenart dieses Zeitalters gemäßen Verhalten angetrieben wird.

> Unser ganzes Dasein findet sich überall - bald spielend, bald drangvoll, bald gehetzt, bald geschoben - herausgefordert, sich auf das Planen und Berechnen von allem zu verlegen.[233]

Wer dies erlebt - und wem bliebe es fremd? - müsse eigentlich fragen, wer oder was in dieser Herausforderung wirksam werde.

> Was spricht in dieser Herausforderung? Entspringt sie nur einer selbstgemachten Laune des Menschen? Oder geht uns dabei schon das Seiende selbst an, und zwar so, dass es uns auf seine Planbarkeit und Berechenbarkeit hin anspricht? Dann stünde also gar

das Sein unter der Herausforderung, das Seiende im Gesichtskreis der Berechenbarkeit erscheinen zu lassen? In der Tat. Und nicht nur dies. Im selben Maße wie das Sein ist der Mensch herausgefordert, d. h. gestellt, das ihn angehende Seiende als den Bestand seines Planens und Rechnens sicherzustellen und dieses Bestellen ins Unabsehbare zu treiben.[234]

Im „Atomzeitalter" liegt zwar die totale Vergessenheit des Seins nahe, da der Mensch alles in seiner Hand zu halten scheint. Aber gerade in diesem Zeitalter, das bei Heidegger auch die Epoche des „Ge-Stells" heißt, kann der Mensch sich inne werden, dass er in erster Linie nicht dem entspricht, was er selbst geplant und entschieden hat, sondern dem Ge-Stell. Im Ge-Stell spricht das Sein:

> Dasjenige, worin und woher Mensch und Sein in der technischen Welt einander an-gehen, spricht an in der Weise des Ge-Stells. Im wechselweisen Sichstellen von Mensch und Sein hören wir den Anspruch, der die Konstellation unseres Zeitalters be-stimmt. Das Ge-stell geht uns überall unmittelbar an. Das Ge-stell ist (...) seiender denn alle Atomenergien und alles Maschinenwesen, seiender als die Wucht der Orga-nisation, Information und Automatisierung.[235]

Wer dies wahrnimmt, der sieht etwas, das der Mensch bisher nicht hat anerken-nen wollen. Solches Sehen wird – wie der späte Heidegger mit einem Goethe-Wort sagt - zu einem „Er-äugnis". Dieses aber ist zugleich ein „Er-eignis". Sicht-bar geworden ist, dass der Mensch nicht nur sich selbst gehört, sondern auf das Sein bezogen, ihm zugeeignet, ist. Zugleich wurde offenbar, dass das Sein nicht allein für sich besteht, sondern in seinem Wirken sich dem Menschen übereignet. Dieser Vorgang aber, in dem der Mensch sich als Eigentum des Seins begreift und indem das Sein sich als Eigentum des Menschen erweist, heißt für Heideg-ger „das Ereignis".

> Das Zusammengehören von Mensch und Sein in der Weise der wechselseitigen Her-ausforderung bringt uns bestürzend näher, dass und wie der Mensch dem Sein vereig-net, das Sein aber dem Menschenwesen zugeeignet ist. Im Ge-Stell waltet ein seltsa-mes Vereignen und Zueignen. Es gilt, dieses Eignen, worin Mensch und Sein einander ge-eignet sind, schlicht zu erfahren, d. h. einzukehren in das, was wir *das Ereignis* nennen.[236]

Seit nahezu zwanzig Jahren hatte Heidegger das „Ereignis" als entscheidend für einen zukünftigen anderen Anfang bedacht, auf dessen Gegenwärtigwerden sich vorzubereiten geboten sei. Jetzt, aus Anlass des großen Festes seiner Universität, meinte er verantwortlich sagen zu dürfen, dass das Ereignis Gegenwart erlangt habe.

Heidegger zufolge befindet sich der betrachtende Mensch nicht mehr in seiner bisherigen Position gegenüber dem Ge-Stell, sondern in einer neuen, aus der er beide bis dahin wichtigen Positionen, die des Ge-Stells und seine eigene bisheri-ge, zu überblicken vermag. In dem neuen Blick, dem Er-äugnis und Er-eignis, erschienen - im Ge-Stell - das Sein und der Mensch als different und zugleich auch identisch.

In die dritte Position, in die des Ereignisses, kann der Mensch einkehren, wenn er auf einen Anruf des Seins sich einließ und einen Sprung vollzieht.

> Wie (...) kommt es zu einer solchen Einkehr <in das Zusammengehören>? Dadurch dass wir uns von der Haltung des vorstellenden Denkens absetzen. Dieses Sichabset-zen ist ein Satz im Sinne eines Sprunges. (...) Wohin? Dahin, wohin wir schon einge-

lassen sind: in das Gehören zum Sein. Das Sein selbst aber gehört zu uns; denn nur bei uns kann es als Sein wesen, d. h. an-wesen.[237]

Statt von einem Sprung kann man auch von einem „Satz" sprechen. Dieser Satz ist im Sinn Heideggers der ‚Satz der Identität' in einem neuen Sinn.

> Aus diesem Satz im Sinne einer Aussage ist unterwegs ein Satz geworden von der Art eines Sprunges, der sich vom Sein als dem Grund des Seienden absetzt und so in den Abgrund springt. Doch dieser Abgrund ist weder das leere Nichts noch eine finstere Wirrnis, sondern: das Er-eignis. Im Er-eignis schwingt das Wesen dessen, was als Sprache spricht, die einmal das Haus des Seins genannt wurde. Satz der Identität sagt jetzt: Ein Sprung, den das Wesen der Identität verlangt, weil es ihn braucht, wenn anders das Zusammen*gehören* von Mensch und Sein in das Wesenslicht des Ereignisses gelangen soll.[238]

Mit dem Sprung oder „Satz", der jählings und mit einem Mal in das Ereignis eintreten lässt, verändert sich der Mensch. Er hört auf, der Seinsvergessene zu sein, der sich als „animal rationale" nur an seinen Ideen orientieren und als neuzeitliches Subjekt eine Welt von Objekten sich technisch unterwerfen will. „<Der Mensch> springt ab, nämlich weg aus der geläufigen Vorstellung vom Menschen als dem animal rationale, das in der Neuzeit zum Subjekt für seine Objekte geworden ist."[239]

Der ‚Sprung' oder ‚Satz' lässt die Metaphysik und die Technik hinter oder unter sich. Er trägt bis dorthin, wo die Zusammengehörigkeit von Seyn und Mensch sich als Identitätsverhältnis zeigt.

> Dieser Sprung ist das Jähe der brückenlosen Einkehr in jenes Gehören, das erst ein Zueinander von Mensch und Sein und damit die Konstellation beider zu vergeben vermag. Der Sprung ist die jähe Einfahrt in den Bereich, aus dem her Mensch und Sein einander je schon in ihrem Wesen erreicht haben, weil beide aus einer Zureichung einander übereignet sind.[240]

Heidegger hat gewiss nicht angenommen, dass sein Festvortrag eine weltverändernde Wirkung ausüben würde. Aber er war ohne Zweifel überzeugt, dass der Vortrag über den „Satz der Identität" ein Zeichen der Zeit sei.[241]

In Heideggers Erwägungen war die Möglichkeit angedeutet, dass innerhalb der Strukturwelt das Zweierprinzip der Binarität und der in sich selbst verschränkten Komplementarität durch ein Dreierprinzip ergänzt werden müsse, in dem zwei - weiterhin als komplementär zu denkende - Grundkräfte, entsprechend dem Sein und dem Dasein, sich begegnen und dadurch etwas Neuartiges als ein Drittes hervorgehen lassen.

Dieses Dreierprinzip entspräche genau jener Dreiheit, die Christian von Ehrenfels in den Blick fasste, als er die „Kosmogonie" zu denken versuchte. Heidegger selbst hat wohl nicht mehr zur Kenntnis nehmen können, dass seine Hoffnung ansatzweise tatsächlich in Erfüllung ging, nicht zwar im Bereich des allgemeinen öffentlichen Bewusstseins, wohl aber in einer ganzen Reihe einzelner Wissensbereiche. Seit der Jahrhundertmitte wurden Entdeckungen möglich, die schlagend zeigten, dass die von der Fortschrittsideologie entwickelten Grundvorstellungen irrig sind.

Der Faktor X im Urknall

Die neuzeitliche Physik ging bekanntlich in ihren Anfängen davon aus, dass das Universum einmal von Gott geschaffen worden sei. Die Forscher klammerten den Schöpfungsakt aber zunehmend aus und behandelten den Kosmos so, als ob er immer schon existiert hätte. Darauf wies der englische Physiker Stephen W. Hawking hin. Sein für ein breiteres Lesepublikum geschriebenes Buch *A Brief History of Time. From the Big Bang to Black Holes* (*Eine kurze Geschichte der Zeit. Die Suche nach der Urkraft des Universums*) hatte einen geradezu beispiellosen Erfolg in der Öffentlichkeit. Es erschien erstmals 1988, aber bereits im Jahr 1993 lag es in 33 Übersetzungen vor und hatte sich seit 205 Wochen in der Bestsellerliste der Londoner Sunday Times gehalten.[242]

Hawking hatte sich überzeugt, dass es in der Physik nicht länger erlaubt sei, die Möglichkeit des Anfangs des Universums unbedacht zu lassen. Aus Gründen, von denen alsbald zu handeln sein wird, konnte er sich den Anfang nur in der Form jener expansiven Bewegung vorstellen, die mit der Metapher vom „Urknall" gemeint ist. Hawking wurde darauf aufmerksam, dass das uns bekannte Universum nur dann auf einen Urknall zurückgeführt werden kann, wenn sehr spezifische Bedingungen angesetzt werden:[243]

1. Eine Sekunde nach dem Urknall muss das Universum ungefähr zehn Milliarden Grad heiß gewesen sein. Das ist etwa das Tausendfache der Temperatur, die im Mittelpunkt der Sonne herrscht. Warum war das frühe Universum so heiß?[244]

2. Die Temperatur des Mikrowellen-Strahlenhintergunds ist, von unserem Standort aus gemessen, in allen Richtungen gleich, weshalb der Eindruck entsteht, dass wir den Mittelpunkt der Expansion bildeten. Warum ist das so?[245]

3. Wäre die Expansionsgeschwindigkeit eine Sekunde nach dem Urknall nur um ein hunderttausendmillionstel Millionstel kleiner gewesen, so wäre das Universum wieder in sich zusammengefallen, bevor es seine gegenwärtige Größe erreicht hätte. Warum hat das Universum mit genau derjenigen Geschwindigkeit begonnen, die zu seiner Erhaltung nötig war?[246]

4. Obwohl das Universum im großen Maßstab gleichförmig und homogen ist, enthält es regionale Unregelmäßigkeiten, nämlich Sterne und Galaxien. Man nimmt an, dass diese sich im frühen Universum durch kleine Unterschiede in der Dichte zwischen einzelnen Regionen entwickelt haben. Welchen Ursprung haben diese Dichtefluktuationen?[247]

Antworten auf diese Fragen hatte die Physik bislang nicht gegeben. Hawking zog die Schlussfolgerung, dass die Kraft, die den Urknall bewirkte, zwar als existent, aber in ihrem Wesen als völlig unbekannt gelten müsse. Er hätte sie als einen Faktor X bezeichnen können.

Die Entdeckung dieses Faktors X vollzog sich wenige Jahre, nachdem Heidegger seinen Vortrag über das „Ereignis" gehalten hatte. Ähnlich wie der darin beschriebene Anruf durch das Seyn hat sie eine Vorgeschichte, die auf die zwanziger Jahre zurückführt.

Im Jahre 1924 gelang es dem amerikanischen Astronomen Edwin Hubble, die Entfernung zu einer Reihe so genannter Fixsterne zu messen. Eine Folge davon war die sensationelle Entdeckung, dass es außer unserer Milchstraße noch mehrere - später erkannte man: noch viele – andere Milchstraßen gibt. In den folgenden Jahren untersuchte Hubble bei den neuentdeckten Galaxien die sogenannte Rotverschiebung.

Wie wohl jedermann schon erlebt hat, steigt die Tonhöhe von Motorgeräuschen bei einem sich nähernden Wagen an, während sie bei einem sich entfernenden Auto sinkt. Der Grund dafür ist, dass wir im ersten Fall Schallwellen von höherer Frequenz wahrnehmen, im zweiten solche von sinkender. Ähnlich werden Lichtwellen verschoben, je nachdem, ob die Lichtquelle sich auf uns zubewegt oder sich von uns entfernt. Den Unterschied nimmt unser Auge als Differenz zwischen Blau und Rot wahr. Hubble fand nun, dass die meisten Milchstraßen eine Rotverschiebung aufweisen, also sich von uns fortbewegen. Im Jahre 1929 veröffentlichte er einen Bericht, den Hawking so zusammenfasst:

„Je weiter eine Galaxis entfernt ist, desto schneller bewegt sie sich von uns fort! Folglich kann das Universum nicht statisch sein, wie man vor Hubble allgemein glaubte, sondern muss sich ausdehnen: Der Abstand zwischen den verschiedenen Galaxien nimmt ständig zu.“[248]

Kommentierend bemerkt Hawking dazu:

Dieses expandierende Verhalten des Universums hätte aufgrund der Newtonschen Gravitationstheorie jederzeit im 19., im 18., ja sogar im ausgehenden 17. Jahrhundert vorhergesagt werden können. Doch der Glaube an ein statisches Universum war so tief verwurzelt, dass er sich bis ins 20. Jahrhundert hinein hielt. Selbst als Einstein 1915 die allgemeine Relativitätstheorie formulierte, glaubte er noch so fest an die statische Beschaffenheit des Universums, dass er eine so genannte kosmologische Konstante in seine Gleichungen einführte, um diese Überzeugung zu retten. Er postulierte eine neue ‚Anti-Gravitationskraft'. Sie habe, anders als andere Kräfte, keinen bestimmten Ursprung, schrieb er, sondern sei in die Textur der Raumzeit eingewoben. Er behauptete, der Raumzeit wohne eine Expansionstendenz inne, die durch die Anziehungskräfte der Materie im Universum exakt aufgewogen werde. Das Ergebnis war ein statisches Universum. Zu jener Zeit schien es nur einen einzigen zu geben, der willens war, die allgemeine Relativitätstheorie beim Wort zu nehmen. Während andere Physiker nach Wegen und Möglichkeiten suchten, sich vor ihrer Konsequenz zu drücken - vor der Erkenntnis also, dass das Universum nicht statisch ist-, machte es sich der russische Physiker und Mathematiker Alexander Friedmann zur Aufgabe, sie zu erklären.

Er ging von zwei sehr einfachen Annahmen über das Universum aus: dass es stets gleich aussehe, in welche Richtung auch immer wir blicken, und dass diese Voraussetzung auch dann gälte, wenn wir das Universum von einem beliebigen anderen Punkt aus betrachteten. Allein anhand dieser beiden Vorstellungen bewies Friedmann, dass das Universum nicht statisch sein kann. Bereits 1922, ein paar Jahre vor Edwin Hubbles Entdeckung, sagte er exakt voraus, was dieser dann aufgrund von Beobachtungen fand![249]

Diesen Abschnitt aus Hawkings berühmtem Buch habe ich auch deshalb ausführlicher zitiert, weil er auf eindrucksvolle Weise zeigt, welche enorme Rolle der Glaube in der Forschungsweise der Physik spielt. Sie hatte eines bestimmten Glaubens an die Anonymität wegen lange Zeit das Phänomen des qualitativen Wandels kategorisch ausgeschlossen.

Doch durch die Thesen von Friedmann und Hubble wurde die Möglichkeit, dass das Weltall einmal durch eine Art von Explosion begonnen haben könnte, zur Wahrscheinlichkeit. Ein überzeugender Beweis dafür schien allerdings lange nicht erbracht werden zu können. Auf seltsamsten Umwegen wurde er erst in den sechziger Jahren gefunden. Hawking hat diesen Vorgang so einfach und lebendig geschildert, dass ich noch einmal seine Beschreibung zitieren darf.

1965 waren die beiden amerikanischen Physiker Arno Penzias und Robert Wilson in den Bell Telephone Laboratories (New Jersey) damit beschäftigt, einen sehr empfindlichen Mikrowellendetektor zu testen. (Mikrowellen gleichen Lichtwellen, nur haben sie eine niedrigere Frequenz, in der Größenordnung von zehn Milliarden Wellen pro Sekunde.) Eine lästige Störung widersetzte sich all ihren Bemühungen, sie zu beheben: Das Rauschen, das ihr Detektor empfing, war stärker, als es sein sollte, und es schien nicht aus einer bestimmten Richtung zu kommen. Ihre Suche nach der Fehlerquelle - zum Beispiel entdeckten sie Vogelexkremente auf dem Gerät - blieb ohne Ergebnis. Bald waren alle denkbaren Möglichkeiten ausgeschlossen. Wilson und Penzias wussten, dass jedes Geräusch aus der Atmosphäre stärker sein musste, wenn der Detektor nicht direkt nach oben zeigte, weil Lichtstrahlen einen sehr viel längeren Weg durch die Atmosphäre zurücklegen, wenn sie aus einer Richtung nahe des Horizontes statt direkt von oben empfangen werden. Das Rauschen veränderte sich jedoch nicht, ganz gleich, in welche Richtung der Detektor zeigte. Es musste also von *außerhalb* der Atmosphäre kommen. Es war Tag und Nacht das ganze Jahr hindurch gleich, obwohl die Erde sich doch um ihre Achse dreht und die Sonne umkreist. Also musste die Strahlung von jenseits des Sonnensystems und sogar von jenseits unserer Galaxis kommen, denn sonst hätte sie sich entsprechend dem stetigen Richtungswechsel verändert, dem der Detektor durch die Erdbewegung unterworfen war. Wir wissen heute, dass die Strahlung den größten Teil des beobachtbaren Universums durchquert haben muss, bevor sie zu uns gelangt, und da sie in den verschiedensten Richtungen gleich zu sein scheint, muss das Universum folglich - zumindest in großem Maßstab - nach jeder Richtung hin gleich sein. Darüber hinaus wissen wir, dass sich dieses Rauschen bei einem Richtungswechsel nie um mehr als ein Zehntausendstel verändert. Penzias und Wilson stießen also unabsichtlich auf ein Phänomen, das die erste Friedmannsche Annahme exakt bestätigt.
Ungefähr zur gleichen Zeit begannen sich auch Bob Dicke und Jim Peebles, zwei amerikanische Physiker an der nahe gelegenen Princeton University, für Mikrowellen zu interessieren. Ausgangspunkt ihrer Arbeit war eine Hypothese von George Gamov (einem ehemaligen Schüler Alexander Friedmanns), nach der das frühe Universum sehr dicht und sehr heiß - weißglühend - gewesen sei. Dicke und Peebles meinten, wir müssten diese Glut des frühen Universums noch sehen können, weil das Licht sehr ferner Teile des frühen Universums uns erst jetzt erreiche. Infolge der Expansion des Universums sei dieses Licht aber so stark rot-verschoben, dass es als Mikrowellenstrahlung bei uns eintreffe. Sie machten sich auf die Suche nach dieser Strahlung. Als Penzias und Wilson von dem Projekt ihrer beiden Kollegen erfuhren, fiel es ihnen wie Schuppen von den Augen: Die Strahlung *war* bereits entdeckt - und sie selbst waren die Entdecker! Dafür erhielten sie 1978 den Nobelpreis (was Dicke und Peebles gegenüber ein bisschen ungerecht erscheint, von Gamov ganz zu schweigen).[250]

Die Existenz des Urknalls schien also definitiv bewiesen zu sein. Seine Ursache aber war damit natürlich nicht geklärt. Eines allerdings war deutlich: die Wirkung dieses Faktor X war so folgenreich, dass seine Identifizierung zur Hauptaufgabe der Physik werden musste, wenn sich denn irgend ein Weg zu einer Klärung erschließen sollte. Dies sollte jedoch ausbleiben.

Der Faktor X bei der Entstehung des Menschen

Eine ähnlich rätselhafte Kraft wurde innerhalb der Paläoanthropologie sichtbar, wodurch Heideggers These, dass der Mensch nicht als „animal rationale" zu begreifen sei, nachdrücklich gestärkt wurde, wenn auch auf eine Weise, die er selbst vermutlich nicht im mindesten erwartete. Auch diese Entdeckung hatte eine wichtige Vorgeschichte.

Als Darwin die Abstammung des Menschen zu klären suchte, setzte er als Merkmale seines Unterschieds zu den Tieren (den „anderen Tieren", wie er sagte) drei Momente an: die Intelligenz, eine manuelle Geschicklichkeit, die das Herstellen von Werkzeugen erlaubt, und den aufrechten Gang. Entsprechend der traditionellen Deutung des Menschen als des Tiers mit Intelligenz, hielt er das erste Merkmal für das entscheidende. Als in der Folgezeit und angeregt von Darwins Hypothesen die Suche nach dem noch fehlenden Bindeglied zwischen Menschenaffen und Mensch, dem „missing link", einsetzte, fahndete man dementsprechend vor allem nach Manifestationen einer Mischung von affenhaften und menschenhaften Zügen am Schädel.

Eine geradezu groteske Episode zeitigte diese Auffassung in einer Fälschung, die seit 1912 die Forschung beeinflusste. Damals wurde der Öffentlichkeit ein Schädel bekannt gemacht, den ein Amateurarchäologe, Charles Dawson, auf dem Gelände einer Farm in Sussex, namens Piltdown, gefunden haben wollte. Erst in den fünfziger Jahren wurde der Nachweis erbracht, dass der Piltdownschädel künstlich zusammengesetzt war - aus dem Kiefer eines Schimpansen und der Hirnschale eines Zeitgenossen.

In Gegensatz zur üblichen Vorstellung trat indessen ein authentischer Fund, der in demselben Jahr 1924 gemacht wurde, in dem Edwin Hubble erstmals Entfernungen zwischen „Fixsternen" maß und auf diese Weise Milchstraßen jenseits der unsrigen entdeckte. Die Entdeckung bestand in den Resten eines kindlichen Skeletts, auf die der Südafrikaner Raymond Dart aufmerksam wurde. Der Schädel entsprach dem eines Menschenaffen und doch wies er Anzeichen der Fähigkeit zum aufrechten Gehen, der „Bipedie", auf. Da sich die menschlichen Züge hier gerade nicht am Schädelvolumen manifestierten, hielt Dart, geprägt durch die wissenschaftliche Tradition, das „Taung-Baby" für einen Affen, in dem menschliche Anlagen antizipiert seien. Er gab ihm den wissenschaftlichen Namen „Australopithecus africanus", „Afrikanischer Südaffe". Später wurden noch viele Reste desselben Typus gefunden. Man teilte sie in Untertypen auf und versah diese mit je speziellen Namen. Im Unterschied zum heutigen Menschen, bei dem das durchschnittliche Gehirnvolumen 1350 ccm beträgt, stellte man bei den Australopithecinen einen Durchschnitt von 400 ccm fest.

So sehr dieser Sachverhalt Darts Einschätzung zu bestätigen schien, erfuhr diese schließlich doch eine Widerlegung, als überraschenderweise auch noch das dritte von Darwins Kriterien, die Herstellung von Werkzeugen, ins Spiel kam.

Im allgemeinen ist der Werkzeuggebrauch keine Besonderheit des Menschen. Vielmehr findet er sich, wie eindeutig gezeigt werden konnte, auch bei Tieren. Allerdings gibt es eine bestimmte Art von Werkzeugen, zu deren Herstellung tatsächlich nur Menschen fähig sind. Es sind solche, die kein Vorbild in einem Organ haben, und daher auch nicht die Wirkungsweise von Organen erweitern oder verstärken (wie dies beim Stock im Hinblick auf den Arm und den Finger oder beim Hammer in Bezug auf die Faust der Fall ist); und die nur entstehen können, wenn zu ihrer Produktion ein anderes Werkzeug benutzt wird. Das einfachste Werkzeug dieser Art ist das Schneidewerkzeug, das Messer (unsere so genannten Schneidezähne dienen in Wahrheit nicht zum Schneiden, sondern zum Reißen). Ausschließlich durch manuelle Tätigkeit kann niemals ein Messer aus einem Stein hervorgehen. Dazu ist vielmehr auch nötig, dass, wie es der von mir schon einmal zitierte Anthropologe K. J. Narr formulierte, „das Endprodukt gewissermaßen in der ‚Hülle' des rohen Steins gesehen und so von der sinnlich vorgefundenen auf die ‚herauszuholende' Form abstrahiert" wird.[251] Dieses „Sehen" ist ein Vorgang der Phantasie.

Lange nahm man an , dass die ersten spezifisch menschlichen Werkzeuge - die ältesten werden als „Hackmesser" bezeichnet - erst hergestellt werden konnten, als das Gehirn in etwa den Umfang erreicht hatte, den es beim heutigen Menschen hat. Ein Fund des Jahres 1959 erwies jedoch die Irrigkeit dieser Hypothese. Er wurde von Louis und Mary Leakey in der Olduwaischlucht in Tansania gemacht. An einem Platz, an dem bereits Hackmesser aufgefunden worden waren, konnten sie auch Reste eine Skeletts vom Typus Australopithecus nachweisen. Die Annahme legte sich nahezu zwingend nahe, dass Lebewesen dieses Typus die Produzenten der Hackmesser waren. Aber die Leakeys taten sich mit dieser Folgerung schwer. Sie hätte ja bedeutet, dass man, da Hackmesser nur von Menschen produziert werden können, einen Australopithecus als Menschen hätte begreifen müssen. Louis Leakey verdeckte diese Schwierigkeit ein wenig, indem er einen neuen Namen erfand. Er nannte den Neufund „Zinjanthropus boisei", wobei er mit „zinj" einen arabischen Namen für Ostafrika aufgriff, mit „boisei" den Namens des Sponsors Charles Boise. [252] Doch atmete er auf, als er ein Jahr später in der Nähe noch weitere Skelettreste von einem anderen Lebewesen fand, dessen Gehirnvolumen ein wenig größer war, nämlich 680 ccm. Obwohl auch dieses noch tief unter dem für Menschen angesetzten Mindestmaß lag, kennzeichnete er die Gattung mit einem unverschnörkelten Menschennamen: „Homo habilis".

Dieser Name wurde von der Fachwelt akzeptiert. Nachdem weitere einschlägige Funde gemacht worden waren, stellte sich jedoch allmählich heraus, dass eine klare Abgrenzung des Homo habilis nicht möglich ist. Roger Lewin schrieb 1988: „Tatsächlich wurde mindestens die Hälfte der Funde, die von einigen Wissenschaftlern zu ‚Homo habilis' gestellt wurden, von anderen ‚Australopithecus africanus' oder <dem folgenden Typus> ‚Homo erectus' zugerechnet."[253]

Unabhängig davon, ob die von Louis Leakey vorgenommene Benennung berechtigt ist oder nicht, darf eines festgestellt werden: Wohl schon mit dem Fund von 1959, und ganz sicher mit dem des folgenden Jahres, war es unmöglich geworden, die Fähigkeit zur Herstellung von Werkzeugen spezifisch menschlicher Art von einem bestimmten Gehirnvolumen abhängig zu machen, das wir vom heutigen Menschen kennen. Die ungeheure Bedeutung dieses Sachverhalts erkannte André Leroi-Gourhan bereits im Jahre 1964. Er berichtet:

Das für die Wissenschaft der fossilen Menschen vielleicht wichtigste Ereignis ist die Entdeckung, die L.S. B. Leakey am 17. Juni 1959 in der Oldoway-Schlucht in Tanganjika machte: er stieß auf einen Australopithecinen von menschlicher Gestalt, den 'Zinjanthropus boisei', und dazu auf sehr primitive, aber als solche nicht zu bezweifelnde Werkzeuge (...). Die Entdeckung markiert das Ende des Mythos vom Affenmenschen, zumindest im wissenschaftlichen Bereich (...).

Der Zinjanthropus (und die übrigen Australopithecinen) stellten Werkzeuge her, was zum ersten Mal in der Folge der zoologischen Formen das Problem der Gültigkeit eines spezifischen Merkmals stellt, das aus einem anderen Bereich als dem der anatomischen Biologie stammt. Das Erscheinen des Werkzeugs unter den spezifischen Merkmalen markiert genau die Grenze des Menschseins durch einen langen Übergang, in dessen Verlauf die Soziologie langsam an die Stelle der Zoologie tritt.[254]

Diese Feststellung kann und muss durch den Hinweis von Narr ergänzt werden, wonach die menschliche Werkzeugherstellung aus einem inneren „Sehen" ihre Grundform gewinnt, so dass die zu produzierende Form in der Phantasie, durch eine ‚Vision', vorweggenommen ist und nur deshalb entworfen werden kann.

Wenn der Anfang der Menschheit im Hervortreten der Fähigkeit zum visiologischen Schaffen von naturenthobenen Werken besteht, so ist der darwinistische Erklärungsversuch für die Entstehung der Menschenart noch einmal widerlegt. Eine andere Möglichkeit, die Ursache der Menschwerdung zu beschreiben, liegt jedoch bis heute nicht vor. Das bedeutet, dass seit den Funden von 1959 die Ursache des Menschwerdung unter wissenschaftlichen Gesichtspunkten als Faktor X bezeichnet werden müsste.

Das Dunkel verdichtet sich noch, wenn man bedenkt, dass wir bisher Zeugnisse von der schöpferischen Phantasie kennen, die bis zu zweieinhalb Millionen Jahre alt sind, dass aber der aufrechte Gang noch sehr viel früher bezeugt ist. Den eindrucksvollsten Beweis dafür bilden jene in versteinerter Vulkanasche erhalten gebliebene Fußspuren, die auf etwa 3,6 Millionen Jahre datiert werden und von Mary Leakey in Laetoli (Tansania) in der Mitte der siebziger Jahre entdeckt wurden. Sie stammen von drei aufrecht gehenden Lebewesen, vermutlich einem Mann, einer Frau und einem Kind, die alle dem Typus Australopithecus angehört haben dürften. Wenn das dauerhafte aufrechte Gehen Säugetieren ebenso wenig möglich ist wie die visiologische Kreativität, waren die Lebewesen, die diese Spuren hinterließen, offensichtlich keine Affen, sondern Menschen. Wodurch ‚Affen' einmal dazu gebracht wurden, sich als Menschen zu bewegen, darüber wird viel spekuliert. Kein Fachmann wagt jedoch zu behaupten, dass er im Besitz eines gesicherten Wissens darüber sei.

Der Faktor X bei der Begründung der Stadtkultur

Auf die Wirkung eines unbekannten Neuerungsfaktors wurden Forscher seit der Jahrhundertmitte im Blick auf die Anfangsgeschichte der Kultur wiederholt aufmerksam, vor allem dann, wenn ein bestimmter qualitativer Wandel, den man in der älteren Forschung meinte eindeutig erklären zu können, nun noch einmal in den Blick kam und sich zeigte, dass die angenommene Ursache nicht in Frage kam, aber auch keine andere genannt werden konnte. Ein besonders bedeutsames Beispiel dafür bieten die Forschungen über den Beginn der Stadtkultur. Dabei geht es um die erstmalige Entstehung von Siedlungen, während deren auch erstmals öffentliche Gebäude errichtet wurden. Diese Neuerung galt als eine der wichtigsten in der Menschheitsgeschichte, weil es schien, dass sie mit der Begründung der ersten Hochkultur zusammenfiel. Als erste Städte betrachtete man Siedlungen, welche die Sumerer seit 3500 v. Chr. in Mesopotamien errichteten.

Zur Erklärung der Gründung von Städten setzte man einen kulturgeschichtlichen Prozess an, der durch das Ende der letzten Eiszeit um 10.000 v. Chr. verursacht worden sei. Dabei wurde folgende hypothetische Überlegung angestellt:[255]

Die nach dem Ende der Eiszeit eingetretene Klimaveränderung veranlasste die Menschen, die bis dahin als Jäger und Sammler gelebt hatten, Ackerbau und Viehzucht zu entwickeln. Dies bewirkte das Sesshaftwerden und die Gründung von Dörfern, in denen die Bevölkerungszahl allmählich immer mehr anstieg. Der Ackerbau musste intensiviert werden, und deshalb wurde die künstliche Bewässerung erfunden. Der Landbau komplizierte sich damit und machte eine strenge Organisation erforderlich, in deren Dienst, zuerst von den Sumerern, die Schrift erfunden wurde. Jetzt konnten sich Staaten bilden und, in ihrem Zentrum, Städte. Um 3500 v. Chr. hatten die Sumerer diese Stufe erreicht, einige hundert Jahre später folgten die Ägypter.

Diese Vorstellung wird in Lehrbüchern noch heute wiedergegeben. Sie entspricht präzise dem traditionellen Fortschrittsmodell in den Begriffen und Vorstellungen des 19. Jahrhunderts, wonach Umweltveränderungen neue Situationen schaffen und den Menschen zu Innovationen geradezu zwingen. Allerdings konnte durch diese Erklärung nicht deutlich werden, worin die Notwendigkeit für den Anfang der Entwicklung bestand. Grundlegend wurde ein Werk des britischen Prähistorikers Gordon Childe von 1925.[256] Ihm zufolge ging der Kulturierungsvorgang von Landstrichen aus, die bis zum Ende der Eiszeit gut bewässert und fruchtbar waren, wie Ägypten. Wo sich Wälder und Grasland ausgebreitet hatten, entstanden Treibsandwüsten. Um überleben zu können, mussten die Jäger-Sammler in Gegenden mit ausreichender Bewässerung wie dem Niltal Zuflucht suchen. Dort wuchs die Bevölkerungszahl plötzlich an. Darin sah Childe nun den Grund für die Neuerung: die Übervölkerung erzwang den geplanten Ackerbau. Und tatsächlich sind in Ägypten Dorfsiedlungen, die mit Ackerbau in Verbindung standen, seit 4500 v. Chr. nachweisbar.

Schon seit den vierziger Jahren wurden allerdings Funde gemacht, die zu Childes Theorie nicht passen wollten. In den fünfziger Jahren kam es dann in Folge von Grabungen nahe der Stadt Jericho zu Entdeckungen, die sie eindeutig widerlegten. Der biblische Bericht von Josua, der durch Trompetenschall die Mauern von Jericho zum Einsturz gebracht haben soll, hatte schon im 19. Jahrhundert - 1867 - Grabungen in Jericho veranlasst. Sie wurden 1908/11 und dann 1933/35 fortgesetzt. Man hatte Reste der Mauer aus der Zeit Josuas - um 1500 v. Chr. - gefunden, darunter weitere Mauern, aber keine Keramik. Man nahm seinerzeit an, die Keramik sei zugleich mit den festen Siedlungen entstanden, weshalb der Befund rätselhaft erschien. Im Jahre 1952 begann Kathleen Kenyon von der British School of Archaeology in Jericho abermals zu graben. Sie stieß auf eine Mauer, die ein völlig unerwartetes Alter hatte: Sie stammte aus der Zeit um 6000 v. Chr.

Bei weiteren Grabungen wurden noch zwei Mauern entdeckt. Die eine war um 7000 v. Chr. erbaut worden, die andere, auf gewachsenem Fels errichtet, gar 8000 v. Chr. Diese älteste Mauer war noch zum Zeitpunkt des Fundes bis zu 7 m hoch und oben 1,5 m breit. Vor ihr war ein Graben in den Felsen gehauen, der fast 3 m tief und 8 m breit war. Hinter ihr stand an einer Stelle ein Turm aus Steinen, der einen Durchmesser von nahezu 9 m und noch heute ein Höhe von 8 m hat.

Die Mauer gehörte zu einer Siedlung, die möglicherweise schon im 10. Jahrtausend begründet wurde. Zur Zeit des Baus der ersten Mauer lebten die Bewohner in Rundhäusern aus sonnengetrockneten Lehmziegeln. Sie kannten weder den Ackerbau noch Keramik, nutzten aber wildwachsendes Getreide.[257] Die Lebensbedingungen, die angeblich den Bau der ersten Städte erzwungen hatten, waren bei ihnen in keiner Weise gegeben.

Was aber war es, das sie zur Konstruktion ihrer Stadt veranlasste, viereinhalb Jahrtausende früher als die Sumerer? Seit den sechziger Jahren wissen wir, dass vor dem Beginn der sumerischen und der ägyptischen Kultur auch noch an anderen Orten Städte gebaut wurden: um 6500 v. Chr. in Catal Hüyük (Türkei), um 5800 v. Chr. in Khirokitia (Zypern), um dieselbe Zeit in Lepenski Vir (im Grenzraum Jugoslawien/ Rumänien).

Seit der Entdeckung des ältesten Jericho zeichnet sich also ab, dass die Ursache des ersten Städtebaus nicht in der bis dahin angenommenen sozialgeschichtlichen Notwendigkeit liegen konnte. Ursache musste eine unbekannte Kraft sein, die auch in den anderen frühen Stadtansiedlungen wirksam war.

Für die wissenschaftliche Forschung ist das Auftauchen von Unbekanntem, das um die Mitte des 20. Jahrhunderts in verschiedensten Bereichen zu konstatieren war, in der Regel durchaus nichts Ungewöhnliches; denn nur angesichts von noch Unbekanntem wird Forschung nötig und überhaupt erst möglich. Eine schwierige Situation entsteht für die Forschung allerdings, wenn neue Funde sich einer Untersuchung mit den gewohnten Fragestellungen und Methoden entziehen. Aber auch das kann, wie gerade das lange und intensive Ringen um ein adäquates Verständnis des Quantensprungs zeigt, auf die Wissenschaft durchaus belebend wirken. Die hier angesprochenen Rätsel haben jedoch keine öffentliche Diskussion ausgelöst. Ihre Gleichartigkeit ist meines Wissens bisher nicht einmal beschrieben worden. Insofern ist in der Wissenschaftsgeschichte eine völlig ungewöhnliche Situation eingetreten.

Zu ihrer Erklärung mag man auf den Umstand verweisen, dass wir in einer Zeit wissenschaftlicher Spezialisierung leben und diese Rätsel in ganz verschiedenen Disziplinen sichtbar wurden. Aber dem wäre entgegenzuhalten, dass gerade Forscher, die auf sehr große Schwierigkeiten stießen, nicht selten über den Zaun der eigenen Disziplin hinausgeblickt haben, um nach Anregungen zu suchen. Möglich wäre das in den geschilderten Fällen gewiss auch gewesen. Das lange Schweigen dürfte durch etwas anderes veranlasst worden sein. Was dies war, mag in den Blick treten, wenn man sich an Heideggers Freiburger Festvortrag erinnert.

Als Heidegger darlegte, dass im Ge-Stell das Sein erscheinen könnte, sprach auch er von einer unbekannten Erneuerungskraft, gleichsam einem Faktor X. Vom Sein aber meinte er zu wissen, dass es seit den Anfängen der abendländischen Metaphysik vergessen worden sei. Deshalb war er sicher, dass sein Erscheinen den Beginn einer Umdenkens ankündige. Er erwartete sich eine Neudeutung sowohl der Natur als auch der Geschichte.

Als erkennbar wurde, dass ein Faktor X den Anfang des Universums bewirkt hatte, den Anfang der Menschheit und der Stadtkultur, wurde die Gefährdetheit

der Wissenschaft wohl jedes Mal, wenn auch auf diffuse Weise und unausdrücklich, mit gesehen. Als Folge davon mag sich das Bedürfnis gebildet haben, die
Wissenschaft in ihrer vertrauten Form zu retten.

Der Faktor X bei der ersten Erfindung der Schrift

Für diese Annahme spricht auch, dass eine weitere gleichartige Entdeckung wenig diskutiert und infolgedessen der weiteren Öffentlichkeit gar nicht bekannt
wurde. Dabei geht es um das bedeutsame Thema der Anfänge der Schriftlichkeit.
Ich meinerseits habe erst durch das 1990 erschienene Buch *Universalgeschichte
der Schrift* von Harald Haarmann Kenntnis davon erlangt, dass Anfang der siebziger Jahre der Forschungsstand in dieser Hinsicht tiefgreifend verändert wurde.
Haarmann bekundet Verständnis dafür, dass die neuen Erkenntnisse geradezu als
Zumutung empfunden werden konnten.

„Der moderne Betrachter, der vom Standort der Entwicklungsstufe einer nach-
industriellen Gesellschaft in die Geschichte zurückblickt, glaubt zu wissen, warum man in den antiken Hochkulturen irgendwann anfing zu schreiben. Denn
hinter ihm liegt die lange Tradition einer jahrtausendealten Zivilisation, deren
umfassende Errungenschaften und deren Akkumulation von Wissen ihm zu Verfügung stehen. Es ist naheliegend, eine ‚moderne' Begründung für die frühe
Schriftverwendung in der Notwendigkeit zu suchen, eine beständig zunehmende
Fülle an Informationen zu bewältigen, und vor allem darin, Informationen für
den Zweck ihrer Wiederverwendung zu speichern. In den aufstrebenden Agrar-
gesellschaften der Antike mussten Gesetzestexte und Urkunden aufgezeichnet
werden, es mussten Chroniken geschrieben werden, um wichtige Ereignisse,
z. B. Kriegszüge, festzuhalten, und in jedem Volk, das Schrift besitzt, werden die
Texte von Erzählungen und Gesängen tradiert. Eine solche gesamtgesellschaftli-
che Begründung für die Einführung der Schrift in den frühen Hochkulturen der
Welt ist in sich schlüssig, aber nur unter der Voraussetzung, dass man moderne
Maßstäbe anlegt. Die historische Realität ist eine andere, denn die ersten Aufzeichnungen überlieferter Texte in den antiken Kultursprachen sind weder juridi-
sche Texte noch Chroniken, und in keiner der regionalen Schrifttraditionen stehen literarische Texte am Anfang. Die Motivationen, eine Schrift zu entwickeln
und zu verwenden, sind nirgendwo weltlicher Art oder künstlerischer Natur.

Wo ist dann aber der Schlüssel für die Anfänge des Schriftgebrauchs in den
antiken Kulturen zu suchen, und warum sind die rationalen Überlegungen des
modernen Betrachters nicht stichhaltig? Um diese Fragen zu beantworten, wen-
den wir uns am besten der ältesten Zivilisation der Welt zu, also der ältesten Re-
gionalkultur des Altertums, in der Schrift nachweislich verwendet wurde. Dies
ist nicht der Kulturkreis der Sumerer in Mesopotamien, von dem auch heute
noch viele annehmen er sei die ‚Wiege' der zivilisierten Menschheit. Auch in
fachwissenschaftlichen Kreisen gewöhnt man sich sehr langsam an den Gedanken, dass die älteste Zivilisation, auf die die Bezeichnung zutrifft, in Europa zu
suchen ist. Ihre Anfänge reichen bis ins 7. Jahrtausend v. Chr. zurück und ihr
Kerngebiet lag in Südosteuropa. Es ist der litauischen Archäologin M. Gimbutas,
die in den USA lebt, zu verdanken, dass wir heutzutage ein übersichtliches und
recht zuverlässiges Bild über diesen Kulturkreis besitzen, den sie als ‚Alteuropa'

(Old Europe) bezeichnet (...). Dieses Areal, dessen zivilisatorische Kontinuität bis zur Mitte des 4. Jahrtausends v. Chr. bewahrt bleibt, ist als *Vinca-Kultur* bekannt geworden, benannt nach einem Fundort 14 km östlich von Belgrad an der Donau."[258] Und weiter:

> Die Anfänge der Schriftverwendung in Alteuropa gehen auf das Ende des 6. Jahrtausends zurück. Damit steht fest, dass es sich bei der *altbalkanischen Schrift* nicht um einen sumerischen ‚Import' handeln kann, zumal die Zeichen dieser Schrift keine nennenswerte Ähnlichkeit mit den Symbolen der *altsumerischen Bilderschrift* haben. (...) Nicht weniger als zwei Jahrtausende liegen zwischen den ersten Schriftzeugnissen der Vinca-Kultur und den ältesten sumerischen Aufzeichnungen.[259]

Im Blick auf die sumerische Kultur war die Erfindung der Schrift aus den Notwendigkeiten der städtischen Verwaltung erklärt worden. Damit ließ sie sich leicht als bedeutende Etappe im Fortschritt der Menschheit hin zu größerer Autonomie interpretieren. Zwei Jahrtausende früher bestanden in der Vinca-Kultur selbstverständlich noch keine vergleichbaren gesellschaftlichen Verhältnisse. Der Zusammenhang, in dem es hier zur Erfindung der Schrift kam, war aber ganz anders beschaffen.

> Offenbar war die Verwendung der Schrift im alteuropäischen Zivilisationskreis ein Mittel der Kommunikation zwischen Menschen und Gottheiten. Das Schreiben stand jeweils im Zusammenhang mit religiösen Zeremonien, so mit der Anrufung einer Gottheit, mit dem Weihen von Votivgaben für die Gottheit, mit Fruchtbarkeitsritualen, mit Opferhandlungen, Bestattungsriten und mit dem Ahnenkult."[260] „Sämtliche beschrifteten Objekte wurden außerhalb von Siedlungsplätzen an Kult- und Begräbnisstätten gefunden.[261]

Zuerst, so zeigen die neuen Forschungen, wurde die Schrift also im Zusammenhang des religiösen Kultus erfunden. Anscheinend hatten die Beziehungen zwischen den Menschen und der Götterwelt eine Bedeutsamkeit erlangt, die es wünschenswert erscheinen ließ, die religiösen Erfahrungen dauerhaft zu formulieren und zu bewahren. Vermutlich kam es dazu aus Anlass erster Wahrnehmungen von personhaften Zügen in den Erscheinungen des Göttlichen.

Es liegt auf der Hand, dass dieser Sachverhalt zu jener Fortschrittsidee, die seit der Aufklärung aus den Prinzipien der abendländischen Metaphysik entwickelt worden ist, überhaupt nicht passt. Seine Anerkennung hätte eine Revision der Fortschrittsideologie und der aus ihr abgeleiteten wissenschaftlichen Grundsätze erfordert. So konnte man es für ratsam halten, über ihn nicht viele Worte zu verlieren.

Die angeführten Entdeckungen zeigen an, dass es seit der Jahrhundertmitte zu einer dramatischen Veränderung der wissenschaftlichen Grundsituation gekommen ist. Zunächst sei versucht, die allgemeinen Züge der neuen Erfahrung möglichst klar zu beschreiben. Dabei kann eine Wiederaufnahme des Bildes von der Weltmaschine hilfreich sein.

Schon im Jahrzehnt um den Ersten Weltkrieg hat sich gezeigt, dass die Weltmaschine auf einem Untergrund aufruht, der sich in einer vom Maschinenlauf nicht abhängigen Bewegung befindet. Ich suchte diesen Umstand zu illustrieren, indem ich den Untergrund als ein den Wogen des Meeres ausgesetztes Schiff umschrieb. In den Reflexionen seit den zwanziger Jahren trat das Moment der Bewegtheit des Schiffes wieder zurück. Allenfalls war Anlass festzustellen, dass die Wogen keineswegs nur in der Bedrohlichkeit des Urbösen zur Geltung kamen, sondern auch, und sogar vor allem, als eine tragende Kraft, nämlich als das Sein und seine Geschichte. Maßgeblich wurde nun die Möglichkeit, aus einem Maschinenhaus heraus und durch seine Fenster Wolkenbildungen zu beobachten, also außerdinglich-strukturale Erscheinungen. Seit der Jahrhundertmitte aber wurde die Wirkung eines Neuerungsfaktors X erfahren. Um weiter im Bild zu bleiben, kann man sagen, dass sich das Schiff jetzt als ein Segelschiff erwies, das durch eine von außen einwirkende Kraft, den Wind, vorangetrieben wird.

Eine Begegnung mit Rätseln

Der Wind war, um in dieser Redeweise zu bleiben, das Verbindende in den verschiedenen Neuentdeckungen. Als Philosoph konnte Heidegger dies in seiner Weise durchaus sehen, während es dem Forscher, der in den Grenzen seiner Disziplin verharrte, unentdeckt blieb. Ich meinerseits spreche davon aber gerade in Hinblick auf verschiedene Einzelwissenschaften. Die Möglichkeit zu jener Perspektive hat sich bei mir in derselben Zeit gebildet, von der jetzt die Rede ist. Allerdings hatte ich mich mit Problemen auseinanderzusetzen, die im Vergleich zu den bisher angeführten universalgeschichtlichen Großereignissen marginal sind. Das hatte jedoch den Vorteil, dass gewisse vorläufige Klärungen verhältnismäßig leicht zu gewinnen waren. Der Ausgriff ins Weite wurde mir nur ganz allmählich möglich, vor allem auch dank bedeutender Hilfen durch Kollegen, von denen noch zu berichten sein wird. An dieser Stelle meine ich den Leser darüber unterrichten zu sollen, wie ich zu meinem Neuansatz gelangte.

Auch in meinem eigenen Fall ist für das Verständnis der Entdeckung selbst ihre Vorgeschichte wesentlich. Ich kann mich jedoch kurz fassen, da das wissenschaftsgeschichtlich Wesentliche bereits im Zusammenhang mit dem Hinweis auf Heideggers Denken der Fünfziger Jahre dargestellt worden ist. Die Anfänge meiner eigenen Entdeckung hängen in der Tat eng mit Heidegger zusammen, und zwar in zwei sehr unterschiedlichen, aber zusammengehörigen Hinsichten.

Nach meiner Heimkehr aus der Kriegsgefangenschaft begann ich im Wintersemester 1947/48 an der Universität Freiburg i.Br. ein geisteswissenschaftliches Studium, in dessen Zentrum die Germanistik stand. In den Vorlesungen von nicht wenigen Freiburger Professoren war damals immer wieder von Heidegger die Rede: bei den Philosophen Wilhelm Szilasi, Max Müller, Eugen Fink, bei dem Kunsthistoriker Bruno Bauch, dem Rechtshistoriker Erik Wolf, dem Theologen Bernhard Welte, und nicht zuletzt bei meinem späteren „Doktorvater" Erich Ruprecht. Bald gewann ich den Eindruck, dass es für mich wichtig sei, das von Heidegger Gedachte zu begreifen. Anfangs fiel mir das ungemein schwer. Allmählich wurde mir aber klar, dass dazu gründlichere Kenntnisse der Philosophiegeschichte nötig waren, und so entschloss ich mich zu einem ordnungsgemäßen Studium des Faches Philosophie. Meine Prüfung im Nebenfach legte ich später bei Eugen Fink ab.

Bei meinem ersten Plan zu einer Doktorarbeit machte sich der Einfluss Heideggers geltend. Was er über die „Dinge" als Repräsentationen einer nicht-technischen Welt sagte, hatte mich fasziniert. Mir schien, dass eine literarische Entsprechung dazu bei Adalbert Stifter zu finden sei. Etwa ein Jahr lang bemühte ich mich, dies herauszuarbeiten. Schließlich aber musste ich einsehen, dass mein Vorhaben nicht gelang, vielleicht weil die vermutete Entsprechung gar nicht bestand. So entschloss ich mich dazu, ein anderes Dissertationsthema zu wählen. Zufällig war ich mit den Gedichten einer 1924 verstorbenen und nahezu unbekannt gebliebenen Lyrikerin namens Frida Bettingen bekannt geworden, und einige wenige hatten mich stark angesprochen (während ich andere mittelmäßig oder sogar ausgesprochen schlecht fand). Da das Werk der Bettingen schmal war und außerdem noch nie eine wissenschaftliche Würdigung gefunden hatte, hoffte ich, mit einer Dissertation zu diesem Thema rasch vorankommen und die verlorene Zeit wieder aufholen zu können. Erich Ruprecht erklärt sich bereit, die Betreuung zu übernehmen, meinte allerdings, dass gerade angesichts des geringen Umfangs des Textkorpus die geistesgeschichtliche Einbettung ausführlicher als üblich gehalten werden sollte.

Dies ließ ich mir gesagt sein. Anfangs schien es, dass ich dem Wunsch meines „Doktorvaters" leicht nachkommen könne. Deutlich erkennbar war im Erfahrungsgang der Dichterin ein tiefer Einschnitt in der Zeit des Ersten Weltkriegs, und offenbar konnte er durch die Anwendung der Epochenbegriffe „Impressionismus" und „Expressionismus" gedeutet werden. Als ich jene Begriffe aber genauer zu fassen versuchte, gelangte ich zu der Einsicht, dass die bislang zur Epochenbestimmung verwendeten Kriterien völlig unzuverlässig seien.

In dieser Situation bot mir Heideggers Seinsgeschichte einen Leitfaden. Denn ich konnte mir sagen, dass eine vom Sein bestimmte Epoche einen überdinglichen Zusammenhang darstellt, weshalb konkret fassbare Momente, wie z. B. beim Expressionismus die zerbrochene Syntax oder der Vater-Sohn-Konflikt, nie als direkte Manifestationen des Epochalen, sondern allenfalls als dessen Symptome aufgefasst werden dürfen. Es kam also darauf an, inhaltliche und formale Phänomene aufzufinden, die symptomhaft das Sein einer Epoche erschließen konnten.

Bei Frida Bettingen war zu erkennen, dass ein einziges profundes Problem ihr gesamtes Werk durchzieht: das Motiv des Leidens. Die genauere Betrachtung zeigte aber, dass sich die Bedeutung dieses Grundmotivs einmal fundamental ändert.[262] Lange galt das Leiden der Dichterin als ein Bestandteil des Lebens, das den Menschen immer wieder herausfordert, sich um seine Überwindung zu mühen. Dann wurde es zu einer Art von Agonie, einer finsteren Macht, die keine Überwindung zulässt. Der Wandel entsprach in etwa der Veränderung, die ich zuvor im Blick hatte, als ich den Übergang vom Impressionismus zum Expressionismus untersuchte. Jetzt war jedoch deutlich, dass er in einer Veränderung des Sinnhorizontes der Welt bestand. Allerdings war die Welt nur die von Frida Bettingen erfahrene, nicht die Welt der Epoche. Oder sollte sich etwa in der individuellen Welt auch eine überindividuelle manifestieren?

Ich wandte mich anderen Dichtern zu, die in derselben Zeit lebten, und versuchte, auch bei ihnen die Problematik des Leidens als Symptom eines bestimmten Weltverständnisses zu deuten (womit ich natürlich die Hoffnung auf eine rasche Bewältigung der Dissertation aufgeben musste). Bei Rainer Maria Rilke stellte ich eine Problemkonstellation fest, die weitgehend der bei Frida Bettingen in der „impressionistischen" Periode beobachteten entsprach. Bei Franz Kafka dagegen konstatierte ich, jedenfalls seit 1912, mit Bettingens „expressionistischer" Periode vergleichbare Symptome. Und als ich das nämliche Verfahren auf

den Erfahrungsgang von Georg Trakl anwandte, erwies sich mir, dass dieser
Dichter genau wie Frida Bettingen „impressionistisch" begonnen hatte und dann
zum „Expressionismus" übergegangen war.

Das alles suchte ich in meiner Dissertation darzustellen. So wurde aus ihr ein
derart umfangreiches Opus, dass der Zweitgutachter Walther Rehm sich weiger-
te, sie auch nur zu lesen. Nolens volens ersetzte ich die ersten drei Studien durch
eine Zusammenfassung. In der neuen Form wurde die Dissertation dann von der
Philosophischen Fakultät im Jahr 1957 angenommen. Nach der Promotion nahm
ich die beanstandeten Studien zu Rilke, Kafka und Trakl wieder auf und arbeitete
sie zu einem eigenständigen Buch um, das im Jahre 1961 erschien.[263]

Es schien mir, dass es mir von meinem neuen Ansatz aus gelungen war, das
Problem der Epochenbestimmung zu lösen. Für unproblematisch hielt ich den
Umstand, dass ich an den eingeführten Begriffen „Impressionismus" und „Expressionismus" festhielt, obwohl ihr Inhalt sich erheblich verändert hatte. Später
lernte ich dann einzusehen, dass die Bereitschaft der wissenschaftlichen Öffentlichkeit, sich auf einen Vorschlag zur Neudeutung gewohnter Begriffe einzulassen, gering ist.

Ich selbst war vom Erfolg meines Versuchs um so mehr überzeugt, als es mir
in der Dissertation gelungen war, eine Theorie zu entwickeln, die erklären sollte,
was Epochenstile eigentlich sind und wie es zu ihrem Wandel kommt. Dabei
setzte ich mich wieder einmal bei Gedanken ein, die ich bei Heidegger kennengelernt
hatte. Jedoch bemühte ich mich, zu Spezifikationen zu gelangen, die erlauben
würden, zu den von mir beobachteten literargeschichtlichen Vorgängen einen direkten Bezug herzustellen. Mir war bewusst, dass ich damit gegenüber der all-
umfassenden Seinsgeschichte Heideggers eine Verengung vornahm.

Allerdings sah ich mich bald - wohl noch während der Drucklegung des Buches - zu dem Eingeständnis genötigt, dass mein Neuansatz doch nicht so
brauchbar war, wie ich zunächst gemeint hatte. Waren meine Epochendeutungen
haltbar, so musste natürlich noch von vielen anderen Dichtern gezeigt werden
können, dass sie gleichartige epochale Sinnerfahrungen gemacht hatten. Der
Nachweis war in jedem Fall ein höchst aufwendiges Unternehmen, aber ich entschloss mich, damit zu beginnen und wandte mich zunächst Stefan George zu.
Bei ihm zeigte sich aber zu meiner nicht geringen Enttäuschung, dass eine Wei-
terarbeit in der bisherigen Weise aus einem ganz einfachen Grund nicht möglich
war: Das Thema des Leidens hatte bei George eine nur sehr geringe Bedeutung
und konnte deshalb nicht als Symptom benutzt werden.

Bald sollte ich noch auf eine zweite Schwierigkeit aufmerksam werden. Dazu
kam es, weil ich, veranlasst durch äußere Umstände, vorübergehend von meinem
literarhistorischen Weg abwich.

Nach meiner Promotion eröffnete sich in völlig ungeplanter - und insofern zufälliger - Weise die Möglichkeit, mit einem Forschungsstipendium nach Spanien
zu reisen und dort Untersuchungen über den Einfluss der spanischen Romanze
auf die deutsche Literatur anzustellen. Dies sollte der Vorbereitung einer Habili-
tationsschrift dienen. In Madrid geriet ich indes nach einiger Zeit in einen inneren Zwiespalt. Einerseits hatte ich unter den Spaniern viele liebenswerte Menschen kennen gelernt, andererseits hatte ich zur Kenntnis nehmen müssen, dass
nicht wenige von ihnen mit Begeisterung von einem Brauch sprachen, der mir
als verabscheuungswürdig galt, dem Stierkampf. Um mein Verhältnis zu den

spanischen Freunden zu klären, zwang ich mich, selbst den Stierkampf näher kennen zulernen, und fing auch an, mich mit den Reaktionen anderer deutscher Spanienbesucher auf den Stierkampf zu beschäftigen. Ich studierte Reiseberichte vom 15. Jahrhundert bis zur Gegenwart und verfasste 1962 eine Studie *Die Deutschen und der Stierkampf*.[264] Darin stellte ich fest, dass die Deutschen den Stierkampf nicht etwa, wie ich vermutet hatte, zu allen Zeiten verurteilten, sondern lange als eine spanische Form der Jagd auffassten und es für ganz natürlich hielten, dass dabei Tiere verletzt und getötet wurden. Die erste ablehnende Reaktion, die ich fand, wurde im Jahr der Französischen Revolution veröffentlicht. Seither galten die Spanier einer wachsenden Zahl von Reisenden ihres eigentümlichen Nationalfestes wegen als nahezu unbegreiflich.

Noch überraschender war für mich eine weitere Beobachtung. Aus den Reiseberichten war zu entnehmen, dass der Stierkampf im Verlauf der Jahrhunderte seine Form erheblich verändert hatte. Um diesen Umstand gebührend berücksichtigen zu können, musste ich Zeugnisse aus der Geschichte des Stierkampfs studieren. Ich stellte fest, dass sich eine sehr tiefe Veränderung in den siebziger Jahren des 18. Jahrhunderts abzeichnete, eben in der Zeit, in der in Deutschland der junge Goethe mit seiner „Erlebnislyrik" einen völlig neuen Stil des lyrischen Sprechens entwickelte und sein Freund Herder das Moment des qualitativen Wandels in der Geschichte entdeckte. Diese Parallelen erschienen mir merkwürdig. Aber geradezu schockierend fand ich die weitere Beobachtung, dass die nächsten epochengeschichtlichen Veränderungen in der deutschen Literatur, die sich ungefähr um 1820, 1880, 1910 zutrugen, ebenfalls Parallelen in der Geschichte des Stierkampfs hatten, und dass es schien, als hätten sich die Stierkämpfer jeweils mit neuartigen Problemen ähnlicher Art auseinandergesetzt wie die deutschen Dichter. Welche Ursache konnte das haben? Eine Beeinflussung der spanischen Stierkämpfer durch die deutschen Dichter hatte es offensichtlich nicht gegeben. Damit war meine Theorie über die Entstehung von Epochenstilen nicht mehr haltbar. Das freute mich gar nicht, zunächst weil ich meine Theorie nicht gerne preisgab, und sodann, weil ich eingestehen musste, nun für das Hervortreten neuer Epochen überhaupt keine Erklärung mehr zu haben; denn meine Theorie hatte ich ja nur entwickelt, weil mir keine andere überzeugend erschienen war. Aber ich hatte keine Wahl. So gestand ich mir 1962 ein, dass in der Epochengeschichte ein unbekannter Faktor wirksam ist.

Im Frühling dieses Jahres heiratete ich Cristina Villacañas. Die Studie über die Deutschen und ihre Reaktionen auf den Stierkampf war meine erste wissenschaftliche Arbeit nach unserer Heirat. Das Problem des Faktors X sollte eines der wichtigsten in meinem weiteren wissenschaftlichen Lebensgang werden, auf dem mich meine Frau immer begleitet hat.

Wenn ich soeben sagte, dass ich damals keine andere Wahl als die Anerkennung eines Faktors X hatte, so ist das freilich nicht ganz zutreffend. Natürlich hätte ich auch versuchen können, meine Beobachtung zu verdrängen. Dazu brauchte ich mir selbst gegenüber nur zu behaupten, dass ich mich als Wissenschaftler keinesfalls auf methodisch nicht Erfassbares einlassen dürfe. Guten Gewissens wäre mir das allerdings nach der Begegnung mit Heidegger nicht mehr möglich gewesen. Wahrscheinlich war es sein Einfluss, der mich veranlasste, mein Nicht-aus-noch-ein-Wissen nicht zu verleugnen.

Bald sollte mir Heidegger noch einmal zu Hilfe kommen, diesmal aber gegen seinen Willen. Die Literaturwissenschaft verdankt, wie schon zu zeigen war, Wilhelm Dilthey Anregungen zu jener Epochenforschung, die damals wie für viele und so auch für mich fragwürdig wurde. Nicht zuletzt gingen auf Dilthey wesentliche Impulse der Methode der Werkinterpretation zurück, die in dem Hin- und Hergehen zwischen den Einzelteilen eines Werkes und dem Sinn des Ganzen besteht. In Freiburg wurde diese Methode vor allem durch meinen Lehrer Erich Ruprecht gepflegt, in dessen Seminaren ich sie erlernte.

Der Interpretation maß auch Heidegger hohe Bedeutung zu, und zwar schon in seiner Frühzeit. Otto Pöggeler hat darauf aufmerksam gemacht, dass in *Sein und Zeit* „dreihundert Male das Wort ‚Interpretation' vorkommt und sechzig weitere Male Worte wie ‚interpretieren' und ‚interpretatorisch'".[265] Während es Heidegger damals vor allem um die existentiale Interpretation ging, wurde für ihn seit der Aufnahme des Gesprächs mit Hölderlin mehr und mehr auch die Auslegung dichterischer Texte wichtig. In seinen späten Vorträgen trat sie sogar in den Mittelpunkt. Für mich als Studenten der Literaturwissenschaft erlangte dieser Umstand natürlich erhebliche Bedeutung.

Im Allgemeinen galt mir die Methode der Werkinterpretation als unentbehrliches Hilfsmittel zur Vertiefung des Textverständnisses. Allerdings konnte ich nicht darüber hinwegsehen, dass ihre Anwendung mit erheblichen Unsicherheiten verbunden ist. Einer ihrer prominentesten Wortführer, Emil Staiger, räumte dies in einem in Freiburg gehaltenen Vortrag *Die Kunst der Interpretation*, der nach seinem ersten Druck im Jahre 1951 berühmt werden sollte, grundsätzlich selbst ein. Wenn einmal eine Interpretation abgeschlossen sei, so sei damit kein letztes Wort über den Text gesprochen. Vielmehr bestehe für einen anderen Interpreten die Möglichkeit, denselben Text auch auf ganz andere Weise zu deuten. „Wenn beide Darstellungen wahr sind, so werden sie sich nicht widersprechen, auch wenn sie im einzelnen und im ganzen nichts miteinander zu schaffen haben. Sie deuten mir beide nur an, dass jedes echte, lebendige Kunstwerk in seinen festen Grenzen unendlich ist. ‚Inidividuum est ineffabile'."[266]

Dieser Auffassung konnte ich meinerseits zustimmen, allerdings nur unter der von Staiger selbst getroffenen Voraussetzung, dass Interpretationen sich tatsächlich „nicht widersprechen". Das aber ist, wie ich wiederholt erlebt hatte, keineswegs immer der Fall. Bei solchen Gelegenheiten bedürfe man, so meinte ich, eines Kriteriums, um zwischen einer richtigen und einer falschen Interpretation unterscheiden zu können. Das Moment der subjektiven Willkür, das sich aus dem Interpretieren anscheinend nicht fernhalten ließ, ist damals wiederholt auch von renommierten Literaturwissenschaftlern beklagt worden. So schrieb im Jahre 1963 Horst Rüdiger:

> Leider hat uns weder Dilthey selbst noch irgendjemand seither die so dringend benötigten Regeln mitgeteilt, so dass ein jeder, der sich an das schwierige Geschäft der Auslegung wagt, auf seine eigene Genialität angewiesen bleibt. Da aber Genialität selten ist, steht dem Dilettantismus der minder Begabten Tür und Tor weit offen.[267]

In dieser Hinsicht war Heidegger über Dilthey nicht hinausgegangen. Die Hilfe, die er mir gegen seinen Willen leistete, bestand darin, dass er mir Gelegenheit bot, gerade diesen Mangel in seinem eigenen Denken klar zu erkennen.

Bei seinen Interpretationen Hölderlins konnte ich ihm nicht immer folgen. Das versuchte ich mir durch die Annahme zu erklären, er habe aus einer Einsicht in eine mir noch verborgene tiefere Schicht des Textes gesprochen. In den Jahren 1950 und 1952 hielt er Vorträge über einen Dichter, mit dem ich meinerseits mich bereits sehr intensiv beschäftigt hatte, über Georg Trakl.[268] In einigen Fällen konnte ich zwar Heideggers Auslegung als Vertiefung meines eigenen Verständnisses dankbar übernehmen, in anderen aber musste ich ihr widersprechen. In einem für die Gesamtdeutung des Traklschen Werks sehr wichtigen Fall hing meine Auffassung damit zusammen, dass ich bei Trakl ebenso wie bei Kafka und Bettingen einen tiefen Umbruch erkannt hatte, der bei allen drei Dichtern eine Veränderung des Weltverständnisses zur Folge hatte. Heidegger hatte diesen Wandel gar nicht wahrgenommen. Er bezog Aussagen des späten Trakl auf die Welt des frühen und missdeutete sie infolgedessen meiner Überzeugung nach ganz erheblich. Später habe ich meine Einwände in einem Vortrag erklärt.[269] Mit dieser Einsicht vertiefte sich meine Skepsis gegenüber der ‚Kunst der Interpretation‘; und vor allem begann damit meine Verselbständigung gegenüber Heidegger. Seither hielt ich mich für berechtigt, Aussagen von ihm gegebenenfalls zu widersprechen.

Diese Erfahrung war wohl eine Voraussetzung dafür, dass ich bei der Vorbereitung auf die mündliche Doktorprüfung im Fach Philosophie, bei Eugen Fink und mit *Sein und Zeit* als Schwerpunkt, Bereitschaft zur Kritik aufbrachte. So kam es dazu, dass ich schon damals auf jene Unstimmigkeiten aufmerksam wurde, die ich oben angedeutet habe. Ich vermutete, dass Heidegger jene Brüche inzwischen auch selbst erkannt hätte und deshalb damit einverstanden wäre, wenn man sie in einem Kommentar zu *Sein und Zeit* aufzeigte, den zu verfassen ich damals erwog. Tatsächlich hat Heidegger ja in dem im Sommersemester 1957 in Freiburg gehaltenen Vortragszyklus seine frühere Deutung der „Gegenwart" korrigiert, wenn auch ohne zu erwähnen, dass er dabei eine Selbstkorrektur vornahm. Im selben Jahr legte ich Heidegger meine Überlegungen in einem langen Brief zur Prüfung vor. (Viel später habe ich ihn auch veröffentlicht.[270]) Eine Antwort darauf habe ich leider nie erhalten.

Die Entdeckung der Sinnkomponenten

In Madrid konnte ich mein Stipendium bald aufgeben, weil mir die Stelle eines Lektors für deutsche Sprache und Literatur an der dortigen Universität übertragen wurde. Im Rahmen dieser Tätigkeit kam es eines Tages, es war im Frühsommer 1963, dazu, dass eine Studentin der Germanistik, mich bat, ihr zu erklären, wie man beim Interpretieren vorgehen müsse. Meiner Antwort, dafür gebe es kein Rezept, man müsse das Interpretieren praktisch erlernen, am besten mit der Hilfe eines darin bereits Erfahrenen, hielt sie entgegen, wenn jemand, wie ich, über solche Erfahrung verfüge, dann müsse er doch auch wissen, worauf es dabei ankommt. Dieser Satz und die bittenden Augen der Studentin veranlassten mich zum Nachdenken und dann zu einem spontanen Vorschlag.

In jedem Text, sagte ich - und überraschte damit mich selbst -, gebe es mehrere Themen, aber eines sei wohl immer das gewichtigste. Es könne aber nur dann

klar hervortreten, wenn es auch ein Kontrastthema gebe. Allerdings würde ein
Text auseinanderfallen, wenn er nicht auch noch ein drittes Thema aufweise, das
die beiden ersten miteinander verbinde.

Bis heute weiß ich nicht, ob dieser ad hoc entwickelte Vorschlag der Fragerin
genützt hat. Für mich selbst allerdings war er hilfreich, als ich im folgenden Jah-
reskurs Studienanfänger in die Arbeitsweise der Interpretation einzuführen hatte.
Ich schlug ihnen vor, zunächst einfach nach einem Haupt-, einem Kontrast- und
einem Verbindungsthema zu fragen. Tatsächlich gelang es ihnen auf diese Weise, einen ersten Ansatz zu finden.

Allmählich stellte sich heraus, dass die Orientierung an der Themendreiheit
nicht nur propädeutisch nützlich ist, sondern etwas ermöglicht, das ich bisher
nicht kannte und seit langem vermisste: eine Prüfung des Ergebnisses einer Deutung auf seine Richtigkeit. Man musste nur die Formulierung der drei Themen
derart nebeneinander schreiben, dass sie als Überschriften von drei Listen dienen
konnten, und versuchen, alle wichtigen Textbestandteile jeweils einem der drei
Themen zuzuordnen - in der Weise wie man Besonderes auf ein ihm entsprechendes Allgemeines bezieht. Stieß man auf Textstellen, die eine solche Zuordnung nicht erlaubten, so erwies sich damit, dass die mit der Themendreiheit formulierte Hypothese irrig war. Man konnte sie, orientiert gerade an den nicht zu-
zuordnenden Textstellen, revidieren und dann die neue Hypothese auf dieselbe
Weise prüfen. Wenn man die Zuordnungen in Listen eintrug, behielt man immer
eine gute Übersicht. Unter Bezug auf solche Listen konnte immer auch ein Dritter die Richtigkeit einer Interpretation prüfen und gegebenenfalls seinerseits korrigieren.

Nach einiger Zeit wurde mir klar, dass der Ausdruck „Themen" irreführend
war. Was durch das neue Verfahren geklärt werden sollte, war ja, was Dilthey
das „Ganze des Sinns" genannt hatte. Der Ausdruck „Thema" aber ließ an eine
bestimmte Verbindung von Einzelteilen innerhalb des Ganzen denken. Richtiger
schien es, die Dreiheit, um die es ging, als eine Dreiheit von „Komponenten" des
Sinnes zu bezeichnen. So bekam das Verfahren nun den Namen „Komponentenanalyse".

Wieder einige Zeit später ging mir auf, dass die dritte Komponente immer den
Charakter eines Resultats hat und mithin auf einen Prozess zurückverweist. Nun
bezeichnete ich von den anderen Komponenten eine als den „Impuls", die andere
als „Opposition". Noch später erkannte ich, dass eine dieser Komponenten einen
vor dem Hervortreten des Neuen schon bestehenden, in sich abgeschlossenen
Zustand darstellt, die andere aber eine Kraft, in der die Möglichkeit zu einer
Neuerung angelegt ist. So nannte ich die Grundkomponenten nun auch die „Ak-
tual"- und die „Potentialkomponente". Die dritte bekam den Namen „Resultativkomponente".

Da seinerzeit der Strukturalismus viel von sich reden machte, konnte es nicht
fehlen, dass die Komponentenanalyse als Beitrag zu dieser wissenschaftlichen
Bewegung rezipiert wurde. Ich meinte, dem nicht zustimmen zu können, wusste
jedoch lange nicht genau zu sagen, worin mein Vorbehalt lag. Schließlich aber,
bei der Ausarbeitung eines Vortrags im Jahr 1973, gelang mir dann doch eine
klare Unterscheidung. Dabei griff ich de Saussures berühmtes Exempel vom
Schachspiel auf und gab ihm eine neue Wendung.

Wie erinnerlich, legte de Saussure dar, die Vertreter der in der Sprachwissenschaft vorherrschenden positivistischen Methode, der „Historischen Grammatik", verhielten sich wie jemand, der sich bei einem Schachspiel nur für die mit den Figuren nacheinander ausgeführten Züge interessiert - etwa, um sie aufzuzeichnen -, während die Schachspieler selbst das Netz von Bezügen zu begreifen suchen, das sich durch die Züge und aufgrund der Regeln bildet. Als Aufgabe der von ihm geforderten neuen Sprachwissenschaft, die dann die strukturalistische genannt werden sollte, bezeichnete er die Erforschung der Regelmäßigkeiten, welche die Bildung des Struktursystems Sprache erlauben.

Um meinen Ansatz zu illustrieren, hob ich zunächst darauf ab, dass im Einklang mit de Saussure beim Schachspiel zwischen den Figuren als massiven, isolierbaren Elementen und dem ungegenständlichen Bereich der Relationen unterschieden werden kann. Bei einem Text, bei dem den Figuren die einzelnen Wörter entsprechen, kann man, so führte ich weiter aus, eine analoge Unterscheidung treffen. In alldem bleibt aber notwendig ein wichtiges Moment unbeachtet, das für de Saussure ohne Bedeutung war, weil er nicht an textuelle Werke in bestimmter Gestalt, sondern an Sprache im allgemeinen dachte.

Die Notwendigkeit, bei Texten eine weitere Unterscheidung vorzunehmen, kann wiederum am Schachspiel demonstriert werden. Die Beziehungen und Beziehungsbündel, die sich beim Schachspiel bilden, werden bedingt einerseits durch den Platz, auf dem die Figuren jeweils stehen, andererseits durch die Fähigkeiten zur Ortsveränderung, die ihnen aufgrund der Regeln eigen sind. Dadurch ist jede Figur in direkter oder auch vermittelter Weise auf andere Figuren bezogen. Beziehungen und Beziehungsbündel dieser Art entstehen bei Texten durch Regeln einer bestimmten Sprache, wie die Syntax, aber auch durch literarische Regeln, wie etwa die gattungspoetischen Bindungen. Oft, wie im Fall der genannten zwei Beispiele, sind die Regelmäßigkeiten wesensverschieden, weshalb bei der wissenschaftlichen Erforschung ihrer Auswirkungen in einem bestimmten Text die verschiedensten Verfahren nötig werden. Grundsätzlich ist allerdings in allen Fällen eine Präzisierung durch die Orientierung am binären Prinzip möglich. Die Zahl der neben- und ineinander erscheinenden Strukturen ist groß.

Beim Schachspiel verfügen die einzelnen Figuren außer über die Fähigkeit, in regelmäßiger Weise bewegt zu werden, noch über das weitere Vermögen, andere Figuren zu bedrohen und zu schlagen. Mit ihr haben sie Anteil an Bezügen völlig anderer Art, ohne die das Spiel keinen Sinn hätte und als Wettkampf gar nicht stattfinden könnte. Es sind die Bezüge zwischen den zwei Parteien ‚Weiß' und ‚Schwarz', und durch sie vermittelt zum Spielergebnis, das mit dem ersten Zug sich zu bilden beginnt. Jene Bezüge sind nicht Relationen zwischen Elementen; denn die zwei Parteien sind keine Figuren - sie entsprechen einer Gliederung des Spielganzen in sich selbst.

In der gleichen Weise muss auch bei einem Text das Ganze von den Relationen zwischen den einzelnen Elementen unterschieden werden. Die Regeln, welche die Elementenrelationen prägen, sind ja vielfach wesensverschieden, wie gerade die von Syntax und Gattungspoetik, und so würde ein Text als Chaos erscheinen, wenn es nicht einen Zusammenhang gäbe, der allen diesen Strukturen, zumal auch den heterogenen, eine sinnvolle Koexistenz ermöglichte. Insofern der Sinn eines Textes neuartig ist, muss seine innere Gliederung die komponen-

tiale sein. Sie entspricht aber einem ternären Prinzip. Während das binäre Prinzip
eine Vielzahl von Strukturen erlaubt, manifestiert sich das ternäre in einer einzigen, die durch keine weiteren Muster ergänzt werden kann. Allerdings nimmt die
universale komponentiale Struktur, die das Sinnganze eines jeden Textes gliedert, in jedem einzelnen Fall eine individuelle Ausprägung an; sie ist zugleich
neuartig und unwiederholbar.

Der Unterschied zwischen den strukturalistischen Strukturen und der komponentialen Verfassung ist von so einfacher und klarer Art, dass ich mich nachträglich fragte, warum ich mir denn so schwer getan hatte, ihn zu begreifen. Schließlich wurden mir jedoch die Gründe einsichtig. Die strukturalistische Theorie
machte von der Aristotelischen These Gebrauch, dass bei allen Einheiten unterschieden werden müsse zwischen deren Einzelteilen und ihrem Ganzen, das immer anderes und mehr sei als die Summe der Teile. Dieser methodische Grundsatz war längst zu einer selbstverständlichen und unbefragten Denkgewohnheit
geworden. Die komponentiale Struktur aber ließe sich nur erfassen, wenn man
bereit wäre, sich an einem Modell von nicht zwei, sondern drei Ebenen zu orientieren (I = Elemente; II = Relationen zwischen Elementen; III = das komponential gegliederte Sinnganze). Das Einfache war so schwierig, weil es nur jenseits
einer mehr als zweitausendjährigen Denktradition zu erfassen war. Heidegger
hatte mit Dilthey, und intensiver als dieser, dargelegt, dass ein solches Überschreiten der Tradition nötig sei. Aber in diesem Fall hatte er selbst den Schritt
nicht vollzogen.

Wahrscheinlich wären mir diese grundlegenden Einsichten nicht gelungen,
wenn ich mich nicht letztlich von Heideggers Denkweise gelöst hätte (eine Loslösung, die allerdings, wie mir unterdessen deutlich wurde, letztlich nur ober-
flächlicher Art war). Heidegger hatte mit zunehmender Entschiedenheit die Überzeugung vertreten, dass im Zuge der Überwindung (oder, wie er in seinem Spätwerk bevorzugt sagte, der „Verwindung") der Metaphysik die Wissenschaft zum
Nebensächlichen würde. Mir hatte das insofern eingeleuchtet, als mir aus dem
Umgang mit Dichtung eine Wahrheitserfahrung vertraut war, die der Wissenschaft nicht bedarf. Aber sie genügte mir eigentlich immer nur dann, wenn ich
mich mit einem dichterischen Werk in der Einsamkeit beschäftigte. Wandte ich
mich Mitmenschen zu, um mit ihnen nicht zuletzt über solche Erfahrungen zu
sprechen, so meinte ich meinerseits die Redeweise des Dichters keineswegs auch
für mich beanspruchen zu dürfen. Vielmehr musste ich versuchen, meine Auffassung derart zu begründen, dass es für meine Partner möglich würde, sie in
Freiheit auf ihre Sachgemäßheit hin zu prüfen. Meine Redeweise war dann die
eines begründenden Wissenschaftlers, auch wenn ich von weiteren wissenschaftlichen Grundsätzen keinen Gebrauch machte. Auf diese elementare Form von
Wissenschaftlichkeit meinte ich keinesfalls verzichten zu dürfen. Auch konnte
ich mir keine künftige menschliche Gesellschaft denken, in der solche humane
Grundzüge des begründenden Umgangs preiszugeben wären. Die Methode der
Werkinterpretation war für mich unbefriedigend geblieben, weil sie genau an
diesem Punkt versagte. Dagegen schien nun die Entdeckung der komponentialen
Gegliedertheit des Sinnganzen die Möglichkeit zu eröffnen, an einer Transfor-
mierung der Wissenschaft zu arbeiten.

Zu einem meiner Hauptanliegen wurde es, die Operationen im einzelnen zu
klären, die bei der Durchführung von komponentialen Analysen nötig oder mög-

lich sind. Dabei fand ich Unterstützung durch fortgeschrittene Studenten, die das Verfahren erlernt und dabei Erfahrungen gesammelt hatten. Das Erfahrungsfeld erweiterte sich, als ich im Rahmen einer Gastprofessur an der Kairo Universität von 1976 bis 1979 auch ägyptische Germanisten in die komponentialanalytische Arbeitsweise einführen konnte. Es erwies sich, dass sie das Verfahren ebenso gut zu handhaben vermochten wie deutsche. Und überdies zeigte sich, dass die arabische Dichtung Ägyptens im 20. Jahrhundert für eine komponentialanalytische Durchleuchtung nicht weniger geeignet ist als die in Mitteleuropa verfasste Literatur. Allerdings verzögerte sich infolge der ägyptischen Aufgabe, - die auch zur Etablierung eines eigenen Forschungsprojektes führte, - der Abschluss eines *Handbuchs*, in dem alle für die Methode wichtigen Gesichtspunkte zusammen gefasst werden sollten. Es erschien schließlich 1983[271] (Eine zweite, erweiterte Auflage wurde dann 1996 vorgelegt[272]).

Die Ablösung von Heideggers Denkart wirkte sich für mich auch im Blick auf die Geschichte aus. So bedeutsam mir der Gedanke der „Seinsgeschichte" geworden war, meinte ich doch, ihn auf sich beruhen lassen zu sollen, um nach geschichtlichen Zusammenhängen Ausschau halten zu können, deren Deutung durch Dritte überprüfbar und gegebenenfalls korrigierbar wäre. Abermals erwies sich dabei die Komponentenanalyse als entscheidende Hilfe.

Komponentenanalyse und Epochengeschichte

Im selben Jahr 1963, in dem mir der Einfall der komponentialen Struktur kam und in dem seine praktische Erprobung begann, erschien eine spanische Übersetzung meines Buches über Rilke, Kafka, Trakl und die Epochenstile des Impressionismus und Expressionismus.[273] Der damalige Direktor des Deutschen Kulturinstituts in Madrid, Dr. Werner Brüggemann, lud mich ein, aus diesem Anlass meine Thesen in einem Vortrag darzustellen. In meinem Buch hatte ich mich im einzelnen auf die Texte der drei Dichter bezogen, und nicht wenige von ihnen hatte ich eingehend erörtert. Im Vortrag war das natürlich ausgeschlossen. Aber meinen Vorschlag, die Unterscheidung von „Impressionismus" und „Expressionismus" durch die Orientierung an dem Symptom „Leiden" vorzunehmen, konnte ich nicht verständlich machen, ohne auf eine ganze Reihe von Dichtungen Bezug zu nehmen. Es galt für mich also, meine Deutung des Gesamtsinns einiger Dichtungen knapp zusammenfassen. Als ich mich darum bemühte, bemerkte ich, dass mir dies bei Dichtungen, die ich bereits auf die Dreiheit der „Themen" - also: ihrer Komponenten - durchleuchtet hatte, sehr leicht fiel. So benutzte ich das neue Verfahren nun auch ganz bewusst als Hilfsmittel zur Zusammenfassung des Sinns. Als ich meine Deutungen einer Reihe nicht nur „impressionistischer", sondern auch „expressionistischer" Dichtungen in dieser Weise auf einen formelhaften Extrakt reduziert hatte, fiel mir auf, dass die „impressionistischen" Formeln alle einen gleichen Grundzug aufwiesen, und zwar auch dann, wenn sie auf Dichtungen bezogen waren, die sich inhaltlich und formal ganz erheblich unterschieden. Dasselbe konnte ich dann bei den „expressionistischen" Dichtungen beobachten. Die beiden Muster waren hochabstrakter Art, aber gegeneinander hoben sie sich in unverwechselbarer Weise ab. Es schien mir, als habe ich eine neue Möglichkeit gefunden, um die beiden Epochen voneinander zu unterschei-

den. Natürlich musste ich das sofort erproben. Ich führte Analysen auch bei
Werken anderer Dichter aus der Zeit um die Jahrhundertwende und des Ersten
Weltkriegs durch und kam tatsächlich immer zum selben Ergebnis. Als ich dann
meinen Vortrag hielt, ließ ich das Symptom „Leiden" beiseite und bezog mich
auch auf Werke einer ganzen Reihe von Dichtern, die in meinem Buch gar nicht
vorkamen.[274]

Die Hörer des Vortrags waren meinem Eindruck nach von meiner Vorgehensweise eher befremdet. Vielleicht hätte ich jenes Procedere auf sich beruhen lassen, wenn mich nun nicht Professor Maurice Marache, damals Germanist an der
Universität Bordeaux, gleichfalls eingeladen hätte, über mein Buch zu referieren,
und zwar in einem ganzen Vortragszyklus. Als ich mich an die Vorbereitung
setzte, mischte sich das neue Verfahren alsbald in meine Gedanken. Auch meine
Hörer in Bordeaux wussten nicht recht, was sie mit meinen Darlegungen anfan-
gen sollten. Ich selbst gewann jedoch die Überzeugung, dass das Experiment
weiter ausgearbeitet werden müsse. Statt an der vorgesehenen Habilitations-
schrift über den Einfluss der spanischen Romanze auf die deutsche Literatur wei-
terzuarbeiten - aus den einschlägigen Studien gingen nur zwei Aufsätze hervor[275]
- verfasste ich eine weitere - meine dritte - umfängliche Untersuchung zum Unterschied von Impressionismus und Expressionismus. Als mein „Doktorvater"
Erich Ruprecht auf einen ordentlichen Lehrstuhl in Marburg berufen worden war
und mich einlud, mich um die Habilitation zu bewerben, reichte ich zu diesem
Zweck die - dann in Marburg abgeschlossene - erste große komponentialanalytische Arbeit ein. Selbstverständlich löste auch sie Befremden aus. Ich verdanke es
vor allem der von dem Anglisten Kurt Otten (der später nach Heidelberg wechseln sollte) geleisteten Überzeugungsarbeit, dass sie von der Kommission und
der Philosophischen Fakultät schließlich doch als Habilitationsleistung angenommen wurde.[276]

Was mich bei der Ausarbeitung dieser Untersuchung derart faszinierte, dass
ich bereit wurde, meine akademische Laufbahn aufs Spiel zu setzen, war zunächst der schon erwähnte Umstand, dass die Komponentenanalyse es ermöglicht, die durch eine Interpretation erarbeitete Sinndeutung auf ihre Richtigkeit
zu prüfen. Dazu kamen aber noch zwei weitere Momente. Das eine bestand in
der enormen Präzision, die dank der Komponentenanalyse bei der Unterscheidung von zwei Epochen möglich wurde. Bei jedem einzelnen Text konnte ich
genau feststellen, ob er der früheren oder der späteren Epoche zugehörte. Außerdem ließ sich nun ausfindig machen, in welchem Jahr - bisweilen sogar in welchem Monat oder gar an welchem Tag - die Erfahrung der späteren Epoche bei
einem bestimmten Autor zur Geltung kam. Ein weiteres für mich ungemein
wichtiges Moment bestand in der durch die Komponentenanalyse erreichten Un-
abhängigkeit von allen inhaltlichen oder formalen Sachverhalten, die bisher als
Manifestationen der Epochenstile galten, auch wenn sie nur als Symptome in Betracht gezogen wurden. Alle drei Momente wurden übrigens bei der späteren Anwendung der Komponentenanalyse auf die Klärung anderer Epochen bestätigt.

Dank der jetzt erreichten Präzision wurde es möglich, den Anfang einer Epoche wie unter dem Mikroskop zu beobachten. Das führte zu Feststellungen, denen auch grundsätzliche Bedeutung zukam. So war zu konstatieren, dass der E-
pochenwandel bei mehreren Autoren, die z.T. weit voneinander entfernt lebten,
praktisch gleichzeitig auftrat. Damit erwies sich die Vorstellung, ein bestimmter

Autor habe die neue Erfahrung erstmals artikuliert und von ihm aus habe sie sich dann durch Rezeptions- und Aneignungsphänomene ausgebreitet, als unhaltbar. In anderen Fällen zeigte sich außerdem, dass derselbe Wandel auch in einer beträchtlichen chronologischen Streuung auftreten konnte (z. B. Jahre vor dem Ersten Weltkrieg, aber auch noch Jahre danach). So bestand auch nicht die Möglichkeit, den Wandel auf bestimmte gesellschaftliche Ereignisse zurückzuführen. Wie schon angesichts der Parallelen zwischen der Epochengeschichte der deutschen Literatur und des spanischen Stierkampfs musste ich einräumen, die Ursache des Wandels nicht benennen zu können. Da mein Vorgehen im jetzigen Fall völlig anders gewesen war als im ersten, maß ich diesem Umstand erhebliche Bedeutung zu. Er sollte mich in zunehmenden Maße beschäftigen.

Im Jahre 1973 gab ich einem Vortrag den Titel *Der Faktor X in der Geschichte*[277] Zu diesem Zeitpunkt war ich bereits darauf aufmerksam geworden, dass außer mir auch noch andere Forscher Neuerungen epochaler Art entdeckt hatten, deren Ursache sie nicht benennen konnten. Drei Jahre später publizierte ich ein Buch, in dem ich die These des Vortrags aufnahm und noch weitere Zeugen des Faktors X in der zeitgenössischen Wissenschaft anführte.[278] Allerdings wusste ich seinerzeit noch nichts vom empirischen Nachweis des Urknalls, nichts von dem geringen Gehirnvolumen der ersten Produzenten menschlicher Werkzeuge, nichts vom Beginn der Städtekultur vor mehr als doppelt so langer Zeit als bis dahin angenommen, nichts von der ersten Schrifterfindung bereits zweitausend Jahre vor der sumerischen Kultur.

Der Faktor X beim Wandel von Sprachsystemen nach Höfler

Als de Saussure der Sprachwissenschaft die neue Aufgabe zuwies, synchrone Sprachsysteme zu erforschen, unterstellte er natürlich nicht, dass die im Bereich der Diachronie bestehenden Probleme alle schon gelöst seien. Zu ihnen gehören auch Wandlungen innerhalb des Systems einer Sprache. Im Jahre 1958 machte der Wiener Sprachforscher Otto Höfler auf Schwierigkeiten aufmerksam, denen man begegnet, wenn man derartige Neuerungen, wie üblich, durch die Annahme zu erklären sucht, dass sie zunächst an einem bestimmten Punkt innerhalb eines Siedlungs- oder Verkehrsraums sich bildeten und von ihm aus sich dann durch nachbarliche Nachahmung wellenförmig ausbreiteten. Er führte eine ganze Reihe von Sachverhalten an, die der „Wellentheorie" widersprechen, und meinte schließlich konstatieren zu können: „Die ‚Sprech-Dispositionen' (...) haben sich in denselben Zeiträumen ohne entscheidende gegenseitige Beeinflussung im gleichen Sinn verändert."[279]

Angesichts des von ihm beschriebenen Panoramas war sich Höfler „völlig sicher (...), dass die hier in Rede stehenden Gesetzlichkeiten nicht mechanischer (...) Art sind."[280] Er vermutete, dass die Ursache in einer bestimmten Beschaffenheit der Erbanlagen bestehe, welche auf eine spezifische Entwicklung der Sprechdisposition hindränge. Einen Nachweis dafür vermochte er jedoch nicht zu erbringen.

Der Faktor X beim Paradigmawechsel nach Kuhn

Zu dem Faktor X bekannte sich 1962 der amerikanische Wissenschaftshistoriker
Thomas S. Kuhn mit seinem Buch *The Structure of Scientific Revolutions*,[281] das
ich im Zusammenhang mit der Entdeckung der Röntgenstrahlen bereits genannt
habe. Es vertritt eine wissenschaftsgeschichtliche These, die seinerzeit höchst
schockierend wirkte, inzwischen aber weithin anerkannt wird.

Kuhn zeigte zunächst, dass man sich unter Naturwissenschaftlern den Fortschritt der Erkenntnis als einen kontinuierlichen Prozess vorstellt, in dem eine
neue Entdeckung immer auch eine neue und darum noch ungelöste Problematik
an den Tag bringt, die dann auf die gleiche Weise gelöst werde. Darum sei man
überzeugt, dass sich in der Wissenschaft ein allmählicher Aufstieg zu immer höheren Erkenntnisstufen vollziehe. Das sei aber nur teilweise berechtigt. Die Wissenschaft könne klare Ergebnisse nur dann erzielen, wenn sie aus dem Gesamt-
bereich der Wirklichkeit einen Teilbereich herauslöse. Im Blick auf den gewähl-
ten Ausschnitt werde dann festgelegt, welche Art von Fragen überhaupt zugelas-
sen werden, und damit sei auch präformiert, welche Sorte von Antworten erwartet werden können. Solche Grundentscheidungen würden meist durch wissenschaftliche Leistungen ermöglicht, die als vorbildliche Beispiele gelten, als „Pa-
radigmata". Wenn in einer Wissenschaft ein solches Paradigma vorliege, dann
vollziehe sich das Forschen, bezogen auf dieses maßgebliche Modell, tatsächlich
als kontinuierlicher Fortschritt. Die derart verfahrende Wissenschaft könne man
als die „normale" bezeichnen.

Daneben gebe es jedoch noch eine andere Art von wissenschaftlicher Forschung, die „außerordentliche", in der sich ein neues Paradigma Bahn bricht.
Dabei müssten bisher nicht erlaubte Fragen legitimiert werden, und zugleich
würden bisher inakzeptable Antworten nach und nach in erwartbare verwandelt.
Der Übergang könne, weil das neue Paradigma dem früheren in wichtigen Momenten widerspreche, nie in einem stufenlosen Gleiten, sondern immer nur in einem Sprung vonstatten gehen. Kuhn schreibt wörtlich:

> Gerade weil es ein Übergang zwischen unvereinbaren Dingen ist, kann er nicht Schritt
> um Schritt vor sich gehen, von Logik und neutraler Erfahrung erwirkt. Er muss (...) auf
> einmal (wenn auch nicht notwendigerweise in einem Augenblick) geschehen oder ü-
> berhaupt nicht.[282]

Diesem jähen, sprunghaften Vorgang entsprechen Zeugnisse der betroffenen Forscher. Kuhn schreibt weiter:

> Paradigmata können durch normale Wissenschaft überhaupt nicht korrigiert werden.
> Vielmehr führt die normale Wissenschaft (...) letztlich nur zum Erkennen von Anoma-
> lien und zu Krisen. Und diese werden nicht durch Überlegung und Interpretation, son-
> dern durch ein relativ plötzliches und ungegliedertes Ereignis gleich einem Gestalt-
> wandel beendet. Wissenschaftler sprechen dann oft von den ‚Schuppen, die ihnen von
> den Augen fallen' oder dem ‚Blitzstrahl', der ein vorher dunkles Rätsel ‚erhellt', wo-
> durch seine Bestandteile in einem neuen Licht gesehen werden können, das zum ersten
> Mal seine Lösung gestattet. Bei anderen Gelegenheiten kommt die betreffende Er-
> leuchtung im Schlaf. Kein üblicher Sinn des Ausdrucks ‚Interpretation' paßt zu diesen
> Eingebungsblitzen, durch die ein neues Paradigma geboren wird.[283]

Diese Beschreibung des Anfangs eines neuen Paradigmas erinnert an Goethes Überzeugung, alles wahrhaft Große, das Menschen hervorbringen, werde durch ein „reines Geschenk von oben" ausgelöst, durch eine Inspiration. Inspiration ist immer auf Glauben bezogen. Auch Kuhn musste also auf den Glauben zu sprechen kommen. Dabei wollte er aber nicht etwa nur, wie z. B. Einstein, dartun, dass für den Menschen im allgemeinen außer dem Wissen auch das Glauben nötig sei. Vielmehr ging es ihm darum, zu verdeutlichen, dass der Glaube innerhalb der Wissenschaft selbst maßgeblich wird, wenn wesentliche Neuerungen sich abzeichnen.

> Derjenige, der ein neues Paradigma in einem frühen Stadium annimmt, muss das oft entgegen den durch Problemlösungen gelieferten Beweisen tun. Das heißt, er muss den Glauben haben, dass das neue Paradigma mit den vielen großen Problemen, mit denen es konfrontiert wird, fertig werden kann, wobei er nur weiß, dass das alte Paradigma bei einigen versagt hat. Eine Entscheidung dieser Art kann nur im guten Glauben getroffen werden.[284]

Näheres über den Glauben, vermochte Kuhn allerdings nicht zu sagen. Er enthielt sich jeder Aussage über die Beschaffenheit der Kraft, der die Forscher sich anvertrauen, und die als die eigentliche Ursache eines jeden Paradigmawechsels aufzufassen wäre. Sie blieb für ihn ein unbekannter Faktor X. Damit nahm für ihn allerdings die Wissenschaft, ja die Welt, einen Zug des Rätselhaften an.

In der Folge versuchte Kuhn, den Faktor X nicht in der Eigenart der Welt, sondern in der Gemeinschaft der Wissenschaftler zu lokalisieren.[285] Dieses Vorgehen hätte er wohl selbst als ein nur vorläufiges betrachten müssen, wenn er mit den Beobachtungen bekannt geworden wäre, die sich mir im selben Jahr 1962, in dem sein Buch über den Paradigmawechsel erschien, infolge der Lektüre von Darstellungen der Geschichte des Stierkampfs erschlossen. Denn was ich nun beschrieb, war auch eine Art von „Paradigmenwechsel", aber er trug sich gleichzeitig im spanischen Stierkampf und in der deutschen Dichtung zu; und dieses Rätsel konnte man gewiss nicht dadurch auflösen, dass man sich mit wissenschaftlichen Gemeinschaften wie derjenigen der Physiker näher befasste.

Der Faktor X beim parallelen Wandel in heterogenen Disziplinen nach Foucault

Eine ähnliche Wirkung hätte allerdings auch ein Buch ausüben können, das 1966 im französischen Original erschien und bald in viele andere Kultursprachen übersetzt wurde *Les mots et les choses* von Michel Foucault. Es handelt zwar von Veränderungen in der Wissenschaft, die Kuhns Vorstellung vom Paradigmawechsel entsprechen. Jedoch spielten sich die von Foucault untersuchten Umbrüche in ganz heterogenen Bereichen ab, und dementsprechend wurden sie von ganz unterschiedlichen Wissenschaftlergemeinschaften getragen: von Biologen, Ökonomen und Linguisten.

Foucault untersuchte die Wandlungen dieser Disziplinen während der Neuzeit und wies nach, dass neben Veränderungen, die für eine einzige Disziplin spezifisch waren, auch grundlegende Wandlungen in allen drei Wissenschaftszweigen zu verzeichnen seien. Augenfälligerweise spielten sie sich ungefähr zur selben

Zeit und auf dieselbe Weise ab. Solche Veränderungen konstatierte er um 1630 und um 1770. Einige der Neuerungen seit 1770, die ich in dem Kapitel 4: „Die Geschichte als Maschine" anführte, wurden erstmals in Foucaults Buch in ihrer Gleichartigkeit beschrieben.

Foucault sah sich außerstande, die Parallelität der *sprunghaften* Veränderungen in den drei Disziplinen zu erklären. Er bemerkte: „Diese Diskontinuität ist in ihrem Prinzip (...) rätselhaft (...). Woher kommt plötzlich diese unerwartete Mobilität der erkenntnistheoretischen Dispositionen, die Abweichung der Positivitäten voneinander und in noch tieferem Maße die Veränderung ihrer Seinsweise? Wie geschieht es, dass das Denken sich von jenen Ufern löst, die es einst bewohnte, (...) und dass es genau das in den Irrtum, die Schimäre und das Nichtwissen taumeln läßt, was noch nicht einmal zwanzig Jahre zuvor im lichten Raum der Erkenntnis aufgestellt und bestätigt wurde? Welchem Ereignis oder welchem Gesetz gehorchen diese Veränderungen (...)?"[286]

Auch noch 1971, als Foucault das Vorwort zur deutschen Ausgabe von *Les mots et les choses* verfasste, die seinem Wunsch entsprechend in *Die Ordnung der Dinge* umbenannt wurde, gab er zu verstehen, dass jene Fragen nach wie vor offen seien:

> Mir schien es unklug, jetzt eine Lösung zu erzwingen, die anzubieten, das gebe ich zu, ich mich unfähig fühlte: die traditionellen Erklärungen - Zeitgeist, technologische oder soziale Veränderungen, Einflüsse verschiedener Art - schienen mir zum größten Teil mehr magischer als tatsächlicher Natur zu sein. Ich ließ also in diesem Buch die Frage nach den Ursachen beiseite und entschied mich statt dessen, mich darauf zu beschränken, die Transformationen selbst zu beschreiben, wobei ich davon ausging, dass dies ein notwendiger Schritt sei, wenn einmal eine Theorie der wissenschaftlichen Veränderung und der epistemologischen Ursachen geschaffen werden sollte.[287]

Der Faktor X im parallelen Wandel in der Wissenschafts- und Sozialgeschichte nach Nitschke

Ähnliche Beobachtungen wie Foucault machte zur gleichen Zeit der Stuttgarter Historiker August Nitschke, allerdings nicht an Epochenphänomenen der Neuzeit, sondern des Mittelalters, und überdies nicht nur in verschiedenen Wissenschaften - bei ihm waren es die Natur- und die Staatstheorie -, sondern auch in den gesellschaftlichen Verhaltensweisen. Seinem 1967 erschienenen Buch gab Nitschke den Titel *Naturerkenntnis und politisches Handeln im Mittelalter*. Wie Foucault in der Neuzeit drei große Ären unterschied, so grenzte auch er drei große Epochen ab: die erste beginnt in der karolingischen Zeit, die zweite setzt um 1050 ein, die dritte im 13. Jahrhundert.

Und ebenso wie Foucault konstatierte auch Nitschke, dass die bisherigen Versuche, epochale Veränderungen zu erklären, unbrauchbar seien. Auch er musste aber einräumen, selbst nicht über eine bessere Erklärung zu verfügen:

> Wie es zum Wandel in der Geschichte kommt, wird durch diese Untersuchung allerdings nicht verständlich. Immerhin ist zu sagen, dass weder Ideen noch gesellschaftliche Strukturen die Ursachen für diejenigen Veränderungen sein können, die eine neue Epoche herbeiführen; denn die Ideen und die Gesellschaftsformen sind von der Art ab-

hängig, in der die Menschen einer Zeit sich und die Umwelt sehen, also von der Wirklichkeit dieser Menschen. Wer den Wandel zu erklären sucht, hat demnach zu fragen, aus welchen Gründen die verschiedenen Wirklichkeiten einander ablösen. Nach den bisherigen Beobachtungen muss er wohl damit rechnen, dass zwischen den einzelnen Epochen Sprünge liegen. Welche Gegebenheiten die ‚Sprünge' hervorrufen, das ist - vorläufig wenigstens - nicht zu erkennen. Vielleicht gehen sie auf Veränderungen im Menschen zurück, die sich in irgendeiner Weise mit den Mutationen vergleichen lassen. Doch das sind im Augenblick noch vage Vermutungen.[288]

Nitschkes Mittelalterbuch wurde mir erst im Jahre 1971 durch den Hinweis eines Studenten bekannt. Damals war ich mit der Schlussredaktion eines Manuskriptes über das Nibelungenlied befasst, an dem ich - mit langen Unterbrechungen - seit dem Beginn der sechziger Jahre gearbeitet hatte. Darin vertrat ich mit Entschiedenheit die Auffassung derjenigen Forscher, die betonten, dass dieses Werk nicht als eine Art Museum des germanischen Altertums betrachtet werden dürfe, wie es lange Zeit üblich war, sondern als Zeugnis seiner Entstehungszeit um 1200 aufgefasst werden müsse. So gab ich meinem Buch den Titel *Das Nibelungenlied in seiner Epoche.*[289]

Das spezifisch Epochale fasste ich wie in dem Buch über „Impressionismus" und „Expressionismus" als einen kollektiv erfahrenen Sinnzusammenhang auf. Um die Sinnerfahrungen, die um 1200 maßgeblich gewesen sind, klarer fassen zu können, bemühte ich mich auch um eine Deutung der ihnen voraufgegangenen Epochen. Als ich nun Nitschkes Buch kennenlernte, stellte ich mit freudiger Überraschung fest, dass seine Epochendeutungen mit den meinen in den Grundzügen übereinstimmten, und dies, obwohl ich mich einzig an Werken der Dichtung orientiert hatte, während bei Nitschke gerade dieser Lebensbereich ausgespart geblieben war.[290]

Weitere Beobachtungen von Wirkungen eines Faktors X

Selbstverständlich setzte ich Nitschke von der Koinzidenz unserer Forschungsergebnisse in Kenntnis. Danach lernten wir uns bald auch persönlich kennen. Überdies kamen wir in der Folge recht häufig, begleitet von Mitarbeitern und fortgeschrittenen Studenten, zu Arbeitstreffen abwechselnd in Stuttgart und in Marburg zusammen. Bei einem solchen Treffen konnte ich die Stuttgarter auf Foucaults epochengeschichtliche Untersuchung hinweisen. Dieses Buch regte wiederum Nitschke zu einem Forschungsprojekt an, in dem er zusammen mit einer Reihe von Mitarbeitern den von Foucault um 1770 angesetzten Wandel zunächst überprüfte und dann in einer Anzahl weiterer Lebensbereiche nachwies. Zu der aus diesem Forschungsvorhaben hervorgehenden Publikation steuerte ich einen kleinen Beitrag bei, in dem ich einen epochalen Wandel beim frühen Goethe beschrieb.[291]

Bald danach verfasste ich ein Buch, in dem ich Forschungsergebnisse der soeben genannten Vertreter der neuartigen Epochenforschung referierte: Höfler und Kuhn, Foucault und Nitschke. Das Gemeinsame dieser Wissenschaftler meinte ich am klarsten in Abgrenzung von den Strukturalisten fassen zu können. Während deren verschiedene Ansätze meiner Ansicht nach durch den Bezug auf zeitenthobene Strukturen miteinander verbunden waren, ging es in der neuen

Epochenforschung zwar ebenfalls um Strukturen, aber um solche einer besonderen Art: sie ermöglichen einen Wandel oder zeigen ihn an. Zur Benennung der
neuen wissenschaftlichen Tendenz, deren Ergebnisse unabhängig voneinander
erzielt worden waren und die als eine solche bis dahin noch gar nicht erkannt
war, schlug ich den Begriff „Potentialismus" vor. Die Übereinstimmung mit August Nitschke war damals übrigens derart groß, dass er nach der Lektüre meines
Manuskriptes mir einige Ergänzungen vorschlagen und ich seine Formulierungen direkt in meinen Text übernehmen konnte.

Zeitgleich mit meinem Buch *Vom Strukturalismus zum Potentialismus*[292] erschien das Werk *Das Ende der Naturgeschichte - Wandel kultureller Selbstverständlichkeiten in den Wissenschaften des 18. und 19. Jahrhunderts* von Wolf
Lepenies.[293] Darin ist der zuerst von Foucault beschriebene Wandel der Wissenschaft seit dem ausgehenden 18. Jahrhundert an zahlreichen weiteren Beispielen
weitergehend ausgelotet. In einem erst 1981 publizierten, aber auf langjährigen
Vorarbeiten beruhenden zweibändigen Werk *Épocas literarias y evolución* bot
der Madrider Literaturtheoretiker Carlos Bousoño weitere Ergänzungen zu dem
gleichen epochalen Wandel um 1770.[294]

Bousoño wusste natürlich nichts von dem deutschen Lektor, der in der ersten
Hälfte der sechziger Jahre an derselben Fakultät tätig gewesen war wie er. Aber
ein früherer Schüler von mir, Jaime Cerrolaza, der einst die Anfänge der Komponentenanalyse miterlebt hatte, war inzwischen Professor an der Germanistischen Abteilung geworden und lud mich ein, im Rahmen einer Gastdozentur im
Januar 1985 Dozenten und fortgeschrittene Studenten dieser Abteilung in die
komponentialanalytische Arbeitsweise einzuführen. Diese Gelegenheit nutzte er
außerdem, um einen Zyklus öffentlicher Vorträge zu organisieren, in denen Bousoño und ich zuerst unseren jeweiligen Forschungsansatz erklärten und sodann
den Wandel um 1770 aus unserer jeweiligen Sicht beschrieben. In einer ab-
schließenden Podiumsdiskussion stellten wir fest, dass wir auf je besondere Art
und im Bezug auf ganz unterschiedliche Phänomene denselben Wandlungsvor-
gang erörtert hatten.

Der Faktor X als Ursache der Sprachfähigkeit nach Chomsky

Alle Vertreter der ‚potentialistischen' Denkweise, mit deren Veröffentlichungen
ich bekannt wurde, waren überzeugt, dass mit den neuen Beobachtungen die bisherigen Erklärungen des Epochenwandels hinfällig wurden. Einige wurden sich
darüber hinaus, wie ich selbst, auch eines allgemeinen Fehlers in der herrschenden Auffassung vom Fortschritt bewusst. Die oben aufgewiesene Widersprüchlichkeit in Kants Modell habe ich bereits in dem Buch von 1976 erörtert.[295] In
derselben Schrift konnte ich aber auch darlegen, dass eine Herleitung des
Menschseins aus dem tierischen Leben, die noch für Kant maßgeblich war, von
einem zeitgenössischen Sprachwissenschaftler, dem Nordamerikaner Noam
Chomsky, widerlegt worden war.

Chomsky ging in zwei Büchern, die 1957 und 1965 erschienen,[296] von der
These aus, dass bei allen Sprachen zwischen dem, was den Worten eines Sprechers unmittelbar zu entnehmen ist, der „Oberflächenstruktur", und dem, was er

beim Sprechen im Sinn hat, der „Tiefenstruktur", zu unterscheiden sei. Nicht immer geben die Worte das Gemeinte eindeutig zu erkennen. Wenn jemand z. B. sagt: „Der Mann beobachtete das Radrennen auf der Straße", so kann er damit zweierlei meinen, entweder, dass der Beobachter des Rennens selbst auf der Straße stand, oder aber, dass er von einem dritten Ort her auf die Straße blickte. In solchen Fällen bleibt das Gemeinte ein Geheimnis des Sprechers. Allermeist entspricht die Tiefenstruktur jedoch bestimmten Regeln, und dann erlaubt deren Kenntnis eine korrekte, ergänzende Deutung des unzulänglichen, expliziten Wortlauts. Wenn jemand zu einem Kellner sagt: „Herr Ober, es zieht!", so wird der Kellner wahrscheinlich zum Fenster gehen und es schließen, worauf der Gast ihm wohl dankend zunicken wird, und dies, obwohl er seinen Wunsch überhaupt nicht mit Worten ausgedrückt hatte. Gast und Kellner haben sich verständigen können, weil sie beide mit einer Regel bekannt waren, die der Konvention gemäß darin besteht, sich gegen Luftzug durch das Schließen eines Fensters oder einer Tür zu schützen. Es gibt noch andere Momente, die in der sprachlichen Tiefenstruktur wirksam werden. Die wichtigsten sind die Regeln der Syntax.

Chomsky erklärte nun, dass das System von Regeln der Tiefenstruktur eine Art von Grammatik bildet. Sie ist allerdings höchst eigenartig beschaffen. Im Unterschied zu der Grammatik, die man in der Schule lernt, ist sie niemals in Regeln expliziert worden, die Philologen in mühsamer Gelehrtenarbeit explizierten. Jedes kleine Kind lernt sie ohne irgendeine theoretische Unterweisung von seiner Mutter und beweist ihre Kenntnis fortwährend, indem es sich nicht darauf beschränkt, gehörte Sätze wörtlich zu wiederholen, sondern dazu übergeht, neue, niemals vernommene Sätze hervorzubringen oder, wie Chomsky sich ausdrückte, zu „generieren". Denn wenn neu erzeugte Sätze einem Hörer verständlich sind, so müssen sie mit allgemeinen, dem Hörer bekannten Regeln übereinstimmen. Eine kommunikative Sprachverwendung ist nur möglich aufgrund einer schon vorhandenen Sprachkompetenz. In den Worten von Chomsky:

<D>ie Kenntnis einer Sprache <involviert> die implizite Fähigkeit (...), unbegrenzt viele Sätze zu verstehen. Daher muss eine generative Grammatik ein System von Regeln sein, die iteriert werden können, um eine unbegrenzt große Zahl von Strukturen zu erzeugen.[297]

Die Fähigkeit eines jeden Menschen, Sätze zu erzeugen, die zuvor noch nie gebildet worden sind, wertete Chomsky als Beweis für eine den Menschen in allen seinen Zügen bestimmende Kreativität. Natürlich stellte er sich die Frage, wie es eigentlich komme, dass diese Kreativität, die die Beherrschung eines höchst komplizierten und der Fachwissenschaft bis heute keineswegs völlig durchsichtigen Regelsystems voraussetzt, schon bei Kindern zu konstatieren ist. Er gelangte zu der Auffassung, dass durch Beobachtung des Sprachlernvorgangs allein nur eine Teilantwort zu gewinnen sei. Zweifellos bedarf ein Kind, um eine Sprache zu erlernen, eines Partners, der sich bereits eine Kompetenz in der fraglichen Sprache erworben hat. Nur durch Erfahrung kann sich ein Kind das spezielle Regelsystem z. B. des Englischen oder des Russischen aneignen. Aber der Kontakt mit einem kompetenten Partner allein wäre für das Kind völlig nutzlos, wenn ihm nicht schon zuvor eine andere, allgemeinere Kompetenz eigen wäre, eine Kompetenz für Sprache überhaupt. Es erschien Chomsky unausweichlich anzunehmen, dass ein Kind bereits vor jedem Erlernen einer partikularen Sprache ein universales, sämtlichen menschlichen Einzelsprachen zugrunde liegendes Regel-system beherrscht.

> Eine Theorie über die Sprachstruktur, die Erklärungsadäquatheit anstrebt, muß als u-nerläßlichen Bestandteil auch die linguistischen Universalien enthalten und dem Kind, das eine Sprache erlernt, die intuitive Kenntnis dieser Universalien zuschreiben.[298]

Mit dieser These bestätigte Chomsky in gewisser Weise die Ansicht der Struktu-ralisten, dass es bestimmte menschliche Strukturen gebe, die jeglicher menschli-chen Tätigkeit vorausgehen. So sah er die Bedeutung der strukturalen Phonolo-gie, die seinerzeit dem Ethnologen Claude Lévi-Strauss die Verallgemeinerung linguistischer Prinzipien erlaubt hatte, denn auch vor allem in der Einsicht, „dass eine ziemlich kleine Anzahl von Merkmalen, die in absoluten, von den Einzel-sprachen unabhängigen Begriffen spezifiziert werden können, die Basis für die Organisation aller phonologischen Systeme zu bilden scheint."[299] Dementspre-chend hätte Chomsky durchaus mit Lévi-Strauss die Meinung vertreten können, dass der Mensch seit Jahrtausenden in seinem Wesen derselbe geblieben sei. A-ber Chomsky war, auch wenn er es selbst nicht in dieser Weise formulierte, kein Strukturalist mehr, sondern ein Potentialist. Was ihn in erster Linie interessierte, waren nicht die Strukturen als solche, sondern die menschliche Fähigkeit, mit ih-rer Hilfe kreativ zu werden. Zu den Wesenszügen dieser Fähigkeit gehörte es nach seiner Ansicht, dass sie nicht immer schon existierte - also nicht innerhalb der Zeitenthobenheit fester Strukturen ihren Ort hatte -, sondern einmal einen Anfang genommen haben muss. Wahrscheinlich wusste er noch nicht, dass durch die Funde des Ehepaars Leakey seit dem Jahr 1959 die Darwinsche Rück-bindung des Menschseins an das Volumen des Gehirns ad absurdum geführt worden war, aber er stellte - ähnlich wie einst Herder - fest, dass eine Deutung der menschlichen Sprache als Ausgestaltung der bei Tieren vorfindlichen For-men der Kommunikation völlig verfehlt sei. In der 1968 veröffentlichten Schrift *Language and Mind* schrieb Chomsky in diesem Sinn:

> Es ist ganz natürlich zu erwarten, dass ein Interesse an der Sprache zentral für die Un-tersuchung der menschlichen Natur bleiben wird, wie es in der Vergangenheit auch gewesen ist. Jeder, der sich mit dem Studium der menschlichen Natur und der mensch-lichen Fähigkeit befasst, muss sich irgendwie mit dem Umstand auseinandersetzen, dass alle normalen Menschen Sprache erwerben, während der Erwerb selbst ihrer sim-pelsten Anfangsgründe gänzlich außerhalb eines ansonsten durchaus intelligenten Af-fen liegt (...).[300]

Und er zog die Schlussfolgerung:

> Wenn wir fragen, was die menschliche Sprache ist, so finden wir keine auffallende Ähnlichkeit mit tierischen Kommunikationssystemen. Auf der Abstraktionsebene, auf der menschliche und tierische Kommunikation zusammenfallen, kann man nichts Sinnvolles über das Verhalten oder Denken sagen. Andererseits weisen die Beispiele für tierische Kommunikation, die bisher geprüft worden sind, viele der Eigenschaften des menschlichen Gesten-Systems auf, und es könnte sinnvoll sein, die Möglichkeiten einer direkten Verbindung unter diesem Aspekt zu untersuchen. Aber die menschliche Sprache ist offensichtlich auf völlig anderen Prinzipien aufgebaut. Ich glaube, dass dies ein wesentlicher Punkt ist, der oft von denen übersehen wurde, welche die menschliche Sprache als ein natürliches, biologisches Phänomen betrachten; aus die-sen Gründen erscheint es mir ziemlich abwegig, über die Möglichkeit zu spekulieren,

dass die menschliche Sprache sich aus einfacheren Systemen entwickelt haben könnte
- vielleicht als ebenso absurd, wie wenn man über die ‚Evolution' der Atome aus
Schwärmen von Elementarteilchen spekulieren wollte. Soweit wir wissen, ist der Besitz der menschlichen Sprache mit einem spezifischen Typ von mentaler Organisation
verbunden, nicht einfach ein höherer Grad von Intelligenz. Es scheint mir kein Grund
zu der Annahme zu bestehen, dass die menschliche Sprache nur ein komplexerer Fall
von etwas ist, was anderswo in der Tierwelt gefunden werden kann. Das wirft ein
Problem für den Biologen auf, denn falls dies zutrifft, ist es ein Beispiel für einen echten ‚Entwicklungssprung' - für das Auftreten eines qualitativ anderen Phänomens auf
einer spezifischen Stufe der Organisationskomplexität.[301]

Wie man sieht, musste Chomsky einen Faktor X ansetzen. Aufgrund seiner
sprachtheoretischen Erkenntnisse waren die bis dahin üblichen Deutungen der
Ursache der menschlichen Sprachfähigkeit hinfällig geworden, aber eine der
neuen Situation entsprechende andere, schlüssigere Deutung anzubieten, war
auch Chomsky nicht möglich.

Der Faktor X als Ursache von Fulgurationen nach Lorenz

Offenbar hoffte Chomsky, dass die Biologen weiterführende Einsichten gewinnen könnten. Tatsächlich hat ein sehr renommierter Vertreter dieser Disziplin,
Konrad Lorenz, seine These aufgenommen. Auch hierüber berichtete ich bereits
in meinem Buch von 1976.
    Die Bezugnahme auf Chomsky findet man in Lorenz' *Die Rückseite des Spie-
gels* von 1973. Wer das vorausgegangene Buch von Lorenz *Das sogenannte Böse. Zur Naturgeschichte der Aggression* gelesen hatte, konnte den neuen Ansatz
gewiss nicht erwarten. Lorenz hatte darin betont, dass er die Lehre von Darwin
zwar für ergänzungsbedürftig, aber auch durchaus für ergänzungsfähig, und insofern für im Grunde richtig hielt:

> Seit wir durch Charles Darwin von dem historischen Werden der Organismenwelt wis-
> sen und darüber hinaus sogar einiges über die Ursachen, die ein solches Werden be-
> wirken, bedeutet für uns die Frage ‚wozu?' etwas scharf Umschriebenes. Wir wissen
> nämlich, dass es die *Leistung* des Organs ist, die seine Form verändert. Das Bessere ist
> überall der Feind des Guten. Wenn durch eine kleine, an sich zufällige Erbänderung
> ein Organ ein klein wenig besser und leistungsfähiger ausfällt, so wird der Träger die-
> ses Merkmals samt seinen Nachkommen für alle nicht gleicherweise begabten Artge-
> nossen zu einer Konkurrenz, der sie nicht gewachsen sind. Über kurz oder lang ver-
> schwinden sie vom Erdball. Dieses allgegenwärtige Geschehen nennt man natürliche
> Zuchtwahl oder Selektion. Die Selektion ist der eine von den beiden großen Konstruk-
> teuren des Artenwandels; der andere, der ihr das Material liefert, ist die Erbänderung
> oder Mutation, die Darwin in genialer Voraussicht als eine Notwendigkeit postulierte,
> zu einer Zeit, als ihre Existenz noch nicht nachgewiesen war.[302]

Lorenz hatte sich intensiv mit verschiedenen, erst nach Darwin entwickelten For-
schungsansätzen auseinandergesetzt, vor allem mit dem von Jakob von Uexküll
erbrachten Nachweis, dass ein lebender Organismus nie isoliert existiert, sondern
immer zusammen mit seiner Umwelt, außerdem mit der biologischen Variante
der auf Christian von Ehrenfels zurückgehenden Gestalttheorie und mit der in
Parallele zum Strukturalismus seit der Mitte des Jahrhunderts entwickelten Ky-

bernetik. Das hatte ihn zu Revisionen und Modifizierungen des klassischen Darwinismus geführt. Doch an den Grundsätzen von Darwins Evolutionstheorie Kritik zu üben, sah er lange keinen Anlass. Nun aber fiel ihm folgendes auf:

Wenn man von einem lebenden Organismus sagt, dass er einerseits er selbst
und andererseits auch seine Umwelt ist, so genügt das nicht. Die Umwelt braucht
er für seine Existenz - in erster Linie, weil sein Leben von Energie abhängt, die
sich verbraucht und darum aus einem Reservoir ergänzt werden muss, das außerhalb des einzelnen Organismus, eben in seiner Umwelt, existiert. Nun besteht
die Umwelt aber nie allein aus solchen ‚Energietankstellen‘, also aus Nahrung;
sie enthält viele andere Elemente, die völlig ungenießbar sind. Der lebende Organismus benötigt deshalb Informationen über seine Umwelt, um die brauchba-
ren Nährstoffe aussondern zu können. Von diesen Überlegungen her kam Konrad Lorenz dazu, das traditionelle Organismus/Umwelt-Modell in ein triadisches
Modell zu ergänzen:

> Das Gewinnen und Speichern von arterhaltender relevanter Information ist eine für al-
> les Lebendige ebenso konstitutive Leistung wie das Gewinnen und Speichern von E-
> nergie. Beide sind gleich alt, denn beide müssen mit der Entstehung von Leben gleich-
> zeitig in die Welt gekommen sein.[303]

Mit dieser Einsicht begann sich Lorenz von der Darwinschen Erklärung des Ar-
tenwandels zu lösen. Denn indem er begriff, dass die Information in einem ebenso engen Zusammenhang zur Lebensenergie eines Organismus wie die Umwelt
steht und eine Identität nicht nur von zwei, sondern von drei Konstitutiva zu bedenken ist, wurde es für ihn unmöglich, bei Veränderungen weiterhin dem Zufall
seine maßgebliche Rolle zuzuerkennen. Nicht zu bestreiten war freilich, dass innerhalb eines Systems Zufälle wirksam werden. Bedeutung konnte aber immer
nur erlangen, was dem Rahmen des Systems gemäß war.

> Es ist ein unbestreitbar richtiger und dabei doch ein irreführender Satz, zu sagen, dass
> die Lebewesen ungerichteten, rein zufallsbedingten Veränderungen unterliegen und
> dass die Evolution nur durch Ausmerzung des Ungeeigneten zustande komme.- Man
> kommt der Wirklichkeit des großen Werdens in der organische Natur weit näher,
> wenn man sagt: Das Leben betreibt höchst aktiv ein Unternehmen, das gleichzeitig auf
> den Gewinn eines ‚Kapitals‘ von Energie und auf den eines Schatzes von Wissen ab-
> zielt, wobei jeweils der Besitz des einen den Erwerb des anderen fördert.[304]

Und es wurde auch klar, dass die Dynamik, die in einem organischen System
durch Mutation und Selektion ausgelöst wird, nur der Erhaltung eines Artensys-
tems dienen kann, jedoch zur Hervorbringung neuer, höherer Organismen völlig
ungeeignet ist. Weil ein höheres System nie das Produkt eines niedrigeren sein
kann, verfällt jeder Wissenschaftler einem Irrtum, der wie Darwin solche Ablei-
tungen versucht.

> Obwohl wir, wie immer wieder betont werden muss, als Naturforscher nicht an Wun-
> der, das heißt an Durchbrechungen der allgegenwärtigen Naturgesetze glauben, sind
> wir uns doch völlig darüber im klaren, dass es uns nie gelingen kann, die Entstehung
> des höheren lebendigen Wesens aus seinen niedrigeren Vorfahren restlos zu erklären.
> Das höhere Lebewesen ist (...) nicht auf seine einfacheren Vorfahren ‚reduzierbar‘ (...).
> Das System höherer Integrationsebene <ist> aus dem niedrigeren *nicht deduzierbar*, so
> genau man dieses auch kennen möge.[305]

Lorenz' Einsicht ist vor dem Hintergrund einer anthropologischen Fragestellung besonders gewichtig. Das System Mensch enthält zwar vieles, was sich in niedrigeren Systemen gleichfalls findet, aber auch manches, das in ihnen nicht vorkommt. Gerade dieses Besondere verleiht nun dem System des menschlichen Seins eine einzigartige Prägung.

> Wollte man Leben definieren, so würde man sicher die Leistung des Gewinnens und Speicherns von Information in die Definition einbeziehen, ebenso wie die strukturellen Mechanismen, die beides vollbringen. In dieser Definition aber wären die spezifischen Eigenschaften und Leistungen des Menschen nicht enthalten. Es fehlt in dieser Definition des Lebens ein essentieller Teil, nämlich alles das, was menschliches Leben, *geistiges* Leben, ausmacht. Es ist daher keine Übertreibung zu sagen, dass *das geistige Leben des Menschen eine neue Art von Leben sei.*[306]

Indem Lorenz das System Mensch als eine neue Art von Leben bestimmte, traf er sich mit dem Linguisten Chomsky; deutete dieser doch die Sprachfähigkeit als eine Qualität, die erst und ausschließlich beim Menschen auftritt. Chomskys Folgerung, dass die Sprachfähigkeit jedem menschlichen Individuum angeboren sein müsse, hielt Lorenz für vollauf berechtigt. Zu ihrer Stützung führte er sogar ein zusätzliches Argument an, indem er an den Bericht von Anne M. Sullivan über die geistige Entwicklung ihrer taubstummen und blinden Schülerin Helen Keller erinnerte, die trotz ihrer schweren Behinderung Bücher schreiben konnte. Lorenz wertete dies als „unumstößlichen Beweis für die Richtigkeit von Noam Chomskys Theorien".[307]

Das Beispiel Helen Keller zeigt auch, dass die menschliche Sprachfähigkeit primär nicht darin besteht, dass bestimmte Signale geformt werden können. Sie beruht primär in einer nicht-materiellen Geistesverfassung.

Da Lorenz mit Chomsky die Meinung, die menschliche Sprachfähigkeit sei aus tierischen Kommunikationsformen auf evolutionäre Weise hervorgegangen, für widerlegt hielt, konnte er der Evolutionstheorie in ihrer bisherigen Form nicht mehr zustimmen. Allerdings betonte er, dass er sich deshalb noch keineswegs die These zueigen mache, zwischen den verschiedenen Stufen des Lebens, und zumal zwischen der tierischen und der menschlichen Seinsweise, gebe es überhaupt keinen genetischen Zusammenhang. Vielmehr hielt er die Annahme, dass die verschiedenen Stufen in einem chronologischen Nacheinander zu sehen seien und dass die jeweils höhere aus der niedrigeren entstanden sei, weiterhin für notwendig. Der Revision bedürftig erschien ihm lediglich die Vorstellung, dass der genetische Prozess den Charakter einer „Entwicklung" gehabt habe.

> Wenn man versucht, den Vorgang des großen organischen Werdens zu schildern und dabei dessen Natur gerecht zu werden, so findet man sich immer wieder dadurch behindert, dass der Wortschatz der Kultursprache zu einer Zeit entstand, in der die Ontogenese, d. h. das individuelle Werden der Lebewesen, die einzige Art von Entwicklung war, die man kannte. Die Wörter Entwicklung, Development, Evolution usw. besagen ja etymologisch alle, dass sich etwas entfaltet, das schon vorher in eingewickeltem oder zusammengefaltetem Zustande vorhanden gewesen war, wie die Blume in der Knospe oder das Hühnchen im Ei. Auf diese ontogenetischen Vorgänge treffen die genannten Ausdrücke in befriedigender Weise zu. Sie versagen aber geradezu kläglich, wenn man versucht, dem Wesen des organischen Schöpfungsvorganges gerecht zu werden, das eben darin besteht, dass immer wieder etwas völlig Neues in Existenz tritt, etwas, das *vorher einfach nicht da war.*[308]

Den Begriff „Evolution" konnte Lorenz als sachgemäß nur noch insofern anerkennen, als er zur Beschreibung nicht qualitativer, sondern quantitativer Veränderungen gebraucht wird, also Veränderungen innerhalb eines strukturgleichen
Systems bezeichnen soll. Die Kennzeichnung der nur in einem Sprung möglichen Ausbildung eines neuartigen Systems erfordere einen anderen Begriff:

> Theistische Philosophen und Mystiker des Mittelalters haben für den Akt einer Neu-
> schöpfung den Ausdruck ‚fulguratio', Blitzstrahl, geprägt. Sie wollten damit zweifellos
> die unmittelbare Einwirkung von oben, von Gott her, zum Ausdruck bringen. Durch
> einen etymologischen Zufall, wenn nicht aufgrund tieferer unvermuteter Zusammen-
> hänge, trifft dieser Terminus den Vorgang des In-Existenz-Tretens von etwas vorher
> nicht Dagewesenem viel besser als alle vorerwähnten Ausdrücke.[309]

Die Verdeckung des Faktors X durch die Bewegungen
der Selbstorganisation und des Neomarxismus

Seit dem Buch von Lorenz aus dem Jahre 1973 müsste eigentlich statt von einer
Evolutions- von einer Fulgurationstheorie gesprochen werden. Doch dieser Beg-
riffswandel hat sich bisher nicht durchgesetzt. Soweit ich das zu beurteilen vermag, war dies keineswegs eine Folge davon, dass die von Lorenz vorgetragenen
Argumente widerlegt worden wären. Der Grund könnte vielmehr darin zu suchen
sein, dass eine seit dem Beginn der sechziger Jahre in den Naturwissenschaften
begegnende Bewegung öffentliche Aufmerksamkeit auf sich zog, die den Anschein erwecken mochte, die Bezugnahme auf einen Faktor X sei doch überflüssig.

In dieser Forschungsrichtung geht es um „die Untersuchung der spontanen
Entstehung, Höherentwicklung und Ausdifferenzierung von Ordnung in dynami-
schen Systemen fern ab vom Gleichgewicht", wie Rainer Paslack in einer tref-
fenden Charakteristik formulierte.[310] Die Bewegung ist unter dem Begriff
„Selbstorganisation" bekannt geworden, weil sie sich auf das Studium von Phänomenen konzentriert, die sich bilden, ohne dass sich eine mechanisch wirkende
Ursache finden ließe. Sie entstehen wie von selbst, weil bestimmte Bedingungen
eintreten.

Die im Zeichen der Selbstorganisation gewonnenen Erkenntnisse sind zweifel-
los hoch bedeutsam, gerade auch im Zuge der Überwindung der mechanistischen
Denkweise. Aber mit der Problematik des Faktors X haben sie nichts zu tun.
Was sich durch Selbstorganisation bildet, entsteht entweder zufällig oder in einer
Kette von Wiederholungen, in der es wesenhaft Neues nicht gibt.

Wirkungen des Faktors X, wie etwa die erste Manifestation eines neuen organischen Systems oder die Begründung der Stadtkultur oder der Beginn einer E-
poche um 1770, vollziehen sich aber niemals zufällig, da sie nach vorwärts und
rückwärts in einen weiteren Sinnzusammenhang einbezogen sind. Als Wesens-
anfänge sind sie zudem von der Wiederholung ausgeschlossen. Wenn einmal die
Stadtkultur begründet ist, so können noch viele Städte gegründet werden, aber
niemals mehr die erste. So war es durchaus irrig, wenn angenommen wurde,
durch die Erforschung der Selbstorganisation erübrige es sich, weiter nach der
Eigenart des Faktors X zu fragen.

Der Begriff „Selbstorganisation" sollte eine Ausgrenzung all jener Phänomene vornehmen, die nicht durch mechanisch wirkende Kräfte verursacht werden. Aber er zeigt nicht an, was das „Selbst" denn sei, das an deren Stelle wirksam wird. Gemeint sind gewiss Kräfte der Natur, und zwar solche, die beim Eintreten bestimmter Bedingungen immer und überall zur Geltung kommen und eben darum nicht der Faktor X sein können. Wenn man diesen Sachverhalt auf die Hypothese bezieht, dass der Kosmos nicht immer schon existierte, und also auch nicht die irdische Natur, muss man auch die Frage stellen, was für eine Kraft es war, welche die für die Selbstorganisation verantwortlichen Kräfte hervorbrachte. Auch sie hat bisher keine Antwort gefunden.

Die Erforschung der Selbstorganisation blieb nicht auf die Naturwissenschaften beschränkt. In den Kultur- und Geisteswissenschaften erlangte sie allerdings nicht dieselbe Bedeutung. Doch hat auch hier das Thema „Faktor X" die wissenschaftliche Öffentlichkeit sehr viel weniger beschäftigt, als man angesichts des Forschungspanoramas, das ich zu beschreiben versuchte, vermuten möchte. Der Hauptgrund dafür mag darin liegen, dass noch eine zweite, spezifisch humanwissenschaftlich orientierte Bewegung mächtig wurde, die den Rückgriff auf einen Faktor X gleichfalls als abwegig erscheinen ließ. Sie übte eine umso breitere Wirkung aus, als sie von einer allgemeineren gesellschaftlichen Strömung propagiert wurde, von der in den sechziger Jahren vielerorts aufgebrochenen „antiautoritären Bewegung".

Wissenschaftstheoretisch und sachlich bedeutsam war dabei vor allem der Rückbezug auf Sigmund Freud. Die von ihm thematisierten Tiefenschichten der Psyche konnten manchmal ins Spiel gebracht werden, wenn Anlass gewesen wäre, vom Faktor X zu sprechen. Freuds späte Lehre vom Todestrieb und vom Urbösen wurde jedoch auffälligerweise regelmäßig ausgeklammert. Freud interessierte vor allem, insofern er eine Möglichkeit zu bieten schien, eine Befreiung der Sexualität aus den gesellschaftlichen Zwängen zu rechtfertigen.

Geschichtstheoretisch maßgeblich wurde die Anknüpfung an Karl Marx. Dabei bemühte man sich, einige der inzwischen erkennbar gewordenen Fehler des ‚realen' Sozialismus zu beheben; Marx' Grundkonzeption aber behielt man bei. Im Umkreis der „Frankfurter Schule" der Soziologie, die zum Hauptträger der Bewegung werden sollte, war man in strukturell ähnlicher Weise „neomarxistisch" eingestellt wie Konrad Lorenz bei der Niederschrift von *Das sogenannte Böse* „neodarwinistisch". Die von Marx explizierte sozio-ökonomische Dynamik galt als universale Ursache aller geschichtlichen Veränderungen. Wie für Marx selbst der Hegelsche Idealismus überholt war, so galt die Frage nach einem nicht-ökonomischen Anfangspunkt als antiquiert.

Wie trügerisch dieser Anschein war, zeigt beispielhaft der Wandel im ausgehenden 18. Jahrhundert. Von ihm galt bei den Neomarxisten ebenso wie bei den Altmarxisten als ausgemacht, dass er seine Ursache in sozio-ökonomischen Kräften habe, welche vor allem die Französische Revolution verursachten und von ihr aus in verschiedene Bereiche der Gesellschaft wirkten. Nun hat, wie ich schon darlegte, die Neue Epochenforschung ihrerseits im ausgehenden 18. Jahrhundert einen tiefen Wandel in zahlreichen Lebensbereichen festgestellt. Wären diese Neuerungen erst seit den neunziger Jahren aufgetreten, so hätte sich die Auffassung der Neomarxisten bestätigen lassen und es bestünde kein unmittelbarer Anlass, von der Wirkung eines Faktors X zu sprechen. Doch wurden die qualitativen Neuerungen schon seit dem Beginn der siebziger Jahre konstatiert, lange vor dem Ausbruch der Französischen Revolution.

Schwierigkeiten bei der Identifizierung des Faktors X

Allerdings haben die beiden Geistesbewegungen, die sich gegen eine Anerkennung des Faktors X richteten, seine Leugnung doch keineswegs zwingend nahegelegt. Das meine ich aus eigener Erfahrung mit aller Entschiedenheit feststellen zu dürfen. Im Jahre 1971 wurde ich als Literaturwissenschaftler im Bereich der Gattungspoetik auf Sachverhalte aufmerksam, die durchaus als Auswirkungen von „Selbstorganisation" gedeutet werden können.[311] Das hinderte mich jedoch nicht daran, im Jahre 1973 den schon erwähnten Vortrag über den *Faktor X in der Geschichte* zu halten. Der Neomarxismus wurde damals in meinem Fach ungemein mächtig, zumal auch an mehreren Fachbereichen meiner Universität Marburg. Doch dass seine Deutung der Epochengeschichte irrig ist, war für mich immer klar und ich habe keinen Augenblick gezögert, diese Auffassung argumentativ in Lehrveranstaltungen, Vorträgen und Schriften zu vertreten.[312]

Vielleicht ist mir diese Entschiedenheit paradoxerweise infolge eines Irrtums besonders leicht gefallen. Ich hatte eine Möglichkeit ins Auge gefasst, den Faktor X mit wissenschaftlichen Mitteln zu identifizieren, und schrieb im Nachwort zu dem 1976 erschienenen Buch *Vom Strukturalismus zum Potentialismus*, ein entsprechender Vorschlag befinde sich „z.Zt. in Arbeit."[313] Ich stellte mir vor, dass ich mich dabei an der komponentialen Struktur orientieren könne. Wenn ich den jeweils festgestellten neuartigen epochalen Sinn in Analogie zu einer Resultativkomponente setzte, den Sinn der bisherigen Periode als Entsprechung zu einer Aktualkomponente dächte, dann müsste es, so meinte ich, möglich sein zu erschließen, wie die Kraft beschaffen sei, die in der Funktion einer Potentialkomponente ursächlich wirksam wurde. Da jeder neue Epochensinn sich von den früheren unterschied, war natürlich zu erwarten, dass auch die wirkende Kraft immer andere Qualitäten zeigte. Aber ich hoffte, eine Reihe von ihnen erschließen und dann aus ihnen allgemeine Züge abstrahieren zu können. Im Sommer 1977 waren meine Vorbereitungen so weit gediehen, da ich mit der Niederschrift begann. Nach einiger Zeit wurde mir jedoch klar, dass der eingeschlagene Weg mich nicht zum Ziel bringen würde. Ich brach ab und bahnte mir einen zweiten Weg. Doch auch er erwies sich mir als ein Holzweg (Die zwei Fragmente habe ich später zu Zwecken der Dokumentation in einer Sammlung meiner *Kleinen Schriften* publiziert[314]). Inzwischen bin ich zu der Auffassung gelangt, dass der damalige Fehlschlag unvermeidlich war, weil ich zwei - eigentlich mir keineswegs unbekannte -Sachverhalte unbeachtet ließ.

Bei meinen Untersuchungen zu der Dichtung aus der Zeit um den Ersten Weltkrieg hatte sich mir sehr deutlich gezeigt, dass eine epochale Umbruchserfahrung eng mit dem Erscheinen von Bösem verbunden sein kann. Da es damals nicht um irgendwelches Böses, sondern um das Urböse ging, hätte ich mir sagen können, dass das Böse vielleicht auch beim Hervortreten anderer Epochensysteme eine Rolle spiele. Aber dieser Möglichkeit ging ich damals nicht nach.

Heute vermute ich, dass ich mich in diesem Fall vom Zeitgeist habe beeinflussen lassen. In den sechziger und siebziger Jahren wollte man allgemein vom Bösen nicht viel wissen. Symptomatisch dafür ist der Erfolg des Buches *Das soge-nannte Böse* von Konrad Lorenz, dessen erste Auflage 1963 erschien. Es entstand, wie Lorenz selbst berichtete, teilweise aus der direkten Absicht, Freuds Lehre vom Urbösen zu widerlegen. Lorenz schrieb:

> Der Begriff des Todestriebes <steht> nach einer Theorie Freuds allen lebenserhalten-den Instinkten als zerstörendes Prinzip polar gegenüber (...). Diese der Biologie fremde Hypothese ist in den Augen des Verhaltensforschers nicht nur unnötig, sondern falsch. Die Aggression, deren Auswirkungen häufig mit denen des Todestriebes gleichgesetzt werden, ist ein Instinkt wie jeder andere und unter natürlichen Bedingungen auch e-benso lebens- und arterhaltend. Beim Menschen, der durch eigenes Schaffen seine Le-bensbedingungen allzu schnell verändert hat, zeitigt der Aggressionstrieb oft verderb-liche Wirkungen, aber das tun in analoger, wenn auch weniger dramatischer Weise an-dere Instinkte ebenso.[315]

Lorenz stellte zu seiner Freude fest, dass seine Gegenthese gerade auch bei Ver-tretern der Psychoanalyse viel Zustimmung fand.

Nicht weniger bezeichnend für den damaligen Zeitgeist ist der Umstand, dass der katholische Tübinger Theologe Herbert Haag im Jahre 1969 eine kleine Schrift mit dem Titel *Abschied vom Teufel* publizierte und ihr 1974 eine umfas-sende Untersuchung folgen ließ, um zu demonstrieren, dass der „Teufelsglaube" kein wesentlicher Bestandteil des christlichen Glaubens sei.[316]

Die Entdeckung des Bösen im Mythos durch Girard

Meinerseits konnte ich nicht leugnen, dass mehrere der von mir untersuchten Dichter der Zeit um den Ersten Weltkrieg Erfahrungen von einem übermenschli-chen Bösen dargestellt hatten, aber ich zögerte wohl, diesem Moment in meinem eigenen Denken zentrale Bedeutung einzuräumen. Einen besonders eindrucks-vollen Beweis für die maßgebliche Präsenz des Bösen fand ich bei dem französi-schen Literaturwissenschaftler René Girard, der in die USA emigrierte und dort zu einem der maßgeblichsten Mythenforscher avancierte. Sein einschlägiges Buch trägt den Titel *La violence et le sacré* und erschien 1972.[317]

Für die Art seiner Auseinandersetzung mit Mythen erlangte offensichtlich Claude Lévi-Strauss große Bedeutung. Von ihm lernte er, dass zum richtigen Verständnis von Mythen nicht so sehr eine mechanistisch-kausale Erklärung bei-trägt, als die Durchleuchtung auf Strukturmuster. Deshalb waren nach Girard die strukturalistischen Untersuchungen als Beiträge zur Überwindung der „alten Illu-sionen des Historizismus" wichtig.[318] Jedoch wurde seine Aufmerksamkeit von einem Strukturmuster gefesselt, bei dessen Deutung die Orientierung am struktu-ralistischen Prinzip versagte. Es war das Muster des Opfers, das sich allenthalben in Mythen findet.

Um dieses Muster verstehen zu können, musste Girard über die Vordergrund-ansicht von Kulturphänomenen hinausgehen, in ähnlicher Weise wie Chomsky die sprachliche „Oberflächenstruktur" zur „Tiefenstruktur" hin überschritt. Gi-rard entwickelte zu diesem Zweck seine anthropologische Theorie der ‚Mime-tik.'

Einen Gedanken von Aristoteles aufnehmend und modifizierend, erklärte er, die Nachahmung mache einen Grundzug des Menschen aus:

> Sind seine Primärbedürfnisse einmal gestillt - zuweilen sogar schon vorher -, ist der Mensch von intensiven Wünschen beseelt, weiß aber nicht genau, was er wünscht. Er begehrt das Sein - jenes Sein, das ihm seinem Gefühl nach fehlt und von dem ihm scheint, ein anderer besitze es. Das Subjekt erwartet von diesem anderen, dass er ihm sagt, was gewünscht werden muss, um dieses Sein zu erlangen. Wenn das von höherem Sein anscheinend bereits erfüllte Modell etwas begehrt, dann kann es sich dabei nur um ein Objekt handeln, das eine noch umfassendere Seinsfülle zu vermitteln vermag. Das Modell zeigt dem Subjekt das begehrenswerteste Modell nicht durch Worte, sondern durch einen eigenen Wunsch an. (...) <Der> Wunsch ist wesenhaft *mimetisch*, er richtet sich nach einem Modell-Wunsch; er erwählt das gleiche Objekt wie das Modell.- Die Mimetik des kindlichen Wunsches ist allgemein anerkannt. Der Wunsch des Erwachsenen unterscheidet sich in nichts davon.[319]

Girard betonte nun, dass die Mimetik auch ein Mittel zur Bildung von zwischenmenschlicher Harmonie sein kann.

> Das *Gleiche*, das *Ähnliche* ruft die Idee der Harmonie in den menschlichen Beziehungen hervor: wir haben den gleichen Geschmack, wir mögen die gleichen Dinge, wir sind dazu gemacht, uns zu verstehen.[320]

Aber naheliegend ist dies immer nur dann, wenn sich der Nachahmungstrieb auf Phänomene bezieht, die, wie z. B. die Sprache, teilbar sind. Richtet er sich aber auf Unteilbares, so entsteht die Gefahr der Rivalität. Aus ihr geht, wenn der Nachahmungstrieb sich selbst überlassen bleibt, die Tendenz zu einem Kampf aller gegen alle hervor. Allmählich wird der Zwang zur Beseitigung von Rivalen als eine in der Gesellschaft wirkende höhere Macht empfunden und als ähnlich unheilvoll erlebt wie eine Seuche, z. B. die Pest. Als Folge davon bildet sich die Vorstellung aus, es müsse versucht werden, die übermenschliche Macht zu versöhnen. Zu diesem Zweck werden ihr Opfer dargebracht, wobei man ein Individuum auswählt, das aufgrund bestimmter Merkmale als „Sündenbock" geeignet erscheint. Es gilt nun als Ursache von allem Übel. Man tötet es, um damit die Gesellschaft vom Bösen zu befreien. In gewisser Weise wird sie dadurch neu begründet.

In den Mythen wird der Sündenbock oft verklärt, denn seine Verehrung wird zum Zentrum des gesamtgesellschaftlichen Lebens.

> Wir haben gute Gründe zur Annahme, es könnte sich bei der Gewalt gegen das versöhnende Opfer um eine radikale Gründungsgewalt handeln, und zwar in dem Sinne, dass sie den Teufelskreis der Gewalt beendet und gleichzeitig einen neuen einleitet, nämlich den Kreis des Opferritus, der sehr wohl der Ritus der ganzen Kultur sein könnte. Wenn dem so ist, dann ist die Gründungsgewalt tatsächlich der Ursprung dessen, was zum Wertvollsten der Menschen gehört und was zu bewahren ihnen am meisten am Herzen liegt. Das ist es, was alle *Ursprungsmythen*, die sich auf die Tötung eines mythischen Geschöpfs durch andere mythische Geschöpfe zurückführen lassen, behaupten, wenn auch in verschleierter und verklärter Form. Dieses Ereignis wird als Gründungsakt der kulturellen Ordnung wahrgenommen. Nicht nur die Riten, sondern auch die Heiratsregeln und die Verbote, ja die Kulturformen insgesamt, die den Menschen ihre Menschlichkeit verleihen, leiten ihre Herkunft von dieser toten Gottheit ab.[321]

Wie Girard zeigt, erwecken die Ursprungsmythen verschiedener Kulturen den Anschein, als habe am Anfang das Gute gestanden. In Wahrheit ging dem geschilderten Guten immer Böses voraus, die Gewalttat, die an einem Sündenbock verübt wurde.[322]

Diese Tiefenstruktur der Mythen konnte der Strukturalismus nicht aufdecken, und zwar zunächst aus rein methodologischen Gründen. „Die strukturalistische Analyse beruht auf dem alleinigen Prinzip der differenzierten binären Opposition. Mit Hilfe dieses Prinzips kann der Stellenwert des Alle-gegen-Einen der kollektiven Gewalt in der Mythologie nicht erfaßt werden. Der Strukturalismus sieht darin nur eine Opposition unter anderen, und er führt sie auf das allgemeine Gesetz zurück. Er mißt der Gewaltvorstellung keine besondere Bedeutung bei, weder der vorhandenen noch der nicht vorhandenen. Sein Analyseinstrumentarium ist zu grob, um zu verstehen, was im Verlaufe einer Transformation wie der beschriebenen verlorengeht.“[323]

Die methodologische Zielrichtung entsprach nach Girards Auffassung allerdings einer Willenshaltung. Und tatsächlich hatte schon Lévi-Strauss selbst eine Interessenverwandtschaft zwischen der mythischen und der strukturalistischen Denkweise konstatiert. Girard erklärte nun, das Gemeinsame beruhe im beiderseitigen Bezug auf die Gewalt. Das mythische Denken wollte sie zum Verschwinden bringen, und das strukturalistische erklärte sich damit einverstanden. Mit anderen Worten geht es darum, dass das Böse, das mit dem Gründungsmord in die Geschichte eingegangen ist, verborgen bleibt. Girard hat darauf in eindrücklichen Formulierungen hingewiesen:

> Der Zauberer mischt die Karten lange und legt sie dann in neuer Anordnung auf den Tisch, weil er uns jene vergessen machen will, die er hat verschwinden lassen, und zudem will er uns auch noch dieses Verschwinden vergessen machen, sollten wir es durch Zufall bemerkt haben. In unseren Strukturalisten besitzt der mythologische und religiöse Zauberer ein dankbares Publikum. Wie sollten unsere Mythologen das Verdecken einer Szene bemerken, die nicht zu bemerken sie sich selbst dann bemühen, wenn sie ihnen in die Augen springt.[324]

Zunächst also unterscheidet sich Girards eigener Ansatz vom strukturalistischen formal, insofern er sich an einer „Dreiecksstruktur" orientiert;[325] denn sein mimetisches Grundmuster besteht aus zwei Rivalen, die dasselbe Dritte wollen. Auf einer tieferen, ethischen Ebene wird diese formale Einsicht von der Bereitschaft geleitet, die Abgründigkeit der Geschichte, nämlich das Böse, freizulegen.

> Das Verschwinden des Kollektivmordes <zum Beispiel> im Übergang vom Titanen- zum Kureten-Mythos erkennen heißt verstehen, dass diese Art von Transformation nur in einer Richtung stattfinden kann. Hat ein Mythos einmal von der Titanen- zur Kureten-Form gewechselt, dann gibt es keine Rückkehr zur früheren Form; sie ist undenkbar. Anders gesagt, es gibt eine *Geschichte* der Mythologie.[326]

Dieses Bekenntnis zur Geschichte berührt sich in ausgezeichnetem Sinn mit dem ‚Potentialismus'. Und bei Girard verbindet es sich zudem aufs engste mit einer Anerkennung des Bösen als Geschichtsmacht. Ich meinerseits sah dies damals nicht oder doch nicht mit hinreichender Klarheit. Das war, wie ich heute annehme, einer der Gründe, warum ich bei den Versuchen zur Identifizierung des Faktors X nicht weiter kam.

Die Sperre zum Denken des personalen Gottes

Es gab aber noch einen zweiten Grund. Damals war mir noch nicht bewusst, dass mir Heideggers Vortrag über den ‚Satz der Identität' zusätzliche Gründe hätte liefern können; denn Heideggers Ausführungen zufolge entsprach a) das im Ge-Stell erscheinende Sein dem Potentialen, b) das sich selbst autonom dünkende Dasein dem Aktualen und c) das „Ereignis" der Einsicht in die Identität dieser Zweiheit dem Resultativen. Girards Forschungen waren mir noch nicht bekannt, als ich erstmals mit Heideggers spätem Vortrag in Berührung kam, sonst hätte ich wohl feststellen können, dass er mit seiner „Dreiecksstruktur" gleichfalls die komponentiale Struktur vor Augen brachte. Aber im Grunde meinte ich wohl, auch die bedeutsamsten Bestätigungen zur Festigung meiner Überzeugung letztlich gar nicht nötig zu haben - derart sicher war ich mir hinsichtlich meiner eigenen Beobachtungen. Das Scheitern meiner Versuche zur wissenschaftlichen Identifizierung des Faktors X bedeutete für mich indes eine erhebliche Enttäuschung. Ich war, wie ich an dieser Stelle wohl anmerken muss, in einem christlichen Elternhaus religiös erzogen worden, hatte unter dem Einfluss der Hitlerjugend den christlichen Glauben und durch das Erlebnis des Kriegs fast alle Hoffnung verloren, war aber dann während meiner Studentenzeit in einen mühseligen Prozess der Selbstverständigung geraten, der mich darauf vorbereitete, dass mir eines Tages der Glaube an den personalen Gott Abrahams, von Moses und von Jesus, wieder möglich wurde. Seither versuchte ich, diesem Glauben in meinem persönlichen Leben einigermaßen zu entsprechen. Da die Wissenschaft für mich auch existentiell immer wichtiger wurde, wäre ich froh gewesen, wenn ich eine Wissensweise hätte finden können, die dem personalen Glauben gemäß gewesen wäre. In erster Linie musste dazu eine Form gefunden werden, wie von dem personalen Gott in rational verantwortbarer Weise zu sprechen sei. Als ich auf den Faktor X aufmerksam wurde und feststellte, dass andere Forscher ihn gleichfalls wahrnahmen, erwartete ich, es werde sich methodisch stichhaltig zeigen lassen, dass er mit Gott identisch sei - ähnlich vielleicht wie sich für Heidegger das Ge-Stell als das Sein zu erkennen gab. Wenn ich nun meine Gedankengänge, die zu einer Identifikation des Faktors X mit Gott führen sollten, abbrechen musste, so beeinträchtigte dies meinen Glauben nicht im mindesten; denn das Glauben vertraut sich ja immer einer Zukunft an, die in keinem Fall gewusst werden kann. Aber enttäuschend war es doch.

Heute vermute ich, dass auch andere Wissenschaftler damals erkannten, dass das Wissen dem personalen Glauben seit der Jahrhundertmitte sehr nahe gekommen war, dass sie aber wie ich einsehen mussten, noch immer nicht guten Gewissens von Gott als einer in die Natur und die Geschichte eingreifenden Macht sprechen zu können. Natürlich wurden solche Fragen kaum in der Öffentlichkeit diskutiert. In einem Fall aber geschah es dennoch.

Konrad Lorenz setzte sich im Nachwort seines 1983 erschienenen Buchs *Der Abbau des Menschlichen,* das sein letztes bleiben sollte, mit einigen seiner Leser auseinander, die ihn anscheinend - wohl nach der Lektüre von *Die Rückseite des Spiegels* von 1973 - gefragt hatten, warum er denn nicht offen ausspreche, dass er mit den Fulgurationen von Wirkungen Gottes handle. Er erklärte, warum eine

Identifikation der höheren Schöpferkraft mit einem persönlichen, allwissenden und allmächtigen Gott nicht angehe:

> Was immer die schöpferische Kraft sein mag, die nie dagewesenes Höheres aus niedrigeren Wesen entstehen läßt - sie schafft ‚aus dem Stegreif.'"[327] „<Dem> schöpferischen Geschehen auf dieser Welt <liegt> kein wohldurchdachtes Konzept zugrunde (...), nach dem sich die Entwicklung im Gang durch Jahrmillionen von Stufe zu Stufe folgerichtig entfaltet hätte."[328] „Wenn ich glauben müßte, dass ein allmächtiger Gott den heutigen Menschen, wie er durch den Durchschnitt unserer Spezies repräsentiert wird, *absichtlich* so geschaffen habe, wie er ist, würde ich fürwahr an Gott verzweifeln.[329]

Lorenz stand einer wissenschaftlichen Anerkennung des personalen Gottes schon weitaus näher als vier Jahrzehnte zuvor Albert Einstein. Aber aus ähnlichen Gründen wie dieser meinte er sie nicht verantworten zu können.

Auch für Heidegger zeigte sich nie ein Weg, der es ihm erlaubt hätte, denkend zu entfalten, dass so, wie im Ge-Stell das Sein erscheint, in diesem wiederum Gott zur Sprache komme. Existentiell dürfte Heidegger dieser Möglichkeit jedoch durchaus zugeneigt haben. Rüdiger Safranski berichtet am Ende seines Heidegger-Buchs die folgende aufschlussreiche Begebenheit:

> Im Januar 1976 bat Heidegger seinen Meßkirchener Landsmann, den Freiburger Theologieprofessor Bernhard Welte, zu einem Gespräch zu sich und teilte ihm mit, er wolle, wenn es demnächst soweit sei, auf dem Friedhof in Meßkirch, der gemeinsamen Heimat, begraben sein. Er bat um ein kirchliches Begräbnis und darum, dass Welte an seinem Grabe sprechen möge. In diesem letzten Gespräch, das die beiden miteinander führten, ging es um die Erfahrung, dass die Nähe des Todes die Nähe zur Heimat in sich einschließt. ‚Es schwebte', so berichtete Welte, ‚auch der eckhartische Gedanke im Raum, dass Gott dem Nichts gleich sei'.

Und Max Müller erzählt, wie Heidegger auf Wanderungen, wenn man zu Kirchen und Kapellen kam, stets Weihwasser nahm und eine Kniebeuge machte. Einmal habe er ihn gefragt, ob das nicht inkonsequent sei, da er doch von den Dogmen der Kirche Abstand genommen habe. Darauf habe Heidegger geantwortet: *„Geschichtlich muss man denken. Und wo soviel gebetet worden ist, da ist das Göttliche in einer ganz besonderen Weise nahe.*"[330]

Vierter Teil

10. Masten und Takelung des Segelschiffs und der Wind seit 1980

Die drei Horizonte bei Havel

Im Vorwort dieses Buches habe ich die Auffassung vertreten, dass mit dem Zusammenbruch der politischen Macht des Kommunismus auch ein Glaube eingestürzt sei, der Glaube an die Erlösung der Menschheit durch den wissenschaftlichen Sozialismus. Von diesem Glauben suchte ich dann später zu zeigen, dass in ihm der uralte Glaube an apersonale, anonyme Kräfte eine moderne Ausprägung gefunden hat. Und an derselben Stelle wies ich bereits auf zwei Dichtungen hin, die noch innerhalb der gesellschaftlichen Verhältnisse des real existierenden Sozialismus verfasst worden waren. Christa Wolfs Erzählung *Kassandra* von 1983 und Václav Havels Bühnenstück *Versuchung* von 1986.

Havels Zeugnissen kommt dabei eine besondere Bedeutung zu.

Auf dem Hintergrund der in den ersten Kapiteln dieses Buches entwickelten Gedankengänge versteht es sich von selbst, dass die Betonung der Personalität bei Menschen, die von der abendländischen Kultur geprägt sind, eine Distanzierung von den Prinzipien der griechischen Metaphysik mit sich bringt. Havel kannte Heidegger und schätzte ihn hoch.[330] So wird ihm bekannt gewesen sein, dass dieser in der „Verwindung" des metaphysischen Denkens eine Hauptaufgabe der Gegenwart sah. Ausdrücklich scheint Havel allerdings hiervon nicht gesprochen zu haben. Wohl aber betonte er, dass alles darauf ankomme, den Bereich der modernen, vor allem seit der Aufklärung wirksamen Tendenzen zur Etablierung einer menschlichen Universalherrschaft zu überschreiten. Denn darin lag nach seiner Überzeugung die Anlage zur Selbstzerstörung des Menschen.

Am Ende dieser eingebildeten Herrschaft <des Menschen> über die Welt steht nichts anderes als die Versklavung seiner selbst. In der Annahme, die Welt zu beherrschen und sich damit zu befreien, verliert der Mensch im Gegenteil - beherrscht von seiner ‚Herrschaft' - nur seine Freiheit. Er wird zum Gefangenen seiner eigenen ‚Daseinsprojekte', löst sich in ihnen auf und stellt letztlich fest, dass mit der eingebildeten Liquidierung der Hindernisse, die sein Dasein zunichte machten, es ihm nur gelungen ist, erfolgreich sich selbst zu liquidieren (...). Verschwunden sind Kontinuität und Identität; das Subjekt ist verlorengegangen, seine Freiheit und sein Wille; das ‚Ich' ist auf einem Umweg in seine ursprüngliche Unfreiheit zurückgekehrt und hat sich in die Fremdheit der Welt verwandelt (nur wenig ruft in mir größere Beklemmung und das Gefühl der Fremdheit hervor, als wenn mir mein ‚Ich' wissenschaftlich erklärt wird - sei es als eine biologische, psychologische oder politische Erscheinung).[331]

Abb.XXII: Václav Havel

Allerdings lehnte Havel die Aufklärung keineswegs schlechthin ab. Im Gegenteil, an manchen ihrer Forderungen hielt er mit größter Entschiedenheit fest. Eine Aufklärungsmaxime gehörte sogar in den Kern seiner politischen und intellektuellen Bemühungen. Im Jahre 1977 wurden in der damaligen ČSSR die Mitglieder einer Rockmusikgruppe, genannt „Plastic People", einfach deshalb verhaftet, weil ihre Musik einigen der sozialistischen Machthaber missfiel. Das veranlasste eine Anzahl von Bürgern, zu der auch Havel gehörte, zu einer Petition, in der die Wahrung der nicht zuletzt unter dem Banner der Französischen Revolution proklamierten Allgemeinen Menschenrechte gefordert wurde.

Für Havel hatte dies tiefgreifende Folgen. Im März 1977 wurde er verhaftet, später zu 14 Monaten Gefängnis auf Bewährung verurteilt, allerdings bereits im Mai wieder entlassen, als er der Aufforderung nachgekommen war, einen entsprechenden Antrag zu stellen. Dieser Antrag beschäftigte ihn von da an zutiefst, weil er befürchtete, bei seinen politischen Freunden den Eindruck erweckt zu haben, der Sache der Menschenrechte untreu geworden zu sein.

Zunächst regte ihn diese Problematik zu einem Essay an: *Versuch, in der Wahrheit zu leben*.[332] Darin setzte er sich mit der auf die Aufklärung zurückgehende Tendenz auseinander, das gesellschaftliche Leben durch eine intellektuelle Konstruktion, durch eine „Ideologie", zu normieren. In den Ländern des real existierenden Sozialismus hat sie sich besonders deutlich und gleichsam mit ‚eisernen Banden' manifestiert, denn dort wurde alle politische Macht in den Dienst der marxistisch-leninistischen Ideologie gestellt. Zur Eigenart von Ideologien gehört es, wie Havel darlegte, dass sie den Eindruck erwecken, das menschliche Individuum könne durch ein Kollektiv von seinem eigenen Selbst entlastet werden. Am wichtigsten ist dabei, wie Havel aus seiner eigenen Erfahrung sah, die Fähigkeit des verantwortlichen Gewissens. Die Ideologie suggeriert dem einzelnen, dass er für seine Mitmenschen keine Sorge mehr zu tragen hat, da durch das Kollektiv für sie gesorgt werde. Dies aber entspricht, so stellte Havel fest, nicht der Wahrheit des Menschseins. Wer sich der Ideologie anvertraut, verfällt notwendig der Lüge. Die Chartisten des Jahres 1977 hatten mit ihrem Eintreten für die Menschenrechte den Versuch gemacht, das ideologische Lügengewebe zu zerreißen, um in der Wahrheit leben zu können.

Als Havel 1979 abermals verhaftet wurde und das Angebot erhielt, in die USA zu emigrieren, lehnte er ab und ließ sich - freiwillig gewissermaßen - zu viereinhalb Jahren Gefängnis verurteilen. Die Zeit seiner Strafgefangenschaft nutzte er zum Nachdenken über seine persönliche Situation und über die Lage der gegenwärtigen Menschheit. Seit der Verurteilung durfte er allerdings keine Aufzeichnungen mehr anfertigen, sondern nur noch einen Brief von vier Seiten in jeder Woche schreiben. In diesen Briefen, die er an seine Frau Olga richtete, fixierte er seine Gedanken. Sie wurden von Freunden mitgelesen, bald auch, bereits 1983, im Untergrund vervielfältigt. Eine deutsche Übersetzung erschien 1984.[333]

Zu einem zentralen Gedanken wurde Havel gerade durch den Gefängnisaufenthalt angeregt. Alle vier Wochen durfte er Besuch empfangen, von seiner Frau oder auch von seinem Bruder Ivan. Bald schon, es war im Februar 1980, wurde ihm durch die Besuche spürbar, dass er im Gefängnis nicht einfach nur an einem anderen Ort als seine Angehörigen lebte, sondern in einer anderen Welt.

Ich lebe hier in einer völlig anderen Welt als Ihr, und wenn Ihr dann so mir nichts, dir nichts in der hiesigen Welt auftaucht und einen Teil von der anderen hierherbringt, der, in der Ihr lebt und wohin auch ich gehöre, dann ist das für mich ein sehr eigenartiges Ereignis, anregend und erhebend, aber gleichzeitig beunruhigend und irgendwie zerreißend.[334]

Während des Jahres 1980 beschäftigte ihn diese Differenz wieder und wieder.

Wie Du sicher in einigen meiner Briefe beobachtet hast, kehre ich in meinem Betrachtungen häufig zu den verschiedenen Aspekten der Frage nach der Verantwortung als dem zurück, was de facto den Menschen zum Menschen macht und Grund seiner Identität ist. Dass ich darauf gerade hier und jetzt zurückkomme, hat seine natürlichen Ursachen: bin ich doch aus meiner Welt, aus meinem Zuhause, der mütterlichen Umgebung, herausgerissen, die irgendwie ‚von selbst' allem, was ich tat, Sinn verlieh. Da dieser Hintergrund für mich jetzt verborgen und entfernt ist, wird ganz logisch die Frage aktuell, die früher nicht einmal eine Frage war, denn mein ‚Sich-Beziehen' auf diese ‚verborgene' Welt bzw. meine Verantwortung für sie, gerade weil sie verborgen ist, beginnt aus dem Unterbewußtsein als dessen lebendiges und dauernd gegenwärtiges Thema hervorzutreten.[335]

Aus der Distanz der Gefängniswelt gelangte Havel zu der Einsicht, dass zur Eigenart der normalen Menschenwelt die menschliche Möglichkeit zur Verantwortung, aber auch der Grundzug gehört, dass Sinn vor allen Handlungen ‚da' ist. Während seit der Aufklärung in verschiedensten Auffassungen behauptet wurde, dass Sinn einzig durch das Tun des Menschen hervorgebracht werde, meinte Havel zu sehen, dass die menschliche Tätigkeit ohne vorheriges Erscheinen von Sinn gar nicht möglich sei, dieses also immer voraussetze.

Und so beginne ich mit neuer Dringlichkeit eine Reihe von Dingen zu begreifen, vor allem, dass der Mensch - ohne dass er sich das meist klarmacht oder weit eher, bevor er sich das klarmacht - mit allem, was er tut, sich auf etwas bezieht, auf etwas außerhalb seiner selbst, auf irgendeinen eigenen, persönlichen, existentiellen Horizont. Er tut alles eigentlich auf dem Hintergrund dieses Horizontes, der sein Tun definiert und ihm Sinn gibt, etwa so, wie der Himmel die Sterne zu Sternen macht.[336]

In Gedanken sah sich Havel sogar jetzt, im Gefängnis, auf einen diesen Sinn vermittelnden Horizont bezogen, selbst bei den trivialsten Tätigkeiten.

Und auch Dinge, die scheinbar ganz nichtig und scheinbar bloß auf ganz persönliche Bedürfnisse hin orientiert sind, haben irgendwo in der Tiefe verborgen dieses ‚Sich-Beziehen'. Wenn ich hier zum Beispiel meinen obligaten Tee trinke und versuche, mich innerlich so harmonisch wie möglich zu stimmen, so tue ich das eigentlich - streng genommen - nicht nur für mich: Wenn ich das alles hier so weit wie möglich ohne Schaden und mit gesunden Nerven überleben will, dann ohne Zweifel für jemanden oder für etwas, für Dich, für meine Lieben und Nächsten, für meine Freunde und Bekannten, für irgendeine Gemeinschaft und irgendeine - wenn Du willst - 'Öffentlichkeit', für eine Gesamtheit gewisser Beziehungen, Werte, Ideale, die meinem Leben Sinn geben, für eine Art persönliche Welt oder einfach für die Welt.[337]

Havel war bei diesen Überlegungen von einer Unterscheidung zwischen der Welt des Gefängnisses und der Welt des Draußen ausgegangen und hatte dann die Eigenart der Welt jenseits des Gefängnisses als Horizont der Sinnerfülltheit beschrieben. Zuletzt war er dazu gekommen festzustellen, dass er sich sogar im Gefängnis auf die sinnhafte Welt bezogen sehen könne. Nun wurde es nötig, den Unterschied erneut ins Auge zu fassen.

Dieser Horizont hat allerdings mehrere Schichten: vor allem ist hier der vom physischen Standpunkt aus nächste Horizont, nämlich jener wunderliche Horizont der Umgebung, in die ich im Moment geworfen bin, in der ich mich freilich auch einrichte in der ich auch irgendwie ich selbst sein will. Und wenn das auch nur irgendein ummauertes Räumchen ist, ich nehme es an und muß es annehmen und kann es nicht ignorieren (schone deshalb, weil man eigentlich nichts ignorieren kann). Trotzdem verbergen seine Mauern den unendlich wichtigeren - wenn auch entfernten, unsichtbaren und ‚nur' in Erinnerungen und Vorstellungen andauernd gegenwärtig werdenden - wirklichen Horizont meiner Existenz.[338]

Beim Versuch, die Unterscheidung zwischen der eigenen Welt und der Welt Draußen wiederaufzunehmen, hatte Havel zuerst von „Schichten" innerhalb eines gleichen Horizonts gesprochen, aber dann schien es ihm richtiger, statt dessen zwei verschiedene Horizonte anzunehmen. Das erlaubte ihm, eine bedeutsame Qualifizierung zu exponieren.

Hinter den Mauern meines Pseudozuhause ist der Horizont meines wirklichen Zuhauses verdeckt; übrigens wird auch mein Sich-Beziehen auf jenes Pseudozuhause von der Beziehung zu meinem zwar verborgenen, aber wirklichen Zuhause, das draußen ist, zu dem zwar unsichtbaren, aber trotzdem sehr konkreten Horizont meines Lebens, bestimmt und sinnvoll gemacht.[339]

Der Unterschied der zwei Horizonte bestand darin, dass der erste ein „Pseudozuhause" war, der zweite aber das „wirkliche Zuhause". Das Gebäude des Gefängnisses und die ihm entsprechenden Lebensbedingungen begünstigten die Erfahrung des ersten Horizontes, aber sie schlossen nicht aus, dass auch der zweite gegenwärtig wurde. Die beiden Horizonte waren in erster Linie Grundqualitäten der menschlichen Existenz. Diese Einsicht war folgenreich.

Vor allem erwies sie sich als Voraussetzung dafür, noch von einem dritten Horizont sprechen zu können. Havel wurde auf ihn aufmerksam, als ihm der Gedanke kam, dass der heimatliche zweite Horizont trotz seiner Sinnerfülltheit keineswegs unveränderlich sei, sondern sich in einem Prozess fortgesetzten Wandels befinde.

Dieser so wichtige <zweite> Horizont ist freilich immer noch nicht der letzte und wirklich absolute: So wie sich für den Wanderer allmählich der Horizont der Landschaft, durch die sein Weg führt, verändert (Berge wechseln mit Ebenen ab, mit anderen Bergen, mit Silhouetten von Städten usw.), so ändert sich allmählich auch jener konkrete existentielle Horizont bzw. die Struktur unseres existentiellen Zuhause: die Bedeutung verschiedener Leute, Beziehungen, Umgebungen, Verpflichtungen, Werte, der Liebe und der Ängste entwickelt und verändert sich allmählich; heute zum Beispiel liegt mir alles daran, mit einigen anderen Leuten geistig und sittlich in Verbindung zu sein als mit denen, die vor - sagen wir - zehn Jahren oder noch vor fünf meinen Horizont bildeten (...). Die Horizontlinie verbirgt sich, öffnet sich, ändert sich auf jede erdenkliche Weise, aber der Horizont selber bleibt und dauert, unabhängig von diesem Verbergen und diesen Veränderungen - so verbirgt sich auch hinter diesem konkreten existentiellen Horizont (im Moment von der Mauer verborgen, aber desto lebendiger innerlich erfahren) noch irgendein weiterer - eigentlich ‚dritter' - Horizont. Er ist am meisten nur gedacht, am abstraktesten, am verborgensten und am schwersten zu erfassen, gleichzeitig aber paradoxerweise der sicherste (er dauert an, auch wenn alles Konkrete zusammenstürzt) und er ist der letzte und absolute (als absoluter Horizont aller Lebensrelativitäten).[340]

Es war am 1. November 1980, als Havel seinen Gedanken von den drei Horizonten entfaltete, nach langer gedanklicher Vorbereitung in stummer Zwiesprache mit sich selbst, aber dann offensichtlich spontan während der Niederschrift des Briefes, der in der Sammlung die Nummer 53 bekam. Mir scheint, dass man seine Bedeutung nicht ganz zu ermessen vermag, wenn man sich nicht mit Heidegger auseinandergesetzt und bei ihm die Aufgabe kennengelernt hat, den Menschen anders zu deuten, als vom antiken Modell des ‚zoon logon echon', bzw. in der lateinischen Übertragung des ‚animal rationale' her.

Der Entwurf einer neuen Bestimmung des Menschen ist, wie wir zeigen konnten, Heidegger selbst freilich nicht gelungen. Genau dies aber dürfte nun dem Strafgefangenen Václav Havel in seinem Brief vom 1. November 1980 möglich geworden sein.

Zur Eigenart des neuen Modells gehört es, dass der Mensch nicht aus seinem Unterschied zum Tier, sondern aus der Zugehörigkeit zu einem höheren Sinnhorizont bestimmt wird. Als sein Zuhause gilt der zweite Horizont. In ihm entfaltet der Mensch die ihm eigenen Fähigkeiten. Eine von ihnen ist die Intelligenz, aber sie ist keineswegs die einzige. Havel hat den inneren Zusammenhang jener Vermögen nicht weiter entfaltet. Hätte er jene Vierheit gekannt, die einst Friedrich Schlegel beschrieb, so hätte er vielleicht sie angeführt.

Entscheidend für die menschliche Tätigkeit im zweiten Horizont ist es, dass sie sich immer schon zugleich im Bezug auf die Mitmenschen und im Licht des dritten Horizonts vollzieht. Wenngleich der Mensch aufgrund seines Wesens dem dritten Horizont zugehört, kann er sich doch auch von ihm abwenden. Dann sinkt er aus dem zweiten Horizont hinunter in den ersten. Und dann befindet er sich nicht mehr in seinem Zuhause, sondern, im Bild von Havels Erfahrungsrealität gesprochen, in der Isolation einer Gefängniszelle. Wie aus späteren Aufzeichnungen Havels zu entnehmen ist, gründet die Möglichkeit zum Sein im ersten Horizont darin, dass der Mensch ein Ich ist, ein Lebewesen, das sich von jedem anderen unterscheidet. Nur als Ich kann er zur Übernahme von Verantwortung gerufen werden. Und nur als ein Ich ist er auch fähig, sich der Verantwortung zu versagen. Dann versperrt er sich gegen den dritten Horizont und sucht seine Gefängniszelle gleichsam durch ein künstliches Licht zu erhellen.

Mit dem dritten Horizont meinte Havel eine Sinnfülle, die für den Menschen erscheint, jedoch niemals an Gegenständen oder an deren Beziehungen für ihn fassbar wird. Insofern dürfte er mit dem dritten Horizont dasselbe bezeichnet haben wie Heidegger mit dem Sein selbst.

Havel schloss den Gedankengang des Briefes vom 1. November 1980 ab, indem er vom dritten Horizont sagte:

> Er ist der letzte und absolute (als absoluter Horizont aller Lebensrelativitäten) - und es ist jener Horizont, den - als metaphysischen Fluchtpunkt des Lebens, der dessen Sinn definiert - viele als Gott erleben.[341]

„Viele", schrieb Havel, erlebten den dritten Horizont als „Gott", aber von sich selbst sagte er dies nicht. Ähnlich wie Heidegger das Sein nicht mit Gott zu identifizieren vermochte, so versagte sich auch für Havel eine solche Identifizierung des absoluten Horizonts. Schon vor dem Entwurf des Modells der drei Horizonte hatte er einmal - in einem Brief vom 7. April 1980 - von einem höchsten Horizont gesprochen, auf den er sich bezogen fühle, und dabei hatte er es ausdrücklich als sehr fraglich erscheinen lassen, dass dieser mit jenem Gott übereinstimme, den die Christen verehren.

Seit der Kindheit fühle ich, dass ich nicht ich selbst wäre - ein menschliches Wesen -, wenn ich nicht in andauernder und vielfältiger Spannung zu diesem meinem Horizont lebte, dem Quell des Sinnes und der Hoffnung - und seit der Jugend bin ich nicht sicher, ob es dabei um ‚Gotterfahrung' geht oder nicht. Wie dem aber auch sei, ich bin gewiß kein richtiger Christ oder Katholik (wie so viele meiner guten Bekannten), aus vielen verschiedenen Gründen, zum Beispiel deshalb, weil ich diesen meinen Gott nicht ehre und einfach nicht begreife, warum ich ihn ehren sollte. Das, was er ist, - Horizont, ohne den nichts Sinn hätte und ich eigentlich nicht existierte -, ist er in seinem Wesen, keineswegs also dank irgendeiner kraftvollen Leistung, die Achtung erfordern würde. Mir scheint es nicht, dass ich durch seine musterhafte Verehrung mich oder die Welt bessern könnte.[342]

Das sollte, wie noch darzutun sein wird, nicht Havels letztes Wort zu diesem Problem bleiben. In der Zeit der Exposition seines Modells hatte jene Auffassung für ihn jedoch volle Gültigkeit. So hätte wohl auch Heidegger keinen Anlass gehabt, Havels Modell abzulehnen. Und es scheint so, als setze Havel Heideggers Denken auf bedeutsame Weise fort. Die unerhörte intellektuelle Intensität, welche die Schriften Heideggers auszeichnet, erreicht Havel gewiss nicht. Aufgrund seiner Begabung und Bildung neigt er mehr zum dichterischen als zum philosophischen Ausdruck. Doch vielleicht war für die Aufgabe, ein Gegenbild zu der abendländischen Metaphysik zu entwerfen, ein loseres Verhältnis zur philosophischen Tradition gerade hilfreich.

Immerhin hat sich dem Häftling der Gedanke der drei Horizonte so tief eingeprägt, dass er wiederholt auf ihn zurück kam. So gelangte Havel durch eine Anwendung des bei den drei Horizonten entwickelten Gliederungsprinzips (I.: Isoliertheit im Gefängnis, II.: heimatliche Bezüglichkeit, III.: Sinnfülle) zu einer hoch interessanten Deutung dessen, was die ihm bestens vertraute Welt des Theaters ist, und zu den Schichtungen, die jede Aufführung in sich selbst differenzieren. Darüber hinaus konnte er analogisch Schichten der vom Menschen wahrgenommenen und anerkannten „Ordnung" voneinander unterscheiden. Als Entsprechung zu dem Gefängnis im ersten Horizont nahm er Ordnungen an, die routinemäßig und aufgrund von Konventionen zur Geltung kommen. Als Korrelat zum zweiten Horizont akzentuierte er eine „Ordnung des Geistes" oder „der Freiheit", in welcher der Mensch zu Hause ist, insofern er sich schöpferischen Kräften anvertraut. Und in Analogie zu dem dritten, absoluten Horizont sprach er von einer „Seinsordnung", die in alle einzelnen Ordnungsbezüge hinein ausstrahle. Die einschlägigen Ausführungen sind über viele Briefe verteilt, weshalb es deren Lesern nicht ganz leicht fällt, sich ein klares Bild von dem Panorama der Überlegungen zu machen. In meinem 1994 erschienen Buch *Václav Havels Briefe aus dem Gefängnis. Wo der Mensch zu Hause ist. Ein Dialog* habe ich mich um eine kohärente Beschreibung bemüht.[343] Darum kann ich an dieser Stelle auf den Nachweis weiterer Einzelheiten verzichten.

Den Entwurf eines der abendländischen Metaphysik nicht mehr verpflichteten Modells des Menschseins zu Beginn der achtziger Jahre meine ich als Anzeichen für einen neuen Schritt im Fortgang der epochalen Erfahrungen seit dem Ersten Weltkrieg deuten zu dürfen. Nachdem in den Jahren um diesen Krieg verschiedentlich die Erfahrung artikuliert worden war, dass die Weltmaschine auf einem

Untergrund aufruht, der, ähnlich wie ein Schiff, selbst in Bewegung ist, nachdem dann seit den zwanziger Jahren durch so etwas wie Fenster eines Maschinenhauses hindurch Strukturen beobachtet worden waren, die vom Lauf der Maschine unabhängig sind, und als seit den fünfziger Jahren vielfältig sichtbar wurde, dass das Schiff, das die Weltmaschine trägt, von einer wissenschaftlich bisher nicht definierbaren, aber eindeutig von außen her wirkenden Kraft bewegt ist, etwa in der Weise wie ein Segelschiff durch den Wind, traten mit dem neuen Modell des Menschseins diejenigen Züge in den Blick, die das Segelschiff für den Wind empfänglich machen. Im Bild gesprochen sind es die Segel, oder genauer: die Gesamtheit einer Reihe unterschiedlicher Segel, die Takelung und die Masten, die sie tragen. Mit den drei Horizonten beschrieb Havel einen Hauptmast.

Im folgenden möchte ich zunächst bei den Masten verharren, um Havels Modell zu ergänzen. Das ist dringend zu wünschen, und zwar deshalb, weil mit ihm ein universaler Anspruch verbunden ist. Im altabendländischen Begriff des Menschen als ‚animal rationale' ist die menschliche Natur, gedeutet als ein Tier besonderer Art, das mit der Natur eng verbunden ist. In dem neuen Modell ist jeder Bezug zu ihr getilgt. Da eine Zugehörigkeit des Menschen zur Natur aber nicht geleugnet werden kann, muss sie nun neu gedeutet werden.

Innerhalb der drei Horizonte gibt es für die Natur keinen ihr gemäßen Ort. Darum könnte ein Bezug des Menschen zu ihr wohl nur dann denkbar werden, wenn sich in ihr eine den Horizonten analoge Strukturiertheit erkennen ließe. Tatsächlich kann man eine Entsprechung sowohl zum ersten als auch zum zweiten Horizont ohne große Mühe ausmachen.

Gewiss findet sich in der Natur nicht die im ersten Horizont des Menschen aufleuchtende Einzigartigkeit der Personalität, die zur Selbstisolierung führen kann. Aber die Fähigkeit, isoliert zu existieren, gehört einem jeden Organismus an, und, in der anorganischen Natur, einer jeden art-spezifischen Substanz. Alles, was in der Natur vorkommt, kann daher auch in einen gefängnisähnlichen Zustand geraten. Dieser verhindert, ebenso wie der erste Horizont im menschlichen Dasein, eine volle Wesensentfaltung. Dazu ist ein Bezug über sich selbst hinaus erforderlich, der in organischen Lebenszusammenhängen durch die jeweilige Umwelt ermöglicht wird. Diese hat dieselbe Bedeutung wie beim Menschen das Zuhause-sein des zweiten Horizontes.

Indessen kann es als höchst zweifelhaft erscheinen, ob es innerhalb der Natur eine Entsprechung auch zum dritten Horizont gebe. Doch eigentümlicherweise gelangte ein Naturwissenschaftler zu eben der Zeit, in der Havel den Gedanken der drei Horizonte entwickelte, zu einer Einsicht, die eine ganz neue Perspektive eröffnete.

Die morphischen Felder bei Sheldrake

In jenem Jahr 1978, in dem Havel in Prag seinem Essay *Versuch, in der Wahrheit zu leben*, niederschrieb, fertigte der britische Biochemiker Rupert Sheldrake, der damals im indischen Haiderabat lebte, den ersten Entwurf zu einem Buch an, das dann 1981 unter dem Titel *A New Science of Life* erscheinen sollte.[344] Grundlegend ist darin der Aufweis einer Sphäre in der Natur, die meines Erachtens eine

Entsprechung zu Havels drittem Horizont darstellt. Sheldrake führte seine Überlegungen dann in den folgenden Büchern weiter: *The Presence of the Past*, 1988,[345] *The Rebirth of Nature*, 1990,[346] und *Seven Experiments that could change the World*, 1994.[347] Es würde zu weit führen, wenn ich es unternähme, die jeweiligen Gedankengänge hier nachzuzeichnen. Zunächst beschränke ich mich auf den Versuch, die behauptete Entsprechung zu erklären. (Eine etwas ausführlichere Würdigung von Sheldrakes Denken habe ich bei anderer Gelegenheit vorgenommen[348]).

Sheldrake wurde zur Entwicklung seiner erstaunlichen Grundthese anscheinend durch verschiedene Berichte über rätselhafte Beobachtungen angeregt, für die es im wissenschaftlichen Weltbild keine schlüssige Erklärung gab. Besonders bedeutsam dürfte die folgende Episode gewesen sein.

Im Jahre 1920 begann William McDougall in Harvard mit einer Serie von Experimenten, durch die er die Frage klären wollte, ob, wie einst Lamarck angenommen hatte, erworbene Eigenschaften vererbt werden können, oder ob dies, wie inzwischen die meisten Biologen meinten, unmöglich sei. McDougall ließ Ratten durch ein Wasserbecken mit zwei Ausgängen laufen, von denen der eine erleuchtet, der andere dunkel war. Vor dem erleuchteten Gang bekamen die Ratten einen Stromschlag. Sie sollten lernen, den dunklen Ausgang zu wählen. Das Experiment wurde 15 Jahre lang bei 32 Generationen von Ratten wiederholt. Sein Ergebnis schien eindeutig zugunsten der Lamarckschen Vererbungstheorie zu sprechen. Während die Ratten der ersten Versuchsgeneration erst nach durchschnittlich 165 Fehlversuchen ihre Lektion gelernt hatten, war das bei späteren immer schneller der Fall, und in der dreißigsten Generation waren dazu im Durchschnitt nur noch 20 Fehlversuche nötig.

Dieses Resultat konnten die Gegner der Lamarckschen Theorie nur schwer akzeptieren. So wurden die Experimente von anderer Seite weitergeführt. F.A.E. Crew begann in Edinburgh noch einmal von vorne. Denn er benutzte andere Rattenstämme als die Forschergruppe in Harvard, weshalb das Moment der „Vererbung" am Anfang seiner Experimente keine Rolle spielen konnte. Um so überraschender war die Feststellung, dass sich seine Ratten so benahmen, als hätten sie in Harvard mitgelernt: Sie benötigten in der ersten Generation im Durchschnitt nur 25 Fehlversuche. Dieses Ergebnis wirkte so rätselhaft, dass W.E. Ager in Melbourne sich zusammen mit einigen Kollegen entschloss, der Sache mit großem experimentellem Aufwand auf den Grund zu gehen. In einem Zeitraum von 20 Jahren wurden nun 50 Rattengenerationen getestet. Dabei benutzte man immer wieder Kontrastratten aus ganz verschiedenen Zuchtstämmen. Jedoch auch hier nahm die Schnelligkeit des Lernens von Generation zu Generation zu. Mit den zur Verfügung stehenden methodischen wissenschaftlichen Mitteln ließ sich dieser Sachverhalt in keiner Weise erklären.[349]

Als sich Sheldrake mit diesen und anderen ähnlichen Beobachtungen auseinandersetzte, erlangte für ihn der Umstand grundlegende Bedeutung, dass Verhalten in einer besonderen *Form* erklärungsbedürftig war. Deshalb fragte er sich, wie denn Formen von der Naturwissenschaft erklärt würden und kam zu der Einsicht, dass die Grundannahme vom Ewigkeitswert der Formen (die sich von den Platonischen Ideen herschreibt) unbezweifelten Bestand habe. Dies fand er höchst unbefriedigend. Denn das Moment der Gewordenheit, die Einsicht, dass alle heute beobachtbaren Formen einmal entstanden sind, muss bei einem Sachverhalt wie dem, der durch das Rattenexperiment sichtbar geworden ist, offensichtlich besonders eingehende Berücksichtigung finden.

Nun hatten sich um die Klärung der Genese von Formen in den zwanziger Jahren mehrere Wissenschaftler bemüht. Ihnen ging es vor allem um den Formenwandel bei Embryonen. Als Denkhilfe übernahmen sie aus der Physik den von Faraday eingeführten Begriff des „Feldes" und sprachen nun von „morphogenetischen Feldern".[350] Sheldrake erweiterte den Feld-Begriff aber und sprach vom „morphischen Feld", um den Terminus auf alle Arten von Formen anwenden zu können.[351] Sodann nahm er im Blick auf Phänomene, wie sie bei dem Rattenexperiment sichtbar wurden, eine Präzisierung des Feldbegriffs vor. Obwohl er dabei nur mit längst bekannten Sachverhalten arbeitete, gelangte er zu einer geradezu revolutionären These.

Dabei sind einige Sachverhalte in Erinnerung zu rufen: der Feldbegriff war zur Erklärung von elektromagnetischen Gegebenheiten entwickelt worden. Später wurde er dann auch auf den Bereich des Lichts und der Schwerkraft angewandt. Maxwell suchte die Eigenart solcher Felder durch die Annahme besser verständlich zu machen, dass sie durch einen bestimmten Stoff, den „Äther", angefüllt seien. Es gelang aber nicht, den Äther empirisch nachzuweisen. Schließlich zeigte Einstein in einer seiner berühmten Studien von 1905, dass Felder in Wahrheit aus leerem Raum bestehen. Auf diese allgemein bekannte und anerkannte These griff Sheldrake nun zurück und erklärte, ein Feld aus leerem Raum müsse in gewissem Sinne als materiefreier Bereich gedacht werden.

> Gravitationsfelder und elektromagnetische Felder sind unsichtbar, unberührbar, unhörbar, ohne Geschmack und Geruch. Wir können sie nur über ihre jeweiligen Wirkungen im Bereich von Gravitation und Elektromagnetismus aufspüren (....). In einem bestimmten Sinne sind sie nichtmateriell. Da wir von ihnen nur durch ihre Wirkung auf materielle Systeme wissen, stellen sie in einem anderen Sinne einen Aspekt der Materie dar.[352]

Wenn diese Felder sich zwar in der materiellen Welt auswirken, selbst aber immaterieller Art sind, dann besteht, so schloss Sheldrake, keine Notwendigkeit zu der Annahme, dass sie in ihrer Eigenart durch die Gesetze der materiellen Welt bestimmt würden. Schon in dem Buch von 1981 hielt er fest:

> Morphische Felder „sind weder eine Form von Masse noch von Energie. Aus diesem Grund scheint es ‚a priori' keinen zwingenden Grund zu geben, warum sie Gesetzen gehorchen sollten, deren Gültigkeit man für die Bewegung von Körpern, Teilchen und Wellen erkannt hat. Insbesondere <müssen> sie nicht notwendigerweise durch die räumliche und zeitliche Trennung zwischen ähnlichen Systemen an Wirksamkeit verlieren. Sie könnte<n> sich über die Distanz von zehntausend Meilen als ebenso wirksam erweisen wie über einen Meter, und sie könnten über ein Jahrhundert ebenso unvermindert wirken wie über eine Stunde.[353]

Diese These widerspricht den von der neuzeitlichen Naturwissenschaft tradierten materialistischen Grundüberzeugungen entschieden. Um so bedeutsamer ist es, dass sie, jedenfalls grundsätzlich, unwiderleglich erscheint. Für Sheldrake wurde sie zum Ausgangspunkt für Versuche, die rätselhaften Phänomene der Formbildung doch noch zu erklären. Welchen Weg er dabei einschlug, werde ich später beschreiben. Zunächst aber möchte ich die Aufmerksamkeit darauf lenken, dass seine morphischen Felder eine naturwissenschaftliche Entsprechung zu Havels anthropologischem dritten Horizont bilden.

Havel konnte den dritten Horizont dadurch klarer fassen, dass er ihn von den beiden Horizonten absetzte, die ein Korrelat in der natürlichen Welt haben. Sheldrake rechnete zunächst mit der Existenz von *ausgedehnten Einzeldingen*, wie z. B. Ratten, Wasserbecken oder Ausgängen. Sodann berücksichtigte er *Beziehungen*, die zwischen solchen Einzelheiten durch energetische Wirkungen hergestellt werden, etwa durch die Motorik der Ratten oder durch den Fluss der Elektrizität. Die isolierbaren Einzelheiten lassen sich ohne weiteres Havels erstem, im Gefängnis loziierten Horizont zuordnen, und die durch Energetik entstehenden Beziehungen dem zweiten Horizont der umweltlichen Beziehungen. Die morphischen Felder schließlich unterscheiden sich wesenhaft sowohl von den isolierbaren Einzelheiten als auch von deren Relationen untereinander, und damit gehören sie einer dritten ontologischen Ebene an. Genau wie der dritte Horizont sind sie den Beziehungen der zweiten Ebene enthoben und zugleich doch in ihnen präsent.

Wenn Sheldrake dieses Modell zunächst nicht ausdrücklich formulierte, so lag der Grund vermutlich darin, dass ein anderer Gedanke seine unmittelbare Aufmerksamkeit fesselte. Er meinte, eine Möglichkeit zu sehen, die Existenz und Wirksamkeit von morphischen Feldern unter Anwendung von konventionellen methodischen Mitteln prüfen zu können. Dadurch erzielte er bedeutsame Ergebnisse. Wie ich zu zeigen habe, traten aber auch neue grundsätzliche Probleme auf.

Eine andersartige Möglichkeit, die morphischen Felder in ihrer Wirksamkeit zu bestätigen, zeigte Sheldrake in dem 1994 erschienenen Buch *Seven Experiments that could change the World* auf. Dabei konnte er sich auf eine Reihe von Experimenten berufen, die aber, wie die in Harvard begonnenen Rattenversuche, infolge ihres Aufwandes und der langen Dauer unmittelbar nicht wiederholt werden konnten. Vor dem Hintergrund der Frage, ob es nicht auch eine Möglichkeit zur direkten Demonstration dieser Felder gebe, stieß er auf eine Reihe von Berichten über Vorgänge, die, weil sie zu wesentlichen Grundvorstellungen im Weltbild der neuzeitlichen Naturwissenschaft nicht passen, noch nie ernsthaft untersucht worden waren, aber prinzipiell einer wiederholbaren wissenschaftlichen Anforderungen genügenden Überprüfung offen stehen.

So ist es bekannt, dass Haustiere wahrnehmen, wenn ihre Bezugspersonen nachhause aufbrechen, auch wenn dies zu unregelmäßigen Zeiten geschieht. Von Brieftauben wird erzählt, dass ihnen die Heimkehr in ihren Schlag auch dann möglich ist, wenn er auf ein Fahrzeug montiert wurde, das seinen Standort wechselt. Und Termiten können ihren glockenförmigen Bau nach einer Beschädigung wiederherstellen, auch wenn er durch eine Stahlplatte in der Mitte zertrennt wurde und die Tiere teilweise in keinerlei sensuellem Kontakt mehr stehen. Diese und andere von Sheldrake angeführten Vorgänge wären ohne einen den morphischen Feldern zugeschriebenen immateriellen Zusammenhang nicht möglich. Sheldrake rief in seinem Buch dazu auf, sich an Überprüfungen jener Befunde unter Bedingungen zu beteiligen, die heutigen wissenschaftlichen Standards entsprechen. Bei der Publikation der deutschen Ausgabe des Buches konnte er neben einem britischen Zentrum zur Koordinierung solcher Forschungen bereits weitere nennen, die in Frankreich, Deutschland, den Niederlanden, Spanien und den Vereinigten Staaten gegründet worden waren.[354]

Es ist zu erwarten, dass durch die Ergebnisse dieser Experimente die Wirkung morphischer Felder ad oculos demonstriert und weitere Aussagen über die Art dieser Wirkung getroffen werden können. Ihre Existenz selbst scheint mir schon seit Sheldrakes erstem Buch als ausreichend erwiesen. Sie ist sicher dann um so leichter erkennbar, wenn man das von Havel entworfene Modell der drei Horizonte kennt und die Wesensentsprechung des morphischen Feldes zum dritten Horizont mitbedenkt, obgleich Sheldrake selbst dieser Zusammenhang wohl nicht bewusst war.

Allerdings ist auch bei Havel die Strukturbedeutung der drei Horizonte in gewisser Weise verdeckt geblieben. Und zumindest mir ist bisher keine öffentliche Reaktion auf die ‚Briefe an Olga' bekannt geworden, in der die Bedeutung der drei Horizonte gewürdigt worden wäre. Wenn ich meinerseits dazu in der Lage war, so natürlich nicht zufällig. Als ich Havels Briefe erstmals las, hatte ich mich seiner These von den drei Horizonten bereits angenähert.

Ich habe schon berichtet, dass ich in einem Vortrag aus dem Jahr 1973 eine Unterscheidung zwischen den dualen Strukturen im Strukturalismus und der ein Sinnganzes gliedernden komponentialen Struktur vornahm, indem ich drei Textebenen ansetzte und die strukturalistischen Strukturen einer Ebene II, oberhalb der isolierbaren Elemente einer Ebene I, zuwies, die komponentiale Sinnstruktur aber einer Ebene III. Dieses Modell entspricht in seinem Aufbau genau dem Havelschen. Allerdings darf ich den hohen Anspruch, dem Grundmodell der metaphysischen Deutung des Menschen eine Alternative entgegengesetzt zu haben, der meines Erachtens Havels drei Horizonten zukommt, nicht für meinen Klärungsversuch in Anspruch nehmen. Da er nur auf literarische Texte bezogen war, bildete er zu Havels anthropologisch universalem Modell lediglich eine Vorstufe.

Wenn Havel im Zusammenhang seiner Reflexionen über die Natur des Menschen zu einer Grundstruktur gelangt ist, die exakt mit der von Sheldrake in der Natur entdeckten Ordnung übereinstimmt, so besteht Anlass zu der Vermutung, dass jene Grundform in einer Sphäre gründet, die allem Seienden übergeordnet ist. Dieser Hypothese muss im folgenden weiter nachgegangen werden.

Ordnungsstrukturen des Seins

Der Begriff des Seins legt an dieser Stelle des Gedankengangs eine Rückbesinnung auf Heidegger nahe. Meinerseits bin ich dazu angeregt worden, noch ehe ich Sheldrakes erstes Buch und Havels *Briefe an Olga* kennen lernte. Eine lange und tief dringende Distanzierung von Heidegger war vorausgegangen. Nach meinem eigenen Eindruck hatte ich mich von ihm am weitesten durch die Ausarbeitung des *Handbuchs der Komponentenanalyse* entfernt, da ich dabei in einem Maße in den Dienst wissenschaftlicher Geltungs- und Begründungsansprüche getreten war, die Heidegger im Sinn seines Diktums, dass die Wissenschaft nicht denke, wohl kaum gebilligt haben würde. Ausgerechnet durch das *Handbuch* wurde dann aber mein neues Nachdenken über Heidegger in Gang gesetzt.

Nachdem es 1983 erschienen war, fand es in Deutschland nur wenig Interesse. Gleichwohl fiel es dem japanischen Germanisten Katsuhide Takenaka in die

Hand und ihn vermochte es trotz seiner Trockenheit geradezu zu faszinieren. Er bemühte sich sofort und mit Erfolg um ein japanisches Stipendium zu einem Studienaufenthalt in Deutschland und verbrachte dann - zusammen mit seiner Familie - zwei Jahre in Marburg, um die Komponentenanalyse zu erlernen. Schon damals begann er mit einer Übersetzung des *Handbuchs*. In Japan schloss er die Arbeit ab. Zunächst publizierte er sie in einer wissenschaftlichen Zeitschrift in einer Reihe von Lieferungen (seit 1987). Eine Buchausgabe erschien schließlich 1995, ergänzt durch ein Vorwort, das Takenaka von mir erbeten hatte.

Aus dem Bemühen, japanischen Lesern einen Ansatzpunkt zum Verständnis der Grundgedanken der Komponentenanalyse zu bieten, griff ich darin eine Überlegung auf, zu der mich Takenakas unerwartetes Interesse angeregt hatte. Ich wusste, dass Heidegger schon seit den Anfängen seiner öffentlichen Wirkung und bis in die Gegenwart in Japan viel studiert wurde und fragte mich, ob die Komponentenanalyse nicht vielleicht doch etwas mit seinem Denken zu tun habe. Dagegen sprach natürlich meine entschiedene Distanzierung, die zeitweilig so weit ging, dass ich Sätze von Heidegger nicht mehr meinte ertragen zu können. Aber schließlich entschied ich mich, im Sommersemester 1987 ein Seminar über ‚Heideggers Literaturtheorie' abzuhalten. Inzwischen konnte ich seine Texte wieder ohne inneren Widerstand lesen, und ich konnte Heideggers ungeheure Denkleistung ermessen, die im 20. Jahrhundert wohl nicht ihresgleichen hatte, ähnlich wie es im 19. Jahrhundert mit Hegels Philosophie der Fall gewesen war.

Wenn die Komponentenanalyse doch etwas mit Heidegger zu tun hatte, so war dies, da sie aus einer Distanzierung gegenüber Heideggers Seinsdenken entstanden war, nur möglich, wenn sie über den Rahmen von Heideggers Denken hinausging. Das schien meiner Meinung nach zunächst völlig ausgeschlossen, da ich dann für mich hätte beanspruchen müssen, besser, tiefer, umfassender zu denken als Heidegger. Andererseits hatte ich mich ein Leben lang daran gewöhnt, mich auch auf Möglichkeiten, die geradezu absurd erschienen, einzulassen, wenn gewichtige Momente für sie sprachen. Bei der Vorbereitung des Vorworts zur japanischen Ausgabe konnte ich eine für mich akzeptable Deutung finden. Ich bezog mich auf das alte Wort, wonach ein Zwerg weiter zu sehen vermag als ein Riese, wenn er auf dessen Schultern sitzt. Daraufhin wagte ich darzulegen, inwiefern die Komponentenanalyse tatsächlich eine Fortführung von Heideggers Seinsdenken sein könne. Mit den Sinnkomponenten thematisiert sie einen Zusammenhang, der Heideggers Begriff des ‚Seins eines Seienden' entspricht, insofern er nicht nur oberhalb von allem ‚Seienden', sondern auch von allen Relationen zwischen Seiendem erscheint. Damit wollte ich die japanischen Leser, die sich für Heidegger interessierten, auf die Möglichkeit hinweisen, dass sein Denken als eine entscheidende Voraussetzung gerade dieses *Handbuchs* gelten könne.

Inzwischen ist mir klar geworden, dass Sheldrake, der sich meines Wissens nie auf Heidegger bezogen hat, mit seinem „morphischen Feld" gleichfalls einen Zusammenhang beschrieb, der sich von allen Beziehungen zwischen Einzelheiten wesenhaft unterscheidet und mithin ebenfalls Heideggers Sein entspricht. Auch Havels dritter, „absoluter Horizont" gehört in diesen Zusammenhang. Diese Entsprechungen empfinde ich als nachträgliche Entlastungen gegenüber dem Selbstvorwurf der Anmaßung, da sie zeigen, dass Heideggers Denken nicht allein durch die Komponentenanalyse auf eine Weise fortgesetzt werden konnte,

die ihm selbst fremd gewesen wäre. Offensichtlich hatten sich also mehrere Wege aufgetan, auf denen Heideggers Denkweise, die als eine menschliche ja notwendig ihre Grenzen hat, in legitimer Art überschritten werden kann und wohl
auch muss.

Doch bedeutet der Umstand, dass Heideggers Begriff des „Seins" in einem
wesentlichen Grundzug mit dem des „absoluten Horizonts" und des „morphischen Felds" wie auch mit dem des Sinnganzen von Texten übereinstimmt, nicht
auch, dass er nur auf einen Teil des Modells anwendbar ist, keineswegs aber auf
dessen Gesamtheit?

Um in dieser Frage Klarheit gewinnen zu können, erscheint mir eine termino-
logische Zwischenbemerkung nötig zu sein. Havel meinte mit den „Horizonten"
Bereiche der spezifisch menschlichen Sinnerfahrung. Sheldrake sprach im Begriff der „morphischen Felder" Sachverhalte an, die vor allem an der außermenschlichen Natur studiert werden müssten. Wenn die Seinsfrage in ihrer ganzen Bedeutung weitergeführt werden sollte, müsste ein Begriff gefunden werden,
der keine derartige Einschränkung mit sich bringt. Das ist der Fall bei dem durch
die komponentialanalytische Theorie eingeführten Begriff der „Ebenen", den ich
im Folgenden gebrauchen werde.

Der Teil des Modells, der die Wesenszüge des Seins selbst verdeutlicht, ist die
Ebene III. Die Ebene I kann man auch als die des Seienden (in seiner jeweiligen
Besonderheit), die Ebene II als die der Bezüge zwischen Seiendem beschreiben.
Diese beiden Ebenen dürfen auf keinen Fall mit der dritten vermischt werden.
Aber ergibt sich daraus nicht eine unüberbrückbare Differenz zu Heideggers
Seinsdenken?

Wenn Heidegger darlegte, dass seit jener Wende im abendländischen Denken,
für die der Name Platon steht, und vermehrt seit der zweiten neuzeitlichen Zäsur,
die sich bei Descartes zeigte, das Sein (Ebene III) „vergessen" wurde, weil die
Vielfalt des Seienden (Ebene I) und die Fülle der Beziehungen zwischen Seiendem (Ebene II) alle Aufmerksamkeit auf sich zog, so meinte er doch gewiss
nicht, dass es mit der von ihm befürworteten „Kehre" notwendig oder auch nur
möglich werde, von nun an umgekehrt um des Seins willen alles Seiende und
seine Beziehungen zu „vergessen". In seinem Freiburger Festvortrag von 1957
hatte er dargelegt, dass die Seinsvergessenheit des Menschen nichts daran ändern
könne, dass der Mensch zum Sein gehört. Wenn er sich jenes Seinsbezugs inne
wird und das „Ereignis" eintritt, endet zwar (mit Erreichen der Ebene III) seine
Seinsvergessenheit, nicht aber sein Verhältnis zum Seienden und dessen Bezügen.

Das auf der Ebene III erscheinende Sein ist zwar grundverschieden von allem,
was den Ebenen II und I zugehört, aber es kann ihnen nicht wesensfremd sein, da
es Seiendes durchdringt und umfängt.

Wenn man dies gesehen hat, so wird erkennbar, dass das Sein in sich selbst
durch eine Ordnung gegliedert ist. Heidegger muss sie vor Augen gehabt haben;
ausdrücklich gesprochen hat er von ihr meines Wissens nie, vielleicht deshalb
nicht, weil er vor der Gefahr einer Rückkehr in die Metaphysik zurückscheute.
Nach den Entdeckungen von Havel und Sheldrake darf dies jedoch nicht länger
schrecken. Es wird nötig, vom Sein klar auszusagen, dass in ihm eine Ordnung
zur Geltung kommt, die es in drei Ebenen gliedert.

Ist dies anerkannt, so kann darüber hinaus gezeigt werden, dass es noch weitere Züge der Seinsordnung gibt. Anlass dazu bietet vor allem eine Übersicht über das Strukturdenken, das im 20. Jahrhundert entwickelt worden ist. Gewiss waren viele der seit etwa dem Ersten Weltkrieg sichtbar gewordenen Strukturmuster eher zufälliger Art und verdankten sich konkreten historischen Ursprüngen. Indessen wurden auch unveränderliche, universale Strukturen entdeckt. Wie dargetan, wurde man in der Physik seit Niels Bohr auf das offenbar allumfassende Prinzip der Komplementarität aufmerksam, und in den Geisteswissenschaften gelang es, vor allem seit Claude Lévi-Strauss, die Vorstellung von diesem Prinzip derart zu formalisieren, dass es, als binärer Zusammenhang, aller Zeit enthoben erschien.

Die Strukturalisten waren vor allem an den erkenntnistheoretischen Aspekten dieses Prinzips interessiert. Ihnen zufolge ist es unmöglich, ein bestimmtes Ding zu begreifen, ohne es von einem anderen Ding, und zugleich auch von jedem anderen, zu unterscheiden. Zweifellos kommt diesem Prinzip jedoch auch eine ontologische Bedeutung zu; denn wie sollte irgendein Ding es selbst sein können, ohne sich zu unterscheiden - von einem anderen und von jedem anderen? Das binäre Prinzip gründet, so darf man sagen, im Sein. Und seinen Ort hat es auf der Ebene der Beziehungen, der Ebene II.

Für jedes Seiende gilt aber auch, dass es nicht erscheinen kann ohne das, was seit Christian von Ehrenfels mit dem Begriff „Gestalt" bezeichnet wird. Eine Gestalt ist immer ein in sich geschlossener Zusammenhang. Die einfachste Form der Geschlossenheit bildet das Dreieck. Aber insofern eine Form geometrisch gemeint ist, kann sie noch keine Gestalt darstellen. Die drei Ecken verweisen auf berechenbare Quantitäten. Was eine Gestalt ausmacht, sind dagegen, wie schon Ehrenfels sah, „Gestaltqualitäten".[355] Aus diesem Grund kann eine Gestalt, wie er ebenfalls erkannte, auch nie durch eine Kraft hervorgebracht werden, die lediglich zur Vervielfältigung eines schon existenten Musters fähig ist. So gelangte er zu der bereits erörterten These, dass der Kosmos, insofern er den Charakter der Gestalt hat, durch eine Kraft geschaffen worden sein muss, die in der Lage ist, aus dem Chaos heraus und gegen es geordnete Einheit entstehen zu lassen. Das von Ehrenfels beschriebene Strukturmuster der Gestaltproduktion hat, wie ich ebenfalls darlegte, Heidegger implizit wieder aufgenommen, als er in seinem Freiburger Festvortrag zeigte, dass das Sein auch den ‚seinsvergessenen' Menschen anrufen kann, wodurch das „Ereignis" eintritt, in dem die Identität von Sein und Mensch sichtbar wird. Dasselbe Muster wurde, wie ich weiter ausführte, beschrieben, als mit dem Potentialen, dem Aktualen und dem Resultativen die Grundbegriffe der komponentialen Sinnstruktur entwickelt wurden. Die Anwendung der Komponentenanalyse erwies dann, dass die Qualitätendreiheit, die in jedem auf eine Gestaltgebung zielenden Schaffensvorgang wirksam wird, jede einzelne Gestalt in ihrem Inneren gliedert. Als universales Gliederungsprinzip aller Gestalten gehört auch sie zur Ordnung des Seins. Erscheinend auf der Ebene III, repräsentiert sie das ternäre Prinzip.

Zur Ordnung des Seins muss selbstredend auch die Ebene I hinzugenommen werden, auf der das einzelne Seiende in seiner Isoliertheit existiert. Nun fehlt dem völlig Isolierten der Bezug auf irgend etwas anderes. Das bedeutet aber nur scheinbar, dass es beziehungslos wäre. Das isolierte Seiende steht in einem wesenhaften Bezug zum Nichts. Allerdings hat das Grundverhältnis zwischen seiendem Einzelding und Nichts zu Folge, dass von jenem nichts gewusst werden kann, außer dem einen, *dass* es existiert. Würde es nicht existieren, so könnte es sich nicht auf der Ebene II von anderem unterscheiden, und schon gar nicht könnte es im Sinn der Ebene III eine Gestalt annehmen.

Die mit einer jeden Ebene verbundene Ordnungsstruktur gehört nicht weniger als diejenige, welche die drei Ebenen zusammenfasst, dem Sein an. Das bedeutet, dass man auch sie nie, wie andere Strukturen, als Beziehung zwischen Gegenständen nachweisen kann. Eine jede existiert nur als ein reiner Zusammenhang, vorfindlich auf dem Grund der uns bekannten oder erfahrbaren Welt. Alles, was es in der Welt gibt und geben mag, kommt von diesem Grund her.

Wenn dies einsichtig geworden ist, mag man dazu neigen, jene Frage aufzunehmen, die manche von Havels Freunden an ihn richteten, nachdem sie gelesen hatten, was er über den absoluten Horizont sagte: ob nicht eigentlich von „Gott" die Rede sei. Aber wenn das Wort „Gott" im Sinn der biblischen Gottesrede im Alten und Neuen Testament eine personale geistige Macht bezeichnet, die sich selbst auf Menschen bezieht, mit ihnen ein Bündnis eingeht, zu ihnen redet, sie rügt und lobt, dann kann die Antwort auch in diesem Fall nur eine negative sein. Der jüdisch-christliche Gott hat einen personalen Charakter, die Ordnungsstrukturen des Seins sind jedoch namenlos.

Mit dem Sichtbarwerden der Seinsordnung in verschiedenen Ansätzen gelangt, so meine ich, jener Prozess zu einem Höhepunkt, der in den Jahren um den Ersten Weltkrieg begonnen hatte, als, wie exemplarisch an Franz Kafka zu zeigen war, der Gesamtzusammenhang des „Unzerstörbaren", den dann Heidegger als das Sein bezeichnete, die Welterfahrung zu bestimmen begann. Es erscheint mir bemerkenswert, dass die für die Identifizierung der Seinsordnung maßgeblichen Einsichten am Beginn der achtziger Jahre gleichzeitig an weit auseinander liegenden Orten, in einem Gefängnis bei Prag und im indischen Haiderabat, gewonnen wurden. Dies konnte darauf hindeuten, dass jene Einsicht Folge einer neuen epochalen Welterfahrung war.

Das Weltethos bei Küng

Der Schweizer Theologe Hans Küng, seit 1960 Professor an der Katholisch-Theologischen Fakultät der Universität Tübingen, übernahm 1963 am selben Ort einen neugegründeten Lehrstuhl für Dogmatische und Ökumenische Theologie. Schon seit den Anfängen seiner wissenschaftlichen Arbeit hatte er begonnen, über die Grenzen seines eigentlichen Faches hinauszublicken. Küng verfolgte vor allem das Anliegen der ökumenischen Versöhnung zwischen den christlichen Konfessionen, und erlangte nach und nach ein weltweites Ansehen. Allerdings geriet er nun auch in einen Konflikt mit der kirchlichen Lehrautorität, die ihm schließlich, Ende 1979, die kirchliche Lehrbefugnis entzog. Dessen ungeachtet blieb Küng bewusst weiter Katholik und Priester. Die Fortsetzung seiner Tätigkeit als Hochschullehrer wurde ihm durch die Universität Tübingen ermöglicht. [356] Im Laufe der achtziger Jahre weitete er sein Forschungsfeld immer mehr aus. Dabei leitete ihn die Überzeugung, dass es jetzt darauf ankomme, vorbereitende Arbeit für eine Versöhnung nicht nur zwischen den christlichen Konfessionen sondern auch zwischen den Weltreligionen zu leisten. Schließlich formulierte er mit dem 1990 erschienenen Buch *Projekt Weltethos*[357] die These, dass es möglich sei, Grundzüge eines allen Weltreligionen gemeinsamen Ethos aufzufinden.

Diese Auffassung berührt sich eng mit Havels Gedanken, dass der Mensch in seinem Wesen durch das Moment der Verantwortung bestimmt werde. Damals wurde die hohe Bedeutung der Verantwortung von verschiedenen Denkern und Gelehrten hervorgehoben. Havel lernte noch im Gefängnis ihn tief bewegende Aussagen von dem französischen Philosophen Emmanuel Lévinas kennen (der aus Litauen stammte, aus der jüdischen Tradition herkam, aber wichtige Anregungen von Husserl und auch von Heidegger aufgenommen hatte).[358] Sicher hat er später auch von dem 1979 erschienenen Buch *Das Prinzip Verantwortung. Versuch einer Ethik für die technologische Zivilisation* von Hans Jonas[359] (der einst bei Heidegger studiert hatte) erfahren. Für Havel selbst wurde, wie ich zu zeigen versuchte, das Moment „Verantwortung" zum Ausgangspunkt für den Entwurf seines Modells von den drei Horizonten, das gleichsam aus einer unmittelbare ‚Evidenz' einleuchtet. Küng aber verband dann mit seiner These vom „Weltethos" den Anspruch, jenes Ethos empirisch belegen zu können.

Im ausgehenden 19. Jahrhundert wurde eine Kolumbus-Weltausstellung in Chicago geplant. Bei ihr sollte all das gefeiert werden, was die abendländische Neuzeit geprägt hatte. Hierzu schrieb Karl-Josef Kuschel, ein Schüler und enger Vertrauter von Küng:

> Was die von Europa im 17. Jahrhundert ausgehende und in den Vereinigten Staaten im 19. Jahrhundert (nicht zuletzt dank mehrerer europäischer Einwanderungswellen) auf eindrückliche Weise voll entfaltete Moderne zu leisten vermochte: Hier konnte man es noch einmal in vollster Blüte erleben. Eine Leistungsschau von Wirtschaft, Wissenschaft und Industrie in globalem Maßstab wurde durchgeführt, zu deren Zweck eigene Ausstellungspaläste errichtet worden waren, die mit ihren ungeheuren, aufsehenerregenden Glas-Stahl-Konstruktionen ihrerseits den Triumph der neuesten Technologien darstellten.[360]

Hundert Jahre später sollte nun ein zweiter solcher Kongress veranstaltet werden, diesesmal ohne den Anlass einer Weltausstellung. Einem der Initiatoren, Leonhard Swidler, schwebte als sein Zweck die Verabschiedung einer „allgemeinen Erklärung eines Weltethos" vor:

> Ziel wäre, dass alle Religionen und ethischen Gruppierungen der Welt sie annehmen. Einer solchen allgemeinen Erklärung eines Weltethos könnte eine ähnliche Funktion zukommen wie der ‚Allgemeinen Erklärung der Menschenrechte' durch die Vereinten Nationen 1948: Eine Art Norm, der zu entsprechen sich alle verpflichten. Die allgemeine Erklärung eines Weltethos würde in umfassender Weise die moralischen und spirituellen Ressourcen aller Religionen und ethischen Gruppierungen für die Lösung der ethischen Grundprobleme der Welt mobilisieren, die sich durch den Einsatz politischer Macht nur schwer bewältigen lassen.[361]

Die Aufgabe, einen entsprechenden Text vorzubereiten, wurde dem Autor des Buches *Projekt Weltethos* Hans Küng übertragen. Seine Vorlage wurde dann in der Zeit vom 28. August bis zum 4. September 1993 in Chicago unter Beteiligung von 6500 Delegierten diskutiert und schließlich verabschiedet. Unterschriften leisteten maßgebliche Vertreter der folgenden Religionen (mit z. T. unterschiedlichen Konfessionen): Bahai, Brahma Kumaris, Buddhismus, Christentum,

Eingeborenen-Religionen, Hinduismus, Jainismus, Judentum, Islam, Neu-Heiden, Sikhs, Taoisten, Theosophen, Zoroastrier, Interreligiöse Organisationen.[362]

In der Erklärung zum Weltethos ging es nicht mehr wie vor hundert Jahren darum, Religionen als Mittel zur Völkerverständigung zu benutzen, ja nicht einmal um die Religionen selbst. Grundsätzlich alle Menschen sollten angesprochen werden im Hinblick auf eine ihnen als Menschen eigenen Verantwortung für ihre Mitmenschen und für die gemeinsame Welt.[363]

Die Erklärung führt dann „vier unverrückbare Weisungen" auf: „1. Verpflichtung auf eine Kultur der Gewaltlosigkeit und der Ehrfurcht vor allem Leben", „2. Verpflichtung auf eine Kultur der Solidarität und eine gerechte Wirtschaftsordnung", „3. Verpflichtung auf eine Kultur der Toleranz und ein Leben in Wahrhaftigkeit", „4. Verpflichtung auf eine Kultur der Gleichberechtigung und die Partnerschaft von Mann und Frau."[364]

Abb. XXIII: Erdapfel Martin Behaims

Diese Verpflichtungen lassen sich als Spezifikationen jener Verantwortlichkeit verstehen, die Václav Havel am Beginn der achtziger Jahre dem Wesen des Menschen zuschrieb. So darf mit den Befürwortern der Weltethos-Erklärung angenommen werden, dass sie mit dem Menschsein gegeben sind. Das aber bedeutet, dass sie zu jenen Ordnungsstrukturen des Seins gehören, die sich im Menschlichen manifestieren.

Die Verabschiedung der Erklärung darf als ein Bekenntnis zu dieser Ordnung gewertet werden. Daher stellt sie ein herausragendes Ereignis innerhalb der epochalen Sinnzusammenhänge dar, die sich um 1980 abzuzeichnen begannen. Obwohl jenes Zeugnis von Religionsvertretern proklamiert wurde, gehört es primär der Geschichte nicht des Glaubens, sondern des Wissens an. Die Erklärung bezeugt eine grundsätzlich jedermann zugängliche Erkenntnis des universalen Ethos, das sich in den Weltreligionen spiegelt.

Gemäß dem Bild, mit dem ich hier den epochalen Wandel im Wissen zu illustrieren suche, wäre das Weltethos den Masten des Segelschiffs „Welt" zuzuweisen. Damit scheint ein Rückbezug auf die in der vorausgegangenen Periode manifest gewordenen neuartigen Sinnerfahrungen gegeben, die auf die rätselhaft gebliebene Neuerungskraft des Faktors X verweisen. Versucht man aber diese Transparenz zu explizieren, so zeigen sich Schwierigkeiten, die mit einem Problem zusammenhängen, das schon die Teilnehmer des Kongresses beschäftigte.

Für die Angehörigen einer der monotheistischen Religionen war es nahezu selbstverständlich, dass die freie Verantwortlichkeit, welche die Erklärung dem Menschen zuschrieb, ihren Grund darin habe, dass er von Gott als seinem Ebenbild erschaffen worden sei. So fiel es ihnen nicht leicht, vom Wesen des Menschen zu sprechen, ohne auch Gott zu nennen. Eben dies war jedoch aufgrund der Universalität der Erklärung geboten. Hans Küng charakterisierte das Problem in der folgenden Weise:

Wenn man in der Weltethos-Erklärung *alle* Religionen einbeziehen und zumindest keine wichtigen ausschließen wollte, dann musste man auf die Nennung Gottes verzichten: dies war mir von Anfang an klar, so ungern ich dies als christlicher Theologe tat. ‚Im Namen Gottes, des Allmächtigen, des Schöpfers des Himmels und der Erde', ja, so hätte sich leichter argumentieren lassen in Bezug auf unbedingt geltende Normen. Aber dann hätte man auf den *Buddhismus*, eine der großen Weltreligionen, verzichten müssen (...). Die Vertreter des Buddhismus hätten die Verwendung des Namens Gottes in einer solchen Erklärung nicht akzeptiert.[365]

Offenbar haben buddhistische Kongressteilnehmer durchaus begriffen, dass ihre Haltung den Angehörigen der theistischen Religionen erhebliche Schwierigkeiten bereitete. Und auch sie sahen es als durchaus wünschenswert an, eine letzte geistige Wirklichkeit anzuerkennen und zu benennen. Sie unterbreiteten sogar einen entsprechenden Vorschlag.

Wir müssen uns selbst darin üben, einander gegenüber sensibel zu sein und eine Sprache zu lernen, die einschließend (inklusiv) und allumfassend ist. Wir regen an, dass wir ‚Großes Sein' (Great Being) oder ‚Kraft der Transzendenz' (power of transcedent), ‚Höhere geistige Autorität' (Higher Spiritual Authority) statt Gott gebrauchen in Beziehung auf die letzte geistige Wirklichkeit. Wir sind offen gegenüber anderen Anregungen und Diskussionen in dieser Angelegenheit.[366]

Durch Überlegungen dieser Art wurde eine Problematik sichtbar, die auf die erstaunlichste Weise jener glich, die sich am Beginn der achtziger Jahre für Václav Havel gezeigt hatte, als er in seiner tschechischen Gefängniszelle über das Wesen des absoluten Horizontes nachdachte. Man erinnert sich, dass ihm ein unmittelbarer Bezug auf den personalen Gott nicht möglich war. Vom „Sein" schrieb er damals, es sei „in seiner Integrität, Fülle und Unendlichkeit, als Prinzip, Ziel und Sinn all dessen, was ist, doch leichter anzunehmen als das Sein Gottes."[367] Er fügte aber hinzu: „Ob Gott ist oder nicht - so, wie ihn die christliche Menschheit begreift-, weiß ich nicht und kann ich nicht wissen."[368]

Ein bedeutender Unterschied zwischen Havels damaliger Position und jener der Buddhisten auf dem Weltethos-Kongress besteht allerdings in zweierlei Hinsicht. Erstens sind die Buddhisten davon überzeugt, dass das Sein völlig unpersönlich ist, während Havel die Personalität des absoluten Horizonts zwar nicht behaupten konnte, aber auch nicht verneinen wollte. Zum zweiten weigern sich die Buddhisten, den geschichtlichen Neuerungen, einschließlich jener Urneuerung, die sich mit der Entstehung der Welt nach christlich jüdischem Schöpfungsglauben vollzogen hatte, irgendeine positive Bedeutung zuzumessen, wohingegen Havel, gerade darin Heidegger folgend, geschichtlich denkt. Vielleicht hatte Heidegger diesen Unterschied im Auge, als er in dem 1936-38 verfassten und zu Lebzeiten ungedruckten Manuskript *Beiträge zur Philosophie* einmal notierte: „Kein Buddhismus! das Gegenteil."[369]

Zudem wäre eine Begründung des Weltethos durch eine Bezugnahme auf Gott, wie Küng sie gerne gesehen hätte, ohnehin einzig als Glaubensaussage möglich gewesen. Denn seitdem Kant die Unhaltbarkeit aller bis dahin versuchter „Gottesbeweise" demonstriert hatte, musste von Gott ja gesagt werden, dass er einzig im Glauben existieren könne, nicht aber in den Zusammenhängen, die sich dem Wissen erschließen.

Allerdings brachte die Anerkennung der personalen Freiheit des Menschen, wie sie nun in der Erklärung des Weltethos verkündet wurde, fast unausweichlich die Frage nach deren Ursache mit sich.

Die Dringlichkeit der Frage nach dem Ursprung der Freiheit wurde dadurch noch erheblich verstärkt, dass - wie ich gezeigt habe - seit den fünfziger Jahren in den verschiedensten wissenschaftlichen Disziplinen qualitative Neuerungen, die mit den bisherigen wissenschaftlichen Mitteln nicht erklärt werden konnten, festgestellt werden konnten Die Aufgabe, die im Faktors X wirksame Neuerungskraft endlich zu identifizieren, wurde zwar kaum in der Öffentlichkeit diskutiert, aber sie dürfte bei den einzelnen Forschern doch eine erhebliche Beunruhigung bewirkt haben. Darauf deutet ex negativo auch der Umstand hin, dass auf hohem intellektuellen Niveau wiederholt der Versuch unternommen wurde, den Faktor X einfach wieder zu verdecken.

Die imaginäre Zeit bei Hawking

Einer der Wissensbereiche, in denen die Erfahrung des Faktors X extreme Schwierigkeiten entstehen ließ, ist die Physik. Seitdem die Deutung der Welt als Maschine ihren Siegeszug angetreten hatte, hatte sich in dieser Disziplin die Überzeugung gebildet, dass der Anfang des Universums kein Gegenstand möglicher Erkenntnis sein könne.

Jenes Dogma des Physikalismus wurde in den zwanziger Jahren des zwanzigsten Jahrhunderts durch die erwähnten Einsichten von Alexander Friedmann und Edwin Hubble theoretisch in Frage gestellt und dann 1965 durch Arno Penzias und Robert Wilson sowie Bob Dicke empirisch widerlegt worden. Damit sah sich die Physik vor die völlig neue Aufgabe gestellt, den Anfang des Universums, den man als „Urknall" bezeichnete, zu erklären.

Die Erschütterung, die durch diese unerhörte Aufgabe in das Weltbild der neuzeitlichen Physik einging, war noch nicht verwunden, als ein zweites, noch bedrohlicheres Beben spürbar wurde.

Im selben Jahr 1965, in dem Penzias und Wilson ihre sensationelle Entdeckung der aus dem Urknall stammenden Wellen machten, veröffentlichte der englische Mathematiker und Physiker Roger Penrose eine Arbeit über bestimmte Stellen des Universums, an denen die Wirkung von Schwerkraft wie bei einem Stern, jedoch keinerlei Licht zu beobachten ist. Er erklärte, an diesen Stellen habe einmal ein Stern existiert, doch sei er unter dem Einfluss der eigenen Schwerkraft in sich zusammengestürzt. Wenige Jahre später prägte der Amerikaner John Wheeler zur Beschreibung der von Penrose entdeckten Sachverhalte den anschaulichen Ausdruck „black hole". Ein schwarzes Loch ist eine lokale Vorwegnahme jenes Endes des Universums, das einmal eintreten muss, wenn die an seinem Beginn wirksam gewordene Energie sich erschöpft. Nun hatte Penrose auch dargelegt, dass auf die in sich zusammengebrochenen Sterne der mathematische Begriff der „Singularität" anzuwenden sei, der einen Punkt bezeichnet, an dem mit Notwendigkeit auch die physikalische Theorie selbst zusammenbricht. Der von mir schon zitierte Stephen W. Hawking, ein Schüler von Penrose, schrieb hierzu:

> 1965 hatte ich von Penroses Theorem gehört, nach dem jeder Körper, der einem Gravitationskollaps unterworfen ist, schließlich eine Singularität bilden müsse, und mir war rasch klar geworden, dass die Bedingungen, die diese These beschrieb, auch dann gelten mussten, wenn man die Richtung der Zeit umkehrt, so dass der Zusammensturz zu einer Expansion wird. Penrose hatte gezeigt, dass jeder in sich zusammenstürzende Stern mit einer Singularität enden *muss*. Bei Umkehrung der Zeitrichtung ergab sich, dass jedes in Friedmannscher Weise expandierende Universum mit einer Singularität begonnen haben *muss*.[370]

Wenn diese These richtig war, so bedeutete dies, dass die Entdeckung des Urknalls die Physik nicht eigentlich zur Entwicklung völlig neuer Fragestellungen zwang, sondern zum Eingeständnis, dass sie vor einem ihrer bedeutsamsten Probleme kapitulieren müsse. So delikat dies auch war, Hawking gelang es doch, Penrose von seiner Ansicht zu überzeugen. 1970 veröffentlichten beide zusammen ein Papier über die Notwendigkeit, die Urknall-Singularität anzunehmen. Die neue These wurde von der Fachwelt zunächst teilweise mit Skepsis aufgenommen, sie gewann aber im Lauf der Zeit an Zustimmung.[371] Hawkings persönliche Leistung wurde wiederholt ausdrücklich gewürdigt, auch durch Auszeichnungen. Eine von ihnen, die ihm 1975 verliehen wurde, darf besonderes Interesse beanspruchen. Es handelt sich um die Pius XII.-Medaille des Vatikans. Durch diese Ehrung sollte vermutlich ein Bezug zur Verurteilung Galileis hergestellt werden, dessen inkriminierte Thesen nach Hawkings von mir zitierter Deutung zum Ausdruck bringen sollten, dass Gott dem Berechenbaren nicht unterworfen sei. Dank Hawking galt nun als erwiesen, dass alles, was vor dem Urknall existiert und gewirkt haben mag, für die Wissenschaft unerkennbar sei.

> Um vorhersagen zu können, wie das Universum begonnen hat, brauchen wir Gesetze, die auch für den Anbeginn der Zeit gelten. Wenn die klassische allgemeine Relativitätstheorie richtig ist, so folgte aus den Singularitätstheoremen, die Roger Penrose und ich bewiesen haben, dass der Anfang der Zeit ein Punkt von unendlicher Dichte und unendlicher Krümmung der Raumzeit war. Alle bekannten Naturgesetze würden an einem solchen Punkt ihre Gültigkeit verlieren.[372]

Im Vatikan deutete man Hawkings These wohl als eine Art später Rechtfertigung, wenn auch nicht des seinerzeitigen Eingreifens gegen Galilei, so doch der dabei maßgeblichen Grundvorstellung von der Welt. Jedenfalls lud man Hawking 1981 zur Teilnahme an einer Konferenz über Kosmologie ein, die von Jesuiten im Vatikan veranstaltet wurde. Dazu schrieb er:

> Die katholische Kirche hatte im Falle Galilei einen schlimmen Fehler begangen, als sie eine Frage der Wissenschaft zu entscheiden suchte, indem sie erklärte, die Sonne bewege sich um die Erde. Jahrhunderte später hatte sie nun beschlossen, eine Reihe von Fachleuten einzuladen und sich von ihnen in kosmologischen Fragen beraten zu lassen. Am Ende der Konferenz wurde den Teilnehmern eine Audienz beim Papst gewährt. Er sagte uns, es spreche nichts dagegen, dass wir uns mit der Entwicklung des Universums nach dem Urknall beschäftigten, wir sollten aber nicht den Versuch unternehmen, den Urknall selbst zu erforschen, denn er sei der Augenblick der Schöpfung und damit das Werk Gottes.[373]

Nach der von Hawking vertretenen These hätte dieser päpstliche Rat als überflüssig erscheinen können. Denn Hawking zeigte ja, dass alles, was dem Anfang des Universums vorherging, der Erkenntnis entzogen bleibe. Wenn er den Rat des Papstes gleichwohl hervorhob, so aus einem eigentümlichen Grund. Er selbst war inzwischen mit seiner These nicht mehr sehr zufrieden. Ihm war die Frage gekommen, ob die Physik, wenn sie zur Erklärung des Anfangs des Universums tatsächlich definitiv unfähig ist, nicht sich selbst samt ihrem Grundanspruch auf Erkenntnis der Wahrheit aufgeben müsse?

> War alles nur ein glücklicher Zufall? Das käme einem Offenbarungseid gleich, einem Abschied von der Hoffnung, wir könnten die dem Universum zugrunde liegende Ordnung verstehen.[374]

Hawking hatte über eine Möglichkeit nachzudenken begonnen, seine eigene These über die Undurchdringlichkeit des Urknalls zu entkräften und dadurch den Wahrheitsanspruch der Physik zu retten. Davon handelte er in seinem Referat im Vatikan.

Den bei jener Gelegenheit im Jahre 1981 erstmals thematisierten Ansatz verfolgte Hawking dann weiter, und schließlich entwickelte er ihn zur zentralen These des Buches von 1988. Grundlegend war dabei ein Sachverhalt rein mathematischer Art, derjenige der „imaginären Zahlen", den Hawking folgendermaßen beschrieb:

> Wenn wir eine natürliche (oder reelle) Zahl nehmen und sie mit sich selbst multiplizieren, so erhalten wir eine positive Zahl (so ist 2 mal 2 gleich 4, genauso auch -2 mal -2).

Es gibt jedoch besondere Zahlen (man bezeichnet sie als imaginär), die negative Zahlen ergeben, wenn man sie mit sich selbst multipliziert. (Eine von ihnen heißt i; multipliziert man i mit sich selbst, so erhält man -1, 2i mit sich selbst mal genommen ergibt -4 und so fort).[375]

Hawking legte nun dar, dass man imaginäre Zahlen auf die Zeit anwenden könne und dadurch zur „imaginären Zeit" gelange. Das habe eine bedeutsame Folge:

> Der Unterschied zwischen Zeit und Raum verliert sich vollständig. Eine Raumzeit, in der Ereignisse imaginäre Zahlenwerte auf der Zeitkoordinate besitzen, wird euklidisch genannt, nach dem griechischen Mathematiker Euklid, der die Geometrie zweidimensionaler Flächen begründet hat. Die euklidische Raumzeit ist diesen Flächen sehr ähnlich, nur hat sie vier Dimensionen und nicht zwei. In der euklidischen Raumzeit gibt es keinen Unterschied zwischen der Zeitrichtung und den Richtungen des Raums. Dagegen lässt sich dieser Unterschied in der wirklichen Raumzeit, in der Ereignisse durch gewöhnliche reale Zahlenwerte auf der Zeitkoordinate repräsentiert werden, ohne Schwierigkeiten angeben - die Zeitrichtung liegt auf allen Punkten innerhalb des Zeitkegels, während die Raumrichtungen außerhalb liegen.[376]

Wenn man imaginäre Zahlen auf Phänomene der realen Zeit anwendet, so lässt sich dadurch die imaginäre Zeit herauspräparieren, und die reale Zeit wird zum Verschwinden gebracht. Dieser Umstand faszinierte Hawking, wobei er sich bewusst war, dass jener Vorgang sich einzig in seinem Kopf (oder im Kopf eines anderen Mathematikers) zutrug und nicht in der subjektunabhängigen Wirklichkeit.[377]

Da Hawking die imaginäre Zeit nicht in der Wirklichkeit beobachten konnte, musste er von ihr wie von einer bloßen Phantasievorstellung sprechen. Allerdings erläuterte er - im Konjunktiv - auch den Fall, dass die imaginäre Zeit nicht nur ein „mathematisches Werkzeug" oder ein „Trick" sei, sondern sich in der Wirklichkeit zeige. Mit der realen Zeit würde dann das mit dem Urknall verbundene Problem der Singularität, das er selbst entdeckt hatte, wieder verschwinden.

> Es wäre also gar nicht notwendig, das Verhalten an der Grenze anzugeben. Es gäbe keine Singularitäten, an denen die Naturgesetze ihre Gültigkeit einbüßten, und keinen Raumzeitrand, an dem man sich auf Gott oder irgendein neues Gesetz berufen müsste, um die Grenzbedingungen der Raumzeit festzulegen. Man könnte einfach sagen: ‚Die Grenzbedingung des Universums ist, dass es keine Grenzen hat.' Das Universum wäre völlig in sich abgeschlossen und keinerlei äußeren Einflüssen unterworfen. Es wäre weder erschaffen noch zerstörbar. Es würde einfach SEIN.[378]

Noch immer handelte Hawking von einem reinen Gedankenspiel. Aber indem er es entfaltete, wuchs dessen Anziehungskraft (was sich z. B. daran zeigt, dass er das Wort „sein" in Großbuchstaben schrieb: „SEIN"). Er begann nun von der Hypothese so zu handeln, als ob eine Entsprechung zu der von ihm thematisierten Möglichkeit zwar in der Wirklichkeit noch nicht nachgewiesen, aber eines Tages, wenn auch erst nach der Überwindung enormer Schwierigkeiten, doch aufgespürt werden könnte.

> Ich möchte betonen, dass die Vorstellung von einer endlichen Raumzeit ohne Grenze nur ein *Vorschlag* ist: Sie lässt sich von keinem anderen Prinzip ableiten. Wie jede andere wissenschaftliche Theorie mag ihre Entstehung ästhetische oder metaphysische Gründe haben, doch ihre Bewährungsprobe kommt, wenn überprüft wird, ob sie Vor-

hersagen macht, die mit den Beobachtungsdaten übereinstimmen. Das lässt sich allerdings in diesem Falle aus zwei Gründen nur schwer entscheiden. Erstens sind wir uns noch nicht ganz sicher, welche Theorie eine gelungene Verbindung von Relativitätstheorie und Quantenmechanik darstellt. Zweitens wäre jedes Modell, welches das ganze Universum in allen Einzelheiten beschriebe, mathematisch viel zu kompliziert, um mit seiner Hilfe genaue Vorhersagen errechnen zu können. Deshalb ist man zu vereinfachenden Annahmen und Näherungen gezwungen - und selbst unter diesen Umständen bleibt es ungeheuer schwer, Vorhersagen abzuleiten.[379]

Mit diesen Erwägungen verwandelte sich das nicht-wirkliche Gedankenspiel in eine von der Wirklichkeit noch nicht bestätigte, aber grundsätzlich durchaus verifizierbare Hypothese. Indem Hawking von der imaginären Zeit sprach, als existiere sie nicht allein in seinen Gedanken, sondern vielleicht auch in der Wirklichkeit, begann sie den Charakter einer Fiktion anzunehmen.

Natürlich musste sich Hawking nun mit der Frage auseinandersetzen, was nach der Freilegung der imaginären Zeit von der realen Zeit zu halten sei. Die imaginäre Zeit sollte an die Stelle der realen treten. Deshalb war es nicht möglich, beide als gleichberechtigt zu denken. Andererseits ließ sich nicht leugnen, dass jedermann mit ihr rechnete, gerade auch jeder naturwissenschaftliche Forscher. So fühlte sich Hawking genötigt, eine verwegene Möglichkeit in den Blick zu fassen.

Das könnte zu der Vermutung führen, die sogenannte imaginäre Zeit sei in Wirklichkeit die reale und das, was wir die reale Zeit nennen, nur ein Produkt unserer Einbildungskraft. In der realen Zeit hat das Universum einen Anfang und ein Ende an Singularitäten, die für die Raumzeit eine Grenze bilden und an denen die Naturgesetze ihre Gültigkeit verlieren. In der imaginären Zeit dagegen gibt es keine Singularitäten oder Grenzen. So ist möglicherweise das, was wir real nennen, lediglich ein Begriff, den wir erfinden, um unsere Vorstellung vom Universum zu beschreiben.[380]

Diese Überlegung entbehrt nicht einer gewissen Plausibilität. Die Existenz der imaginären Zeit würde Glaubwürdigkeit am ehesten erlangen, wenn gezeigt werden könnte, dass die von der Menschheit bisher als real betrachtete Zeit in Wahrheit fiktiv sei. Die ‚reale Zeit' wird offensichtlich auf elementarste Weise fortwährend dadurch ins Spiel gebracht, dass Unterscheidungen zwischen Zuständen der Vergangenheit und der Zukunft getroffen werden. Wenn demonstriert werden konnte, dass Vergangenheit und Zukunft in der Wirklichkeit gar nicht vorkommen, wäre der Beweis erbracht, dass die reale Zeit in Wahrheit eine menschliche Erfindung sei. Und diese Demonstration war, wie Hawking darlegte, tatsächlich möglich, vorausgesetzt, dass man bereit wäre, die menschliche Perzeption gänzlich den Naturgesetzen unterzuordnen. Wenn man nach einem Naturgesetz fahndete, das den Unterschied zwischen Vergangenheit und Zukunft begründen würde, so suchte man nämlich vergeblich. Hawking stellte fest:

Die Naturgesetze unterscheiden nicht zwischen Vergangenheit und Zukunft.[381]

Aber warum war es dann üblich geworden, von der Existenz zeitlicher Unterschiede wie von Wirklichem zu sprechen? Der Grund dafür lag, so meinte Hawking, zwar in einem Naturgesetz, aber in einem, das mit der Zeit selbst gar nichts zu tun hatte.

Trotzdem gibt es einen gravierenden Unterschied zwischen der Vorwärts- und der Rückwärtsbewegung realer Zeit im alltäglichen Leben. Stellen wir uns eine Tasse Wasser vor, die vom Tisch fällt und auf dem Boden in tausend Stücke zerspringt. Wenn man diesen Vorgang filmt, ist es leicht zu sagen, ob er vorwärts oder rückwärts läuft. Läuft er rückwärts, so sieht man, wie sich die Scherben auf dem Boden plötzlich wieder zur unversehrten Tasse zusammenfügen und auf den Tisch zurückspringen. Man kann sagen, dass der Film rückwärts läuft, weil ein solches Verhalten im normalen Leben niemals zu beobachten ist. Wäre dies der Fall, könnten die Porzellanmanufakturen schließen.

Warum sich zerbrochene Tassen nicht auf dem Fußboden zusammenfügen und auf Tische zurückspringen, wird gewöhnlich mit dem Hinweis auf den Zweiten Hauptsatz der Thermodynamik erklärt. Danach nimmt in jedem geschlossenen System die Unordnung oder Entropie mit der Zeit zu (...). Eine heile Tasse auf dem Tisch repräsentiert einen Zustand höherer Ordnung, während eine zerbrochene Tasse auf dem Fußboden einen ungeordneten Zustand bedeutet (...).

Das Anwachsen der Unordnung oder Entropie mit der Zeit ist ein Beispiel für das, was wir Zeitpfeil nennen, für etwas, das die Vergangenheit von der Zukunft unterscheidet, indem es der Zeit eine Richtung gibt.[382]

Hawking behauptete also, wir Menschen meinten einen Unterschied zwischen Vergangenheit und Zukunft, und damit eine reale Zeit zu erleben, weil wir ständig Auswirkungen jenes Naturgesetzes wahrnehmen, das dem Zweiten Hauptsatz der Thermodynamik entspricht. Es bewirkt, dass wir immerzu sehen, wie Tassen zerbrechen, und das heißt, wie Geordnetheit in Unordnung übergeht, nie aber umgekehrt, wie Scherben sich zu einer ganzen Tasse zusammensetzen, was bedeuten würde, dass aus Unordnung Ordnung entstehe.

Dieser Überlegung kommt innerhalb seines Gedankengangs eine fundamentale Bedeutung zu. Durch sie - und anscheinend einzig durch sie - kann erklärt werden, warum es unter Menschen üblich geworden ist, von der realen Zeit wie von Wirklichem zu sprechen, obwohl sie doch - Hawkings These zufolge - nur in der Einbildung existiert.

Der Preis dieser These ist allerdings hoch. Wenn die reale Zeit nur in der Einbildung der Menschen vorkommt, dann hat sich die Geschichte gar nicht in der Wirklichkeit vollzogen. Die Menschheitskultur wäre dann nichts weiter als ein Phantasiegebilde, eine Chimäre. Das Menschentum selbst, ausgestattet mit jenen Zügen, die es gegenüber der Natur auszeichnen, gäbe es eigentlich gar nicht oder allenfalls in der Form eines Traums.

Hat man sich diesen Sachverhalt vergegenwärtigt, so mag der unerhörte Publikumserfolg, den Hawking mit seinem Buch erzielte, rätselhaft erscheinen. Gewiss hat zu ihm der weltweit bekannt gewordene Umstand beigetragen, dass Hawking an einer äußerst schweren Behinderung leidet und wohl längst nicht mehr am Leben wäre, wenn er sich gegen seine Krankheit nicht mit einer unerhörten Kraft des Willens aufgelehnt hätte. Aber die Faszinationsgeschichte seines Buches, das bei allem Geschick in der Darstellung, doch recht schwierig bleibt, muss andere Gründe haben. Ich vermute, dass die seit der Jahrhundertmitte allenthalben gemachte Erfahrung von der Einwirkung eines Faktors X die entscheidende Rolle spielte. Hawkings Buch enthielt das Versprechen, die dadurch im Unterbewusstsein ausgelöste Beunruhigung zerstreuen zu können.

In dieser Einschätzung sehe ich mich durch einen Vorgang vermutlich gleicher Art bestätigt, der mir lange Zeit völlig unbegreiflich war. Ich beobachtete ihn an einem Forscher, der seit den sechziger Jahren als einer der profiliertesten Entdecker des Faktors X hervorgetreten ist und mit dem ich persönlich eine intensive wissenschaftliche Zusammenarbeit pflegen konnte, August Nitschke. Im Jahre 1976 führten seine Forschungen noch einmal zu einem gewaltigen Erkenntnissprung. Ausgehend von der Einsicht, dass Epochales an Strukturmustern hervortritt, die sich in unterschiedlichen Lebensbereichen auf gleiche Art zeigen, hatte er nach Möglichkeiten gefahndet, um Märchen, deren Entstehungszeiten vielfach völlig unsicher waren, epochal zu bestimmen. Tatsächlich wurde er fündig, und es gelang ihm, erstaunlichste Zusammenhänge zwischen völlig unterschiedlichen Kulturtraditionen zu erschließen.[383]

Im folgenden Jahr gab Nitschke dann noch einen zweiten Band über Märchen heraus. Nun ging es ihm freilich nicht mehr um epochale Strukturen, sondern um „stabile Verhaltensweisen",[384] die über lange Zeitstrecken hin erkennbar sind. Damals unternahm ich gerade jene zwei Versuche zur Identifizierung des Faktors X, die, wie ich oben berichtete, beide scheiterten. Vielleicht war es Nitschke ähnlich ergangen. Jedenfalls entschied er sich auf einmal, einen völlig neuen Weg einzuschlagen. Er benutzte in der Folge die zur Beschreibung von „stabilen Verhaltensweisen" entworfenen Kategorien, um das Gegenteil von ihnen zu durchleuchten: nämlich historische Wandlungsprozesse, ja sogar Epochenabfolgen.

Lange begriff ich nicht, dass dahinter die These stand, die derart thematisierten Epochen seien nurmehr Fiktionen. Und ich stellte mit immer erneuertem Bedauern fest, dass ich von Nitschkes Darlegungen, die mir bis dahin so ungemein hilfreich gewesen waren, keinerlei Gebrauch mehr machen konnte, weil sie auf die sichtbare historische Wirklichkeit nicht mehr zutrafen. Nitschke selbst war mit seinen Ergebnissen offensichtlich nur vorübergehend zufrieden. Denn wieder und wieder ließ er seine Kriterien fallen und ersetzte sie durch andere.

Welche Dringlichkeit der Wunsch nach einer Verdeckung des Faktors X annehmen konnte, wurde mir durch eine Studie weiter verdeutlicht, die sich mit dem von mir selbst entwickelten Forschungsansatz befasste. Sie wurde von Rainer Paslack erarbeitet, der sich mit eigenständigen Beiträgen an komponentialanalytischen Untersuchungen beteiligt,[385] dann aber dem Forschungsfeld der Selbstorganisation zugewandt hatte.[386] In einer Studie *Potentialismus und Selbstorganisation*, die 1992 erschien,[387] ging Paslack genau umgekehrt vor wie Nitschke. Er übernahm die von mir als Kriterien der Epochenforschung entwickelten Begriffe der komponentialen Dreiheit von Potentialem, Aktualem und Resultativem, die er zusammenfassend als „PAR-Struktur" bezeichnete, und wandte sie auf Manifestationen der Selbstorganisation an, also auf Phänomene, die sich in der Natur - aber auch in der menschlichen Gesellschaft - bilden, ohne in mechanistischer Weise verursacht worden zu sein. Da bei diesen Phänomenen eine eigentliche Ursache nicht wirksam wird, erübrigt es sich bei ihnen selbstverständlich, von einem Faktor X zu sprechen.

Durch die Anwendung der PAR-Struktur auf Phänomene dieser Art hat Paslack auf eine Möglichkeit aufmerksam gemacht, die bis dahin zu wenig beachtet worden war. Bei späterer Gelegenheit werde ich darauf zurückkommen. Unmittelbar musste ich jedoch bemerken, dass Paslack das Problem einer Identifizierung des Faktors X so wenig einer Lösung zugeführt hat wie ich es in meinen zwei fragmentarischen Ansätzen des Jahres 1977 hatte lösen können. Auch sein Versuch führte zu einer Ersetzung der Wirklichkeit durch eine Fiktion.

Jene Fiktion, die ich bei Hawking kennen lernte, erfüllte mich mit großer Sorge, weil der ungemeine Erfolge des Buches zeigte, dass von ihm eine weitreichende Verblendung ausgehen konnte. Um die mit der gegenwärtigen geistigen Situation anscheinend eng verbundene Gefahr besser begreifen zu können, suchte ich den Grund von Hawkings Fehler möglichst genau zu ermitteln. Aus Anlass meiner Emeritierung im Februar 1989 behandelte ich, sehr zum Erstaunen der germanistischen Fachkollegen, dieses Thema, um den vielleicht verhängnisvollen Irrtum zu beschreiben. Der Vortrag ist dann 1991 gedruckt erschienen.[388]

Bei der Reflexion über Hawkings Argumentationsgang fiel mir auf, dass der mit einer Grundproblematik der Physik beschäftigte Naturwissenschaftler auf einmal einen Sprung in den Bereich der Humanwissenschaft unternahm. Dazu kam es, als sich Hawking genötigt sah, zu erklären, warum Menschen allgemein die Existenz der realen Zeit voraussetzen, obwohl sie seiner neuen Theorie zufolge nur in der Einbildung vorkommt.

Er vollzog den Sprung in der Weise, dass er eine naturwissenschaftliche These, den Zweiten Hauptsatz der Thermodynamik, auf den Menschen anwandte und, wie dargetan, erklärte, dieser erlebe immer nur, wie aus Ordnung Unordnung hervorgeht und nie das Gegenteil davon, also, in seinem Beispiel, zwar wie eine Tasse am Boden zerbricht, aber nicht, wie aus Scherben eine Tasse entsteht.

Jenem von Hawking festgestellten Hiat liegt ein Irrtum zugrunde. Er geht aus einer Missdeutung des Menschen hervor. Gewiss ist der Mensch nicht veranlasst, zersprungene Tassen wieder zusammenzusetzen. Wohl aber ist er angehalten, sich seiner inneren Freiheit zur Vision einer neuen Sinnmöglichkeit anzuvertrauen und Gegenstände höherer Ordnung zu schaffen. Hawkings Theorie verdeckt gerade die freien, creatorischen Züge am Menschen, die als eigentliches Humanum zu begreifen sind.

Diese Einsicht erklärte mir, warum ich Hawkings Buch und seinen Welterfolg als geradezu beängstigend empfand. Offenbar sind wir gegen Ende des 20. Jahrhunderts in eine Situation mit selbstzerstörerischer Tendenz geraten. Ich sagte mir, dass dieser Gefahr mit wissenschaftlichen Mitteln nur entgegengearbeitet werden könne, wenn, nachdem sie einmal identifiziert war, ein Gegenentwurf vertreten würde, der geeignet wäre, das spezifisch Menschliche am Menschen zu akzentuieren.

Damals schien mir das einzig durch eine Kontrastierung von Hawkings Theorie mit Argumenten möglich zu sein, die nicht aus den Natur-, sondern den Geisteswissenschaften stammten. Für wichtig hielt ich dabei vor allem zu zeigen, dass die von Hawking vorgeschlagene Ersetzung der realen Zeit durch eine imaginäre Zeit unnötig ist, weil die von der Physik bisher einzig berücksichtigte reale Zeit keineswegs die einzig existierende Zeit ist. Erhebliche Bedeutung erlangte dabei Heideggers Hinweis, dass wirklich maßgeblich für den Menschen nicht die Uhrenzeit ist, sondern jene mit seiner Existenz verbundene Zeithaftigkeit, die sich in den „Ekstasen der Zeitlichkeit" entfaltet. Schließlich meinte ich geltend machen zu dürfen, dass mit der Entdeckung der komponentialen Sinnstruktur ein Muster von Zeithaftem in den Blick getreten ist, das als Gegenbild der Uhrenzeit gelten kann. Anders als diese zeigt es nicht ein fortwährendes Vergehen an, sondern die Gliederung eines Vorgangs, in dem Neuartiges dadurch entsteht, dass die Neuerungskraft des „Potentialen" sich mit bestehendem „Aktualem" auseinandersetzt und es zur Gestalt des „Resultativen" umschafft. Den Zeitsinn, der der Mechanistik entgegengesetzt ist, bezeichnete ich als die „Schöpfungszeit".

Damit vollzog ich ähnlich wie Hawking einen Sprung aus dem Bereich der Naturwissenschaft in die Humanwissenschaften, allerdings versuchte ich das spezifisch Menschliche nicht zu verdecken, sondern ausdrücklich sichtbar zu machen. Offen blieb dabei die Frage, ob es Naturwissenschaftlern möglich sei, dieses Vorgehen zu tolerieren oder gar zu akzeptieren. Unterdessen aber hat sie für mich eine Antwort gefunden, und zwar eine durchaus positive – erstaunlicherweise gerade bei Stephen W. Hawking.

Die Wendung zum spezifischen Humanum bei Hawking

Im Jahre 1993 ließ Hawking seinem Bestseller eine Sammlung von Essays und Interviews folgen. Sie trägt im Original den Titel *Black Holes and Baby Universes and Other Essays* wurde in der deutschen Ausgabe jedoch nach einem ihrer Beiträge benannt: *Einsteins Traum.*[389] Der deutsche Titel bezieht sich auf Einsteins Wunschvorstellung, einmal alle fundamentalen Erkenntnisse vom Universum in einer einzigen Formel zusammenfassen zu können. Hawking wollte damit andeuten, dass er an dem Anspruch der Physik auf das Erfassen aller Wahrheit, der ihn zum Entwurf der These von der imaginären Zeit veranlasst hatte, festhielt. Dennoch vertrat er nun in Ansätzen, aber deutlich erkennbar, eine veränderte Position. Exemplarisch zeigt das der folgende Sachverhalt.

In einem Interview des Jahres 1992 stellte sein Gesprächspartner dem Physiker die auf seine Auffassung, „dass es keinen Anfang und kein Ende gibt, dass das Universum in sich abgeschlossen ist," bezogene Frage: „Heißt das, es hat kein Schöpfungsakt stattgefunden, und deshalb bleibt auch kein Raum mehr für Gott?" Im Sinne seines Buches *Eine kurze Geschichte der Zeit* von 1988 und dessen These von der Existenz einer imaginären Zeit als der - im Gegensatz zur nur sogenannten realen - eigentlich und einzig wahren, hätte Hawking dies schlicht bejahen müssen; denn wenn der Anfang des Universums eine Fiktion war, so musste das auch der als seine Ursache vorgestellte Gott sein. Doch Hawkings Antwort ging in eine ganz andere Richtung:

> Sie haben das allzusehr vereinfacht. Ich glaube immer noch, dass das Universum einen Anfang in der realen Zeit hat, einen Urknall. Aber es gibt eine andere Art von Zeit, die imaginäre, rechtwinklig zur realen Zeit, in der das Universum keinen Anfang und kein Ende hat. Das würde bedeuten, dass die Art und Weise, wie das Universum begonnen hat, von den physikalischen Gesetzen bestimmt würde. Man müßte nicht sagen, dass Gott das Universum auf irgendeine willkürliche Weise in Gang gesetzt hat, die wir nicht verstehen können. Über die Frage, ob Gott existiert oder nicht, ist damit überhaupt nichts gesagt, nur, dass er nicht willkürlich ist.[390]

Bei erster Lektüre wird wohl jedermann diese Aussage als verwirrend empfinden. Nach einigem Nachdenken meine ich feststellen zu müssen, dass sie aus verschiedenen Bestandteilen besteht, die nicht aufeinander abgestimmt sind. Jedoch meine ich, nun angeben zu können, was eigentlich (in der „Tiefenstruktur") damit gemeint ist. Ich beginne mit ihrem zweiten Teil.

Hawking nimmt seine These von der imaginären Zeit auf und erläutert ihren wissenschaftlichen Zweck. Sie soll besagen, dass die physikalischen Gesetze, die wir kennen, seit je gelten. Dies vorausgesetzt, ist es nicht nötig, von einer Zeit vor dem Urknall zu sprechen, die für uns unerkennbar wäre und deren Manifestationen darum als pure Willkür erscheinen müssten. Derselbe Zweck wird aber auch erreicht, wenn man von einer Kraft, von der man unterstellt, dass sie vor dem Urknall wirksam geworden sei - Hawking nannte sie „Gott" - sagt, dass sie sich nicht willkürlich verhalten, sondern in Übereinstimmung mit einer Ordnung gestanden habe. Das bedeutet, dass die spezifischen Eigenarten des Urknalls als Manifestationen einer zuvor schon existent gewesenen Ordnung begriffen werden können. Dies vorausgesetzt, erschiene der Urknall nicht mehr - wie in Hawkings bisheriger Theorie - als eine undurchdringliche Mauer. Er könnte als existent anerkannt werden, und mit ihm auch die reale Zeit. In diesem Falle aber müsste sich, was Hawking nicht explizierte, was aber zwischen den Zeilen zu ahnen ist, eine weitere Zeit zeigen. Da die reale Zeit mit dem Urknall begonnen haben muss, kann der Vorgang, der zum Urknall führte, nur einer Zeit angehören, die zu bezeichnen wäre als - „Schöpfungszeit".

Unausdrücklich, aber gedanklich klar, hat Hawking meine These von der Schöpfungszeit, von der er gewiss nie hörte, seinerseits auch explizit vertreten. Auf welchem Weg er zu dieser überraschenden Revision gelangt ist, hat er selbst nicht berichtet. Doch die Beiträge zu dem Band *Einsteins Traum* enthalten Spuren, die eine Rekonstruktion erlauben. Im Jahr 1991 schrieb er:

> Die imaginäre Zeit ist ein Begriff, der den Lesern meines Buches wohl die meisten Probleme bereitet hat. Auch die Philosophen sind deswegen hart mit mir ins Gericht gegangen. Wie kann die imaginäre Zeit, argumentierten sie, das geringste mit dem realen Universum zu tun haben?[391]

Selbstverständlich versuchte Hawking seinen Begriff der ‚imaginären Zeit' zu verteidigen, aber möglicherweise bemerkte er nach einer Weile, dass er dabei zu einem geradezu paradoxen Vorgehen gezwungen wurde. So notierte er:

> Ich glaube, diese Philosophen haben nichts aus der Geschichte gelernt. Einst hielt man es für selbstverständlich, dass die Erde flach sei und die Sonne die Erde umkreise. Doch seit der Zeit von Kopernikus und Galilei müssen wir uns mit dem Gedanken abfinden, dass die Erde rund ist und sich um die Sonne bewegt (...). Ich möchte damit deutlich machen, dass die imaginäre Zeit ein Begriff ist, mit dem wir uns ebenfalls werden abfinden müssen. Es ist ein geistiger Sprung von der gleichen Art wie die Erkenntnis, dass die Erde rund ist. Eines Tages werden wir die imaginäre Zeit für ebenso selbstverständlich halten wie heute die Rundung der Erde. In der zivilisierten Welt gibt es nicht mehr viele, die die Erde als Scheibe betrachten. [392]

Bei der Niederschrift dieser Passage hat Hawking noch nicht bemerkt, dass er, wenn er sich auf die Geschichte berief, in einer Weise argumentierte, die von seinen Prämissen her eigentlich unzulässig sein musste. Mit der Ersetzung der realen Zeit durch die imaginäre wären ja nicht nur Anfang und Ende, Vergangenheit und Zukunft, sondern, als Folge davon, auch alle Geschichte für inexistent erklärt worden. Dieser Sachverhalt mag ihm bewusst gemacht haben, dass auch Physiker in ihrem Denken an die conditio humana gebunden sind. Gerade diese Bindung bewirkt, wie ihm nun klar geworden sein dürfte, etwas Eigentümliches. Die naturhaften Vorgänge sind in so strenger Weise miteinander verkettet, dass jeder in der Natur mögliche Vorgang, eine ausreichende Kenntnis der jeweiligen Bedingungen vorausgesetzt, vorhersagbar sein müsste.

> Mir ist aufgefallen, dass sogar Menschen, die behaupten, alles sei vorherbestimmt und es stehe nicht in unserer Macht, etwas daran zu ändern, nach links und rechts sehen, bevor sie die Straße überqueren.[393]

Wie Hawking jetzt sieht, gibt es eine Eigenart im Menschen, welche von der Naturwissenschaft unmöglich thematisiert werden kann.

> Das Studium der fundamentalen Naturgesetze und das des menschlichen Verhaltens gehören in verschiedene Kategorien. Aus den grundlegenden Gesetzen lässt sich menschliches Verhalten (...) nicht ableiten.[394]

Es sind gerade für den Menschen besonders wichtige Momente, die der physikalischen Erkenntnis entzogen bleiben.

> Liebe, Glaube und Moral gehören einer anderen Kategorie an als die Physik. Aus den physikalischen Gesetzen können Sie nicht ableiten, wie wir uns verhalten sollen.[395]

Hawking sah sich genötigt, für den Menschen ein gewisses Maß von Freiheit gegenüber den Naturgesetzen zu beanspruchen. Das wurde für ihn außerordentlich bedeutungsvoll, obwohl der Gedanke als solcher auch in der modernen Physik nachdrücklich bereits vertreten worden war (zumindest seit Heisenbergs Entdeckung der „Unbestimmtheitsrelationen"). Für Hawking trat jene Einsicht in ausdrückliche Beziehung zu der These von der Unmöglichkeit, mit physikalischen Mitteln über den Urknall hinauszudenken, deren Ausarbeitung ihn berühmt gemacht hatte. Damit hatte er eine definitive Grenze der physikalischen Welt nach der Seite des ,Vorher' festgestellt, jetzt zeigte sich, dass die Welt noch eine zweite Grenze hat. Die erste verlief ,im' Urknall, die zweite im Menschen. Für das physikalische Denken sind beide gleichermaßen opak und undurchdringlich. Aber insofern ein Physiker ein Mensch ist, kann er sich dieser Grenze durchaus nähern:

> Wir können unser Verhalten nicht nach dem Glauben ausrichten, alles sei vorherbestimmt, weil wir nicht wissen, was vorherbestimmt worden ist. Statt dessen müssen wir uns an die operative Theorie halten, dass wir einen freien Willen haben und dass wir für unser Handeln verantwortlich sind.[396]

Es war im April 1990, als Hawking diese Sätze in einem Vortrag formulierte. Wie schon am Beginn der achtziger Jahre Václav Havel und wie bald danach die Teilnehmer am Kongress zum Weltethos bekannte er sich also zum Menschen als dem Wesen, das über Freiheit verfügt und aus diesem Grund notwendig Verantwortung tragen muss. Das Moment der Verantwortlichkeit erschien ihm sogleich als derart wichtig, dass er sehr weitgehende Konsequenzen daraus zog. Er verwies auf die juristische Praxis des Freispruchs oder der Strafminderung von Straftätern wegen verminderter Zurechnungsfähigkeit:

> Der Begriff eines ,fast freien Willens' macht keinen Sinn. Doch die Menschen verwechseln häufig den Umstand, dass man erraten kann, wofür sich jemand entscheidet, mit der Vorstellung, seine Entscheidung sei nicht aus freiem Willen getroffen. Ein Beispiel für diese Verwirrung ist der Rechtsgrundsatz der verminderten Zurechnungsfähigkeit: die Vorstellung, man dürfe Menschen nicht für Handlungen bestrafen, bei denen sie großen Belastungen ausgesetzt waren. Es mag durchaus sein, dass jemand eher

dazu neigt, eine antisoziale Handlung zu begehen, wenn er unter Streß steht, aber erhöht man nicht andererseits die Wahrscheinlichkeit, dass dieser Mensch die Tat begeht, wenn man die Strafe herabsetzt?[397]

Der Gedanke einer Freiheit, die mit Verantwortung verbunden und nicht bloße Willkür ist, führt auf die Vorstellung von einem Bezug der Freiheit auf eine Ordnung, die vom Menschen bejaht oder verneint werden kann.

Natürlich stellte sich nach solchen Überlegungen die Frage, woher die dem Menschen eigene verantwortliche Freiheit wohl komme. Der Bereich der Naturgesetze kam als Herkunftsort nicht in Frage, denn in ihm gibt es eine solche Freiheit gar nicht. Damit wurde es notwendig, eine Kraft anzunehmen, die ihrerseits über Freiheit verfügt und deshalb zur Ursache der bei den Menschen zu beobachtenden Freiheit werden konnte. Zur Bezeichnung dieser Kraft benutzte Hawking den traditionellen Namen „Gott". Das wurde ihm möglich, weil er jetzt mit der Möglichkeit rechnen konnte, dass in Entsprechung zu der menschlichen Freiheit auch die göttliche nicht Willkür wäre, sondern eine mit Ordnung verbundene Freiheit. Der Gedanke Gottes wurde wissenschaftlich akzeptabel, wenn die Naturgesetze als Ausdruck einer Ordnung gedeutet wurden, die auch für Gott verbindlich ist.

> Entscheidend ist die Annahme, dass es ein System von Gesetzen gibt, die die Evolution des Universums von Anfang an vollständig bestimmen. Diese Gesetze mögen von Gott vorgegeben sein, aber offenbar läßt er (oder sie) ihnen jetzt freien Lauf und mischt sich nicht in die Geschicke des Universums ein.[398]

In dem Interview von 1992 fasste Hawking seine neue Position mit den folgenden Worten zusammen:

> Meine Arbeit hat lediglich gezeigt, dass man nicht behaupten muß, das Universum habe als eine persönliche Laune Gottes begonnen. Trotzdem bleibt die Frage: Warum macht sich das Universum die Mühe zu existieren? Wenn Sie wollen, können Sie Gott als die Antwort auf diese Frage definieren.[399]

Damit deutete er an, dass Einsteins Traum unter den bis dahin angenommenen Voraussetzungen nie in Erfüllung gehen könne. Zum Wesen der Welt gehört es, auf eine Kraft zurückzuweisen, die schon vor dem Urknall existiert haben muss und die das Universum in der Weise erschuf, dass sie sich selbst an die dabei hervorgebrachte Ordnung band. Diese Schöpferkraft muss, da sie dann auch den Menschen mit seiner Freiheit von den Naturgesetzen hervorbrachte, ihrerseits wesenhaft frei sein. Ihr Grundcharakter ist derjenige der Personalität.

Der Physiker Hawking nahm den Namen „Gott" wieder ernst. Unter seinen Fachkollegen hatten dies manche bereits vor ihm getan, aber in ihrer Eigenschaft als Glaubende. Als Vertreter der Wissenschaft hatten sie dagegen, wie gerade auch Einstein mehrfach betont hatte, in der höchsten Höhe nur Anonymes zu sehen vermocht. Die meisten meinten ihren Glauben an diesem Wissen orientieren zu müssen; Hawking aber bekannte sich nun gerade als Naturwissenschaftler zu der Möglichkeit einer personalen Ursache von Welt und Menschheit. Eine conditio sine qua non war dabei die Annahme, dass Gott die Welt nicht aus Willkür geschaffen habe. Wenn man sie positiv formuliert, dann besagt sie, dass die Ordnung, die Gott der Welt gab, ihm derart wichtig ist, dass er sich an sie auch selbst hält. Selbstverständlich darf man sich dabei keinesfalls vorstellen, Gott sei ir gendeinem Zwang unterworfen. Denn in unserem Gedankenzusammenhang ist Gott ja als Ursprung aller Freiheit gedacht, und so muss die Freiheit auch als eines seiner eigenen Wesensmerkmale gelten. Aber wie das Nachdenken Hawkings über den Menschen eindrücklich gezeigt hat, kann Freiheit eine Bindung an eine Ordnung eingehen ohne sich selbst aufzugeben, falls diese der Verantwortlichkeit dient. Daher ist anzunehmen, dass sich Gott aus Verantwortung gegenüber der Schöpfung an die Ordnung gebunden hat, die er ihr verlieh.

Dies voraussetzend, besteht wohl nur eine einzige Möglichkeit, über den Urknall hinauszudenken und zu einer Erfüllung von Einsteins Traum beizutragen. Wenn mit dem Urknall die Grundzüge der Schöpfungsordnung hervorgetreten sind, so dürfen sie als Manifestationen des Willens gewertet werden, der den Schöpfer zu seinem Schöpfungsakt veranlasste. Indem man die Eigenart dieses Willens deutete, würde sich klären, wie die Ursache des Urknalls beschaffen war. Wäre damit Einsteins Traum verwirklicht, so auf eine Weise, die von seinen Erwartungen in einem zentralen Moment abweicht. Das Wort „Gott" bezeichnete für Einstein eine anonyme, apersonale Macht. Jetzt aber wäre Gott in allererster Linie als Ursprung der menschlichen Freiheit und Verantwortung zu denken und damit selbst mit dem Grundzug der Personalität.

Dem entspricht es, dass eine Deutung der Weltordnung nicht von jenen Bereichen ihren Ausgang nehmen konnte, in denen von Freiheit und Verantwortung kaum etwas zu erkennen ist, innerhalb der Physik, sondern beim eigentlichen Humanum. Maßgeblich müssten im Menschen vorfindliche Verhältnisse sein, von denen sich zeigen lässt, dass ihre Existenz eine unabdingliche Voraussetzung für die Existenz der spezifisch menschlichen Seinsweise ist.

Der Denker, der als der eigentliche Entdecker des Seins gelten darf, Martin Heidegger, hat das Sein immer als eine anonyme Macht beschrieben. Und der Dichter und homo politicus, der als erster die fundamentale Ordnungsstruktur der drei Ebenen erkannt hat, Václav Havel, ist mit Nachdruck der Meinung entgegengetreten, dass der „absolute Horizont" ein anderer Name für den „Gott" der christlichen Tradition sei. Beide sahen sich außerstande, das Sein personal zu denken. Dieser Umstand scheint anzuzeigen, dass ein Hindenken zu einem personalen Schöpfergott von den Ordnungsstrukturen des Seins aus kaum leichter möglich wäre als von den physikalischen Naturgesetzen aus. Indessen hatte Havel die von ihm im Gefängnis unternommene Forschungsreise in die Tiefe der menschlichen Existenz nach der unerhörten Entdeckung der drei Horizonte noch nicht beendet. Gegen Ende seiner Haftzeit wurde ihm ein weiterer Fund von höchster Bedeutung zuteil. Mit ihm eröffnete sich ein neuer Denkweg.

Das persönliche Antlitz des Seins bei Havel

Als Havels Gefängnisstrafe sich ihrem Ende näherte, erkrankte er an einer schweren Lungenentzündung. Die zuständigen Behörden befürchteten einen Skandal in den Medien des Westens, falls er im Gefängnis sterben würde und ließen ihn im Februar 1983 aus dem Gefängniskrankenhaus in ein ziviles Hospital verlegen. Damit beendeten sie seine Haft ein wenig vor der Zeit.

Havel hatte seinen letzten Brief aus dem Gefängnis am 30. Januar verfasst, bereits als kranker Mann. Die Folge der letzten, im Gefängnis abgefassten Briefe, vom 129. bis zum 144., hob er nachdrücklich von den früheren Briefen ab. Rückblickend bezeichnete er sie als „zweiten Teil" und betonte ausdrücklich, dass er bemüht gewesen sei, sie als „ein ‚dramatisch' (oder ‚musikalisch?') komponiertes Ganzes" zu gestalten, „das zugleich mit seiner Bedeutung und seiner Expressivität wirkt", und zwar „in Bedeutung und Expressivität einer Kapelle, nicht aus diesem oder jenem Ziegel, aus denen sie gebaut ist (...). Mir liegt sehr daran, dass meine Briefe von jetzt an ‚vor der Ewigkeit' (...) als Ganzes existieren in der Anordnung, wie ich es bestimmt habe. Das ist mein definitiver, endgültiger Wunsch, der niemals mehr geändert wird. Wenn von dem so abgeschlossenen Ganzen weiterhin etwas irgendwo selbständig figurieren soll, dann höchstens der 2. Teil (nicht der 1.)."[400]

Darin deutet sich an, dass der Niederschrift des zweiten Teils eine tiefgreifende Erkenntnis vorherging, die alles bis dahin Gesagte in der Weise relativierte, dass sie ihm nachträglich den Charakter einer vorbereitenden Einführung gab. Worin diese Erkenntnis bestand, lässt sich wohl nur begreifen, wenn man nicht allein auf einzelne Sätze achtet (auf diesen oder jenen „Ziegel"), sondern auch auf ihren Ort innerhalb der Gesamtkonzeption (der „Kapelle").

Havel gab gleich zu Beginn des zweiten Teils zu verstehen, dass er zu klären versuche, was für den Menschen Freiheit und Verantwortung ist. Und er deutete an, dass diese für die Menschheit konstitutiven Momente bei jedem einzelnen Menschen auf eine im Grunde immer gleiche Weise neu hervortreten. Dies zeigt sich paradigmatisch am Phänomen der Geburt, wenn jedes menschliche Lebewesen, das im Mutterleib mit dem Seienden in bruchloser Verbindung steht, diesen Zustand des „Seins im Sein" verlässt und in einen anderen, durch das „Getrenntsein" bestimmten, eingeht.

> Das Geborenwerden aus dem Mutterschoß als der Augenblick, in dem sich der Mensch auf seinen Lebensweg begibt, bildet treffend den Ausgangszustand des Menschseins ab (...). Mit dem Menschsein entsteht etwas wesenhaft Neues und auf nichts anderes Überführbares; etwas, das zwar ist, aber irgendwie ‚anders', gegen alles und gegen sich selbst. Es entsteht das Wunder des Subjekts. Das Geheimnis des Ich. (...). Das Rätsel von Freiheit und Verantwortung.[401]

Das Wunder der Personalität, das sich bei der Geburt eines jeden menschlichen Individuums wiederholt, bringt notwendig einen Verlust mit sich. Ein „Ich" geworden, entbehrt der Mensch die bisherige Geborgenheit. Die Welt, in der er sich vorfindet, ist für ihn nun die Fremde.

> Nicht mehr geschützt von spontaner Teilnahme am Sein (...), sind wir dem ausgesetzt, zu dem sich für uns das Sein durch unser Getrenntsein verwandelt hat, der Welt des Seienden (...). Die Gewißheit unseres Seins im Sein ist zur unwiederbringlichen Vergangenheit geworden; der Himmel hat sich bewölkt, wir sind in die Ungewißheit der Welt geworfen.[402]

Wenngleich die Welt für den Menschen fremd ist, kann sie auf ihn eine große Anziehungskraft ausüben. Sie lässt Seiendes in der Vereinzelung erscheinen. Da der Mensch als Ich selbst vereinzelt ist, kann er sie als Einladung empfinden, sich immer nur Vereinzeltem zuzuwenden. Uns „ruft und verführt (...) die fremde Welt, in die wir geworfen sind: (...) wir <sind> in ihr dauernd der Versuchung

ausgesetzt, auf alles Fragen zu verzichten und uns so an sie anzupassen, wie sie
sich uns bietet, in sie abzusinken."[403]

Allerdings kann der Mensch in der Welt das eine Sein nie ganz vergessen. Er
ist in diesem Sein, sogar als dieses Sein, ja selbst gewesen. Und so fremd er ihm
in der Welt mit ihren Vereinzelungen wird, vermag er die Sehnsucht nach ihm in
sich doch nie zu tilgen. So ist er ein Fremder auch in der Welt .

> Der Mensch ist also dem Sein entfremdet, aber gerade deshalb brennt er vor Sehnsucht
> nach seiner Integrität (die er als das Sinnvolle begreift), vor Sehnen nach dem Ver-
> schmelzen mit ihm und also vor der totalen Transzendenz seiner selbst. Als ein solcher
> ist er aber auch der Welt entfremdet, in der er sich befindet und die ihn mitreißt und
> gefangen hält. Er ist vom Horizont der Welt umringt, vor dem es kein Entrinnen gibt,
> und zugleich frisst ihn die Sehnsucht, diesen Horizont zu durchbrechen und zu über-
> schreiten.[404]

Die doppelte Entfremdung kann bewirken, dass der Mensch seine Grundsituation
als absurd empfindet. Das mag ihn zur Resignation veranlassen. Notwendig ist
diese Folgerung jedoch nicht; denn was den Menschen in seine Situation gebracht hat, ist nichts anderes als die Erfahrung seiner Freiheit. Dieselbe Freiheit,
die ihn vereinzelt hat, bietet ihm auch die Möglichkeit, einen Weg einzuschlagen, der aus der Absurdität hinausführt. Das Leiden an der Fremdheit kann von
einem Menschen geradezu als ein Aufruf zur Betätigung seiner eigenen Freiheit
empfunden werden.

> Er kann [die Absurdität, Ergänzung von mir W.F.] jedoch auch als einzigartige Aufga-
> be annehmen, die seiner Freiheit gegeben worden ist. Nämlich als einen Anruf, sich -
> aller seiner Geworfenheit gerecht werdend - auf die Pilgerfahrt zwischen Sein und
> Welt zu machen.[405]

Die „Pilgerfahrt" besteht darin, dass das vom Sein getrennte Ich anfängt, sich mit
dem Sein wieder zu identifizieren.

Im ersten Brief des zweiten Teils beschränkt sich Havel darauf, in der ange-
zeigten Weise die menschliche Grundsituation zu charakterisieren. Dabei macht
er zwar offensichtlich von Gedankengängen Heideggers Gebrauch, die er aber
keineswegs einfach wiederholt. Umso bedeutsamer erscheint es mir, dass er mit
dem Sein als der Urheimat des Menschen, mit dem Getrenntsein des Ich in der
Welt und mit der „Pilgerfahrt" des Ich zum Sein eine Dreiheit beschreibt, die
durch die Momente der Identität und Differenz geprägt ist und dem Gefügezu-
sammenhang genau entspricht, den Heidegger in dem Freiburger Festvortrag von
1957 als Dreiheit von Sein, Dasein und Ereignis explizierte.

Maßgeblich blieb für Havel allerdings das Phänomen der Verantwortung. Inzwischen hatte er sich davon überzeugt, dass es in elementarer Weise mit der
Seinsart des Menschen verbunden ist. Dies illustrierte er durch einen scheinbar
unscheinbaren Vorfall.

Bei einer Fernsehsendung sollte der Wetterbericht mitgeteilt werden. Eine
Mitarbeiterin des Wetteramtes hatte damit bereits begonnen, da bemerkte sie
plötzlich, dass die Tonübertragung unterbrochen war. Auf diese Möglichkeit war
sie überhaupt nicht vorbereitet und so geriet sie in furchtbare Verlegenheit. Havel schrieb:

Vor uns stand auf einmal eine verwirrte, unglückliche Frau. Dem Blick von Millionen Menschen ausgesetzt und dabei hoffnungslos allein, in eine unbekannte, nicht vorausgesehene und unlösbare Situation geworfen. Bis auf den Grund der Peinlichkeit sinkend, stand sie dort in der ganzen ursprünglichen Nacktheit der menschlichen Ohnmacht, von Angesicht zu Angesicht mit der bösen Welt und mit sich selbst, mit der Absurdität ihrer Stellung und der verzweifelten Frage, was sie mit sich selbst tun soll, wie sie ihre Würde wahren soll, wie sie bestehen soll, wie sie sein soll. Es wirkt vielleicht überspannt, aber ich erblickte in dieser Szene auf einmal ein Bild der Ausgangssituation des Menschseins: die Situation der Trennung, das Geworfensein in die Fremde der Welt und vor der Frage seiner selbst. Aber das ist nicht alles: wie mir gleich darauf klar wurde, durchlebte ich - sei es auch nur für einen Augenblick - fast physisch den Schrecken dieser Situation zusammen mit dieser Frau, zusammen mit ihr kam ich in schreckliche Verlegenheit, errötete und schämte mich für sie, auch ich war dem Weinen nahe. Unabhängig von meinem Willen überschwemmte mich ein unbegreiflich starkes Mitgefühl mit dieser fremden Person. Ich war unglücklich, ihr nicht helfen, sie nicht vertreten, nicht dort an ihrer Stelle sein oder ihr zumindest über die Haare streicheln zu können.[406]

Havel meinte, dass jeder ähnliche Erfahrungen des Mitgefühls mit einem völlig unbekannten Mitmenschen machen könne, und zwar aus einem zweifachen Grund. Einerseits liegt die Identifizierung mit einem derart hilflosen Menschen nahe, weil dieser als Bild der Urausgesetztheit empfunden werden kann, die wir alle seit unserer Geburt erfahren haben. Der zweite Grund weist über den Bereich privater Empfindungen weit hinaus und verweist auf die „Erinnerung des getrennten Seins an das lange vergangene Sein im Sein, an seine vorsubjektive Verbundenheit mit dem All" wirksam wird:

Das Ausgesetztsein und die Verwundbarkeit des anderen Menschen betreffen uns also nicht nur, weil wir darin unsere eigenes Ausgesetztsein und unsere eigene Verwundbarkeit erkennen, sondern aus einem unverhältnismäßig viel tieferen Grund: gerade weil wir sie so erkennen, dringt daraus stärker als aus allem anderen die ‚Stimme des Seins' zu uns. Dieses Rufen erregt uns, mobilisiert unser Sehnen nach der Transzendenz der eigenen Subjektivität, spricht unmittelbar unsere latente Erinnerung an den ‚pränatalen' Zustand des Seins im Sein an. Es ist stärker als alles andere (‚verstandesmäßige') in uns - und wir fallen auf einmal - gezwungen, uns mit dem Sein zu identifizieren - in unsere Verantwortung hinein.[407]

Dass ein anderer Mensch in seiner Notsituation für uns zur Erscheinung kommt, bedingt jene Erfahrung. Doch um den konkreten Menschen geht es dabei gar nicht. Von ihm geht der Ruf ja auch nicht aus. Was uns ruft, ist das Sein selbst, und so empfinden wir eine Verantwortung nicht für diesen einen, sondern für alle Menschen, und eigentlich für alles.[408]

Wenn man erkannt hat, dass der Mensch sich aus seiner nachgeburtlichen Getrenntheit heraus auf eine „Pilgerfahrt" hin zur alten Heimat des Seins begeben kann, so mag man meinen, das Erwachen der „Verantwortung für alles" leite die menschliche Peregrinatio ein. Aber die Mitempfindung gleitet in der Art eines Traumes dahin. Sie gibt dem Ich keine Gelegenheit, seine Getrenntheit derart zu reflektieren, dass daraus Eigenständigkeit würde. So nimmt es die Welt und ihre Erscheinungen gar nicht wirklich ernst. („Ich will jene Meteorologin sein und weiß nicht, dass das nicht geht"[409]). Das kann nach Havel dazu führen, dass der Flug ins Sein sich in einen Absturz verkehrt und vielleicht sogar in das abgründige Böse führt.

Seltsam zweideutig ist dieser Zustand des Menschseins: auf der einen Seite ist er auf dem Hintergrund all dessen, was in der Welt Edles ist, auf der anderen Seite ist er der Ausgangspunkt des Weges zu den meisten Schrecken der menschlichen Geschichte.[410]

Zum Umschlag ins Negative kann es kommen, weil das dem Sein entgegenfliegende Ich notwendig mit der Realität zusammenstößt und dann gezwungen ist, in ihr sich einzurichten. Nun mag das Ich die Welt der Endlichkeit und Vereinzelung, in der es sich vorfindet, als Durchgang zum Sein betrachten. Möglich ist jedoch auch, dass das Ich die Welt als Ersatz für das Sein nimmt. Dann setzt es einen Prozess in Gang, der einen zerstörerischen Charakter hat.

<An> das Sein, nach dem es sich sehnt (d. h. in der Fülle des Seins zu sein), kann sich das Ich nur annähern in seinem Sein in der Welt, also seinem Dasein. Auf der anderen Seite bedeutet aber, sich bloß auf dieses Dasein als solches zu orientieren und so das Mittel mit dem Ziel zu vertauschen, sich von der Fülle des Seins unaufhaltsam zu entfernen. Das gänzliche Verfallensein an das Dasein bedeutet die völlig Blockierung der Möglichkeit der Berührung mit dem Sein, bedeutet den Verlust des Seins, bedeutet, nicht zu sein.[411]

Aus der „Verantwortung für alles" kann ein Verhalten hervorgehen, das, da es sich vom Sein gelöst hat, Verantwortlichkeit nur noch vorspiegelt.

[Des Menschen] Moral ist dann die des ‚hypothetischen Imperativs' (er kümmert sich zum Beispiel um andere nur in dem Maße, in dem das nützlich und praktisch ist). Oder es ist eine ‚verdinglichte' Moral, nämlich eine solche, deren Maßstab nicht mehr die immer frische und radikale Konfrontation mit dem eigenen Ursprung im Sein ist, sondern die sich nur an der Treue zu sich selbst als einem menschlichen Produkt mißt, das zwar einstmals tatsächlich aus der Transzendenz entstanden ist, aber schon lange als ein bloßes Ding lebt (...). Diese Moral täuscht, indem sie in der Erhaltung der lang vergangenen Intention des ‚Vor-Ich' die Illusion schafft, es ginge immer noch um diese Intention. Und zwar in einem solchen Maße, dass sie dem Menschen schließlich ermöglicht, im Namen des Guten alles erdenklich Böse zu begehen.[412]

Allerdings ist eine solche Verkehrung des ursprünglichen Gefühls der „Verantwortung für alles" keineswegs unvermeidlich. Sie kann dadurch korrigiert werden, dass das Ich die Verantwortung auf sich selbst bezieht. Dies ist nach Havel erst das genuine Stadium des Geistes.

<Dann> gewinnt die ursprüngliche ‚unverantwortliche' ‚Verantwortung für alles' durch das Dasein des ‚Ich' in der Welt allmählich auch die Dimension der Verantwortung des ‚Ich' für sich und der Verantwortung ‚zu' (sie wird also ‚Verantwortung des Menschen für seine Verantwortung') und führt ihn so zu einem dauernden und ständig sich vertiefenden Kontakt mit der Integrität des Seins.[413]

Jene „Pilgerfahrt" zum Sein bleibt unter den Auspizien des ‚Geistes' nicht ziellos. Zwar stößt auch der Geist mit der Welt zusammen, und er nimmt auch durchaus wahr, dass sie im Verhältnis zum Sein ein „Außerhalb" darstellt, aber er ist fähig, sie derart zu durchleuchten, dass sie zum Bild des „Innerhalb", also des Seins, wird. Dank dieser Fähigkeit mag man vom Geist auch sagen, dass er als Brücke die Welt mit dem Sein verbinden kann [414]

[Unser] Geist ist eigentlich eine Art Brücke, die dieses ‚Außerhalb' überwölben will, indem er aufs neue das schafft, was wir nicht sind oder nicht haben, was auf dem anderen Ufer unseres ‚Außerhalb' ist. Im Sein sind wir also zwar nur ‚halb', dafür aber irgendwie zweimal: die Betrachtung, die Erkenntnis, der Aufblick, das Verständnis, das Begreifen, das Bewusstmachen - das alles sind Grade oder Modi des Sich-Ausspannens unseres ‚Halb-Seins' zu seiner fehlenden anderen Hälfte.[415]

Wie man sieht, bezeichnet Havel mit „Geist" eine Kraft. Sie umfasst das, was wir Intellekt nennen, meint aber ungleich mehr. Sie durchdringt den Menschen in seiner ganzen Existenz, insofern er Träger von Freiheit und Verantwortung ist, also ein einzigartiges „Ich", eine „Person".

So öffnet der Geist letztlich vor dem ‚Ich' dessen Freiheit. Er öffnet erst im wirklichen Wortsinn den Raum für jenes rätselhafte Geschehen, das unser ‚Ich' ist. Das, was auf nichts überführt werden kann - das wirkliche und tiefste Geheimnis unseres ‚Ich' - macht sich in seiner ganzen Kraft geltend, entwickelt und offenbart sich erst in der Umgebung, die es sich durch sein Bewusstsein herstellt.[416]

Da der Geist das Ich im Ganzen durchdringt, kann er ihm nicht verfügbar sein, so wie es etwa seine Gliedmaßen sind, die das Ich normalerweise innerhalb eines bestimmten Rahmens nach Belieben zu lenken vermag. Das Ich vermag den Geist nicht von sich aus in Tätigkeit zu setzen. Damit er aktiv werden kann, bedarf es eines Anrufs. Havel versucht zu klären, auf welche Weise sich jener Anruf des Seins vollzieht, wenn er das Ich herausfordert, Verantwortung auch für die eigene Verantwortlichkeit zu übernehmen. Es ist der 137. Brief, verfasst am 17. Juli 1982, in dem Havel diese Aufgabe zu lösen sucht.

Abermals geht es um die Klärung eines Prozesses, von dem Havel überzeugt war, dass er sich unter unterschiedlichsten äußeren Umständen auf eine letztlich gleiche Weise in jedem Menschen immer wieder zutragen wird. Und wiederum wird die Ausgangssituation durch eine Phänomenbeschreibung aus dem Alltag erläutert:

Ich steige in der Nacht in den zweiten Wagen der Straßenbahn ein, um eine Station weit zu fahren. Im Wagen ist niemand, nicht einmal ein Schaffner, denn das Fahrgeld bezahlt man, indem man eine Münze in einen entsprechenden Kasten wirft. Ich kann also ein Münze in den Kasten werfen, muss es aber nicht. Wenn ich sie nicht hineinwerfe, wird das niemand sehen, niemand wird das je erfahren, niemand wird mir diese Übertretung je nachweisen können. Und da öffnet sich vor mir, ohne Rücksicht darauf, wieviel Geld ich habe, ein großes Dilemma: hineinwerfen oder nicht? Vom Gesichtspunkt meines Daseins in der Welt ist es offensichtlich vernünftig, nicht hineinzuwerfen (...). Trotzdem komme ich in Verlegenheit, zögere, denke nach, man kann sogar sagen, dass ich mich direkt quäle. Warum? Es ist entschieden nicht die Angst vor den Folgen (...). <Und so> wie niemand das Nichtbezahlen verurteilen kann, ist auch niemand da, der das Bezahlen hochschätzen könnte (...). Warum drängt mich dann also etwas zu zahlen? Oder warum fühle ich Vorwürfe, wenn ich mich anschicke nicht zu zahlen?[417]

Der für den Einwurf der Fahrgeldmünze bestimmte Kasten vermittelt, ähnlich wie die bedauernswerte Meteorologin in dem früheren Beispiel, einen Anruf an das Ich, der seinen Ursprung nicht an irgendeinem einzelnen Seienden hat. Da dieser Anruf das Ich zu einer verantwortlichen Entscheidung herausfordert, begegnet er nicht nur in allgemeinen, sondern auch in spezifischen Wesenszügen. Diese wahrzunehmen, müsste jedermann in vergleichbaren Situationen möglich sein.

<Ich> glaube, dass jedem aus eigener Erfahrung offensichtlich ist, dass es hier um einen Dialog geht. Den Dialog meines ‚Ich' als des Subjektes seiner Freiheit (ich kann bezahlen oder auch nicht), seiner Reflexion (ich wäge ab, was ich tun soll) und seiner Wahl (bezahle ich oder nicht) mit etwas, was außerhalb dieses eigentlichen ‚Ich' ist, was von ihm getrennt und nicht mit ihm identisch ist.[418]

Einem Ich ist gemeinhin ein echter Dialog nur unter der Voraussetzung möglich, dass es mit einem Partner in Verbindung steht. Wer aber ist der Partner des Ich in der Situation des Anrufs?

Dieser ‚Partner' (...) steht nicht neben mir; ich kann ihn nicht sehen, ich kann ihm zugleich jedoch nicht aus den Augen verschwinden. Sein Blick und seine Stimme begleiten mich, wo auch immer ich bin; ich entgehe ihm nicht, noch kann ich ihn täuschen: er weiß alles. Ist es die so genannte ‚innere Stimme', ist es mein ‚Über-Ich', ist es mein ‚Gewissen'? Sicher, wenn ich dieses Rufen zur Verantwortung höre, höre ich es in mir. Das jedoch ändert nichts daran, dass diese Stimme sich an mich wendet und mit mir in ein Gespräch eintritt, dass sie also an mein ‚Ich' - von dem ich hoffe, dass es nicht schizophren ist - von außen herantritt.[419]

Die Stimme des Seins nimmt, wenn sie den Menschen zur Übernahme von Verantwortung für sich selbst aufruft, einen Ton an, als gehe sie von einer Person aus.

„Es ist, als ob das Sein des Universums in den Momenten, in denen wir uns auf dieser Ebene mit ihm treffen, auf einmal ein persönliches Gesicht gewönne und mit ihm sich an uns wende."[420] Der personale Zug der ‚rufenden' Stimme nimmt sich zunächst geheimnisvoll aus. Eine Vergegenwärtigung der im Hören gemachten Erfahrung ermöglicht es aber, über den Urheber der Stimme einige weitere Aussagen zu treffen.

Wer spricht da eigentlich mit mir? Jemand, an dem mir offenbar mehr liegt als an dem Verkehrsbetrieb, mehr als an meinen besten Freunden (was sich dann zeigen würde, wenn diese Stimme mit ihnen in Widerspruch geriete), sogar in gewisser Hinsicht mehr, als an mir selbst, nämlich an mir als dem Subjekt seines Daseins und Träger seiner ‚Daseinsinteressen' (...). Jemand, der ‚alles weiß' (er ist also allwissend), überall ist (er ist also allgegenwärtig) und sich alles merkt, der zwar unendlich verständnisvoll ist, aber zugleich völlig unbestechlich; der für mich höchste und einfach eindeutige Autorität in sittlichen Fragen ist und also das Gesetz selbst; jemand, der ewig ist, der durch sich auch mich ewig macht (...). Dieser ‚jemand' spricht dabei ganz persönlich mich an (keineswegs nur als ‚reisende Öffentlichkeit', wie das die Verkehrsbetriebe tun).[421]

Diese Beobachtungen gaben Havel selbstverständlich Anlass, die bei der Erörterung des dritten und absoluten Horizontes begegnende Frage, ob der dritte Horizont mit „Gott" identifiziert werden dürfte, wiederaufzunehmen; denn die Merkmale, die er an der zur Verantwortung rufenden Stimme ausmachte, wurden in der jüdisch christlichen Tradition durchgängig als Attribute Gottes bezeichnet. Havel meinte indessen, dass sie zu einer Identifizierung der Stimme mit Gott nicht ausreichen.

Wer aber ist das? Gott? Es gibt viele feine Gründe, warum ich zögere, dieses Wort zu verwenden. Eine Rolle spielt dabei eine gewisse Scham (ich weiß nicht genau, wofür, warum, wovor), hauptsächlich aber die Befürchtung, mit dieser zu bestimmten Bezeichnung (bzw. Behauptung ‚Gott ist') meine durch und durch persönliche, ganz innere und ziemlich (wie tief und dringlich sie auch sei) unklare Erfahrung zu eindeutig nach ‚außen' zu projizieren, auf jene problematische Projektionswand der so genannten ‚objektiven Realität', und sie so zu sehr zu transzendentalisieren.[422]

Da Havel keine der Eigenschaften, die er an der Stimme des anrufenden Seins festzustellen vermochte, für ausreichend hielt, um ihren Träger mit Gott gleichzusetzen, ließ er den Lesern seiner Briefe besonders deutlich werden, dass er weiterhin nicht vom Glauben sprach, sondern vom Wissen. Das persönliche Antlitz des Seins, von dem er im 137. Brief vom 17. Juli 1982 handelte, hat sich seiner Auffassung nach noch immer in dem grundsätzlich jedermann zugänglichen Bereich des Wißbaren gezeigt. Darum kommt diesem Brief im Gedankengang des vorliegenden Buches eine herausragende Bedeutung zu.

Seitdem Havels Prager Landsmann Franz Kafka, den er übrigens außerordentlich schätzt, mit dem „Unzerstörbaren" jenes Sein thematisierte, das dann Heidegger als Ausgang und Ziel allen Denkens deutete, ist es als eine apersonale, anonyme Macht gedeutet worden. In dem gerade angeführten Brief aus dem Gefängnis hat Havel - wenn ich recht sehe - es erstmals unternommen zu zeigen, dass das Sein auch in personhaften Zügen erscheinen, dass es, wie er etwas später formulierte, ein „persönliches Antlitz"[423] tragen kann. Damit ließ er eine Grenze, die Heidegger nie zu überschreiten vermochte, hinter sich.

So hoch der 137. Brief aus diesem Grund einzuschätzen ist, bezeichnete der Herausgeber der deutschen Ausgabe Jiri Gruša, vermutlich mit Billigung von Havel, als den „wichtigsten der ganzen Serie", d. h. des zweiten Teils, nicht ihn, sondern den übernächsten.[424] Da Havel nach seinen eigenen Worten jene Brieffolge bewusst komponierte, ist wohl anzunehmen, dass er dem 137. Brief auch die Aufgabe zuwies, den entscheidenden 139. Brief vorzubereiten.

Auch der unmittelbar anschließende 138. Brief hatte offensichtlich in ähnlichem Sinn vorbereitenden Charakter. In ihm kam Havel auf einen Vorgang zu sprechen, der sich fünf Jahre zuvor zugetragen hatte und dann für sein „weiteres Leben in vielerlei Hinsicht eine Schlüsselbedeutung"[425] erlangen sollte. Im Vorwort war davon schon kurz die Rede.

Wegen seiner Aktivitäten in der Menschenrechtsbewegung „Charta 77", deren Sprecher er war, hatte man ihn verhaftet. Im Laufe der Verhöre legte man ihm dann nahe, ein Gesuch um Entlassung einzureichen. Dieses Angebot nahm er an. Im Brief kommentierte er dies aus der Rückschau so:

> Mein Gesuch schrieb ich auf eine Weise, die mir damals sehr taktisch und raffiniert vorkam. Zwar sagte ich in ihm nichts, was ich nicht auch dachte oder was nicht wahr gewesen wäre, bloß habe ich irgendwie ‚übersehen', dass die Wahrheit nicht nur das ist, was gesagt wird, sondern auch, von wem, wem, warum, wie und unter welchen Umständen es gesagt wird. Dank dieses winzigen ‚Übersehens' (genauer: kleinen Selbstbetrugs) kam das, was ich gesagt hatte - wie zufällig - in bedenkliche Nähe dessen, was der Adressat hören wollte(...). (Der Ordnung halber füge ich hinzu, dass mir, als ich das nach Jahren las, von der Ehrenhaftigkeit dieser Raffinesse die Haare vor Grauen zu Berge standen).[426]

Der Antrag, in dessen Zusammenhang Havel auch die Tätigkeit eines Sprechers der Charta 77 niederlegte,[427] hatte Erfolg, man teilte ihm mit, dass er entlassen werde. Als er das hörte, wurde ihm plötzlich klar, was es in Wahrheit bedeutete.

> Mit entsprechender ‚Wiedergabe', ‚Ergänzung' und breiter Publikation meines Gesuchs wird der Eindruck erweckt, ich habe nicht ausgehalten, sei dem Druck erlegen und von

meinen Haltungen, Meinungen und der ganzen bisherigen Arbeit abgewichen- kurz, ich habe meine Sache verraten, und das bloß aus dem nichtigen Grund, um aus dem Gefängnis zu kommen.[428]

Ich verließ in Schande das Gefängnis und stand im Angesicht einer Welt, die mir als ein einziger, überaus berechtigter Vorwurf erschien. Niemand weiß, was ich alles in dieser dunkelsten Zeit meines Lebens durchgemacht habe (...). Es waren Wochen, Monate und eigentlich Jahre stiller Verzweiflung, in denen es an mir fraß, Jahre der Scham, innerer Schande, Vorwürfe und verständnisloser Fragen.[429]

Das Leben außerhalb des Gefängnisses währte dann nicht lange. Havel setzte sich weiter für Menschenrechte ein und wurde abermals verhaftet. Wieder machte man ihm ein verlockendes Angebot, diesmal, für einige Zeit in die USA auszureisen. Nun aber lehnte er ab. Die Gefängnisstrafe von viereinhalb Jahren, die daraufhin über ihn verhängt wurde, nahm er also aus freien Stücken auf sich. Doch damit war er mit seiner Reaktion auf das erste Angebot innerlich noch nicht fertig. Sie sollte ihn fortwährend weiter beschäftigen. Und eine ihn selbst befriedigende Deutung konnte er erst zum Zeitpunkt der Niederschrift des zweiten Teils der Briefe geben. Aus der Rückschau merkt er an:

Diese Erfahrung hat mich in eine zwar drastische, aber eben sehr weitreichende Konfrontation mit mir selbst geworfen. Sie hat mein ganzes ,Ich' erschüttert, um aus ihm eine Art tieferen Einblicks in sich selbst ,herauszuschütteln', um mich letztlich auch zu einem neuen und zusammenhängenden Bedenken des Problems der menschlichen Verantwortung zu führen"[430]

Während der jahrelangen inneren Auseinandersetzungen ging es für ihn im Grunde immer nur um eine Antwort auf das Problem des eigenen Versagens: „Wie konnte das geschehen?"[431] Immerzu fühlte Havel, dass er „bis zum Wesen der Sache nicht vordringen" konnte.[432] Zuletzt aber war ihm der Grund dafür klar geworden.[433]

Inzwischen hatte Havel nach eigenem Bekunden in der autobiographischen Rückschau gelernt, diese von ihm selbst praktizierten Selbstbefreiungsversuche zu begreifen. Sie sind, so hatte er eingesehen, fast unvermeidlich, weil ein Mensch, der eine tiefe eigene Schuld bekennen würde, sich selbst disqualifizierte, nicht nur den Mitmenschen, sondern gerade auch dem eigenen Ich gegenüber. Denn wie sollte er noch Zutrauen zu sich selbst fassen können, wenn er einmal in so schlimmer Weise versagt hatte?

Die volle Verantwortung für eigenes Versagen auf sich zu nehmen, ist vom Standpunkt der ,Daseinsinteressen' ungewöhnlich schwer, vielfach fast unerträglich und unmöglich. Und will man zumindest ein wenig ,normal' leben - d. h.. in der Welt da sein (geführt vom sog. Selbsterhaltungstrieb) -, wird man einfach unwiderstehlich dazu getrieben, sich die Situation durch eine derartige Selbstaufteilung zu erleichtern, die die Sache in eine Art unglückliches ,Missverständnis' verwandelt: der echte Adressat berechtigter Vorwürfe kann doch nicht ich sein, sondern nur der andere, der fälschlich mit mir identifiziert wird.[434]

Das nahezu Unmögliche war für Havel dann aber doch vollziehbar geworden.

Für seine Erfolge einzustehen, ist einfach. Jedoch die Verantwortung auch für sein Versagen auf sich zu nehmen, es vorbehaltlos als sein eigenes Versagen anzunehmen, das nirgendwohin und auf nichts geschoben werden kann, und sich selbst auch tätig zu dem zu bekennen, was dafür zu bezahlen ist - das ist verteufelt schwer! Aber einzig hierher führt der Weg - wie ich mich, so hoffe ich, selbst auf Grund meiner Erfahrung überzeuge - zu einem tieferen Finden seiner selbst, zu einer erneuerten Souveränität über seine Dinge, zu einem radikal neuen Einblick in die geheimnisvolle Ernsthaftigkeit seiner Existenz als undeutlicher Aufgabe und in ihre transzentale Bedeutung. Und einzig ein solches inneres Verstehen kann zuletzt zu dem führen, was man echten ‚Seelenfrieden' nennen könnte, zu dieser höchsten Freude, zum wirklich Sinnvollen, zu dieser unendlichen ‚Freude am Sein'.

Diesen Worten fügte Havel als Abschluss des 138. Briefes noch hinzu:

Gelingt dem Menschen dies, dann hört alles Leiden des Daseins auf, Leiden zu sein, sondern wird zu dem, was die Christen Gnade nennen.[435]

Im folgenden Brief, dem 139., sprach Havel dann ausdrücklich über seine Erfahrung von „Gnade".

Es ist also (...) das, worauf ich mich in jeder meiner Beziehungen zuletzt einzig beziehe und dem ich in jeder meiner Verantwortungen zuletzt einzig verantwortlich bin: jene geheimnisvolle ‚Stimme des Seins', die zu meinem ‚Ich' deutlicher ‚von außen' dringt (so deutlich, dass man dazu ‚von oben' sagt) als alles andere. Die aber zugleich - paradoxerweise - tiefer zu ihm dringt als alles andere, durch mich selbst: nicht nur, weil ich sie in mir höre, sondern auch, weil es gleichzeitig die Stimme meines eigenen Seins als meiner Tiefendisposition ist (...). Die Reichweite dieses Rufens - oder quälend vorwurfsvollen Schweigens - ist freilich ein wenig anders im Falle der nicht bezahlten Krone in der nächtlichen Straßenbahn und anders im Falle eines Versagens, mit dem eine Menge tapferer Menschen verraten wird, die mir geglaubt haben oder mir sogar gefolgt sind, keinerlei Opfer scheuend. Und doch ist es in ihrem Wesen immer dieselbe Stimme.[436]

Der innere Widerstand gegen das Eingeständnis der Schuld entsprach der Tiefe der jeweiligen Verfehlung. Wenn ein Bekenntnis selbst des „Verrats" schließlich doch möglich wurde, so durch die Erfahrung der Gegenwart jener personhaften Kraft, die aus der „Stimme des Seins" sprach. Diese bewirkte, dass das Ich, indem es in tiefste Beschämung versank, sich zugleich befreit fühlte. Damit erfuhr es die „Gnade". Havel konnte von diesem Vorgang nur in großer Dankbarkeit sprechen. Er fühlte sich durch ihn ermächtigt, das personhafte Antlitz des Seins, das sich ihm gezeigt hatte, als das Antlitz von Gott, ja als Antlitz eines liebenden Gottes, zu bezeichnen.

Meinem Versagen verdanke ich es, dass ich zum erstenmal im Leben - wenn mir ein solches Beispiel erlaubt ist - unmittelbar im Arbeitszimmer des lieben Gottes selbst stand. Niemals bisher habe ich ihm so aus der Nähe in das Antlitz geschaut, niemals bisher hörte ich so aus der Nähe seine vorwurfsvolle Stimme, niemals vorher stand ich vor ihr in so tiefer Verlegenheit, so mit Schande bedeckt und verwirrt, niemals habe ich mich so tief geschämt und die Unangemessenheit all meiner Verteidigungen gefühlt.[437]

Diese „Konfrontation" mit dem „liebenden Gott" offenbarte für Havel in völlig neuer Weise ein zusätzliches Moment der Verantwortung. Von der Verantwortung für sich selbst erwies sich, dass es auch eine „Verantwortung ‚zu'" ist,[438] eine Verantwortung, die das Ich „zu" Gott hin übernimmt.

Die neue Möglichkeit, bei der Beschreibung der eigenen Erfahrung trotz aller Vorbehalte den Namen Gottes zu nennen, führte Havel keineswegs dazu, seine bisherige Deutung der anrufenden Stimme als einer Stimme des ‚Seins' preis-zugeben. Auch weiterhin sah er im Sein, gemeint als für den Menschen in der Welt erfahrbarer Sinnzusammenhang oder als der „absolute Horizont", jenes Ü-bermenschliche, an das die menschliche Existenz grenzt und auf das sie immerzu bezogen ist. Das Antlitz Gottes war für ihn nicht ‚jenseits des Seins' erschienen, sondern im Sein, zumal die Seinserfahrung inmitten der Welt aufleuchtet. Auch die Begegnung mit Gott hatte sich also in den Bezügen der Welt vollzogen.

> Also: es war Scham (...) vor meinen Nächsten, Freunden, Bekannten, der Öffentlich-keit -, also Scham vor konkreten, irrenden, Fehler machenden (...) Leuten (...), also Scham vor jenem ‚relativen', zufälligen, flüchtigen und nicht allzu richtungsweisenden ‚konkreten Horizont' meines Sich-Beziehens - was mich zu meinem Erstaunen in diese bisher schärfste Konfrontation mit dem ‚absoluten Horizont' stellte, mit jenem ‚persön-lichen Antlitz', mit dem sich das Sein in solchen Momenten an mich wendet! Es ist al-so überhaupt nicht so, dass es zwei voneinander getrennte Welten gäbe, die irdische Welt der irrenden Menschen, an der nicht viel liegt, und die himmlische Welt Gottes, um die einzig es geht. Ganz im Gegenteil: das Sein ist das einzige, es ist überall und hinter allem, es ist das Sein von allem, und es gibt keinen Weg zu ihm als den, der durch diese Welt und dieses mein ‚Ich' führt. Die ‚Stimme des Seins' kommt nicht von ‚anderswoher' (d. h. aus irgendwelchen transzendentalen Himmeln), sondern aus-schließlich ‚von hier': es ist jenes ‚Unausgesprochene in der Sprache der Welt', von dem Heidegger im ‚Feldweg' spricht.[439]

Im zweiten Teil seiner Briefe aus dem Gefängnis beschrieb Havel seine durch die persönliche Erfahrung vermittelte Erkenntnis, dass ein menschliches Ich in-mitten der Bezüge seiner alltäglichen Welt von „Gnade" erfasst werden und da-bei zu einer Begegnung mit der Personalität Gottes gelangen kann. Das erklärt, warum Havel diesen zweiten Teil entschieden hervorhob. Ihm war wohlbekannt, dass seit langem als erwiesen galt, ein Bezug zu dem personalen Gott der jüdi-schen und christlichen Tradition sei einzig dem Glauben möglich. Bei der von ihm beschriebenen Erfahrung von Gnade ging es jedoch allenfalls insofern um ein Glauben, als das angerufene Ich, indem es sich vor dem Antlitz Gottes zu seiner Schuld bekannte, der Gnade sich anvertraute und damit einen Akt des Glaubens vollzog. Der Vorgang als solcher aber hatte sich nach Havels Überzeu-gung in der Wirklichkeit zugetragen und gehörte, strukturiert durch typische Merkmale, ihr an. Geprägt durch dieselben Strukturmomente, konnte er sich, auch unter ganz anderen konkreten Umständen, bei verschiedenen Menschen wiederholen. Er gehört also nicht weniger als irgendeiner der seit langem von der Wissenschaft untersuchten typischen Vorgänge dem Bereich des Wissbaren an.

Havel vertrat im zweiten Teil der Briefe die These, dass der personale Gott wissbar sei. Dabei ging er aber völlig anders vor, als es bei früheren Bemühun-gen um „Gottesbeweise" üblich gewesen war. Sein Ausgangspunkt war derselbe, den ein Jahrzehnt später Hawking wählte, als er feststellte, dass der inzwischen erreichte Forschungsstand der Physik einen Bezug auf einen personalen Gott als Schöpfer der Welt nicht mehr ausschloss, sondern vielmehr nahelegte:

Allerdings wirkte sich das Wissen von der Existenz Gottes als Ursprung von Gnade bei Havel auch auf seinen Umgang mit der Sphäre des Glaubens aus. Zwar kam es anscheinend nicht zu einer Art unmittelbarer Konversion, wohl a-ber entstand eine lange anhaltende Anregung. Havel hat über den inneren Prozess nicht ausdrücklich berichtet, doch weist seine weitere Biographie einige sprechende Indizien auf.

Als einen gläubigen Menschen hatte sich Havel immer schon verstanden. Lange richtete sich sein Glaube aber auf das, was er dann im ersten Teil der Briefe als den „absoluten Horizont" bezeichnen sollte, das war das Sein als anonymer Sinnzusammenhang.[440] Der Glaubensappell, der von der Erfahrung des personalen Antlitzes des Seins und von Gott ausging, legte ihm also lediglich nahe, die Glaubensweise zu ändern. Insofern wäre eine unmittelbare oder zumindest rasche Auswirkung der Erfahrung durchaus möglich gewesen. Wenn sie ausblieb, so muss das einen besonderen Grund gehabt haben. Mir scheint, er lag im engen Zusammenhang der Schuld- und Gnadenerfahrung mit dem Moment der Verantwortlichkeit.

Diese Verantwortung war es, die Havel veranlasste, mit Nachdruck zu betonen, der Erscheinungsort Gottes liege inmitten der Welt und in jenen Bezügen, die das Ich mit den Mitmenschen verbinden. Dementsprechend konnte der Glaube an Gott nicht in der Weise der „unverantwortlichen Verantwortung für alles" über die Welt und die Wirklichkeit der Mitmenschen hinwegfliegen. Der aus der Verantwortlichkeit aufgestiegene Glaube an Gott musste ein Glaube an eine in der Welt existierende Menschengemeinschaft sein. Havel dürfte das intensiv empfunden haben. Eben dadurch entstanden für ihn zusätzliche Probleme, weil er sich eine den Bezug zum personalen Gott vermittelnde Menschengemeinschaft in der Welt offenbar nur als die christliche Kirche vorstellen konnte, deren innere Anerkennung in dieser Qualität ihm jedoch nicht leicht fiel.

Seine Briefe aus dem Gefängnis erweckten bei manchen ihrer Leser den Eindruck, insgeheim von einer Konversion zu berichten. Havel aber erklärte noch Jahre nach der Entlassung, dass er, jedenfalls im strengen Sinn, kein Christ geworden sei. Anlass dazu gab ein langes Interview, das im Winter 1985/86 aufgenommen und dann in Buchform publiziert wurde. Als der Interviewer ihn fragte, ob es richtig sei, dass er im Gefängnis konvertiert sei, antwortete er:

> Das hängt davon ab, wie wir den Begriff Konversion verstehen. So wie ich ihn begreife, würde ich eher sagen, dass ich nicht konvertiert bin. Auf keinen Fall bin ich ein sogenannter ‚praktizierender Katholik' geworden: ich gehe nicht regelmäßig in die Kirche, bei der Beichte (ich meine der ‚institutionellen') bin ich seit der Kindheit nicht mehr gewesen, ich bete nicht, und wenn ich in der Kirche bin, bekreuzige ich mich nicht. Im Gefängnis habe ich an geheimen Messen teilgenommen, doch nicht am Abendmahl.[441]

In der Folge muss sich bei ihm allmählich ein Wandel zugetragen haben. Als er zum Präsidenten der Tschechischen und Slowakischen Republik gewählt worden war, ließ er sich vom Prager Kardinal im Veitsdom in sein Amt einführen, und bei dieser Gelegenheit konnte alle Welt am Fernsehapparat feststellen, dass er das Kreuzzeichen schlug. Bald darauf bat er dringend Papst Johannes Paul II. um einen offiziellen Besuch. Presseberichten zufolge nutzte er dessen Anwesenheit, um durch ihn das Sakrament der Versöhnung zu empfangen, also eine „institutionelle Beichte" abzulegen.

Wenn man auf diesen langsamen Prozess aufmerksam geworden ist, in dem sich bei Havel die Fähigkeit zum Glauben an den personalen Gott, der für ihn ein Glauben auch an die Kirche sein musste, entwickelt hat, tritt um so klarer vor

Augen, dass es sich bei den Gefängnisbriefen nicht um Glaubenszeugnisse handelt. Die Art des Wissens, von dem Havels Texte sprechen, kann man sich verdeutlichen, wenn man das Bild wieder aufnimmt, mit dem ich in diesem Buch epochale Neuerungen im Denken zu illustrieren suchte: Nachdem seit der Mitte des 20. Jahrhunderts erfahren worden war, dass das Schiff auf dem die Weltmaschine läuft, ein von einem Faktor X in Bewegung gehaltenes Segelschiff ist, wurden, so war zu zeigen, seit den achtziger Jahren die Masten zum neuen epochalen Thema. Indem Havel sein Modell von den drei Horizonten des Menschseins entwarf, trug auch er Wesentliches zur Erkenntnis dieser Masten bei. Als er nun im zweiten Teil von der „Verantwortung für alles" handelte, beschrieb er am Menschen eine Qualität, die mit seiner Seinsweise aufs engste verbunden ist und insofern in der Bildlogik noch zu den Masten gehört, zugleich legte er aber auch dar, dass sie von einem Anruf des Seins berührt und ergriffen werden kann. Dadurch sprach er dieser Verantwortlichkeit auch den Charakter eines Segels zu.

Insofern die menschliche Verantwortlichkeit auf einen Anruf bezogen ist, kommt mit ihr die Takelung des Segelschiffs in den Blick. Das Segel der „Verantwortung für alles" ist nur klein. Es erlaubt nicht viele Rückschlüsse auf die Beschaffenheit der mit dem Faktor X angesprochenen Neuerungskraft, die als der Wind wirksam wird. Die Verantwortung aber, die der Mensch für sich selbst und zu Gott hin übernehmen kann, sie dürfte als ein großes Hauptsegel gedacht werden. Es vermittelt eine erste klare Erkenntnis von dem Wind, dem es sich darbietet: Er erscheint zunächst als anonymes Sein, kann jedoch auch ein persönliches Antlitz zeigen.

Wenn Havel lange vor dem Gebrauch des Wortes „Gott" zurückscheute, so vor allem, weil er nicht sicher war, ob die persönliche Erfahrung den Gebrauch eines Namens rechtfertigen konnte, der auch auf die Ursache von so weit entfernten Vorgängen wie der Erschaffung von Himmel und Erde oder der Menschheit angewandt wurde. Er entschloss sich dann dazu, gleichwohl von ‚Gott' zu sprechen, weil in der persönlichen Erfahrung mit der Gnade ein Phänomen sichtbar geworden war, dessen Ursache auf andere Weise zu benennen, ganz unmöglich erschien. Doch damit war die Frage, ob es unter den heutigen wissenschaftsgeschichtlichen Bedingungen berechtigt sei, mit diesem Wort wie in alten Zeiten auch vom Schöpfer des Universums und der Menschheit zu sprechen, natürlich nicht beantwortet.

Wäre Havel nach der Entlassung aus dem Gefängnis in ein normales Leben zurückgekehrt, so hätte er sich, wie ich vermute, sicher bemüht, dieser für ihn hoch bedeutsamen Frage nachzugehen. Aber zunächst fand er sich in gesellschaftlichen Verhältnissen vor, die mehr und mehr jener „samtenen Revolution" entgegendrängten, an deren Zustandekommen Havel persönlich dann maßgeblich beteiligt sein sollte. Danach wurde er zum Präsidenten zuerst der tschechoslowakischen, dann der tschechischen Republik gewählt Für die Auseinandersetzung mit den Ergebnissen der zeitgenössischen Forschung blieb ihm wenig Zeit. Aber immerhin zog er schließlich die Folgerung, dass der Gebrauch des Namens „Gott" auch im Hinblick auf die Ursache der Schöpfung berechtigt sein dürfte. Davon handelte er in einer Ansprache, mit der er sich am 4. Juli 1994 in der „Independance Hall" von Philadelphia für die Verleihung der „Philadelphia Liberty Medal" bedankte. In der Rede, von der „New York Times" publiziert und von der „International Herald Tribune" am 11.7. 1994 nachgedruckt, beschrieb Havel die Gegenwart als „postmoderne" Übergangszeit, deren politisches Hauptproblem durch den Zusammenbruch zweier weltweiter Imperien, des kolonialistischen und des kommunistischen, sichtbar geworden sei.

Die zentrale politische Aufgabe der letzten Jahre dieses Säkulums ist die Schaffung eines neuen Modells der Koexistenz zwischen den verschiedenen Kulturen, Völkern, Rassen und religiösen Sphären innerhalb einer einzigen, in sich verbundenen Zivilisation.

Havel erklärte weiter, dass eine Lösung dieser Aufgabe nicht möglich sei ohne Orientierung an einer großen, dem Menschen vorgegebenen Ordnung. Von deren Existenz seien die Menschen früher allgemein überzeugt gewesen. Die in vielerlei Hinsicht ungemein erfolgreiche moderne Wissenschaft habe sie dann weitgehend verschwinden lassen. Aber unter den Bedingungen der postmodernen Welt werde sie nun wiederentdeckt. Schon habe die Bildung eines neuen Bewusstseins begonnen.

Es ist das Bewusstsein, verankert zu sein in der Erde und im Universum - das Bewusstsein, dass wir nicht einzig für uns allein hier sind, sondern teilhaben an höheren, geheimnisvollen Entitäten, denen Hohn zu sprechen nicht ratsam ist. Dieses vergessene Bewusstsein ist eingebettet in alle Religionen. Die Kulturen antizipieren es in verschiedenen Formen. Es gehört zu dem, was die Basis des menschlichen Verständnisses seiner selbst, seines Ortes in der Welt und schließlich der Welt als solcher bildet. Dieses Bewusstsein verleiht uns die Fähigkeit, uns selbst zu transzendieren.

Havel artikulierte seine Überzeugung, dass die Bemühungen der Politiker um den Schutz der Menschenrechte, für den er sich persönlich mit hoher Opferbereitschaft eingesetzt hatte, Stückwerk bleiben müssten, wenn es nicht zu einer allgemeinen Anerkennung des Seins und seiner Ordnungen käme.

Politiker mögen bei internationalen Foren tausendmal wiederholen, dass die Grundlage der neuen Weltordnung die umfassende Achtung der Menschenrechte sei, aber das bedeutet nichts, solange diese Forderung nicht getragen wird von der Achtung vor dem Wunder des Seins, dem Wunder des Universums, dem Wunder der Natur, dem Wunder unserer eigenen Existenz.

Das Wunder der menschlichen Existenz wurde, wie Havel meinte, einst durch die in Philadelphia verabschiedete Unabhängigkeitserklärung gefeiert. Diese Deklaration müsse in der Gegenwart durch einen Rückbezug auf den Schöpfer des Menschen ergänzt werden.

Nur wer die Autorität der universellen Ordnung und der Schöpfung anerkennt, wer das Recht, Teil von ihr und Teilhaber an ihr zu sein, würdigt, kann in echter Weise sich selbst und seine Nachbarn würdigen und so auch deren Rechte ebenfalls ehren.
Die Unabhängigkeitserklärung, die vor 218 Jahren in diesem Gebäude verabschiedet wurde, stellt fest, dass der Schöpfer dem Menschen das Recht zur Freiheit gab. Es scheint, dass der Mensch diese Freiheit nur dann verwirklichen kann, wenn er den Einen nicht vergisst, der ihn mit ihr betraute.

Havel, der sich aufgrund der aller persönlichsten Erfahrung von Gnade für legitimiert hielt, von Gott im Zusammenhang des Wissens zu sprechen, war inzwischen zu der Einsicht gelangt, dass es geboten sei, Gott auch als den Schöpfer des Menschen und der ihn tragenden großen Ordnung zu denken.

In der Ansprache nannte er zwei nach-moderne wissenschaftliche Wege zur Erkenntnis der Ordnung im Universum und in der irdischen Natur (das „anthropische kosmologische Prinzip" und die „Gaja-Hypothese"). Vielleicht enthalten sie Ansätze, die erlauben würden, über diese Ordnung noch hinauszugehen und denkend auch von ihrem Urheber zu sprechen. Ich vermag das nicht zu beurteilen. Jedoch scheint mir, dass dies bei jenen Ordnungsstrukturen des Seins, die ich oben zu beschreiben suchte (Dritter Teil, IX. Kapitel), tatsächlich der Fall ist. Bereits in Büchern, die 1985 und 1994 erschienen,[442] habe ich entsprechende Überlegungen vorgetragen. Und ich hoffe, dass dieser Aufriss anderen nachdenklichen Menschen als Anregung dienen könnte, nach einer Darstellungsform zu suchen, die dem ungeheuren Thema besser entspräche als die meine es vermag.

Eine Neudeutung des Uranfangs

Die Ordnungsstrukturen des Seins gehören, wie ich gezeigt habe, keiner metaphysischen Hinter- oder Überwelt an, sondern erscheinen inmitten derjenigen Welt, die für jeden Menschen erfahrbar ist. Im Bild vom Segelschiff habe ich ihnen, wie dann auch der von Havel dargestellten Grundverfassung des Menschen, die Funktion von Masten zugeschrieben. Havels weitere Beobachtungen gaben aber Anlass, vom menschlichen Wesenszug der Verantwortlichkeit zu sagen, dass er in einem Bezug auf eine von außen einwirkende Kraft stehe und außerdem die Eigenschaft eines Segels aufweise. Wenn von den Ordnungsstrukturen des Seins aus ein Rückschluss auf den Schöpfer der Welt möglich werden soll, so muss ihnen eine solche zusätzliche Qualität zu eigen sein. Erst als Segel können sie Auskunft über die Art des Windes geben, der als bewegende Kraft wirksam wird.

Im übrigen kann der Rückschluss auf ähnliche Weise vollzogen werden, wie wenn man im Sinne von Hawking als Ursache der Freiheit und Verantwortlichkeit des Menschen eine Kraft annimmt, die ihren Ort nur jenseits der physikalischen Welt haben kann, weil es innerhalb von dieser Freiheit und Verantwortung ja nicht gibt. Die Transzendierung der physikalischen Welt, die dabei unabdingbar wird, erzwingt keineswegs den Rückfall in die Metaphysik. Denn jener Anfang des Universums, den wir als Urknall zu bezeichnen pflegen, ist auch als Ende des Urschöpfungsaktes aufzufassen, und so dürfte eine direkte Verbindung zwischen der seit dem Urknall existierenden Welt und der Urschöpferkraft bestehen, für die der Name „Gott" gebräuchlich ist. Gewiss wird das Ende mit dem Anfang nicht einfach zusammenfallen. Aber in einem bestimmten Bereich müsste es sich mit ihm derart überschneiden, dass eine Gemeinsamkeit hervortritt.

Die grundsätzliche Legitimität des Versuchs, unter wissenschaftlichen Gesichtspunkten vom Akt der Urschöpfung zu sprechen, meinte ich mit Nachdruck vertreten zu sollen. Mit dem Namen „Gott" war die Qualität von Freiheit und Verantwortung von jeher verbunden worden. Doch in dem wissenschaftsgeschichtlichen Prozess, dessen Etappen ich in diesem Buch zu charakterisieren versuchte, ist der Gottesname weithin auf ein historisches Motiv reduziert worden. Sein Ursache- und Schöpfer-sein wurde tabuisiert. Der anstehende Versuch wird in der Überzeugung unternommen, dass um das Jahr 2000 eine wissen-schaftsgeschichtliche Situation erreicht ist, in der dieses Tabu gebrochen werden kann und muss.

Allerdings möchte ich in den folgenden Überlegungen, im Unterschied zu Hawking und Havel, auf den Gebrauch des Wortes „Gott" verzichten. Der Grund dafür liegt nicht in einer Furcht vor dem Tabubruch (ihn werde ich in jedem Fall begehen!), sondern in der geschichtlichen Last, die diesem Wort aufgebürdet ist. Für den Glaubenden wird sie wenig spürbar, da er vor allem der Zukunft des noch nicht Wissbaren zugewandt ist. Aber wenn es ums Wissen geht, kann sie erdrückend werden mit allem, was der Gottesname an Theologie und Theologie-kritik enthält. Ich möchte versuchen, das Ergebnis meines Nachdenkens zum Problem des Uranfangs in schlichten Worten und, zwar leider notwendig ab-strakten, aber durchsichtigen, überprüfbaren Gedankengängen zu beschreiben.

Auch möchte ich im weiteren darauf verzichten, die erste Erscheinung des Uni-versums als „Urknall" zu bezeichnen, denn auch dieses Wort ist durch seine bis-herige Verwendung belastet: Konnotationen aus dem Bereich der Physik lassen sich aber kaum vermeiden. Da im jetzigen Gedankengang ganz andere Zusam-menhänge der Orientierung dienen sollen, könnten solche Nebenbedeutungen hinderlich sein. Ich werde den Anfang des Universums daher als seinen „Ur-keim" bezeichnen.

Vom Urkeim des Universums ist anzunehmen, dass er der Anlage nach alles bereits enthält, was in einem Prozess der Entfaltung nach und nach entstanden ist oder auch noch entstehen wird. Der von mir hier vertretenen Hypothese zufolge ist uns seine Beschaffenheit insofern bekannt, als es möglich geworden ist, Ord-nungsstrukturen des Seins zu beschreiben. An deren bisherige Explikation darf ich noch einmal erinnern:

Zunächst ist jene Ordnungsstruktur zu nennen, die Václav Havel namhaft machte, als er zeigte, dass der Mensch die Welt in drei Horizonten erfährt: im ersten der gefängnishaften Isoliertheit, im zweiten der heimatlichen Bezogenheit und im dritten der Sinnfülle. Ohne sein Modell theoretisch auszuarbeiten, hat Rupert Sheldrake in der Natur dieselben Unterscheidungen dadurch vorgenom-men, dass er an den einzelnen Organismen außer Bezügen, die sie untereinander verbinden, auch die Zugehörigkeit zu einem immateriellen morphischen Feld aufwies. Beide Entdeckungen sind gleichartig, und so kann man die beiden Drei-heiten auf gleiche Weise benennen. Ich habe zu diesem Zweck den Ausdruck „Ebenen" vorgeschlagen. Ihn hatte ich bereits benutzt, als ich zuvor auf einen analogen Sachverhalt aufmerksam geworden war, allerdings nur in dem sehr be-grenzten Bereich der Texttheorie. Die Ordnung der Ebenen darf als eine ‚Struk-tur des Seins' bezeichnet werden, weil nichts Seiendes bekannt oder auch nur denkbar ist, das außerhalb von ihr existieren würde.

Dasselbe ist von der zweiten, durch bestimmte Prinzipien konstituierten Ord-nung zu sagen. Ihre Entdeckung setzte mit dem Aufweis des ternären Prinzips durch Christian von Ehrenfels ein, der in seinem 1916 erschienenen Hauptwerk darlegte, dass der Kosmos als Gestalt das Ergebnis des Zusammenwirkens von zwei gegensätzlichen, dem Wesen nach aber gleichen, nämlich göttlichen, Kräf-ten sei. Dieselbe Dreiheit beschrieb dann 1957 Martin Heidegger als Zusammen-hang von Sein, Dasein und einem deren Identität sichtbar machenden „Ereignis". Seit 1963 wurde schließlich in der Texttheorie gezeigt, dass ein gestalthaftes

Sinnganzes durch eine gleichartige Dreiheit von Komponenten in sich selbst gegliedert ist. So kann man vom ternären Prinzip auch sagen, dass es in der komponentialen Sinnstruktur bestehe.

Deutlich verschieden davon ist, wie zu zeigen war, das binäre Prinzip des Strukturalismus Die Struktur komplementärer Binarität dient nicht der Gliederung einer komplexen Einheit, sondern setzt Unterschiede zwischen ungegliederten, elementaren Einheiten. Selbstverständlich könnte das binäre Prinzip nicht zur Geltung kommen, wenn es nicht auch ein Prinzip gäbe, das an massiven, von sich her bezugslosen, nur auf das Nichts verweisenden Einheiten, den Einzeldingen, zur Geltung käme. Dieses mag man als das unitäre Prinzip bezeichnen.

Wir können uns nichts vorstellen, das außerhalb dieser beiden Ordnungen in für uns erkennbarer Weise existierte. Das heißt auch, dass diese in der Art von Rahmenbedingungen schon existent gewesen sein müssen, bevor irgendetwas, das wir aus der Welt kennen oder kennen könnten, entstand. Insofern darf man in ihnen tatsächlich den Urkeim des Universums sehen.

Wenn nun versucht werden soll, von jenen Strukturen aus über den Anfang des Universums hinaus- und zurückzudenken, so stellt sich zunächst allerdings die Frage nach ihrem Verhältnis zueinander, besonders im Hinblick auf die Möglichkeit, dass eine von ihnen der anderen vorgeordnet ist, also gewissermaßen den Anfang vom Anfang darstellte, den Ur-Urkeim.

Beginnt man bei den Eigenarten der Ebene I und des unitären Prinzips, das ich im weiteren auch schlicht als „Einerprinzip" bezeichnen werde, so lässt sich die Vorgeordnetheit in keinem Fall feststellen: Die Isoliertheit eines für sich existierenden Seienden, die auf der Ebene I erscheint, und die ungegliederte, auf das Nichts bezogene Einheit des Einerprinzips stellen offensichtlich dieselbe Gegebenheit dar, wenn auch unter verschiedenen Aspekten.

Wendet man sich der Ebene II und dem binären Prinzip - oder, einfacher: dem „Zweierprinzip" - zu, so ist dasselbe festzustellen. Die Beziehungen zwischen isolierten Elementen, die auf der Ebene II erscheinen, sind ein symbolischer Ausdruck davon, dass solche Elemente sich voneinander unterscheiden, und die Unterscheidung ist das, was das Zweierprinzip ermöglicht.

Von abermals gleicher Art ist das Verhältnis zwischen der Ebene III und dem „Dreierprinzip" (wie ich das ternäre Prinzip auch nennen möchte). Wenn von der Ebene III gesagt wird, dass sie ein alle Elemente und deren Beziehungen (auf den Ebenen I und II) umfassendes und durchdringendes Sinnganzes erscheinen lässt, und vom Dreierprinzip, dass es eine nicht ungegliederte Einheit ist (wie das Einerprinzip), aber auch keine einheitslose Unterschiedenheit (wie das Zweierprinzip), sondern eine durch drei Komponenten strukturierte Sinneinheit, so ergänzen sich die beiden Aussagen, ohne dass eine von ihnen die andere nach sich zöge oder voraussetzte.

Die zwei Ordnungen haben denselben ontologischen Rang. Offenbar stellen sie zwei unterschiedliche Aspekte einer gleichen Grundordnung dar. Vielleicht könnten sie darum statt nebeneinander auch ineinander gedacht werden. Aber die Gefahr ist groß, dass man bei einem solchen Versuch ihre durchaus wichtigen Eigenarten gedanklich nicht mehr fest genug im Blick zu halten vermöchte. So ziehe ich es vor, darauf zu verzichten. Zu konstatieren bleibt aber, dass die beiden Seinsordnungen mit der Anfänglichkeit der Welt auf gleichförmige Weise verbunden sind.

Abb.XXIV: Adam und Eva

Indessen muss noch ein zweiter Sachverhalt bedacht werden. Beide Ordnungen weisen eine gleichartige Stufung in sich selbst auf, die der drei Ebenen und Prinzipien. So stellt sich die Frage, wie diese Hierarchisierung ihrerseits zu begreifen ist: abermals im Sinn dreier Aspekte oder diesmal doch um die Bezeichnung eines ontologischen Rangunterschieds, der einer der drei Stufen die Qualität des Anfangs vom Anfang, des Ururanfangs also, zuweisen würde.

Der Umstand, dass es sich bei beiden Ordnungen nahelegt, die Stufung durch die Zahlen 1 bis 3 zu charakterisieren, spricht für die zweite Möglichkeit. Fasst man sie ins Auge, so stellt sich wie selbstverständlich sofort die Vermutung ein, der Anfang vom Anfang bestehe in dem auf der Ebene I erscheinenden Einerprinzip. Aber der Anfang, um den es hier geht, ist der Anfang nicht der Urschöpfung, sondern der nicht aus sich selbst entstandenen Welt. Wenn zu sagen war, dass in ihm der Anlage nach alles schon enthalten war, was dann entstehen konnte, so gilt dies auch schon vom Anfang dieses Anfangs. Beim Einerprinzip der Ebene I ist dies jedoch nicht der Fall, denn bei ihm fehlt noch die Möglichkeit zu Unterscheidung und Gestaltgebung. Beide Möglichkeiten müssen in der Welt von ihrem ersten Beginn an existiert haben. Im Dreierprinzip der Ebene III sind auch die beiden anderen Prinzipien enthalten. So kann der Anfang zum Anfang unserer Welt nur in ihm bestehen. Im Dreierprinzip liegt der Ur-Urkeim.

Als er entstand, gab es die Grundvoraussetzungen der Welt noch nicht. Er seinerseits kann also nur unter vor-weltlichen Bedingungen existent geworden sein. Erscheinend in unserer Welt, und hier in großer Klarheit erkennbar, ist er zugleich ein Zeugnis des Urschöpfungsaktes, der diese Welt hervorbrachte. Darum kann er als Brücke dienen, die von den unmittelbar zugänglichen Gegebenheiten in den jenseitigen Bereich führt, aus dem die Welt hervorging.

Es genügt zunächst, wenn wir versuchen, diese Brücke zu begehen, den Blick fest auf das Dreierprinzip zu richten, um alsbald weitere Zusammenhänge aus der Sphäre der Urschöpfung erkennen zu können.

Für das Dreierprinzip gilt, dass es, wie gerade festzustellen war, nicht allein sich selbst, sondern auch die beiden anderen Prinzipien umfasst. Deshalb müssen das Zweier- und das Einerprinzip nicht weniger als das Dreierprinzip auch schon vor dem Beginn unserer Welt existiert haben. Wie sich außerdem gezeigt hat, ist die Ordnung der Strukturprinzipien einer von zwei Aspekten einer Grundordnung, deren zweiter Aspekt in den drei ontologischen Ebenen liegt. Daraus ergibt sich, dass diese Ebenen gleichfalls nicht nur unserer Welt, sondern auch der Sphäre der Urschöpfung zugehören.

Wir dürfen also schon nach diesen recht simplen Überlegungen für gesichert halten, dass nicht allein das Dreierprinzip, sondern alle hier genannten Ordnungsstrukturen des Seins bei der Urschöpfung der Welt bereits existent waren. Das heißt allerdings nicht, dass sie dieselbe Bedeutung hatten wie in der sich manifestierenden Welt. Das Gegenteil ist anzunehmen, da die beiden Zusammenhänge ja höchst verschieden sind. Mit dieser Einsicht zeigt sich eine Komplikation.

Vermutlich wurde bei der Formulierung der Ordnungsstrukturen des Seins der Verfasstheit unserer Welt unvermerkt Rechnung getragen. Damit eine Berücksichtigung der wahrscheinlich anderen Bedeutung innerhalb der Urschöpfung möglich würde, wäre die ausdrückliche Klärung eines entsprechenden Kriteriums nötig. Zu gewinnen ist dies wohl nur auf einem Umweg, nämlich durch die

Identifizierung eines Moments in der vorgenommenen Beschreibung der Ordnungsstrukturen des Seins, das nicht unverzichtbar und also ersetzbar ist. Wäre ein solches gefunden, so ließe sich vielleicht feststellen, dass es in der Sphäre der Urschöpfung ein ihm entsprechendes, aber andersartiges Element gibt.

Ich möchte vermuten, dass das gesuchte, ersetzbare Moment mit dem Ausdruck „Ebene" in einem Zusammenhang steht. Er wurde oben eingeführt, weil Strukturverhältnisse beschrieben werden sollten, die sich, ähnlich wie die Stockwerke eines Gebäudes, übereinander erheben. Dabei war immer schon klar, dass von allen dingbezogenen Assoziationen, welche dieses Wort mit sich bringt, abstrahiert werden muss, vor allem, weil die Ebene III ja nicht allein *oberhalb* der zwei anderen erscheint, sondern, diese durchdringend und umfassend, auch *in* ihnen sich zeigt. Jetzt kann man sich einer weiteren wichtigen Eigenart bewusst werden.

Wenn man eine der drei Ebenen zu den zwei anderen in Bezug setzt, wie das Modell dies nahe legt, so tritt ein Zusammenhang von ausgesprochen stabiler, ja unbeweglicher Art vor Augen. Diese Statik steht im Einklang mit der Beschaffenheit der Ordnungsstrukturen des Seins; denn von ihnen gilt ja, dass sie am Anfang unserer Welt hervortraten, dann als deren Träger konstant blieben und auch in der Zukunft unverändert sich erhalten müssen, wenn die Welt nicht in sich zusammenbrechen soll. Jedoch kann die Wesenseinheit der drei Ebenen und der drei Strukturprinzipien nicht auch dieses Moment der Statik umfassen. Das wird klar, wenn man sich daran erinnert, dass das Dreierprinzip als der Anfang vom Anfang des Universums und damit als ein Produkt des Urschöpfungsaktes erwiesen werden konnte. Denn dadurch zeigt sich, dass das Dreierprinzip außer in statischen Verhältnissen auch in solchen erscheinen kann, die von Dynamik geprägt sind.

Zum Moment der Statik bildet das der Dynamik eine der Sphäre des Urschöpfungsaktes gemäße Entsprechung. Aber das besagt noch nicht, dass die Dynamik in der Lage ist, den Ordnungsstrukturen des Seins eine andere, eine dem Schöpfungsakt gemäße Bedeutung zu geben. Das dürfte erst dann festgestellt werden, wenn sich erwiese, dass die Ordnungsstrukturen auch als Gliederungsmomente von Dynamik gedacht werden können. Mir scheint, dass dies tatsächlich möglich ist, falls man einen kleinen Umweg nicht scheut.

Dynamik verweist auf Zeithaftigkeit. Die Zeit, die beim Urschöpfungsakt wirksam wurde, kann aber nicht jene sein, mit der die Physik rechnet; denn diese ist, wie ich oben darlegte, bestimmt vom Vergehen, während es hier ja um das Entstehen von qualitativ Neuartigem geht. Für diese Art Zeit habe ich den Begriff „Schöpfungszeit" vorgeschlagen.

Dabei habe ich auch angedeutet, dass die Schöpfungszeit notwendig in sich selbst gegliedert ist, und zwar in genauer Entsprechung zur komponentialen Sinnstruktur. Das der Schöpfungszeit eigentümlich Neuartige kann ja nur dadurch hervortreten, dass es sich vom Bisherigen abhebt, und dazu ist es einzig dann in der Lage, wenn ihm eine Neuerungskraft dazu verhilft.

Die Neuerungskraft heißt aber in der komponentialanalytischen Theorie das „Potentiale", das Bisherige ist das „Aktuale" und das Neuartige als solches ist das „Resultative". Diese drei Begriffe der komponentialen Struktur passen, wie ich meine zeigen zu können, genau zur Beschreibung der Ordnungsstrukturen

des Seins und lassen sich als Merkmale eines dritten, zeithaften Aspekts der
Ordnung begreifen. Übrigens werde ich sie, wenn sie, wie im folgenden, die
Gliederungsmomente einer Ordnung bezeichnen sollen, zur Vermeidung von
Missverständnissen von jetzt an nicht als Komponenten, sondern als (komponentiale) „Dimensionen" bezeichnen. Um die Entsprechungen einsichtig machen zu
können, muss ich noch einmal auf die Merkmale der Strukturprinzipien und E-
benen zurückgreifen.

Das Einerprinzip repräsentiert eine Einheit, die von sich selbst her auf nichts
Existentes bezogen und insofern in sich selbst verschlossen ist. Es stimmt mit der
Ebene I überein, deren Hauptmerkmal die Isoliertheit ist. Zu beidem fügt sich die
Dimension des Potentialen, da es eine Kraft darstellt, die sich noch nicht verwirklicht hat und daher noch in sich selbst verharrt. Die besondere, der Schöpfungszeit gemäße Bedeutung liegt in der Tendenz dieser Kraft, über sich selbst
hinaus zum Neuartigen zu drängen.

Das Zweierprinzip entbehrt der Einheit. Es manifestiert und bewirkt Unterscheidung. Damit entspricht es der Ebene II, die eine Vielfalt von Beziehungen
zwischen massiven Einheiten entstehen lässt; denn Beziehungen wären ohne Unterscheidungen gar nicht möglich. Innerhalb der Schöpfungszeit kommt dem Unterschied zwischen der undifferenzierten Einheit der Dimension des Potentialen
und der gegliederten des Neuartigen maßgebliche Bedeutung zu. Im Hinblick auf
das Neuartige, also unter dem zeithaften Aspekt, stellt dieser Unterschied das
„Bisher" oder die Dimension des Aktualen dar.

Das Dreierprinzip ist gegenüber dem Einerprinzip durch Unterscheidungen in
sich selbst bereichert, wird aber, anders als das Zweierprinzip, dank des Zusammenwirkens seiner Sinnkomponenten dem Chaos entzogen. Es entspricht der
Ebene III, die in einer gestalthaften Sinnfülle besteht. Die beiden Aspekte werden ergänzt durch das Moment der Neuartigkeit, das sich dank der Wirkung der
Dimension des Potentialen als Dimension des Resultativen über der Dimension
des Aktualen erhebt.

Wie man sieht, hat sich im Verständnis der komponentialen Sinnstruktur seit deren Entdeckung (oder Wiederentdeckung unter spezifisch wissenschaftlichen Gesichtspunkten) im Jahre 1963 eine erhebliche Entwicklung vollzogen. Zunächst
wurde sie als universale Binnenstruktur der Textgestalt aufgefasst. Sodann erwies sie sich als Gliederungsmuster auch von epochalem Sinn. Danach konnte
sie in den Dimensionen aufgefunden werden, in denen sich jede menschliche
Produktion von qualitativ Neuartigem vollzieht. Daraufhin wurde sie als Grundmuster einer nicht-mechanischen Zeit erkennbar, die hier als Zeit der Schöpfung
bezeichnet wird. Nunmehr darf von der komponentialen Sinnstruktur sogar gesagt werden, dass sie jene Dynamik gliedert, die mit dem Uranfang der Welt zur
Geltung kam.

Die Gliederungsmomente der Schöpfungszeit wären missdeutet, wenn man sie
als Manifestationen verschiedenartiger Wesenheiten auffassen würde. Keine der
Dimensionen vermag ohne die beiden anderen es selbst zu sein. So gilt von der
Schöpfungszeit dasselbe, was Heidegger vom Sein gezeigt hat: Sie tritt zwar in
Differentem hervor, aber in Differentem, das zugleich in sich identisch gegliedert
ist. Die Entsprechung hat darin ihren Grund, dass die Schöpfungszeit dem Sein
nicht äußerlich anhaftet. Vielmehr vollzieht sich ihre Entfaltung als die Erschei-

nung des Seins. Eine Reflexion über sie nimmt daher die einst von Heidegger gesichtete Aufgabe auf, das Sein als Zeit zu denken. In dem Maße, in dem sie gelöst werden kann, klärt sich auch die Beschaffenheit der Urschöpferkraft. Eingedenk dieses Sachverhalts kann der Versuch gewagt werden, die Grundzüge ihrer Tätigkeit zu beschreiben.

Die Dimension des Potentialen ist der direkten Betrachtung entzogen. Ihre Existenz erweist sich einzig am Hervortreten der - uns als Heimat des Dreierprinzips bekannten - Dimension des Resultativen. Dies wäre nicht möglich ohne die Tätigkeit einer Kraft, welche die Möglichkeit zur Neuerung in sich enthält.

Da sie in sich ganz verschlossen ist, kann die Dimension des Potentialen von außen her in keiner Weise beeinflusst oder berührt, geschweige denn gezwungen werden. Wenn sie tätig wurde, so aufgrund ihres eigenen Wollens. Das bedeutet, dass sie Träger souveräner Freiheit ist. So muss sie das sein, was wir „Person" nennen. Da diese Dimension in sich selbst beruht, gibt es nichts in ihr, das von ihr verschieden wäre. Ihr Wollen ist seinem Wesen nach einheitlich.

Das alles wird erkennbar durch eine Reflexion über die Dimension des Resultativen. Die Existenz dieser Dimension lässt aber natürlich noch einen weiteren Grundzug erkennen, nämlich dass der in der Dimension des Potentialen wirksam freie Wille am Bezug auf sich selbst nicht genug hat. Er hat die Dimension des Resultativen hervorgebracht, und das bedeutet, dass sein Wille über sich selbst hinausstrebte.

Auf unmittelbare Weise war ihm diese Dimension allerdings nicht erreichbar. Da sie dasselbe sein sollte wie die Dimension des Potentialen, jedoch auf veränderte Weise, musste der Wille der Potentialdimension zuvor die Unterschiedlichkeit aus sich hervorgehen lassen und mit ihr eine zweite Dimension.

Diese manifestiert Unterschiedliches in erster Linie durch ihr Verhältnis zu den beiden anderen Dimensionen. Maßgeblich ist dabei die vollständige strukturelle Fremdheit gegenüber dem Neuartigen. Der Unterschied zur Dimension des Potentialen zeigt sich vor allem darin, dass der Dimension des Aktualen die Grundfähigkeit zur Ermöglichung von Neuartigem fehlt. Darüber hinaus mangelt ihr auch jede Vorstellung von dem, was Neuartiges sein könnte. Das begründet ihren Hauptunterschied zur Dimension des Resultativen, die per se der Ort der Erscheinung von Neuartigem ist.

An diesen Unterschieden erweist sich die zweite Dimension als die eines Bisher. Sie ist indes der Potentialdimension als die schon bestehende Wirklichkeit, um deren Überschreitung es ihr geht, unentbehrlich. In gleicher Weise ist sie für die Resultativdimension notwendig, weil diese ohne Bezug auf schon Existentes die Qualität des Neuartigen gar nicht annehmen könnte. Zur Kennzeichnung dieser bei der Neuerung unumgänglichen Unterscheidungsdimension dient der Begriff des Aktualen.

Unterscheidend wirkt die Dimension des Aktualen nicht allein in ihrem Bezug auf die beiden anderen Dimensionen. Die Unterscheidung kommt auch in ihr selbst zur Geltung. Darin ähnelt sie jener von der Biologie konstatierten eigenartigen Kraft, die bei Zellen deren fortwährende Teilung bewirkt. Als bloße Unterscheidungskraft verfügt die Dimension des Aktualen über keinerlei Möglichkeit, sich selbst zusammenzuhalten. Demgemäß entbehrt sie der Einheitlichkeit und hat insofern den Charakter des Chaos.

Man könnte meinen, dass diese Eigenart dem Begriff des Aktualen widerspreche, insofern dieser eine Wirklichkeit bezeichnet, die in der Lage ist, die Dimensionen des Potentialen und des Resultativen zu unterscheiden und also auseinander zu halten. Aber die Beharrlichkeit, welche das Setzen dieser Unterschiede mit sich bringt, verdankt die Dimension des Aktualen nicht sich selbst. Der in ihr wirkende Wille vermag es von sich aus nicht, die von ihm herbeigeführten Unterscheidungen zusammenzufassen. Die feste Grenze wird von den beiden benachbarten Dimensionen aus gesetzt. Sie geht auf den in ihnen wirkenden Einheitswillen zurück. Dessen Stabilität wird zum Halt auch für die Dimension des Aktualen.

So ist von den zwei Nachbardimensionen also nicht allein zu sagen, dass sie ihre Eigenständigkeit dem Aktualen verdanken, welches sie voneinander unterscheidet, sondern auch, dass sie umgekehrt diesem mit Begrenzungen, die es selbst nicht zu ziehen vermöchte, zu seinem Selbstsein verhelfen. Dieses Selbstsein wird der Dimension des Aktualen dadurch allerdings nicht etwa aufgezwungen. In ihr Inneres vermag von den zwei anderen Dimensionen keine einzudringen.

Der Schöpfungsakt, aus dem die Dimension des Resultativen hervorgeht, bedarf des Zusammenwirkens der zwei Dimensionen des Potentialen und des Aktualen. Die Initiative dazu kann, da das in der Dimension des Aktualen verortete Wollen in sich selbst verharrt, einzig von der Dimension des Potentialen ausgehen. Es scheint mir geboten, dies hervorzuheben, weil der Grundgedanke der komponentialen Struktur, und damit auch der zur Schöpfungszeit, von Christian von Ehrenfels zuerst ins Auge gefasst worden ist und er die Auffassung vertreten hat, alle Bewegung des Kosmos habe mit dem Chaos begonnen, also mit denjenigen Zusammenhängen, die hier der Dimension des Aktualen zugeordnet worden sind.

In den Verhältnissen der Urschöpfung kann ein Schaffensakt nur damit beginnen, dass in der Dimension des Potentialen eine Entscheidung darüber gefällt wird, was geschaffen werden soll. Diese Entscheidung ist zwar von Freiheit getragen, aber sie kann, da in der Potentialdimension keine Unterscheidungen existieren, nur aus einem Bezug zur Dimension des Aktualen vollzogen werden. Dabei wird aus der chaotischen Fülle der hier ansässigen Kräfte eine bestimmte Kraft, die der angestrebten Neuschöpfung entspricht, ausgewählt. Da in der Dimension des Aktualen dieselbe Freiheit besteht wie in jener des Potentialen, kann die Mitwirkung nun keinesfalls erzwungen werden. Gleichwohl hat der Anruf bei der eingeladenen Kraft eine Einschränkung ihrer Freiheit zur Folge. Sie kann sich dem Anruf nicht entziehen, sondern muss antworten, entweder mit „Ja" oder mit „Nein".

Welche Folgen eine negative Entscheidung mit sich brächte, möchte ich erst bei einer späteren Gelegenheit erörtern. An dieser Stelle versuche ich weiterzudenken unter der Voraussetzung, dass die eingeladene Kraft aus der Dimension des Aktualen zur Mitwirkung bereit ist.

Eine positive Antwort ist das Signal zum Hervortreten der Dimension des Resultativen. Diese bildet eine Einheit, jedoch, anders als die des Potentialen, keine unterschiedslose, sondern eine in sich gegliederte. Die Gliederungsmomente bestehen in den Komponenten ihres Sinns, die als die Potential-, Aktual- und Resultativkomponente Repräsentationen der drei Dimensionen darstellen. Um sie von denjenigen Komponenten, die wir aus menschlichen Werken kennen, zu unterscheiden, werde ich sie im weiteren als (komponentiale) „Repräsentationen" bezeichnen.

Wie für die Dimensionen, so gilt auch für die Repräsentationen, dass keine isoliert existieren könnte, sondern jede auf die Koexistenz der beiden anderen angewiesen ist. Auch die Repräsentationen sind zugleich different und identisch. Wie bei den Dimensionen konstituiert sich auch bei ihnen die Einheit in einem Prozess. Dessen Verlauf darf man sich folgendermaßen vorstellen.

Nachdem die Kraft aus der Dimension des Potentialen eine Kraft aus der Dimension des Aktualen um Mitwirkung ‚gebeten' hat, bringt diese ihre Unterscheidungsfähigkeit zur Geltung. Damit nimmt die Potentialkraft eine bestimmte Gestalt an und erscheint in der Dimension des Resultativen als gestalthafte Repräsentation ihrer selbst. Da sie in isolierter Weise nicht zu existieren vermag, führt sie zwei andere Repräsentationen in den Zusammenhang ein. Die eine repräsentiert jene Kraft der Dimension des Aktualen, die am Schaffensakt mitgewirkt hat, die andere repräsentiert innerhalb der Dimension des Resultativen eben diese Dimension und wird dadurch zu einem konzentrierten Bild des gesamten Schöpfungsvorgangs.

Das alles trägt sich innerhalb der Urschöpferkraft zu. Dabei entsteht nichts, das der Urschöpferkraft selbst wesensfremd wäre. Die Schöpfungsakte können sich in unbegrenzter Zahl vollziehen, ohne dass die Grundverhältnisse sich ändern würden. In der gegebenen Welt ist mit diesem Zusammenspiel am ehesten ein Musikstück oder ein Tanz vergleichbar. Die Erschaffung unserer Welt selbst muss sich allerdings auf andere Weise zugetragen haben. Zwar kann sie nur durch die Urschöpferkraft und in ihr vollzogen worden sein, aber da die Welt anderen Wesens ist als die Urschöpferkraft, muss das Muster des Schaffensaktes dabei eine gravierende Abänderung erfahren haben.

Mir scheint, dass es für die Erschaffung der Welt in ihrer wesenhaften Verschiedenheit von der Urschöpferkraft nur einen Weg geben kann. Die kreatorische Kraft aus der Dimension des Potentialen konnte zunächst aus der Dimension des Aktualen eine Kraft mit der besonderen Fähigkeit auswählen, Unterscheidungen in der Form des Nacheinander zu treffen. Als Folge davon brachte die zur Mitwirkung aufgerufene Kraft aus der Dimension des Aktualen eine Potentialrepräsentation hervor, die sich auf ein Nacheinander einstellte. Die ihr entsprechende Aktualrepräsentation wies dann die besondere Eigenschaft auf, ein Nacheinander zur Geltung bringen zu können, das, anders als dasjenige der Schöpfungszeit, nicht zum Hervortreten einer neuen Qualität führte. Ein solches Nacheinander kennen wir aus unserer Welt als die Zeit des Vergehens. Ein Grundzug unserer Welt dürfte also dadurch entstanden sein, dass die der Urschöpferkraft fremde Zeit des Vergehens hervorgebracht wurde. In eins damit vollzog sich eine weitere Veränderung von höchster Bedeutung.

Mit der Erschaffung der Zeit des Vergehens sind, obwohl die Willensrichtung dieselbe geblieben ist, andersartige Verhältnisse entstanden. Wenn im Rahmen der Aktualrepräsentation ein Prozess des Vergehens abläuft, so stößt er schließlich an die Grenze, die ihm die Potentialrepräsentation setzt. Der Zusammenstoß kann die Potentialrepräsentation anregen, innovativ zu werden. Ist das der Fall, so tendiert die Potentialität nicht aufgrund eines Bedürfnisses, das sich in ihr selbst gebildet hat, zur Neuerung; sondern weil sie auf eine durch die Aktualrepräsentation ergriffene Initiative eingeht. Die Besonderheit der damit eintretenden Verhältnisse lässt sich verdeutlichen, wenn man sich daran erinnert, dass auch unser menschliches Reden sich auf zwei gegensätzliche Weisen vollziehen kann.

Die Initiative zum Reden taucht einerseits oft im Redenden selbst auf. Das ist z. B. dann der Fall, wenn das Bedürfnis nach einer Auskunft aufkommt. Der Redende wendet sich dann einer anderen Person zu und erbittet die Information von ihr. Das Reden vollzieht sich in diesem Fall als ‚Anreden.'

Wenn nun ein Angeredeter seinerseits redet, so geschieht dies auf völlig andere Weise, als der Antrieb dazu sich nicht in ihm selbst bildete. Er redet, weil eine andere Person ihn dazu aufgefordert hat. Von ihr geht die Initiative zu seinem Reden aus. Dieses ist kein Anreden, sondern ein Antworten.

Die Welt dürfte dadurch entstanden sein, dass die Schöpfungskraft der Potentialdimension die Aktualrepräsentation (innerhalb der Dimension des Resultativen) veranlasste, derart initiativ zu werden, dass die Potentialrepräsentation in der Weise nicht des Anredens, sondern des Antwortens wirksam wurde. Dadurch kam es in der Dimension des Resultativen zu einer Seitenverkehrung. Demgemäss ist die Welt in ihrem Wesen das seitenverkehrte Abbild der Urschöpferkraft.

Das bedeutet, dass ein Hauptkennzeichen der Welt die Vorherrschaft von Aktualem ist, von Bestehendem, das in sich selbst beruht. Das erste, was dabei auffällt, ist die Fähigkeit zu eigenständiger Genesis. Sie hat Träger, die, zumindest in wesentlichen Momenten, mit jener Seinsordnung übereinstimmen müssen, von der die hier vorgetragenen Überlegungen zum Urschöpfungsakt ihren Ausgang nahmen. Zu berücksichtigen ist also einerseits die Ordnung der drei Ebenen (I: Isoliertheit, II: Bezogenheit, III: Sinnganzes), andererseits die Ordnung der drei Strukturprinzipien (unitäres, binäres und ternäres Prinzip). Beide Ordnungen gehören der Aktualrepräsentation der Welt an. Sie werden ergänzt durch die zusammen mit der Welt erschaffene Zeit des Vergehens. Im weiteren werde ich diese Zeit - also diejenige, die wir mit unseren Uhren messen, als „Aktualzeit", bezeichnen.

Nun hat sich im Bereich der Urschöpfung gezeigt, dass die beiden Seinsordnungen mit der Ordnung der Schöpfungszeit verbunden sind. So stellt sich die Frage, was aus dieser Zeit in der Genesis der Welt geworden ist. Theoretisch wird man mit zwei Möglichkeiten rechnen können.

Die erste besteht darin, dass die Schöpfungszeit durch die Aktualzeit völlig ersetzt wurde. Das hätte zur Folge, dass das Vergehen in der Welt die oberste Macht wäre. Es triebe einen Prozess voran, welcher die der Welt bei der Erschaffung mitgegebene Kraft allmählich entropisch verbrauchen würde. Das entspräche weitgehend der von der neuzeitlichen Physik entworfenen Vorstellung, wonach in einem geschlossenen System die Entropie die Herrschaft ausübt und eine allmähliche Auflösung der Ordnung in Chaos bewirkt. (Davon war im Zusammenhang mit den Überlegungen von Hawking bereits die Rede). Vielleicht ist es nicht überflüssig anzumerken, dass die hier von mir vertretene These, den Kräften des Aktualen wirkten immer solche des Potentialen entgegen, ein anderes Grundverhältnis gar nicht explizieren könnte. Wenn die Initiative bei der Aktual-Dimension liegt, so vermag das Potentiale nur insofern über das Aktuale hinauszugehen, als es ein Bild von ihm gestaltet. Es zu entmachten, ist es nicht imstande. Der Sinn der Welt wäre in diesem Fall definitiv ihre allmähliche Selbstzerstörung.

In der Erwägung dieser Möglichkeit wird, wie erwähnt, vorausgesetzt, dass bei der Erschaffung der Welt die Schöpfungszeit durch die Aktualzeit vollständig ersetzt wurde. Haltbar wäre diese Annahme aber nur, wenn in unserer Welt außer der Entropie keine weitere Bewegungsart zu beobachten wäre. Die neuzeitliche Physik hat dies tatsächlich lange mit Entschiedenheit unterstellt. Sie konnte an einer solchen Auffassung festhalten, da sie ihr Forschungsfeld derart begrenzt hatte, dass das Phänomen des qualitativen Wandels ausgeschlossen blieb. Damit war das Urphänomen des Qualitätswandels, der Anfang des Universums, geradezu tabuisiert worden. Als in der Mitte der sechziger Jahre der empirische Nachweis des Urknalls dieses Tabu brach, kam es zu jener Krise, die ich oben anhand der Überlegungen von Stephen W. Hawking zu beschreiben versuchte.

Bis dahin hatten sich die führenden Vertreter der Physik geweigert, die in anderen Disziplinen schon seit dem ausgehenden 18. Jahrhundert entwickelte und vielfältig belegte These von der Nachweisbarkeit qualitativer Wandlungen in Natur und Geschichte wirklich ernst zu nehmen. Wie ich gezeigt habe, ist Hawkings geradezu verzweifelter Versuch, diese Haltung auch jetzt noch zu rechtfertigen, gescheitert. Damit dürfte es in der Sache kaum möglich sein, weiterhin mit wissenschaftlich schlüssigen Argumenten vom Phänomen des Qualitätswandels abzusehen.

Die Anerkennung dieses Phänomens führt notwendig zu der Annahme, dass einst, als mit dem Anfang der Welt die Aktualzeit erschaffen wurde, die Schöpfungszeit nicht im Bereich der Urschöpfungskraft zurückblieb, sondern die Grenze zur Welt mit überschritt. Das kann nur dadurch geschehen sein, dass sie der Potentialrepräsentation der Welt in gleicher Weise anerschaffen wurde wie der Aktualrepräsentation die Aktualzeit. Von der Potentialrepräsentation aus wird die welthaft transformierte Schöpfungszeit in der Welt auf eine ihr gemäße Weise (also anders als im Bereich der Urschöpfung) wirksam. Im weiteren werde ich sie als „Potentialzeit" bezeichnen.

An dieser Stelle ist eine Zwischenbemerkung nötig. Bei menschlichen Werken stellen die Komponenten die Gliederung eines in sich abgeschlossenen Sinnganzen dar, das zwar, da der Schöpfer des Werks über Freiheit verfügt, immer auch Bild eines Wollens ist, aber selbst keinen neuen Willen aus sich zu entwickeln vermag. Bei jenen komponentenartigen Repräsentationen, welche die von der Urschöpferkraft geschaffene Welt gliedern, liegen in dieser Hinsicht grundsätzlich andere Verhältnisse vor, weil die Dimension des Resultativen eine Seinsweise der Urschöpferkraft und daher in ihrem Wesen frei ist. Demgemäß ist die Potentialrepräsentation der Welt in der Lage, die zur Erneuerung in der Welt bestimmte Potentialzeit in freier - also von außen nicht gezwungener - Weise zu verwalten.

Auch in diesem singulären Fall bedeutet Freiheit keinesfalls Willkür. Die Potentialzeit steht in einer Entsprechung zur Aktualzeit. Diese ist mit den Ordnungsstrukturen des Seins verbunden. So dürfte auch die Potentialzeit mit Ordnungsstrukturen, wenn auch von anderer, ihr entsprechender Art, in Verbindung stehen. Diese werden darauf beschränkt sein, den Verlauf von Neuerungen zu regeln. Die Ursache der qualitativen Veränderungen innerhalb der Welt kann aber einzig die Urschöpferkraft mit ihrer Dimension des Resultativen und der Potentialzeit sein.

Wenn dies richtig ist, so hat die seit 1950 in zahlreichen wissenschaftlichen Disziplinen explizit werdende Frage nach der Identität eines Qualitätsveränderungen bewirkenden Faktors X eine Antwort gefunden. Es kann in der Welt keine qualitative Neuerung geben, die nicht von der Urschöpferkraft ausgehen würde. Diese Antwort erklärt zugleich, warum jenes Fortschrittsdenken, das sich an Kants Modell orientierte, scheitern musste: Es hat die mit der Urschöpferkraft gemeinte Macht als Ursache von vornherein und kategorisch ausgeschlossen.

Zur Klärung konkreter Neuerungsvorgänge reicht diese allgemeine Antwort freilich nicht aus. Dazu muss eine Reihe bisher wenig erforschter Sachverhalte von jeweils fundamentaler Bedeutung nicht nur geklärt, sondern auch verbunden werden. Eine Gesamtdarstellung zu geben, sehe ich mich vorläufig außerstande. Immerhin kann ich einige Probleme bereits deutlich bezeichnen, was ja die Vorbedingung für eine Lösung ist. Und ich kann mehrere Lösungsvorschläge unterbreiten, die aber unterschiedlich weit elaboriert sind.

Ein dunkler Zusammenhang

Der im letzten Abschnitt unternommene Versuch, den Prozess zu beschreiben, der bis zur Entstehung unserer Welt führte, ist, wie schon erwähnt, hier nicht zum erstenmal unternommen worden. Ihm gingen Vorstudien und erste tastende Ansätze in einer 1981 gehaltenen und 1985 veröffentlichten Vorlesung voraus, die ich in einem 1994 erschienenen Buch weiterführte. Der jetzt entwickelte Gedankengang erscheint mir als eine befriedigende Antwort auf die mittlerweile auch unter naturwissenschaftlichen Gesichtspunkten aktuell gewordenen Frage nach der Beschaffenheit der Kraft, die als Ursache des Urknalls zu denken ist. Ich vermute, dass Christen es nicht unmöglich finden werden, die Aussagen über die Urschöpferkraft mit der Gottesvorstellung ihrer Tradition zusammenzudenken. Schwieriger mögen es damit Juden und Moslems haben; jedoch schließt auch ihre Überlieferung keineswegs die Möglichkeit aus, dass der Gott, der einmal die Welt in einem Prozess hervorbrachte, auch in sich selbst in prozesshafter Weise existiert. Buddhisten jedoch werden gerade dieses Prozesshafte des Urgrunds kaum anerkennen können und noch weniger die Personalität seines Zentrums. Aber manchem von dem, was über die Potentialdimension zu sagen war, insofern sie in sich selbst verschlossen - und also nicht schöpferisch tätig - ist, könnten sie, ebenso wie die monotheistischen Religionen zugehörigen Mystiker, wohl durchaus zustimmen. Was mich veranlasst, die Überlegungen zum Uranfang hier mitzuteilen, ist nicht zuletzt die Auffassung, dass sie als Beitrag zur Wiederannäherung des Wissens an die abendländische Glaubensüberlieferung verstanden werden kann.

Mit der Artikulation dieses Anspruchs darf ich allerdings nicht verschweigen, dass ich mir bedeutender Lücken in meinem Ansatz durchaus bewusst bin. Von der Zeit, die wir mit unseren Uhren messen, meinte ich sagen zu dürfen, dass sie zusammen mit unserer Welt, und speziell zusammen mit dem für sie auszeichnenden ontologischen Bereich des Aktualen, entstanden sei. Aber ich war nicht imstande, aus der Betrachtung der Urschöpfung heraus darzutun, was die Aktualzeit, als deren Hauptcharakteristikum das Vergehen zu begreifen war, notwendig oder auch nur wünschenswert gemacht hat. Ebenso wenig vermochte ich zu zeigen, warum sie im Aktualbereich unserer Welt ausgerechnet mit den Ordnungsstrukturen des Seins verbunden ist, die ja das Gegenteil von Vergehen darstellen, nämlich eine allem Wandel überlegene Stabilität. So muss ich gestehen, dass ich trotz der Aussagen über den Urschöpfungsakt einen konkreten Ansatz zum Verständnis des - vermutlich mit dem Beginn der Aktualzeit zusammenfallenden - Urknalls einstweilen schuldig bleiben muss.

Was die Potentialzeit angeht, so meine ich durchaus, zu ihrem Verständnis beitragen zu können, vor allem durch Beobachtungen geschichtlicher Verhältnisse, die in ihr gründen, also der „Potentialgeschichte". Aber den Zusammenhang von Potential- und Aktualzeit vermag ich nur als Faktum zu konstatieren, durch die Feststellung, dass sich bestimmte potentialgeschichtliche Vorgänge an einem bestimmten Punkt der Aktualzeit zugetragen haben. Über den inneren Konnex, der ja wohl besteht, weiß ich derzeit, dies muss ich eingestehen, nicht das geringste.

Schwierig zu klären ist auch jener zweite Aspekt der Potentialzeit, der sich nicht in der qualitativen Neuerung, sondern in der Wiederkehr von Gewesenem manifestiert. Einen Ansatz zur Verbindung dieses zweiten Aspekts der Potentialzeit mit dem ersten werde ich allerdings zur Diskussion stellen.

Schließlich wird noch das Problem des Urbösen zu erörtern sein. Seit den Einsichten, zu denen in der Zeit um den Ersten Weltkrieg Wissenschaftler wie Christian von Ehrenfels oder Sigmund Freud und Dichter wie Franz Kafka gelangten, ist es unter der Oberfläche des Gewussten immer wieder geahnt und empfunden worden. Erst in jüngster Zeit aber ist es in seiner Wirklichkeit wieder massiv zutage getreten. Einiges meine ich aus meinem Nachdenken zu seiner Deutung beitragen zu können. Aber der Zusammenhang, dem es zugehört, ist für mich erst teilweise erkennbar geworden.

Die Denkansätze, von denen ich zu berichten vermag, sind durchweg seit etwa 1980 entwickelt worden. Auch wenn keineswegs schon in jedem Fall klar ist, wie sie untereinander verbunden sind, dürfen sie doch als weitere Anzeichen dafür gelten, dass im ausgehenden 20. Jahrhundert das Wissen sich jenem Glauben, das der Personalität verpflichtet ist, immer mehr annähert.

Die Ordnung der Potentialzeit

Bei der Betrachtung der Geschichte hat sich immer wieder und unter den unterschiedlichsten Bedingungen der Gedanke nahegelegt, dass in ihr ein Muster von Bedeutung ist, das in der Aktualzeit nicht existiert und darum wohl mit der Potentialzeit zusammenhängt: eine von einer Dreiheit geprägte Sequenz. So hat um 1200 der Abt Joachim von Floris unter Bezug auf die christliche Trinitätslehre eine Abfolge von drei Reichen angenommen: ein Reich des Vaters, des Sohnes und eines des Geistes. Seit dem Humanismus wurde es üblich, die abendländische Kultur zu unterteilen in die Antike, das Mittelalter und die Neuzeit. Das dialektische Denken führte dann bei Hegel und auch bei Marx zur Entfaltung anderer Dreiersequenzen.

So ist es nicht verwunderlich, dass in den sechziger Jahren, als der Faktor X in der Kulturgeschichte entdeckt wurde, abermals solche Sequenzen zum Thema werden sollten. Michel Foucault unterschied innerhalb der Neuzeit drei große Abschnitte, in denen die von ihm untersuchten heterogenen Wissenschaften von einem gleichartigen Forschungsinteresse bestimmt sind, und August Nitschke ordnete im Mittelalter die qualitativen Veränderungen in der Naturerkenntnis und im politischen Handeln ebenfalls drei Zeiträumen zu. Diese Dreiersequenz ist gewiss von anderer Art als die komponentiale Dreiheit, von der hier bisher die Rede war. Aber der Leser, der meinen Versuch zur Kenntnis genommen hat zu zeigen, dass die Potentialzeit in der Schöpfungszeit gründet, und dass die letztere in ihrer Grundstruktur der komponentialen Sinnstruktur entspricht, wird wohl vermuten, dass ich die Komponentenanalyse als Mittel zur Klärung potentialzeitlicher Sachverhalte benutzt habe und auf einen Zusammenhang zwischen den beiden Arten der Dreiheit aufmerksam geworden bin. Beides ist tatsächlich der Fall. Allerdings führten mich die komponentialanalytischen Forschungen nicht direkt zum Phänomen der Dreiersequenz, sondern zunächst zu einem ganz anderen Ordnungsprinzip der Potentialzeit. Dessen Beschaffenheit kann ich wohl dadurch am besten erklären, dass ich von der Entwicklung meiner Einsicht berichte.

Wie ich oben erwähnte, hatte ich am Ende des Buches *Vom Strukturalismus zum Potentialismus*, das 1976 erschien, meinen Lesern mitgeteilt, dass ein Versuch zur Identifizierung des Faktors X bereits in Vorbereitung sei, war dann im Sommer 1977 an die schriftliche Ausarbeitung dieses Versuchs gegangen und hatte auf zwei verschiedenen Wegen, die ich einschlug, bald einsehen müssen, dass sie nicht zum Ziel führen würden. Unter dem Eindruck dieser Irrgänge empfand ich es wohl als willkommene Ablenkung, als mich im Spätjahr 1977 Wolfgang Haubrichs einlud, die im Potentialismus-Buch am Beispiel von 1770 demonstrierte komponentialanalytische Beschreibung eines epochalen Wandels für die „Zeitschrift für Literaturwissenschaft und Linguistik" („LiLi") auch an anderen Epochen zu demonstrieren.

Diesem Wunsch nachzukommen, erschien mir insofern nicht allzu schwer, als komponentiale Analysen von Dichtungen aus dem gesamten 19. Jahrhundert und auch aus dem 20. Jahrhundert bis zur Gegenwart bereits vorlagen. Jedoch wurde mir bald deutlich, dass ich eine Abfolge von epochalen Veränderungen nicht mit hinreichender Klarheit würde darstellen können, ohne auf eine für mich schon vor einiger Zeit bedeutsam gewordene Frage grundsätzlicher Art eine Antwort zu geben. Diese Bemühung rückte deshalb zusehends für mich ins Zentrum der Studie für „LiLi". Aus Gründen, die ich noch nennen werde, war bei dieser Arbeit der Zeitpunkt, zu dem sie entworfen wurde, von großer Bedeutung. Darum erwähne ich sogleich, dass ich die Studie im Winter 1977/78 in Kairo verfasste und dass sie 1979 im Druck erschien.[443]

Die grundsätzliche Frage, für die ich eine Antwort fand, war, ob es im Ablauf der Epochen- oder Potentialgeschichte tatsächlich zur Wiederkehr bestimmter Grundmuster kam oder ob dieser Eindruck, den ich zuweilen gehabt hatte, trügerisch war. Da der Anschein für mich aufgrund von komponentialen Analysen entstanden war, konnte er sich nur unter der Voraussetzung bewahrheiten, dass in der allgemeinen komponentialen Struktur Möglichkeiten zu typischen Spezifikationen angelegt sind. Es zeigte sich nun, dass es tatsächlich zwei solche Grundausprägungen gibt. Zugleich wurde deutlich, dass bei der komponentialanalytischen Arbeit seit Jahren Begriffe verwendet wurden, die zur Kennzeichnung dieser beiden Typen bestens geeignet sind, aber bis dahin in dieser Eigenschaft nicht erkannt worden waren.

Wie ich oben erwähnte, bezeichnete ich die zwei Grundkomponenten zunächst als „Impuls" und „Opposition", später als die „Potential-" und die „Aktualkomponente". Einige Jahre lang benutzte ich beide Bezeichnungsweisen nebeneinander, nach Gutdünken bald der einen, bald der anderen den Vorzug gebend. Nun aber wurde mir klar, dass man die beiden Begriffspaare miteinander in Verbindung bringen kann und dass sie dann zwei alternative Typen der komponentialen Struktur bezeichnen: Entweder geht ein Impuls mit der Potentialkomponente zusammen oder aber mit der Aktualkomponente (was zur Folge hat, dass die Funktion der Opposition im ersten Fall bei der Aktualkomponente, im zweiten bei der Potentialkomponente liegt). Beim ersten Typus kann man von einer „Potentialpriorität" (= „PP") sprechen, beim anderen von einer „Aktualpriorität" (= „AP"). Versuche zeigten, dass bei jeder einzelnen Dichtung festgestellt werden kann, ob ihr Sinnganzes von dem einen oder dem anderen Typus geprägt ist. Diese *typische* Prägung der *Individualität* zeigt aber, wie ich in der „LiLi"-Studie nun nachwies, die Teilhabe an einem epochalen Sinnsystem an. Ist eine größere Anzahl von Dichtungen aus einem gleichen Zeitraum komponential analysiert und dabei auch auf die jeweilige Priorität befragt worden, so kann man konstatieren, dass bis zu einem bestimmten Zeitpunkt alle Dichtungen einem dieser Typen zugehören, bis dann erstmals der Gegentypus hervortritt und allmählich sich durchsetzt.

In der „LiLi"- Studie konnte ich um 1770 einen Wechsel von AP zu PP aufzeigen, um 1820 einen von PP zu AP und um 1880 einen weiteren, abermals von AP zu PP. Damals erkannte ich außerdem bereits, dass in den zwanziger Jahren des 20. Jahrhunderts der Typus AP vorherrschte und dann seit 1950 vom Typus PP abgelöst wurde. Das alles sprach für die These, dass in der Potentialgeschichte zwei Typen der komponentialen Sinnstruktur zur Geltung kommen, dass einer von ihnen jeweils eine Epoche bestimmt und dass er nach einem unterschiedlich langen Zeitraum vom jeweiligen Gegentypus abgelöst wird.

Hinzugefügt werden muss, dass eine neue Epoche selbstverständlich nicht allein durch die Wiederkehr eines der beiden Grundtypen geprägt wird, sondern auch durch das Auftreten eines jeweils völlig neuartigen Sinnzusammenhangs. Dessen Beschaffenheit kann dadurch rekonstruiert werden, dass man bei einer größeren Zahl von Dichtungen die Parallelkomponenten (also die jeweiligen Potential-, Aktual- und Resultativkomponenten) zueinander in Beziehung setzt und ihre Gemeinsamkeit erschließt. Auf diese Weise konnten epochale Sinnsysteme der neueren deutschen Literaturgeschichte mit großer Genauigkeit bestimmt werden. Die entsprechenden Ergebnisse habe ich in einer Reihe von verstreuten Publikationen dargelegt.[444] Eine zusammenhängende Darstellung ist für den geplanten zweiten Band des vorliegenden Buchs vorgesehen.

Indessen konnte die These vom regelmäßigen Wechsel der beiden Epochentypen bei dem zur Zeit der Niederschrift der „LiLi"-Studie erreichten Stand der Erkenntnis noch nicht als völlig gesichert gelten. Die Zweifel hingen merkwürdigerweise mit Beobachtungen zusammen, die verlangten, auch dem altbekannten Prinzip der Dreiersequenz Rechnung zu tragen, obwohl dieses bisher nur Epochen zugeschrieben worden war, die sehr viel länger dauerten als die komponentialanalytisch konstatierten.

Um diese Epochen von länger gestreckten und nur auf vagere Weise eingrenzbaren Abschnitten terminologisch zu unterscheiden, wurden sie als „Perioden" bezeichnet. Als Folge der großen Präzision, mit der die untersuchten Perioden hatten erfasst werden können, wurde allmählich deutlich, dass in ihnen regelmäßig ein von einem bestimmten Muster geprägter Prozess ablief. Er war offenbar von der Notwendigkeit bestimmt, den jeweils völlig neuartigen Sinn einer Periode in das Lebensverständnis zu integrieren. Am Beginn einer neuen Periode ist es zuerst nur möglich, diesen Sinn anzudeuten, ihn zu „markieren". Danach erst lässt sich ein Bild des neuen Sinns entwerfen, er ist zu „visualisieren". Erst in einer letzten Phase kann das Neue mit dem Gewohnten zusammengedacht und damit „konkretisiert" werden. Die Abschnitte, die dieser typischen Entwicklung innerhalb einer Periode entsprechen, werden als „Phasen" bezeichnet. Jede von ihnen weist typische Merkmale auf, so dass am einzelnen Text erkannt werden kann, ob er einer „Markierungs-", einer „Visualisierungs-" oder einer „Konkretisierungsphase" zugehört.[445]

Im Zusammenhang mit dieser Beobachtung ist dann die schon erwähnte Schwierigkeit sichtbar geworden. Ehe ich auf sie eingehe, muss ich betonen, dass ich der Phasenabfolge erhebliche Bedeutung zumaß, weil ich wusste, dass von einer Dreiersequenz in der Geschichte immer wieder gesprochen worden war. Besonders relevant erschien mir natürlich der Umstand, dass neuerdings Foucault und Nitschke unabhängig voneinander im Mittelalter und in der Neuzeit eine gleichartige Gliederung vorgenommen hatten. Am allerwichtigsten schien mir indes jene epochale Veränderung, die Foucault um 1770 angesetzt hatte. Sie eröffnete innerhalb der Neuzeit eine dritte Epoche. Die auf sie bezogene These Foucaults wurde, wie schon gesagt, seinerzeit durch eine von August Nitschke geleitete Forschungsgruppe bestätigt,[446] dann auch durch Wolf Lepenies[447] und Carlos Bousoño.[448] Darüber hinaus aber erwies sich, dass sie mit einem komponentialanalytisch beobachteten Periodenwechsel zusammenfiel, an den sich zwei weitere, um 1820 und um 1880, anschlossen und schließlich, um 1910, ein dritter, der aber offensichtlich viel tiefer ging als die zwei vorigen. Aus diesem Sachverhalt schloss ich, dass die Großepoche - ich bezeichnete sie als „Ära" -, die nach den Beobachtungen von Foucault und anderen um 1770 begonnen hatte, um 1910 endete und in sich selbst durch genau drei komponentialanalytisch erfassbare Perioden gegliedert war. Damit wurde es wahrscheinlich, dass die Dreiersequenz, die durch drei Phasen den Ablauf der Perioden gliedert, auf dem Plateau der Ära wiederkehrt. Zu vermuten war, dass Anfangsperioden den Sinn der Ära markieren, dass Mittelperioden ihn visualisieren und dass Schlussperioden ihn konkretisieren.

Von hier aus ließen sich selbstverständlich weiterführende Überlegungen anstellen. Foucault und Nitschke hatten, geleitet von den Fragestellungen der Neuen Epochenforschung, innerhalb der Neuzeit und des Mittelalters jeweils drei solche „Ären" angesetzt. Vermutlich bildeten diese analoge Sequenzen innerhalb der noch umfassenderen epochalen Einheiten des Mittelalters und der Neuzeit, die man als „Zeitalter" bezeichnen konnte.

Schließlich erschien es mir sogar gerechtfertigt, auf die alte Einteilung des Abendlands in Antike, Mittelalter und Neuzeit zurückzugreifen und anzunehmen, dass drei solche Zeitalter Gliederungsmomente eines noch weiteren epochalen Sinnzusammenhangs sind, desjenigen einer „Kultur". Analoge Verhältnisse meinte ich innerhalb der mesopotamischen und der altägyptischen Kultur ausmachen zu können.

Doch auch damit waren die Überlegungen zur Ordnung in der Epochengeschichte noch nicht am Ende. Es fanden sich nämlich deutliche Anzeichen dafür, dass der bei den Perioden entdeckte Wandel der beiden Grundtypen Aktual- und Potentialpriorität auf den höheren Plateaus wiederkehrt. So dürfte die Ära, die um 1770 einsetzte, von einer Potentialpriorität bestimmt worden sein, die vorausgegangene aber von einer Aktualpriorität. Derselbe Prioritätswechsel hatte offenbar auch zur Unterscheidung zwischen den zwei Zeitaltern des Mittelalters (AP) und der Neuzeit (PP) beigetragen.

Anscheinend war es gelungen, in der Epochengeschichte zwei auf den verschiedensten epochalen Plateaus sich auswirkende Ordnungsstrukturen auszumachen: Die eine bestand im regelmäßigen Wechsel der zwei Typen von Aktual- und Potentialpriorität, die andere in einer Dreiersequenz, die eine Markierung, Visualisierung und Konkretisierung des jeweiligen neuen Epochensinns ermöglicht. Im Hinblick auf die höheren Plateaus durfte ich die Existenz dieser Ordnungen nur als wahrscheinlich bezeichnen. Beim untersten Plateau dagegen, bei dem der Perioden, meinte ich fast von Sicherheit sprechen zu dürfen. Aber eine Einschränkung wurde nötig, weil ich gerade auf diesem Plateau auf eine erhebliche Schwierigkeit gestoßen war. Von ihr muss nun endlich die Rede sein.

Die frühesten eingehenden komponentialanalytischen Untersuchungen hatten, wie ich bereits berichtete, dem epochalen Wandel um 1910 gegolten. Er ließ sich nun auch als Wandel von einer Potential- zu einer Aktualpriorität begreifen. Innerhalb der Periode, die damals begann, ließen sich, wie in allen anderen, deutlich drei Phasen unterscheiden. Aber eigentümlicherweise zeigte sich der nächste Prioritätswechsel, der von AP zu PP verlief, nicht erst am Ende der dritten Phase, sondern schon nach der ersten. In der dritten Phase erhielt sich die PP. Danach vollzog sich ein Wechsel wieder zu AP. Für diese Ausnahme von der Regel fand ich keine unmittelbar einleuchtende Erklärung.

Immerhin fiel mir auf, dass die Periode von 1910 auch in anderer Hinsicht eine Sonderstellung hat. Sie dauerte nur etwa zehn Jahre (wie sonst nur die kürzesten bisher bekannten Phasen) und sie wurde von manchen Dichtern, darunter so bedeutenden wie Rilke, Thomas Mann, George, einfach übersprungen. Da ihr andererseits auch Werke zugehören, die weithin als hoch bedeutsam gelten, darunter viele der klassisch gewordenen Texte von Franz Kafka, muss sie zweifellos sehr ernst genommen werden. Als geradezu unvergleichlich erscheint sie, wenn man sich auf ihre Stellung innerhalb der nun erkennbar gewordenen potentialgeschichtlichen Ordnung besinnt.

Die eigenartige Periode folgte, wie jede Periode, auf die dritte Phase der vorausgegangenen Periode. Diese aber, die Periode von 1880, war die dritte Periode innerhalb der Ära von 1770, diese Ära ihrerseits war die dritte innerhalb des Zeitalters der Neuzeit, und dieses Zeitalter war - was ich allerdings erst später ganz begriff - das dritte innerhalb der Kultur des Abendlands. Demnach wurde mit der irregulären Periode der Rahmen der abendländischen Neuzeit - später sagte ich mir: der ganzen abendländischen Kultur - erstmals überschritten. Dieser Gedanke schien die tiefe Verstörtheit, die sich an dieser Periode zugehörigen Dichtungen, z. B. an den Kafkaschen, zeigte, gut aufhellen zu können. Eine ähnliche Irritation wurde dann auch in wissenschaftlichen Werken sichtbar, die aus derselben epochalen Erfahrung hervorgegangen sein dürften, obgleich sie zum Großteil erst in den zwanziger Jahren erschienen. Von ihnen war oben im 7. Kapitel unter dem Titel „Die Weltmaschine auf einem Schiff" die Rede. So legte sich die Annahme nahe, es handle sich um eine „Zwischenperiode", die gerade durch ihre Unregelmäßigkeiten eine Verarbeitung des außerordentlich tiefen Umbruchs in der Sinnerfahrung erlaubte.

Natürlich konnte ich der Frage nicht ausweichen, ob man trotz der Abnormität der Zwischenperiode die sonst konstatierte Regelmäßigkeit für wirklich verlässlich halten dürfe. Ich dachte mir, dass eine verlässliche Antwort am ehesten zu finden sei, wenn ich aus den Regelmäßigkeiten eine Prognose ableitete und dann abwartete, ob sie bestätigt werden würde oder aber nicht. So stellte ich gegen Ende der „LiLi"-Studie zunächst fest, dass bei einer Deutung der Periode von 1910 als Zwischenperiode und Übergang von der Neuzeit in ein anderes Zeitalter der um 1920 beobachtbare Epochenbruch als Beginn der Nach-Neuzeit zu erklären sei und ein um 1950 konstatierter Prioritätswechsel als Anfang einer zweiten nach-neuzeitlichen Periode. Deshalb hielt ich fest:

> Falls die zweite Periode des <neuen> Zeitalters, in der wir leben, nicht länger dauert als die erste, wird bereits in den achtziger Jahren ein weiterer Periodenwechsel vor sich gehen. Damit wird innerhalb der ersten Ära des <neuen> Zeitalters die dritte Periode beginnen. Bei der ersten Periode ist eine Aktualpriorität festgestellt worden, bei der zweiten, der unsrigen, eine Potentialpriorität. Dementsprechend wird die für die achtziger Jahre zu erwartende Periode die Merkmale einer Aktualpriorität tragen. Außerdem werden ihre frühen Manifestationen die Charakterzüge einer Markierungs-Phase aufweisen. Diese Prognosen, die durchweg nicht inhaltlicher, sondern struktureller Art sind, ergeben sich aus den bisherigen Beobachtungen mit Notwendigkeit. In den kommenden Jahren muss sich zeigen, ob sie richtig sind.[449]

Zur Zeit der Niederschrift dieser Studie waren Dichtungen, die das erwartete neue Strukturmuster aufwiesen, noch nicht bekannt. Jedoch hat sich die Vorhersage dann rasch und eindeutig bewährt. Hierüber habe ich bereits 1984[450] und eingehender in einem Buch von 1985[451] berichtet. Inzwischen darf ich feststellen, dass auch der für die Jahre um 1990 erwartete Übergang in die Visualisierungsphase der Periode von 1980 eindeutig festgestellt werden konnte. In Anbetracht dieses Sachverhalts gilt mir die beschriebene strukturelle Ordnung der Potentialgeschichte in ihren Auswirkungen auf dem untersten Plateau, dem der Perioden und ihrer Phasen, als erwiesene historische Tatsache. Versuche zur Falsifizierung meiner These hätten unternommen werden können, da alle Kriterien und Quellen öffentlich mitgeteilt wurden, doch ist mir keine bekannt geworden.

Nach der Ausarbeitung der „LiLi"-Studie begann ich zu begreifen, warum meine bisherigen Versuche zur Identifikation des Faktors X hatten scheitern müssen. Eine epochale Neuerung vollzieht sich immer in Übereinstimmung mit der potentialgeschichtlichen Ordnung. Erkennbar werden kann dieser Zusammenhang aber nur, wenn man zunächst diese Ordnung und dann deren Ursache erkannt hat. Davon war ich noch weit entfernt gewesen.

Im weiteren erschien mir das Studium der potentialgeschichtlichen Ordnung als vordringlich. Wie erwähnt, gibt es gute Gründe für die Annahme, dass ihre Grundmuster auf den verschiedensten Plateaus wiederkehren; zuletzt auf dem Plateau einer ganzen Kultur. In einer Vorlesung des Jahres 1981[452] versuchte ich, orientiert an den zwei Typen von PP und AP, über die abendländische Kultur hinaus in frühere Kulturen zurückzudenken. Dabei ordnete ich Kulturen, deren Gesamtanliegen als Antwort auf den Tod gedeutet werden kann, wie die altägyptische oder die Megalithkultur, dem Typus AP zu, die mehr auf die Expansion irdischer Macht gerichteten wie die mesopotamische oder die nacheiszeitliche („neolithische") Kultur dem Typus PP.

Inzwischen vermute ich, dass dieselbe Ordnung auch in der Stammesgeschichte wiedererkannt werden könnte und überdies in der Entfaltung der unbelebten Natur und des Kosmos. Der strukturelle Grundunterschied zwischen dem Urschöpfungsakt und unserer Welt kann, wie erinnerlich, durch die beiden Redeweisen des Anredens und Antwortens illustriert werden, die genau dem Unterschied von PP und AP entsprechen. Es ist also anzunehmen, dass jene Differenz schon durch den Urschöpfungsakt begründet wurde und überall dort wirksam wird, wo die Nachfolgerin der Schöpfungszeit, die Potentialzeit, zur Geltung kommt.

Schon seit in den fünfziger Jahren mehr oder weniger explizit die Wirkung eines Faktors X in den Blick kam, zeichnete sich die Notwendigkeit ab anzuerkennen, dass ein qualitativ neuartiges System aus der bis dahin existent gewesenen Wirklichkeit in keiner Weise abgeleitet werden kann. Deshalb wird es einer Erkenntnis mit konventionellen wissenschaftlichen Methoden nicht zugänglich sein. Die unterdessen erreichte wissenschaftsgeschichtliche Situation macht es jedoch möglich, ja zwingend erforderlich, auch in dieser Hinsicht die Vorstellungsgewohnheiten zu durchbrechen und eine Benennung der in der Entstehung von Neuartigem beteiligten Kräfte zu versuchen.

Die Eigenart dieser Kräfte lässt sich am besten im humanwissenschaftlichen Bereich studieren. Eine minutiöse Beobachtung wird bei der Anwendung der Komponentenanalyse auf Dichtungen möglich. Dann zeigt sich die aus einem Periodensystem heraus wirkende Kraft als ein Sinnzusammenhang, der zu einer bestimmten Zeit für zahlreiche Autoren an den unterschiedlichsten Orten evident geworden ist, etwa so wie den Bewohnern einer bestimmten Gegend die sie umgebende Landschaft. Allerdings bleibt der Sinnzusammenhang nicht ein äußerliches Schema, sondern geht ins Innere eines jeden Autors ein und berührt sich mit den tiefsten, ihn beunruhigenden Problemen. Der Sinnzusammenhang muss, so möchte ich es mit Bildern aus der Souveränitätslehre formulieren, nach Art eines mächtigen Herrschers wirksam werden. Unter seinem Einfluss wird sich ein Autor nur auf eine ganz bestimmte Gruppe von Problemen einlassen, auf die Fragen, die jetzt an der Zeit sind. Jedoch wird er nie als Despot, sondern als Helfer in der Not empfunden. Der Autor verbindet ihn mit seinen eigenen Fragen und lässt ihn in seinem Werk je individuell zum Strahlen kommen. Das aller erstaunlichste aber ist, dass diese Macht nach einer Weile von einer anderen abgelöst wird, der es allmählich gelingt, in derselben Weise im Geist vieler Menschen bestimmend zu werden.

In einem 1991 publizierten Vortrag[453] wies ich darauf hin, dass diese Beobachtungen in einigen Zügen an Berichte aus anderen Kulturen erinnern, in denen von Göttern und ihrer Einwirkung auf Menschen erzählt wird. Allerdings sind, wie ich sogleich anmerkte, auch wesentliche Unterschiede festzustellen. In einer bestimmten Zeit erscheint immer eine Vielzahl von Göttern, die einander ebenbürtig sind. Epochale Sinnsysteme aber zeigen sich ganz anders, nämlich einerseits in einem Nacheinander und andererseits in einer hierarchischen Stufung nach oben, die auf ein einheitliches Zentrum verweist. So meinte ich sagen zu sollen, dass die epochalen Sinnsysteme am ehesten dem entsprechen, was in den monotheistischen Religionen von himmlischen Mächten und Gewalten, also von den Engeln, gesagt wird.

Das war eine ungewöhnliche Aussage. Von Engeln galt seit langem, dass sie Ausgeburten einer anachronistischen Phantasie seien, noch nicht von der Vernunft gezähmt. Auch Theologen neigten dieser Ansicht zu. Solange sie Gott als den Konstrukteur einer großen Weltmaschine deuteten, wussten sie nicht zu sagen, wozu ihm Engel dienlich sein sollten. Allerdings ist bezeichnenderweise seit den mittleren achtziger Jahren ein Wiederaufleben des Interesses an Engeln zu beobachten. Die einschlägigen Publikationen dienen indes entweder Zwecken der Erbauung oder der Erinnerung an frühere Deutungen. Die Übernahme des Wortes „Engel" zur Charakterisierung von Kräften, die mit heutigen methodischen Mitteln und unter Beachtung von Grundsätzen wissenschaftlichen Vorgehens entdeckt und beschrieben werden, ist mir bei keinem Kollegen begegnet. Andererseits bin ich unterdessen auf keinen Sachverhalt gestoßen, der diese gewiss ungewöhnliche Verknüpfung von Logos und Bild falsifiziert hätte.

Wichtig erscheint mir vor allem die im Zusammenhang der Urschöpfung zu explizierende Möglichkeit, eine Vorstellung vom Ursprung der Engel zu entwickeln. Vermutlich gehen sie aus den in der Aktualdimension der Urschöpfungskraft verorteten Kräften hervor, indem sie aus der Potentialdimension angerufen und in der Resultativdimension derart gestaltet werden, dass sie zur Übernahme eines bestimmten Dienstes in der Welt fähig sind. Im übrigen bleibt zu sagen, dass die Potentialzeit, von der jetzt die Rede war, die eigentliche Wesensheimat der Engel sein dürfte. (Angemerkt sei, dass das Nachdenken über die Engel einst Thomas von Aquin veranlasste, zu sagen, dass sie weder der Ewigkeit Gottes zugehörten noch auch der von den Menschen erlebten Vergänglichkeit, sondern einer Zeit besonderer Art).[454]

Die epochalen Sinnsysteme entsprechen der traditionellen Engelsvorstellung besonders darin, dass auch sie einer hierarchisch gegliederten Ordnung angehören. Deren Implikationen zu begreifen, gehört sicher zu den wichtigsten Aufgaben, die der neue Denkansatz mit sich bringt. Dabei entfernt sich gerade der Verweis auf die Engel grundsätzlich von der neuzeitlichen Vorstellung der Welt als einer Maschine.

Als Angehörige einer Hierarchie dienen Engel zwar einem höheren, königlichen Willen, aber auf eigenständige Weise. Ähnlich wie getreue Diener zwar immer im Sinne ihres Königs handeln, aber durchaus auch nach einem Konzept, das sie sich selbst gebildet haben, so sind die Engel ermächtigt und beauftragt, ihren Aktionen eine persönliche Note zu geben. Dem entspricht es, dass die Macht, über die sie verfügen, zwar in der Allmacht gründen mag, und doch nie diese selbst sein wird, sondern immer eine durch die jeweilige Aufgabe begrenzte. Zu den Machtbegrenzungen trägt bei den Angehörigen höherer Ränge auch die Bezogenheit auf Engel niedrigerer Stufe bei. Diese Begrenzung wirkt sich selbstverständlich auf das Wissen der Engel aus. Sie dürfte sich in Analogie dazu auch im Bezug benachbarter oder übergeordneter Sinnsysteme aufeinander zeigen.

Solche Überlegungen müssen ungewohnt klingen, weil die Zeit der Engel, die Potentialzeit, uns erst wenig bekannt ist. Lediglich ein zusätzlicher Aspekt kann in formaler Anzeige schon jetzt kenntlich gemacht werden. Die Potentialzeit unterscheidet sich von der Aktualzeit auf fundamentale Weise dadurch, dass sie qualitative Neuerungen zum Vorschein bringen kann. Das bedeutet jedoch nicht, dass die Vergangenheit in ihr ohne Bedeutung wäre. Vielmehr vermag sie auch insofern etwas zu bewirken, das in der Aktualzeit unmöglich wäre, als sie die Wiederkehr von Vergangenem in der Gegenwart ermöglicht. Jenen Zusammenhang hat, freilich ganz ohne vom Begriff der Potentialzeit Gebrauch zu machen, Rupert Sheldrake in dem bekannten Theoriezusammenhang zur Diskussion gestellt.

Die morphische Resonanz bei Sheldrake

Ausgangspunkt für Sheldrakes These vom Wiedergegenwärtigwerden von Vergangenem war seine Entdeckung der morphischen Felder, die ich oben zu beschreiben suchte. Von größter Bedeutung war, dass er dabei eine entschiedene Abkehr von den Denkmustern der abendländischen Metaphysik vollzog. Suitbert Ertel hat diesen Vorgang folgendermaßen beschrieben:

„Die Wechselwirkung zwischen der raumzeitlichen und morphischen Realitätsebene, die beide naturimmanent gedacht werden, erlaubte Sheldrake den Verzicht auf platonisches Denken, wonach raumzeitliche Formen ihre Herkunft transzendenten, also zeitlosen Urformen verdanken. Das gegenwärtig vorherrschende Denken in Naturgesetzen ist nach Sheldrake ein noch implizit platonisches, da Naturgesetze als unveränderlich vorausgesetzt werden; über die Existenzform solcher Zeitlosigkeiten schweigt sich die Wissenschaft ansonsten aus. Sheldrake hindert nichts daran, für eine radikale Evolution der gesamten Natur einschließlich ihrer so genannten Gesetze zu plädieren. Für ihn sind Naturgesetze bloße Gewohnheiten. Er hält somit - scheinbar paradoxerweise - seine immateriellen Felder für naturimmanenter als die so genannten Naturgesetze.

Auch der aristotelischen Entelechie, wonach naturimmanente Zielursachen das Formgeschehen bedingen sollen, glaubt sich Sheldrake nicht nahe, im Gegensatz zum Vitalismus eines H. Driesch, der den physikalisch-chemischen Prozessen organisierende immaterielle Vitalfaktoren überordnete. Die „(...) Aristotelische Zielsteuerung hat die Rückwirkung des Naturgeschehens auf die übergeordneten steuernden Instanzen nicht mitbedacht."[455]

Nachdem es Sheldrake durch diese Überlegungen unmöglich geworden war, morphische Felder als idealistische mentale Konstrukte zu begreifen, hätte er verstärkt darauf aufmerksam werden können, dass auch sie eine Ursache haben müssten. Dies hätte ihn gezwungen, in den Chor der Wissenschaftler einzustimmen, die seit der Jahrhundertmitte von Wirkungen eines rätselhaften Faktors X sprachen; denn eine Ursache der morphischen Felder anzugeben, sah er sich ja nicht imstande.

Sheldrakes Interesse galt aber nicht primär dem Problem des ersten Auftretens eines neuen morphischen Feldes, sondern seiner Ausbreitung. Die Lösung, die er zu finden hoffte, beschrieb er so, dass sie der empirischen Überprüfung mit konventionellen naturwissenschaftlichen Mitteln zugänglich war. Dadurch appellier-

te er an das in der Naturwissenschaft entwickelte Ethos, das verlangt, eine wohl-
begründete neue These zu akzeptieren, falls ihre Widerlegung nicht gelingt. Eine
breite Diskussion um Sheldrake ist dann anscheinend aus Versuchen entstanden,
seine These über die Ursache der Ausbreitung von Verhaltensformen innerhalb
eines bestehenden morphischen Feldes als irrig zu erweisen.

Als Ausgangspunkt für seinen Erklärungsversuch wählte Sheldrake ein bekanntes physikalisches Phänomen, dasjenige der Resonanz. Es bildet sich aus,
wenn „ein System unter den Einfluss einer alternierenden Kraft gerät, die mit
seiner natürlichen Schwingungsfrequenz übereinstimmt".[456] Das Grundphänomen ist sehr einfach: Wenn eine Saite durch Zupfen in Schwingung versetzt wird
und eine gleichartige Saite sich in der Nähe befindet, kann die zweite Saite in
Schwingung geraten, ohne dass auch sie gezupft worden wäre, weil die von der
ersten Saite ausgehenden Schallwellen eine „Resonanz" bewirken. In einem
morphischen Feld kann nach Sheldrake ebenfalls Resonanz entstehen, aber in
diesem Fall bedarf es, da das Feld immateriell ist, keiner energetischen Vermitt-
lung. Die „morphische Resonanz" setzt nur voraus, dass, entsprechend der
schwingenden und der noch nicht schwingenden Saite, ein morphisches Feld und
ein noch unentwickelter „morphischer Keim" vorhanden sind. So waren nach
Sheldrakes Auffassung bei den in Harvard begonnenen Experimenten jene Ratten, die eine neue Verhaltensweise erlernten, Träger von morphischen Keimen,
die unter die Einwirkung eines morphischen Feldes gerieten.

Sheldrake testete seine Hypothese zumeist an Menschengruppen aus. Er selbst
charakterisiert die beiden Typen von Experimenten, die sich dabei anboten, in
der folgenden Weise:

> Beim ersten Typ handelt es sich um Experimente, bei denen während der Experimen-
> tierzeit selbst neue Fertigkeiten erlernt werden. Dabei können etwa neuartige Puzzles
> oder Videospiele verwendet werden. Wir lassen Gruppen von Probanden diese Puzzles
> lösen oder die Videospiele erlernen und ermitteln in regelmäßigen Abständen, wie
> schnell ihnen das im Durchschnitt gelingt. Inzwischen legen wir dieselben Aufgaben
> Tausenden von Menschen in einem anderen Land vor. Nun sollte sich bei Versuchs-
> personen im ersten Land, die erstmals mit den Aufgaben konfrontiert werden, zeigen,
> dass sie immer schneller lernen, je mehr Menschen anderswo mit den Puzzles oder Vi-
> deospielen vertraut sind. Bei den Experimenten der zweiten Art geht es um Fertigkei-
> ten, die schon lange existieren. Hier geht es um den möglichen Einfluß der morphi-
> schen Resonanz mit vielen Menschen, die in der Vergangenheit bereits diese Fertigkeit
> erworben haben.[457]

Die meisten Ergebnisse der bisherigen Experimente haben, durchgeführt an unterschiedlichen Forschungsinstituten in einer ganzen Reihe von Ländern, Sheldrakes These auf eindrucksvolle Weise bestätigt. Bisweilen aber blieben sie
zweideutig und manchmal widersprachen sie der These klar.[458] Also musste er-
forscht werden, welche Gründe in solchen Fällen zum Fehlschlag führten.

Eine mögliche Fehlerursache kommt in den Blick, wenn man Sheldrakes These von der morphischen Resonanz mit der Forschungsrichtung vergleicht, die
weiter oben mit dem Begriff der „Selbstorganisation" gekennzeichnet wird. Zu
deren Voraussetzungen gehört das Festhalten an jener naturwissenschaftlichen
Tradition, welche die Gesetze der Natur als Tatsachen hinnimmt, ohne nach deren Ursachen zu fragen. Die durch die Vertreter der Selbstorganisation zur Geltung gebrachte Neuerung besteht lediglich darin, dass statt nach mechanistisch

wirkenden Ursachen nach Bedingungen gefragt wird, unter denen ein bestimmtes, bereits existentes Muster zur Erscheinung kommt. Die weitere Frage, wie denn dieses Muster selbst entstanden sei, wird nicht mehr aufgeworfen. Die von Sheldrake entdeckte morphische Resonanz vollzieht sich nun wie die Vorgänge der Selbstorganisation ohne Einwirkung einer mechanistischen Ursache, aber aufgrund nicht einer allgemeinen Naturgegebenheit, sondern eines morphischen Feldes. Zum Wesen eines solchen Feldes gehört es, wie Sheldrake gezeigt hatte, nicht zeitenthoben, sondern geschichtlich entstanden zu sein. Deshalb müssten die auf die morphische Resonanz gerichteten Forschungen die Geschichtlichkeit des jeweils thematisierten morphischen Feldes immer im Blick haben. Dies hat Sheldrake allerdings nicht in die methodischen Maximen zur Überprüfung seiner Hypothese aufgenommen. Soweit ich sehe, wurde diesem Gebot in der Praxis dann auch nie Rechnung getragen.

Eine Folge davon musste sein, dass die auf die morphische Resonanz hin untersuchten Phänomene zugleich mit der gedanklichen Lösung aus der mechanistischen Kausalität auch aus allen zeithaften Zusammenhängen herausgenommen und als quasi zeitlos behandelt wurden, so wie die Phänomene der Selbstorganisation. Auf diese Weise entstand ein Widerspruch zu der Ausgangsthese. Er schloss, wie sich dann zeigte, positive Ergebnisse zwar nicht aus, jedoch hat er sicher negative Resultate begünstigt. Behebbar ist er meines Erachtens nur unter zwei Voraussetzungen.

Zunächst muss ein allgemeines Kriterium der morphischen Felder bekannt sein. Nur dann ist ein rationaler Bezug auf ein bestimmtes Feld überhaupt möglich. Nun habe ich oben zu zeigen unternommen, dass es eine Wesensentsprechung zwischen den morphischen Feldern, dem Havelschen absoluten Horizont und der komponentialen Sinnstruktur gibt. Ist dies richtig, so mangelt das allgemeine Kriterium nicht mehr. Von jedem morphischen Feld ist dann anzunehmen, dass es komponential gegliedert und dadurch für die Vernunft geöffnet ist.

Die zweite Voraussetzung besteht in der Möglichkeit, ein morphisches Feld, wenn es aus der mechanistischen Kausalität und der ihr entsprechenden Zeit herausgelöst ist, wiederum auf die Zeit zu beziehen. Durch die hier vorgenommene Unterscheidung zwischen der Aktual- und der Potentialzeit ist dies möglich. Sie erst erlaubt es, morphische Felder mit Zeit, mit Geschichte zusammenzudenken.

Um methodologisch ganz befriedigend zu sein, müsste jedem der Überprüfung von morphischer Resonanz gewidmeten Experiment der Versuch vorausgehen, den potentialgeschichtlichen Ursprungsort des betreffenden morphischen Feldes festzustellen. Dabei wäre klar, dass er einer Ebene III zugehört. Das konkrete Phänomen, von dem festgestellt werden soll, ob es morphische Keime zur Entfaltung bringen kann, wäre als eine den Bedingungen der Ebene II entsprechende Spezifizierung des Feldes aufzufassen.

Die Vorbereitung eines solchen Experiments würde fundamentale Fehler verhindern. Aber natürlich wäre sie sehr aufwendig.

Auch wenn es nicht mehr um die Relationierung eines experimentellen Textes mit seinem morphischen Feld, sondern nur noch um das Begreifen seines inneren Aufbaus geht, kann die Kenntnis des komponentialen Musters aber von Nutzen sein. Das hat, wie ich oben bereits erwähnte, Rainer Paslack herausgearbeitet.

Das Problem lässt sich am ehesten unter Bezugnahme auf die Gattungspoetik erklären, also am Beispiel jener Phänomene, die Goethe als die „Naturformen der Poesie" bezeichnete.[459] Er dachte dabei an Gattungsstrukturen in der Dichtung, die nicht erst in der Geschichte entstehen, wie das bei konkreten Gattungen wie dem Roman oder der Novelle der Fall ist, sondern, ähnlich wie die Fähigkeit zum Sprechen oder zur Dichtung überhaupt ihren Grund in der menschlichen Natur hatten. Von diesen „Naturformen" hat 1946 Emil Staiger gezeigt, dass sie sich von den konkreten Gattungen wesentlich unterscheiden.[460] Diese bringen eine Norm mit sich, welcher jedes einzelne Werk - jedenfalls falls es geglückt ist - in seiner Gesamtheit entspricht. Derartige Gattungen finden sich in großer Zahl: man denke nur an die lyrischen Unterformen vom Epigramm bis zur Hymne. Hingegen gibt es von den Naturformen der Poesie nur drei: die des Lyrischen, des Dramatischen und des Epischen oder Narrativen, und sie zeigen sich an bestimmten Strukturmustern. Andererseits erscheinen diese Naturformen in einem bestimmten Werk praktisch nie allein, sondern immer in Verbindung mit den beiden anderen, wobei allerdings eines der Muster zu dominieren pflegt. Unter dieser Voraussetzung kann man in einem Roman oder einer Novelle neben dem vorherrschenden narrativen Muster auch lyrische oder dramatische Züge finden.

Nun ist es möglich, die lyrische Dominanz mit dem Potentialen zusammenzudenken, die dramatische mit dem Aktualen und die narrative mit dem Resultativen. Dann dienen die komponentialen Begriffe nicht zur Benennung einer Gliederung des Sinnganzen von Ebene III, sondern von wichtigen Bezügen der Ebene II. Ich möchte für diesen Zweck (also nur im Hinblick auf die Ebene II) den von Paslack eingeführten Begriff der „PAR-Struktur" übernehmen. Dieser Begriff bringt den großen Vorteil mit sich, vom Bereich der Dichtung gelöst und auf andere Bereiche angewandt werden zu können. Ich halte es für wahrscheinlich, dass sich seine Geltung als universal erweisen lässt.

Anzumerken bleibt noch, dass die Dominanzen innerhalb eines hierarchischen Systems auftreten. So lässt sich z. B. innerhalb des Narrativen eine Spezifikation derselben PAR-Struktur feststellen, wenn man mit Franz K. Stanzel drei mögliche Erzählhaltungen ansetzt,[461] wobei die des „Ich-Erzählers" eine Potentialdominanz repräsentiert, die des „personalen Erzählers" eine Aktualdominanz und die des „auktorialen Erzählers" eine Resultativdominanz. Ähnlich kann man die Dichtung in ihrer Gesamtheit (also mit den Dominanzen des Lyrischen, Dramatischen und Narrativen) einer höheren Dominanzendreiheit zuordnen, nämlich drei Kategorien der Literatur. Diese bestehen aus der dichterischen Literatur selbst, die eine Potentialdominanz aufweist, aus der politischen Literatur mit einer Aktualdominanz und aus der wissenschaftlichen Literatur mit einer Resultativdominanz.[462] Von den Kategorien der Literatur aus können dann noch höhere, noch abstraktere Schichten der Dominanzendreiheit ausgemacht werden.

Die von Sheldrake entdeckte morphische Resonanz dürfte zu einem Teil durch Dominanzen geprägt sein, die auf analoge Weise in allen Lebensbereichen zu erwarten sind. Ihre Erforschung müsste einen wesentlichen Beitrag zur Klärung jener Besonderheit der Potentialzeit leisten können, welche „the presence of the past" ermöglicht, wie Sheldrake sich ausdrückte, die Gegenwart der Vergangenheit.

Zum Problem des Bösen

Als Franz Kafka in den Jahren um den Ersten Weltkrieg jenes „Unzerstörbare" entdeckte, das Martin Heidegger dann als „Sein" bezeichnen sollte, war dem eine furchtbare Erfahrung vorangegangen. Sie hatte spürbar werden lassen, dass der Mensch an Kräfte ausgeliefert ist, die ihm eine Geborgenheit in den irdischen Verhältnissen unmöglich machen. Dieser Erfahrung hatte Kafka zum Beispiel in der inzwischen berühmten Erzählung *Ein Landarzt* Ausdruck gegeben. An ihrem Ende beschrieb er einen Mann, der mit „irdischem Wagen" reist, dabei aber „unirdischen Pferden"[463] ausgeliefert ist, die nicht zulassen, dass er jemals in sein Haus, von dem sie ihn fortgerissen haben, zurückkehrt. Kafka meinte, diese Erfahrung sei charakteristisch für sein „Zeitalter", das er deshalb als das „unglückseligste" bezeichnete.[464]

Ähnliche Vorstellungen findet man in den Jahren um den Ersten Weltkrieg auch bei anderen Autoren. Dessen wurde ich mir bei den Studien zu der Dichtung dieser Zeit durchaus bewusst; und es hätte mich veranlassen können der Frage nachzugehen, ob in der Geschichte der Epochen etwa auch Kräfte des Bösen zur Geltung kommen und vielleicht einen Teil des gesuchten Faktors X ausmachen. Aber in den siebziger Jahren, als die Frage nach der noch nicht identifizierten Neuerungskraft für mich aktuell geworden war, ließ ich diese Möglichkeit auf sich beruhen. Inzwischen kann ich mir dies nur so erklären, dass ich damit dem ‚Geist der Zeiten' Tribut zollte, der vom Urbösen nichts wissen wollte.

Heute erscheint es mir bemerkenswert, dass es damals zwar schwer, aber nicht unmöglich war, die Barriere des Zeitgeists zu durchbrechen. Wie ich schon berichtet habe, hat René Girard gerade seinerzeit, in einem 1972 erschienenen Buch, den Nachweis geführt, dass die überlieferten Mythen durchgängig ein für die jeweilige Gesellschaftsordnung konstitutives Böses verbergen.

Meinerseits wurde ich auf das Problem des Bösen erst wieder am Beginn der prognostizierten Periode aufmerksam. Dazu kam es im Zug von Bemühungen, die inhaltlichen Eigenarten des neuen epochalen Sinnsystems zu erschließen. Die Prognose hatte zunächst nur besagt, dass das Muster AP, das im Verlauf der fünfziger Jahre weitgehend in den Hintergrund getreten war, in den achtziger Jahren wiederkehren und allmählich sich ausbreiten würde. In einem im März 1982 verfassten Nachwort zu einem Buch, in dem versucht wurde, die Eigenart der Periodensysteme von 1920 und 1950 zu bestimmen, meinte ich dann die Prognose noch etwas vertiefen zu können. Damals schrieb ich:

Als mit der (..) um 1920 <einsetzenden Periode> eine neue Ära begann, wurde sichtbar, dass für den Menschen nicht allein dinghafte Sachverhalte von Bedeutung sind, sondern auch, und sogar vor allem, überdingliche Bezüge. Sie zeigten sich damals in der Form zeitloser Strukturen im Bereich der Resultativität. In der <folgenden> Periode <von 1950> erlangten solche vom Menschen nicht manipulierbare Strukturen abermals eine entscheidende Funktion; jetzt erschienen sie in der Form von präsubjektiven Innovationskräften, und zwar im Bereich der Potentialität. Der Bezug auf Strukturen machte den wohl wichtigsten Unterschied dieser beiden Perioden zu den Perioden der vorausgegangenen Ära aus. So ist anzunehmen, dass er ein Merkmal der ganzen Ära ist, der die <Perioden von 1920 und von 1950> zugehören, und also auch in der zu erwartenden dritten Periode wiederkehren wird. Der Erscheinungsort der Strukturen wird aber kaum noch einmal die Resultativität oder die Potentialität sein. Mit hoher Wahrscheinlichkeit ist anzunehmen, dass er in der Aktualität bestehen wird.

Sollte diese Überlegung sich bewahrheiten, so wird die Aktualität in der neuen Periode in ein den Menschen des 20. Jahrhunderts völlig ungewohntes Licht treten. <In der Periode von 1920> bestand die Aktualität in der Dinghaftigkeit des Lebens innerhalb zeitlicher Abläufe, <in der Periode von 1950> im räumlichen, in sich selbst kreisenden Leben. In beiden Perioden machte die Aktualität zwar einen Bestandteil des Menschseins aus, aber den am wenigsten spezifischen. In der neuen Periode wird uns wohl zugemutet werden, das Besondere unseres Seins gerade von der Aktualität her zu begreifen. Die Strukturen, die in ihr erscheinen werden, können eigentlich nur Bezüge sein, die unserer Existenz Grenzen setzen und ihr dadurch Halt geben.[465]

Zu jenem Zeitpunkt waren in einem der Gegenwartsdiagnose gewidmeten Marburger Forschungsseminar Neuerscheinungen mit dem erwarteten Merkmal „AP" bereits identifiziert worden. Einen ersten Versuch, in den Parallelkomponenten der analysierten Dichtungen gemeinsame, für die Eigenart der neuen Periode charakteristische Motive aufzufinden und so zu einer vorläufigen inhaltlichen Deutung des periodalen Sinnsystems zu gelangen, unternahm ich im Sommer des gleichen Jahres.

Dabei bestätigte sich die bei der Deutung früherer Perioden gewonnene Einsicht, dass die Autoren in den Anfängen einer neuen epochalen Welterfahrung bei der Gestaltung der Resultativkomponenten sehr unsicher sind. So gelang es mir damals nicht, eine Gemeinsamkeit dieser Komponenten klar zu erkennen und zu bezeichnen. Günstigere Verhältnisse fand ich bei den Potentialkomponenten vor und ungemein klare bei den Aktualkomponenten, mit denen ich bei der Niederschrift des Nachworts besondere Erwartungen verbunden hatte. Tatsächlich zeigten sich an ihnen nun „Bezüge", „die unserer Existenz Grenzen setzen". Sie zeigten allerdings eine von mir nicht im mindesten vermutete Negativität. Am häufigsten fand sich das Motiv der Zerstörtheit des Zuhause, der heimatlichen Geborgenheit. Daneben waren auch die Motive der zerstörten Sprache und eines in der gesellschaftlichen Wirklichkeit erscheinenden und zur Herrschaft gelangenden Teufels zu konstatieren. Einem derartig düsteren Panorama war ich in dem bisher komponentialanalytisch geklärten Zeitraum von zweieinhalb Jahrhunderten nur ein einziges Mal begegnet, nämlich in der Zwischenperiode des Jahrzehnts um den Ersten Weltkrieg. Daraus schloss ich, dass unsere Gesellschaft in außerordentlich schwierige und für unser Menschsein gefährliche psychische und geistige Verhältnisse geraten würde.

Demgemäss schien es mir jetzt geboten, eine Beschreibung der in der kollektiven Psyche eingetretenen bedrohlichen Situation alsbald zu publizieren und dadurch ein öffentliches Gespräch über die geistige Situation der Zeit und etwaige heilsame Gegenkräfte anzuregen. Meine Diagnose war freilich nicht allein durch Lektüre der dichterischen Neuerscheinungen zustande gekommen, sondern durch die Anwendung der weithin noch unbekannten komponentialen Analyse. So sah ich nicht, wie ich mich einer weiteren Öffentlichkeit hinreichend verständlich machen könnte, ohne zuerst umwegig in die komponentialanalytische Forschung einzuführen. In Anbetracht dessen lud ich noch im Sommer 1982 drei Marburger Kollegen aus verschiedenen Disziplinen, die sich alle mit der Komponentenanalyse beschäftigt hatten, zu einem Gespräch ein und erbat ihren Rat. Einer von ihnen, der Linguist Rudolf Freudenberg, wies mich darauf hin, dass ich von einem

der in den Aktualkomponenten festgestellten Hauptmotive durchaus auch sprechen könne, ohne auf die Komponentenanalyse Bezug zu nehmen, nämlich vom
Teufel. Das ließ ich mir gesagt sein, und so verfasste ich alsbald eine kleine
Schrift, die bereits 1983 unter dem Titel *Des Teufels Wiederkehr - Alarmierende
Zeichen der Zeit in der neuesten Dichtung*,[466] erschien und vier literarische Werke behandelte, in welchen der Teufel im einzelnen höchst unterschiedlich, aber
immer als eine wirklich existierende übermenschliche Zerstörungsmacht dargestellt ist. Sie wurden praktisch gleichzeitig, nämlich seit 1979, aber an weit aus-
einanderliegenden Orten (in Kairo, Ost-Berlin, Rom, Zürich) von – nicht zuletzt
weltanschaulich - höchst unterschiedlich geprägten Autoren verfasst und 1979,
1981 und 1982 veröffentlicht: von dem Moslem Naguib Mahfouz, dem Marxisten Stefan Heym, den Liberalen Tankred Dorst und von Adolf Muschg. (Später
wurde mir klar, dass im Jahre 1979 Václav Havel in der Prager Untersuchungshaft mit seiner Neuformung des Fauststoffs in dem Bühnenwerk *Versuchung*
gleichfalls eine Teufelsdichtung begann, die er allerdings erst nach der Entlassung aus dem Gefängnis abschließen konnte und die deshalb verzögert publiziert
wurde).

Die Reaktionen machten mir freilich bald deutlich, dass die meisten Leser
nicht recht wussten, was es sollte, wenn nun auf einmal wieder vom Teufel geredet wurde. Nach einer Weile kam mir dann der Verdacht, dass manche vielleicht
weniger schwerhörig waren als sie vorgaben. Anlass dazu bot mir vor allem die
Weihnachtsnummer 1986 des „Spiegel" mit der Titelgeschichte „Die Wiederkehr
des Teufels". Da der „Spiegel" bekanntermaßen über ein vorzügliches Archiv
verfügt, nahm ich an, dass die verantwortlichen Redakteure meine Schrift kannten. Aber sie handelten nur davon, dass der Satanismus in der Subkultur seit einiger Zeit wieder Anhänger finde, und dass der Vatikan - vor allem in einer Reaktion auf den von Herbert Haag verkündeten *Abschied vom Teufel* - in wiederholten Verlautbarungen betont hatte, dass der christliche Glaube die Existenz des
Teufels in eindeutiger Weise voraussetze (auf dem Umschlag des „Spiegel"-Hef-
tes wurde ein Papst dargestellt, der einen Teufel an die Wand malt). Damit wurde zu verstehen gegeben, dass der Teufel zwar wieder ein aktuelles Thema geworden sei, aber nur für Leute vom Schlage der intellektuell unbedarften Angehörigen der Subkultur oder aber für Kirchenvertreter, deren Rückständigkeit ei-
gens zu betonen als überflüssig erschien. Mit keinem Wort erwähnte man den
von mir beschriebenen Umstand, dass auch Intellektuelle, deren Modernität nie
bezweifelt worden war, neuerdings die Existenz und Wirksamkeit des Teufels
bezeugten. Auf meine briefliche Anfrage, warum man diese Faktoren nicht berücksichtigt hatte, erhielt ich keine Antwort.

Wenn ich diesen Sachverhalt auch noch mehr als zehn Jahre später erwähne,
so weil ich inzwischen vermute, dass er Ausdruck eines zeittypischen Verhaltens, der bewussten Verdeckung des wiederentdeckten Bösen, ist. Es scheint mir
von derselben Art zu sein wie die Leugnung des Faktors X, die weiter oben eingehend analysiert wurde. Seitdem die mit der Periode von 1980 verbundene epochale Sinnerfahrung gemacht wird, kann es in hohem Maße wünschenswert erscheinen, die Existenz des Urbösen ausdrücklich zu leugnen.

Ein eindrucksvolles Beispiel dafür bietet das 1987 erschienene Buch *Il diavolo*
von Alfonso di Nola.[467] Darin wird ausgeführt, dass in den verschiedensten Kulturen von bösen Geistern die Rede war und ist, aber immer auf eine den jeweili-

gen gesellschaftlichen Verhältnissen entsprechende Weise. Die genauere Betrachtung lehre, dass die Teufel in Wahrheit „ein Nichts" seien, „in sichtbare, fantastische Gestalten umgesetzte Projektionen, die den Konflikt des Menschen mit seinen historischen oder natürlichen Bedingtheiten zum Ausdruck bringen".[468] Schon lange sei versucht worden, die Vernunft gegenüber dem Obskurantismus der Teufelschimäre zur Geltung zu bringen und „um die fünfziger Jahre herum" habe sich endlich „aus einem an den materiellen Erkenntnissen der Naturwissenschaften geschulten Bewußtsein und aus einer neuen Glaubensauffassung die Tendenz entwickelt, der dämonischen Bilderwelt endgültig abzusagen".[469] Aber seit den sechziger Jahren sei diese erstaunlicherweise wieder aktuell geworden - durch die Subkultur und durch den Vatikan. Mit seinem Buch wolle di Nola nun zur Stärkung der Vernunft und des Guten beitragen.

> Der Teufel ist nicht nur eine Ausgeburt der Fantasie, sondern er wird <auch> zum Vehikel ideologischer Gewalt. Die Tatsache, dass er unversehens seinen Platz in der heutigen Industriegesellschaft eingenommen hat, legt dem bekenntnislosen, kritischen Denken die ethische Pflicht der Entmystifizierung auf.[470]

> Unter ethischen Gesichtspunkten sei der Teufelsglaube deshalb als besonders verderblich zu betrachten, weil er die Menschen veranlasse, sich mit dem in der Gesellschaft vorfindlichen Schlechten abzufinden: „anstatt <die schlechte> Realität anzugehen, um sie durch menschliches Bemühen zu verändern, akzeptiert man sie, wie sie ist, und verlagert die Unerträglichkeit der vorhandenen Übel auf andere (die Dämonen).[471]

Natürlich konnte der ‚Aufklärer' di Nola nicht wissen, dass sein moralisches Argument grundsätzlich soeben auf die klarste Weise dadurch widerlegt worden war, dass mit Václav Havel einer der entschiedensten Kämpfer gegen das gesellschaftliche Unrecht die Anerkennung der Existenz des Teufels für dringend geboten erklärt hatte. Auch die Teufelsdichtungen in deutscher oder auch arabischer Sprache wird er nicht gekannt haben. Trotzdem halte ich es für möglich, dass er mit seinem Buch vor allem sich selbst von der Inexistenz des Teufels zu überzeugen suchte.

Dafür spricht vor allem der Umstand, dass die meisten der als böse empfundenen Geister, von denen er handelte, gar keine Teufel sind. Die Vorstellung des Teufels gehört dem monotheistischen Glauben an und meint eine geistige Macht, deren Bosheit sich in erster Linie gegen Gott richtet und erst sekundär gegen die Menschen. Wenn ein so viel belesener Gelehrter wie di Nola dem nicht Rechnung trug, so kann das seinen Grund nicht in bloßer Unwissenheit gehabt haben. Offenbar wollte er einfach, dass der Gedanke des Teufels als unsinnig erscheine.

Aus ähnlichen Absichten dürfte ein weiteres Anti-Teufelsbuch hervorgegangen sein. Gerald Messadié veröffentlichte es 1993 unter dem Titel *Histoire Générale du Diable*.[472] In den Grundzügen entspricht es weitgehend der von di Nola gegebenen Darstellung. In diesem Fall ist jedoch noch ein hoch interessanter weiterer Sachverhalt zu beobachten. Messadié hatte wenige Jahre zuvor, im Jahre 1990, mit dem Roman *Matthias et le Diable*[473] eine lange Geschichte veröffentlicht, die den Anschein erweckte, der Autor verstehe den Teufel als eine geistige Wirklichkeit. Immerhin war diese Geschichte so phantastisch angelegt, dass man als Leser an der Ernsthaftigkeit des Autors auch zweifeln konnte. Die merkwürdige Zweideutigkeit wird, wie mir scheint, am ehesten begreiflich durch die Annahme, dass Messadié zunächst dieselbe Erfahrung von der Existenz des Teufels gemacht hatte wie Mahfouz, Heym, Dorst, Muschg oder Havel, dann aber durch die Phantastik seiner Darstellungsweise Distanz zu ihr zu gewinnen suchte. Sein theoretisches Buch über den Teufel als ein pures Phantasieprodukt hätte ihm dann zur Distanznahme gedient.

Eine ähnliche Absicht könnte für Elaine Pagels maßgeblich geworden sein, als sie ihr 1995 erschienenes Buch *The Origin of Satan* verfasste.[474] Anders als die Arbeiten von di Nola und Messadié greift es nicht in die allgemeine Kulturgeschichte der Menschheit aus, sondern beschränkt sich auf die biblische Tradition. Elaine Pagels konstatierte auch ausdrücklich, dass die Teufelsvorstellung ihren Ursprung in der „hebräischen Bibel" hat; sie versuchte dann aber zu zeigen, dass die Teufels-Imagologie ihre volle Entfaltung erst in den Evangelien erlangte. Daraus folgerte sie nun aber nicht etwa, dass die von Haag aufgestellte These von der Unwesentlichkeit des Teufels im Neuen Testament verfehlt sei. Sie arbeitete die hohe Bedeutung des Teufelsinnbildes vielmehr mit Nachdruck heraus und wertete sie als Beweis dafür, dass schon in der Frühzeit des Christentums eine bedauerliche Verirrung einsetzte. Diese wirkte sich vor allem darin aus, dass die Christen die Andersgläubigen als Anhänger des Teufels bezeichneten und „verteufelten".[475] Wenn die Realität des Teufels einmal gesehen wurde,[476] so ging dies meist mit einer Distanzierung von dem Fortschrittsglauben einher, der seit der Aufklärung vertreten worden ist. Eine recht umfassende Darstellung dieser Sicht bietet der Sammelband *Die andere Kraft - Zur Renaissance des Bösen*, den die Soziologen Alexander Schuller und Wolfert von Rahden 1993 herausgaben.[477] In der Einleitung schrieben sie:

> Die Moderne leugnet das Böse. Das ist ihre Lebenslüge. Immer, wenn sie vom Bösen redet - und davon redet sie durchaus - redet sie in ihrer jeweils falschen, aber herrischen Sprache: als ginge es um missglückte soziale Konstellationen, um Unterprivilegierung oder Sozialisationsschäden. Gott und Teufel, Gut und Böse werden als Reste des Fortschritts ‚auf den Kehrichthaufen der Geschichte' gefegt. <Doch> noch nie war und noch nie gab sich die Menschheit so böse wie im 20. Jahrhundert. Dass jetzt vom Bösen wieder gesprochen wird, dass die Verdrängungen aufbrechen, ist nicht nur ein Wahrheits-, sondern auch ein Realitätsgewinn. Dieser Realitätsgewinn ist allerdings erst durch die erschreckende Diskreditierung des Gesellschaftlichen erreicht worden. An die Stelle von Gesellschaft tritt der Mensch. Die Soziologie wird von der Anthropologie abgelöst. Das Böse ist also wieder da. Seine Rückkehr ist nicht mehr zu leugnen und nicht mehr zu verhindern. Was anachronistisch erschien, ist omnipräsent und auf der Höhe der Zeit. Aber nicht als Bedrohung der Tugend oder des Guten zeigt sich uns das Böse, sondern als Gegenmacht, als der große Gegenspieler unserer von Sinn und Gott gesäuberten Wirklichkeit. Nicht mehr der Fortschritt und die Vernunft okkupieren unseren Alltag und unsere Phantasie, sondern das Böse.[478]

Im Jahr 1994 äußerte sich Rüdiger Safranski in einem ganz ähnlichen Sinn. Auch er meinte, dass die Moderne das eigentlich Böse unsichtbar gemacht habe. Kant habe es noch ernst genommen, doch seine Nachfolger hätten es für überwunden gehalten:

> Das von Kant geistig auf den Weg gebrachte 19. Jahrhundert aber wird das Risiko des Bösen verdecken. Bei Hegel wird aus der Autonomie des Geistes eine zwangsläufige Erfolgsgeschichte zum Guten. Überhaupt wird die dialektische Kunst, von Hegel bis zu Marx und seinem ideologischen Gefolge, das Bravourstück fertig bringen, das Böse nur als bloße Antithese auftreten zu lassen, die allemal von einer gelingenden, guten Synthese - bei Hegel ist es der preußische Vernunftstaat, bei Marx der Kommunismus

- überwunden werden wird.. Es gilt hier die Regel, die Goethe seinen Mephisto formulieren lässt. Diese Mephistoformel vom Guten des Bösen hat lange Zeit die optimistische Illusion genährt, als ob Gesellschaften in der Geschichte auf einen Zustand wachsender Stabilität, also zunehmender Integration des Bösen, zugehen.[479]

Safranski meinte, wir müssten einsehen, dass das Böse nie Mittel zu einem guten Zweck ist, sondern ein Wille, „zu zerstören, zu verletzen, zu töten", und dass ihm gegenüber darum das Bemühen nötig sei, es durch zivilisatorische Normen einzudämmen.

Wahrscheinlich werden wir wieder lernen müssen, was frühere Jahrhunderte selbstverständlich wußten: dass Zivilisationen nichts anderes sind als Zivilisierungen der latenten Gewaltbereitschaft. Die Gewalt ist nicht Ersatz für irgend etwas, sondern umgekehrt: Zivilisationen sind Versuche, das Böse zu domestizieren.[480]

Allerdings hielt Safranski es für eine offene Frage, ob der seit dem 18. Jahrhundert in Gang gekommene Zivilisationsprozess, der das Böse nicht bändigen, sondern benutzen wollte, nicht das Gegenteil bewirkt und ihm ausdrücklich zur Herrschaft verholfen habe, vielleicht sogar in solchem Maße, dass seine Bändigung menschlichen Kräften unmöglich geworden ist.

Die Neuzeit glaubt, des Bösen Herr geworden zu sein. Doch seit einiger Zeit wachsen die Zweifel. Denn angesichts der ökologischen Krise wird fraglich, ob gegen die zerstörerische Dynamik der technisch-wissenschaftlichen Zivilisation Moralität überhaupt noch etwas ausrichten kann. In der Semantik des Bösen heißt das: ob nicht der Zivilisationsprozess <seit der Aufklärung> selbst das Böse und Unheilvolle ist, das wir zwar in die Welt gesetzt haben, das sich unserer Verfügung aber bereits entzogen hat. Vielleicht müssen wir erst noch begreifen, dass wir uns mit der Logik der wissenschaftlich-technischen Zivilisation auf Strukturen und Kräfte bezogen, die jenseits unserer Verfügungsgewalt liegen, auch wenn sie sich zunächst nur durch unsere Aktivität manifestieren.[481]

Die von Safranski angesprochene Gefahr ist wohl dieselbe, die Franz Kafka vor Augen stand, als er im Jahre 1917 die Erzählung *Ein Landarzt* verfasste. Und dieselbe Grunderfahrung lag wohl auch den um 1980 entstandenen Teufelsdichtungen zugrunde. Inzwischen ist es, wie die Zitate zeigen, nicht mehr ganz so schwierig, sich mit dieser Erfahrung intellektuell auseinanderzusetzen. Und das Bedürfnis zur Verdrängung scheint allmählich nachzulassen. Als symptomatisch könnte das Verhalten des „Spiegel" gelten. Er hat das Buch *Die andere Kraft* durchaus zur Kenntnis genommen, ja sogar in besonderer Weise dadurch hervorgehoben, dass er es - in der Nummer 48/1993 - zum Anlass eines „Spiegel"-Gesprächs mit Alexander Schuller nahm. Und mit Rüdiger Safranski führte man in der Weihnachtsnummer 1996 ein „Spiegel"-Gespräch über das Böse, obwohl sein diesem Thema gewidmetes Buch noch gar nicht erschienen war, sondern erst für das Spätjahr 1997 angekündigt werden konnte.

Wenn das Böse anderes und mehr ist als die Folge einer gesellschaftlichen Fehlentwicklung, so stellt sich natürlich die Frage nach seiner wahren Herkunft. Jene Dichter, die am Beginn der achtziger Jahre dramatische oder erzählerische Handlungen mit dem Teufel als beherrschender Figur gestalteten, beantworteten diese Frage zwar im Detail unterschiedlich, aber insofern doch auf gleichartige Weise, als sie in Übereinstimmung mit der monotheistischen Tradition in dieser Figur eine Macht des Urbösen beschrieben, die sich zuerst gegen Gott und dann auch gegen die Menschen wandte. Diese Deutung erschien mir am Beginn der achtziger Jahre um so bedeutsamer, als ich bei meiner Auseinandersetzung mit der Dichtung der Zeit um den Ersten Weltkrieg auf eine ähnliche Vorstellung gestoßen war. Bemerkenswert erschien mir damals außerdem der Umstand, dass jetzt ebenso wie damals die Erfahrung vom gewissermaßen vorgesellschaftlichen Bösen mit derjenigen eines epochengeschichtlichen Wandels verbunden war. Und schließlich maß ich der Tatsache höchste Aufmerksamkeit zu, dass die komponentiale Analyse der gerade erschienenen Dichtungen die Teufelsfiguren immer als das beherrschende Motiv der Aktualkomponente auswies, also eben derjenigen Komponente, von der ich erwartet hatte, dass sie das für die neue Periode entscheidende Moment zum Vorschein bringen würde. Besonders wichtig wurde es für mich, dass ich zu prognostizieren gewagt hatte, dieses Moment werde in der Form eines der Manipulierbarkeit entzogenen Strukturmusters hervortreten. Das veranlasste mich zu der Frage, ob etwa der Teufel als ein Strukturmuster gedacht werden könne. Damit aber gelangte ich zu dem maßgeblichen Ausgangspunkt weiterer Reflexionen.

Die Arbeit mit der Komponentenanalyse hatte die Notwenigkeit mit sich gebracht, den Unterschied zwischen der komponentialen Sinnstruktur und Strukturen anderer Art möglichst klar zu bestimmen. Dabei war ich zu der Einsicht gelangt, dass die komponentiale Struktur einen universalen Charakter habe und dass dies sonst nur noch bei einer einzigen weiteren der Fall sei, nämlich bei der vom Strukturalismus entdeckten binären. Zunächst maß ich diesem Umstand eine rein texttheoretische Bedeutung zu. Diese arbeitete ich vor allem im ‚Handbuch der literarwissenschaftlichen Komponentenenanalyse' heraus.[482] Als ich nun aber nach einer möglichen Erscheinung des Bösen im Strukturbereich Ausschau hielt, kam ich zu der folgenden Erwägung:

Das binäre Prinzip zeigt sich auch im biologischen Bereich, vor allem bei den fortwährend sich vollziehenden Zellteilungen. Hier erweist es sich als notwendig und heilsam, vorausgesetzt, dass die Teilungen nicht zum Selbstzweck werden, sondern sich einer Einigungskraft zur Verfügung stellen, die sie in eine Gestalt integriert. Ich fragte mich, ob das Böse nicht darin liegen könne, dass die im Binären wirkende Teilungskraft sich gegen die Einigungskraft verschließe und dann Wucherungen von der Art bewirke, die wir in der Umgangssprache als „bösartig" bezeichnen?

In einem 1985 erschienenen Buch suchte ich diesen Gedanken auszuführen.[483] Ich unterstellte, dass der Mensch sich in seinem Urzustand von anderen Lebewesen durch die ihm geschenkte schöpferische Freiheit unterschieden habe und deshalb als erstes eine Grundentscheidung habe treffen müssen, nämlich ob er aus seiner Freiheit heraus in Zukunft neuartige Gestalten schaffen werde oder ob er es vorziehe, wie bisher - als Tier - weiterzuleben, der Neuerung sich versagend. Jene Alternative ließ sich auch als Wahl zwischen zwei Möglichkeiten deuten: zwischen dem Dreierprinzip (mit Neuerungen) und dem Zweierprinzip (ohne Neuerungen). Die heute bekannten Spuren aus der Frühzeit der Menschheit wertete ich als Anzeichen dafür, dass die ersten Menschen sich zugunsten des Zweierprinzips entschieden und dadurch das Böse in die Welt brachten.[484]

Im Zuge von weiterem Nachdenken wurde mir während der folgenden Jahre deutlich, dass das Böse nicht erst mit der Urentscheidung der Menschen begonnen haben könne, sondern schon vorher existent geworden sein müsse. Diese

Auffassung arbeitete ich dann in einem Buch heraus, das 1994 veröffentlicht wurde.[485] Sie erscheint mir weiterhin zutreffend. Wenn ich sie hier noch einmal formuliere, so kann ich von den oben mitgeteilten Überlegungen zum Urschöpfungsakt Gebrauch machen.

Wie ich gezeigt habe, ist vom Urschöpfungsakt anzunehmen, dass er sich vollzog, indem die undifferenzierte Einheitlichkeit der Potentialdimension mit der einheitslosen Unterschiedenheit der Aktualdimension derart in Verbindung trat, dass die Resultativdimension mit ihrer differenzierten Einheitlichkeit entstand. Die innere Gliederung der Resultativdimension bestand in Repräsentationen der drei Dimensionen. In den vorweltlichen Verhältnissen waren diese Repräsentationen genaue Abbildungen der Dimensionen. Die der Urschöpferkraft in gewissen Hinsichten fremde Welt entstand dann durch einen Austausch der Positionen der Potential- und der Aktualrepräsentation. So wurde die Welt zu einem Abbild der Urschöpferkraft mit Seitenverkehrung.

Dies konnte im Zusammenhang der Erörterungen zum Urschöpfungsakt erkannt werden. Die weitergehenden Reflexionen über die Potentialzeit ließen dann darauf aufmerksam werden, dass die komponentiale Sinnstruktur in zwei Typen erscheinen kann: in denjenigen der „Potentialpriorität" (= „PP") und der „Aktualpriorität" (= „AP"). Nachträglich kann festgestellt werden, dass sich der Unterschied von Urschöpfungsakt und Welt auch durch diese beiden Typen bezeichnen lässt. Selbstverständlich ist anzunehmen, dass diese beiden Zusammenhänge das Original der beiden Typen darstellen, die genannten Gegebenheiten der Potentialzeit aber Abbildungen davon sind.

Wie ich schon betonte, konnten vor der Erschaffung der Welt unbegrenzt viele Schaffensakte vollzogen worden sein, wobei die Initiative immer von der Potentialdimension ausgegangen sein muss. Grundsätzlich ist durchaus vorstellbar, dass die Kräfte der Aktualdimension auf eine solche Initiative manchmal nicht eingingen, denn sie befinden sich gegenüber der Potentialdimension im Zustand völliger Freiheit. Das bedeutet, im Bild gesprochen, nichts anderes als dass die Möglichkeit zur Intonation eines bestimmten Musikstücks erwogen, aber dann wieder fallen gelassen wurde. Anders war es, als die Potentialdimension zur Erschaffung der Welt ansetzte; denn mit ihr konnte eine gegenüber der Urschöpfungskraft eigenständige Wirklichkeit hervorgebracht werden. In diesem Fall wissen wir, dass die Aktualdimension ihre Zustimmung tatsächlich gab; denn andernfalls würde die Welt gar nicht existieren.

Wenn man dies feststellt, bedient man sich allerdings einer hochgradig allgemeinen und abstrakten Formulierung, die in concreto präzisiert werden muss, weil die Aktualdimension ja von sich selbst her über keinerlei Einheitlichkeit verfügt. An der Erschaffung der Welt hat nicht die Aktualdimension schlechthin mitgewirkt, sondern eine aus ihr herausgerufene, dazu fähige Kraft. So blieben andere Kräfte in ihr zunächst noch ungenutzt.

Manche dieser Kräfte dürften evoziert worden sein, als der Ausbau der Welt in etwas wie ontologische „Stockwerke" unternommen wurde. Dafür wird die Potentialdimension für das jeweilige „Stockwerk" eine geeignete Kraft in der Aktualdimension ausgewählt haben. Diese war mit einem bestimmten Strukturmuster verbunden. Ihr entsprach die aus der Potentialdimension aufsteigende Kraft, die sich als der nötige Partner zur Verfügung stellte.

Eine derart aus der Aktualdimension ausgewählte Kraft, die der Einladung zur Mitwirkung nachkam, wird nie Schwierigkeiten gehabt haben, den nötigen Partner aus der Potentialdimension zu finden; die Potentialdimension ist ja in sich einheitlich und so wird auch jeder Schaffenswille ein einheitlicher gewesen sein. Doch in der Aktualdimension gab es keinerlei Einheit und so war jede ihrer Kräfte, die zum Mitschaffen eingeladen wurde, durchaus frei, sich entweder dafür oder auch dagegen zu entscheiden. Fiel die Entscheidung negativ aus, so war der vorgesehene Ausbau der Welt aufgehalten.

Allerdings war die Reichweite jeder Kraft beschränkt. So vermochte die Verweigerung einer einzelnen Kraft aus der Aktualdimension den Weiterbau der Welt nicht definitiv zu verhindern. Von der Potentialdimension konnte nun eine Einladung an eine andere Kraft aus der Aktualdimension ausgehen, an dem vorgesehenen Ausbau mitzuwirken. Fand diese sich dazu bereit, so wurde der Ausbau doch noch fertiggestellt, allerdings vielleicht nicht in der projektierten Vollkommenheit. Die Verweigerungskraft konnte sich nämlich in den Gestaltungsakt einmischen und versuchen, die werdende Gestalt zu zerstören. Dazu genügte es, dass sie ihre Wesensart, die aus der Aktualdimension entstammte, zur Geltung brachte. Die Aktualdimension wird, wie dargetan, durch das Prinzip der Unterscheidung gebildet und setzt darum immer einen Vorgang von der Art der Zellteilung in Gang. Dieser aber ist nur dann gut, wenn er in eine Gestalt integriert wird. Unterbleibt dies, so bewirkt er Wucherungen von der Art, die wir als „bösartig" bezeichnen. Eine Verweigerungskraft der Aktualrepräsentation kann, indem sie sich in eine Zerstörungskraft verwandelt, solche Wucherungen hervorbringen. Wann- und wo immer dies geschieht, kommt „Böses" zur Macht, eine Kraft, der es um nichts anderes als die Zerstörung geht.

Strukturell ist dazu die Existenz des Menschen nicht erforderlich. Schon der Ausbau des allerersten Stockwerks der Welt bot Gelegenheit für das widerständige Prinzip. Insofern handelt es sich bei diesem Bösen um „Urböses". In den Grundzügen ist es von der gleichen Art wie jenes, das in der religiösen Tradition als „Teufel" bezeichnet wurde. Wie der Teufel in erster Linie eine Empörung gegen Gott vollzieht, so wendet sich das Urböse gegen einen Willen der Potentialdimension. Allerdings ist es in direkter Weise nicht auf die Potentialdimension selbst bezogen, sondern auf eine Kraft, die, wie es selbst, in der Resultativdimension erschien.

In diesem Zusammenhang sind zwei Gruppen von Kräften voneinander zu unterscheiden.

Die erste besteht aus jenen Kräften, die aus der Aktualdimension stammen und innerhalb der Aktualrepräsentation zum Vorschein kommen. In der Umgangssprache könnten sie wohl als „Engel" bezeichnet werden. Aber gemeint sind hier nicht Kräfte, die in der Art von „Boten" - was das Wort jaggeloß ja bedeutet - sich bewegen, sie bringen vielmehr Stabilität mit sich, insofern sie einem ontologischen Stockwerk der Welt und seinen ständigen Einrichtungen eine dauerhafte Eigenart verleihen.

Die Kräfte der zweiten Gruppe steigen aus der Potentialdimension auf und werden von der Potentialrepräsentation aus wirksam. Viele dieser Kräfte gehören dem vormenschlichen Bereich an. Sie folgen dem Auftrag, sich den Kräften aus der Aktualrepräsentation beim Hervorbringen des jeweils vorgesehenen Stockwerks mit ihren Fähigkeiten zur Neuerung zur Verfügung zu stellen; denn die Kräfte aus der Aktualrepräsentation sind der Neuerung ja völlig unfähig.

Die Innovationskräfte sind mit der Potentialdimension, von der die Initiative zur Erschaffung der Welt ausging, eng verwandt. Aber wie wir sahen sind sie keineswegs diese selbst, sondern nur gleichsam deren Delegierte. Als solche handeln sie zwar in deren Namen, jedoch in einem durch ihren Auftrag beschränkten Bereich. Mithin sind sie auch weder allwissend noch gar allmächtig. Wenn sie auf eine Zerstörungskraft treffen, die in der beschriebenen Weise aus einer Kraft der Aktualdimension entstanden ist, kann dies durchaus negative Folgen haben. Die Zerstörungskraft vermag in den jeweiligen Gestaltungsakt in solcher Weise einzugreifen, dass Wucherungen entstehen. Nicht wenige Eigenarten der Natur könnten auf diese Weise verursacht worden sein.

In erster Linie zu nennen sind wohl jene eigenartigen „Verwerfungen", auf die Albert Einstein im Kosmos aufmerksam wurde, als er seine Allgemeine Relativitätstheorie ausarbeitete.

Vielleicht wäre gleiches auch im Hinblick auf die über lange Zeit hin wirksamen Ursachen von Naturkatastrophen zu zeigen. Sie entstehen ja dadurch, dass die allgemeine Stabilität von Naturverhältnissen punktuell versagt, was darauf schließen lässt, dass sie einmal geschwächt worden ist.

Darüber hinaus könnte man auf diese Weise vielleicht erklären, warum es manche Lebewesen gibt, die auch dem nüchternsten Beobachter als Monster erscheinen. Das Monströse zeigt sich nicht nur an einzelnen Missgeburten, sondern auch an ganzen Arten von unheimlich wirkenden Lebewesen.

Selbstverständlich gerät man bei einem solchen Vorgehen mit jenem Konrad Lorenz in Konflikt, der 1962 nachzuweisen suchte, dass alles in der Natur, das uns Menschen als böse anmutet, von uns völlig missdeutet wird, weil es wirklich Böses in der Natur gar nicht gebe. Neu war an seinem Buch *Das sogenannte Böse* allerdings nicht diese These, die seit der Aufklärung oft genug vertreten worden war - zumal auch von Kant in seinen überaus folgenreichen geschichtstheoretischen Schriften -, sondern die moderne, systemtheoretische Argumentationsweise. Sie wirkte auf viele Leser sehr überzeugend. So vermochte das Buch dem Zeitgeist, der ja, wie schon erwähnt, zur Leugnung des Bösen tendierte, einen bedeutenden Dienst zu leisten.

Wie manches andere ist auch diese Vorstellung unterdessen fragwürdig geworden. Der Biologe Lyall Watson hat 1995 in dem Buch *Dark Nature - A Natural History of Evil* [486] zu zeigen versucht, dass die Anwendung des Begriffes des Bösen auf Vorgänge in der Natur durchaus möglich, ja sogar notwendig sei.

Übrigens ist auch Lorenz selbst auf Sachverhalte aufmerksam geworden, die ihn hätten veranlassen können, seine Auffassung zu ändern. Nachdem er, wie ich oben berichtete, 1973 gegenüber der - in *Das sogenannte Böse* noch mitvertretenen - neodarwinistischen Erklärung der Stammesgeschichte auf Distanz gegangen war und vorgeschlagen hatte, statt von „Evolution" von „Fulguration" zu sprechen, weil neue biologische Systeme niemals nach und nach hervortreten, sondern immer auf einen Schlag, musste er sich mit der Frage nach der Ursache der Fulgurationen auseinandersetzen. Die Möglichkeit, dass sie mit Gott identisch sei, meinte er ausschließen zu müssen, weil in der Stammesgeschichte immer wieder ein Mangel an Konsequenz festzustellen ist: Manchmal verläuft ihr Prozess im Zickzack und bisweilen mündet er sogar in Sackgassen. [487] Seine Vorstellung von Gott entsprach noch dem neuzeitlichen Bild des Hyperingenieurs und Uhrmachers, der die ihm zugesprochene Allmacht eigentlich dadurch beweisen müsste, dass nicht nur die von ihm konstruierte große Weltmaschine, sondern auch alle in ihr angebrachten kleineren Maschinen immerzu perfekt funktionierten. Die Möglichkeit, dass in der Natur wie in der Menschheit vieles geschieht, das dem Willen Gottes entgegengesetzt ist, war ihm unvorstellbar.

Aber wenn von Gott gesagt werden kann, dass er dem Bild des Superingenieurs nicht entspricht, heißt das dann nicht, dass es ein Mangel und eine Schwäche Gottes ist, die das Böse geradezu erzwingt? Diese Frage ist oft schon gestellt und nicht selten bejaht worden. Sie gründet jedoch in einem tiefen Missverständnis. Das zeigt sich besonders deutlich vor dem Hintergrund des hier von mir entwickelten Gedankengangs.

In dessen Verlauf gab es keine einzige Stelle, an der hätte gesagt werden können oder gar müssen, hier zeige sich, dass das Böse notwendig wurde. In der Weise, wie die Urschöpferkraft die Welt und alle ihre Stockwerke erschuf oder erschaffen wollte, wäre Böses nie nötig geworden. Allerdings war es niemals ausgeschlossen, dass es nie ausgeschlossen sein würde. Das hatte jedoch einen „guten" Grund. Um ihn zu erkennen, muss man nur die Gegenmöglichkeit durchdenken.

Ein Gutes, welches das Böse völlig ausschlösse, müsste in der Lage sein, sich selbst unbedingt durchzusetzen, ähnlich wie in einer Maschine die Rotation. Solches Gute wäre also der absolute Zwang, der außer dem eigenen Willen einen anderen, eigenständigen Willen nicht zulässt. Er entspräche insofern einer ähnlichen Weltvorstellung wie sie durch die neuzeitliche Wissenschaft entwickelt worden ist. Zu den Abweichungen, welches ein solches Gutes auf keinen Fall tolerierte, würde natürlich die eigenverantwortliche menschliche Freiheit gehören; allerdings nur theoretisch, denn in der beschriebenen Welt würde es ja nie existent werden.

Genau umgekehrte Verhältnisse bestehen für Menschen, die mit Václav Havel, mit dem späteren Stephen W. Hawking, mit Hans Küng und den Unterzeichnern der Weltethos-Erklärung für das eigentliche Humanum und das in Wahrheit Gute im Menschsein gerade die verantwortliche Freiheit halten. Ihnen muss der maschinenhafte Zwang, soweit er selbstherrlich ist, als das eigentlich Böse gelten.

Wer sich diese Vorstellung von Gut und Böse zueigen macht, der wird zu der Auffassung kommen, dass die Welt dann als ‚gut' erschaffen wurde, wenn innerhalb von ihr an allen wichtigen Stellen Freiheitsspielräume offen blieben. Sie eröffneten notwendig immer auch die Möglichkeit zum Bösen. Wenn in der Welt Freiheit sein sollte, so musste auch das Böse Zugang zu der Freiheit finden können.

Wie wir wissen, ist diese Möglichkeit reichlich genutzt worden. So stellt sich die Frage, ob die vom Bösen bewirkten Verunstaltungen für immer bestehen bleiben oder vielleicht wieder behoben werden können. Wenn man nach einer Antwort sucht, könnte man auf folgenden Sachverhalt aufmerksam werden. Bei der Erschaffung der Welt war zufolge der vorgetragenen Deutung der Akt der Seitenverkehrung, der bei Potential- und Aktualrepräsentation vorgenommen wurde, fundamental. Er hatte zur Folge, dass im Grundgefüge der Welt das Muster der Aktualpriorität maßgeblich wurde. Das bedeutet, dass Potentiales im Rahmen der Welt immer nur in der Weise des Antwortens wirksam werden und also dem Aktualen gegenüber nie die Initiative ergreifen kann. Dieser Umstand hat beim Problem des Bösen erhebliche Bedeutung, weil das Böse, wie sich gezeigt hat, aus der Aktualdimension hervorgeht und von der Aktualrepräsentation aus wirksam wird. Als Folge davon kann das Potentiale als Gegenkraft des Bösen innerhalb des Gesamthorizontes der Welt einzig in antwortender Weise tätig werden. Schöpferisch eine andersartige, höhere Welt hervorzubringen, in welcher die Wucherungen ihre bisherige negative Bedeutung verlieren würden, dazu ist es nicht fähig.

Die Potentialdimension aber war in der Lage, einen neuen Anfang zu setzen. Sie konnte innerhalb der Welt mit ihrer Aktualpriorität und mit ihren Wucherungen des Bösen ein Lebewesen hervorbringen, das nicht nur zur Reproduktion seiner selbst fähig war wie die anderen irdischen Lebewesen, sondern auch zu einem das Bestehende überschreitenden schöpferischen Tun. Mit diesem Lebewesen, das der Urschöpferkraft glich, wenn auch auf einer sehr viel niedrigeren Seinsstufe, eröffnete sich die Perspektive zu einer anderen, von der Potentialpriorität geprägten Welt, in der alles Böse in einen höheren Zusammenhang integriert und damit überwunden wäre. Tatsächlich ist ein solches Lebewesen geschaffen worden; es ist - der Mensch.

Der Gedanke, dass der Mensch für die Aufgabe vorgesehen war, die Welt vom Bösen zu befreien, ist nicht neu. Wie ich weiter oben gezeigt habe, war es Friedrich Schlegel, der ihn sich ausdrücklich zeigen machte. Schlegel hielt allerdings zugleich fest, dass sich der Mensch seit seinen Anfängen dieser Aufgabe verweigerte. Übertragen auf die hier von mir benutzten Strukturmuster, bedeutet dies:

Die Rahmenstruktur der von einer Aktualpriorität geprägten und durch Wucherungen verformten Welt bestand in der Seele des ersten Menschen fort. Zusätzlich zu ihr existierte aber in der Menschenseele die Rahmenstruktur einer neuen, unter dem Vorzeichen der Potentialpriorität stehenden Welt. Zwischen den beiden Mustern konnte - und musste - der erste Mensch wählen.

Die unmittelbare Folge der Menschwerdung war wohl die Fähigkeit zum dauerhaften aufrechten Gang. So wie sie spürbar wurde, stellte sich dem soeben Mensch gewordenen Lebewesen die Aufgabe, eine freie Wahl zu treffen. Wenn es sich für das Muster der Neuen Welt entschied, eröffnete sich ihm die Möglichkeit zu einem Leben aus dem Grundwillen zur schöpferischen Neuerung. Entschied es sich dagegen und gab es dem gewohnten Strukturmuster den Vorzug, so blieb es zwar ein Mensch - denn das neue Muster konnte es dadurch nicht aus sich vertreiben -, aber es lebte weiter, als ob es noch ein Tier wäre.

Die Tatsachen, die heute aus der menschlichen Urgeschichte bekannt sind, fügen sich stimmig zu der Annahme, dass der Mensch sich zunächst entschied, von seinen schöpferischen Fähigkeiten keinen Gebrauch zu machen. Seit etwa vier Millionen Jahren haben Lebewesen, die man als Australopithecinen, als „Südaffen", bezeichnet, begonnen, dauerhaft auf zwei Beinen zu gehen. Damit demonstrierten sie eine Fähigkeit, die Säugetieren nicht eigen ist. Eineinhalb Millionen Jahre lang traten dann jedoch keine Spuren einer Tätigkeit auf, wie sie nur Menschen möglich ist. Nachdem schließlich in der Gestalt der „Hackmesser" doch solche Produkte geschaffen wurden, blieb die damit etablierte Werkzeugform während einer weiteren Million von Jahren unverändert erhalten. Der erste Mensch hatte den Willen zur Innovation ganz gewiss nicht zum Maßgeblichen erkoren. Er hatte die ihm verliehene Freiheit zu einer Entscheidung gegen den Gebrauch der Freiheit benutzt und entschied sich daher für das Böse.

Natürlich ist es berechtigt zu fragen, wie sich diese Deutung des Anfangs des Bösen in der Menschheit zu derjenigen verhält, die in der abendländisch-europäischen Tradition in positivem oder negativem Bezug seit je der orientierende Bezugspunkt gewesen und immer geblieben ist, zu derjenigen des Buches Genesis. Selbstverständlich ist in der biblischen Darstellung weder von einem Australopithecus die Rede noch von Hackmessern und auch nicht von den Strukturmustern der Aktual- und der Potentialpriorität. Aber der Sinn jener Erzählungen passt aufs beste zu dem strukturellen Vorgang, der hier beschrieben worden ist.

Nachdem ich oben gezeigt habe, wie Kant den Sündenfall gedeutet und sich dabei in einen unaufhebbaren Selbstwiderspruch hineinargumentiert hat und wie die an seinem Modell orientierte Fortschrittsidee in jenem Widerspruch gefangen blieb, muss ich wohl darauf hinweisen, dass mir die hier vorgetragene Deutung von einem inneren Widerspruch frei zu sein scheint.

Das späte Hervortreten erster spezifisch menschlicher Werkzeuge und ihre unveränderte Tradierung während einer wiederum unglaublich langen Zeit zeigt allerdings nicht allein an, dass der frühe Mensch Neuerungen nicht wollte, sondern auch, dass er bereit war, wenn auch auf eine extrem zögerliche Weise, sich auf solche Neuerungen doch einzulassen. Mit der Hervorbringung von Werkzeugen des Typus Hackmesser wich er von seiner Urentscheidung ab, und mit der Entscheidung zu dessen Veränderung abermals. Der von mir hier vertretenen Theorie zufolge war das grundsätzlich deshalb möglich, weil das für das Menschsein konstitutive PP-Muster der neu entstandenen Welt im Menschen fortbestand. Wie es zu einer Änderung der einmal getroffenen Urentscheidung, wenn auch nur in geringem Ausmaß, praktisch kommen konnte, ist dadurch allerdings noch nicht erklärt. Einen Ansatz dazu kann man finden, wenn man sich auf einen eigentümlichen Sachverhalt zurückbesinnt, der sich im Zusammenhang der Erörterungen der Ordnung in der Potentialzeit gezeigt hat und der mit dem Voranschreiten des Menschen in der Kulturgeschichte anscheinend aufs engste verbunden ist.

Im Mikrobereich der Geschichte, bei der komponentialanalytisch genau faßbaren Abfolge von Perioden konnte zuerst festgestellt werden, dass Epochen in zwei Typen auftreten, die sich regelmäßig abwechseln. Da die zwei Typen infolge einer Anwendung der Komponentenanalyse entdeckt wurden, konnten sie nur in zwei unterschiedlichen Ausprägungen des komponentialen Grundmusters bestehen. Nachdem diese entsprechend den Begriffen Potential- und Aktualpriorität gedeutet waren, entstand bei der Betrachtung weiter gespannter Epochen der Eindruck, dass dieselben Typen auch auf höheren Plateaus auftreten, und zwar bis hin zu den anscheinend höchsten epochalen Sinneinheiten, den Kulturen.

Als ich hierüber berichtete, ging ich, um eine zunächst unnötige Komplikation zu vermeiden, auf eine Frage nicht näher ein, die mich nach der Entdeckung dieses Sachverhalts beschäftigte, und für die ich bald schon eine mir plausibel scheinende Antwort fand. Jetzt könnte sie abermals Bedeutung erlangen.

Gerade bei Großepochen der Kulturen und ihrer Zeitalter meinte ich klar erkennen zu können, dass die Typen zwei menschlichen Seinsweisen entsprechen, die für den Menschen zu allen Zeiten von fundamentaler Bedeutung sind, also grundsätzlich nie überholt werden können (wenn ein Typus geht, kehrt der andere wieder und nach ihm stellt sich wieder der frühere ein). Außerdem erwies sich mir, dass die jeweils herrschende Seinsweise die gegensätzliche nie völlig eliminiert; denn diese bleibt in der Regel auf niedrigeren Plateaus präsent. Ich sagte mir, dass die zwei Seinsweisen mit dem Wesen des Menschen eng verbunden sein und daher in einer von der Komponentenanalyse unabhängigen Weise längst erkannt worden sein müssten.

Daraufhin fiel mir der Umstand auf, dass immer wieder von einem geistigen Unterschied unter den Menschen die Rede ist, der dem biologischen der zwei Geschlechter entspricht. Am nachdrücklichsten ist dieser vom Taoismus in seiner Lehre von Yin und Yang herausgearbeitet worden. Auf diesen Unterschied kann man, wie ich nun begriff, auch die zwei Typen von Aktual- und Potentialpriorität beziehen. Am leichtesten ist das zu erkennen, wenn man den biologischen Unterschied ins Auge fasst. Die spezifische organische weibliche Fähigkeit besteht im Empfangen von Samen und in dessen Umwandlung in ein neues Lebewesen. Sie entspricht der Verhaltensweise des Antwortens und dem Typus der Aktualpriorität. Umgekehrt besteht die spezifisch männliche Fähigkeit in der Erzeugung von Samen und in der Befruchtung. Sie stimmt mit der Verhaltensweise des Anredens überein, mit dem Typus Potentialpriorität. Ich hielt mich zu der Annahme berechtigt, dass in Epochen mit Aktualpriorität eine weibliche Geisteskraft vorherrscht, in Epochen mit Potentialpriorität eine männliche.

,Vorherrschaft' in diesem Sinn bedeutet allerdings nie Alleinherrschaft. Ähnlich wie die Geschlechter sind die beiden Epochentypen in solchem Maße auf den je anderen angewiesen, dass jede von einer der beiden Geisteskräfte getroffene Entscheidung auch auf die andere sich auswirkt. Wenn eine neue Epoche beginnt, kann deswegen die Kraft des neuen Typus genau an dem Punkt weiterwirken, bis zu dem die Kraft des bisherigen geführt hat.

Das Zusammendenken der beiden Epochentypen mit den Geisteskräften der menschlichen Geschlechter erwies sich bei dem Versuch, in der Kulturgeschichte Sinnzusammenhänge zu entdecken, als äußerst hilfreich. Aber wenn es darum ging, über den Anfang der Menschheit hinaus zurückzudenken, so musste der Bezug auf die Zweiheit der menschlichen Geschlechter natürlich wieder aufgegeben werden, während der Rekurs auf die beiden Prioritätstypen beibehalten werden konnte. So konnte von der Urschöpferkraft und der Welt gesagt werden, dass sie den Typen Potential- und Aktualpriorität entsprächen. (Allerdings wäre es wohl nicht abwegig zu fragen, ob nicht etwas von diesem Verhältnis dann auch im Verhältnis der menschlichen Geschlechter wiederkehrte).

Von der Urentscheidung der Menschheit ist nun anzunehmen, dass sie auch insofern eine spezifisch menschliche war, als sie von einer der beiden Kräfte der Prioritätsverhältnisse und geistigen Geschlechter vollzogen wurde, aber derart, dass sie die andere dabei mitzog. Durch die Urentscheidung wurde festgelegt, dass auch für den Menschen der Bezug auf die von einer Aktualpriorität geprägte Rahmenstruktur der bisherigen Welt maßgeblich sein sollte und nicht der Bezug auf die im Zeichen der Potentialpriorität stehende *Neue Welt*. Die Bevorzugung der Aktualpriorität lässt vermuten, dass die mit dieser Priorität verbundenen menschlichen Kräfte, also die weiblichen, diese Entscheidung trafen.

Die Welt, die gewählt wurde, war die von der Urschöpferkraft geschaffene, die ursprünglich gut gewesen, dann aber von Bösem durchwuchert worden war. Ihr gegenüber stellte sich die Neue Welt, die hätte geschaffen werden können, als die eigentlich gute dar. Aus dem Gegensatz zu ihr wurde nun die Alte Welt für die Menschen zur bösen. Sie müssen das empfunden haben, aber sie wollten es nicht gelten lassen. Es war ja die Welt, die sie selbst gewählt hatten. In ihr waren sie auf eine übermenschliche Kraft bezogen, die in den Wucherungen herrschte. Diese böse Macht verehrten sie als ihren Gott, und führten ein Leben, das sich von dem früheren, tierhaften, nicht unterscheiden sollte.

Allerdings erfuhren sie das eigene Leben in einem dauernden Konflikt. Denn in ihnen selbst existierte die genuin humane Seinsweise fort und mit ihr der Bezug auf das Strukturmuster der Neuen Welt. Wahrscheinlich erschien ihnen überdies wieder und wieder eine von den bekannten höheren geistigen Mächten unterschiedene Macht, ein Engel, und lud sie ein, ihr sich zuzuwenden. Der Konflikt dürfte am schmerzhaftesten im Bereich jener menschlichen Kräfte empfunden worden sein, die bei der Urentscheidung nur mitgezogen worden waren. Bei ihnen, es dürften die von der Potentialpriorität geprägten Kraft gewesen sein, hatte der Engel schließlich Erfolg. Sie ließen sich darauf ein, eine Fähigkeit zu entwickeln, die Tieren nicht eigen ist. Es war die Fähigkeit, die zur Gestaltung von Werkzeugen von der Art der Hackmesser führte. Dank der in geistigen Kräften gründenden menschlichen Zwiefalt wurde es möglich, dass die Menschheit von ihrer Urentscheidung Stück um Stück Abstand nehmen konnte. Damit schlug sie den Weg zur Neuen Welt ein. Und dabei kam es im Laufe der Zeit zu einem enormen Fortschritt. Er zeigt sich am klarsten am Hervortreten von immer wieder neuen Fähigkeiten spezifisch menschlicher Art. Eindeutig ist zu erkennen, dass die Menschheit, oder doch ein großer Teil von ihr, sich auf die Angebote zur qualitativen Neuerung immer rascher einließ.

Dieses Fortschreiten hin zur Neuen Welt äußerte sich nun auch im Verhältnis der Menschen zum Bösen. Anfangs dürften sie, wie ich schon anmerkte, das Böse zwar empfunden, aber nicht anerkannt haben. Mit jeder epochalen Neuerung wurde dann aber das jeweils Neue als das Gute verstanden, und das hatte zur Folge, dass das jetzt Überholte als das Böse galt. Zum Fortschritt der Menschheit gehört darum immer auch das Anwachsen des Bösen und eine Kulmination der Kenntnis von ihm.

Für die Epochenforschung ist die Berücksichtigung dieses Umstandes von großer Bedeutung. Sie muss bedenken, dass der epochengeschichtliche Fortschritt nie wertneutraler Art, unmittelbar jedoch auch nicht allgemeinen moralischen Prinzipien verpflichtet ist. Jede neue Epoche bringt ein neues Ethos mit sich. Der Engel, der den neuen epochalen Sinn darbietet, ruft mit ihm auch zu einem neuartigen ethischen Verhalten auf.

Allerdings vermag sich der Wille eines Epochenengels nie ungestört auszubreiten. Denn sobald er sich unter den Menschen manifestiert hat, wird auch die böse Gegenkraft aktiv und sucht das Sinnsystem durch Wucherungen zu verunstalten. Da es in der Epochengeschichte um die Neue, um die von Menschen zu schaffende Welt geht, versucht sich die Gegenkraft zu diesem Zweck in das Schaffen der Menschen einzumischen. So können kulturelle Werke von paradoxem Charakter entstehen. Einerseits bezeugen sie mit dem Bezug auf ein neuartiges epochales Sinnsystem auch ein neues Ethos, andererseits stellen sie es derart dar, dass seine Tendenz umgekehrt wird. Die Epochenforschung kann nicht zu wirklich klaren Erkenntnissen gelangen, ohne bei der Deutung der zu einer bestimmten Epoche gehörigen Werke eine Unterscheidung beider Strebungen vorzunehmen.

Der komponentialanalytischen Forschung ist es gelungen, Kriterien für eine solche Unterscheidung zu entwickeln. Ihre Anwendung wurde wiederholt dargestellt.[488] Da bisher noch nicht geklärt werden konnte, welche Operationen durchgeführt werden müssen, wenn durch das komponentialanalytische Verfahren außertextliche Produkte durchleuchtet werden sollen, sind verlässliche Aussagen über außerliterarische Bereiche vorläufig noch nicht möglich.

Nicht übergehen darf ich jedoch die Entdeckung einer andersartigen Möglichkeit zur ethischen Unterscheidung. Sie betrifft nicht die vielen kleinen Sinnsysteme der Perioden, auf welche die Komponentenanalyse bezogen ist, sondern wenige große Zeiträume in der Menschheitsgeschichte.

Die ethische Alternative nach Girard

Als René Girard am Beginn der siebziger Jahre das Böse als Wesensbestandteil der Mythen entdeckte, suchte er auch die Entstehung des Bösen beim Menschen zu erklären. Als Geschichten von Göttern konnten Mythen erst gedichtet werden, als von den Menschen die Erfahrung gemacht worden war, dass es unter den in ihr Leben eingreifenden höheren Mächten auch solche gibt, die wie menschliche Personen einen Namen tragen, sprechen, entscheiden, handeln. Zeugnisse einer solchen Erfahrung fehlen während der bei weitem längsten Zeit der Menschheitsgeschichte. Erst seit dem Beginn der Hochkulturen werden sie fassbar.

Wie ich meinerseits zu zeigen versuchte, dürfte das Böse in der Menschheit seit ihren Anfängen vor vier Millionen Jahren wirksam und spürbar gewesen, allerdings auch immer weiter verdrängt worden sein. Bis die Ausgangssituation erreicht war, die Girard vor Augen hatte, müsste sich bereits eine lange Geschichte des Bösen zugetragen haben. Ich vermute, dass dieser Prozess parallel zu jenem verlief, in dem der Mensch nach und nach zum Fortschreiten bereit wurde und eine Fähigkeit nach der anderen entwickelte, die ihn von den Tieren unterscheidet. Darum gehört meines Erachtens zu den wichtigsten Aufgaben eines Versuchs, die Menschheitsgeschichte unter Bezug auf die Ordnung der Potentialzeit zu deuten, die Erschließung der jeder Kultur gemäßen Erscheinung des Bösen.

Wenngleich die von Girard beschriebene Grundsituation weit davon entfernt ist, der menschlichen Anfangssituation zu entsprechen, erscheint sie mir doch hoch bedeutsam. Sie führte, wie dank der von Girard gemachten Entdeckung gesagt werden kann, zur Bildung des Sündenbockmechanismus. Nur kurz sei noch einmal an dessen Genesis erinnert:

Der Streit um ein nicht teilbares Gut führt immer wieder zum Zwist auf Leben und Tod, und dieser weitet sich in der Gesellschaft allmählich zu einem Streit aller mit allen aus, der das soziale Leben wie eine Seuche in Bann schlägt. Um von dieser Herrschaft des Bösen frei zu werden, wird ein bestimmtes Mitglied der Gesellschaft zum Sündenbock erklärt und umgebracht. Mit ihm soll zugleich alle Feindschaft sterben. Die Gesellschaft fühlt sich vom Bösen befreit und beginnt, den früheren Sündenbock als Erlöser zu verehren.

Einem ethisch unmittelbaren, gleichsam affektiven Urteil erscheint die Personalisierung des Bösen als Ungerechtigkeit. Doch wenn man bedenkt, dass der

Mensch seit seiner Erschaffung Person war, dies aber durch seine Entscheidung, zu leben wie ein Tier, zu verbergen suchte, wird am Phänomen des Sündenbocks auch sichtbar, dass durch die Verbindung mit einer Person das Böse aus der Verborgenheit in der Anonymität herauszutreten begann.

Wie Girard gezeigt hat, wurde in den Mythen mit viel Geschick und Kunstfertigkeit zu verbergen gesucht, dass der als Sündenbock Erwählte unschuldig war. So wird man beim Vollzug dieses Ritus im Grunde allgemein gewusst haben, dass damit Böses geschah. Der Ritus sollte aber gerade der Erlösung vom Bösen dienen. So erlebte man fortwährend, dass man sich als Mensch in einer paradoxen Grundsituation befand. Wenn sich das Bedürfnis bildete, von ihr frei zu werden, so wurde unvermerkt die Urentscheidung der Menschheit in Frage gestellt; denn durch sie war es dazu gekommen, dass der Mensch trotz seiner Zugehörigkeit zu einer höheren, guten Welt einer von Wucherungen des Bösen durchsetzten Welt sich verpflichtete Das gegenwärtige Dilemma konnte den Wunsch nach einer besseren Welt erwecken. Im frühen, homerischen Griechenland wurde er lebendig.

Allerdings dürfte bei den Menschen, die im Zeichen des Sündenbockritus lebten, die Befürchtung vorgeherrscht haben, dass eine wirkliche Erfüllung dieses Wunsches gar nicht möglich sei. Ihre Weltsicht entsprach weitgehend unserem Begriff des Tragischen. Nicht von ungefähr kam es, dass dann gerade in Griechenland in den großen Tragödien der klassischen Zeit jene tragische Lebensform bleibende Gestalt gewann.

Für René Girard erwiesen sich die griechischen Tragödien als besonders wichtige Quellen. Anscheinend war er auch selbst lange Zeit der Auffassung, dass die in ihnen entfaltete Weltdeutung der höchstem dem Menschen möglichen Erkenntnisstufe entspreche. Demgemäss neigte er zunächst dazu, die biblischen Texte derselben Ebene zuzuweisen. Dann meinte er jedoch einen Unterschied wahrzunehmen, aber ihn genau zu benennen, wollte ihm lange nicht gelingen. Wolfgang Palaver bemerkt dazu in einer *Einführung in die Theorie René Girards*:

> Es stellte sich für Girard die Frage, ob auch Judentum und Christentum Religionen sind, die ihren Ursprung im Sündenbockmechanismus haben. Tatsächlich gibt es sehr viele parallele Elemente zwischen Religionen allgemein und dem biblischen Text (...). Was aber ist nun der spezifische Unterschied? Girard hat selbst sehr lange mit dieser Frage gerungen. Ursprünglich wollte er bereits in seinem Buch ,Das Heilige und die Gewalt' die biblischen Texte zusammen mit den mythischen Texten behandeln und analysieren. Als er nach mehr als zehn Jahren immer noch nicht fähig war, dieses Projekt für ihn systematisch befriedigend zu bewältigen, entschied er sich zur Publikation des Buches unter Weglassung des biblischen Teiles.[489]

Schließlich gelang es Girard doch, den Unterschied zu formulieren, und zwar auf sehr klare Weise. Zu der entscheidenden Einsicht verhalf ihm Friedrich Nietzsche. Maßgeblich wurde für ihn der von Nietzsche herausgearbeitete Gegensatz zwischen den Gottestypen „Dionysos" und „der Gekreuzigte". Girard begriff, dass Nietzsches Welt des Dionysos diejenige ist, die zu ihrer Erhaltung die Opferung des Sündenbocks braucht. Den Gekreuzigten begriff er antithetisch dazu. Gewiss gaben die Evangelisten zu erkennen, dass der Gekreuzigte wie ein Sündenbock und Opferlamm behandelt wurde. Aber sie beschrieben ihn als das unschuldige Opfer, das selbst frei war von aller Sünde. Im Unterschied zu Nietzsche, der die Losung „Dionysos gegen den Gekreuzigten" ausgegeben hatte, er-griff Girard nun seinerseits Partei für die Evangelisten und damit gegen den mythischen Glauben an die Notwendigkeit der Opferung von Sündenböcken.

Erstmals vertrat Girard seine neue Sicht in dem 1978 erschienenen Buch *Des choses cachées depuis la fondation du monde*.[490] Eine ausführlichere Ausarbei-tung gab er ihr dann in *Le bouc émissaire* von 1982.[491] Grundlegend war für ihn die Annahme, dass mit Jesus von Nazareth ein Mensch auftrat, der zwar in der vom Bösen beherrschten Welt lebte, jedoch willens und fähig war, sowohl aus ihr herauszutreten als auch sein Verhalten mit jener anderen, guten Welt in Ein-klang zu bringen, die er als das Reich seines Vaters bezeichnete.

An dieser Stelle darf ich vielleicht anmerken, dass es sich auf dem Hintergrund des von mir hier entwickelten geschichtstheoretischen Ansatzes nahelegt zu er-wägen, dass in Jesus eine Möglichkeit wiederkehrte, die einst den ersten Men-schen geboten wurde. Jesus wäre also, wie es in der christlichen Tradition ja durchaus üblich war, als ein zweiter Adam zu deuten.

Das in den Evangelien beschriebene und von Jesus in äußerster Konsequenz gelebte neue Ethos ist allerdings, wie Girard feststellte, nicht erst im Umkreis des Neuen Testaments entstanden, sondern bereits alttestamentlichen Ursprungs. Zwar ist die hebräische Bibel nach seiner Auffassung vielfach noch dem traditi-onellen Sündenbockdenken verpflichtet, aber nicht selten wird auch schon in ihr die Partei des Opfers ergriffen. Zusammenfassend schrieb Palaver:

> Diese Parteinahme für das verfolgte Opfer zieht sich quer durch das ganze Alte Testa-ment. Besonders hervorzuheben sind dabei die Klagepsalmen, Texte bei den Schrift-propheten und die Dialoge im Buch Ijob. Als Höhepunkt im Alten Testament können die Gottesknechtlieder des Deuterojesaja angesehen werden. Sie beschreiben das Schicksal des Gottesknechtes, der von den Menschen verachtet, geschlagen und ausge-stoßen wurde. Sein Schicksal gleicht ganz dem eines Sündenbocks. Die entscheiden-den Passagen des Textes sind jene, die die Unschuld des Knechtes hervorheben und seine Partei einnehmen. Auch die für mythische Religionen typische Haltung, dass Menschen wie der leidende Gottesknecht von Gott gestraft seien, wird in diesem Text zurückgewiesen, und der Sündenbockmechanismus wiederum aufgedeckt. Nicht Gott ist also für das Schicksal des Gottesknechtes verantwortlich, sondern allein die Men-schen.[492]

Mir scheint, dass der Frage nachgegangen werden sollte, ob nicht vielleicht ge-rade diese Einsicht dazu führte, dass im Alten Testament die bösen Kräfte immer eindeutiger von Gott unterschieden und immer klarer mit dem Teufel identifi-ziert wurden. Diese Tendenz fand im Neuen Testament ihren Abschluss, ähnlich wie die alttestamentarische Darstellung des leidenden Gottesknechtes in der Fi-gur Jesu kulminierte. Girard jedenfalls hielt den Teufel im Neuen Testament kei-neswegs für nebensächlich oder gar fingiert. Ebenso wenig meinte er etwa mit Elaine Pagels, dass mit seiner Thematisierung der christliche Glaube auf Abwege geraten sei. Vielmehr wies er dem Teufel einen zentralen Ort innerhalb des Neu-en Testaments zu, indem er darlegte, dass Jesus mit seiner Passion den Sünden-bockmechanismus demaskiert und zugleich an den Tag gebracht habe, dass des-sen Träger niemand anderer sei als der Teufel mit seinen vielfältigen dämoni-schen Kräften. Er schrieb:

> Die Passionsgeschichte macht jenen Sündenbockmechanismus sichtbar, der unsichtbar bleiben muss, damit sich die (...) Mächte <dieser Welt> halten können.

Mit der Enthüllung dieses Mechanismus und der damit einhergehenden Mimetik bauen die Evangelien die einzig mögliche Textmaschinerie auf, um der Verstrickung der Menschheit in jene Systeme mythologischer Vorstellungen ein Ende zu setzen, die auf der falschen Transzendenz eines geheiligten, weil einmütig für schuldig befundenen Opfers gründen.

Diese Transzendenz wird in den Evangelien und im Neuen Testament direkt benannt. Sie hat sogar viele Namen, der wichtigste aber ist Satan; er würde nicht gleichzeitig als ,Mörder seit Anbeginn, Vater der Lüge' und ,Fürst dieser Welt' verstanden, würde er nicht mit der falschen Transzendenz der Gewalt zusammenfallen (...).

Wird die falsche Transzendenz in ihrer grundlegenden Einheit betrachtet, sprechen die Evangelien von Teufel oder Satan, wird sie aber in ihrer Vielfältigkeit betrachtet, ist vor allem von Dämonen und dämonischen Kräften die Rede.[493]

Girard meinte allerdings feststellen zu müssen, dass das Sündenbockdenken in den Schriften des Neuen Testament nicht völlig überwunden wurde. Deshalb konnte sich in der Christenheit eine „sakrifizielle" Tendenz bilden, welche eine Wiederbelebung des Sündenbockdenkens begünstigte. Palaver resümierte diese Ausführungen folgendermaßen:

Eine Folge dieser Sicht <im Hebräerbrief> war, dass in Gott wieder Gewalt hineinprojiziert wurde. Am stärksten zeigt sich das in der mittelalterlichen Theologie, die den Kreuzestod Jesu als ein von Gott gefordertes Opfer betrachtete. Dadurch, dass die Gewalt in Gott hineingebracht wird, entlastet sich die Menschheit von der - für alle gleichermaßen bestehenden - Verantwortung für die Gewalt. Wenn aber nicht mehr die Verantwortlichkeit aller an der Gewalt unter den Menschen aufrechterhalten wird, dann kann man wieder nach Schuldigen suchen, um auf diese die Verantwortung abzuschieben. Deshalb gehört das Moment der Verfolgung anderer zu den Merkmalen des sakrifiziellen Christentums. Judenverfolgungen, Ketzerverfolgungen, Hexenverfolgungen, Kreuzzüge und Religionskriege waren die Folge dieser sakrifiziellen Fehldeutung der biblischen Schriften. (...) Das sakrifizielle Christentum fällt Girards Meinung nach auf eine dem alten Testament vergleichbare Zwischenstufe zurück.[494]

Doch:

Eine gewaltige Revolution ist im Gange. Die Menschen, zumindest einige von ihnen, lassen sich auch nicht mehr durch jene Verfolgungen verführen, die sich auf ihren eigenen Glauben berufen, insbesondere auf das ,Christentum' selbst. Aus der Mitte der Welt der Verfolgung erwächst der Widerstand gegen die Verfolgung. Ich denke dabei (...) an die Entmystifizierung der Hexenverfolger, an die Überwindung der krassesten Formen des magischen Verfolgungsdenkens innerhalb einer ganzen Gesellschaft. - Im Verlauf der Geschichte des Abendlandes schwächen sich die verfolgungsspezifischen Vorstellungen ab und brechen zusammen.[495]

Nach Girards Auffassung hat das Christentum also einen entscheidenden Fortschritt in der Menschheitsgeschichte eingeleitet, indem es den Weg einer ethischen Alternative zum Sündenbockmechanismus eröffnete. Wie ich aus der Darstellung von Palaver entnehme, war Girard lange Zeit Agnostiker, ist aber schließlich zum Christentum zurückgekehrt und ein praktizierender Katholik geworden.[496] Dieselbe Entwicklung hat, wie ich bereits beschrieben habe, Václav Havel genommen. Eine weitere Parallele bietet die Biographie von Rupert Sheldrake.[497] Wie er selbst berichtete, hat er als Schüler unter dem Einfluss der materialistischen Naturwissenschaft seinen Kindheitsglauben verloren, dann aber einen Rückweg zu ihm gefunden, hauptsächlich dank eines englischen Benediktiners, den er in Indien kennenlernte.[498]

Allen drei Autoren ist der christliche Glaube sehr wichtig geworden. Aber wie für die von mir erörterten Thesen von Sheldrake und Havel, so gilt auch für die von Girard, dass sie nicht als Glaubenszeugnisse gemeint sind, sondern als Aufweise von Sachverhalten, die jedermann, unabhängig von seinem Glauben, betrachten und prüfen kann, nicht anders als jede andere wissenschaftliche Aussage. Der Umstand, dass weitreichende Innovationen im Bereich des Wissens neuerdings Menschen zu Urhebern haben, die zum Christentum zurückgefunden haben, erscheint mir symbolisch für die Wiederannäherung des abendländischen Wissens an den personalen Glauben, die sich um das Jahr 2000 zuträgt.

Nach Girard wurde die ethische Gegenposition zum Sündenbockmechanismus nur dort vertreten, wo das *Böse als Böses* begriffen werden konnte. Das aber war in einer für die Geschichte der Menschheit relevanten Weise nur bei Christus und denjenigen Menschen der Fall, die, wie am entschiedensten die Märtyrer, zu seiner Nachfolge bereit waren. Girard schrieb:

> Zwar hat die Menschheit nicht auf das Christentum gewartet, um unschuldige Opfer zu rehabilitieren. In diesem Zusammenhang werden zu Recht Sokrates, Antigone und andere mehr zitiert. Es gibt hier Dinge, die der christlichen Auffassung über den Märtyrer gleichen, sie haben jedoch lediglich punktuellen Charakter und betreffen nicht die Gesellschaft als Ganzes.[499]

Die visiologische Koproduktion – Inspiration und Verantwortung

Diejenigen Kräfte, die dem Menschen gegenüber dem Teuflischen beistehen könnten, wurden in der religiösen Überlieferung als „Engel" bezeichnet. Das in der Aufklärung entwickelte mechanistische Fortschrittsdenken hat nicht allein den Teufel tabuisiert, sondern auch die Engel. Da als sicher galt, dass die Fortschrittsmaschine durch eine ihr immanente Mechanik bewegt wird, erschien es als sinnwidrig, im Ernst weiterhin von Geisteskräften zu sprechen, die in die Geschichte von außen her einwirkten. Demgegenüber habe ich zu zeigen unternommen, dass in der um das Jahr 2000 erreichten wissenschaftsgeschichtlichen Situation eine Wiederaufnahme nicht nur des Gedankens vom Teufel, sondern auch desjenigen von den Engeln notwendig wird. Ein bedeutendes Problem besteht jedoch darin, dass es ohne weiteres kaum möglich ist, diese Gedanken mit den Grundvorstellungen zu verbinden, die wir als durch die moderne Wissenschaft geprägte Menschen vor Augen haben. Der Umstand, dass seit etwa der Mitte der achtziger Jahre erbauliche Bücher über Engel geradezu in Mode gekommen sind, hilft nicht viel weiter; denn meist lesen sie sich nicht viel anders als Märchenbücher. In Anbetracht dessen ist es sehr zu begrüßen, dass gerade derjenige Forscher, der neuerdings im Bereich der Naturwissenschaft den meines Erachtens kühnsten Vorstoß unternahm, Rupert Sheldrake, auch auf das Phänomen „Engel" stieß.

Anlass dazu gaben ihm offenbar die Beobachtungen der Kreativität in der Natur und beim Menschen. Er meinte feststellen zu müssen, dass in Schaffensprozessen einerseits eine ‚untere' Kraft wirksam werde, die nach oben strebe, ergänzend aber auch eine andere, die von oben her komme. Man könne sagen, „dass alles Schöpferische aus dem Wechselspiel von Mutter- und Vaterprinzip oder, abstrakter formuliert, von Unten und Oben hervorgeht."

Kreativität ist mit anderen Worten nicht einfach eine Bewegung von unten nach oben, bei der neue, komplexere Formen in spontanen Sprüngen aus einfacheren hervorgehen; sie ist ebenfalls eine Abwärtsbewegung, das schöpferische Wirken von Feldern einer höheren Ordnung.

Diese Prinzipien gelten auch für die menschliche Kreativität. Sie beruht einerseits auf Zufällen, Konflikten, Bedürfnissen und hat ihre Wurzeln in physischen, psychischen, kulturellen und Umweltbedingungen. Aber Erfindungen, neue Einsichten und Kunstwerke kommen in einem überpersönlichen Rahmen von Gesellschaften und Religionen und anderen übergreifenden Bedingungen zustande, und diese sind eingebettet in Gaja, das Sonnensystem, die Galaxis, den Kosmos - und letztlich, wie viele schöpferische Menschen selbst glauben, in Gott. Das Schöpferische im Menschen wird traditionell auf Eingebungen aus einer höheren Quelle zurückgeführt, für die das schöpferische Individuum ein Medium ist.[500]

In der Folge ging Sheldrake der Frage nach, wie die Einwirkungen von oben in der Natur und vor allem im genuin menschlichen Bereich zu denken seien. Dadurch wurde das Thema „Engel" für ihn aktuell. Er führte mit dem Theologen Matthew Fox Gespräche über die spirituellen Aspekte der Natur im allgemeinen und über die Engel im besonderen. Beiden Dialogpartnern ging es darum, Aussagen aus der spirituellen Tradition und Erkenntnisse der modernen Wissenschaft zueinander in Beziehung zu setzen. Die Gespräche wurden in zwei Büchern veröffentlicht, die beide 1996 erschienen: *Natural Grace - Dialogues on Science and Spirituality* und *The Physics of Angels - Exploring the Realm Where Science and Spirit Meet.*[501] Im zweiten, speziell den Engeln gewidmeten Buch befragten die beiden Gesprächspartner aus der Situation heutiger Intellektueller vor allem drei Zeugen eines vergangenen Wissens von den Engeln, nämlich Pseudo-Dionysos Areopagita, Hildegard von Bingen und Thomas von Aquin. Ein Bericht darüber würde hier zu weit führen. In einem Anhang führten sie alle Erwähnungen von Engeln in der Hebräischen und der Christlichen Bibel auf: Genau wie der Bezug auf den Teufel, so hat auch der auf die Engel in der Christlichen Bibel ganz erheblich zugenommen. Wenn ich recht gezählt habe, werden Engel in der Hebräischen Bibel 62 mal genannt, in der (sehr viel weniger umfangreichen) Christlichen aber 165 mal.

Jene Überlegungen finden eine weitere Ergänzung in zwei bemerkenswerten Büchern, die während der achtziger Jahre von Physikern vorgelegt wurden . Das erste davon trägt den Titel: *Das Ende des naturwissenschaftlichen Zeitalters* und wurde von dem Wiener Kernphysiker Herbert Pietschmann 1980 veröffentlicht.[502] Pietschmann legte dar, dass die neuzeitliche Physik ihre unerhörten Erfolge um den Preis erkaufte, alles Nicht-Mechanistische in der Natur und im menschlichen Leben als inexistent zu behandeln. Doch dabei schränkte er seinen Blick nicht auf naturhafte Züge des Menschseins ein. Er eröffnete seine Beschreibung mit dem Bericht über ein Gespräch, das der Geiger und Musik-Korrespondent Arthur Abell im Jahre 1896 mit Johannes Brahms führte, in dessen Verlauf Brahms erstmals die Bereitschaft erkennen ließ, über die tiefste und heiligste Erfahrung seines Lebens zu sprechen, die er bis dahin immer beschwiegen hatte. Es war: die Inspiration. Ohne sie hätte er, wie er sagte, - genau wie sein großes Vorbild Beethoven -, nichts Wichtiges zu schaffen vermocht. Auch Pietschmann begreift seinerseits die Inspiration als das bedeutsamste der Phänomene, welche die mechanistisch orientierte Wissenschaft ignoriert.

Es war nicht eben üblich, dass ein Physiker die Fähigkeit, inspiriert zu werden, am Menschen hervorhob. Das Phänomen selbst ist wohl nie vergessen worden. Der Leser des vorliegenden Buches wird sich erinnern, dass eine ähnliche Auffassung wie Brahms einst Goethe im Gespräch mit Eckermann vertreten hat. Auch andere Dichter, Musiker, Maler haben sich aufgrund ihrer persönlichen Erfahrung nicht selten in dieser Weise geäußert. Aber Wissenschaftler, und zumal Naturwissenschaftler, pflegten, wenn es um Probleme der Wahrheitsfindung ging, davon nicht zu reden, zumindest nicht in der Öffentlichkeit. So wurde es denn auch als ein Schock empfunden, als Thomas S. Kuhn 1962 in seinem inzwischen zu einem Klassiker gewordenen Buch über die Struktur wissenschaftlicher Revolutionen dartat, dass ausgerechnet in der Physik die besonders wichtigen Entdeckungen, jene, die einen Paradigmawechsel einleiteten, durch einen der Inspiration ähnlichen Vorgang zustande kamen. Ich erinnere noch einmal an seine Aussage:

> Wissenschaftler sprechen dann oft von den ‚Schuppen, die ihnen von den Augen fallen' oder dem ‚Blitzstrahl', der ein vorher dunkles Rätsel ‚erhellt', wodurch seine Bestandteile in einem neuen Licht gesehen werden können, das zum ersten Mal eine Lösung gestattet. Bei anderen Gelegenheiten kommt die betreffende Erleuchtung im Schlaf. Kein üblicher Sinn des Ausdrucks ‚Interpretation' paßt zu diesen Eingebungsblitzen, durch die ein neues Paradigma geboren wird.[503]

Als nun Pietschmann am Beginn der achtziger Jahre von der Inspirationsfähigkeit als verdecktem Wesenszug des Menschen sprach, bot ihm Kuhns Buch gewiss eine Hilfe. Und indem er Brahms und seine Erfahrungen mit der Inspiration anführte, bezog auch er sich wie Kuhn auf Außerordentliches. Jedoch verweist die Inspiration in den Bereich des eigentlich Humanen, also auf das, was dem Menschen eo ipso zukommt und seine allgemeine Eigenart bestimmt.

Eine ähnliche Auffassung vertrat in dem 1989 erschienenen Buch *The Emperor's New Mind. Concerning Computers, Minds, and the Laws of Physics* Roger Penrose[504] (der einstige Lehrer von Stephen W. Hawking). Ihm ging es um eine Beantwortung der viel diskutierten Frage, ob Computer je in die Lage kommen könnten, die Leistungsfähigkeit des menschlichen Geistes zu erreichen oder gar zu übertreffen. Penrose meinte diese Frage eindeutig verneinen zu sollen. Bei seiner Argumentation ließ er sich weitgehend von naturwissenschaftlichen Kriterien leiten. Am Ende aber krönte er sie durch die These, dem Computer gehe eine Fähigkeit völlig ab, die für den Menschen ungemein wichtig sei, nämlich die, sich inspirieren zu lassen. Als Beispiele für die Inspiration führte er Zeugnisse von dem Mathematiker Poincaré und von Mozart an. Er verwies aber auch auf eigene Erfahrungen.[505] Zwar bezog sich auch Penrose auf Ausnahmesituationen, doch wie Pietschmann ging es ihm um eine Eigenschaft, die dem Menschen als solchem zugehört.

Offensichtlich fasste Penrose die Inspiration als eine Kraft auf, die von außen auf den Menschen einwirkt. Wie Pietschmann mag er sich als Physiker gefragt haben, von welcher Art sie sei. Dennoch unterließen es beide, nähere Bestimmungsversuche zu unternehmen - jedenfalls in ihrem Buchtext. Privatim mag es anders gewesen sein. Ich vermute, dass beide zu der Einsicht gelangten, dass als Ursache nur besondere geistige Kräfte in Frage kämen, Kräfte von der Art der „Engel".

Das Phänomen der Inspiration stellt dem Wissenschaftler allerdings außer der Aufgabe zu klären, wie von inspirierenden Kräften zu sprechen ist, noch die weitere, an der Seinsweise des Menschen aufzuzeigen, in welcher Weise er auf die Inspiration bezogen ist. Zur ihrer Lösung haben die Erörterungen des vorliegenden Buches unter verschiedenen Gesichtspunkten bereits beigetragen. Zusammenfassend lässt sich sagen:

Den fundamentalen Gedanken fasste Franz Kafka in den Blick, als er erkannte, dass jeder Mensch mit seiner Existenz nicht nur an Urböses gebunden, sondern auch von einem paradiesischen Sinnzusammenhang getragen ist, der durch den Sündenfall nicht zerstört wurde und sich dadurch als das „Unzerstörbare" erwies. Kafka meinte, dass jenes Unzerstörbare zwar kein Besitz des Menschen, ihm aber zugehörig sei. Auf denselben Zusammenhang dürfte Martin Heidegger hingewiesen haben, als er in den zwanziger Jahren vom „Sein" zu sprechen begann. Er unternahm es zu zeigen, dass das Sein dem Menschen nicht nur zugehöre, sondern auch zu ihm spreche. Das Wesen des Menschen werde denn auch primär durch die Fähigkeit geprägt, Sein zu verstehen.

Als Heidegger in *Sein und Zeit* die Zeithaftigkeit des menschlichen Daseins herausarbeitete und zeigte, dass das „eigentliche" Dasein in seiner Zukunft sich selbst als seinem eigenen Tod und im Gewesenen wieder sich selbst in der Form des von ihm schon gelebten Lebens begegne, wurde ihm die ‚Gegenwart' des sich selbst verstehenden Daseins fraglich. Hätte er zu sagen gewagt, dass das Dasein dabei seinem inspirierenden Engel begegnet, so hätte die Aporie wohl aufgelöst werden können.

In jedem Fall meinte Heidegger mit dem im großen „Augenblick" sich vollziehenden Seinsverstehen des „eigentlichen" Daseins einen aus dem gewöhnlichen Leben herausgehobenen Vorgang, vielleicht von der Art der Brahmsschen Inspiration. Indessen war er der Auffassung, dass der Mensch nicht allein in solchen besonderen Momenten das Sein verstehe, sondern auch in seinem Alltag, auch im Zustand der „Uneigentlichkeit".

Wie diese Art von Seinsverstehen vor sich geht, hat Heidegger, wenn ich recht sehe, nie ausdrücklich gezeigt. Eine eindrucksvolle Phänomenbeschreibung hat dann viel später Václav Havel gegeben. Ich denke an jene Szene in der nächtlichen Straßenbahn, in welcher der Fahrgast in ein inneres Gespräch darüber gerät, ob er, obgleich er nicht dazu aufgefordert wurde, sein Fahrgeld entrichten soll. Ein ähnliches inneres Gespräch liegt wohl jeder Tätigkeit, sei sie noch so banal, zugrunde. Jede spezifisch menschliche Aktivität nimmt ihren Anfang dadurch, dass vor dem geistigen Auge eine Sinnmöglichkeit erscheint und zu ihrer Verwirklichung einlädt. Die Wahrnehmung einer Sinnmöglichkeit und ihre Umsetzung in Wirklichkeit vollzieht sich indes alltäglich mit der gleichen Selbstverständlichkeit wie das Atmen.

Zumal in der Alltäglichkeit erscheint uns das Inspirierende als ein hinströmender Zusammenhang, als ein konturloses Sein. Darum ist es vollauf berechtigt, wenn man es als anonym beschreibt. Aber wenn man dies im Hinblick auf jenes Sein wiederholt, das uns in einem herausragenden „Augenblick" erscheint und anruft, so verschweigt man ein wesentliches Erfahrungsmoment. Jedenfalls hat

Havel gezeigt, dass das Sein in solchen Momenten ein persönliches Antlitz annimmt. Das wirkt sich auch dadurch aus, dass der Erfahrende sich in seinem Personsein angerufen und zur Übernahme von Verantwortung „aufgerufen" sieht. Das Sein, dem er als Person antwortet, ist kein „Es" mehr, sondern ein „Du".

Aber ganz gleich, ob ein Mensch das Sein als Anonymität oder als Person erfährt, immer ist sein Handeln Antwort auf die Inspiration. Was ein Mensch hervorbringt, geht zwar zu einem guten Teil auf ihn zurück, auf sein Wollen und sein Können, aber nie ausschließlich. Immer erlangt auch das Sein in ihm Präsenz. Menschliche Werke sind in jedem Fall das Ergebnis einer Koproduktion.

Wer diesen Sachverhalt anerkennt, befindet sich auf dem von Heidegger gesichteten Weg der Überwindung der abendländischen Metaphysik und ihrer Deutung des Menschen als eines „animal rationale". Damit ist die ‚Anthropologie' zur ‚Visiologie' geworden. Zur wissenschaftlichen Hauptaufgabe gehörte es dann, im einzelnen zu zeigen, in welcher Weise das Leben des Menschen von seiner Fähigkeit zum Sehen des Seins bestimmt wird.

Da sie allen Menschen eigen ist und da sie sich bei allen menschlichen Tätigkeiten auswirkt, ist zum genaueren Studium jeder Lebensbereich geeignet. Einen Vorzug verdienen jedoch diejenigen Bereiche, in denen das Medium, deren sich die Inspiration bedient, in besonderem Maße zur Geltung kommt. Dieses Medium kann unterschiedlich benannt werden: Imagination, Einbildungskraft, Phantasie. Alle diese Bezeichnungen haben den Nachteil, gewohnheitsmäßig mit der Vorstellung von Subjektivität oder gar Willkür verbunden zu werden. Vielleicht ist das am wenigstens bei „Phantasie" der Fall. So werde ich dieses Wort benutzen, wenn vom Medium der Inspiration die Rede sein soll.

Es gibt menschliche Hervorbringungen, die nicht in erster Linie als Stellungnahme zu der natürlichen und sozialen Wirklichkeit gemeint sind, sondern sich auf Wirkliches nur beziehen, um mit seiner Hilfe das Bild einer Sinnmöglichkeit sichtbar machen zu können. Ihr Zweck ist das Erscheinen-lassen eines Phantasiebildes. Solche Produkte sind die Kunstwerke.

Bei meiner Entscheidung, als Quellen der Visiologie gerade Kunstwerke zu wählen, sehe ich mich durch George Steiners 1989 erschienenes Buch *Real Presences* bestätigt. In der Einleitung dieses Buches erklärte der Literaturtheoretiker aus Cambridge, dass das Erfahren von Sinn eine allgemeine menschliche Eigenschaft, der Sinn aber letztlich auf Gott bezogen sei und dass die Sinnerfahrung ihren klarsten Ausdruck in der Kunst finde:

> Die These lautet, dass jede logisch stimmige Auffassung dessen, was Sprache ist und wie Sprache funktioniert, dass jede logisch stimmige Erklärung des Vermögens der menschlichen Sprache, Sinn und Gefühl zu vermitteln, letztlich auf einer Annahme einer Gegenwart Gottes beruhen muß. Ich stelle die These zur Diskussion, dass insbesondere auf dem Gebiet der Ästhetik, also dem der Literatur, der bildenden Künste und musikalischer Form die Erfahrung von Sinn auf die notwendige Möglichkeit dieser ‚realen Gegenwart' schließen läßt.[506]

In Steiners Buch über die ‚reale Gegenwart' bin ich immer wieder Vorstellungen begegnet, die ich als mir wohl vertraut empfand. Ich vermute, dass dies zumindest damit zusammenhängt, dass auch Steiner sich viel aus Heideggers Denken hat aneignen können. Ich freue mich, bei ihm eine Stelle gefunden zu haben, die mir gut geeignet scheint, um mich von den Lesern dieses Bandes zu verabschieden.

In den meisten Kulturen, in den Zeugnissen von Dichtung und Kunst bis in die neueste Moderne wurde die Quelle der 'Andersheit' als transzendental dargestellt oder metaphorisiert. Sie wurde als göttlich, als magisch, als dämonisch beschworen. Es ist eine Gegenwart von strahlender Undurchdringlichkeit. Diese Gegenwart ist die Quelle von Kräften, von Signifikationen im Text, im Werk, die weder bewußt gewollt sind noch unbewußt verstanden werden. Es ist heute Konvention, diesen Überschuß an Vitalität dem Unbewußten zuzuschreiben. Eine solche Zuschreibung ist eine weltliche Formulierung dessen, was ich 'Alterität' genannt habe. Mit der Trope des Unbewußten wird in einen scheinbar rationalen Code übersetzt, was frühere Vokabulare und Denksysteme als den ‚daimon' bezeichnet haben, als den seherischen Atem der Fremdheit, die durch den Rhapsoden spricht, die des Bildhauers Hand führt. Im Westen hatte man dabei jene Spender der Kräfte signifikanter Form im Sinn, die man als Musen kennt. Es ist nicht der Stil der Bezeichnung, der zählt; es ist die Bestätigung, sei sie implizit oder explizit, in Dichtung, in Kunst seit den Höhlenmalereien prähistorischer Zeit, der agonistisch-kollaborativen Gegenwart von Kräften, die jenseits der Herrschaft oder des konzeptuellen Zugriffs des Künstlers liegen.[507]

Nachwort

Die Revolution von 1989 vollzog sich für viele Kommunisten wie ein Alptraum. Noch nach Jahren scheinen manche von ihnen nicht recht begreifen zu können, dass sie sich in der Wirklichkeit zugetragen hat; waren sie doch fest davon überzeugt, dass der real existierende Sozialismus, mochte er auch allerlei Schwächen aufweisen, unzerstörbar sei, weil er im Fortschritt der Menschheit eine notwendige Etappe darstelle. Als solche war er, so meinte man, unlöslich mit dem Zukunftsziel der Menschheit verbunden, von dem die Wissenschaft bekanntlich erwiesen habe, dass es in einem Zustand vollkommener menschlicher Selbstbestimmung bestehen würde.

Insofern diese Vorstellung, für die ein Zusammenbruch der sozialistischen Staaten ganz unmöglich war, sich selbst als ,wissenschaftlich' beglaubigte, hätte sie bei nüchterner Betrachtung immer schon als verfehlt erkannt werden können. Zukunft ist der Wissenschaft nur zugänglich, wenn sie sich an wiederkehrenden Strukturmustern manifestiert. So können wir von einem künftigen Tag, vom morgigen oder von einem in zehn oder in hundert Jahren, verlässlich schon jetzt zum Beispiel wissen, dass er, falls es ihn geben wird, gegliedert sein wird durch die Tageszeiten und dass er außerdem geprägt sein wird durch die Eigenart einer der Jahreszeiten. Aber keinesfalls können wir jetzt schon wissen, ob es ihn überhaupt geben wird, noch auch, falls es dazu kommen sollte, welche konkrete Beschaffenheit ihm eigen ist. Das gilt schon für die meteorologischen Aspekte, wie einem jeden bekannt ist, der die täglichen Wettervorhersagen verfolgt; denn sie treffen trotz enormer wissenschaftlicher Bemühungen zwar manchmal, aber keineswegs immer ein. Indessen würde es primär gar nicht um reine Naturvorgänge gehen, die sich noch am ehesten vorausberechnen lassen, sondern um den in einem zukünftigen Zustand der Menschheit herrschenden *Sinnzusammenhang*. Über zukünftigen Sinn sind wissenschaftliche Aussagen einzig dann möglich, wenn dieser mit einem in der Gegenwart bereits erkennbaren System verbunden ist. Ein Sinnsystem, das von der Gegenwart aus bis zum Zustand vollkommener menschheitlicher Autonomie reichen würde, ist aber noch nie entdeckt worden. Mithin war die Kraft, die den kommunisten Weltprozess entstehen ließ, eine Form des Glaubens.

Nun waren Marxisten seit jeher stolz darauf, dass es ihnen, anders als vielen Menschen, die in ihren Augen auf einer primitiveren Bewusstseinsstufe zurückgeblieben waren, möglich geworden sei, das Glauben durch das Wissen völlig zu ersetzen. Aber dabei unterlagen sie einem gravierenden Denkfehler. Dieser war nicht erst durch Marx aufgekommen, er hatte ihn - wie die meisten anderen Geschichtstheoretiker - von einem der bedeutendsten Denker der abendländischen Kultur, von Immanuel Kant, übernommen. Der fundamentale Fehler in Kants Denkansatz zeigt sich am klarsten an dem Modell, mit dem er verdeutlichen wollte, wie ein Wandel qualitativer Art in der Menschheitsgeschichte vor sich geht. Er griff die biblische Erzählung von der Urzeit auf und deutete das Sein im Paradies als Zustand *vor* dem Qualitätswandel, die Auflehnung gegen Gott als

Akt des Wandels und die Folge der Auflehnung als den qualitativ neuartigen Zustand. Dabei musste er dem Lebewesen im Paradies eine gewisse Freiheit des Wollens zuschreiben, und so sagte er folgerichtig, es habe bereits über alle spezifisch menschlichen Fähigkeiten verfügt. Ein Qualitätswandel kommt aber nicht schon dadurch zustande, dass von einer vorhandenen Fähigkeit Gebrauch gemacht wird. Darum erklärte Kant auch, das Lebewesen im Paradies sei in Wahrheit noch ein von den Instinkten und der Stimme Gottes beherrschtes Tier gewesen, während der Mensch erst dadurch er selbst geworden sei, dass er sich gegen Gott und seinen Willen auflehnte. Innerhalb desselben Gedankengangs erschien das Lebewesen im Paradies also zugleich als wesenhaft freier Mensch und auch als unfreies Tier.

Kant vermochte die Ursache des Fortschritts hin zu einer neuen Qualität nur auf widersprüchliche Weise zu beschreiben. Wenn er gleichwohl zum Fürsprecher des Fortschritts wurde, so weil gerade er, der große Anwalt der Vernunft, bereit war, dabei nicht einer Erkenntnis Ausdruck zu geben, sondern einem von der Rationalität unabhängigen Glauben.

Dieser ‚Fortschrittsglaube' steht in einem Wesensgegensatz zu dem in der christlichen Tradition gepflegten Gottesglauben, da, wie Kants Modell deutlich zeigt, die Distanzierung vom personalen Gott und seinem Willen sein zentrales Anliegen ist. Die höhere Macht, der er sich anvertraute, war die anonyme Natur. Als eigentliche Ursache des Fortschritts mussten daher die Naturgesetze gelten.

Die Fortschrittsideologie hat im genuin politischen Bereich mehrere Ausprägungen erfahren. Für eine erste hat vor Marx bereits Napoleon gesorgt. Im Geist der Französischen Revolution deutete er als höchste Instanz anstelle des auf Gott bezogenen Königtums eine Naturkraft, nämlich die Nation. Und er suchte durch den Einsatz von Gewalt, die die völkerrechtliche Anerkennung von Staaten ablöste, zu demonstrieren, dass die Nation sich auf eine höhere, das Schicksal der Welt bestimmende Ebene zu heben vermag, indem sie sich zunächst gegen die Nachbarstaaten durchsetzt und sodann damit beginnt, primitivere Völker (das ägyptische als erstes) durch Kolonisierung zu veredeln. Beide Tendenzen breiteten sich im Verlauf des 19. Jahrhunderts aus. Die furchtbare Zerstörungskraft der ersten erwies sich am Beginn des 20. Jahrhunderts. Sie war für den Ersten Weltkrieg, das schrecklichste Blutbad, das es in der an Entsetzlichem nicht armen Menschheitsgeschichte bis dahin gegeben hatte, mitverantwortlich: zehn Millionen Menschen verloren ihr Leben.

Die Erfahrung dieses Krieges trug dazu bei, dass die schon vor Jahrzehnten von Marx ausgearbeitete internationalistische Variante des Fortschrittsmodells vermehrte Anziehungskraft auszuüben vermochte. Eine Möglichkeit zu ihrer Anwendung in der Politik wurde von Lenin theoretisch entwickelt und in revolutionäre Praxis umgesetzt. Aber es gab noch eine weitere Ausprägung des Modells. In ihm wurde besonders betont, dass der Fortschritt naturwüchsige Züge habe. Jenes Modell hatte Darwin entworfen. Jetzt erweckte es bisweilen den Eindruck, bei seiner Übernahme in die Politik werde es möglich, die an die Naturkraft Nation gebundene Ideologie aufzunehmen und schließlich durchzusetzen. In Hitler, einem Angehörigen der im Krieg unterlegenen Nation, fand diese Variante ihren wirkungsvollsten Vertreter. Als Ziel der Geschichte galt die Errichtung eines Weltreichs, dessen Träger die höchstentwickelte Rasse der Menschheit wäre. Auch dieses Bild einer angeblich besseren Zukunft wurde von einem Glauben getragen. Wieder wurde als tragende Kraft eine Gesetzlichkeit der anonymen Natur beansprucht. In diesem Fall bestand sie in dem von Darwin aufgezeigten Mechanismus der Evolution. Es galt als erwiesen, dass eine Höherentwicklung nur zustande kommen könne durch einen Kampf ums Dasein, der notwendig über die Ausmerzung der niedrigen Rassen zur Herrschaft der tüchtigsten führe. Diese Vorstellung war für die nationalsozialistischen Bewegung derart wichtig, dass man sie auch - in Parallele zu der marxistisch-leninistischen - als die darwinistisch-hitleristische bezeichnen könnte.

Der Zweite Weltkrieg, den Hitler erzwang, übertraf die Schrecken des Ersten noch bei weitem: Die Zahl seiner Opfer belief sich nun auf 55 Millionen Tote. Sein darwinistischer Grundzug zeigte sich am allerdeutlichsten daran, dass in ihm auch sechs Millionen Menschen umgebracht wurden, die mit den Kampfhandlungen überhaupt nicht unmittelbar zu tun hatten: vor allem Juden, aber auch Roma und Sinti oder deutsche Geisteskranke. Über sie alle wurde das Todesurteil verhängt, weil sie als Träger schlechten Erbguts galten, das der Ideologie zufolge ausgetilgt werden musste, wenn das Zukunftsziel der Menschheit eines Tages erreicht werden sollte.

Als nach dem Zweiten Weltkrieg die Entsetzlichkeiten bekannt wurden, die in deutschen Vernichtungslagern ins Werk gesetzt worden waren, bewirkte dies weithin eine tiefe Erschütterung. Es hatte zur Folge, dass die Versammlung der Vereinten Nationen im Jahre 1947 feierlich eine Erklärung über die Menschenrechte verabschiedete. Damit griff sie den sowohl von Kant als auch in der Französischen Revolution formulierten Gedanken auf, dass die Personalität ein höchstes Gut darstelle. Er stammt aus der christlichen Theologie, die schon in ihrer Frühzeit im Zusammenhang der Trinitätstheorie die These entwickelt hatte, dass das Verhältnis von Gott Vater und Gott Sohn entscheidend mitbestimmt werde durch das Moment der personalen Freiheit. Im Hohen Mittelalter waren aus diesem Begriff der Person dann Folgerungen für die menschliche Gesellschaft gezogen worden und zwar im Bereich des Rechts. Als im ausgehenden 18. Jahrhundert eine Übernahme in die Politik beschlossen wurde, sollte dies dem Schutz des einzelnen Menschen gegenüber despotischer Willkür dienen. Doch geriet der Gedanke der Menschenrechte in Abhängigkeit vom Fortschrittsmodell. Dieses aber hob ihn im Hinblick auf Menschen, die als Hemmnisse des Fortschritts gewertet wurden, alsbald wieder auf.

Die Verfasser der Menschenrechtserklärung von 1947 scheinen den Zusammenhang zwischen dem Holocaust und der Fortschrittsideologie nicht erkannt zu haben. Aber indem sie die Wahrung der Menschenrechte als höchste Aufgabe begriffen, ordneten sie alle Bemühungen um den Fortschritt, im Namen welcher Ideologie sie vollzogen wurden, eindeutig dem genuinen Humanum unter. Damit war verdeutlicht, dass der Fortschrittsglaube in den Angelegenheiten des öffentlichen Lebens nicht den höchsten Rang einnehmen konnte.

Damit, aber auch mit den durch den Krieg verursachten tiefen Erschütterungen, hing ein Vorgang zusammen, der sich in verschiedensten Ländern in der Nachkriegszeit zutrug. Menschen, die durch Umstände ihres privaten Lebens, vor allem durch familiäre, dem christlichen Glauben verpflichtet geblieben waren, waren bereit Verantwortung zu übernehmen. Offenbar wurde empfunden, dass dieser Glaube den Anforderungen des öffentlichen Lebens keineswegs zuwiderlaufe, ihnen im Gegenteil geradezu entspreche. Manche wichtigen politischen Handlungen der folgenden Jahre lassen eindeutig erkennen, dass sie aus christlichen Motivationen hervorgingen. Bisweilen nahmen sie die Form einer ausdrücklichen Revision des von der Fortschrittsideologie geprägten Verhaltens an.

In hohem Maße erfolgreich waren Versuche, die napoleonisch-nationalistische Variante des Modells zu überwinden. In erster Linie verdient die Versöhnung von Deutschland und Frankreich genannt zu werden, jenen beiden Ländern, in denen die Fortschrittsideologie theoretisch und praktisch begründet worden war und deren Bevölkerung sich seit den Napoleonischen Kriegen daran gewöhnt hatte, im Nachbarn einen Erbfeind zu sehen.

Eine ähnlich große Bedeutung erlangten Christen in der Nachkriegszeit beim Aufbau eines neuen Wirtschaftssystems. Auf diese Weise wurde versucht, die vom Sozialismus proklamierte Fürsorge für wirtschaftlich schwache Bürger mit der Garantierung freier Initiativen gerade auch im ökonomischen Bereich zu verbinden. Dank der „sozialen Marktwirtschaft" gelang es dann tatsächlich, breiten Schichten der Bevölkerung zu einem hohen Lebensstandard zu verhelfen.

So ist der christliche Glaube in der Nachkriegszeit wieder zu einer, zumindest vorübergehend auch politisch wirksamen Macht geworden. Allerdings war das nur in der westlichen Welt möglich, nicht in der Sowjetunion und den Ländern, in denen ein kommunistisches Regime die Macht übernommen hatte. In seiner marxistisch-leninistischen Variante vermochte der Fortschrittsglaube, der das Zukunftsziel in der Form der klassenlosen Gesellschaft anstrebte, seine Herrschaft am längsten auszuüben.

Dies war der Fall, obwohl die Erwartung, die sich seit dem Ersten Weltkrieg mit der sozialistischen Idee gerade auch im Westen verband, sie werde mit der Überwindung des Nationalismus menschenwürdigere Verhältnisse entstehen lassen, trügerisch war. Der Aufbau einer sozialistischen Staatsmacht unter Lenin und Stalin erwies sich als ein weiterer Fortschrittsmoloch; ihm wurden - in der Zeit vor dem Zweiten Weltkrieg - nicht weniger als 15 Millionen Menschen geopfert. Dass das nicht Zufall war, erweist der Umstand, dass dieselbe Zahl von Opfern später auch der zweite große sozialistische Aufbauversuch, derjenige in China, fordern sollte. Das gigantische Ausmaß der sozialistischen Zerstörungsmaschinerie konnte lange verborgen gehalten werden. Aber dass sie existierte und in furchtbarer Weise wirkte, war weithin bekannt. Wenn der Marxismus-Leninismus nicht ein ähnliches Erschrecken bewirkte wie der Darwinismus-Hitlerismus, so weil Hitler mit deutschen Truppen die Sowjetunion angriff, in ihr fürchterliche Verwüstungen anrichtete und sie dadurch in der Rolle des Opfers erscheinen ließ. Durch Hitler wurde Stalin in den Augen vieler rehabilitiert. Der Umstand, dass die Sowjetunion zusammen mit den anderen sozialistischen Ländern zu der Menschenrechtserklärung der Vereinten Nationen durch Stimmenthaltung auf Distanz ging, änderte daran nichts.

Auf die Dauer ließ sich diese ethische Abstinenz allerdings nicht durchhalten. In den siebziger Jahren griff der Gedanke der Menschenrechte auch in den sozialistischen Staaten immer mehr um sich. Die Einsicht, dass gegen das Humanum immer wieder geradezu systematisch verstoßen wurde, bewirkte nach und nach eine Schwächung des Glaubens an den sozialistischen Fortschritt. Eine zusätzliche Beeinträchtigung erfuhr der Glaube durch die wirtschaftlichen Entwicklung in den nicht-sozialistischen Staaten. Die vorausgesagte Verelendung der Massen war ausgeblieben, statt dessen hatte sich ein allgemeiner Wohlstand auf einem Niveau ausgebreitet, von dem man im Sozialismus nur träumen konnte.

Das Brüchigwerden des sozialistischen Fortschrittsglaubens scheint seinerzeit weite Kreisen der Bevölkerung erfasst zu haben. Ungefähr seit dem Beginn der achtziger Jahre sammelten sich dann gesellschaftliche Kräfte, die zu einer Revolution tendierten. Zunächst kam in ihnen zweifellos und mit allem Recht das Streben nach einer Verbesserung der materiellen Lebensbedingungen zur Geltung. Maßgeblich aber dürfte eine Art des Glaubens gewesen sein, die zu dem in den sozialistischen Staaten propagierten „Ideal" in einem tiefgreifenden Gegensatz stand. So sind die ersten und mutigsten Versuche zur Befreiung von der Herrschaft der Kommunisten in einem Land unternommen worden, dessen Bevölkerung der christlichen Glaubenstradition in ungewöhnlichem Maße treu geblieben war, in Polen. Eine große Hilfe war es für die polnischen Revolutionäre, dass sie Ermutigung von einem Landsmann erfuhren, der seit 1978 das Amt des Papstes innehatte. Im weiteren Verlauf der achtziger Jahre war es dann für die auch in anderen Staaten sich entwickelnde Revolution bezeichnend, dass ihre Aktivisten sich vor allem in Kirchen zusammenfanden. Unter diesem Einfluss wurde es möglich, dass für die Umwälzung die Losung „Keine Gewalt!" ausgegeben und dass diese allermeist (ausgenommen in Rumänien) auch befolgt wurde. Gerade die Gewaltlosigkeit aber trug zur Durchsetzung der Revolution entscheidendes bei. Die kommunistischen Funktionäre waren, wie nicht zuletzt die Stasi-Archive der ehemaligen DDR zeigen, auf Versuche zu einer Konterrevolution durchaus vorbereitet. Aber mit der Vorstellung von Revolution war seit der Begründung der Fortschrittsideologie das Moment der Gewaltsamkeit unlöslich verbunden. Revolutionäre, die nicht Gewehrläufe zur Schau stellten, sondern Kerzen trugen, ließen die Machthaber ratlos werden. Durch den Einfluss der Gewaltlosigkeit wurde Kants Fortschrittsmodell auch in der Praxis, und damit wohl definitiv, widerlegt.

Die Revolution von 1989 bewirkte nicht allein eine Befreiung vom kommunistischen Joch, sondern auch ein Sichtbarwerden bisher verdeckter Probleme. Die Auflösung der Zwangswirtschaft führte unmittelbar zu zusätzlichen Schwierigkeiten. Das Hauptproblem der Menschen in den ehemals sozialistischen Staaten dürfte aber darin bestehen, dass sie meist nicht mehr zu sehen vermögen, wozu die Gesellschaft, in der sie leben, eigentlich da ist. Da ihnen das gewohnte Bild eines durch geschichtlichen Fortschritt anzustrebenden Zukunftsziels fehlt, pflegt für sie der alltäglich erlebbare soziale Zusammenhang in den Mittelpunkt zu treten. Als solcher wird oft der ethnische Konnex empfunden. So bildet sich die Tendenz zu einem neuen Nationalismus. Dieser ist völlig anderer Natur als der napoleonische, da er mit keiner Fortschrittsideologie verbunden ist. Gleichwohl kann er höchst gefährlich werden. Da er eine quasi zeitlose Verabsolutierung seiner selbst anstrebt, sind Konflikte mit Nachbarn nahezu unvermeidlich. Was aus ihnen hervorgehen kann, hat sich im früheren Jugoslawien in schrecklicher Weise gezeigt.

Eine Sinnkrise ist im Gefolge der Revolution von 1989 bezeichnenderweise auch im Westen entstanden. Bis dahin hatte die vom Kommunismus ausgehende Bedrohung der bürgerlichen Freiheiten die Existenz starker demokratischer Staaten weithin als notwendig erscheinen lassen. Seither ist für viele Staatsbürger jedoch nicht mehr erkennbar, wozu die Gesellschaftsordnung, in der sie leben, gebraucht wird.

Der Zusammenbruch der Fortschrittsideologie in der Politik hat eine Lücke hinterlassen. Diese könnte nur dadurch geschlossen werden, dass geklärt würde, ob die um das Jahr 2000 erreichte gesellschaftliche Situation eine Zukunft nach sich zieht, die uns in unserer Eigenschaft als politische Lebewesen fordert, und wenn ja, wie diese beschaffen ist. Eine Bemühung um Klärung in dieser Sache wäre von der Wissenschaft zu erwarten. Zu diesem Ende müsste das bisherige Denkmodell durch ein neues ersetzt werden. Das aber ist nicht möglich ohne ausdrückliche Korrektur von bisher als maßgeblich angesehenen Grundannahmen. Und dies bringt Schwierigkeiten mit sich.

In den Jahren, in denen die nationalistische Variante des Fortschritts durch nationale Versöhnungen und durch den Aufbau einer europäischen Gemeinschaft überwunden und eine soziale Alternative zur sozialistischen Zwangswirtschaft entwickelt wurde, hätte die Geisteswissenschaft die Verfehltheit des Kantschen Fortschrittsmodell erkennen können. Gleich zwei wissenschaftsgeschichtliche Vorgänge boten dazu Gelegenheit.

Der erste stand in Bezug auf die Frage, wie die Ursache beschaffen sei, der das Fortschrittsdenken seine Entstehung verdankt. Gemäß der materialistischen Theorie kam dafür einzig ein tiefgreifendes sozioökonomisches Ereignis in Betracht. Im ausgehenden 18. Jahrhundert war es das tektonische Beben der großen Französischen Revolution, das in diesem Sinn interpretiert werden konnte. Im Gegensatz dazu leitete die idealistische Geschichtstheorie alle bedeutenden Neuerungen von Bewusstseinsveränderungen ab. Als Manifestation einer solchen „Revolution der Denkart" konnte man am ehesten Kants 1781 erschienenes grundlegendes Werk *Kritik der reinen Vernunft* verstehen. Der Streit über die Interdependenz beider welthistorischen Ereignisse wurde jedoch durch eine Entdeckung, die zuerst 1966 von Michel Foucault und danach von einer Reihe weiterer Forscher der Öffentlichkeit mitgeteilt wurde, illusorisch. Ihr zufolge manifestierte sich das Fortschrittsdenken an einem bestimmten Strukturmuster und dieses ist nicht erst nach 1789 nachzuweisen und auch nicht erst nach 1781, sondern bereits in den siebziger Jahren, und zwar in einer ganzen Reihe von Fällen. Vielfach trat es in etwa gleichzeitig an weit auseinander liegenden Orten auf, weswegen eine Ausbreitung durch Einflussnahme auszuschließen ist. Außerdem kam es in Lebensbereichen zur Erscheinung, die sich zum Teil erheblich unterschieden, und es zeigte sich in heterogenen Disziplinen wie der Biologie und der Wirtschaftswissenschaft, in der Geschichts- und Literaturtheorie, in der Dichtung, im Tanz, in den Leibesübungen, im iberischen Stierkampf. Die Entstehung des Fortschrittsmodells vollzog sich innerhalb einer umfassenden epochalen Neuerung, Diese aber konnte von ihm her auf keine Weise erklärt werden.

Der zweite Vorgang vollzog sich seit den fünfziger Jahren in mehreren geistes- und naturwissenschaftlichen Disziplinen. Es wurde festgestellt, dass hoch bedeutsame qualitative Neuerungen in der Natur und Kultur bisher entweder falsch oder aber überhaupt nicht erklärt worden waren. Dabei ging es um den Anfang des Kosmos, um das Hervortreten neuer Lebenssysteme in der Stammesgeschichte, um die Entstehung des Menschen und seiner Sprachfähigkeit, um den Beginn der Stadtkultur, der Schrift und um den von Epochen überhaupt.

Obgleich von all diesen Vorgängen klare Signale ausgingen, ist die Frage nach den zu ziehenden Folgerungen von Wissenschaftlern doch nur sehr wenig erörtert worden. Dementsprechend hat die breitere Öffentlichkeit von dieser Problematik kaum etwas erfahren. Wenn man nach dem Grund dieser eigentümlichen Zurückhaltung fragt, wird man abermals auf Kant verwiesen.

Die Feststellung der Unmöglichkeit, eine Ursache für bestimmte qualitative Neuerungen mit den üblichen Mitteln nachzuweisen, legte die Vermutung nahe, dass eine Ursache völlig anderer Art in Betracht gezogen werden müsse. Im Falle der Entstehung des Universums wurde es unumgänglich, dabei an Gott zu denken. In den übrigen Fällen ließ sich eine andere Möglichkeit kaum vorstellen. So dürfte sich seit der Jahrhundertmitte bei nicht wenigen Wissenschaftlern die Frage gestellt haben, ob es denn nun tatsächlich nötig werde, Gott in den Bereich der wissenschaftlichen Erörterungen einzubeziehen. Damit aber war man bei Kant. Er hatte nachgewiesen, dass uns alle Dinge nur in ihrer räumlichen und zeitlichen Bedingtheit erkennbar sind, nie aber so, wie sie außerhalb von Raum und Zeit sein mögen, als „Dinge an sich". Nun mochte man sich sagen, dass Gott, falls er existierte, so gewiss nicht innerhalb von Raum und Zeit ‚sei', sondern in der Weise eines Dings an sich. Das aber bedeutete, dass er auch jetzt unmöglich wissenschaftliches Thema werden konnte. Die Überlegung, ob etwa er sich im Faktor X verberge, musste also als illusorisch gelten.

Tatsächlich ist Kants These über die Unerkennbarkeit des Dings an sich nie widerlegt worden. Wohl aber wurde ihr eine bedeutsame Ergänzung zuteil. Seit dem Ersten Weltkrieg ist eine Denkweise entwickelt worden, die nicht mehr nur auf Dinge, sondern auch, und sogar in erster Linie, auf Strukturen bezogen ist. Von strukturellen Mustern aber konnte vielfältig erwiesen werden, dass sie von dem, was im Sinne Kants Raum und Zeit ist, unabhängig sind. Seither ist es grundsätzlich möglich geworden, in wissenschaftlicher Weise von Momenten zu sprechen, die Kant als Dinge an sich bezeichnet hätte, immer vorausgesetzt, dass ihr Wesen sich an Strukturmustern darstellen lässt. So hätten die Entdecker des Faktors X die Frage erörtern können, ob dieser nicht in der Form eines solchen Musters beschrieben werden könne. Hätten sie ein entsprechendes Muster ausfindig gemacht, wäre es unter wissenschaftlichen Gesichtspunkten völlig legitim gewesen, weiter zu fragen, ob dieses Eigenschaften charakterisiere, die in der Glaubenstradition Gott zugeschrieben worden waren.

W.F. (abgeschlossen im Sommer 2000).

Anmerkungen

1   Christa Wolf, Kassandra. Eine Erzählung. Berlin 1983.

2   Vgl. Christa Wolf, Voraussetzungen einer Erzählung: Kassandra. Frankfurter Poetik-Vorlesungen. Neuwied 1983.

3   Eine eingehende Erörterung der Erzählung findet sich in Walter Falk, Die Ordnung in der Geschichte. Eine alternative Deutung des Fortschritts. Stuttgart, Bonn 1985, S. 420-461.

4   Vgl. Eda Kriseová, Vaclav Havel. Eine Biographie. Reinbek 1991, S. 221 ff.

5   Václav Havel, Vaněk-Trilogie und Versuchung, Sanierung. Theaterstücke, mit einem Vorwort von M Goetz-Stankiewicz. Reinbek 1989, S. 109-201.

6   Eine eingehende Erörterung des Dramas findet man in Walter Falk, Wo der Mensch zuhause sein kann. Václav Havels Briefe aus dem Gefängnis. Königstein /Taunus, Seblice 1994, S. 204-227.

7   Václav Havel, Briefe an Olga. Betrachtungen aus dem Gefängnis. Für die deutsche Ausgabe bearbeitet von Jiří Grusa. Reinbek bei Hamburg 1984 (Originalausgabe 1983)

8   Walter Falk, Wissen und Glauben heute. Stuttgart, Bonn 1990.

9   Gen. 12,1

10 Gen. 11, 31

11 Ex. 3,6

12 Mt. 4, 1-11, Lk 4, 1-13

13 Thomas S. Kuhn, The Structure of Scientific Revolutions. 1962. Zitiert nach der deutschen Ausgabe: Die Struktur wissenschaftlicher Revolutionen. Frankfurt/Main 1977, S. 207 f.

14 Gen.1, 14-19

15 Das erste bisher bekannte dauerhaft aufrecht gehende Lebewesen wurde 1978 von Johanson und White als „Australopithecus afarensis" bezeichnet.

16 K.J. Narr, Beiträge der Urgeschichte zur Kenntnis der Menschennatur, in: Hans-Georg Gadamer und Paul Vogler (Hgg.)., Neue Anthropologie. Band 3. Stuttgart 1973, S. 2-62.

17 Havel, Briefe aus dem Gefängnis. Reinbek 1983, S. 202.

18 Die enorme Wirkung der Erklärung des Club of Rome über die „Grenzen des Wachstums" wurde zu einem Teil dadurch möglich, dass schon eine erhebliche Sensibilität für die Thesen vorbereitet war.

19 Die wohl bedeutendste Kritik an der modernen Naturwissenschaft wurde von Martin Heidegger formuliert. Von ihr wird später eingehend zu sprechen sein (Vgl. III. Teil, 8. Kapitel).

20 Herbert Pietschmann, Das Ende des naturwissenschaftlichen Zeitalters. Wien, Hamburg 1980.

21 Vgl. stellvertretend für andere: F. Capra, Das Tao der Physik. Die Konvergenz von westlicher Wissenschaft und östlicher Philosophie. Bern, München, Wien 1984 (original: The Tao of Physics. 1975), ders., Wendezeit. Bausteine für ein neues Weltbild. Bern, München, Wien 1984 (original: The Turning Point. 1982).

22 Rupert Sheldrake, Das schöpferische Universum. Die Theorie des morphogenetischen Feldes. München 1984 (Original: A New Science of Life. London 1981); ders., Das Geheimnis der Entstehung der Formen in der Natur. Bern, München, Wien 1990 (Original: The Presence of the Past. London 1988), ders., Die Wiedergeburt der Natur. Wissenschaftliche Grundlagen eines neuen Verständnisses der Lebendigkeit und Heiligkeit der Natur. Bern, München, Wien 1993 (Original: The Rebirth of Nature. London 1990); ders., Sieben Experimente, die die Welt ver-

ändern können. Anstiftung zur Revolutionierung des wissenschaftlichen Denkens. Bern, München, Wien 1994 (Original: Seven Experiments that could change the World. London 1994).

23   Martin Burckhardt, Metamorphosen von Raum und Zeit. Eine Geschichte der Wahrnehmung. Frankfurt, New York 1994.

24   Walter Haug, Literaturtheorie im deutschen Mittelalter. Von den Anfängen bis zum Ende des 13. Jahrhunderts. Darmstadt 1985, S. 107 ff.

25   Vgl. Walter Falk, Die Inspiration in Religion und Dichtung, in: ders., Brücken zwischen Human- und Naturwissenschaft. Gemeinsames in Thesen eines Germanisten und des Biochemikers Rupert Sheldrake. Frankfurt/Main 1998, (= Beiträge zur neuen Epochenforschung Band 16), S. 117ff. Vgl. auch J. Schmidt, Die Geschichte des Genie-Gedankens in der deutschen Literatur, Philosophie und Politik 1750-1945. 2 Bdd. Darmstadt 1985.

26   Vgl. Walter Falk, Leid und Verwandlung: Rilke, Kafka, Trakl und der Epochenstil des Impressionismus und Expressionismus. Salzburg 1961 (= Trakl-Studien, Band VI).

27   Vgl. Andreas Heusler, Nibelungensage und Nibelungenlied. Die Stoffgeschichte des deutschen Heldenepos. Dortmund [5]1955. Dazu auch Walter Falk, Das Nibelungenlied in seiner Epoche. Revision eines romantischen Mythos. Heidelberg 1974.

28   Vgl. Stephan Skalweit, Der Beginn der Neuzeit. Epochengrenze und Epochenbegriff. Darmstadt 1982 (= Erträge der Forschung Band 178).

29   Alexander Perrig, Masaccios ‚Trinità' und der Sinn der Zentralperspektive, in: Marburger Jahrbuch für Kunstwissenschaft 21 (1986), S. 11-43

30   A. Perrig, a.a.O., S. 25.

31   A. Perrig, a.a.O.

32   Perrig a.a.O., S. 22.

33   M. Burckhardt, Metamorphosen von Raum und Zeit, a.a.O., S. 138.

34   Vgl. M. Burckhardt, Martin 1994b.

35   Luk.1,38

36   Vgl.Ross, Thomas, 1992, S. 102

37   Burckhardt, Metamorphosen von Raum und Zeit, a.a.O., S. 48.

38   Stephen W. Hawking, Eine kurze Geschichte der Zeit. Reinbek 1988, S. 222.

39   Diesen Grundgedanken von der Geschichte der Wahrheit findet man schon bei Martin Heidegger, Vom Wesen der Wahrheit (1931/1940), in: Ders., Wegmarken. Heidegger GA Band 9. Frankfurt/Main S. 177-203.

40   Vgl. unten im IV. Teil zum Problemtitel von ‚Inspiration und Verantwortung'

41   Vgl. unten a.a.O.

42   Gotthold Ephraim Lessing, Die Erziehung des Menschengeschlechtes 1780 (§ 85f), zitiert nach: Lessing, Werke Band II. (Kritische Schriften. Philosophische Schriften), hgg. von Jost Perfahl mit einer Einführung, einer Zeittafel und Anmerkungen von Otto Mann. München 1969, S. 1129.

43   Johann Gottfried Herder, Shakespeare, in: Ders., Werke in zwei Bänden, hgg. von K.G. Gerold. München o.J. S. 875-895, hier S. 879f.

44   Vgl. August Nitschke (Hg.), Verhaltenswandel in der industriellen Revolution. Beiträge zur Sozialgeschichte. Stuttgart 1975.

45   Die epochale Gemeinsamkeit von Lamarck und Smith hat Foucault, treffend herausgearbeitet. Vgl. M. Foucault, Die Ordnung in der Geschichte. Frankfurt/Main 1971 (Original: Les mots et les choses. Paris 1966).

46   Die Zugehörigkeit der Amerikanischen Unabhängigkeitserklärung zum Sinn der Epoche um 1770 hat Nitschke, aufgezeigt. Vgl. A. Nitschke (Hg.), Verhaltenswandel in der Industriellen Revolution. Stuttgart 1975.

47 H. Eichberg, Ökonomische Faktoren der Industriellen Revolution, in: A. Nitschke (Hg.), Verhaltenswandel in der Industriellen Revolution. Beiträge zur Sozialgeschichte. Stuttgart 1975.

48 Vgl. Eichberg, ibid., siehe auch ders., Leistung, Spannung, Geschwindigkeit. Sport und Tanz im gesellschaftlichen Wandel des 18./19. Jahrhunderts. Stuttgart 1978.

49 Walter Falk, Vom Strukturalismus zum Potentialismus. Ein Versuch zur Geschichts- und Literaturtheorie. Freiburg, München 1976, S. 175 ff und S. 346 ff.

50 Ibid., S. 350ff.

51 Herder, Ideen zur Philosophie der Geschichte der Menschheit, hg. von G. Schmidt. Wiesbaden o.J. hier S. 232.

52 Ibid., S. 234.

53 Ibid., S. 225.

54 Ibid., S. 227.

55 Herder , a.a.O., S. 225

56 Herder,, a.a.O., S. 227

57 Herder, Abhandlung über den Ursprung der Sprache, in: ders., Werke in zwei Bänden, hg. von K.G. Gerold. München o.J. Band 1, S. 750.

58 Herder, Ideen zur Philosophie der Geschichte der Menschheit, a.a.O., S. 100

59 Herder, a.a.O., S. 230

60 Herder, a.a.O., S. 42

61 Näheres zu Herder aus meiner Sicht bei Falk, Vom Strukturalismus zum Potentialismus, a.a.O., 1976. S. 91 ff.

62 Immanuel Kant, Idee zu einer allgemeinen Geschichte in weltbürgerlicher Absicht (1784), in: ders., Sämtliche Werke, hgg. von W. Weischedel, Band VI. Darmstadt 1964, S. S.15-32; insbesondere S. 37 f.

63 Kant, a.a.O., S. 40

64 I. Kant, Mutmaßlicher Anfang der Menschengeschichte (1786), in: ders., Sämtliche Werke, hgg. von W. Weischedel. Band VI. Darmstadt 1964, S. 83-102, hier insbes. S. 86f.

65 Kant, a.a.O., S 87f.

66 Kant, a.a.O., S. 88

67 Kant, a.a.O. S. 89.

68 Kant, Idee zu einer allgemeinen Geschichte, a.a.O., S. 42f.

69 Kant, Mutmaßlicher Anfang, a.a.O., S. 99f.

70 Kant, ibid., S. 92.

71 Vgl. auch die Gegenüberstellung von Zitaten in Falk, Vom Strukturalismus zum Potentialismus, a.a.O., S. 75 f., siehe ferner G. W. F. Hegel, Vorlesungen über die Ästhetik. Werke in 20 Bänden (Hg. von E. Moldenhauer und K. M. Michel). Frankfurt/Main 1970. Band 15, S. 237 ff.

72 Vgl. Paul E. Hübinger, Zur Frage der Periodengrenze zwischen Altertum und Mittelalter. Darmstadt 1969.

73 Vgl. Skalweit, Der Beginn der Neuzeit, a.a.O. (1982); vgl. Anmerkung 28.

74 Auguste Comte, Rede über den Geist des Positivismus, hgg. von Iring Fetscher. Hamburg 1979, S. 61.

75 Vgl. Comte, a.a.O., S. 75ff.

76 Friedrich Schlegel, Philosophie des Lebens (1827), in: Friedrich Schlegel, Kritische Gesamtausgabe Band 10, hgg. von Ernst Behler. München, Paderborn, Wien 1971, S. 86.

77 Schlegel, Philosophie der Sprache und des Wortes 1829, in: Kritische Gesamtausgabe, Band 10 hgg. von Ernst Behler, a.a.O. S. 348.

78 Schlegel, a.a.O., S. 349.

79 Schlegel, a.a.O., S. 368.

80 Schlegel, a.a.O., S. 359.

81 Schlegel, Philosophie des Lebens, a.a.O. , S. 54.

82 Schlegel, a.a.O., S. 54.

83 Schlegel, a.a.O., S. S. 53.

84 Schlegel, a.a.O., S. 59 f.

85 Schlegel, Philosophie der Sprache und des Wortes 1829, a.a.O., S. 339 f.

86 Schlegel, Philosophie der Geschichte 1827, a.a.O., S. 59.

87 Schlegel, Philosophie der Geschichte, a.a.O., S. 33f.

88 Schlegel, Philosophie der Geschichte, a.a.O., S. 114.

89 Röm. 8, 18-22.

90 Schlegel, Philosophie der Sprache und des Wortes 1829, S. 378f.

91 Schlegel, Philosophie der Geschichte (1828), in: Schlegel, Kritische Gesamtausgabe Band 9. München, Paderborn, Wien 1971, S. 34.

92 Schlegel, Philosophie der Geschichte, a.a.O. S.426.

93 Schlegel, Philosophie der Geschichte, a.a.O.

94 Es erscheint mir bezeichnend bereits für den damaligen Zeitgeist, dass Goethe diese ihm offensichtlich ungemein wichtige Einsicht nicht selbst veröffentlichte, sondern nur dem Gespräch mit dem Kanzler von Müller anvertraute.

95 Gervinus, Geschichte der deutschen Dichtung (1833) Leipzig 1853, S. 129.

96 Wilhelm Scherer, Geschichte der deutschen Literatur (1870). Hier nach Berlin 1920, S. 371.

97 Karl Marx, Das Kapital. Kritik der politischen Ökonomie. Band 1., in: ders., Werke-Schriften-Briefe, hgg. von Hans-Joachim Lieber. Bdd IV-VI. Stuttgart 1962, hier: Band IV, S. XVIIIf. 2.

98 Marx, ibid., S. XXXI.

99 Marx, Deutsche Ideologie (1845/46), in: Karl Marx, Frühschriften, hgg. von Siegfried Landshut. Stuttgart 1971, S. 539 ff.

100 Marx, Einleitung zu einer Kritik der politischen Ökonomie, in: ders., Werke-Schriften-Briefe, hgg. von Hans-Joachim Lieber. Bd. VI. Stuttgart 1964, S. 793ff., hier S. 838-839 ; vgl. Zum folgenden auch den Entwurf: Grundrisse der Kritik der politischen Ökonomie Rohentwurf 1857-58. Frankfurt, Wien o.J., S. 5 ff.

101 Marx, ibid., S. 839.

102 Marx ibid..

103 Marx , ibid. a.a.O.

104 Marx, Deutsche Ideologie, in: ders., Frühschriften, a.a.O., S. 361.

105 Ibid., S. 357.

106 Marx, Kritik der politischen Ökonomie, in: Werke-Schriften-Briefe Band VI, a.a.O., S. 839.

107 Charles Darwin, Die Entstehung der Arten durch natürliche Zuchtwahl. Übersetzung von C. W. Neumann. Stuttgart 1963, S. 177.

108 Darwin, a.a.O., S. 178.

109 Darwin, a.a.O., S. 429.

110 Vgl. Darwin, a.a.O., S. 430.

111 Olivier Rieppel, Auf Grenzpfaden der Biologie. Basel 1984.

112 Darwin, Die Entstehung der Arten, a.a.O., S. 844 ff.

113 Darwin, a.a.O., S. 678.

114 Darwin, a.a.O., S. 676.

115 Rieppel, Auf Grenzpfaden, a.a.O., S. 134.

116 Darwin, The descent of man in relation to sex 1871, S. IV.

117 Darwin, a.a.O., S. 700.

118 Kuhn, Die Struktur wissenschaftlicher Revolutionen. Frankfurt/Main 1967, S. 87 f.

119 Albert Einstein, The meaning of relativity. Princeton 1921, erweiterte Auflage 1945, S. 19.

120 Einstein, The meaning of relativity, a.a.O., S. 255 f.

121 Vgl. dazu H. Bernsmeier, Der Wandel um 1880. Eine epochale Veränderung in der Literatur- und Wissenschaftsgeschichte. Frankfurt/Main 1994.

122 Ibid.

123 Friedrich Engels, Die heilige Familie. Hier nach Leipzig 1953, S.226 und S. 236.

124 Engels, a.a.O., S. 228.

125 Im Anhang zu meinem Buch „Der kollektive Traum vom Krieg". Heidelberg 1977, berichtete ich unter dem Titel „Eine Diskussion über das Modell von Basis und Überbau" über ein im Wintersemester 1971/72 in Marburg zwischen einer Studentengruppe und mir universitätsöffentlich geführte Kontroverse, die in verschiedenen offenen Briefen ausgetragen wurde. Anlass dazu gab die von mir in einer Vorlesung vertretene Auffassung, dass Marx in seinem Grundmodell einzig Wirkungen von der Basis auf den Überbau vorgesehen habe, nicht aber die dann erst von Engels thematisierten „Wechselwirkungen" zwischen der Basis und dem Überbau. Die Studentengruppe suchte demgegenüber zu erweisen, dass Engels das Marxsche Modell nicht überschritten habe, da in diesem mit solchen Wechselwirkungen immer schon gerechnet worden sei. Darauf unternahm ich es zu zeigen, dass sich angesichts der mir damals bekannten Quellen dieser Versuch, die Einheitlichkeit der marxistischen Theorie zu retten, nicht halten lasse. Inzwischen haben Hans-Joachim Lieber und Gerd Helmer alle einschlägigen Schriften von Marx genau durchgearbeitet, um das 1988 erschienene „Marx-Lexikon" vorzubereiten. Im Vorwort nahm Lieber auch zu der Frage nach der Herkunft der Vorstellung von Wechselwirkungen zwischen Basis und Überbau Stellung. Er schrieb: „Für spätere Schaffensperioden wird die Differenz beider Denker [nämlich Marx und Engels. Zusatz von mir W.F.], gerade was die philosophischen Implikationen ihres Denkens anbelangt, deutlicher sichtbar. So etwa, wenn Engels in bezug auf das Verhältnis von Basis und Überbau von einer Wechselwirkung spricht. Dieser Terminus findet sich bei Marx in dieser Akzentuierung nicht. Er ist daher als Theorie-bestandteil oder Grundbegriff in dieses Marx-Lexikon nicht aufgenommen" (Lieber, a.a.O., S.X)

126 Christian von Ehrenfels, Über „Gestaltqualitäten" (1890), zuerst in: Vierteljahrsschrift für wissenschaftliche Philosophie XIV, 3, 1890. Wiederabdruck in: F. Weinhandl (Hg.), Gestalthaftes Sehen. Ergebnisse und Aufgaben der Morphologie. Zum hundertjährigen Geburtstag von Christian von Ehrenfels. Darmstadt 1960, S. 11-44.

127 Vergleiche dazu W. Falk, Literaturwissenschaftliche Betrachtungsweisen Band II, zusammen mit V. Žmegač und G. Brude-Firnau, a.a.O. 1989.

128 Vgl. Falk, a.a.O., S. 29 f.

129 Wilhelm Dilthey, Die Einbildungskraft des Dichters. Bausteine für eine Poetik, in: Philosophische Aufsätze. Eduard Zeller zum 70. Geburtstag gewidmet. Leipzig 1887, wiederabgedruckt in: ders., Die geistige Welt. Einleitung in die Philosophie des Lebens. Gesammelte Schriften Band VI. Stuttgart, Göttingen 1910, 1958, S. 229.

130 Ibid., S. 229 f.

131 Zitiert nach Sheldrake, Das Gedächtnis der Natur 1990 (engl. Original 1988), S. 78.

132 Zum Folgenden vgl. meine näheren Ausführungen in Falk, Der kollektive Traum vom Krieg 1977, S. 77 ff.

133 Friedrich Nietzsche, Also sprach Zarathustra (1883), hier zitiert nach: Friedrich Nietzsche, Werke in drei Bänden, hgg. von Karl Schlechta. München 1994 (Erstausgabe 1955), Band 2, S. 465.

134 Damit beziehe ich mich auf den berühmten Aphorismus 125 der „Fröhlichen Wissenschaft",: Der tolle Mensch", a.a.O., (Schlechta, Nietzsches Werke Band 2, S. 126-128, insbes. S. 127).

135 A.a.O., S. 279-281 (in Auszügen).

136 Nietzsche, a.a.O., S. S. 523 (Also sprach Zarathustra, Vierter und letzter Teil: Vom höheren Menschen).

137 Nietzsche, a.a.O., S. 312.

138 Nietzsche, Aus dem Nachlass der Achtzigerjahre, in: ders., Werke Band 3, Hg. von K. Schlechta, a.a.O., S. 773.

139 Sigmund Freud, Zeitgemäßes über Krieg und Tod (1915), hier zit. Nach: Sigmund Freud Studienausgabe Band IX (Hgg. von A. Mitscherlich u.a.). Frankfurt/Main 1982, S. 37.

140 Freud, Zeitgemäßes, a.a.O., S. 37.

141 Freud, a.a.O., S. 37 f.

142 Freud, a.a.O., S. 36.

143 Freud, a.a.O.

144 Freud, a.a.O., S. 38.

145 Freud, a.a.O., S. 40.

146 Freud, a.a.O.

147 Freud , a.a.O.

148 Freud, a.a.O.

149 Freud, a.a.O. S. 41.

150 Freud, a.a.O., S. 49, vgl. auch S. 52.

151 Freud, a.a.O., S. 52.

152 Freud, a.a.O., S. 52 f.

153 Freud, a.a.O., S. 56.

154 Freud, a.a.O., S. 57.

155 Freud, a.a.O., S. 51, vgl. auch S. 42.

156 Freud , a.a.O., S. 53.

157 Freud, a.a.O., S. 55.

158 Ferdinand Weinhandl (Hg.), Gestalthaftes Sehen, a.a.O. (FN 126), S. 6.

159 Christian von Ehrenfels, Kosmogonie. Jena 1916, S. 43.

160 Ehrenfels a.a.O., S. 113 f und S. 124.

161 Ehrenfels, a.a.O., S.27.

162 Ehrenfels, a.a.O., S. 43.

163 Ehrenfels, a.a.O., S.112.

164 Ehrenfels, a.a.O., S. 28.

165 Ehrenfels, a.a.O., S. 44.

166 Ehrenfels a.a.O.

167 Ehrenfels, Kosmogonie, a.a.O., S. VIII.

168 I. von Bodmershof, Christian von Ehrenfels. Eine Skizze, in: F. Weinhandl (Hg.), Gestalthaftes Sehen, a.a.O., S. 434f.

169 Ehrenfels, Kosmogonie, a.a.O., S. I.

170 Weinhandl, Gestalthaftes Sehen, a.a.O., S. 6 (die Einführung ebd.).

171 Spengler, Der Untergang des Abendlandes (1918), hier nach München 1923, S. X.

172 Spengler, a.a.O., S. 28.

173 Vgl. Falk, Franz Kafka und die Expressionisten im Ende der Neuzeit. Frankfurt/Main, Bern, New York, Paris 1990 (=Beiträge zur neuen Epochenforschung Band 10), S. 93ff.

174 Zu Kafkas Erzählungen „Das Urteil" und „Die Verwandlung", a.a.O., S. 209 ff. und 267 ff. sowie S. 322 ff.

175 In Falk, Franz Kafka und die Expressionisten im Ende der Neuzeit, a.a.O. wird der Umbruch bei Alfred Döblin, Jakob van Hoddis und Georg Heym bereits 1910, bei Gottfried Benn 1911, bei Georg Trakl wie bei Kafka im Spätjahr 1912 nachgewiesen. In einer Marburger Staatsexamensarbeit von 1993 hat Christoph Korwes gezeigt , dass derselbe Umbruch bei Gustav Meyrink schon 1908 manifest wurde. Chr. Korwes, Gustav Meyrink und der äternistische Umbruch in der deutschen Literatur um 1910. Marburg 1993 (ungedruckt).

176 Kafka, Erzählungen. Gesammelte Werke, hgg. von Max Brod. Frankfurt/Main 1946, S. 239 f.

177 Kafka, Tagebücher 1910-1923. New York 1948, S. 101.

178 Kafka, a.a.O., S. 101f.

179 Kafka, a.a.O., S. 101.

180 Kafka, a.a.O. , S. 94.

181 Kafka, a.a.O., S. 96f.

182 Kafka, a.a.O., S. 90f.

183 Franz Kafka, Briefe 1902-1924. Herausgegeben von Max Brod. Frankfurt/Main 1958, S. 135f.

184 Dilthey, Der Aufbau der geschichtlichen Welt in den Geisteswissenschaften, a.a.O., S. 280 f.

185 Die Operationen, die bei der „geistesgeschichtlichen" Vorgehensweise, welche in den genannten Titeln praktiziert wird, nötig oder möglich sind, blieben lange Zeit ohne theoretische Bestimmung. Einen Versuch dazu habe schließlich ich unternommen in W. Falk, Über die geistesgeschichtliche Verfahrensweise, in: ders., V. Zmegač, G. Brude-Firnau, Literaturwissenschaftliche Betrachtungsweisen Band II, in: Germanistische Lehrbuchsammlung, hg. von H.-G. Roloff. Band 65/II. Bern, Frankfurt/New York, Paris 1989, S. 29 ff.

186 Werner Heisenberg, Der Teil und das Ganze. Gespräche im Umkreis der Atomphysik München 1971, S.119.

187 Werner Heisenberg, Der Teil und das Ganze, a.a.O., S. 170 f.

188 Heisenberg, Der Teil und das Ganze, a.a.O., S. 120.

189 Einstein, Naturwissenschaft und Religion, in: ders., Aus meinen späten Jahren. Stuttgart 1979, S. 37.

190 Einstein ibid., S. 43f.

191 Zur folgenden Beschreibung der strukturalistischen Linguistik und des Strukturalismus vgl. meine ausführlichere Darstellung in Falk, Vom Strukturalismus zum Potentialismus, a.a.O., 1976, S. 17 ff.

192 C. Lévi-Strauss, Das wilde Denken. Frankfurt/Main 1968, S. 55 (frz. Original: La penseé sauvage. Paris 1962).

193 Lévi-Strauss, Das wilde Denken, a.a.O., S.297.

194 Lévi-Strauss, Das wilde Denken, a.a.O., S. 263.

195　Lévi-Strauss, a.a.O., S. 284.

196　Paul E. Hübinger, Zur Frage der Periodengrenze zwischen Altertum und Mittelalter, a.a.O., S. 164.

197　Skalweit, Der Beginn der Neuzeit, a.a.O. (vgl. FN 28).

198　Richard Brinkmann, Expressionismus. Forschungsprobleme 1951-1960. Stuttgart 1961, S. 1.

199　Eine eingehendere Beschreibung von Diltheys Ansatz habe ich versucht in Falk, Literaturwissenschaftliche Betrachtungsweisen Band II (zusammen mit V. Zmegac und G. Brude-Firnau). Band II, S. 7 ff.

200　Dilthey, a.a.O., S. 151.

201　Dilthey, a.a.O., S. 252.

202　Heidegger, Sein und Zeit. Halle/Saale 1927, hier nach: Heidegger GA Band 2. Frankfurt/Main 1976, S. 317.

203　Heidegger, Sein und Zeit, a.a.O., S. 379 f.

204　Heidegger, a.a.O., S. 381.

205　Heidegger, Brief über den Humanismus (1946), in: ders., Wegmarken. GA Band 9, S. 313-365, hier S. 328.

206　Heidegger, Sein und Zeit, a.a.O., S.333.

207　Heidegger, a.a.O., S. 436.

208　Heidegger, a.a.O. , S. 437.

209　Heidegger, a.a.O., S. 448.

210　Hier zit. nach Heidegger, Erläuterungen zu Hölderlins Dichtung (1936-1968). Heidegger GA Band 4. Frankfurt/Main 1981, S. 42.

211　Heidegger ibid., S. 44.

212　Heidegger, Sein und Zeit, a.a.O., S. 447.

213　Heideggers Schwierigkeiten mit dem Logos äußerten sich in „Sein und Zeit" als Unsicherheiten bei der Deutung des Phänomens der „Rede"; vgl. Falk, Ein Brief an Martin Heidegger (1957), in: ders., Die Entdeckung der potentialgeschichtlichen Ordnung Band 1, a.a.O., S. 61 ff.

214　Heidegger, Brief über den Humanismus, in: ders., Wegmarken GA 9, a.a.O., S. 313-365.

215　Heidegger, Vom Wesen der Wahrheit, in: Wegmarken (GA 9), a.a.O., S. 177-203.

216　Heidegger, a.a.O.

217　Heidegger, a.a.O.

218　Heidegger, Vom Wesen der Wahrheit. Zu Platons Höhlengleichnis und Thätet (Vorlesung WS 1931/32). GA Band 34, Frankfurt/Main ^{2} 1997.

219　Wie FN 215.

220　Heidegger, Einführung in die Metaphysik. Vorlesung vom SS 1935. GA Band 40. Frankfurt/Main 1983

221　Den von Habermas eingeleiteten Angriff auf Heidegger führte Adorno höchst wirkungsvoll fort (vgl. R. Safranski, Ein Meister aus Deutschland. Heidegger und seine Zeit. München 1994, S. 468 ff.). Dadurch wurden Schwächen Heideggers sehr deutlich sichtbar. Zugleich wurde jedoch die große Aufgabe, der sich Heidegger gerade in seiner Spätzeit zuwandte, nämlich den selbstzerstörerischen Tendenzen der modernen Menschheit entgegenzuwirken, für die Augen vieler vor allem deutscher Intellektueller völlig verdeckt.

222　Heidegger, Beiträge zur Philosophie. Vom Ereignis (GA Band 65). Frankfurt/Main 1989, S. 3.

223　Safranski, Ein Meister aus Deutschland, a.a.O., S. 405.

224　Heidegger, Einleitung zu ‚Was ist Metaphysik?', in: Wegmarken (GA 9), S. 365-385.

225 Heidegger, Identität und Differenz. Pfullingen 1957.

226 Der Gesamttext ist erschienen: Heidegger, Identität und Differenz. GA Band 11. Frankfurt/Main 1994.

227 A.a.O., S. 83.

228 A.a.O.

229 Heidegger, Identität und Differenz. Einzelausgabe, a.a.O., S. 22.

230 A.a.O., S. 23.

231 A.a.O., S. 25.

232 A.a.O.

233 A.a.O., S. 26 f.

234 A.a.O., S. 27.

235 A.a.O., S. 27 f.

236 A.a.O., S. 28.

237 A.a.O., S. 24.

238 A.a.O., S. 32.

239 A.a.O., S. 24.

240 A.a.O.

241 A.a.O., S. 33 f.

242 Stephen W. Hawking, Eine kurze Geschichte der Zeit. Reinbek 1988, S. 47.

243 Den folgenden Abschnitt übernehme ich aus meiner Schrift „Hawking irrt!", Stuttgart, Bonn 1991, S. 17.

244 Hawking, Eine kurze Geschichte der Zeit a.a.O., S. 149 f.

245 Hawking, a.a.O., S. 61 f. und S. 154.

246 Hawking, a.a.O., S. 155.

247 Hawking, a.a.O., S. 155.

248 Hawking, a.a.O., S. 58.

249 Hawking, a.a.O., S. S.58 f.

250 Hawking, a.a.O., S. 60 f.

251 K.J. Narr, Beiträge der Urgeschichte zur Kenntnis der Menschennatur, in: Hans-Georg Gadamer und Paul Vogler (Hgg.), Neue Anthropologie Band 4, a.a.O., S.15.

252 Richard Leakey und Roger Lewin, Die Menschen vom See. Neueste Entdeckungen zur Vorgeschichte der Menschheit. München1980, S. 60.

253 Roger Lewin, Complexity. Life at the edge of the chaos. New York u.a. 1992, S. 99.

254 André Leroi-Gourhan, Hand und Wort. Die Evolution von Technik, Sprache und Kunst. Frankfurt/Main [1] 1980, S.119f.

255 Für die folgenden Abschnitte greife ich auf mein Buch „Die Ordnung in der Geschichte" , Stuttgart, Bonn 1985, S.201 f. zurück.

256 Vere Gordon Childe, The dawn of European civilization. London 1925.

257 R. Lewin, Complexity, a.a.O. .

258 Harald Haarmann, Universalgeschichte der Schrift. Frankfurt/Main 1990, S.71.

259 Haarmann, Universalgeschichte der Schrift, a.a.O., S. 73.

260 Haarmann, a.a.O., S. 77.

261 Haarmann, a.a.O., S. 73. Die traditionelle Vorstellung von der Ursache der ersten Schrifterfin-
dung könnte selbstverständlich beibehalten werden, wenn sich erweisen ließe, dass die in der
Vinca-Kultur entdeckten Zeichen in Wahrheit eine Schrift gar nicht darstellten. Das hat Martin
Kuckenberg versucht. Hätten seine Argumente mich überzeugt, so hätte ich den Hinweis auf die
Vinca-Kultur gestrichen. Ich ziehe es jedoch vor, ihn hiermit mit einem Fragezeichen zu verse-
hen und im übrigen das Ergebnis einer Expertendiskussion abzuwarten.

262 Vgl. Falk, Schmerz und Wort. Eine Studie über Frida Bettingen als Dichterin des Schmerzes.
Phil. Diss. (Masch.) 2 Bdd. Freiburg 1957.

263 Falk, Leid und Verwandlung. Rilke, Kafka, Trakl und der Epochenstil des Impressionismus und
Expressionismus. Salzburg 1961, S. 220 f.

264 Falk, Die Deutschen und der Stierkampf, in: Festschrift für Johannes Vincke. 2 Bdde. Madrid
1962/63, Band 2, S.795-849; auch in ders., Die Entwicklung der potentialgeschichtlichen Ordnung, a.a.O., S. 263-315.

265 Pöggeler, Der Denkweg Martin Heideggers. Pfullingen 1988, S. 117.

266 Emil Staiger, Grundbegriffe der Poetik. Zürich 1955, S. 32 f.

267 Horst Rüdiger, Zwischen Interpretation und Geistesgeschichte – Zur gegenwärtigen Situation
der deutschen Literaturwissenschaft, in: Euphorion 57 (1963), S. 227-244, hier S. 229.

268 Heidegger, Die Sprache und: ders., Die Sprache im Gedicht. Eine Erörterung von Georg Trakls
Gedicht, in: ders., Unterwegs zur Sprache. Pfullingen 1959, S. 9-35, bzw. S. 35-83.

269 Falk, Heidegger und Trakl, in: ders., Die Entdeckung der potentialgeschichtlichen Ordnung,
Band 1, a.a.O., S. 83ff.

270 Falk, Ein Brief an Martin Heidegger, in: ders., Die Entdeckung der potentialgeschichtlichen
Ordnung, a.a.O., S. 61 ff.

271 W. Falk, Handbuch der Komponentenanalyse. Erschließen von Sinn in Text und Epoche. Frank-
furt/Main, Bern, New York 1983.

272 2. erweiterte und überarbeitete Auflage: Königstein 1996.

273 Falk, Leid und Verwandlung. Rilke, Kafka, Trakl und der Epochenstil des Impressionismus und
Expressionismus. Salzburg 1961.

274 Falk, Der literarische Expressionismus in Deutschland (1964), Erstdruck in: ders., Die Entdeckung der potentialgeschichtlichen Ordnung, Band 1, a.a.O., S. 333 ff.

275 Falk, Rilkes spanische Reise, in: ders., Die Entdeckung der potentialgeschichtlichen Ordnung,
Band 1, a.a.O., S. 203ff; ders., Die erste deutsche Begegnung mit Góngora (Gleim-Jacobi-
Herder), in: ibid., S. 233 ff.

276 Falk, Das Ereignis des Expressionismus. Zur Geschichte eines Stilwandels in der deutschen Literatur. Habil.-Schrift. Marburg (masch.) 1967.

277 Falk, Der Faktor X in der Geschichte, Erstdruck in: Falk, Die Ordnung in der Geschichte,
a.a.O., S. 106 ff.

278 Die Ordnung in der Geschichte, a.a.O., S. 188ff. und S. 295ff.

279 Otto Höfler, Die zweite Lautverschiebung bei Ostgermanen und Westgermanen. Tübingen
1958, S. 124.

280 Höfler, Die zweite Lautverschiebung, a.a.O., S. 128.

281 Thomas S. Kuhn, Die Struktur wissenschaftlicher Revolutionen (engl. Originalausgabe 1962).
Zit. Nach der deutschen Übersetzung. Frankfurt/Main 1967.

282 Kuhn, a.a.O., S. 199.

283 Kuhn, a.a.O., S. 165 f.

284 Kuhn, a.a.O., S. 207 f., vglk. Auch S. 226.

285 Kuhn, Die Entstehung des Neuen. Studien zur Struktur der Wissenschaftsgeschichte. Frankfurt/
Main 1977.

286 Michel Foucault, Die Ordnung der Dinge. Frankfurt/Main 1968, S. 269.

287 Foucault, a.a.O., S. 14.

288 August Nitschke, Naturerkenntnis und politisches Handeln im Mittelalter. Körper-Bewegung-Raum. Stuttgart 1967, S. 256.

289 W. Falk, Das Nibelungenlied in seiner Epoche. Revision eines romantischen Mythos. Heidelberg 1974.

290 Vgl. Falk, a.a.O., S. 72 ff.

291 Nitschke, Kunst und Verhalten. Analoge Konfigurationen. Stuttgart, Bad Cannstatt 1975.

292 W. Falk, Vom Strukturalismus zum Potentialismus. Ein Versuch zur Geschichts- und Literaturtheorie, a.a.O. 1976.

293 Wolf Lepenies, Das Ende der Naturgeschichte. Wandel kultureller Selbstverständlichkeiten in den Wissenschaften des 18. und 19. Jahrhunderts. München 1976

294 Carlos Bousoño, Epocas literarias y evolución. Edad Media, Romanticismo, Epoca contemporanea, 2 Bände. Madrid 1981.

295 Falk, Vom Strukturalismus zum Potentialismua, a.a.O., S.54 ff.

296 Noam Chomsky, Syntactic Structures. Cambridge Mass. 1957 sowie ders., Aspekte der Syntax-Theorie. Frankfurt/Main 1969 (Original: Aspects of the Theory of Syntax. Cambridge, Mass. 1965).

297 Chomsky, Aspekte der Syntax-Theorie, a.a.O., S. 29.

298 Chomsky a.a.O., S. 43.

299 Chomsky, Sprache und Geist. Frankfurt/Main 1970 (original: Language and Mind. New York 1968), S. 124.

300 Chomsky, Sprache und Geist, a.a.O., S. 111 f.

301 Chomsky, a.a.O., S. 117.

302 Konrad Lorenz, Das sogenannte Böse. Zur Naturgeschichte der Agression. Wien 1963, S. 18.

303 Lorenz, Die Rückseite des Spiegels. Versuch einer Naturgeschichte menschlichen Erkennens. München, Zürich 1973, S. 41.

304 Lorenz, Die Rückseite des Spiegels, a.a.O., S. 43.

305 Lorenz, a.a.O., S. 54 f.

306 Lorenz, a.a.O., S. 228 f.

307 Lorenz, a.a.O., S. 250.

308 Lorenz, a.a.O., S. 242 f.

309 Lorenz, a.a.O., S. 47.

310 Rainer Paslack, Potentialismus und Selbstorganisation, in: H. Bernsmeier und H.-P. Ziegler, Wandel und Kontinuum. Festschrift für Walter Falk zum 65. Geburtstag. Frankfurt/Main, Bern, New York, Paris 1992, S. 59 ff.

311 Vgl. Falk, Selbstorganisation und Gattungspoetik – Annäherungen an ein universales Dominanzensystem, in: ders., Brücken zwischen Human- und Naturwissenschaft, a.a.O., S. 63ff.

312 Vgl. meine Auseinandersetzung mit einer studentischen Gruppe um das Marxsche Modell von Basis und Überbau: Falk, Der kollektive Traum vom Krieg, a.a.O., (1977), Anhang.

313 Falk, Vom Strukturalismus zum Potentialismus, a.a.O., S.378.

314 Falk, Die Ordnung in der Geschichte, a.a.O., S. 123 ff. und 143 ff.

315 Lorenz, Das sogenannte Böse, a.a.O., S. X.

316 Herbert Haag, Abschied vom Teufel. Einsiedeln 1969 und ders., Teufelsglaube. Tübingen 1974.

317 René Girard, La violence et le sacré. Paris 1972. Hier zit. nach der deutschen Ausgabe: Das Heilige und die Gewalt. Frankfurt/Main 1992, S. 215.

318 Girard, Le bouc émissaire. Paris 1982, hier zit. Nach der deutschen Fassung: Der Sündenbock S. 110.

319 Girard, Das Heilige und die Gewalt, a.a.O., S. 215.

320 Girard, Das Heilige und die Gewalt a.a.O.

321 Girard, a.a.O., S. 140 f.

322 Girard, Der Sündenbock, a.a.O., S. 109.

323 Girard, a.a.O., S. 109 f.

324 A.a.O.

325 So Wolfgang Palaver, Einführung in die Theorie Girards. 1994, S. 19.

326 Girard, Der Sündenbock, a.a.O., S. 109 f.

327 K. Lorenz, Der Abbau des Menschlichen. München, Zürich 1983, S. 284.

328 Lorenz, a.a.O., S. 284.

329 Lorenz, a.a.O., S. 285.

330 R. Safranski, Ein Meister aus Deutschland, a.a.O., S. 495 f.

331 Havel hat sich eine ganze Reihe von Heideggers Grundbegriffen zueigen gemacht, er benutzt sie allerdings mitunter in sehr eigenwilliger Weise.
V. Havel, Briefe an Olga. Betrachtungen aus dem Gefängnis. Reinbek 1983, S. 272 f.

332 Eine eingehendere Erörterung dieses Essays findet man in W. Falk, Václav Havels Briefe aus dem Gefängnis. Wo der Mensch zu Hause sein kann. Ein Dialog, a.a.O., S. 22 ff.

333 Havel, Briefe an Olga, a.a.O., S. 40.

334 Havel, a.a.O., S. 45.

335 Havel, a.a.O., S. 72 f.

336 Havel, a.a.O., S. 73.

337 Havel, a.a.O.

338 Havel, a.a.O., S. 73 f.

339 Havel, a.a.O., S. 74.

340 Havel, a.a.O., S. 74f.

341 Havel, a.a.O., S. 75.

342 Havel, a.a.O., S. 58 f.

343 Falk, Wo der Mensch zu Hause sein kann, a.a.O., S. 57 ff.

344 Rupert Sheldrake, Das schöpferische Universum. Die Theorie des morphogenetischen Feldes. München 1984 (englische Originalausgabe: A New Science of Life. London 1981).

345 Sheldrake, Das Gedächtnis der Natur. Das Geheimnis der Entstehung der Formen in der Natur. Bern, München, Wien 1990 (engl. Originalausgabe: The Presence of the Past. London 1988).

346 Sheldrake, Die Wiedergeburt der Natur. Bern, München, Wien 1993 (engl. Originalausgabe: The Rebirth of Nature. London 1990).

347 Sheldrake, Sieben Experimente, die die Welt verändern können. Anstiftung zur Revolutionierung des wissenschaftlichen Denkens. Bern, München, Wien 1994 (Original: Seven Experiments that could change the world. London 1994).

348 W. Falk, Rupert Sheldrakes ‚Revolutionierung des wissenschaftlichen Denkens' und die komponentialanalytische Forschung, in: ders., Brücken zwischen Human- und Naturwissenschaft, a.a.O. (1998), S. 15 ff.

349 Sheldrake, Das schöpferische Universum, a.a.O., S. 181 ff, und ebenso ders., Das Gedächtnis der Natur, a.a.O., 220 ff.

350 Sheldrake, Das schöpferische Universum, a.a.O., S. 12 ff.

351 Sheldrake, Das Gedächtnis der Natur, a.a.O., S. 148 f.

352 Sheldrake, Das schöpferische Universum, a.a.O., S. 70.

353 Sheldrake, a.a.O., S. 92

354 Sheldrake, Sieben Experimente, a.a.O., S. 259f.

355 Ehrenfels, Über ‚Gestaltqualitäten', in: F. Weinhandl (Hg.), Gestalthaftes Sehen, a.a.O., S. 11-44.

356 Näheres hierzu siehe H. Häring und K.-J. Kuschel (Hgg.), Hans Küng – Weg und Werk. München 1978.

357 Hans Küng, Projekt Weltethos. München, Zürichg 1990.

358 Havel, Briefe aus dem Gefängnis, a.a.O., S. 120.

359 Hans Jonas, Das Prinzip Verantwortung. Frankfurt/Main 1979, insbesondere S. 20 ff.

360 Karl-Josef Kuschel, Weltfrieden durch Religionsfrieden. Antworten aus den Weltreligionen (zusammen mit Hans Küng). München 1993, S. 89f.

361 Kuschel, a.a.O., S. 90f.

362 Kuschel, a.a.O., S. S. 92.

363 Kuschel, a.a.O., S. 96.

364 Kuschel, a.a.O., S. 97.

365 Zitiert nach Küng, Erklärung zum Weltethos. Die Deklaration des Parlamentes der Weltreligionen. München, Zürich 1993, S.54.

366 Küng, a.a.O., S. 43 f.

367 Havel, Briefe aus dem Gefängnis, a.a.O., S. 134.

368 Ibid., S. 138f.

369 Heidegger, Vom Ereignis. Beiträge zur Philosophie. GA Band 65. Frankfurt/Main 1989, S. 171.

370 Stephen Hawking, Eine kurze Geschichte der Zeit, a.a.O. (1988), S. 71.

371 A.a.O., S. 72.

372 A.a.O., S. 169.

373 A.a.O., S. 148.

374 A.a.O., S. 169.

375 A.a.O., 171.

376 A.a.O.

377 A.a.O.

378 A.a.O., S. 173.

379 A.a.O., S. 174.

380 A.a.O., S. 177.

381 A.a.O., S. 182.

382 A.a.O., S. 182 f.

383 August Nitschke, Soziale Ordnungen im Spiegel der Märchen. Band 1: Das frühe Europa. Stuttgart, Bad Cannstatt 1976.

384 Nitschke, Soziale Ordnungen im Spiegel der Märchen. Band 2: Stabile Verhaltensweisen der Völker in unserer Zeit. Stuttgart, Bad Cannstatt 1977.

385 Rainer Paslack, Ingeborg Bachmann oder die Suche nach einer neuen Sprache, in: Falk, Epochale Hintergründe der antiautoritären Bewegung. Ein Beitrag zur literaturwissenschaftlichen Diagnose der Sozialgeschichte. Frankfurt, Bern 1983, S. 153 ff.

386 Paslack, Ursprünge der Selbstorganisation, in: DELFIN 1992. Konstruktivismus: Geschichte und Anwendung, hgg. von G. Rusch und S.J.Schmidt. Frankfurt/Main 1992, S. 59ff., vgl. auch ders., Urgeschichte der Selbstorganisation – Zur Archäologie eines wissenschaftlichen Paradigmas. Braunschweig, Wiesbaden 1991.

387 Paslack, Potentialismus und Selbstorganisation, in: Bernsmeier, Ziegler (Hgg.), Wandel und Kontinuum. Festschrift für Walter Falk, a.a.O. (1992), S. 59 ff.

388 Falk, Hawking irrt! Über das Problem der Zeit. Stuttgart, Bonn 1991.

389 Hawking, Einsteins Traum. Reinbek 1993 (Titel der Originalausgabe: Black holes and baby universes).

390 Hawking, Einsteins Traum, a.a.O., S. 176.

391 Hawking, a.a.O., S. 77.

392 Hawking, a.a.O., S. 77.

393 Hawking, a.a.O., S. 135.

394 Hawking, a.a.O., S. 137.

395 Hawking, a.a.O., S. 177.

396 Hawking, a.a.O., S. 135.

397 Hawking, a.a.O., S. 137.

398 Hawking, Einsteins Traum, a.a.O., S. 128.

399 Hawking, a.a.O., S. 177.

400 Vgl. Havel, Briefe aus dem Gefängnis, a.a.O., S. 306f.

401 Havel, a.a.O., S. 253.

402 Havel, a.a.O., S. 253.

403 Havel, a.a.O., S. 254.

404 Havel, a.a.O.

405 Havel, a.a.O., S. 255.

406 Havel, a.a.O., S. 255 f.

407 Havel, a.a.O., S. 257 ff.

408 Havel, a.a.O., S. 258.

409 A.a.O., S. 261.

410 A.a.O.

411 A.a.O., S. 271 f.

412 A.a.O., S. 273.

413 A.a.O.

414 A.a.O., S. 264.

415 A.a.O., S. 263.

416 A.a.O., S. 264.

417 a.a.O., S. 278 f.

418 A.a.O., S. 279.

419 A.a.O., S. 279 f.

420 A.a.O., S. 281.

421 A.a.O., S. 280.

422 A.a.O.

423 A.a.O., S. 289.

424 A.a.O., S. 303.

425 A.a.O., S. 282.

426 A.a.O., S. 282.

427 A.a.O.

428 A.a.O., S. 282 f.

429 A.a.O., S. 283.

430 A.a.O., S. 284.

431 A.a.O.

432 A.a.O., S. 285.

433 A.a.O.

434 A.a.O., S. 286.

435 A.a.O., S. 287.

436 A.a.O., S. 288.

437 A.a.O., S. 288 f.

438 A.a.O., S. 289.

439 A.a.O.

440 A.a.O., S. 292.

441 Vgl. E. Kriseová, Václav Havel. Dichter und Präsident, a.a.O.

442 Falk, Die Ordnung in der Geschichte, a.a.O. (1985), S. S. 209 ff. sowie S. 348 ff. und ders., Václav Havels Briefe aus dem Gefängnis. Wo der Mensch zu Hause sein kann, a.a.O. (1994), S. 145 ff. 457 Falk 1979.

443 Ein Wechsel der Periodentypen AP und PP wurde vor allem beschrieben in: Falk, Epochale Hintergründe der antiautoritären Bewegung, vgl. auch die Bände 12, 13 und 14 der bis Band 16 von W. Falk, seit Band 17 von Harald Seubert herausgegebenen ‚Beiträge zur neuen Epochenforschung'.

444 Die in Anmerkung 443 genannten Arbeiten weisen auch Phasenbestimmungen auf.

445 Vgl. zu den Phasebestimmungen im einzelnen: W. Falk, Handbuch der Komponentenanalyse, a.a.O., S. 260ff.

446 Nitschke, Kunst und Verhalten. Analoge Konfigurationen, a.a.O., S. 45 ff. u.ö.

447 Lepenies, Das Ende der Naturgeschichte, a.a.O.

448 Bousoño, Epocas literarias y evolución, a.a.O.

449 Falk, Über die Potentialgeschichte und ihre Perioden in der deutschen Literatur 1750-1890, in: W. Haubrich (Hg.), Probleme der Literaturgeschichtsschreibung, in: LiLil Beiheft 10. Göttingen 1979, S. 124 ff., wiederabgedruckt in: Falk, Die Entdeckung der potentialgeschichtlichen Ordnung. Kleine Schriften Band 2, S. XXX.

450 Falk, Des Teufels Wiederkehr, a.a.O.

451 Falk, Die Ordnung in der Geschichte, a.a.O., S. 309ff.

452 Der Text der Vorlesung ist eingegangen in: Falk, Die Ordnung in der Geschichte, a.a.O., S. 188-308 (die fragliche Passage ‚Ein alternatives Modell des Fortschritts') wurde bereits 1981 ausgearbeitet.

453 Falk, Die Entedeckung des komponentialen Prinzips durch Christian von Ehrenfels in ‚Kosmogonie' und ihre heutige Bedeutung, in: Das andere Wahrnehmen. Beiträge zur europäischen Geschichte. August Nitschke zum 65. Geburtstag. Köln, Weimar, Wien 1991, S. 695ff.

454 Vgl. Falk, Die Wiederentdeckung der Engel, in: ders., Brücken zwischen Human- und Naturwissenschaft, a.a.O., S. 143ff.

455 Vgl. Paslack, Potentialismus und Selbstorganisation, wie Anmerkung 387.

456 Sheldrake, Das schöpferische Universum, a.a.O., S. 91.

457 Sheldrake, Das Gedächtnis der Natur, a.a.O., S. 235.

458 A.a.O.

459 Johann Wolfgang von Goethe, Noten und Anbhandungen zu besserem Verständnis des West-Östlichen Divans, in: Hamburger Ausgabe Band 2. München 1988, S. 187f.

460 Emil Staiger, Grundbegriffe der Poetik, a.a.O. (1955).

461 Franz K. Stanzel, Typische Formen des Romans. Göttingen 1964.

462 W. Falk, Vom Strukturalismus zum Potentialismus, a.a.O.

463 Kafka, Erzählungen. Gesammelte Werke, hg. von Max Brod. Frankfurt/Main 1946, S. 153.

464 Ibid., S. 153.

465 W. Falk, Epochale Hintergründe der antiautoritären Bewegung. Ein Beitrag zur literaturwissenschaftlichen Diagnose der Sozialgeschichte. Frankfurt, Bern 1983, S. 258 f.

466 W. Falk, Des Teufels Wiederkehr. Alarmierende Zeichen der Zeit in der neuesten Dichtung. Stuttgart, Bonn 1983, wiederabgedruckt in ders., Die Ordnung in der Geschichte, a.a.O., S. 38-105.

467 Alfonso di Nola, Der Teufel. Wesen, Wirkung, Geschichte. München 1990 (ital. Original: 1987).

468 Nola, Der Teufel, a.a.O., S. 19.

469 Nola, a.a.O., S. 424.

470 Nola, a.a.O., S. 15.

471 Nola, a.a.O., S. 20.

472 Vgl. Gerald Messadié, Teufel, Satan, Luzifer: Universalgeschichte des Bösen. Frankfurt/Main 1995 (original: Histoire générale du diable. Paris 1993).

473 Vgl. Messadié, Teufel, Satan, Luzifer, a.a.O.

474 Vgl. Elaine Pagels, The Origin of Satan. New York 1995. Vgl. auch Irmingard Hofgärtner, Teufel und Dämonen. Zugänge zu einer verdrängten Wirklichkeit. München 1985.

475 Vgl. ibid.

476 H. Haag, Teufelsglaube. Tübingen 1974, S. 24.

477 Vgl. dazu den aufschlussreichen Sammelband Alexander Schuller und Wolfert von Rahden (Hgg.), Die andere Kraft. Zur Renaissance des Bösen. Berlin 1993.

478 Schuller, a.a.O., S. VII.

479 Rüdiger Safranski, Das Böse oder das Drama der Freiheit. München, Wien 1997.

480 Ibid.

481 Ibid.

482 W. Falk, Des Teufels Wiederkehr, a.a.O.

483 Falk, Die Ordnung in der Geschichte, a.a.O. (1985), S. 38f.

484 Falk, Die Ordnung in der Geschichte, a.a.O., S. 209 ff.

485 Falk, Václav Havels Briefe aus dem Gefängnis, a.a.O., S. 170 ff.

486 L. Watson, Dark Nature. A natural history of evil. 1995.

487 Lorenz, Die Rückseite des Spiegels, a.a.O., S. 282 f.

488 Vgl. Falk, Franz Kafka und die Expressionisten im Ende der Neuzeit, a.a.O., S. 203 ff.

489 Palaver, Einführung in die Theorie Girards, a.a.O., S. 78 f.

490 Girard, Des choses cachées depuis la fondation du monde. Paris 1978.

491 Girard, Le bouc émissaire. Paris 1982; im folgenden zitiert nach der deutschsprachigen Übersetzung: Der Sündenbock, a.a.O. S. 237 f.

492 Wolfgang Palaver, Einführung in die Theorie Girards, a.a.O., S. 82 f.

493 Girard, Der Sündenbock, a.a.O., S. 237 f.

494 Palaver, Einführung, a.a.O., S. 87.

495 A.a.O.

496 Vgl. a.a.O., S. 4.

497 Sheldrake, Natural Grace. Dialogues on science and spirituality 1996, S 8f; vgl. jetzt auch R. Sheldrake und Matthew Fox, Die Seele ist ein Feld. Bern u.a. [2]1998.

498 Sheldrake, Die Wiedergeburt der Natur, a.a.O., S. 209.

499 Girard, Der Sündenbock, a.a.O., S. 282.

500 Vgl. Falk, Rupert Sheldrakes ‚Revolutionierung des wissenschaftlichen Denkens' und die komponentialanalytische Forschung, in: ders., Brücken zwischen Human - und Naturwissenschaft, a.a.O., S. 15 ff.

501 Sheldrake, Natural Grace. Dialogues on science and spirituality und ders., The Physics of angels. Exploring the reason where science and spirit meet.

502 Herbert Pietschmann, Das Ende des naturwissenschaftlichen Zeitalters. Wien, Hamburg 1980

503 Thomas S. Kuhn, Die Struktur wissenschaftlicher Revolutionen. Frankfurt/Main 1977, S. 165 f.

504 Roger Penrose, Computerdenken. Des Kaisers neue Kleider oder die Debatte um Künstliche Intelligenz, Bewusstsein und die Gesetze der Physik. Heidelberg 1991 (engl. Original: The Emperor's New Mind. Concerning Computers, Minds and the Laws of Physics. New York 1989).

505 Penrose, Computerdenken, a.a.O., S. 408 f.

506 George Steiner, Von realer Gegenwart. Hat unser Sprechen Inhalt? Mit einem Nachwort von Botho Strauß. München, Wien 1990, S. 13 f. (Original: Real Presences. London 1989).

507 Steiner, Von realer Gegenwart, a.a.O., S. 276.

Literaturverzeichnis

Gemäß der von Walter Falk verfolgten Methode einer ‚Geschichte des Wissens' wird hier darauf verzichtet, zwischen Quellen und Forschungsliteratur zu unterscheiden.

Bernsmeier, Helmut, Der Wandel um 1880. Eine epochale Veränderung in der Literatur- und Wissenschaftsgeschichte. Frankfurt/Main u.a. 1994.

Bodmershof, Imma von, Christian von Ehrenfels. Eine Skizze, in: F. Weinhandl (Hg.), Gestalthaftes Sehen. Darmstadt 1960, S. 427-437.

Bosuno, Epocas literarias y evolución. Edad Media, Romanticismo, Epoca contemporanea. 2 Bdd. Madrid 1981.

Burckhardt, Martin, Metamorphosen von Raum und Zeit. Eine Geschichte der Wahrnehmung. Frankfurt, New York 1994.

Capra, Fritjof, Wendezeit. Bausteine für ein neues Weltbild. Bern, München, Wien 1984.

Ders., Das Tao der Physik. Die Konvergenz von westlicher Wissenschaft und östlicher Philosophie. Bern, München, Wien 1984.

Childe, Vere Gordon, The dawn of European civilization. London 1925.

Chomsky, Noam, Aspekte der Syntax-Theorie. Frankfurt/Main 1969.

Ders., Sprache und Geist. Frankfurt/Main 1970.

Darwin, Charles, Die Entstehung der Arten durch natürliche Zuchtwahl. Übersetzung von C. W. Neumann. Stuttgart 1963.

Dilthey, Wilhelm, Die Einbildungskraft des Dichters. Bausteine für eine Poetik, wiederabgedruckt in: ders., Die geistige Welt. Einleitung in die Philosophie des Lebens. Gesammelte Schriften VI. Band. Stuttgart, Göttingen 1958.

Ders., Der Aufbau der geschichtlichen Welt in den Geisteswissenschaften, eingeleitet und herausgegeben von Manfred Riedel. Frankfurt/Main 1970.

Ehrenfels, Christian von, Über „Gestaltqualitäten" (1890), in: F. Weinhandl (Hg.), Gestalthaftes Sehen. Ergebnisse und Aufgaben der Morphologie. Zum hundertjährigen Geburtstag von Christian von Ehrenfels. Darmstadt 1960, S. 11-44.

Eichberg, H., Ökonomische Faktoren der Industriellen Revolution, in: A. Nitschke (Hg.), Verhaltenswandel in der Industriellen Revolution. Beiträge zur Sozialgeschichte. Stuttgart 1975, S. 9ff.

Ders., Leistung, Spannung, Geschwindigkeit. Sport und Tanz im gesellschaftlichen Wandel des 18./19. Jahrhunderts. Stuttgart 1978.

Einstein, Albert, The meaning of relativity. Princeton 1950.

Ders., Mein Weltbild, erweiterte Neuauflage, hg. von C. Seelig. Zürich 1953.

Ders., Aus meinen späten Jahren. Stuttgart 1979.

Falk, Walter, Leid und Verwandlung: Rilke, Kafka, Trakl und der Epochenstil des Impressionismus und Expressionismus. Salzburg 1961 (= Trakl-Studien Band VI).

Ders., Vom Strukturalismus zum Potentialismus. Ein Versuch zur Geschichts- und Literaturtheorie. Freiburg, München 1976.

Ders., Der kollektive Traum vom Krieg. Epochale Strukturen der deutschen Literatur zwischen ‚Naturalismus' und ‚Expressionismus'. Heidelberg 1977.

Ders., Über die Potentialgeschichte und ihre Perioden 1750-1890, in: W. Haubrichs (Hg.), Probleme der Literaturgeschichtsschreibung. Beiheft 10 der Zeitschrift LiLi. Göttingen 1979, S. 124ff.

Ders., Die Ordnung in der Geschichte. Eine alternative Deutung des Fortschritts. Stuttgart, Bonn 1985.

Ders., Wissen und Glauben heute. Bonn 1990.

Ders., Hawking irrt! Über das Problem der Zeit. Stuttgart, Bonn 1991.

Ders., Wo der Mensch zuhause sein kann. Václav Havel Briefe aus dem Gefängnis. Königstein/Taunus, Seblice 1994.

Ders., Brücken zwischen Human- und Naturwissenschaft. Frankfurt/Main, Wien u.a. 1998.

Foucault, Michel, Die Ordnung der Dinge. Frankfurt/Main 1968.

Freud, Sigmund, Zeitgemäßes über Krieg und Tod (1915), in: Sigmund Freud Studienausgabe Band XI, hgg. von Alexander Mitscherlich u.a.). Frankfurt/Main 1982.

Girard, René, Das Heilige und die Gewalt. Frankfurt/Main 1992.

Ders., Le bouc émissaire. Paris 1982. Deutsch : Der Sündenbock. Frankfurt/Main 1992.

Goethe, Johann Wolfgang, Werke. Hamburger Ausgabe. Textkritisch durchgesehen und kommentiert von Erich Trunz. München 1988.

Haug, Walter, Literaturtheorie im deutschen Mittelalter. Von den Anfängen bis zum Ende des 13. Jahrhunderts. Darmstadt 1985.

Havel, Václav, Vaněk-Trilogie und Versuchung, Sanierung. Theaterstücke mit einem Vorwort von M. Goetz-Stankiewicz. Reinbek 1989.

Ders., Briefe an Olga. Betrachtungen aus dem Gefängnis. Reinbek 1983.

Hawking, Stephen W., Eine kurze Geschichte der Zeit. Reinbek 1988.

Ders., Einsteins Traum. Reinbek 1993.

Heidegger, Martin, Vom Wesen der Wahrheit (1931/1940), in: Ders., Wegmarken. Heidegger GA Band 9. Frankfurt/Main 1976, S. 203-239.

Ders., Sein und Zeit. GA Band 2. Frankfurt/Main 1976 (Erstveröffentlichung: Halle/Saale 1927).

Ders., Brief über den Humanismus, in: ders., Wegmarken, a.a.O., S. 313-365.

Ders., Einleitung zu ‚Was ist Metaphysik?', in: ders., Wegmarken, a.a.O., S. 365-385.

Ders., Sein und Zeit. Halle/Saale 1927, hier nach Tübingen [15]1984.

Ders., Beiträge zur Philosophie. Vom Ereignis (GA Band 65). Frankfurt/Main 1989.

Ders., Identität und Differenz. Pfullingen 1957.

Ders., Unterwegs zur Sprache. Pfullingen 1959.

Heisenberg, Werner, Der Teil und das Ganze. Gespräche im Umkreis der Atomphysik. München 1969.

Herder, Johann Gottfried, Ideen zur Philosophie der Geschichte der Menschheit (1794) (Textausgabe mit einem Vorwort von Gerhart Schmidt). Wiesbaden o.J.

Heusler, Andreas, Nibelungensage und Nibelungenlied. Die Stoffgeschichte des deutschen Heldenepos. Dortmund [5] 1955.

Höfler, Otto, Die zweite Lautverschiebung bei Ostgermanen und Westgermanen. Tübingen 1958.

Hübner, Kurt, Glaube und Denken. Dimensionen der Wirklichkeit. Tübingen 2001.

Jonas, Hans, Das Prinzip Verantwortung. Frankfurt/Main 1979.

Kafka, Franz, Erzählungen. Gesammelte Werke. Hg. von Max Brod. Frankfurt/Main 1948.

Ders., Franz, Tagebücher 1910-1923, hgg. von Max Brod. New York 1948.

Ders., Briefe, hg. von Max Brod. Frankfurt/Main 1973.

Kriseová, Eda, Václav Havel. Eine Biographie. Reinbek 1991.

Küng, Hans, Das Projekt Weltethos. München, Zürich 1990.

Ders., Erklärung zum Weltethos. Die Deklaration des Parlamentes der Weltreligionen (zusammen mit Karl-Josef Kuschel). München, Zürich 1993.

Kuschel, Karl-Josef, Weltfrieden durch Religionsfrieden. Antworten aus den Weltreligionen (zus. Mit Hans Küng). München 1993.

Kuhn, Thomas S., Die Struktur wissenschaftlicher Revolutionen. Frankfurt/Main 1977.

Ders., Die Entstehung des Neuen. Studien zur Struktur der Wissenschaftsgeschichte. Frankfurt/Main 1977.

Leakey, Richard und Robert Lewin, Die Menschen vom See. Neueste Entdeckungen zur Vorgeschichte der Menschheit. München 1980.

Lepenies, Wolf, Das Ende der Naturgeschichte. Wandel kultureller Selbstverständlichkeiten in den Wissenschaften des 18. und 19. Jahrhunderts. München 1976.

Leroi-Gourhan, André, Hand und Wort. Die Evolution von Technik, Sprache und Kunst. Frankfurt/Main [1] 1980.

Lessing, Gotthold Ephraim, Werke, hgg. von J. Perfahl. München 1969 (insbesondere Band III).

Lévi-Strauss, Claude, Das wilde Denken. Frankfurt/Main 1968.

Lorenz, Konrad, Das sogenannte Böse. Zur Naturgeschichte der Aggression. Wien 1963.

Ders., Die Rückseite des Spiegels. Versuch einer Naturgeschichte menschlichen Erkennens. München, Zürich 1973.

Ders., Der Abbau des Menschlichen. München, Zürich 1983.

Marx, Karl, Das Kapital. Kritik der politischen Ökonomie. Berlin
Marx-Studienausgabe, hgg. von Iring Fetscher. Frankfurt/Main 1966, hier nach Nachdruck 1990.

Narr, K.J. Beiträge der Urgeschichte zur Kenntnis der Menschennatur, in: Hans-Georg Gadamer und Paul Vogler (Hgg.), Neue Anthropologie. Band 3. Stuttgart 1973, S. 2-62.

Nietzsche, Friedrich, Werke in 3 Bänden, hgg. von Karl Schlechta. München 1994 (Erstausgabe 1955).

Nitschke, August, Kunst und Verhalten. Analoge Konfigurationen. Stuttgart, Bad Cannstatt 1975.

Ders., Soziale Ordnung im Spiegel der Märchen. Band 1: Das frühe Europa. Stutgart, Bad Cannstatt 1976.

Ders., Soziale Ordnung im Spiegel der Märchen. Band 2: Stabile Verhaltensweisen der Völker in unserer Zeit. Stuttgart, Bad Cnnstatt 1977.

Paslack, Rainer, Ursprünge der Selbstorganisation – Zur Archäologie eines wissenschaftlichen Paradigmas. Braunschweig, Wiesbaden 1991.

Ders., Ursprünge der Selbstorganisation, in: DELFIN 1992 – Konstruktivismus: Geschichte und Anwendung, hgg. von G. Rusch und S. J. Schmidt. Frankfurt/Main 1992, S. 59-91.

Ders., Potentialismus und Selbstorganisation, in: Bernsmeier, Ziegler (Hgg.), Wandel und Kontinuum. Festschrift für Walter Falk. Frankfurt/Main u.a.1992, S. 59ff.

Penrose, Roger, Computerdenken. Des Kaiser neue Kleider oder die Debatte um Künstliche Intelligenz, Bewusstsein und die Gesetze der Physik. Heidelberg 1991.

Perrig, Alexander, Masaccios ,Trinità' und der Sinn der Zentralperspektive, in: Marburger Jahrbuch für Kunstwissenschaft 21 (1986), S. 11-43.

Pietschmann, Herbert, Das Ende des naturwissenschaftlichen Zeitalters. Wien, Hamburg 1980.

Rieppel, Olivier, Auf Grenzpfaden der Biologie. Basel 1984.

Safranski, Rüdiger, Ein Meister aus Deutschland. Heidegger und seine Zeit. München 1994.

Ders., Das Böse oder das Drama der Freiheit. München, Wien 1997.

Schlegel, Friedrich, Philosophie der Geschichte. Kritische Friedrich Schlegel-Ausgabe Band 9, hgg. von Jean-Jacques Anstett. München, Paderborn, Wien 1971.

Ders., Philosophie des Lebens und: Philosophie der Sprache und des Wortes. Kritische Friedrich Schlegel-Ausgabe Band 10, hgg. von Ernst Behler. München, Paderborn, Wien 1969.

Sheldrake, Rupert, Das schöpferische Universum. Die Theorie des morphogenetischen Feldes. München 1984.

Ders., Das Gedächtnis der Natur. Das Geheimnis der Entstehung der Fromen in der Natur. Bern, München, Wien 1990.

Ders., Die Wiedergeburt der Natur. Bern, München, Wien 1993.

Ders. und Matthew Fox, Die Seele ist ein Feld. Bern u.a. [2]1998.

Skalweit, Stephan, Der Beginn der Neuzeit. Epochengrenze und Epochenbegriff. Darmstadt 1982 (=Erträge der Froschung, Band 178).

Staiger, Emil, Grundbegriffe der Poetik. Zürich 1955.

Stanzel, Franz K., Typische Formen des Romans. Göttingen 1964.

Steiner, George, Von realer Gegenwart. Hat unser Sprechen Inhalt? Mit einem Nachwort von Botho Strauss. München, Wien 1990.

Ders., Grammatik der Schöpfung.. München 2001.

Wandel und Kontinuum. Festschrift für Walter Falk. Frankfurt/Main, Bern, New York 1992.

Weinhandl, Ferdinand (Hg.), Gestalthaftes Sehen. Ergebnisse und Aufgaben der Morphologie. Zum hundertjährigen Geburtstag von Christian von Ehrenfels. Darmstadt 1960.

Wolf, Christa, Kassandra. Eine Erzählung. Berlin 1983.

Dieselbe, Kassandra. Frankfurter Poetik-Vorlesungen. Frankfurt/Main 1983.

Abbildungsnachweis

Abb. I: Paul Klee, Zweifelnder Engel. 1940. Schwarze Pastellkreide auf Konzept-
            papier mit Leimtupfen auf gefaltetem Karton. Paul Klee-Stiftung. Kunst-
            museum Bern, nach: Josef Helfenstein und Stefan Frey (Hgg.), Paul Klee.
            Das Schaffen im Todesjahr. Stuttgart 1990, S. 269.

Abb. II: Grabstein der Hegeso. Archäologisches Nationalmuseum Athen, nach: E.H.
            Gombrich, Die Geschichte der Kunst. Erweiterte und neu gestaltete 16. Aus-
            gabe. Berlin 1996, S. 96.

Abb. III: Mathematische und physikalische Messinstrumente: Blocksonnenuhr mit
            Kompass, senkrechtes hölzernes Gerät zur Bestimmung der Sonnenhöhe u.a,
            nach: Hellmut Diwald, Anspruch auf Mündigkeit um 1400-1550. Berlin [3]
            1979 (=Propyläen-Geschichte Europas Band 1) Bildtafel XI.

Abb. IV: Flügelaltar des Wolf Christoph von Wiesenthau mit geschnitztem Schrein
            und gemalten Flügeln nach 1523. Germanisches Nationalmuseum Pl.O. 141,
            nach: Germanisches Nationalmuseum Nürnberg, Die Gemälde des 16. Jahr-
            hunderts. Bearbeitet von Kurt Löcher unter Mitarbeit von Carola Gries.
            Stuttgart 1997, S. 231.

Abb. V: Masaccio, The Second Phase of the Brancacci Chapel and the Trinity, nach:
            Masaccio and Masolino. A Complete Catalogue, from Paul Joannides. Lon-
            don 1993, S. 180.

Abb. VI: Masolino, The Goldman ‚Annunciation'. Washington, National Gallery of
            Art, Andrew W. Mellon Collection, Cat. 28, nach: Masaccio and Masolino
            (wie vorausgehende Abbildung), S. 88.

Abb. VII: Ein Kosmograph in seinem Arbeitszimmer. Stich von Johannes Stradanus,
            Anfang des 16. Jahrhunderts. Greenwich, National Museum, hier nach Di-
            wald, Anspruch auf Mündigkeit, a.a.O., S. 265.

Abb. VIII: Johann Gottfried Herder. Gemälde von Anton Graff. Staatsbibliothek Berlin
            (Bildarchiv). Hier nach F. W. Kantzenbach. Herder mit Selbstzeugnissen
            und Bilddokumenten dargestellt. Reinbek 1970, S. 6.

Abb. IX: Immanuel Kant. Stich von J. L. Raab (um 1860) nach einem Gemälde von
            Döbler aus dem Jahre 1781. Staatsbibliothek Berlin (Bildarchiv) ebd., S. 99.

Abb. X: Friedrich Schlegel, nach: Kritische Schlegel-Ausgabe Neunter Band, hgg.
            von J.-J. Anstett. München, Paderborn, Darmstadt 1971 Frontispiz.

Abb. XI: Portrait Karl Marx, nach: W. Blumenberg, Karl Marx mit Selbstzeugnissen
            und Bilddokumenten dargestellt. Reinbek 1962, S. 6.

Abb. XII: Darwin Denkmal, nach: P. Gööck (Hg.), Menschen, die die Welt veränderten, Gütersloh o. J., S. 194.

Abb. XIII: Roentgen beim Vortrag und Röntgen-Gesamtbild des menschlichen Körpers (1896 von L. Zehnder aufgenommen), nach: Roland Gööck (Hg.), Menschen, die die Welt veränderten, a.a.O., S. 242f.

Abb. XIV: Rudolf Haussner, Arche des Odysseus, nach Roland Gööck (Hg.), Menschen, die die Welt veränderten, a.a.O., S. 266f.

Abb. XV: Freud mit seiner Tochter Anna bei der Ankunft nach Paris. Foto Keystone, nach: Octave Mannoni, Freud mit Selbstzeugnissen und Bilddokumenten dargestellt, Reinbek 1971, S. 155.

Abb. XVI: Picasso, Les demoiselles d'Avignon, nach: Klaus Herding, Pablo Picasso, Les demoiselles d'Avignon. Die Herausforderung der Avantgarde. Frankfurt/Main 1992.

Abb. XVII: Arbeitstisch von Otto Hahn, nach: Gööck (Hg.), Menschen, die die Welt veränderten, a.a.O.

Abb. XVIII: Einstein-Porträt nach R. Gööck (Hg.), Menschen, die die Welt veränderten, a.a.O., S. 312.

Abb. XIX: Einsteins Brief an Präsident Roosevelt, ibid., S. 316.

Abb. XX: Heidegger am Schreibtisch, nach: Digne Meller Marcovicz, Martin Heidegger. Photos 23. September 1966/16. und 17. Juni 1968. Frankfurt/Main 1985.

Abb. XXI: Heidegger vor der Hütte, nach ibid (wie Abbildung XX).

Abb. XXII: Václav Havel. Rowohlt Theater Verlag.

Abb. XXIII: Der sogenannte Erdapfel Martin Behaims. Nürnberg Germanisches Nationalmuseum, nach: Diwald, Anspruch auf Mündigkeit, a.a.O., Tafel XI A.

Abb. XXIV: Masaccio, Adam und Eva, Vertreibung aus dem Paradies. Brancacci-Kapelle, in: Masaccio and Masolino. A Complete Catalogue, from Paul Joannides, London 1993, S. 117.

Abbildung auf dem Umschlag: Das Flaggschiff Santa Maria auf einer Reise in die Neue Welt. Holzschnitt von Johann Theodor de Bry. Greenwich, National Maritime Museum, nach: Diwald, Anspruch auf Mündigkeit, a.a.O., S. 262.

Personenregister

Sachregister

Begriffe, die in einem bestimmten Theoriekontext fest verankert sind, werden im folgenden Verzeichnis durch ein weiteres Stichwort auf diesen Kontext bezogen.